跨越中西的个人、组织与文化

陶飞亚教授七秩纪念文集

刘 义　杨卫华　王 皓　杨雄威　主编

上海大学出版社
·上海·

图书在版编目(CIP)数据

跨越中西的个人、组织与文化：陶飞亚教授七秩纪念文集 / 刘义等主编. -- 上海：上海大学出版社，2025.1. -- ISBN 978-7-5671-5204-5

Ⅰ.C53

中国国家版本馆 CIP 数据核字第 20259J54H9 号

责任编辑　盛国訔
封面设计　缪炎栩
技术编辑　金　鑫　钱宇坤

跨越中西的个人、组织与文化

刘　义　杨卫华　王　皓　杨雄威　主编

上海大学出版社出版发行
(上海市上大路 99 号　邮政编码 200444)
(https://www.shupress.cn　发行热线 021-66135112)
出版人　余　洋

*

南京展望文化发展有限公司排版
上海华业装潢印刷厂有限公司印刷　各地新华书店经销
开本 710mm×1000mm　1/16　印张 27.75　字数 483 千字
2025 年 1 月第 1 版　2025 年 1 月第 1 次印刷
ISBN 978-7-5671-5204-5/C·151　定价　128.00 元

版权所有　侵权必究
如发现本书有印装质量问题请与印刷厂质量科联系
联系电话：021-56475919

目录 | Contents

刘　贤　两所大学与两个时代
　　　　——天主教震旦大学与辅仁大学比较(1903—1937) / 1

黄　薇　文化政策作用下的海外艺术博览会
　　　　——以 1935—1936 年"伦敦中国艺术国际展览会"为例 / 14

王　皓　试论 19 世纪后期欧洲汉学界的结构与特征 / 30

李　强　"利玛窦规矩"与跨文化交流：近代来华传教士的解读与理解 / 48

陈　铃　美国新教在华传教事业的战后复员述论 / 59

俞　强　尚德者和他的早期中文著作 / 86

潘致远　《蓝莲花》与"九一八"：比利时天主教会对中国抗战的声援及其
　　　　原因 / 109

崔华杰　义和团战争研究何以可能
　　　　——一项学术史的考察 / 129

范大明　新航路开辟后耶稣会传教士记录的明末肇庆研究 / 142

刘　义　跨越东西方
　　　　——基督教与近代中国知识分子 / 164

梁　珊　从王朝到共和：北美青年会干事鲍乃德眼中的中国社会与革命
　　　　(1910—1919) / 175

弓嘉羽　"昙花四现"：龚斯德与中国教会运动(1907—1949) / 195

杨雄威　在"幽默"与"讽刺"之间
　　　　——1924 年《晨报副刊》"汗牛之充栋"风波述论 / 208

| 余志刚 | 清代《圣谕广训》及其宣讲制度再考察 / 222
| 岳　丽 | 共有记忆：古约翰与中国 / 234
| 杨圆梦 | 美国传教士的跨文化观察
| | ——以《海南通讯》(Hainan News Letter)为中心 / 247
| 田燕妮 | 余慈度与20世纪初中国教会复兴运动 / 261
| 乔洋敏 | 冲突与融合：范子美与近代中国变革 / 272
| 杨卫华 | 英国在华传教政治的地方实践：福州乌石山案再研究 / 287
| 徐锦华 | 从马尼拉到上海
| | ——《远东时报》兴衰记 / 319
| 王德硕　李彩云 | 局外与局内：柯文中国史研究的内在理路 / 328
| 邹赜韬 | 抗战胜利后协和复校的美国问题及其纾解(1946—1948) / 338
| 郭登杰 | 登州文会馆音乐声学课程及教科书《声学揭要》的历史考察 / 357
| 汪恩乐 | 丁光训主教神学教育实践对基督教中国化的启发
| | ——以金陵协和神学院河南教牧人员培训班(1987级)为例 / 368
| 杨哲兴 | 晚清时期传教士中国佛教观
| | ——以《教务杂志》(The Chinese Recorder)为中心的探究 / 378
| 许俊琳 | 美国在华治外法权的地方实践：湖州争地案审判(1903—1908) / 415
| 何翔钰 | "跨越中西的个人、组织与文化"学术研讨会侧记 / 433

两所大学与两个时代

——天主教震旦大学与辅仁大学比较（1903—1937）

刘 贤①

在1952年之前的中国16所基督教大学中，3所天主教大学在其中居绝对少数。少数并不意味着重要性低。震旦大学、辅仁大学和天津工商大学都为中国社会作出了独特而巨大的贡献，构成了近代中国高等教育的一道风景线。其独特性一方面体现在与基督新教大学的比较上（对此已有王薇佳和康志杰作过相关研究②），另一方面体现在每所天主教大学的比较中。由于每所天主教大学在身份、教育理念、课程和校园文化上各具特色，因此，作一比较研究将有助于对中国近代天主教教育获得更清晰的图景，也可进一步补充中国近代基督教高等教育的全貌。

本文选择的比较对象是北京辅仁大学和上海震旦大学——两所位于中国最大城市的综合性大学③。比较的时间段在1903—1937年，这是因为它们分别创立于1903年和1925年，在1931年抗日战争爆发之前，它们都迈出了创立阶段，发展出了各自的特色，而这是进行比较的前提。④

一、身 份 比 较

天主教大学是震旦大学与辅仁大学位居第一的身份。但是根据与天主教会

---

① 作者简介：刘贤，中国人民大学清史研究所副教授。
② 王薇佳、康志杰：《震旦大学与圣约翰大学之比较》，载《暨南史学》（第3辑），暨南大学出版社2004年版，第487—504页。
③ 另一所天主教大学是天津工商大学。
④ 在抗战期间及抗战后他们都有复杂的故事，而这值得撰写另一篇文章。

和罗马教廷的关系,它们又分属于两类,而这需追溯到各自的创始阶段。

（一）创始人和经营者：属于修会的大学（Denominational）vs 教宗直属大学（Pontifical）

震旦大学 1903 年由马相伯创立,但 1905 年之后被法国耶稣会接管,以 1905 年为界,这所大学被划分为"第一震旦"（在英语中被表述为"The First Aurora"）与"第二震旦"（在英语中被表述为"The Second Aurora"）①。

在第一震旦阶段,由总教习马相伯全权负责,拟定章程、设计课程和延请教师等,与法国耶稣会有合作关系。按严复、张謇等人联名的《复旦大学募捐公启》所言,该合作实属无奈："惟绌经费,故不得不借地于教门","惟乏师资,故不得不借才于会友"。震旦初创时所用校舍为徐家汇天文台余房,所请教师为法国耶稣会士南从周（Félix Perrin）和惠济良（Auguste Alphonse Pierre Haouisée）。公启同时认为"借地借才"所致"教育之权界不清,遂终于相激而解散"。这种"争夺教育权"论是一直以来解读第一震旦解散的主要观点②。种种史料和文献证实该解读并无不当,近来又有学者指出另一层原因,即马相伯与耶稣会在办学上的观点分歧：马相伯收生年龄不设上限,培养其独立思考能力,要办研究式的学生自治书院（academie）,而耶稣会希望所办大学招收青年学生,校方要对学生有绝对权威,学生应该循规蹈矩③。

第二震旦是"在校政、教学和经济等各方面都由耶稣会负责的不同于 1903 年创办时的震旦"④。其第一任院长是法国耶稣会士韩绍康（Hyacinthe Allain）,此后两任分别是孔明道（Joseph de Lapparent）和南道煌（Georges Fournier）。从 1915 年任院长的姚缵唐（Yves Henry）开始,院长的法文称呼从 directeur 改为 recteur,院长需由罗马耶稣会总部任命,至此震旦大学"已列入耶稣会创办的各大学的行列"。此后的历任院长都是上海耶稣会的重要人物,其中姚缵唐为三四十年代的上海耶稣会会长⑤。

---

① 顾裕禄:《徐家汇圣母院始末与震旦大学的创建和变迁》,载上海社会科学院宗教所、上海宗教学会编:《宗教问题探索（1987 年文集）》（内部发行）,1988 年,第 143 页。

② 参见复旦大学校史编写组编:《复旦大学志》,第 30 页。

③ Jean-Paul Wiest（魏扬波）, "A Clash of Visions: The Beginning of Aurora University 1842 – 1905", Unpublished Paper, 1992. 马相伯在《一日一谈》的自述中,也提到"不过震旦开了一年多以后,我因其中的教授及管理方法与我意见不合,遂脱离关系而另组织一校以答与我志同道合的青年学子的诚意,这就是现在的'复旦'。"马相伯:《从震旦到复旦》,载《一日一谈》,1935 年 10 月 31 日,第 77—79 页。

④ 顾裕禄:《徐家汇圣母院始末与震旦大学的创建和变迁》,载上海社会科学院宗教所、上海宗教学会编:《宗教问题探索（1987 年文集）》（内部发行）,1988 年,第 143 页。

⑤ 顾裕禄:《徐家汇圣母院始末与震旦大学的创建和变迁》,载上海社会科学院宗教所、上海宗教学会编:《宗教问题探索（1987 年文集）》（内部发行）,1988 年,第 144—145 页。

如果说第一震旦与耶稣会是若即若离的合作关系,那么第二震旦则完全是从属于耶稣会的大学。由于耶稣会是天主教会的一个修会,所以第二震旦是修会办的大学。

辅仁大学创建于 1925 年,是各种力量合作的成果:中国天主教徒发起,教宗推动,美国本笃会主持最终实现。早在 1912 年,英敛之和马相伯即上书教宗,呼吁创办大学。美国本笃会神父、圣文森修院教授奥图尔(George O'Toole)在 1920 年经过北京时得识英敛之,随后他在教宗那里得到了创办学校的鼓励,并被授意由圣文森修院负责创办大学。教宗个人甚至捐赠了 1 万里拉作为这项事业的第一笔资金①。克服重重困难后,本笃会神父与英敛之等共同合作建立了预科学校辅仁社②,两年之后,开设大学课程。因经济原因,辅仁大学在 1933 年易手至圣言会,但是自始至终辅仁大学都由天主教会管理,与教宗的直属关系也没有变。

由创立者和经营者看,震旦大学和辅仁大学与教宗的关系不同:震旦大学仅属于某个修会;而辅仁大学则为教宗直属,由教宗发起,管理者向教宗负责。震旦大学的耶稣会士只向耶稣会负责,只需要在梵蒂冈注册而已。

(二) 宗教性:具有天主教气氛的两所世俗大学

有趣的是,许多新教大学在向政府立案时,都面临着如何处理宗教教育的困境。天主教大学似乎不然,至少震旦大学和辅仁大学如此,其都是世俗大学,对大学的宗教课程有着相似的态度。

震旦大学从一开始就没有把宗教作为教育的目标。马相伯主持震旦大学时,"不谈教理"是办学信条之一③。自 1905 年耶稣会接管后,宗教课程和活动也只是向天主教徒提供,不强迫非教徒参加。1932 年,学校拟建教堂,最终选址于校园之外,就是为了服务于社区周围更多的天主教徒和非教徒。④ 耶稣会士在震旦大学办学,并不注重发展信徒,而是在学生中发展天主教道德和精神,以

---

① See Jerome Oetgen, *Mission to America: A History of Saint Vincent Archabbey, The First Benedictine Monastery in The United States* (Washington, D. C.: The Catholic University of America Press, 2000).

② 此辅仁社并非前文提到的英敛之创立于 1913 年的香山静宜园辅仁社。静宜园辅仁社是单独的一个国学学习班,不从属任何机构,1918 年因为经费问题停办。1925 年设立的辅仁社则是作为大学的预科班而存在的,英马以"辅仁"为新大学命名,表明要延续侧重国学的传统。

③ 办学信条"崇尚科学;注重文艺;不谈教理"。参见马相伯:《从震旦到复旦》,载《一日一谈》,1935 年 10 月 31 日,第 77—79 页。

④ Lettres de Germain, 1932.10.10, Fch323-5. Archives francaises de la Compagnie de Jesus. 转引自王薇佳、康志杰:《震旦大学与圣约翰大学之比较》,载《暨南史学》(第 3 辑),暨南大学出版社 2004 年版,第 487—504 页。

此影响社区和整个社会①。

　　同样,在辅仁大学宗教课程非必修,宗教活动也不强制参加。正如陈叔杰指出的,本笃会士和圣言会士们希望帮助中国青年学习中国文化和西方科学,兼顾理解中国文化和天主教两方面②。大学的气氛则具天主教色彩:退修会邀请中国知识分子参加;采用各种方式在非必修课程的基础上增加天主教气氛,例如为贫苦孩子开设夜校等;中国化的基督教艺术也赢得了很高的赞誉。

　　尽管未设必修宗教课程,震旦大学与辅仁大学的宗教性却因各种课外活动得以加强。这一点与新教大学在立案压力下将宗教课程改为选修、再扩展宗教活动大相径庭。

二、教育理念:为教会、法国和社会 vs 为教会和社会

　　作为基督教大学,震旦和辅仁很自然地在教育理念上有两个向度:为教会和为社会。

　　如上所述,第一震旦与天主教会仅有松散的联系,法国耶稣会士只参与了震旦大学的运行。当时长校者马相伯的办学理想是融汇中西文化,"广延通儒,培成译才"。③ 他认为中国社会急需科学,急需语言人才,他曾经对学生于右任说:"欲革命救国,必自研究近代科学始,欲研究近代科学,必自通其语言文字始。有欲通其外国语言文字,以研究近代科学,而为革命救国之准备者,请归我。"④但是,自1905年由法国耶稣会士接手并掌管了全部行政之后,震旦大学成为一所真正的教会学校。他们的教育理念是建一所法国式的大学,提供系统的职业教育。因此,震旦大学逐渐从一所"学院"成为综合性的"大学",在1905年,震旦大学的校旨被表述为"为便益本国学生,不必远涉重洋,留学欧美,而得欧美大学普

---

　　① Lettres de Germain, 1932.10.10, Fch323 - 5. Archives francaises de la Compagnie de Jesus. 转引自王薇佳、康志杰:《震旦大学与圣约翰大学之比较》,载《暨南史学》(第3辑),暨南大学出版社2004年版,第487—504页。
　　② John Shujie Chen, *The Rise and Fall of Fu Ren University*, Beijing: Catholic Higher Education in China (New York & London: Taylor & Francis Book, Inc. 2004), p. 137.
　　③《翻译世界》,1902年12月30日,转引自《复旦大学志》,第36页。
　　④ 于右任:《为民族国家祝马先生寿》,转引自《复旦大学志》,第28页。

通及高等程度之教育"①。耶稣会士从而有机会与同样设在上海的新教圣约翰大学一争高下②，为的是让天主教"赢得知识分子的尊重"，"接触社会的高层"③。以上表明马相伯时期震旦大学更多关注中国社会，而耶稣会士时期震旦大学的关注点则落于天主教会。

辅仁大学自创校起上上下下始终都怀有相对稳定的教育理念。其创校者英敛之的教育理念集中体现在他与马相伯在1912年所作的向罗马教宗请求兴学的上书中，该文从历史与现实两方面阐述办学的重要性：上书首先回顾天主教传教史，表达对"明末之传布福音，则奔走后先，专藉学问"之推崇，认为"仿利、艾、汤、南，用学问为诱掖之具，断不可无"。而天主教却几乎放弃了这种传教方法，与新教相比，天主教办学太少，"以北京而论，我圣教不独无大学也，无中学也，并高等小学而无之"，现今的天主教徒"能略知时务，援笔作数行通顺语者，几寥落如晨星"。上书中盼望教宗多多派遣"当今博学良善而心谦者"，而且强调"其奉遣之人，能不拘何国、不限在会，似更相宜"。不拘定一国，是为了避政治嫌疑，不限在会则是要避免教中党派之争，并且防止信教者之于非信教者的优越感与征服感。他们创校的理想是："于通都大邑，如北京者，创一大学，广收教内外之学生，以树通国中之典范，庶使教中可因学问，扶持教会，教外可因学问，迎受真光……"这份上书的核心内容主要有四点：一是发扬明清耶稣会士对学问的重视，二是广邀博学之士办学，三是提高天主教徒的中国文化水平，四是希图以学问对天主教之外的社会产生影响。④这四点让我们看到两位天主教知识分子对于教会和社会的承担以及他们融合中西文化的远见。教宗也有同样的观点：本笃会曾经在黑暗的中世纪保留了欧洲古典文化，教宗认为中国面临着同样的传统文化危机，由本笃会办辅仁大学，承担这一使命最为合适⑤。美国本笃会士在接下创校任务的同时也接受了上述理念，在1930年代这些又都被圣言会神父

---

① 《震旦学院》，1909年第1期，第20页。
② 圣约翰大学由美国圣公会创办。
③ LNM, II, 317-318, letter of Poissemeux, January 30, 1850. 转引自魏扬波 Jean-Paul Wiest, "Bring Christ to Nations: Shifting Models of Mission among Jesuits in China", in *The Catholic Historical Review*, 83(October): 4, p. 667. 法国耶稣会士曾经在尝试过几次办理高等教育，但都以失败告终。参魏扬波 Jean-Paul Wiest, "A Clash of Visions: The Beginning of Aurora University 1842-1905"。
④ 《上教宗求为中国兴学书》，载《辅仁生活》，1939年12月25日，第8—9页。
⑤ Von Rossum to Helmstetter, Rome, June 22, 1922, Archives of the American Congregation. Quoted from: Jerome Oetgen, *Mission to America: A History of Saint Vincent Archabbey, The First Benedictine Monastery in The United States* (Washington, D. C.: The Catholic University of America Press, 2000), p. 285.

们传承下来。

除了教会和社会的两个向度,震旦大学在教育方面还有第三个向度,即"为法国"。法国耶稣会士将大学设计为"法国大学",采纳法国教育方式,而且始终秉持"法国第一"(France First)的原则。其原因是他们对法国和法语抱有的文化优越性。他们认为,"法国代表了世界文明的杰出一半",法国文化必将有助于中国社会,是挽救中国高等教育对科学缺失的关键。[①] 相比之下,辅仁大学没有类似的文化优越性以及任何的国家向度。

震旦大学和辅仁大学在教育理念上更大的差异在于辅仁大学对天主教会和中国社会都抱有更深广的远见,分别是教会本地化和复兴中国文化。辅仁的创办者相信教会和中国社会可以互惠互利、互相影响。他们也相信与新教大学的竞争只是暂时的,更重要的是培养国籍教会人才,由此让本地天主教会在中国扎根。

三、教　　学

根据以上的教育理念,震旦大学和辅仁大学设置了不同的课程。表1、表2所示为20世纪30年代两校的教学概况。

表1　震旦大学教学概况

项目＼学院	医学院	理学院	法学院
创建年份	1911	1914	1912[②]
学系	医学	数学与物理	法学
	牙科	电子与机械工程	社会与经济
		化学工程	
		结构工程	

---

① AFCJ, Fichier 2-51 complement. 转引自魏扬波 Jean-Paul Wiest "Bring Christ to Nations: Shifting Models of Mission among Jesuits in China", p. 671.

② 早在1912年,R.P. Lapparent就开始教授民法,为法学院成立奠定了基础。

续 表

项目＼学院		医学院	理学院	法学院
全校文哲课程		文学：中国文学 法国文学 法国文学（按学年分别讲授17、18、19世纪大家） 法学专业英语课程		
		哲学：哲学（第一年） 伦理（第二年） 伦理与形而上学（第三年）		
		预科生法语课程		
教师	华 人	7(39%)	11(39%)	13(43%)
	西洋人	11(61%)	17(61%)	17(57%)
	总 计	18	28	30
总计	华 人	31(40%)		
	西洋人	45(60%)		
	总 数	76		

* 本表据《私立震旦大学一览》，土山湾印书馆1935年版，第39—55、125、175—176页。

表2　辅仁大学教学概况

项目＼学院	文学院	理学院	教育学院
学系	中国文学	数学与物理	教育
	西洋文学与语言	化学	哲学与心理学
	历史	生物与微生物	艺术
	社会与经济		
全校课程	中文写作（一年级必修）		
	英、德、法、日语（选修）		

续 表

项目 \ 学院		文学院	理学院	教育学院
教师	华 人	28(67%)	10(63%)	9(75%)
	西洋人	14(33%)	6(37%)	3(25%)
	总 计	42	16	12
总计	华 人	47(67%)		
	西洋人	23(33%)		
	总 数	70		

* 本表据北京师范大学藏辅仁大学档案资料(1937年)。

(一)院系设置：偏重应用、工程 vs 人文、自然科学指向

由表 1、表 2 可以清楚地看出，震旦大学侧重应用学科，3 个学院中有 2 个分别培养医生与律师；而辅仁大学倾向人文学科，人文学系在 10 个学系中占二分之一，包括中文系、西洋文学与语言系、历史系、哲学与心理学系以及艺术系①。1937 年，上述 5 系共有教师 42 人(各系分别为 8、15、10、3、6 人)，占当年教师总数的 60%。

两所大学有着截然不同的理学院。在震旦，理学院有 4 个系，其中 3 个为工程系(电子与机械工程系、化学工程系与结构工程系)，旨在培养各行业的工程师。而在辅仁，理学院由 3 个纯自然科学系构成(数学与物理系、化学系、生物与微生物系)。

在震旦大学，即使是为全校开设的文哲课程事实上也是非常有限的。以 1937 年为例，在 3 年的哲学课程背后只有 1 位教师负责，实际上其并不能教到所有的学生。震旦曾有开设文学院的动议，也是由于"难以请到教师"而"胎死腹中"。②

(二)教学语言与语言课程：法语优先(French First) vs 重视中文

震旦大学先后以拉丁语和法语为第一外语，后来法语甚至成为教学语言。

---

① 1928 年震旦分为 3 个专科：法政文学科、算术工学科和博物医药科(据《震旦大学二十五年之概况》，载《申报》，1928 年 11 月 9 日第 10 版)。

② 震旦大学曾试图组建独立的文学院，但告失败。The Far Eastern Review, Vol. XXXII, No. 9, September 1936, p. 396.

在马相伯长校时期,法语是一年级的必修课程,但二年级学生可以在英语、法语、德语和意大利语中任意选择。① 在法国耶稣会士接管震旦后,法语成为第一语言。1905年,震旦学生需修满51小时的法语授课课程,英语授课的课程只有20—26小时②。1909年,法语成为震旦大学唯一的外语,所开课程逐渐都以法语讲授了③。

相对而言,震旦大学所开课程里与中文相关者甚少。以1935年为例,震旦大学只有1名中国教师讲中国文学,而哲学由1名法国教师讲授,法语和法国文学由两名法国教师负责,英语也配备了两名教师。

相反,辅仁大学从一开始就以中文为教学语言,十分强调国文和中国文化课程。辅仁大学的前身香山辅仁社(1913—1918)的建立就是为了提高天主教青年的国文程度;辅仁大学早期的预科学校辅仁社(1925—1927)聘请优秀的中国教师讲授国文、历史和哲学等。文学院始终是辅仁大学最大的学院。1937年,文学院的教师数量甚至超过了其他两个学院教师的总数(参见表2)。

"中文写作"是辅仁大学的特色课程,是全校学生的必修课,始终被校方置于相当重要的地位。该课程有统一的教材,其中的文章选自历代名家,期末组织统一考试。校长陈垣甚至每年都教一个班,并设计试题,使期末考试不仅成为所有大一学生的考试,而且是对任课老师的一次大考验④。

不仅如此,辅仁大学在国学研究特别是中外关系史方面享有卓著的声望。开创了现代意义的宗教研究特别是中国基督教史研究的校长陈垣自不必说,历史地理学巨擘张相文、中西交通史拓荒学者张星烺以及在历史文献学有杰出贡献的余嘉锡等都曾在该校执教。

---

① 《震旦大学章程(1902)》,载《翻译世界》,转引自《复旦大学志》,第37—39页。
② Lettres de Jersey, No. 24, 1905. AFCJ. 上海档案馆藏。
③ 以法语为唯一的教学语言,这一点有别于中国近代的13所新教大学,也有别于另外两所天主教大学:先后由美国本笃会和美、德圣言会管理的辅仁大学,以中文为教学语言;另一所由法国耶稣会士管理的天津工商大学使用英语教学。
④ 启功回忆说:"陈老师对各班'国文'课一向不但是亲自过问,每年总还自己教一班课。各班的课本是统一的,选哪些作品,哪篇是为何而选,哪篇中讲什么要点,通过这篇要使学生受到哪方面的教育,都经过仔细考虑,并向任课的人加以说明。学年末全校的一年级'国文'课总是'会考',由陈老师自己出题,统一评定分数。现在我才明白,这不但是学生的会考,也是教师们的会考。"(启功:《夫子循循然善诱人——陈垣先生诞生百年纪念》,载《浮光掠影看平生》,陕西师范大学出版社2008年版,第17页)

四、校园文化:"洋学堂"vs"和尚庙"

校园文化是关于大学的一个生动话题,因为这关乎活生生的人。只要大学在,校园文化就存在。有时候仅凭校园文化,不同学校的学生或毕业生就能立见分晓。如果说校园文化是复杂抽象的,那么大学绰号则简单直观,可让人立即感受到校园文化的味道。震旦大学和辅仁大学的绰号分别是"洋学堂"与"和尚庙"。可从以下三个方面解读:

(一) 人员构成:洋人多 vs 男士多

"洋"首先有"外国"的含义,因此"洋学堂"的第一含义是指震旦大学外籍教师多,占教师的绝大多数。1935 年,各学院的外国教师分别占到 61%、61%、57%,占教师总数的 60%。而且,其中绝大多数是法国人,在 45 名外籍教师中,只有英籍教师 1 人,瑞典籍教师 1 人。

"和尚庙"的第一含义是指辅仁大学的"性别"特征。除却辅仁大学神父多、修士多之外,直到 1938 年辅仁大学才建立女校招收女生,此前该校只有男教师和男学生。许多校友都提到过"和尚庙"的绰号,也曾描述男生身穿蓝色长衫、神父着黑色大袍在辅仁大学所在地定阜大街走过的情形。

与震旦大学相反,中国人是辅仁大学师资的主体,其外籍教师的比例恰与震旦华籍教师比例相当。1937 年,辅仁大学的外籍教师在各学院比例分别为 33%、37%、25%,占教师总体的 33%。教师国籍的多样性是区别于震旦的又一特征。1937 年,辅仁大学的外籍教师来自 8 个国家:德国(10 人)、美国(4 人)、英国(2 人)、奥地利(2 人)、挪威(2 人)、法国(1 人)、意大利(1 人)和俄罗斯(1 人)。

(二) 学生形象:现代青年 vs 朴素学子

"洋"又有"现代"和"摩登"的含义。当时,外语是"摩登"的表现之一,因此一群说法语的中国学生被视为"现代"青年也是可以理解的。他们每天所接触的均为现代事物,例如西式医院、现代科技、法庭等。现代的专业又强化了他们的现代形象。震旦大学学生的经济条件从整体而言也在一般水平之上。[①] 据资料记

[①] Joseph de la Serviere, *Croquis de Chine*, Paris. p. 50. Archives francaises de la Compagnie de Jesus. 转引自王薇佳、康志杰:《震旦大学与圣约翰大学之比较》,载《暨南史学》(第 3 辑),暨南大学出版社 2004 年版,第 488 页。

载,震旦大学学生父母须住在上海,至少有 1 位保证人,并且每学期需支付 60 元学费。①

在汉语中"庙"通常指的是安静贫苦、杜绝世间欲望之地。对辅仁大学来说,确是如此。辅大毕业生著名神父赵博雅回忆:中文系的学生均着蓝色长衫,只看长衫的新旧程度,就能判断学生的年级高低。一位来自重庆的女生,因不堪忍受同学背后议论她的现代衣着及面部化妆,不得不在一周后放弃妆容,换上了朴素的长衫②。

(三)国家色彩:中国土地上的法国大学③ vs 国际帮助下的中国大学

"洋"与"和尚"分别代表了一种国家色彩。"洋"很明显表示"国外",佛教由于已经被中国化,所以多数情况下"庙""和尚"也可谓是中国名词。

震旦和辅仁两所大学都与当地政府相处融洽,按照中国政府要求立案。他们既不参与政治,也不允许学生过多参与政治。

但是,面对外国,他们采取了不同的态度:震旦大学更多地依赖法国政府。这种依赖性缘于其经济不独立。除了学费,震旦大学从 1913 年开始接受来自法国政府的补贴,且补贴数额逐年增加。1918 年,法国政府给辅仁大学 58.8 万法郎。从 1919 年至 1945 年,该数额从总数 12.8 万涨到 16 000 万法郎④。震旦大学得到的另一份资助来自 French Concession of Shanghai,其资助的资金则来自庚子赔款。这种依赖性又部分缘于法国人的文化优越感。法国耶稣会士常常强调震旦大学旨在"捍卫法国及其文化的荣耀,平衡德国、英国和美国在高等教育上的影响"⑤。

辅仁大学却不依赖于任一外国,这是因为其拥有独立的财政。学费只是辅仁大学的部分经济来源。尽管辅仁大学在 20 世纪 30 年代深受财政压力的困扰,但是校方从未向美国或德国政府伸手,更不要说依赖外国政府了。通过"辅仁之友"、教会支持和天主教徒的个人捐献等途径,辅仁大学渡过了难关,并逐步壮大起来。

---

① 《私立震旦大学一览》,土山湾印书馆 1935 年版,第 17 页。
② 赵博雅:《回忆》,载《辅大六十年》,辅仁大学出版社,第 198 页。
③ 英文表述为"French University on Chinese Soil",参 Jean-Paul Wiest, "Bring Christ to the Nations: Shifting Models of Mission among Jesuits in China", *The Catholic Historical Review*, 1983(4), p. 668.
④ 转引自 Jean-Paul Wiest, "Bring Christ to the Nations: Shifting Models of Mission among Jesuits in China", *The Catholic Historical Review*, 1983(4), p. 678.
⑤ 转引自 Jean-Paul Wiest, "Bring Christ to the Nations: Shifting Models of Mission among Jesuits in China", *The Catholic Historical Review*, 1983(4), p. 677.

结论：中国近代天主教的两个时代

将两校相同和相似之处撇开不论，从本质上分析，上文所示两校差异源自以下三方面观念的不同：

（一）对教会前景的展望不同：外国的教会 vs 华人掌控教会

对于中国天主教会的前途，震旦大学和辅仁大学有着截然不同的理念。法国耶稣会士同样期待中国天主教会在中国扎根，但秉持的是殖民观点。他们不完全信任中国人，因而把握教会主要的权力，较少允许华人参与。他们期待在与新教教会竞争中获得更大的影响力，认为实用的专业相较人文和纯粹理科学科能较快对社会产生影响。

辅仁大学是对天主教现状进行反思的成果。近代两位著名天主教徒马相伯和英敛之认识到，建立本地教会、培养华籍教士是中国天主教会的唯一出路。设立辅仁大学就是要提高中国天主教徒的中文素养。辅仁大学以中文为教学语言，重视国文并发展国学研究，都是这一反思的结果。许多中国教士从辅仁大学毕业后成为中国天主教会的中坚力量。

（二）对中国文化的态度不同：不平等 vs 平等

在震旦大学，文化和语言优越感是法国耶稣会士传教事业的巨大障碍。这种优越感导致他们当中很少有人熟练掌握中文，因而无法接触中国知识分子和行政层。他们认为法国文化是世界上最好的文化，最能够帮助中国。但是他们似乎没有意识到，与法国政府的合作将在某种程度上把学校牵连进政治。

1919 年教宗发布的《夫至大》（Maximum illud）宗座牧函即强调了这一致命问题，要求教会尊重并谦虚地学习当地文化。《夫至大》牧函是基督教历史上的一份重要的文件，其中心思想是适应传教地、培养本地传教人才，曾对中国近代天主教的本地化起到过相当的作用，是教宗本笃十五在 1919 年 11 月 30 日颁发的，因首句曰"夫至大至圣之任务"，故又简称为"夫至大"，当时也称"教宗通牒"。牧函所指出应当力戒的事项都是中国天主教教会长久以来的弊病，例如持有保教权的殖民国家通过政权扩大教权，通过传教为本国谋政治利益，各传教区画地为牢彼此独立且互相竞争，以及蔑视中国、中国文化、中国人（包括中国神职人员）等。牧函传达的精神和具体的措施都为中国天主教会冲破当时困境指示了路径。①

辅仁大学即建立在这样的背景之下，它也切实实践了对中国文化的传承，加强了对中国文化的重视。

（三）对中国社会需求的认识不同：实用性需求 vs 文化需求

震旦大学将办学目标设定于适应中国当代社会的需求，他们认为法国教育体系培养出来的职业人才最为中国所需，因而主要发展实用学科，培养社会急需的工程师、医生、律师等。而辅仁大学要服务于中国的长期需要，先后的办学团体继承了创始人融会中西文化，复兴并更新中国文化以拯救中国社会的理念，因而主要发展人文学科和纯粹自然学科。

以上震旦大学和辅仁大学在办学观念上的三个区别恰恰体现了中国近代天主教会前后相继的两个阶段：殖民阶段和本地化阶段。我们不否认震旦大学对中国社会的贡献，但是1903年创立、1905年转手耶稣会的震旦大学与法国的海外扩张相伴而生，未能洗脱文化优越感、压迫性和某种程度的实用主义。二十多年后，在中国天主教徒的呼吁和教宗的帮助下，辅仁大学建立，为的是脱离外国政治势力的压迫，逐步建立本地的天主教会。因此，辅仁大学代表着中国天主教徒的愿望、《夫至大》牧函的精神甚至部分外国传教士的远见，包括独立、尊重和文化关怀等。辅仁大学自创立起，就成为中国天主教本土化运动的先驱。又一个二十年后，随着圣统制在中国的建立，逐步摆脱不平等条约、殖民色彩，由国人自管的本地化天主教会在中国终见成效。

---

① 《教宗本笃十五世通牒》译文，载方豪编：《马相伯先生文集》，上智编译馆1947年版，上海书店1990年重印，第225页。关于《夫至大》牧函，可参拙文《夫至大牧函及其中国命运》(《世界宗教研究》2017年第3期)。

文化政策作用下的海外艺术博览会

——以 1935—1936 年"伦敦中国艺术国际展览会"为例[*]

黄 薇[①]

艺术展览是近代西风东渐之后出现在中国公众面前的全新艺术呈现方式，与近代频繁举办的各种商业博览会有着密切的联系。1851 年伦敦召开的第一届世博会以及其后在世界各地举办的各种国际博览会，直接催生了中国人的展览意识。在官商学界的共同推动下，中国人开始频繁地参与此类活动。据统计，1873—1905 年的 32 年间，晚清政府亲自或委托组队参加了 28 次国际博览会，中国的工艺品和美术品作为展品的重要组成部分开始出现在具有现代特征的展览会上。1910 年，"南洋劝业会"的举办，更是开启了中国本土移植举办博览会的先河。此后，这类由官方组织的属于博览会"子"会场性质的美术展览逐渐独立为具有国家意义的美术展览——全国美展[②]。

近代中国艺术展览的出现是传统文人雅集向大众文化消费的转型，也在发展中逐渐成为城市社会公共生活的重要组成部分。艺术展览不仅为中国艺术的发展带来根本性的转变，也在成长的过程中始终与中国近代化的目标相吻合，与国家文化发展的策略相适应。特别是进入民国时期之后，新的民主共和体制也需要有新的国家文化发展策略与之相适应。换言之，一个国家的文化政策作为文化的政治表现形态，它渗透了执政者在特定历史时期内的文化意志与集团利益，折射出政府所订立的文化任务和预计目标，因此在很大程度上左右着该阶段

---

[*] 原刊于上海历史博物馆、上海革命历史博物馆编《都会遗踪》（第 36 辑），有改动。
[①] 作者简介：黄薇，上海图书馆历史文献研究中心研究馆员。
[②] 吉春阳：《中国近代美术展览的历史考察》，载《南京艺术学院学报（美术与设计）》2011 年第 6 期。

文化发展的方向与成就①。

辛亥革命后,蔡元培、鲁迅等人都曾强调美育教育的重要性,对美术展览的开展提出过政策性的主张。此后,随着艺术院校的建立和艺术界结社活动的兴起,艺术展览也逐步繁荣了起来。南京国民政府成立后,分批次颁布了"行政院转内政部关于发扬中国文化重心以奠国基呈与国民政府批"等关于文化事业发展的纲领性文件,强调了道德建设对于文化事业的导向和约束作用。国民政府倡导道德尤以弘扬传统道德为重,这对民国艺术展览的主题、方向等产生了重要的影响。近代的美术展览尤其是国际艺术展不仅是纯粹的展览,还额外承载了开启民智、进行文化启蒙的社会功能②。1935—1936年,在伦敦举办的以故宫南迁文物为主要展品的"中国艺术国际展览会"即为一例,在舆论几乎一边倒的情形下,国民政府下定决心启动这个项目,不能不说与其核心文化政策有关。这是中国国宝的首次海外展览,也是故宫博物院迄今为止规模最大的海外展览。围绕这次展览所引发的争议经久不息,其中所折射出的民国文化政策的影响、国际局势的变化以及文化差异带来的各种明争暗斗值得今人深思。

一、"开风气而劝工商":晚清博览会事业的兴起

具有现代特征的展览会脱胎于欧洲中世纪的市集活动,最初以经济目的为主。1761年,英国艺术学会为了鼓励农具及各种器械的发明而首创"博览会"。此后,各国群起仿效,蔚然成风③。1851年的伦敦世博会和1855年的巴黎世博会奠定了近代国际工业博览会的体制,同时也使得艺术品的展示成为博览会的重要组成部分。国际博览会是近代文明发展的产物,它伴随着西方资本主义列强的入侵而进入中国,也呼应着中国有识之士努力开眼看世界、探索救国良方的时代需求。与其他新鲜事物一样,博览会在近代中国经历了从被关注到主动参与再到本土移植的全过程。

---

① 王亚楠:《民国早期文化政策研究(1912—1927)——美术教育、美术社团与文物保护》,中央美术学院2009年硕士学位论文。
② 张长虹:《近代上海美术展览与"美术馆"观念的兴起——以1929年"第一次全国美术展览会"为中心》,载《美术学报》2012年第5期。
③ 金普森、谢辉:《政府政策与近代中国博览会事业的兴衰》,载《历史教学问题》2004年第4期。

在最初的几十年里,国际博览会并未真正引起朝野上下的重视,人们将其视为赛珍耀奇的无益之举,连"赛会"这个词本身也容易让人与传统社会中的庙会或者迎神赛会混为一谈。这也就是为什么1866年法国巴黎的世博会向总理衙门发出邀请时,清政府仅仅以"晓谕商民"的形式来搪塞了。数年后,对于奥地利维也纳世博会,清政府依旧扔出了"以中国向来不尚新奇、无物可以往助"的托词,并未真正加以重视。可是,当时的中国无论是否情愿,都已逐渐融入世界经济体系,对于西方世界来说,绝不可能轻易放弃中国这一蕴涵巨大潜力的市场。在奥地利政府等的多方努力下,清政府最终同意建立一个专门机构来负责博览会的相关事宜。由于这一次清政府允诺出洋赛会是被动选择的结果,清政府最终并没有出面操办具体事宜,客观来说,清政府也不具备相应的条件。因此,洋员甚多、熟悉外情、财政又比较固定的海关成为承办国际博览会参展事务的最佳选择,而这一办竟然就是32年。

进入20世纪后,博览会对经济交流和繁荣所起到的推动作用日益凸显,更为重要的是,它已经成为世界各国各种不同形态文明展现和交流的平台,以致"几乎无国无会,无年无会,而赛会逐成为事业竞争上之一重要机关"[①]。在世界范围内掀起的博览会热潮,自然也对当时中国社会的各个阶层产生了不同程度的影响。国际博览会发展的前三十年,正是中国人背负着传统的重负,面对一无所知的西方世界,在黑暗中不断摸索,希望为自己的国家找到一条能够适应巨变的生存之路的三十年。在一浪高过一浪的改革潮流中,工商业发展的重要性日益成为朝野共识,而商品赛会作为一个有效的途径也被放到较为显著的位置加以讨论。尽管此时能亲身体验国际博览会的中国人依旧不多,仅仅局限于部分外交官员、留学生以及参会的商人,但是无论是普通绅商,还是居于高位的官员,甚至最高统治阶层对赛会都已不再陌生。在中国人的心目中,国际博览会的形象正逐渐从"炫奇""赛珍"的舞台转变为"交流""商战"的平台。越来越多的知识分子如陈炽、郑观应等,都注意到了赛会对市场竞争和商业发展的重要作用。康有为在1895年的"公车上书"中也提出中国要整顿商务就必须仿效日本开办赛珍厂的建议。1901年张之洞的《遵旨筹议变法谨拟采用西法十一条折》更是提出举办赛会的建议[②]。部分曾经亲身赴会的官绅甚至认为"博览会之关系甚大,

---

① 杨汝梅:《对于武汉劝业会奖进会之感言》,载《武汉劝业奖进会笔记》,湖北教育官报编辑所1910年版。
② 有关中国近代的商品赛会思想问题,可参见乔兆红:《中国近代博览会事业的发生与发展》,载《上海经济研究》2005年第8期。

以商战胜他国全在此举"①。民间舆论如《中外日报》《大公报》《东方杂志》等杂志报纸均有相当篇幅对赛会问题进行探讨。除此以外,清廷的皇室成员里,曾经跨出国门的醇亲王载沣和庆亲王奕劻之子载振也是赛会的积极支持者,载振更是直接参与制定了许多鼓励赛会的措施,如对参加博览会的商品实行免税和免费运输等。此时,对中国来说,积极参与国际博览会这一国际盛事,已经是大势所趋。

除了在思想上朝野上下逐步认识到了出洋赛会的重要性外,当时清政府在文化教育、政治和经济等各个领域进行的全面变革也就是"新政"的施行,成为清政府认真对待美国政府邀请、积极参与国际博览会的重要推力。1900年的八国联军侵华战争,使得被迫逃亡到西安的慈禧太后终于痛下决心,颁布全面变法的谕旨。其中经济领域的革新被放到了突出的位置,1903年8月商部成立,显示了清政府发展工商业的决心。参与国际博览会是"内可维持商务,外可联络邦交"的大好事,耽误不得,慈禧遂亲自出面批准了外务部的方案,下令"南、北通商大臣及有商务省分各督抚,迅即妥为筹款"②。尽管在实际的操作过程中,"妥为筹款"演变成强行摊派③。最终未能如数筹得款项,但调拨了75万两库平银已经是历年来赛会拨款最多的一次了。1904年举办的美国圣路易斯世博会,清政府第一次以官方形式率商人组团赴会,也是晚清历史上最大规模的出洋赛会活动④。

1904年美国圣路易斯世博会中国馆内景

中国的工艺品出现在欧洲及世界级的博览会上,实际可以追溯到18世纪欧洲大陆掀起的"中国风"。洛可可艺术从法国宫廷流行至欧洲各地,中国元素作

---

① 《记大阪博览会事》,载《中外日报》1903年4月25日。
② 《外务部奏请简派美国博览会专使大臣折》,载《政艺丛书·皇朝外交政史卷一 光绪二十九年》,1903年。
③ 直隶、江苏、广东、四川各10万两,湖北、浙江各8万两,安徽、江西、山东、湖南各四万两、福建3万两,江海关45万两,九江关2万两,金陵关1万两。由于部分省、关未能交足,故最终总额为75万两。
④ David R. Francis, *The Universal Exposition of 1904*, St. Louis: Louisiana Purchase Exposition Company, 1913: 317.

为这一艺术流派的重要影响源头之一,也使中国工艺品受到诸多欧洲私人收藏家的追捧。19世纪,晚清政府参与的几次国际博览会,基本上都是委托海关的西方人进行展品的筛选和送展工作。其结果是,出现在世界舞台上的中国展馆,成为西方人想象中的中国风情馆,展品以传统丝织品、漆器、扇子等工艺品和美术品为主。20世纪以后,随着中国民族意识的觉醒,这种情况出现了扭转。特别是1904年的美国圣路易斯世博会,晚清政府第一次正式以官方身份组织商人参会,当鸦片烟具、小脚女人的弓鞋作为具有中国风情的符号出现在国际博览会上时,终于引发了中国官员、知识分子乃至民间有识之士的愤怒。在奋力追求国家独立富强的中国人心目中,传统产品所受关注远超新品的现象代表的是近代中国落后之耻①。或许,正是历届博览会上积累的弊端在1904年的国际博览会上得到了集中的爆发,促使清政府最终下定决心解决这一问题。1905年,清政府正式收回国际博览会的承办权,并且指定以后的赛会事宜均由商部负责管理。还于1905年11月制定并出台了《出洋赛会通行简章》二十条,明确了商部与各省督抚、商务局、商会和商人参加国际博览会的管理权限及责任,并对商人出洋赛会的商品做了较为详细的规定。至此,清政府真正从根本上结束了海关洋员把持博览会事务的时代,也使得中国筹办博览会向正规化和制度化方向发展。更为重要的是,此后清政府也倡导在国内举办商品陈列所、考工厂和劝公会、劝业会、物产会等各种类型的博览会,刺激工商业的发展。

二、过渡与变革:故宫文物南迁与
中国国宝的海外首展

辛亥革命后,中国开始面临全方位地向近代化的过渡和转型。作为特定时期的产物,民国早期的文化政策开始突破晚清以来"中体西用"的旧有模式,反映了特定时代背景下国家对于建构新的文化体系的企图和目标,体现了民国政治、经济、文化发展的一致性。在文化艺术领域,壬子癸丑学制的颁布使得美术教育得到重视,蔡元培"美育代宗教"的学说更是影响了一代人。在社团管理方面,民国早期政府并无明文约束,实现了相对开放的社团管理政策,

---

① 时璐:《展览与博物馆视角下的中国民族美术——从近代博览会看中国民族美术》,载《中国民族美术》2016年第1期。

促使各种美术类、艺术类社团较为活跃。在上海这样的大都市，各种美术展览也十分活跃，根据《申报》的统计，从民国建立到1927年的这段时间内，美术展览总计达到200次以上。受到"国粹"思潮和现代西方文博事业思想的影响，政府开始尝试通过保护古代文化遗存以振奋民族精神。北洋政府陆续制定了相关政策条文，包括古物调查、禁止文物盗毁出口、创建博物馆等措施。1914年成立的北平古物陈列所是我国第一家国家性质的面向公众开放的艺术博物馆。① 然而，我们也应该注意到民国早期动荡的政局又很难维持具体政策在实际操作中的连续性。总体来说，民国早期的文化政策具有过渡与变革时代的双重特征，对待传统文化是摒弃、否定还是继承、弘扬？对待西方文化是接纳、移植还是抗拒、排斥？对待新式文化是实验、创新还是调整、融合？处处充满着张力，但也满怀着机遇②。

  1927年南京国民政府成立之后，将道德建设作为文化建设的重心，并且从原则上对文化统治方针和建设方向做出了明确的规定："在国家政治、社会、经济之建设上，辟除阶级奋斗与自由竞争之主张，而遵照最高原则，实施统制运动，以为文化建设之趋向。"③1928年4月至1931年3月的《行政院转内政部关于发扬中国文化重心以奠国基呈与国民政府批》中，强调了孙中山倡导的提倡和发扬旧道德的总基调："这种特别的好道德，便是我们民族的精神，我们以后对于这种精神不但要保存，并且要发扬光大，然后我们民族的地位才可以恢复。"④这在当时民族危亡之际，针对一部分中国人失去了民族自信力，从而对于民族和国家的命运会感到没有希望的现状是有现实意义的。正如邵元冲在《如何建设中国文化》中阐述的，对于中国文化的建设，不是简单地去模仿别人就可以的，应该坚持建设中国民族时代的文化原则，对于西方科学的文化，知道取舍的标准，能够去融会消化而建设的文化，才能实现民族的生存和发展。⑤ 在南京国民政府具体的推进方针中，包括了设立教育研究会、美术研究会等各种团体组织，对于电影、戏剧、绘画等也有具体的指导，也为各种艺术展览的开办提供便利。在这一时期举办的西湖博览会等大型展会，从兴办主旨、资金筹集、场馆建设等各方面，都体现了国民政府将文化艺术活动作为强调"三民主义""传统民族

---

① 段勇：《古物陈列所的兴衰及其历史地位述评》，载《故宫博物院院刊》2004年第5期。
② 王亚楠：《民国早期文化政策研究（1912—1927）——美术教育、美术社团与文物保护》，中央美术学院2009年硕士学位论文。
③ 中国第二历史档案馆编：《中华民国史档案资料汇编》，江苏古籍出版社1991年版，第26页。
④ 中国第二历史档案馆编：《中华民国史档案资料汇编》，江苏古籍出版社1991年版，第9页。
⑤ 中国第二历史档案馆编：《中华民国史档案资料汇编》，江苏古籍出版社1991年版，第37页。

精神""民族道德"的重要实践工具,从而实现艺术与实业、民族文化与经济实力共同增长的目标。①

1933 年徐悲鸿在巴黎组织的中国绘画展览

在这样的核心政策指引下,中国频频参加各种国际经济和文化展览活动,如 1926 年在美国费城举办的"万国展览会"、1933 年在美国芝加哥举办的旨在表现世界各国农工商业及科学艺术进步的"百年进步纪念博览会"、1937 年在法国巴黎举办的"近代文艺技术博览会"等。在艺术展览领域,也迎来了民国美术展览的"黄金时期"。随着林风眠、徐悲鸿等留学欧洲的艺术人才相继回国,各种美术展览如雨后春笋般出现。尤其是 1929 年在上海举办的第一次全国美术展览会,虽然冠名以美术,但实际上绝非只是书画作品,从时间上囊括了从古代到近代的所有时间段,品类上书画、金石、建筑模型、美术工艺、摄影作品应有尽有,形式上更接近于近代商业博览会。在某种程度上,这样的艺术展览还承载着推动中国艺术近代化转型的使命,对提升民族自信、启迪民智也具有现实意义。这一时期中欧之间的交流合作也十分频繁,比如 1933 年由徐悲鸿组织的巴黎中国美术展览会、1934 年刘海粟主持的柏林中国绘画展览等。其中,最为特殊的是 1935—1936 年举行的"伦敦中国艺术国际展览会"。当时国民政府从南迁停留在上海

---

① 许纳:《文化政策作用下的民国美术展览(1929—1936)》,东南大学 2015 年硕士学位论文。

的故宫文物中选取了700余件精品,远赴伦敦,参加由英国政府与中国南京国民政府联合举办的"中国艺术国际展览会"。这是迄今为止故宫博物院最大规模的出展,不得不说是特殊时代下的特殊艺术旅程。

这次展览的源头,似乎还应追溯到1911年晚清政府瓦解的时期。随着大量皇家艺术珍品流散海外,越来越多热爱东方艺术的收藏家加入中国艺术品的收藏和研究之中。在国内,随着1925年故宫博物院的成立,曾经神秘的清朝皇室文物陆续对外进行展出,进入公众的视野。1928年,日本曾经试图向故宫博物院租借部分艺术品展览,但因为两国关系紧张遭到拒绝。1934年,以英国著名瓷器收藏家大维德(Percival David)为首的一批英国艺术品收藏家,在英国官方的支持下,提出要在伦敦举办以中国艺术为主题的国际展览。大维德曾经在1924年参观过故宫,还为故宫捐款,并在1929年被正式聘为故宫博物院的顾问。随着对中国艺术品研究的日益深入,他萌生了将故宫文物送去伦敦展览的想法。这项提议得到了以乔治·尤摩弗帕勒斯(George Eumorfopolous)为首的英国东方陶瓷协会(Oriental Ceramic Society)和皇家艺术学院(Royal Academy of Arts)的大力支持,并于1934年通过中国驻英国大使郭泰祺向中国政府发出了正式邀请①。如前文所述,南京国民政府成立后,采取了一系列试图重建民族自信的措施,在这样的情形下,很快对英方的提议做出了积极的响应:

> 伦敦中国艺术国际展览会系由英国大学中国委员会及英伦学术界人士发起,目的在谋中国艺术品之国际欣赏,藉以表扬我国文化,增进中英感情……前准我国驻英郭公使报告,谓前次意大利艺术展览会获益甚大,使英、意过去之误会根本销除,两国由是亲善……我国艺术文化之精华在欧洲国际大规模表见此为首次,其于国际观念、中英感情获益必大,比之历次欧洲各国之展览,说者预料此次成功倘非过之,亦当相等。②

1934年秋,中英政府共同成立联合理事会,由两国元首担任监理,两国最高行政长官担任名誉主席,还邀请了多名其他国家的外交使节担任名誉委员。筹备经费方面,英方部分,由中国政府从庚子赔款中垫付,会后再由售票所得归还。

---

① 李立:《国宝海外首展研究——1935—1936年"中国艺术国际展览会"八十周年记》,载《中国国家博物馆馆刊》2016年第4期。
② 刘楠楠选辑:《北平故宫博物院参加伦敦中国艺术国际展览会史料选辑》,载《民国档案》2010年第3期。

对于展览展品的选择,邀请了包括时任教育部长王世杰、故宫博物院院长马衡、书画鉴定家徐邦达、瓷器鉴定家郭葆昌,以及作为专家顾问的美国汉学家福开森(John C. Ferguson)、英国著名瓷器收藏家大维德、大英博物馆东方部负责人霍布森(Robert Hobson)和法国汉学家伯希和(Paul Pelliot)等人。中英双方经过两轮筛选,最后确定故宫选送1 022件展品,其他展品则由海外收藏家和艺术机构提供。商务印书馆出版了精美的《参加伦敦中国艺术国际展览会出品图说》,分铜器、瓷器、书画和其他类四册。

然而,中国政府决议参加伦敦艺展的消息发布之后,引发社会舆论的哗然。实际上,这已经不是故宫文物第一次引发强烈的社会关注了。早在九一八事变之后时任故宫博物院院长的易培基向民国政府提出将故宫所藏的文物精华南迁避难的建议时,就曾遭到大量知识精英甚至普通民众的反对。人们将文物南迁视作政府抗战决心的动摇,认为这是政府弃守北平的信号。左翼戏剧活动家马彦祥在天津《益世报》副刊上撰文疾呼:

> 我们国难一来的时候,不是大家都众口一词地说"宁为玉碎,勿为瓦全"么?现在为了一点古物,便这样手忙脚乱,还说什么牺牲一切,决心抗战?要抵抗么?先从具有牺牲古物的决心做起!①

胡适等人的反对,则更具代表性,对于如此规模巨大的转移,文物安全似乎更堪忧。北平学生抗日救国会、北平市民众保护古物协会等民间组织纷纷联合起来,不惜宣称要以非常手段来组织文物南迁。已经确定要随文物南迁的故宫职员中有好几个人甚至收到了恐吓信和匿名电话的威胁。

同样,1935年新年伊始,包括著名学者熊佛西、张荫麟、梁思成、林徽因、陈岱孙、王力等在内的28位北平学术界与文化界人士,联名在北平《晨报》与《世界日报》两次刊发公开信反对古物运英展览。主要理由有三:一是故宫古物皆为世界稀有之品、无价之宝,一经损失无从求购,所以提出珍品、孤品不应出境,须由复制品替代。二是英国方面不愿意为古物购买保险。三是英方委派专员来中国挑选古物的行为难以接受,尤其是其中还有曾参与敦煌盗宝行为的伯希和②。联名信公开发表四天后,国民政府迅速对展览缘起、安全问题、保险问题、展品选

---

① 马思猛:《攒起历史的碎片》,北京图书馆出版社2007年版,第185—186页。
② 《学术界反对古物运英展览 列举三项理由希望政府慎重将事》,载《世界日报》1935年1月20日。

择权、展品离国的周期等问题一一予以回应,澄清了部分不实信息,尤其是大众关心的安全和选择问题:

>院议理由,因保险须费大宗保险费,并不能增加物品安全……因此为预防海盗及其他意外起见,英正式照会,愿派军舰护送……为减少入口时困难,及意外事故起见,英方并拟于物品到英时,不在海关查验,而在展览场所,会同中国代表验看。
>
>展品选择权:展品之初选,由中国方面办理,英方委员,于初选后,将提出主张,但彼所主张,自非经中国方面同意,不能生效。①

尽管上述回应部分解决了大众关心的问题,但并未得到大众完全的谅解。1935年1月25日,北平《世界日报》刊登了题为《中国艺术国际展览会内幕种种》的报道,这篇应当来自故宫博物院内部人员的文章,详细罗列了伦敦艺展起因、数量等诸多问题的细节。然而同日同一份报纸,也刊登了徐悲鸿的实名重磅反对文章《中国烂污》,从职业角度重点批判国民政府的专业能力和责任意识,同时也点名批评了故宫博物院正、副院长易培基、李宗侗。历来反对文物南迁的著名学者陈寅恪更是直指国民政府积极推动伦敦艺展背后的政治目的:

>自九一八事变以来,国民一睹而不可得,今英人一纸,遽允所请,厚人而薄己,所谓国宝者,亦不过政治家的一份寿礼而已,于国何有。②

1935年1月27日,《晨报》刊登了题为《平市学术界第二次宣言反对古物运英展览》的公开信,参与签名的学者有司徒乔、朱君允、朱自清、沈性仁、沈从文、吴世昌、李健吾、林徽因、金岳霖、梁思成、黄子通、许地山、秦宣夫、张真如、刘敦桢、熊佛西、闻宥、钱稻孙、顾颉刚等19人③。伦敦艺展之所以引发专业人士大规模的反对,一方面国民政府基于急切希望提升中国影响力,建立民族自信,从而确有向英方降格示好之嫌;另一方面,英方主持此次活动的"洋顾问"中,不乏

---

① 《陶履恭等发表反对古物运英意见后伦敦中国艺展筹委会复函陶等说明实际情形》,载《世界日报》1935年1月24日。
② 转引自肖伊绯:《伦敦中国艺术国际展览会争议始末》,载《紫禁城》2016年第1期。
③ 肖伊绯:《伦敦中国艺术国际展览会争议始末》,载《紫禁城》2016年第1期。

以大维德为代表的英国古董收藏家和以卢芹斋为代表的海外古董商掺杂其间，其若隐若现的商业利益昭示着这场展览绝非国际文化交流这么简单，难免令人怀疑中国政府是否被裹挟其中，遭人利用。

尽管故宫文物的每一次动作都会引发媒体激烈的反对之声，但国民政府并未因此有丝毫的动摇。伦敦艺展的筹备工作有条不紊地进行着，为了免于文物流失的质疑，故宫博物院的工作人员着手为展品造册登记。关于这点，参与具体工作的傅振伦在日记中特别说明："所以造册，详记大小轻重及照片，印为目录出售，不仅出国前公开展览，且拟归国后，再公展一次。"[1]国民政府希望以此打消民众的疑虑。同时，《申报》事无巨细地对筹备工作予以报道，对展览选址、会场布置的设计师、选择展品的中外专家等一一罗列，几乎每隔几日就有相关消息刊登。在开幕前一个月的专题报道中，《申报》全文印发了《伦敦中国艺展上海预展会办事规则》，其中包括筹备会的人事框架、预展会点交、保管办法等内容，细致到保管库钥匙四把，分别由何人保管都一一罗列[2]。可见沪上对于此次展览"可以养成沪人士爱好高尚娱乐之兴趣，与崇尚艺术之风气"寄予厚望[3]。

装好箱的文物集中到太和门广场

国民政府能够力排众议，坚定执行既定政策，不得不说是其"振兴民族传统

---

[1] 傅振伦：《伦敦中国艺展始末①》，载《紫禁城》2014年第1期。
[2] 《伦敦艺展 英籍专员明日续抵沪，预展会开幕并无确期》，载《申报》1935年3月8日，第10版。
[3] 《艺展预展会明日开幕》，载《申报》1935年4月7日，第9版。

文化政策作用下的海外艺术博览会

精神"核心政策的体现。关于这一点,或许可以通过1933年2月国民政府行政院正式下令故宫古物南迁时时任行政院院长宋子文的一段话来解读:

> 国亡有复国之日,文化一亡,将永无法补救。古物留在这里,万一平津作了战场,来不及抢运,我们是不是心痛?①

1935年4月8日,伦敦中国艺术展览上海预展会在外滩的德国总会大楼二层如期开幕。预展门票的价格,平日每人2元、星期六及星期日每人3元。这个价格在当时着实不菲,相当于普通电影票的4倍,但依然无法阻挡热情的观众,第一天就吸引了逾2 000人前往参观,为此整个预展甚至不得不延期闭幕。1935年6月7日,所有展品才由英国的萨福克军舰运送,正式起航,7月25日抵达伦敦,在皇家艺术学院的百灵顿大厦展出。1935年11月28日至1936年3月7日,"伦敦中国艺术国际展览会"轰动欧洲,吸引了超过42万名观众,平均每天4 000多人,最多时一天2万多人。英国王室和内阁成员均前往参观。更有丹麦国王、挪威国王、瑞典皇太子及欧洲各国官员、艺术家等从四面八方远途而来。整个展览的收入达到4.5万英镑,扣除各项支出后,中国政府获得约9 000英镑的盈利。

1935年4月伦敦中国艺术展览上海预展会外景

---

① 那志良:《典守故宫国宝七十年》,紫禁城出版社2004年版,第64页。

从整体来看，伦敦艺展向世界展示了中国艺术的瑰宝，是具有积极意义的。然而，在整个筹备过程中，无论是前期国内诸多学界人士的反对，还是展览期间与英国方面的各种不愉快的磨合，都透露出这个阶段中国艺术展览自身所存在的不足和缺陷。对此，全程参与其间的叶恭绰在事后对于这样一次真正意义上的国际艺术交流展览所进行的反思还是相当中肯的：

> 吾国国内向乏大规模之陈列所，及专门研究之机关，故有系统之搜集、保管、陈列、整理、流通均所欠缺，致一般人欲研究吾国艺术者每苦无从下手，反须求之外人所著之书籍，及外人所办之博物院等。吾国此次参加伦敦之国际我国艺术展览，虽未能达到何项大目的，但是令一般人对我国艺术增加若干认识或重估其价值，自不失为有意义之举动……外间对于此会一切筹备经过，议论颇多，但平心而论，吾国办此等事尚未创举，自不能求全责备。最可惜者似有二点：（一）因限于公家出品，而又有种种原因，不能充分自由提选，故出品是否即可代表我国艺术之全部，不无疑问。（二）因有种种原因，不能将出品成为有系统有意义之组织，未免缺少'史'的意味，故足供欣赏而乏人研究之功能。①

1935 年 7 月伦敦中国艺术展览展品在伦敦开箱

---

① 叶恭绰：《对伦敦中国艺展的意见》，载《国画周刊》1934 年第 1 卷第 6 期。

三、探索和转型：抗战烽火里的中国艺术展览

"伦敦中国艺术国际展览会"之所以引起如此大的关注和争议，一方面是因为这是中国古代顶级艺术品的首次国际亮相，也是故宫博物院历史上最大规模的出国展览；另一方面则是因为展览的举办是在九一八事变之后，民族矛盾激化、国难当头的艰难岁月之中。1937年8月至11月的淞沪会战，尽管国民政府投入了当时最为精锐的部队，但在战场上依然节节败退，南京岌岌可危。于是，刚刚从上海转移到南京朝天宫新库房的故宫文物，不得不再次踏上迁徙之旅，分南路（向长沙）、北路（往西安）、中路（去汉口）向内陆转移，并在流离辗转中先后暂存在当时的汉口、长沙、桂林、贵阳、安顺、巴县、宜昌、乐山、重庆、西安、宝鸡、汉中等地。然而，1938年1月，也就是伦敦艺展闭幕后的一年多，美国政府正在筹备的"纽约世界博览会"向中国发出了参展的邀约。可能是太想复制此前伦敦艺展的辉煌，中国政府竟然答应了美国方面的邀请。此时，故宫博物院南路文物已经转移到了贵州，工作人员根据需要精选了历代书画、档案文献等265件展品，并且编制了参展目录。然而，1938年10月，武汉沦陷，古物赴美的运输线路被日军封锁，最终未能成行①。

1936年天津《大公报》上刊登有关纽约世博会邀展的报道

1939年5月，苏联政府艺术部为宣传中国文化，也向中国政府发出邀请，希望能选送文物参加当年9月在莫斯科举办的中国艺术展览会。国民政府行政院决定参展，并责成故宫博物院、中苏友好协会、中央研究院遴选展品。当时故宫博物院的南迁文物安置在贵州安顺的华严洞中，工作人员从原伦敦艺展的展品

---

① 《伦敦中国艺展　美拟请求运纽约陈览》，载《大公报》1936年1月12日。

中选择了商周时期铜器 10 件、玉器 40 件、唐代以后的书画 48 件、宋缂丝 1 件、元绣 1 件，共 100 件参展，并且按照惯例做了目录与说明，还附有作者小传。1939 年 7 月中旬，展品由重庆运至兰州，然后通过飞机转至莫斯科，与苏联政府在境内藏家手中征集的 1 500 余件展品共同展出。由于观者甚众，展览后又于次年 3 月移展列宁格勒（今圣彼得堡），直至苏德战争爆发才被迫中止。展品辗转新疆的阿拉木图、兰州等地，又在重庆直接参与了 1942 年 12 月举办的第三届全国美术展览会后，才最终回归安顺华严洞。①

尽管此后故宫国宝再未能走出国门，但即便是在辗转迁徙的艰辛旅途之中，也屡屡举办展览，为各地民众提供亲近国之瑰宝的机会。如 1943 年 12 月 25 日，"国立北平故宫博物院书画展览会"在重庆的中央图书馆开幕。在日军轰炸的隆隆爆炸声中，依然引发了巨大的观展热潮。应贵州省主席吴鼎昌的邀约，1944 年 4 月 12 日至 30 日，文物在从重庆送回安顺的途中又进行了展览。1944 年 9 月，故宫博物院从乐山安谷所温五中挑选了 100 件，拟赴成都举行展览，但一直未能成行。直到 1946 年秋，抗战胜利后文物即将东运前才在成都中正公园举行了告别展览。1948 年 5 月，故宫博物院南京分院与中央博物院筹备处联合举办了还京文物特展，当时的政界要员蒋介石、蒋经国等参观了展览。

艺术展览的对象是大众，因而并不能因其独有的艺术特性而独立于国家政治文化的大背景之外。艺术展览的举办或因商业经济目的或基于社会文化要求，尤其是国家或地方政府组织的官方展览，势必成为不同立场的政治团体争夺话语权的领域。伪满洲国成立后，日本侵略者就曾组织过"第一回访日宣诏美术展览"，意欲与国民政府举办的第二次全国美展抗衡。汪伪国民政府也曾于 1940 年 3 月 29 日在日伪机构的操纵下举办纪念油画展览会②。当然，与之对应的，更多的爱国艺术家们开始投入抗日洪流。这一时期，中国国内的艺术展览主题开始转向以向全社会发出国家危亡警示为主，且此类展览越来越多。上海就有何香凝发起的救济国难书画展览会、王济远的战区遗迹写生画展、朱屺瞻的淞沪战迹油画展，此外还有全国艺术家捐助东北义勇军作品展览会等。随着抗战的全面爆发，劳军美展成为这个时代的特色展览。艺术展览在国难时期越来越趋向于有明确的爱国主题，承担起了振奋人心的作用。在 1927 年南京国民政府成立后的几年中，对国家层面的艺术展览的策划组织、媒体宣传等都具有相当的

---

① 单霁翔、郑欣淼主编：《故宫国宝南迁纪事》，故宫出版社 2016 年版，第 40—41 页。
② 吉春阳：《中国近代美术展览的历史考察》，载《南京艺术学院学报（美术与设计版）》2011 年第 6 期。

把控能力,艺术展览成为其宣传文化思想、加强传统道德建设的工具,服务于其建立民族自信的国家文化策略。当抗战烽烟燃起之后,一切都让位于更加紧迫的民族危亡的大局。

试论 19 世纪后期欧洲汉学界的结构与特征 *

王 皓①

一、"汉学"与"中国研究"刍议

在欧洲汉学的发展史上，19 世纪是一个较为关键的时期。一方面，1814 年雷慕沙（Jean Pierre Abel Rémusat）担任法兰西学院（Collège de France）"汉满鞑靼语言和文学讲座"（La Chaire de langues et littératures chinoises et tartares-mandchoues）教席标志着汉学作为学术研究科目开始在欧洲学院中占据一席之地。此前，在华天主教传教士尤其是耶稣会士一直是汉学研究的主体。另一方面，学院派汉学成立之后，到了 19 世纪晚期，以语史学方法为特征的现代汉学研究范式逐渐成熟，并迅速影响了日本的东洋学和中国的现代史学，"致欧美与东方学者之作品渐不可辨"。开拓这一研究范式的代表人物是继雷慕沙、儒莲（Stanislas Julien）和德理文（D'Hervey-Saint-Denys）之后接任法兰西学院汉学讲座教席的沙畹（Émmanuel-Édouard Chavannes）②。

目前关于欧洲汉学史的研究在数量上相当可观，不过还是有很多空间值得深入探讨。欧洲人研究中国的历史很长，主体很复杂，既有民族身份的不同，也

---

* 本文原发表于《中国文化研究》2020 年第 2 期，收入本文集时，作者做了修订。
① 作者简介：王皓，上海大学文学院历史系副研究员。
② 参见周振鹤：《马伯乐对中国历史地理学的贡献》，载《法国汉学》（第 9 辑），中华书局 2004 年版，第 447—449 页；马伯乐：《近代"汉学"研究论》，载李孝迁编校：《近代中国域外汉学评论萃编》，上海古籍出版社 2014 年版，第 65 页；张广达：《沙畹——"第一位全才的汉学家"》，载《史家、史学与现代学术》，广西师范大学出版社 2008 年版，第 134—175 页；戴仁、阮洁卿：《西方汉学第一人——爱德华·沙畹》，载《史学理论研究》2012 年第 1 期。

有职业身份的差别。加上欧洲各国语种丰富,同一时期对汉学的同一主题往往有多个语种的探讨。将这些材料尽可能的搜集备至已经非常不易,还原文本背后的语境则更为困难。与中国学者研究中国历史一样,欧洲人研治汉学同样有其自身的立场和学术脉络。一方面,欧洲汉学需要被置放在欧洲东方学研究的系谱中进行审视;另一方面,作为欧洲学术中较为边缘的学科,欧洲汉学研究在方法和视野上往往受制于欧洲主流学术的发展,这其中包括以欧洲为本位的各种人文和社会科学。将研究个案与时代背景相结合,从不同主体的联系和互动中看出学术的发展形态和影响链条,或许可以超越静态式的描述,并作出较为贴切的评价。

刘东关于"美国汉学的传教之根"的说法十分形象,他指出,"没有传教士的来华,就不会有后来的美国汉学"①。这种观点是很有道理的。不过,需要注意的是,从历史的发展而言,美国汉学的渊源十分复杂,除了美国来华传教士这一支系谱以外,欧洲汉学家的迁移所带来的汉学传统的移植也是不容忽视的,其地位甚至较前者更为重要。在第二次世界大战以前,夏德(Friedrich Hirth)和劳费尔(Berthold Laufer)等欧洲汉学家移居美国,为美国的汉学研究奠定了重要的基础。直至二战结束,美国的汉学研究基本是欧洲汉学研究的延伸②。对于欧洲汉学来说,其"传教之根"同样不容忽视。欧洲学院派汉学出现之后,他们获得汉学研究的主导权并非一蹴而就,而是经历了数十年之久。此间,在华传教士的汉学研究深为学院派汉学家所看重,这两个群体在学术上有着制度性的互动往来。有必要指出,传教士从事较为客观的汉学研究更多的是对形势的顺应,当学院派主导了汉学研究的范式和话语权之后,传教士若希望自己的研究获得关注和赞赏,必须尽可能地服从主流学界所制定的规范,从而在神学绝对论和理性思潮之间做出必要的平衡。诚如克罗齐(Benedetto Croce)所言,在19世纪的欧洲,"批判精神日益增强并得到传播,世俗思想与知识的优越性日益明显,以致神职人员也到意大利大学上课,为从事科学研究与教学做必不可少的准备"③。

二战之后,欧美关于中国的研究发生了重大变化,以费正清(John King Fairbank)为代表的美国学者将汉学研究的重心由古代下移到近现代并广泛借

---

① 刘东:《美国汉学的传教之根》,载《清华大学学报(哲学社会科学版)》2010年第5期。
② 参见桑兵:《四裔偏向与本土回应》,载《国学与汉学:近代中外学界交往录》,浙江人民出版社1999年版,第15—17页;龚咏梅:《劳费汉学研究述评》,载《探索与争鸣》2008年第7期。
③ 贝内德托·克罗齐著、田时纲译:《十九世纪欧洲史》,商务印书馆2015年版,第231—232页。

鉴社会科学的方法，学者们将这一变化称为"20世纪欧美汉学的'典范大转移'"。所谓的"典范转移"，便是从"欧洲""汉学"（Sinology）转移到"美国""中国研究"（Chinese Studies）。前者本为"东方学"的分支，与"古典学"的科系为邻；后者的关怀对象"古""今"并重，甚至以"近现代"为主。

然而，关于"汉学"和"中国研究"的分别并非二战结束以后才被提出。1940年，吉川幸次郎发表了一篇题为《关于中国学之问题》的文章，称：

> 所谓中国学者，是以文献——特别是古典语的文献为资料，而研究中国。资料方面，是以从来汉学者所用的东西为根干，而客观的研究；所谓中国研究家，是以目前中国的事象为资料，而研究中国。文献也不能说是不用，但其所用者，大概是用近代语所记载的。总之，他们是以从来的汉学者不知道的或弃而不顾的东西为资料。前者是古代中国的研究；后者是现代中国的研究。①

1930年，德国汉学家海尼士（Erich Haenisch）在《近五十年来德国之汉学》一文中说：

> "汉学"（Sinologie）为"中国学"（Chinakunde）之一部分，系以中国典籍为其研究源泉。斯学之兴，实以第十八世纪天主教牧师之工作为始。其后继以第十九世纪下半期之科学预备工夫，如约里（Julien）、逦改（Legge）、雪提（Schott）诸氏，对于中国古籍之翻译，及其所撰各种重要论文，以使吾辈今日，得以继续研究，是也。②

由于翻译之故，吉川幸次郎和海尼士所说的"中国学"并不相同，但是两人都有意识地对"古典的汉学"和"更广泛和有现实感的中国研究"进行区分。海尼士还点出了欧洲汉学的"传教之根"，并提出19世纪下半叶是"科学的"汉学研究之形成期。

---

① 吉川幸次郎：《关于中国学之问题》，载李孝迁编校：《近代中国域外汉学评论萃编》，上海古籍出版社2014年版，第146页。
② 海尼士：《近五十年来德国之汉学》，载王光祈：《王光祈旅德存稿》，上海书店出版社1996年版，第488—489页。引者注：译者所称"十八世纪天主教牧师"应为"司铎"或者"神甫"，"牧师"为新教术语。引文中的三人分别是儒莲、理雅各（James Legge）和硕特（Wilhelm Schott）。

实际上，在欧洲汉学的发轫阶段，利玛窦(Matteo Ricci)所撰写的《耶稣会与天主教进入中国史》对于当时的欧洲来说就是"中国研究"，其中关于中国宗教、历史、风俗和语言等方面的描写都是为了了解"当时的中国"，进而为传教开辟路径。利玛窦的写作范式影响深远，曾德昭(Alvaro Semedo)的《大中国志》、安文思(Gabriel de Magalhães)的《中国新史》、李明(Louis Le Comte)的《中国近事报道》乃至19世纪的美国新教传教士卫三畏(Samuel Wells Williams)的《中国总论》等作品都是遵循这一框架，这些著作的现实性导向都十分明显。

欧洲的首届国际东方学家大会(International Congress of Orientalists)于1873年在巴黎召开，其后分别在伦敦(1874)、圣彼得堡(1876)、佛罗伦萨(1878)、柏林(1881)、莱顿(1883)、维也纳(1886)和斯德哥尔摩(1889)召开了第2—8届会议。1891年9月1—10日，第九届国际东方学家大会在伦敦召开。① 在第九届东方学大会的19个分会中，汉学分会的正、副主席分别是莱顿大学的汉学讲席教授施古德(Gustave Schlegel)和巴黎东方语言学院的汉学讲席教授高迪爱(Henri Cordier)。② 他们两人于1890年创办了《通报》(*T'oung Pao*)，并联袂主编这一刊物直至1903年施古德去世，顶替施古德位置的便是沙畹③。

在第九届国际东方学家大会上，高迪爱作了题为《近五年来中国研究述论》(*Half a Decade of Chinese Studies*)的报告。高迪爱称："在1878—1885年出版的《汉学书目》(*Bibliotheca Sinica*)中，我尽力给出了涉及中国研究(researches on China)这一广泛领域的著述之完整调查。仅仅过了五年多一点，我又增补了一卷汉学书目，这充分说明当今汉学研究的意义已经超越了学术的范围，它对于政治和商业也同等重要。"④1904—1908年，四卷本的《汉学书目》再版，高迪爱在新版序言中说："在最近的这些年中(引者按：指两个版本之间的年份)，中国研究(Les études chinoises)取得了令人瞩目的进展，初版中的一些内容显露了编纂者的稚嫩，毕竟他在开始收集材料时年仅20岁。因此颇有必要对

---

① "Variétés: Congrès international des Orientalistes," *T'oung Pao*, Vol. I, N° 1 (Mars, 1890), p. 56.

② "Variétés: The Statutory Ninth International Congress of Orientalists, London," *T'oung Pao*, Vol. II, N° 5 (Décembre, 1891), pp. 412–413.

③ 关于《通报》的简介，参见洪怡沙、魏丕信编，耿昇译：《〈通报〉杂志小史》，载《法国汉学》(第3辑)，清华大学出版社1998年版。

④ "Variétés: Half a Decade of Chinese Studies," *T'oung Pao*, Vol. II, N° 5 (Décembre, 1891), p. 426.

原版中的内容进行修改、纠正谬误并增添这一研究领域的最新成果。"①

可见,在高迪爱的论述中,"中国研究"和"汉学"大体上为同义词,关于这门学问的学术研究取向和"经世致用"的实用导向,确实难分轩轾。早期传教士所奠定的汉学研究的基础在经过了 19 世纪的学院化阶段之后,其学术特点逐渐浓厚。到了 19 世纪末,在沙畹所代表的以语史学的方法研治汉学的近代范式确立以后,流风普及,这一学派占据了欧洲汉学界的主流长达几十年,并且结出了累累硕果。二战结束之后,汉学研究的中心从欧陆转移到美国,以费正清为代表的学者在汉学研究的内容和方法上较其欧洲前辈有所拓展和改变。然而诚如桑兵所论,这在本质上也是全面退回到沙畹以前的欧洲传统汉学,"尽管表面看来更具现实感"②。

实际上,即使在巴黎学派独领风骚的时期,欧洲汉学也始终存在其他类型的研究取向。与沙畹同时代的德国汉学家福兰阁(Otto Franke)便始终强调汉学研究既要侧重古代的知识,又要"通过这些知识了解当代中国"。福兰阁所创立的汉堡学派对于上述宗旨的坚持一直延续至今。③ 吉川幸次郎对于中国学的两种类型之划分虽然明晰,然而他的本意却是批判这种两分法:"昔时的中国和现时的中国,根本是同一历史的,故意分成两个来研究,恐怕没有必要吧!……这样想来,像现在中国学者与中国研究家之对立,不只奇怪而已,简直是糟糕,这两派只要不合二为一,决不能窥中国之全豹。"④

傅吾康(Wolfgang Franke)在论述 19 世纪的欧洲汉学时称:

> 类似于印度学、埃及学等其他语言学的研究学科的名词,"汉学"(Sinology)这一专有名词在 19 世纪末期开始第一次出现。这个名词是由希腊文 logos(语言)和拉丁文 sinae(中国)组合而成。汉学的确切含义,40 多年前傅海波在其德文著作中所下的定义至今仍然是有效的。他的定义翻译成英文就是:"汉学是运用语言学方法,从中文史料来研究中国、中国历史

---

① Henri Cordier, "Préface," in Henri Cordier, *Bibliotheca Sinica: dictionnaire bibliographique des ouvrages relatifs à l'empire chinois*, Volume I (Deuxième édition), Paris: Librairie Orientale & Américaine, 1904, p. V.
② 桑兵:《四裔偏向与本土回应》,第 15 页。
③ 李雪涛:《福兰阁的汉学研究与当时之世界——论欧洲汉学研究的范式转换》,载《误解的对话:德国汉学家的中国记忆》,新星出版社 2014 年版,第 82—85 页。
④ 吉川幸次郎:《关于中国学之问题》,载李孝迁编校:《近代中国域外汉学评论萃编》,上海古籍出版社 2014 年版,第 146—147 页。

和文明。"自从 19 世纪以来,一些方法学作为标准已在汉学出版物中得到广泛承认。在这方面,从 1890 年开始出版的上面提到的法荷合作出版的《通报》起了相当重要的作用。

傅吾康对于汉学的界定只论方法,不论时段。而且接下来他说:"……一般性的论述中国的一些著作对汉学研究也常常是有价值的,特别是根据亲身观察和经历而描写特定地区的游记。"①可见,在关于中国的学术研究中,历史和当代难以截然两分。如果从历史学的角度来检讨,"汉学"和"中国研究"这种两分法很可能是一种"层累"的效应。或许我们可以借鉴戴密微(Paul Demiéville)的说法,"把汉学理解为对中国的学术研究"②。

二、汉学场域的中心与边缘

有学者将 19 世纪至 20 世纪中期的国际汉学分为"本土汉学"和"侨居地汉学"两种类型,这里的本位自然是欧美等国。如对于法国来说,身居法国的汉学家便是其"本土汉学"的组成;身居中国的汉学家,不管是传教士还是外交官,都是"侨居地汉学"的代表③。"本土汉学家"往往是学院中的学者,"侨居地汉学家"主要由传教士和外交官构成。不过,这两种身份并非固定不变。很多"侨居地汉学家"在回到其祖国并在学院中获得教席之后,便会摇身一变成为"本土汉学家"。这种例子很多,如新教传教士卫三畏和理雅各在返回各自祖国后分别担任耶鲁大学和牛津大学的首任汉学讲座教授,外交官威妥玛(Thomas Francis Wade)和庄延龄(Edward Harper Parker)在返回祖国后则分别成为剑桥大学和利物浦大学的首任汉学教授。

需要注意的是,"本土汉学家"和"侨居地汉学家"之间一直存在着有效的联络渠道,而且这种联络方式有着悠久的传统。1685 年,法王路易十四派遣白晋(Joachim Bouvet)等五名耶稣会士前往中国,他们被称为"国王的数学家"。蓝

---

① 傅吾康著、陈燕、袁媛译:《十九世纪的欧洲汉学》,载任继愈主编:《国际汉学》(第 7 辑),大象出版社 2002 年版,第 77 页。
② 戴密微:《法国汉学研究史》,载戴仁编、耿昇译:《法国中国学的历史与现状》,上海辞书出版社 2010 年版,第 74 页。
③ 王国强:《〈中国评论〉(1872—1901)与西方汉学》,上海书店出版社 2010 年版,第 122—123 页。

莉(Isabelle Landry-Deron)指出,在"国王的数学家"出发之前,法国科学院的院士们提出了一份问题清单,这些问题五花八门、包罗万象。在此后巴黎出版的数十卷本的《耶稣会士书简集》和1735年问世的《中华帝国全志》中,可以找到其中大部分问题的答案。这充分显示了法国耶稣会士的在华科学活动有着明确的问题导向,而且他们和法国主流学界之间有着畅通的交流渠道①。

第一个来华的新教传教士马礼逊(Robert Morrison)和雷慕沙之间也建立了密切的通信联系。马礼逊于1820年1月4日在广州写信给雷慕沙,称自己已经收到了雷慕沙写于1818年11月份的两封信。马礼逊在信中说,他在一位获得秀才功名的助手的帮助下为雷慕沙的《中庸》译文纠谬,同时他还为雷慕沙搜集了一些中文书籍的价格信息以供雷慕沙订购时参考。此外,雷慕沙曾尽力协助马礼逊以使其作品能够在欧洲大陆刊行,马礼逊在信中也对此表示感谢②。类似的,卫三畏在1845年8月过访巴黎时,也同法国汉学家儒莲和巴赞(Antoine-Pierre-Louis Bazin)建立了联系,并同他们约定相互寄赠各自的汉学研究作品③。

到了19世纪下半叶,学会的成立和刊物的创办取代了不定期的通信成为"本土汉学"和"侨居地汉学"的主要联系制度。这一点并不特殊,反倒体现了"汉学"学科在欧洲各学科中发展的滞后。近世欧洲各个学科的发展多依赖于学术共同体的建立,学会和刊物是学术共同体的基本构成④。1893年,蔡尔康在广学会的喉舌刊物《万国公报》上刊文,呼吁中国广设学会,这里的"学会"实际上便是近代的专业学术共同体:

> 欧洲各国……近百年来更行一上行下效之风俗,为我中国所万不能及者,盖有新学书院出身之著名博士,又设一广学会,以究明洪荒开辟以来数万年未经发泄之事,分门别类,专门名家。如广化学,如广电学,如广地舆学,如广格致学,如广农学之类。种种不一,偻指难终。……广学会中人益复相观而善,相感而兴。无论是何书籍,凡会中有资以诵读,资以考证者无

---

① 蓝莉著、许明龙译:《请中国作证:杜赫德的〈中华帝国全志〉》,商务印书馆2015年版,第134—147页。
② Mrs. Morrison, et al., *Memoirs of the Life and Labours of Robert Morrison, D.d.* (Vol. II), London: Longman, Orme, Brown, Green, and Longmans, 1839, pp. 28-29.
③ Frederick Wells Williams, *The Life and Letters of Samuel Wells Williams, LL.D.: Missionary, Diplomatist, Sinologue*, New York and London: G. P. Putnam's Sons, 1899, pp. 141-142.
④ 参见彼得·柏克著,贾士蘅译:《知识社会史:从古腾堡到狄德罗》,台北:麦田出版,2003年,第81—93页。

不备也。无论是何机器，凡会中有借以推测，借以制造者无不周也。①

蔡尔康此文刊出时，欧洲召开东方学家大会已经有了 20 年的历史，欧洲汉学的专业刊物《通报》也已经设立 3 年之久。上文已述，傅吾康对《通报》在汉学发展史上的作用评价非常高。海尼士也认为"杂志问题对于汉学一科，关系极为重要"，《通报》作为"国际专门杂志"，"其编辑所系在巴黎，为主持汉学坛坫之机关"②。其评价不可谓不高。甚至到了二战以后，欧美的汉学研究中心逐渐从巴黎转移至美国，杨联陞此时几乎是《哈佛亚洲学报》(*Harvard Journal of Asiatic Studies*)的书评编辑，他坦言自己争胜的目标便是《通报》③。布尔迪厄(Pierre Bourdieu)在论述"场域"(champ/field)时称："根据场域概念进行思考就是从关系的角度进行思考。……一个场域可以被定义为在各种位置之间存在的客观关系的一个网络(network)，或一个构型(configuration)。"④若依此来看，19 世纪下半叶的欧洲汉学界作为一种场域必然包含各式各样的联系，这些汉学研究者的主体身份是多元的，包括天主教传教士、新教传教士、外交官以及学院中的职业学者。然而，他们在汉学研究的场域中联结为一体并且相互影响，而构成这一场域的中心刊物便是《通报》。

通过《通报》，散居世界各地的汉学研究者能够互相沟通最新的研究进展。每一期的《通报》基本都会对"侨居地"的汉学研究动态进行报道，并梳理"侨居地"新出版的汉学杂志和书籍，这些书刊数量庞大，内容庞杂。每当"侨居地"的汉学家去世，《通报》都会在第一时间刊登这些学者的讣闻，讣闻往往包括人物小传及其作品列表⑤。我们可以合理地推论，无论"侨居地汉学家"的学术成就如何，以《通报》为中心园地的欧洲主流汉学界对于他们都有较为充分的认识和迅捷的信息渠道。诚如学者所论，有了皇家亚洲文会北中国支会这种学术共同体和《中国评论》这类汉学刊物，英国的"本土汉学"和"侨居地汉学"实际上构成了

---

① 铸铁盦(蔡尔康)：《设文会以广闻见议》，《万国公报》第 48 册，载李天纲编校：《万国公报文选》，生活·读书·新知三联书店 1998 年版，第 547—548 页。
② 海尼士：《近五十年来德国之汉学》，载王光祈：《王光祈旅德存稿》，上海书店出版社 1996 年版，第 508 页。
③ 杨联陞：《书评经验谈》，载杨联陞著、蒋力编：《汉学书评》，商务印书馆 2016 年版，第 458—462 页。
④ 布迪尔、华康德著，李猛、李康译：《反思社会学导引》，商务印书馆 2015 年版，第 121—122 页。
⑤ 参见黄时鉴：《〈通报〉的"玉树凋零"传统》，载黄时鉴：《黄时鉴文集Ⅲ：东海西海——东西文化交流史(大航海时代以来)》，中西书局 2011 年版。

一体之两面。① 实际上,若将视野扩展到整个欧洲或者欧美,以上说法依然成立,只不过"中心"和"边缘"本是相对而言,在更大的汉学场域中,英国变成了边缘之地,中心则是法国巴黎。

三、多元一体的欧洲汉学界

与欧洲主流学界相比,包括传教士在内的"侨居地汉学家"在汉学场域中处于相对边缘的地位,然而他们和欧洲的学术中心之间保持着畅通迅捷的联络渠道。1873年7月,第一届国际东方学家大会在巴黎召开,同年11月,丁韪良(W. A. P. Martin)便在《中西闻见录》上登载了这一消息,称:

> 泰西之专攻亚细亚各国文学者不少,近闻设立东方文会,于七月间学士大集于法京,共相砥砺观摩,讨论文策,以期广益。更选人将汉史译成,在会者皆泰西各国士人。外有法国女学士一名,有日本数人,所论著洋文极佳,众相佩服。凡八日会始竣,订于明岁毕集英京,此盖泰西以文会友、以友励学之意。②

1874年7月,第二届国际东方学家大会在伦敦召开,艾约瑟(Joseph Edkins)和理雅各两位新教传教士与会,丁韪良又作了报道:

> 东学文会……今岁七月间,又在伦敦聚集,在会中有专讲埃及象形古文,有专讲巴比伦箭头古字者,有专讲亚拉伯回回国古文者,有专讲印度梵字古文者,不一而足。更有艾、理二先生,讲论中国文学,极一时之盛事。该文会连年聚集名士,各抒所学,彼此互相印证,定必考据日精,见闻日广矣。③

晚清新教传教士虽然门派众多,但是通过《教务杂志》这种教会刊物,他们彼此之间非常熟悉,并形成了一种既内向又开放的圈子。这个圈子的内向特征体

---

① 王国强:《〈中国评论〉(1872—1901)与西方汉学》,上海书店出版社2010年版,第245—250页。
② 丁韪良:《各国近事:法国近事·东方文会》,《中西闻见录》第16号(1873年11月),第25张。
③ 丁韪良:《各国近事:英国近事·东方文会》,《中西闻见录》第28号(1874年12月),第22张。

现为以发展教务为共同的导向,开放的特征体现为它并不是封闭的,而是与中外各界有着密切的互动往来①。长期担任晚清海关总税务司的赫德(Robert Hart)是"侨居地汉学"的重要赞助人之一,夏德便是他的下属并在学术事业上深受其恩惠。赫德与丁韪良关系密切,他曾向丁氏借阅其私人藏书中卫三畏所著的《中国总论》和儒莲的《孟子》译本,用以学习中国语言和文化②。与卫三畏、丁韪良和赫德相比,英国浸礼会传教士李提摩太(Timothy Richard)要年轻很多。但是比照赫德1854—1863年的私人日记和李提摩太的在华回忆录,可以发现他们二人之间的交友圈有很大的重叠。他们二人共同的密友中,比较著名的便包括艾约瑟、威妥玛、丁韪良、巴夏礼(Sir H. S. Parkes)、倪维思(J. L. Nevius)等人。这些人中不乏汉学名家,基本都来自英、美两国,职业往往不是传教士便是外交官。可以说,这些在华西人中的头面人物,不管其身份如何,他们之间以及他们与欧洲主流汉学界之间常常有着千丝万缕的联系。

这意味着,除了学会和期刊等制度性的学术交流之外,一般的人际交往也有力地带动了19世纪欧洲汉学的发展。为了说明这一点,下文将以个案的形式分门别类地进行论述,管窥这一时代的汉学发展形态。

1. 中国学者—中、外外交官的互动

沈曾植是中国近代学术史上的一位要角,王国维在学术上对沈曾植的承续渊源颇深。在同光年间的蒙元史地研究学者群体中,沈曾植可谓是执牛耳者③。他在校注《皇元圣武亲征录》中称:

> 侍郎后自欧洲归,先访余研究《元史》诸疑误,前贤未定者,举余校语。余请曰:单文孤证,得无凿空讥乎?侍郎笑曰:金楷理谓所考皆至确。金楷理者,英博士而充使馆翻译,地理历史学号最精,助侍郎译述拉施特、多桑、贝勒津诸书者也。李仲约侍郎自粤返都,亦折节下交相谘问。④

前两处"侍郎"是指洪钧,他于1889—1892年出使俄、德、奥、荷兰等国,

---

① 参见陶飞亚:《传教运动的圈内"声音":*The Chinese Recorder*(1867—1941)初论》,载张先清编:《史料与视界:中文文献与中国基督教史研究》,上海人民出版社2007年版。
② 凯瑟琳·F.布鲁纳等编、傅曾仁等译:《步入中国清廷仕途:赫德日记(1854—1863)》,中国海关出版社2003年版,第48、94页。
③ 参见郭丽萍:《绝域与绝学:清代中叶西北史地学研究》,生活·读书·新知三联书店2007年版,第283—291页。
④ 沈曾植著、钱仲联编校:《海日楼文集》,广东教育出版社2018年版,第63页。

1892年归国。洪钧所撰的《元史译文证补》以西文史典籍与汉文蒙元史典籍互证,为学者所推重,在中国近代学术的发展中起着颇为重要的作用。陈垣关于元代也里可温的考订对于此书借鉴颇多,并且由于该研究一举成名。金楷理(Carl Traugott Kreyer)原本是德裔美籍的浸礼会传教士,来华后在江南制造局广方言馆任德文教习,后来作为使馆翻译先后协助李凤苞、许景澄、洪钧等驻外使节①。李仲约即李文田,广东顺德人,官至礼部侍郎,也是蒙古史专家。

与沈曾植和王国维相比,金楷理在近代中西学术史上是个不折不扣的边缘人物。此例旨在说明,从学术的发展过程来看,一些边缘人物的作用实在不可忽视,而后来的学术史往往是以学术成就为导向进行探讨,其论述难免会失之简单。

类似的还有马格里(Halliday Macartney)和郭嵩焘与曾纪泽的关系。曾纪泽曾找过丁韪良担任其私人英文教师,两人较为相熟。丁韪良称,曾纪泽以及其前后任使臣在外交上的成功,在很大程度上要归功于中国驻英、法等使馆的顾问马格里②。这一点可以从曾纪泽光绪四年至光绪十二年(1878—1886)的出使日记中得到印证,曾纪泽有关欧西的知识、政事的交接乃至生活的仪节等各个方面,几乎处处都要咨询马格里③。马格里本是英国随军医生,后加入中国国籍,深得李鸿章器重,对于中国近代洋务事业的开展颇有贡献。在曾纪泽之前,马格里曾担任郭嵩焘出使英、法时的顾问,对于郭氏观念的开通、知识的增益以及事务的处理等方面作用甚大④。

如果以学术标准来衡量,金楷理和马格里都很难称得上第一流的汉学家。但是要让他们将西文著作译成中文,或者为中国学者校验西文史著的学术成色,应当并非难事。郭嵩焘、曾纪泽和洪钧等人几乎都是以传统文化为根底的士大夫,他们之所以能够和西方世界顺畅地交流,这些可以沟通中西的洋顾问起到了重要作用,他们的存在为中西之间在文化和学术上的深入交流提供了一种通道。

---

① 关于金楷理,参见高田时雄:《金楷理传略》,载日本京都大学人文科学研究所编:《日本东方学》(第1辑),中华书局2007年版。

② W. A. P. Martin, D. D., LL. D., *A Cycle of Cathay: with Personal Reminiscences* (third edition), New York • Chicago • Toronto: Fleming H. Revell Company, 1900, pp. 364 - 365.

③ 参见钟叔河主编、王杰成标点:《走向世界丛书——曾纪泽:出使英法俄国日记》,岳麓书社1985年版。

④ 参见汪荣祖:《走向世界的挫折——郭嵩焘与道咸同光时代》,中华书局2006年版;钟叔河编,钟叔河、杨坚整理:《走向世界丛书——郭嵩焘:伦敦与巴黎日记》,岳麓书社1984年版。

2. 中国外交官—欧洲学院派汉学家的互动

晚清的驻外使臣与西方各国的汉学界常有互动往来①。1866年,斌椿奉命出使西方国家,由此拉开了晚清官方大员出使和考察欧美诸国的序幕。值得指出的是,斌椿此次旅欧,与后来接替儒莲担任法兰西学院汉学讲席的德理文侯爵有数次往来。1866年5月,德理文将自己所译的唐诗一册赠予斌椿,斌椿有诗纪之:"海外逢知己,清谈意倍亲;开编追往哲,厌俗谢朝绅(君谢爵不乐仕进);微恙劳频视,新交等故人;客途持此册,欣喜比怀珍。"②

1879年7月10日,曾纪泽在日记中写道:

> 理雅各来,谈极久。其人为倭格师福尔德书院教师,专教中国学问,即前寓广东三十余年,曾译五经四子书者也。自言诸经皆能通晓大意,唯《周易》难于解说。余告之曰:《易》系伏羲、文王、周公、孔子四大圣人精神所注,篇简无多,而赅备宇宙万物之理,古今万世之事,是以精奥难通。中国历代先儒诠解,亦是仁者谓仁,智者谓智,不能穷微测妙,豁然贯通,无论西人也。理雅各、马格里皆疑余□大言欺之,又谓《易》为卜筮之书,无关学问。余答之曰:《易》之深处未易骤谈,请为君举浅处三数事以证之,可见西洋人近日孜孜汲汲以考求者,中国圣人于数千年已曾道破。……理雅各心折,因言,翻译诸经,限于来岁告成,求常常来谒,剖问疑义。许之。③

理雅各原为伦敦会传教士,1876年他被委任为牛津大学首任中文教授。曾纪泽称理雅各在告别时对于他的解释心悦诚服,并"求常常来谒",这如果不是曾纪泽的夸大之词,也只能被视为理雅各的客套话。在曾纪泽的日记中,涉及理雅各者唯此一处,所谓"常常来谒"是无有之事,而理雅各和马格里认为曾纪泽"大言欺之",这或许才是他们的真实感受。

理雅各能够获得牛津大学的教职,本已非常艰辛,因为他是传教士出身,正统的学院派学者对其身份不无歧视,加上理雅各又是加尔文派教徒(Calvinist),在1871年以前,非国教徒(Nonconformist)被任命为牛津大学的教授基本是不

---

① 参见蔡鸿生:《十九世纪后期清朝使臣与俄国"汉学"家的接触》,载《学术研究》1983年第3期;桑兵:《陈季同述论》,《近代史研究》1999年第4期。
② 斌椿:《海国胜游草》,载钟叔河编,钟叔河、杨国桢、左步青校点:《走向世界丛书——林鍼:西海纪游草　斌椿:乘槎笔记·诗二种　志刚:初使泰西记　张德彝:航海述奇·欧美环游记》,岳麓书社2008年版,第164—165页。
③ 曾纪泽:《出使英法俄国日记》,第229页。

可能的。1868年,马克斯·缪勒(Friedrich Max Müller)在牛津大学设立比较语言文献学教席,开始用科学的、客观的和批评的方法来整理东方殖民地的知识。在东方学(Oriental Studies)的谱系中,汉学由于语言上的独特性,不能被归入印欧语系,无法在缪勒所说的"印欧文化同源论"的意义上被理解,因而显得颇为边缘。理雅各如要获得学界的认可,必须遵从学界的规范,从传统传教士的神学绝对论转移到学术性的客观科学的方法道路上来①。

3. 中国学者——欧洲、日本等学院派汉学家——在华新教传教士汉学家的互动

曾纪泽1878年出使法、英等国时,随行人员中包括杨文会。杨文会在这一年结识了日本净土宗僧侣南条文雄,当时南条文雄正在牛津大学师从马克斯·缪勒学习梵文经典,他对欧洲东方学的研究路径十分熟稔。此后,两人书信往来二十多年,彼此互相寄赠佛教典籍。南条文雄为杨文会搜集了在中国亡佚的佛典一千余册,此为晚清佛学复兴的一大因缘②。李提摩太在回忆录中说,杨文会在英、法两国与马克斯·缪勒、儒莲等人时相过从③,不过具体情形不得而知。《杨仁山全集》收有《与日本南条文雄书十三》,其中称:

二、英人李提摩太在上海约弟同译《大乘起信论》。李君写出英文,刊布欧洲,应用华、梵、英合璧字典。李君有一本,系前时西人在香港印行者,近年若有新出之书,较前加详,祈开示英字名目,以便购用。

三、英国牛津及欧洲各国所译佛经,共有几种?乞示悉。

周继旨有按语称:"李提摩太所译《起信论》,颇有援耶入佛之嫌。曾有人亲问先生,先生云:当时李君约同译《起信论》,李君请为讲释甚明,李君亦自言已解,乃至执笔时,仍以私见穿凿。故此后有西人请同译《楞严》等经,皆坚辞谢绝。"④该信无落款时间,李提摩太在回忆录中称此书译于1891年,当时他接受了上海广学会的督办职位,为了研究佛教为何在中国如此流行而有此译述,其目的仍在于促进传教。⑤杨文会的上述信件可能写于同年。

---

① 参见吉瑞德著,段怀清、周俐玲译:《朝觐东方:理雅各评传》,广西师范大学出版社2011年版,第112—243页。

② 杨文会撰、周继旨校点:《杨仁山全集》,黄山书社2000年版,第5页。

③ Timothy Richard, D. D., Litt. D., *Forty-five Years in China*, New York: Fredrick A. Stokes Company, 1916, p. 195.

④ 杨文会:《等不等观杂录卷七·与日本南条文雄书十三》,载《杨仁山全集》,第491页。

⑤ Timothy Richard, D. D., Litt. D., *Forty-five Years in China*, New York: Fredrick A. Stokes Company, 1916, pp. 217, 334-335.

杨文会向南条文雄征询最新版的汉、英、梵三语对照字典，并询问欧洲对佛经翻译的情形。李提摩太在咨询甚为清晰之后，执笔时仍作曲解，这让杨文会产生被欺的感觉，并断绝之后一切类似合作的可能性。杨文会同意协助李提摩太翻译《大乘起信论》，本来就有"为他日佛教西行之渐"的心理预期，这一点与李提摩太并无太大的差异。所不同者在于，杨文会对于译文有着客观忠实的追求，不允许以个人偏好歪曲原意，显然他比李提摩太更为看重学术声誉。就宗教徒对于各自信仰的体认（commitment）而言，杨文会和李提摩太似乎大同小异，但是就学者对于学术规范的遵守而言，杨文会和李提摩太似乎有较为明显的不同。

4. 外国外交官—欧洲学院派汉学家—在华天主教传教士汉学家的互动

庄延龄在《中国评论》上发表了数百篇文章，他于1895年结束外交生涯返回英国，1896年在利物浦大学担任汉学教授，1901年转任曼彻斯特大学汉学讲席教授。[①] 1884—1885年之交的冬天，时任英国驻温州署理领事的庄延龄访问了上海耶稣会倪怀伦（V. Garnier）主教和徐家汇的大部分文化机构，包括徐汇修院、徐汇公学、《汇报》编译馆、土山湾印书馆等。[②] 此时，庄延龄还兼任德国、奥匈帝国、瑞典和挪威等国驻温州的署理领事。[③] 庄延龄此行建立了他与上海耶稣会汉学家群体的联系。

北京泰和嘉成拍卖有限公司在2016年11月20日拍卖一批庄延龄致黄伯禄的论学书札，共18通，皆为单页，编号2380。黄伯禄是耶稣会培养的国籍司铎，以拉丁文、法文和中文撰述汉学著作多种，虽未加入耶稣会，却是清末江南天主教区汉学研究群体中的佼佼者。据拍卖网站上提供的照片，只有照片右上角的一封信函可以全文识读，以下为录文：

敬启者，求我
夫子赐解如后
一，枢垣系内阁系督察院
二，载泽系何人之子
三，唐宋之打鞠，已知其历代之详，皆系乘马驴用月杖而打，而古画未

[①] P. Pelliot., "Nécrologie: Edward Harper Parker," *T'oung Pao*, Vol. XXIV, N° 2 et 3 (Mai et Juillet, 1925–26), pp. 302–303.

[②] Rev. Bertram Wolferstan, S.J., *The Catholic Church in China from 1860 to 1907*, London and Edinburgh: Sands & Company, 1909, p. 290.

[③] 中国第一历史档案馆、福建师范大学历史系合编：《清季中外使领年表》，中华书局1985年版，第99、130、139、170页。

见，不知　夫子曾涉过其书与否

　　四，光绪代之东华录，烦　夫子代办一部，由邮寄英，当即奉还价值邮费

　　以上均系按日想及之件，请　谅其匆忙之气

E.H.P.　18/2/09

该函左上方以铅笔书写"元二月收"四字，编号 31（本有 33 字样，后划去）。这说明黄伯禄收到此封信函是在宣统元年二月，而此年闰二月，公历当在 1909 年 3—4 月间。此函下方另一函封面上写"黄夫子文启"五字，有铅笔编号 34，注"三月初十日到"，公历为 1909 年 4 月 29 日。这说明拍卖的 18 封信函只是原藏文件的一部分，另外十几封信函或者已经散佚，或者藏于他处。黄伯禄 1909 年 10 月 8 日卒于徐家汇，[①]也就是说，庄延龄与黄伯禄之间以通信的形式论学一直持续到黄伯禄晚年。这些信函有的使用曼彻斯特大学的信笺。有一封可以识别出写于 1906 年 9 月 11 日，收于 1906 年 10 月 19 日。另有一封可以识别出写于 1908 年 5 月 3 日[②]。

仅凭此函，无法得知庄延龄写信时的上下文语境，但是可以确定的是：其一，庄延龄的汉语写作颇为娴熟，也甚为了解汉语通信的礼节。其二，前三个问题皆是庄延龄日常教学或研究中所遇到的技术性问题，在这一方面他身为外人，难以把握，在情理之中。黄伯禄在 1902 年以法文出版了《清代官制考》（*Mélanges sur l'administration*），是清代制度研究的专家。其三，朱寿朋编纂的《光绪朝东华录》于宣统元年（1909）由上海集成图书公司铅印出版，共 64 册，系统地反映了光绪一朝内政、外交的情事，是极为重要的史料编纂[③]。远在欧洲的庄延龄获取学术信息之迅速着实让人惊异，这背后的渠道不得而知。庄延龄请黄伯禄代购新出版的文献，而文献的获取是欧洲汉学发展的先决条件，由此可以看出中西学人的交际与文献流通之间的关系。

5. 在华新教传教士汉学家—天主教传教士汉学家的互动

在华的天主教传教士和新教传教士"同为异国传教人"，彼此之间虽有竞争

[①] Henry Dugout, S.J., "Nécrologie: Le P. Pierre Wang (*sic*): prêtre du clergé séculier du diocèse de Nan-King," *Relations de Chine*, Vol. 3, N° 10 (juillet, 1910), pp. 612–614.

[②] 《2380 庄延龄致黄伯禄论学书札十八封》，http://auction.artron.net/paimai-art0060702380/。标点系引者所加。感谢徐家汇藏书楼徐锦华先生提供此条信息。

[③] 朱寿朋编、张静庐等校点：《光绪朝东华录》（全五册），中华书局 1958 年版，"重印凡例"第 3 页。

关系,实际上却密切关注着对方情形,而且在实际事务中不乏合作①。在庄延龄之前,新教传教士便已经对上海的耶稣会早有关注。艾约瑟对耶稣会的在华教育事业颇为赞赏,他在1858年写道:"天主教士在中国设立了为数不少并且运作良好的学校。……除了个别地方,我们不禁对徐汇公学的设置表示赞叹,它看起来规模宏大而且颇有效率。"②耶稣会对新教在华的动向同样密切关注。1886年,李提摩太从欧洲返回中国,与他同船的有数位耶稣会士,其中包括后来接替倪怀伦成为江南教区宗座代牧的苏继章(Joan. Baptista Simon)主教。李提摩太和苏继章在船上就教派问题颇有一番激烈的争执,相处并不算欢快。11年之后,当李提摩太再次返回上海时,他收到了苏继章送来的名片,李提摩太于是回访,两人遂建立交谊。苏继章1899年6月被任命为主教时,李提摩太还出席了任职典礼。不幸的是,苏继章两个月后便因心脏病去世。又过了四五年左右,李提摩太夫妇偕一位来自剑桥的学者访问徐家汇的各类文化机构,接待他们的是时任徐汇修院院长的董师中司铎(Henri Boucher),董司铎亲自带领他们参观了徐家汇天主教社区的各个机构。当他们在一间房子的墙壁上看到苏继章主教的遗照时,董师中对李提摩太说:"你还记得约17年前你与苏主教在航船上的对话吗?他告诉了我这一故事,从那以后,我们一直关注着你的情况。"③

1890年5月7—20日,新教各教派在上海召开第二届在华新教联合大会。在这届会议上,当时任职于江南制造局翻译馆的英国圣公会传教士傅兰雅(John Fryer)称:"对于中国人来说,科学或者其他书籍的价值之大小取决于所采用的术语在多大程度上能够保持原义。耶稣会传教士对于这一原则深有把握。我曾经寻找过他们所翻译的汉语-拉丁语科学术语词典,但是没能找到。然而就我所寓目者而言,耶稣会士在中文著作中所采用的术语翻译都几近完美。这一点或许能够很好地解释,为何本土学者对他们评价甚高,迄今犹然。"④他一生译书129种,是晚清译介西学书籍数量最多之人。傅兰雅的翻译赢得了中国士人的尊敬,1876年4月13日,经两江总督沈葆桢和直隶总督李鸿章联名具奏,清政

---

① 参见陶飞亚、田燕妮:《同为异国传教人:近代来华新教传教士对天主教的态度转变解析——以 The Chinese Recorder(1867—1941)为依据》,载《东岳论丛》2011年第2期。
② Rev. Bertram Wolferstan, S.J., *The Catholic Church in China from 1860 to 1907*, London and Edinburgh: Sands & Company, 1909, pp. 382 – 383.
③ Timothy Richard, D.D., Litt. D., *Forty-five Years in China*, New York: Fredrick A. Stokes Company, 1916: 201 – 203.
④ Mr. John Fryer, "Scientific Terminology: Present Discrepancies and Means of Securing Uniformity," in *Records of the General Conference of the Protestant Missionaries of China*, held at Shanghai, May 7 – 20, 1890, Shanghai: American Presbyterian Mission Press, 1890: 537.

府授予他三品官衔①。

傅兰雅在翻译西书的过程中十分重视并且注意借鉴明末清初耶稣会士的作品。实际上在清末,耶稣会也颇受欧洲主流汉学界的看重,高迪爱、沙畹、伯希和(Paul Pelliot)、劳费尔与耶稣会汉学研究群体包括顾赛芬(Seraphin Couvreur)、戴遂良(Léon Wieger)、黄伯禄等人之间都有着密切的学术联系和交流②。

四、结　语

通过梳理历史文献,我们可以看出,至晚在1930年,德国汉学家海尼士的论述可以视为"典范转移说"的嚆矢。1940年,吉川幸次郎对于两种研究范式的区分更为明确。这意味着,海外中国学研究范式的变化并非自二战结束以后才开始。而且,至迟在19世纪末,欧洲主流汉学家高迪爱便提出了"中国研究"(Chinese Studies /Les études chinoises)的说法,其语义基本等同于"汉学"(Sinology /La sinologie)。当然,笔者并不否认海外中国学研究在二战以后研究中心的转移以及研究形态的变化,只是这种变化能否归结为由"古典的欧洲汉学"变为"偏重于近代的美国式中国研究",似乎仍有探讨的空间。

从地理上来说,19世纪欧洲汉学的发展自始便存在本土和域外的两分。在19世纪上半叶,学院派汉学虽然占据学界之要津,在学术话语权上更胜一筹,但是他们依然非常看重在华传教士的汉学研究成果,并自马礼逊入华以来便与在华传教士建立了学术交往。主流学界和教会的合作对于双方而言都十分可行。一方面,主流学界掌握着学术话语权,他们不会过度在意教会刊物所体现的护教特征,而教会刊物所提供的资料和信息则构成了近代欧洲汉学生产链的重要一环。另一方面,教会为了更好地获得世俗界的认同,也颇有意识地接纳主流学界所制定的学术规范和话语体系,他们力求通过学术上的创新而为教会赢得较为有利的处境。

在中国这一欧洲人的"侨居地",汉学研究者不仅包括传教士。大体而言,欧洲主流学界对于"侨居地汉学家"的本职身份并不太关心。欧洲的汉学界是一种超越身份畛域的场域,学院中的学者、外交官、新教传教士以及天主教传教士都

---

① 熊月之:《西学东渐与晚清社会》(修订版),中国人民大学出版社2011年版,第453—454页。
② 参见王皓:《清末耶稣会汉学家与欧洲主流汉学界关系考论》,载《基督宗教研究》(第25辑),宗教文化出版社2019年版,第310—327页。

可以在这一学术场域中建立联系。这种多元一体的格局是探讨19世纪汉学发展史时所不能忽视的。

作为一种学术门类,欧洲汉学的根本特征应当从其内部的发展和联系中寻求。正如克利福德·格尔茨(Clifford Geertz)所说,大部分有效运作的学术社群都是向内生长的,他们彼此都互相认识,他们之间的互动往往让人感到不可思议,这是一种"无形的学院"(invisible colleges):"关系盘根错节的个人所组成的社群,在这个社群里,你发现的关于甲的材料,也会告诉你一些关于乙的事情,因为他们彼此相交既久且深,都是对方传记中的人物。"①笔者用"场域"一词来描述当时的欧洲汉学界,主要是为了突出无形的制度可以取得"彼此互不见面却相互了解对方之学"的效果。《通报》等汉学刊物的设立体现了这种无形制度的运作,而汉学场域中不同身份学者的人际交往则构成了这种无形制度的重要补充②。20世纪二三十年代,在中国现代史学的转型和建立过程中,多多少少都延续了欧洲汉学的上述发展模式③。

---

① 克利福德·格尔茨著,杨德睿译:《地方知识——阐释人类学论文集》,商务印书馆2017年版,第247页。
② 参见王皓:《新耶稣会与法国主流汉学界的互动探析》,载《国际汉学》2019年第3期。
③ 参见桑兵:《国学与汉学:近代中外学界交往录》,中国人民大学出版社2010年版;李春雷:《史学期刊与中国史学的现代转型——以20世纪二三十年代为例》,载《史学理论研究》2005年第1期。

"利玛窦规矩"与跨文化交流：近代来华传教士的解读与理解*

李 强①

众所周知，传教士在中西文化交流史上扮演了重要的角色：他们一方面向中国人宣传基督宗教的信仰体系，一方面传播西方的知识和文化体系。此外，传教士还是中国文化的对外输出者。回顾整个中西文化交流史，明末来华的意大利籍耶稣会士利玛窦（Matteo Ricci）无疑是最受人瞩目的传教士和中西文化双重传播者。他不仅是明末以来天主教在华历史的奠基人，也是西方汉学史尤其是耶稣会汉学的开创者。利玛窦所代表的跨文化交流意义也不断地为中外学界发掘。②

一、"利玛窦规矩"的形成及影响

一般认为，利玛窦的成功之处，最重要的是采取了适应中国文化的传教策略。有学者将这一策略总结为：调和与适应中国文化，自上而下的传教方式，特别注重文人学士，甚至在可能的情况下劝化皇帝；通过科学和技术的间接传教方式，使高级文士信服欧洲文明；对中国人的道德价值和一些礼仪实践保持开放与

---

* 本文部分内容以《和平与宽容的文化交流："利玛窦规矩"与晚清新教传教士》为题发表于《澎湃新闻·私家历史》（2017年8月5日），此次修改成文过程中得到陶飞亚教授、肖清和教授、纪建勋教授、施晔教授、王皓副研究员等学者的批评与指正。

① 作者简介：李强，上海社会科学院宗教研究所助理研究员。
② 中文学界关于利玛窦研究的新近资料成果如汤开建汇释、校注：《利玛窦明清中文文献资料汇释》，上海古籍出版社2017年版；利玛窦著，文铮译、梅欧金校：《利玛窦书信集》，商务印书馆2018年版。

宽容的态度①。

利玛窦的适应策略得到了后来大多耶稣会士的奉行,也遭到了其他修会传教士的反对。随着时间和环境的迁移,这一策略也导致了康熙年间中西之间发生激烈争论的"礼仪之争"②。康熙皇帝对这一争端的裁判依据是传教士遵守"利玛窦规矩"与否:遵守者可以在"领票"制度下继续待在中国,不遵守者则驱逐出境。一些遵守"利玛窦规矩"的欧洲传教士,也在历史上留下了"西儒风范"。虽然在雍正皇帝执政以后清廷执行了近一百年的"禁教政策"直至"鸦片战争"之后才在不平等条约体系下逐步弛禁,而重来中国的新耶稣会在1842年抵达上海后也在策略上以康熙年间的"西儒"为自我标榜,然而,世事变迁,明末来华的利玛窦,面对的是完全和平的交流环境,而晚清来华的传教士则与"枪炮"牵扯不清。

然而,我们也不能否认,利玛窦和彼时的耶稣会士大都是与葡萄牙和西班牙的商人以及殖民地官员相伴而行的。如果他们所处的"地理大发现"时代可以被称作"第一次全球化"历史阶段的话,那么耶稣会士在这一过程中则扮演了宗教和世俗事务的全球化角色。"利玛窦规矩"则是实现上述双重目的的一种手段,而且,这一策略也并不被彼时所有的来华传教士们认同和实践。历史证明,利玛窦的"文化适应策略"既不是一蹴而就形成的方法,也不是完全占据正统地位的选择。此外,我们还应当注意,全球化的"文化适应策略"选择,还存在一个本地化的过程:它们是在本地文化精英的要求下逐步形成的。

关于利玛窦和耶稣会士在中国的"文化适应策略",中外学者已有足够的探讨。实际上,从历史的角度来看,16世纪末开始形成的"利玛窦规矩"也影响着19世纪来华传教士对中国社会的看法以及他们的传教策略选择。美国教会史专家赖德烈(Kenneth Scott Latourette)认为,耶稣会在中国的"上层路线"是明智的,因为彼时无条约来保护传教士,只得纯粹依靠朝廷及各级政府的容忍;如果传教士得到从事工作的许可,那么他们需要建立和加强与士人阶层的关系,因

---

① 参见 Daniel H. Bays, *A New History of Christianity in China*, Malden: Wiley-Blackwell, 2012, pp. 21 - 22. 关于明末清初耶稣会采取传教策略的变迁和争论,可参见柏理安著、毛瑞方译:《东方之旅:1579—1724 耶稣会传教团在中国》,江苏人民出版社2017年版。

② 新近关于"礼仪之争"的研究如李天纲:《中国礼仪之争 历史、文献和意义》,中国人民大学出版社2019年版;纪建勋:《汉语神学的滥觞:早期全球化时代的上帝之赌》,香港:道风书社2020年版;王定安:《祭如在:明清之际西学观照下的儒家丧葬礼》,复旦大学出版社2021年版。

为国家行政权力大多掌握在后者手中①。

利玛窦的在华经验主要由天主教会的历史抒写所记载和宣扬。晚清时期,闻名海外汉学界的中国天主教学者黄伯禄在所著《正教奉褒》一书中总结了利玛窦在明末中国所受殊荣的经历,意在将利玛窦所代表的天主教在中国历史上的合法性告知晚清官场,以期在彼时构建和谐的官教关系。而黄伯禄本人也常居徐家汇著书立说,同时为解决"教务"相关事件而与晚清的上海官场常有往来。

另一位亦曾闻名近代中国知识界的天主教学者李问渔则大力推举利玛窦等人在明末引入西学知识的贡献。李问渔也以徐家汇为中心与在沪外籍耶稣会士合作,借助土山湾印书馆翻译西学书籍如《形性学要》《西学关键》等,并在《益闻录》(后期名为《汇报》)等教会刊物上刊登西学知识,尝试融入晚清西学东渐的时代思想潮流,接续利玛窦、徐光启等人的历史荣光。与李问渔同一天入耶稣会的马相伯也在近代中国的社会语境中极力推广利玛窦与徐光启的科学精神②。黄、李、马三人不仅代表天主教会,也是近代中国知识界认识利玛窦的先驱人物。

二、晚清来华传教士们面临的跨文化交流困境和选择

19世纪来华新教传教士们所面对的是一个被外国人持续施加压力的中国,包括强制签订的不平等条约、对外国人居住区的部分开放以及外国商业活动的稳定增长。在此种情况下,新教传教活动开始起步,天主教则继续其近300年的事业。然而,外国人仍然未被接受,中国文化仍保持其完整性③。

1842年新耶稣会士来到上海,可以说,这标志着天主教会内部恢复"利玛窦路线"的开始。特别是在上海的耶稣会制订了"江南科学计划"(1872—1876),以徐家汇为中心推行新的"学术路线","传播西方科学、技术和文化,推动中国的新

---

① Kenneth Scott Latourette, *A History of Christian Missions in China*, New York: The Macmillan Company, 1929: 93.
② 马相伯:《书〈利先生行迹〉后》,载李天纲编:《中国近代思想家文库·马相伯卷》,中国人民大学出版社2014年版,第193—196页。
③ Kenneth Scott Latourette, *A History of Christian Missions in China*, New York: The Macmillan Company, 1929: 79.

文化建设"。① 与此同时，明末来华耶稣会士艾儒略（Giulio Aleni）所写的利玛窦传记（后取名《大西西泰利先生行迹》）也在江南教区中文机关刊物《益闻录》上连续刊载。新耶稣会以上述方式延续利玛窦的"学术路线"，并借其事迹向中国社会树立天主教会的积极形象。

晚清来华的意大利籍耶稣会士晁德莅（Angelo Zottoli）的拉丁文著作代表了近代来华耶稣会士汉学研究的一大集成之作。1902年11月9日晁德莅于徐家汇去世，当月天主教华人耶稣会士主持的《汇报》报道了其去世的消息并评论："生平著大德，为功修师三十余载。中西教士出其门下者，数十人。曾译中国经书古今文行世，古国风传，久已脍炙人口。近来二十年译《康熙字典》，增以考据诸书，遂致卷帙浩繁，一时难于付梓。今既作古，尚望继起有人，成司铎之美，庶不负其苦心云。"② 而根据高龙鞶（Augustinus M. Colombel）的记述，在华耶稣会组织出版"汉学丛书"的目的也在于为欧洲人提供有关中国的知识，继续老耶稣会曾经在"中学西传"上的贡献③。

而在来华新教传教士的群体中，也有一批自由派传教士可以被称为利玛窦路线的"后继者"，丁韪良（W. A. P. Martin）、慕维廉（William Muirhead）、艾约瑟（Joseph Edkins）、林乐知（Young J. Allen）、傅兰雅（John Fryer）、花之安（Ernst Faber）、李提摩太（Timothy Richard）、李佳白（Gilbert Reid）、德贞（John Dudgeon）等人是其中的佼佼者。④ 他们大多致力于著述，与中央和地方大小官员保持友好联系，且试图以西方各科学说影响晚清知识阶层，然又对中国文化传统持以不同程度的兴趣和尊重。丁韪良在其著作中不止一次提及利玛窦和徐光启的交往对整体基督宗教在华的意义，也曾述及新耶稣会士在徐家汇的文化事业。⑤ 这批新教传教士，尝试将利玛窦的适应策略运用在晚清的时空环境下，转变为自身的传教手段。

在北京的英国传教士艾约瑟曾参访过利玛窦等人的墓地，也曾深入研究过中国人的宗教，但其研究的目的在于证明基督宗教为中国人所吸收之后，将给后者的精神演进以及未来的历史带来无穷的益处。在这一点上，艾约瑟与利玛窦

---

① 李天纲：《新耶稣会士与徐家汇文化事业》，载朱维铮主编：《基督教与近代文化》，上海人民出版社1994年版。
② 《教士逝世》，载《汇报》1902年11月12日第428号，第223页。
③ 高龙鞶著、周士良译：《江南传教史》第5册（上），辅仁大学出版社2018年版，第303页。
④ 朱维铮：《音调未定的传统》，中信出版社2018年版，第112—113页。
⑤ William A. P. Martin, *The Awakening of China*, London: Hodder & Stoughton, 1907: 138, 265.

等人的传教立场是一致的,也是值得加以严肃的批判性讨论的。

艾约瑟在其《宗教在中国》(Religions in China)一书中,已经开始与欧洲的比较宗教学界展开对话,如在第二版序言中即提到麦克斯·缪勒(Max Müller)的比较哲学式的研究方法。不过艾约瑟更强调自身实际观察的经验价值。

艾约瑟在此书引言部分,通过比较中国文明与日本文明、印度文明的差异性,从整体上说明中国哲学、文化、社会经济、历史、科学应用在东亚文明中的重要性和领先性[1]。艾约瑟认为西方对中国的认识还不够充分,而且以往的认知多是通过"有色眼镜"(through a coloured glass)得来的。艾约瑟进一步认为鉴于宗教涉及精神性的知识生活,因此宗教是真正了解中国文化的一个绝佳途径。但在讨论彼时基督宗教在中国的历史和传行现状时,艾约瑟又绕不过以"鸦片"为核心的充满中外矛盾的政治议题。艾约瑟和大多数传教士反对鸦片贸易,而他则尝试通过研究中国的宗教历史文化来让欧洲人更丰满地认识中国和中国人。

一些新教传教士在观察过晚清在华天主教的情况后,对比了近代来华天主教外籍传教士与明清间以利玛窦为代表的传教士们之间的不同。比如韦廉臣(Alexander Williamson)在华北考察过后,认为少有天主教传教士有如他们的先行者如利玛窦、汤若望(Johann Adam Schall von Bell)、南怀仁(Ferdinand Verbiest)等人那样的雄心壮志,他也很少见到有传教士愿意在语言等跨文化交际问题上付出足够的努力。[2]

艾约瑟也持有类似的观点。他在前引《宗教在中国》一书中评论到,天主教的传教士发现他们自己处在相对困难的境地,他们没有十六、十七世纪在华前辈那样相当的博学名声(literary standing)[3]。以下几个因素可以解释这种差别:首先,中国政府不再需要新来的天主教传教士在科学上的工作;其次,已有的宗教和科学文献能够继续暂时满足传教士的需求;再次,繁重的牧灵工作使得传教士很少注意文学等知识活动。艾约瑟是如此理解彼时天主教传教士的在华境遇的[4]。

---

[1] Joseph Edkins, *Religions in China: Containing A Brief Account of the Three Religious of the Chinese*, London: Kegan Paul, Trench, Trübner, & Co. Ltd,1893, p. 2.

[2] Alexander Williamson, *Journeys in North China, Manchuria, and Eastern Mongolia; with Some Account of Corea*, London: Smith, Elder & Co., 1870, p. 25.

[3] Joseph Edkins, *Religions in China: containing A Brief Account of the Three Religious of the Chinese*, London: Kegan Paul, Trench, Trübner, & Co. Ltd,1893, p. 175.

[4] Joseph Edkins, *Religions in China: containing A Brief Account of the Three Religious of the Chinese*, London: Kegan Paul, Trench, Trübner, & Co. Ltd,1893, pp. 175-176.

"利玛窦规矩"与跨文化交流：近代来华传教士的解读与理解

艾约瑟进一步认为，传教士们应该适应中国知识阶层的品位，加强在文学和文献创作上的知识活动。如此，书面语的知识在皈化受教育阶层以及准备新的事业上是必要的。此外，艾约瑟还认为老耶稣会士们的科学著作有些已经过时了。总之，近代的天主教传教士失去了以往明末清初时期传教士的在华地位。

不过，近代来华新耶稣会的一些延续"利玛窦规矩"的智识性举措更新了艾约瑟的认识。他在《宗教在中国》一书中又提及了这种变化：拥有科学以及文学知识的传教士被派至中国以增强天主教的传教区域。艾约瑟特别提到了意大利耶稣会士晁德蒞将中国经典翻译成典雅拉丁语的著述，以及耶稣会多年来在上海徐家汇开展的气象学、地磁学观测和动物学、植物学的博物搜集工作等活动①。

尽管艾约瑟是在传教方式上对比了新旧天主教传教士的异同，并做出晚清天主教传教士很难在清廷和中国的知识阶层中获得权力的判断，但他的分析也可在跨文化交流的层面上予以理解。换言之，艾约瑟通过此种历史对比，也在晚清的历史语境中延续了"利玛窦规矩"，认识到利玛窦经验的可贵之处。也因此，他个人的专业汉学研究在中西文化交流史上为学人所不断关注②。

曾参与近代中国政治社会改革运动的李提摩太也从利玛窦等人的在华历史中吸取经验，而且他在自传中两次提及利玛窦。在李提摩太《亲历晚清四十五年》的自传第六章"在官员与学者之间(1881—1884)"中，当述及晚清政府对待外国人的典型"傲慢"态度时，他将中外之间的冲突追溯到明清之际的"礼仪之争"时期。他称利玛窦、汤若望、南怀仁等人为杰出的耶稣会神父，随后述及"礼仪之争"爆发的主要经过和争论议题，以及鸦片战争、太平天国运动等对中国人普遍"排外"心理的影响。

此时的李提摩太也在思考传教方法的改变，在参与山西赈灾后，李提摩太注重向官员、学者演讲，引导他们对科学产生兴趣，并借之向他们指出上帝的自然之力对民众的益处，来影响他们建设铁路、开矿、赈灾、济贫，从而自上到下地影响整个国家。此外，他也意识到书籍传教的价值，这些书籍既包括宗教类的，也包括教育类和科学类的。李提摩太列出的 7 类演讲题目皆与科学相关③。

---

① Joseph Edkins, *Religions in China: containing A Brief Account of the Three Religious of the Chinese*, London: Kegan Paul, Trench, Trübner, & Co. Ltd, 1893, p. 176.
② 学界关于艾约瑟汉语研究的著作，参见陈喆:《从东方学到汉学:19 世纪的比较语言学与艾约瑟的汉语研究》，中华书局 2021 年版。
③ Timothy Richard, *Forty-five Years in China*, New York: Frederick A. Stokes Company Publishers, 1916, p. 100.

在这种类似明末利玛窦与中国士人的交往模式下,李提摩太接触到了不少地方士绅。他在自传中记述到:在山西期间,一位官绅到他的住处访问借宿。在与李提摩太的交流中,这位官绅高度赞扬利玛窦尤其是利氏的《天主实义》一书①。李提摩太十分乐于与中国知识阶层特别是高级官员产生如此交往。李提摩太本人也对明清天主教遗留下来的中文文献十分感兴趣,他认为这些文献吸引了一大批知识阶层的人物皈依天主教,同时也促成大量民众的皈信。在缺少新教中文文献的情况下,李提摩太认为可化而用之一些符合基督教义的明清天主教文献②。

李提摩太在华期间也与天主教传教士多有交往,在山东、山西活动期间与一些传教士建立了友谊,而且合作赈灾,同时也展开了一些宗教性的辩论。这种在晚清中国语境中的跨文化、跨宗教交互,有助于更好地理解李提摩太对利玛窦经验的实际应用。

1891 年左右,李提摩太与妻子和友人来到上海徐家汇直接和新耶稣会士互动③。他们参观了耶稣会在徐家汇建立的教育、慈善和文化机构,并受到时任江南地区耶稣会会长董师中(Henri Boucher)的接待。据李提摩太自称,董师中还在李提摩太夫人去世后致信李提摩太以示哀悼。④

尽管李提摩太和天主教传教士形成了较好的私谊,但在涉及基督教在华传教权益的政治性议题时,特别是 1899 年清廷颁布地方官接待教士章程,正式认可传教士的政治地位之后,他扮演的常常是批判天主教传教士特权同时为新教传教士争取权益的角色⑤。

1905 年,作为新教在华代表的李提摩太与清廷高官周馥拟定了新的"教务"规定,对传教士和官员之间的交互提出了 7 条要求:第一,如有传教士散发不尊重中国宗教的文献,则其当被辞退;第二,如有官员推动贬低基督宗教文献之散发,则其当被贬谪;第三,如有传教士干涉中国事务诉讼案件,则其当被辞退;第四,如有官员区别对待"教民"(Christians)与"非教民"(non-Christians),则其当

---

① Timothy Richard, *Forty-five Years in China*, New York: Frederick A. Stokes Company Publishers, 1916: 165.
② Timothy Richard, *Forty-five Years in China*, New York: Frederick A. Stokes Company Publishers, 1916: 144–145.
③ 关于徐家汇文化源历史的研究,可参见苏智良:《中西邂逅徐家汇》,上海学林出版社 2020 年版。
④ Timothy Richard, *Forty-five Years in China*, New York: Frederick A. Stokes Company Publishers, 1916: 203.
⑤ Timothy Richard, *Forty-five Years in China*, New York: Frederick A. Stokes Company Publishers, 1916: 190.

被黜免;第五,每个传教区的负责人应当每年向所在地区省级官员报告教堂、学校、医院的数量以及参与文献出版和慈善事业的情况;第六,各省巡抚应每年邀请所在省内3名教会领导共同协商,以商讨教会方面的事业如何更有效用;第七,各省巡抚或总督应每3年向清廷中枢报告所在地区的教会情况,以防被无知和别有用心者的不准确报告所误导①。

以上所列各条规定,是李提摩太在综合了晚清中国的政治状况以及中西交互中在宗教议题上的核心争论点后,在相对尊重中国文化和政教关系模式的前提下,形成的新的政教互动模式和思路。

1601年,利玛窦为了能在北京立足,携带贡物,上疏明神宗万历皇帝,争取传教合法化。利玛窦自称"大西洋陪臣"②,用词谦卑而含蓄,虽贡物中有宗教经像,但未言明传教目的。而1895年,面临晚清社会不断发生的反教活动,在北京的李提摩太集合20位新教各宗派传教士采取奏疏的形式,将陈述有关"教案"问题的意见直达清廷③。

虽然要解决的问题不同,李提摩太等人的奏疏却也隐含着"陪臣"情结,请求中国朝廷"怀柔远人"。该奏疏另附的《耶稣圣教入华说》则提及基督宗教在中国的历史:"及至明末清初,恩待教会,优接利玛窦与其从者,固人所共知者也。"④利玛窦的经验成为证明基督教在华合法性的历史依据。

三、新教传教士们对"利玛窦规矩"的继承和延续:以李佳白的阐释为例

晚清来华新教传教士无疑熟悉利玛窦的事迹,也注重从利氏的在华行迹中提取经验,从而用来解决他们面临的现实问题。上文提及的美国传教士李佳白1882年来华,他特别强调传教士应与地方官交好,主张在上层社会中活动(mission to higher classes in China),与"王公大臣"往来,以"讲求新学"为主旨。

---

① Timothy Richard, *Forty-five Years in China*, New York: Frederick A. Stokes Company Publishers, 1916: 317.
② 利玛窦:《上大明皇帝贡献土物奏(原疏)》,载朱维铮主编:《利玛窦中文著译集》,复旦大学出版社2001年版,第232页。
③ 陶飞亚:《教会防范教案:甲午战后新教传教士集体上疏清廷考》,载《上海大学学报》(社会科学版)2008年第6期。
④ 杨格非、林乐知等:《六续〈耶稣圣教入华说〉》,载《万国公报》1896年8月第91期。

1897年李佳白在北京成立"尚贤堂"（The International Institute of China），联合在华外交官和商人以及传教士，其所立"尚贤堂"章程的第一条即"凡本堂所用之人，所立之法，所办之事，专求有益中国，有利华民"，交往对象则集中于上层人士①。

李佳白于1901年转移至上海活动，"尚贤堂"也于1903年正式迁移落成。李佳白依靠这一机构创建学堂，招收学生，并开设一系列有关中国的演讲。1906年四五月间，李佳白的演讲题目涉及孔子、马可·波罗、朱熹、康熙等历史名人的生平事迹。

其中的第四次演讲则以利玛窦为题目，也是唯一一次以传教士为对象的演讲。李佳白开场说道，如果以来华新教传教士先锋马礼逊（Robert Morrison）为题，大概会有更多听众。尽管他自己是一位新教徒，但是其也愿意展示思想上的宽阔来赞扬一位罗马天主教徒。李佳白在简述利玛窦生平的同时，还向听众展示了一本载有利玛窦、汤若望、徐光启画像的拉丁文书。李佳白特别强调利玛窦的策略，认为他"将欧洲知识带至中国，在不中断中国经典研究的同时带来新的学术。他既是一位欧洲学者，也是一位中国学者"②。

李佳白认为，利玛窦在"学术路线"下的译著西学，是他带给中国的第一个好处，而第二个好处则是利玛窦贯彻的和平传教方式。"他不树敌，而是选择调和。他亲切，平易近人，慷慨，胸襟开阔。他擅于社交，热情好客，待人友好，而且体谅他人。他来到一个新的国度，让自己适应周遭环境。"李佳白用了一连串的形容词和排比句，赞扬利玛窦和他的策略。随后，又比较了明末利玛窦和晚清传教士的处境，认为"利玛窦和他的同事们，不依靠政治强权，而是依靠真理和理性。今天的传教士由外国政府保护，呼吁更多条约和章程。彼时没有公使、领事，没有炮舰。很少有人（至今仍是）知道利玛窦的国籍。人们只知道他是一位欧洲人和基督徒，仅此而已"。李佳白认为，在这一点上，利玛窦采取了"友善地请愿和论证"的策略，不是依靠强权，而是依靠原则。"考虑到他的成功，这一策略或可称为明智"③。

此外，李佳白还钦佩利玛窦留下了大量有价值的汉语宗教著作，认为其质量

---

① 关于"尚贤堂章程"，可参见李天纲编：《万国公报文选》，生活·读书·新知三联书店1998年版，第586—590页。
② "Noted Men Who Have Helped China: IV Matteo Ricci", in *The North-China Herald and Supreme Court & Consular Gazette* (May 4, 1906), p. 256.
③ "Noted Men Who Have Helped China: IV Matteo Ricci", in *The North-China Herald and Supreme Court & Consular Gazette* (May 4, 1906), p. 256.

超过大多晚清基督宗教文献。对此,李佳白提及"丁韪良可被称为'现代传教事业中的新教利玛窦'"(the Protestant Ricci of Modern Missions)。李佳白在演讲结束时,感慨当天没有天主教方面的人士来向利玛窦的工作和品德致敬。

不过,李佳白认为,不同信仰的人都可从利玛窦的经验中学到最有用的教训。听众散场前,主持人立德(Archibald John Little)感谢李佳白的精彩演说。李佳白则回应道,"利玛窦、立德先生以及我,都属于同一个 Li 氏家族"[1]。李佳白在这里做了一个修辞上的夸张比喻。他的这场演讲,也在《北华捷报及最高法庭与领事馆杂志》(The North-China Herald and Supreme Court & Consular Gazette)上收到中西读者的诸多回应,同时通过《申报》的新闻报道为更多的中国知识界人士所知悉[2]。

结　　语

可以说,李佳白通过"尚贤堂"沟通中西的活动,也是他学习利玛窦在中国经验的一种实践。这是他经过与晚清中国社会和文化传统的调适后做出的选择,限于立场和角度的不同,很难对此做出完全"正确"的评价。

宗教的跨文化传播,既涉及不同文化背景人员的互动,也由此引发不同文化之间社会物质、思想精神等不同层次的深度交流。作为宗教人物和早期西学传播者的利玛窦,对近代来华西人特别是传教士群体的典范意义即是不言而喻的了。在华基督教也由此大力向中国社会宣传和强调利玛窦在文化传播上的历史地位。天主教江南传教区的中文机关刊物《益闻录》从 1879 年创刊第二期开始即连续多期抄录印发艾儒略所写《大西西泰利先生行迹》。而新教传教士方面,傅兰雅在编辑《格致汇编》时,不仅为利玛窦、汤若望两人作传,且刊印了徐光启与利玛窦的谈道图。利玛窦在华历史功绩也成为近代来华西人融入中国社会的一种社会文化资源[3]。

如果将明末以后利玛窦等天主教传教士东来以及晚清新教传教士的来华看

---

[1] "Noted Men Who Have Helped China: IV Matteo Ricci", in *The North-China Herald and Supreme Court & Consular Gazette*, 1906: 256.
[2] 《美士李佳白先生演讲天主教名人利玛窦事略》,载《申报》1906 年 5 月 24 日,第 11 版。
[3] 近代法国来华耶稣会传教士裴化行的相关研究具有代表性,如 Henri Bernard, *Le Père Matthieu Ricci et la Société Chinoise de son temps* (1552-1610), Tientsin: HAUTES ÉTUDES, 1937.

作全球性的交流活动,那么,各方在不同时期的知识输入和输出某种程度上皆属于文化交流的产物。当然也不能忽视时空条件下的历史差异,如何理解这种差异,则导致了不同的论述话语①。

对李佳白等人而言,他们从利玛窦身上看到某些共通性,影响到这一批传教士的中国文化观、传教方式的选择,乃至对中西政治文化交往模式的认知。在增进文明互鉴、构建人类命运共同体的当下,利玛窦在华经验的历史意义和思想价值,也值得当今的我们积极推进研究和深入探讨②。

---

① 参见唐日安、史凯:《超越文化帝国主义:文化理论、基督教传教使团与全球现代性》,载《国际汉学》2016年第1期。

② 从宗教研究的角度来思考利玛窦中国文化研究的跨文化交流意义,可参见卓新平:《论利玛窦在儒学与中华传统文化西传中的独特贡献》,载《国际儒家研究》(第23辑),第50—58页;张西平:《利玛窦儒学观的困境与张力》,载《北京行政学院学报》2020年第1期。

美国新教在华传教事业的战后复员述论

陈 铃[①]

在近代西方各国兴起的对华传教活动中,美国基督新教占有重要的一席之地。大批美国在华传教士不仅传播基督教信仰,而且兴办了众多的学校、医院和慈善机构。他们的传教利益遍布中国各地,成为美国在华软实力的重要象征。抗战全面爆发后,美国新教在华传教事业颇受影响,传教士或避或走,教会学校等社会事业也多迁至内陆地区,但彼时美日关系尚未完全恶化,传教士尚可勉强维持。等到太平洋战争爆发,美日成为交战国,日占区的美国传教士遭到拘禁与遣返,产业也受到侵占与毁坏。少数美国传教士和中国基督徒一起在华西苦撑危局,重庆和成都成为"自由区"——中国教会的活动中心。随着战争优势逐步倒向同盟国一方,美国新教在华传教事业的复员工作即被提上议事日程。但该复员工作的缘起、过程及结果究竟如何,复员工作对中国教会产生何种影响,目前学界尚无专门研究[②]。本文就此问题试作较为全面深入的论述,以求教方家。

[①] 作者简介:陈铃,杭州电子科技大学马克思主义学院副教授。
[②] 相关研究可参见 Paul A. Varg, *Missionaries, Chinese, and Diplomats: the American Protestant Missionary Movement in China（1890－1952）*, New York: Princeton University Press, 1977;顾长声:《传教士与近代中国》,上海人民出版社 1981 年版;顾长声:《从马礼逊到司徒雷登:来华新教传教士评传》,上海人民出版社 1985 年版;杰西·格·卢茨著、曾钜生译:《中国教会大学史(1850—1950)》,浙江教育出版社 1987 年版;姚民权、罗伟虹:《中国基督教简史》,宗教文化出版社 2000 年版;肖会平、周洪宇主编:《合作与共进:基督教高等教育合作组织对华活动研究(1922—1951)》,山东教育出版社 2009 年版。

一、对中国战后教会事工的规划

在战争态势走向明朗化之际,美国教会开始谋划战后中国的教会事工,这也是美国新教在华传教事业战后复员的开端。负责此事的,美国方面主要是北美国外宣教事业协会"亚东委员会"①,中国方面则主要是中华全国基督教协进会(简称全国协进会)②。1943年6月24日,北美国外宣教事业协会召集会议决定成立"中国战后教会事工计划委员会"。该委员会实际仍由"亚东委员会"负责,曾在华多年的卫理公会传教士葛惠良(Frank Thomas Cartwright)后来就任主席。③ 中国战后教会事工计划委员会与全国协进会通过函电相互协商,使美国的工作与中国的工作产生联系④。不久,"亚东委员会"派出曾是美国公理会来华传教士的寇润岚(Rowland M. Cross)到全国协进会从事战后复员工作。

根据1943年10月全国协进会英国干事艾伦(Cannon G. F. Allen)写给"亚

---

① 北美国外宣教事业协会(the Foreign Missions Conference of North America)由美国教会主导,加拿大教会只占其中一小部分,是负责派出来华传教士的教会联合机构。早在1925年,这个新教机构就支持了4 492位传教士来华服务,这个数字相当于当时所有在华新教传教士总数的58%,亦相当于北美派驻海外传教士总人数的33%。1928年,虽然当时不景气的经济形势迫使许多传教士返回美国,但该机构仍然在中国花费约6 567 056美元,占其总预算的20%。二战结束后,北美在华宣教事业恢复较好之际,该机构又支持2 246位传教士来华工作,占在华新教传教士总数的62%,其总预算的23%即8 455 404美元投向中国。1950年,北美国外宣教事业协会和"美国基督教联合委员会"(the Federal Council of the Churches of Christ in America,成立于1908年)一起改组加入新成立的"全美基督教协进会"(National Council of the Churches of Christ in the U. S. A.)。北美国外宣教事业协会随后改为全美基督教协进会下的国外差会部,其英文名是the Division of Foreign Missions of the National Council of the Churches of Christ in the U. S. A.。同时,它也变成国际基督教宣教协会在美国和加拿大的一个机构。"亚东委员会"(the Committee on East Asia)是北美国外宣教事业协会的下设机构,成员则由北美各海外宣道部代表组成,旨在为中国的宣教工作提供意见、促进各方合作。该委员会拥有独立的财政预算和干事编制,在推动战后中国基督教运动方面可谓不遗余力,起到了领导作用。负责"亚东委员会"运作的干事,一般由熟知中国传教事务的前传教士担任。"亚东委员会"当时不仅为中国,也为韩国和日本的宣教工作提供意见。约在1947年2月,它改名为"中国委员会"(the China Committee),以便集中处理中国教会事务。

② 中华全国基督教协进会(the National Christian Council of China)由全国性教会和基督教机关合作组成,负责推进各项教会合作事工。太平洋战争后,该会西迁至内陆地区,前总干事陈文渊、干事孙恩三等在成都召集各教会领袖正式组织全国基督教协进会办事处,并仍推陈文渊为总干事,该会的上海办事处则已名存实亡。作为全国性基督教联合机构,全国协进会代表着来自美国、英国及自治领、欧陆国家的新教教会和机关团体,其中美国差会背景的教会占主导地位。全国协进会产生的最大意义是使各自为政的中国教会终于有一个总的协调机关。但它的弱点也显而易见:一是它没有行政执行权,内部始终存在一股离心力;二是仍有一些较为保守的中国教会,出于神学方面的原因,拒绝加入全国协进会,无形中削弱了其代表性。

③ J. W. Decker, "Christian Movement in China", *Far Eastern Survey*, Vol. 15, No. 4 (Feb. 27, 1946).

④ 葛惠良编:《中国战后事工研讨会议报告书》,上海市档案馆藏,U123-0-8-[2],第1—2页。

东委员会"的信可知,寇润岚已在成都设立一个教会联合计划委员会,同时又拟在重庆组织一个研究战后国际重建工作的小组①。是年 12 月,成都的教会联合计划委员会召开了一整天的退修会,各位中国教会领袖分别提出意见。② 1944 年 3 月中旬,寇润岚又在重庆召开的退修会上听取中国基督徒的意见。③ 同年 3 月底,在全国协进会的支持下,寇润岚和吴高梓离开重庆前往华南。他们此行有两个目的:一是给困境中的各地教会提振精神士气;二就是商讨战后计划。④ 是年 6 月 1 日,全国协进会新任英国干事李劳士(R. D. Rees)在致"亚东委员会"的信中说:"寇润岚已经访问贵阳、昆明、桂林、衡阳,在这些地方他和许多中外教会人士进行商谈。"⑤不过寇润岚并没有完成整个访问行程,中途因为身体抱恙被医生命令返回美国⑥。吴高梓只好独自履行使命。在动身返美之前,寇润岚于 7 月草拟了一份关于中国教会将来发展问题的备忘录。全国协进会后将这份备忘录分寄给 60 多位教会领袖,得到许多建议,又数次召开执行委员会会议加以审议,一直到 12 月才定稿刊印。因此,这份备忘录集中反映了中国教会的意见。意见中最为重要的部分,是围绕如何处理战后中国教会与西方教会关系而展开的。比如传教士的人选问题。中国教会认为关键在于传教士的服务是否有值得继续的价值,而且传教士并非万能,对某种局面也有不合适之处,这时中国教会应该有权申述,将该传教士调往别处工作⑦。再如人事和产业方面的政策。中国教会提出传教士的人事、差会的经费和教会财产都应当交由中国教会负责,差会只负责传教士的薪俸、子女教育及其个人住宅⑧。总而言之,中国教会虽然承认战后仍离不开西方教会的支持,但期望今后能走上自治自养自传的独立道路。

但是,中国教会的上述愿望没有得到美国差会总部及传教士的真心支持。

---

① CEA 231, December 6, 1943. p. 1, Overseas Newletter of the N.C.C., New York, 1942.7 - 1949,上海市档案馆馆藏,U123 - 0 - 124。
② CEA 240, January 27, 1944, p. 2, Overseas Newletter of the N.C.C., New York, 1942.7 - 1949,上海市档案馆馆藏,U123 - 0 - 124。
③ CEA 251, May 18, 1944, p. 1, Overseas Newletter of the N.C.C., New York, 1942.7 - 1949,上海市档案馆馆藏,U123 - 0 - 124。
④ CEA 245, March 29, 1944, p. 1, Overseas Newletter of the N.C.C., New York, 1942.7 - 1949,上海市档案馆馆藏,U123 - 0 - 124。
⑤ CEA 253, July 5, 1944, p. 1, Overseas Newletter of the N.C.C., New York, 1942.7 - 1949,上海市档案馆馆藏,U123 - 0 - 124。
⑥ 值得注意的是,寇润岚回国后担任了"亚东委员会"的干事。1945 年 5 月的"亚东委员会"文件显示,寇润岚此时已就任干事,参见 CEA 285, May 17, 1945, p. 3, Overseas Newletter of the N.C.C., New York, 1942.7 - 1949,上海市档案馆馆藏,U123 - 0 - 124。
⑦《中国教会及其将来》(备忘录),载《协进》1944 年 12 月 16 日,第 8 页。
⑧《中国教会及其将来》(备忘录),载《协进》1944 年 12 月 16 日,第 11 页。

寇润岚中国之行后,中国战后事工计划委员会在美国国内各个宗派之间穿针引线,就战后规划的总体原则和关键问题展开协商讨论,以求得较为一致的意见。关于这方面的磋商,最主要的是1944年9月6日至10月14日之间在美国和加拿大的10个城市陆续召集的10次大会①。全国协进会总干事陈文渊专程赴美代表中国教会参加了这10次大会②。10个城市除了1个是加拿大的多伦多之外,其余都在美国,如波士顿、费城、纳什维尔、明尼阿波利斯、圣弗朗西斯科、洛杉矶等。之所以选择上述10个城市,原因有两点:一是有较多休假的传教士与中国基督徒居住在这些城市及其附近;二是这些城市也多是部分海外宣道部所在地。参加会议的传教士共有464人,中国基督徒26人,各海外宣道部干事41人,代表各差会总部与机关的39个单位。会议程序由各城市的教会团体负责拟定,中国战后教会事工计划委员会的办事处供给各地主席有关的材料,如中华全国基督教协进会所提出的各项主要问题等③。会议讨论的内容包括中国教会问题和传教士问题两大类,涉及范围可谓面面俱到④。但对于"最终实现完全自治自养自传的中国教会"这一目标,美国差会总部和传教士却充满种种顾虑,在表态上既不赞成也不反对,宁愿将此问题留给中国教会自行决定,只是明确表示无论如何,美国教会对中国教会的经济协助仍将继续。⑤ 美国差会总部及传教士这种首鼠两端的政策及态度,实际上造成在战后复员过程中仍以差会为中心,强化了美国差会对中国教会的控制性地位。

对中国战后教会事工的设计,"美国基督教联合委员会"和"国际基督教宣教协会"⑥这两大基督教联合机构也参与其中。1943年12月,"美国基督教联合委员会"的伯林(Poling)到访重庆。在全国协进会的安排下,伯林和中国教会领袖进行了会晤,会晤的一大要点是教会作为志愿团体如何配合国民政府完成"联合

---

① 葛惠良编:《中国战后事工研讨会议报告书》,上海市档案馆藏,U123-0-8-[2],第3页。
② CEA 237, January 6, 1944, p. 1, Overseas Newletter of the N.C.C., New York, 1942.7-1949,上海市档案馆馆藏,U123-0-124。
③ 葛惠良编:《中国战后事工研讨会议报告书》,上海市档案馆藏,U123-0-8-[2],第3—4页。
④ 葛惠良编:《中国战后事工研讨会议报告书》,上海市档案馆藏,U123-0-8-[2],第6—40页。
⑤ 葛惠良编:《中国战后事工研讨会议报告书》,上海市档案馆藏,U123-0-8-[2],第28页。
⑥ 国际基督教宣教协会(International Missionary Council)又称世界基督教协进会,它的前身是成立于1910年的爱丁堡续行委办会,1921年方改用现名,它和全世界各国教会都有联系。国际基督教宣教协会和中华全国基督教协进会之间渊源颇深。国际基督教宣教协会的前身爱丁堡续行委办会在1912年举行全体会议时,决定推美国人穆德(穆德在1921—1942年期间长期担任国际基督教宣教协会的会长,之后仍然担任名誉会长)来远东进行活动,在中国召开一次全国大会。于是就在1913年,穆德主持召开全国基督教大会,会议成立了一个全国基督教中心机构"中华续行委办会",由诚静怡任总干事。1922年5月,中华续行委办会改组为中华全国基督教协进会。

国善后救济总署"①对中国即将实施的战后重建工作②。因为"联总"虽能提供大量援助,但如何落实这些援助又是问题,而教会在处理这一问题上具有独特优势。比如教会医院可以防治传染病,教会救济机构可以分发物资等。1945年3月8日,"国际基督教宣教协会"的美国干事德惠廉(J. W. Decker)③来到重庆,他此行的主要目的也是商讨战后中国教会复员计划。德惠廉先后拜见了蒋介石、宋子文、王宠惠、金宝善、杭立武等国民党要员。德惠廉与蒋介石的谈话气氛轻松友好,两人甚至用宁波话交流了一阵子。在德惠廉和宋子文、杭立武的会谈中,宋、杭两人当面允诺政府将继续保持学术和宗教自由,教育部鼓励教会学校在内的私立学校发展。在中央卫生署署长金宝善组织的招待晚宴上,金宝善向德惠廉表示卫生署计划修建655家医院,其中500家的规模是50张病床,100家的规模是100张病床,期望教会和差会方面能予以合作。之后,德惠廉还和全国协进会的常务委员会成员进行了会晤,双方谈到建立民主政府的必要性④。4月17日至19日,全国协进会召集执行委员会会议。在会上,德惠廉承认差会控制教会的局面应该早日结束,差会产业也应在适当时候移交于中国教会,但他又认为当时中国教会的领导力量还有待加强,仍需要西方传教士予以指导和协助⑤。

从1943年至抗战胜利前夕,美国教会机构及传教士通过全国协进会这个渠道,与战时大后方的中国教会乃至国民政府依旧保持着密切的联系,这有助于中国教会的恢复和振作,在客观上也有利于中国人民的抗战事业。但这些机构和相关人士对战后中国教会事工所作的种种设想和打算,无不体现出其对美国传

---

① 联合国善后救济总署(UNRRA,简称"联总")成立于1943年11月9日,它的使命主要是配合联合国军的解放行动,向被盟军解放地区的难民提供紧急救济品和多种服务,帮助难民摆脱生存困境,并协助各国恢复交通、生产和贸易。美国是联总最主要的发起国(另外两个主要发起国是英国和加拿大),联总总署常设华盛顿,前后三任署长皆由美国人担任,联总善后救济基金的73%来自美国的捐助。国民政府为配合联总对中国所实施的救济行动,于1945年1月新成立一个名为"行政院善后救济总署"(简称"行总")的机构,蒋廷黻担任署长。具体可参见王德春:《联合国善后救济总署与中国(1945—1947)》,人民出版社2004年版。
② CEA 240, January 27, 1944, pp. 1-2, Overseas Newletter of the N.C.C., New York, 1942.7-1949,上海市档案馆馆藏,U123-0-124。
③ 德惠廉在1921—1934年曾受美国北浸礼会海外宣道部差遣来华传教,活动地点在南京、宁波、杭州,会说宁波官话。参见林永俣编:《基督教协进会简介及其活动概要》(1936—1957),上海市档案馆馆藏,U123-0-139,第25页。
④ CEA 282, April 16, 1945, pp. 1-2, Overseas Newletter of the N.C.C., New York, 1942.7-1949,上海市档案馆馆藏,U123-0-124。
⑤ CEA 292, June 21, 1945, pp. 1-2, Overseas Newletter of the N.C.C., New York, 1942.7-1949,上海市档案馆馆藏,U123-0-124。

教利益甚至国家政治利益的现实关切。上述设想和打算的核心有两点：一是虽然鼓励中国教会在战后走向独立自主,但始终坚持美国差会及传教士仍有必要给予协助与指导。二是将中国教会的战后规划和美国对华战略以及国民政府的战后重建工作相捆绑。这样的做法实质上强化了中国教会的"美国化"和"政治化"特征。中国教会的实际发展,最终与中国基督徒领袖的期望大相径庭。

二、美国传教士回到中国

1944年6月1日,全国协进会英国干事李劳士在致"亚东委员会"的信中专门谈到传教士早日回到中国的必要性。首先,日本侵华势力退出中国后,大量难民需要食物、衣服、临时庇护所和医疗救护。"联合国善后救济总署"虽可面对上述紧急情况,但它需要经验丰富的工作人员。其次,基督教自身的复员工作也急需大量人手。但当时在华的中西教会人士皆身心俱疲,亟须休整。因此,李劳士认为应该尽快让那些在本国休假和先前被遣返的传教士回到中国,同时新招募的传教士也要尽早派往中国①。但是,传教士赴华必然涉及护照和许可证(permit)问题。当时二战尚未结束,中国仍属战区,传教士要想顺利拿到护照和许可证几乎是不可能的。李劳士在同一封信中坦承了实现这一目标的难度：就在一两周之前,全国协进会从纽约接到电报,称华盛顿方面拒绝美传教士此时返回中国的请求。美国政府很有可能认为当时中国还是战区,在那里的美国公民越少越好。至于英国政府的态度,李劳士预计类似于美国政府。因此,李劳士敦促英美教会要对政府加大施压力度②。在是年9月致"亚东委员会"的信中,李劳士再次表达了大批传教士能早日前往中国的期望。虽然当时还很难核实在华传教士的确切人数,不过据李劳士个人估计：在占领区已没有英美传教士工作,在自由区大概二分之一甚至三分之二的传教士已经离开。至于留下来的传教士,很大一部分是在从事救济或差传工作,投身其他方面工作的传教士少之又少。对此,李劳士显得忧心忡忡,认为眼下很有必要补充新的传教士,极力主张

---

① CEA 253, July 5, 1944, pp. 1-2, Overseas Newletter of the N.C.C., New York, 1942.7-1949, 上海市档案馆馆藏,U123-0-124。

② CEA 253, July 5, 1944, p. 3, Overseas Newletter of the N.C.C., New York, 1942.7-1949, 上海市档案馆馆藏,U123-0-124。需要指出的是,此时美国政府没有不准许任何传教士来华,对于极少数资深传教士可以网开一面。如青年会领袖费吴生(George Fitch)早在1943年12月就离开美国,并于1944年5月底抵达中国。

英美教会对自己的政府加大施压力度,争取在秋季能让最得力的传教士回到中国,并同时带来一些新招募的年轻传教士①。

但中国抗战形势的突变,不仅使传教士回到中国暂时无望,还使西南地区的传教士身处险境。1944年4月,豫湘桂会战爆发。12月2日,日军攻占贵州独山,贵阳危急,震惊重庆。虽然日军没有选择西进,但让陪都重庆的政府官员和英美大使都倒吸了一口凉气。在此情形下,西方在华差会甚至做好了必要时撤退的准备。差会将传教士及家属分成三类:A类代表妇女和儿童,B类是从事各项工作的传教士主力军,C类则是负责行政或救济的少数关键人物。上述三类人员的撤退安排有先后次序,A类先行撤退,尽可能留下B类和C类人员坚守岗位。在华西省份,实际上大部分属于B类和C类的人员都留下了,但在战争中遭受日军侵占或过于靠近日军的地区,则不得不面临一次较大规模的撤退②。一直到1945年2月形势明显好转,美英政府在传教士来华问题上态度才有所松动③。

根据1945年2月的统计资料,中国自由区的美国、英国、加拿大传教人员的数目大致如表1(♯表示孩童数目)所示④:

表1 中国自由区的美国、英国、加拿大传教人员数量统计

单位:人

所在省份或地区	美国	英国	加拿大
安徽、河南、湖北	7	1	1
浙江、福建、江西、广东	23	7	1
成都地区、西康	67♯4	42♯2	38♯9

---

① CEA 262,October 23,1944,p. 2,Overseas Newletter of the N.C.C.,New York,1942.7 - 1949,上海市档案馆藏,U123 - 0 - 124。
② CEA 281,March 27,1945,p. 1,Overseas Newletter of the N.C.C.,New York,1942.7 - 1949,上海市档案馆藏,U123 - 0 - 124。
③ CEA 282,April 16,1945,p. 1,Overseas Newletter of the N.C.C.,New York,1942.7 - 1949,上海市档案馆藏,U123 - 0 - 124。
④ CEA 281,March 27,1945,p. 2,Overseas Newletter of the N.C.C.,New York,1942.7 - 1949,上海市档案馆藏,U123 - 0 - 124。在这份统计中,欧陆国家在中国自由区的新教传教士人数约为438♯78人,因此在中国自由区的新教传教士总人数约为952♯103人。

续 表

所在省份或地区	美国	英国	加拿大
重庆地区	60♯4	72	18♯2
湖南、贵州、广西	12	4	
甘肃、陕西、山西、绥远、青海	30♯1	48	1
云南	28♯3	42	
其他不确定地区	7	5	
总计	234♯12	221♯2	59♯11

但因中国战事尚未结束,美英两国政府的举措仍是小心谨慎的。6月中旬,在重庆的英国驻华大使声称在此后的6个月内尚需限制英国公民赴华。而后,在重庆的美国传教士前去面见他们的驻华大使赫尔利(Patrick Jay Hurley)征求态度。赫尔利对传教工作表示理解。他承诺自己会做力所能及的事情,但同时声称批准美国公民赴华的权限在美国军方的手中。但是美国的医生、护士和救济工作人员已可以前往中国,其他人只能在极少数情况下来中国①。因为美国政府的限制,当时传教士来华仍属于个别现象②。

抗战胜利后,太平洋另一端的传教士才得以自由回到中国。1946年至1947年这段相对平稳的时期内,大批美国传教士陆续回到中国,在人数上达到顶峰。比如1946年10月15日,美国山猫号轮船(Marine Lynx)驶抵吴淞口,停泊在上海码头,送来400余位来华工作的传教士(里面可能有加拿大传教士),当时船上的人迫不及待地将苹果、衣帽掷给前来欢迎的亲友们,码头上也挤满了中外人士,呼应之声充满了整个空间③。到1947年底,美国主要差会在华传教士人数达1 037人,与1945年2月的人数相比已有很大跃升。此后因受内战的影响,到

---

① CEA 296, August 20, 1945, p. 2, Overseas Newletter of the N.C.C., New York, 1942.7 - 1949, 上海市档案馆藏, U123 - 0 - 124。
② 如卫理公会的力宣德(G. C. Lacy)会督和基督会的金陵大学贝德士(M. Searle Bates)教授刚返回中国。
③ 《宗教的世纪》,载《天风》第43期,1946年10月19日,第13页。

1949年11月其人数又下降至608人。前后两个时期的具体比较如表2所示①：

1947年底与1949年11月在华传教士人数对比

单位：人

差会名称	1947年底	1949年11月
北浸礼会	31	19
公理会	92	54
基督会	31	18
福音归正会	24	13
卫理公会	237	162
北长老会	241	147
南长老会	62	20
圣公会	142	69
安息日会	136	89
信义会	24	5
青年会	17	12
合计	1 037	608

由表2可见，美国各个差会之间的在华传教士人数存在很大差异，隶属卫理公会、北长老会、圣公会、安息日会的传教士人数相对较多。同时，在华传教士总人数起伏较大，从1947年至1949年呈现出逐步回落的态势。传教士人数的此消彼长也反映了美国新教在华传教事业的兴衰。

三、接收沦陷区教产

抗战胜利后，如何接收沦陷区大批遭侵占的教产随即成为首要问题。如

---

① China-75, December 29, 1949, p. 1, New York: Foreign Mission Conference of N. A., Far Eastern Joint Office, China Committee, 1947-1951, Film S37.

果不及时收回教产,今后的各项工作就无法展开。美国差会当初在中国选址建造的教堂、房屋、学校、医院一般都在上好地段,且建筑本身实用考究,所以一旦原主人无法看顾这些产业之时,它们就很容易成为新来者所觊觎的目标。当时,占用教产最多的是国民党军队,其次是政府官员和一般居民。因为大部分教产的产权仍在美国各差会手中,所以教产接收也牵涉中美外交关系。

为顺利接收教产,美英两国教会联合中国教会,成立了一个特派委员会,挂在中华全国基督教协进会名下。特派委员由中国教会代表鲍哲庆、英国教会代表魏沃壤(Rev. A. Frank Griffiths)、美国教会代表毕范宇(F. Wilson Price)、法律顾问会干事密尔士(P. Mills)组成①。鲍哲庆是全国协进会领袖,也是美北浸礼会信徒。魏沃壤是英国伦敦会总干事。毕范宇是美南长老会传教士,当时在美军中担任联络工作,同时又是军委会外事局的官员。密尔士则是美北长老会传教士,一面暂任全国协进会干事,一面为差会工作②。为使中国政府早日归还教产,特派委员会向国民党高层发出联合请求,希望中国军政首长命令对教产予以保护,并致函蒋介石、宋美龄、陈诚、何应钦等人。交涉之后,行政院于1945年12月25日电令各战区司令官与各省主席,"一体保护教堂,其尚驻扎在教会房屋之军队,须于一个月内迁出",以示尊重宗教自由及教会财权。这一命令要点,还在12月26日《大公报》上发表。1946年1月12日,军政部陈诚致函毕范宇,表示地方军队将保护教产。紧接着,1月18日,国民政府文官处政务局又致函毕范宇,重申保护教产之旨,并表示"如各地仍有占住者请即查明其部队番号或名称见告,以便呈报处理"③。从以上两封函件中可见国民政府对教产处置的态度。特派委员会在教产接收过程中所走的上层路线起到较大的作用。

虽然国民政府高层连续下令要求各地尊重宗教自由及教会产权,但抗战结束后局势并不稳定,从地方性的角度看,差会及传教士接收教产绝非易事。美国公理会传教士海内格(Alfred Dixon Heininger)在华北的接收工作可以说明实际接收教产的复杂与困难。1945年12月5日,海内格从上海搭乘美国军用飞

---

① 《中华全国基督教协进会特派委员会报告接收及保护差会产业经过情形》,载《协进》1946年4月16日,第7页。
② 《公报》,特字第17期,1946年1月,第4页。
③ 《中华全国基督教协进会特派委员会报告接收及保护差会产业经过情形》,载《协进》1946年4月16日,第6—7页。

机回到北平。连同他在内,整个北平当时只剩五位公理会传教士。太平洋战争爆发后,许多原在北平的公理会传教士将私人物品藏在了美国公使馆(the American Legation),另外差会的可移动财产也被散匿至北平各地,所以他们的任务就是负责找回这些财产。直至 1946 年 2 月,北平接收工作告一段落,传教士方才召集一次华北地区的"复员工作会议"。会议决定由海内格、明播德(Louise Meebold)以及三位中国教会领袖组成一个访问团,前去华北公理会各个传教站做好接收工作①。

访问团从北平出发,沿平汉铁路南下,首先到达保定府,这里四处都是破败的景象,许多房屋已经遭到毁坏,访问团最后找了一幢一半已倾塌的房子安顿下来。访问团在那里住了数日,将信徒重新聚拢起来,安抚战争带给他们的创痛。之后他们由石家庄转往山西太谷县,发现那里有一位中国医生很能干,他不仅在战时仍维持着教会的医药工作,而且通过多方藏匿成功保护了差会的许多财产。在和当地长官进行一番交涉后,他们将桌、椅、橱等家具运回教会。访问团在太谷县住了约两星期,各方面事工得以重新展开。接着他们前往汾州访问。令他们感到惊诧的是,差会的房屋里竟然住着约五百名日本武装士兵,一些人还骑着马到处转悠,好像在宣示他们从未被打败。访问团只得去找当地的军政长官,让他们命令日本人尽快搬出去,不然教会的工作根本无法开展。一开始,他们前去交涉的那位长官试图拖着不办,因为若让这批日本人搬出去,当局就须另找房子安置。最后经过双方长时间的谈判,对方才同意照办。在 4 月的一天,访问团代表、中国军队代表、日军代表以及当地的基督教领袖联合组织了财产接收仪式。访问团核查了为数众多的差会财产,包括学校、教堂、医院及传教士住宅。日本人在迁出前将许多铺设在屋顶的木材拆走,只留下四面砖墙。尽管这令人沮丧,但新的建设总算可以开始。不久,访问团便返回了北平②。

海内格的接收经历说明:在教产接收过程中,因为牵涉各方利益,许多事情仅靠中国基督徒是无法做到的,美国传教士因其特殊地位可以居中协调,取得较好的效果;抗战虽已结束,但战争留给教会的损害仍比比皆是,不仅是物质匮乏,

---

① Transcript of an interview with Alfred Dixion Heininger, Cyrus H. Peake & Arthur L. Rosenbaum (ed.), *China Missionaries oral history collection* [microform], originally published as the Oral History program of Claremont Graduate School,香港中文大学崇基图书馆藏,FMS 699, p. 26.

② Transcript of an interview with Alfred Dixon Heininger, *China Missionaries oral history collection* [microform], originally published as the Oral History program of Claremont Graduate School,香港中文大学崇基图书馆藏,FMS 699, pp. 28 - 30.

还有精神创伤、组织涣散等问题;在国共双方对峙的华北地区,表面上平静,实则暗流涌动,海内格在山西汾州见到的一幕,背后就有阎锡山借日本人之力打击中共在晋势力的考虑。综上,教产接收工作具有相当的复杂性。

四、教会大学和教会医院的恢复

历史上,美国新教曾在中国大规模创办学校、医院、慈善机构等社会事业,以曲线方式推动基督教信仰的传播,但在客观上也有利于中国的近代化社会转型。关于战后社会事业的恢复情况,限于篇幅,本文仅以对中国社会影响最大的教会大学和教会医院为例。

(一)教会大学

在美国新教在华传教事业的版图中,13所教会大学是沟通基督教与中国社会的桥梁,它们经过长期发展,已经取得显著的成就,且各有所长。燕京大学的新闻系、齐鲁大学和圣约翰大学的医学专业、金陵大学和岭南大学的农科、东吴大学的法科、沪江大学的商科、华西协和大学的牙科、金陵女子大和华南女子大学的女子高等教育,以及之江大学、华中大学和福建协和大学的文理科,都颇负盛名。[①] 美国差会支持创办教会大学的基本情况如表3所示[②]:

表3　美国差会支持创办教会大学一览

差会名称	支持创办的大学
北浸礼会	金陵女子大学、金陵大学、沪江大学、华西协和大学
南浸信会	沪江大学
遵道会	华中大学
公理会	福建协和大学、沪江大学、燕京大学
基督会	金陵女子大学、金陵大学

---

① 檀仁梅:《基督教的大学教育》,载《天风》第48期,1946年11月23日,第1页。
② 芳卫廉著、刘家峰译:《基督教高等教育在变革中的中国》,珠海出版社2005年版,第252—256页。

续　表

差会名称	支持创办的大学
圣公会	华中大学、圣约翰大学
信义会	华中大学、齐鲁大学
美以美会	福建协和大学、金陵女子大学、华南女子大学、金陵大学、沪江大学、华西协和大学
监理会	金陵女子大学、东吴大学
北长老会	金陵女子大学、之江大学、岭南大学、金陵大学、齐鲁大学、燕京大学
南长老会	之江大学、齐鲁大学
归正会	福建协和大学
复初会	金陵女子大学、华中大学

　　表3所列13所大学中,有11所因战事所迫迁移至西南地区。战争结束后,这些学校立即筹划迁回原来的校址。当时交通不畅,故过程颇费周折。华中大学的师生返回武昌时采用了包车的形式,分两批进行。先乘卡车由云南喜洲至下关,后由下关至昆明,再从昆明坐火车到曲靖,又在曲靖乘卡车途径贵阳至长沙。第一批人员于1946年5月15日、16日陆续抵达长沙,这时他们离开喜洲已一月有余。在长沙雅礼校园休整一天后,他们改走水道最终返回武昌[①]。福建协和大学从邵武回迁福州则主要通过水路。学校先买下大量的原木,然后请来驾驭木筏的能手,由他们将载有人和物的原木筏沿江驶下。运输到目的地后,驾筏人得到这些原木作为回报,可以自由出售。但运输过程十分危险,"木筏颠簸中有人损失财物,有人落水送命"。1945年11月学校停课开始搬迁,12月下旬回迁工作完成,次年5月1日重新开学[②]。齐鲁大学在教学方面与华西协和大学合作,二年级以上各班在华西协和大学就读,教员亦留蓉任教。各院系一年级新生则在济南开班,所有行政机构及在济南的任课教员和医务人员自1946年9月起一并迁返济南原校[③]。

[①] 柯约翰著,马敏、叶桦译,李亚丹校:《华中大学》,珠海出版社1999年版,第149—150页。
[②] 罗德里克·斯科特著,陈建明、姜源译:《福建协和大学》,珠海出版社1999年版,第114—116页。
[③] 《天风》第38期,1946年9月14日,第13页。

战争对原来的校园造成了严重的破坏,要想恢复正常工作需要耗费大量的时间、人力与财力。据中国基督教大学联合董事会(简称"联董")①报告称:中国13所基督教大学,如全部将其修复并加以拓展,则至少需款1 500万美元。战时在日军控制之下的11所大学的建筑物,有若干幢全部毁坏,其余大多遭抢劫。②

教会大学的恢复与建设离不开美国的支持。首先,作为协调统筹机构的"联董"在其中发挥了重要作用。1947年,"联董"募集了约150万美元,以供13所基督教大学经费所用,在此款项中,约有一半是在中国募集的;此外,在1947年6月至1948年5月这一年里,"联董"将价值35万美元的设备、物资,包括书籍七千册,运往中国的这13所基督教大学③。如之江大学在1946年至1947年度获得"联董"126 910美元的资助,这笔经费不仅足够修缮建筑、添置家具,而且还为工程系购买了价值82 000美元的科学设备④。学校复员的另外一个支持来源是创办教会大学的各美国差会总部。如华中大学就得到几家美国差会总部的大力支持。校长韦卓民在1946—1947年访美期间拜会雅礼会总部,结果该会决定以人员支持的方式代替年度拨款来参与华中大学的事业;美国复初会除了人员的支持,还将年度拨款增至6 600美元。美国圣公会战后不仅委派诸多新人员来充任教师,而且在战后重建过程中拨款10.5万美元,1948年又增拨20万美元作为基建费。⑤

另一方面,复校过程更要依靠中国师生的协作与智慧,否则教会大学难以在短时期内重新振兴。如1946年9月,金陵女子大学在南京原校址复课。初开学时,因为条件简陋,学生住宿都成问题,"在有地板的宿舍里,学生睡在地板上,在没有地板的宿舍里,就睡在帆布床上","有家在南京的住在家里",尽

---

① 中国基督教大学联合董事会(简称"联董")正式成立于1945年6月,是推动基督教高等教育合作运动的联合机构,其前身是1932年于美国纽约成立的中国基督教大学校董联合会。1951年,因为政治原因,"联董"中断了对中国的活动。1955年改组为"亚洲基督教高等教育联合董事会"(the United Board for Christian Higher Education in Asia,简称"亚联董"),工作重心转移到中国以外的东亚和东南亚。中美重新建交后的1980年,"亚联董"恢复对华活动。具体参见肖会平著、周洪宇主编:《合作与共进:基督教高等教育合作组织对华活动研究(1922—1951)》,山东教育出版社2009年版,第92—142页。
② 《宗教的世纪》,载《天风》第58期,1947年2月8日,第15页。
③ 《宗教的世纪》,载《天风》第五卷第20期,1948年5月22日,第15页。
④ 队克勋著,刘家峰译:《之江大学》,珠海出版社1999年版,第106页。
⑤ 柯约翰著,马敏、叶桦译,李亚丹校:《华中大学》,珠海出版社1999年版,第160—162页。

管如此,"不过大家都精神振奋"①。沪江大学因为战争期间日本军队两次占领校园,战后国民党军队又在那里驻扎,一直到1946年1月军队才撤走,所以校园损毁十分严重。校长凌宪扬雷厉风行,设法从其他渠道先行筹借款项,动员了200名工人来修复建筑和场地,并以特别便宜的价格从美军那里为宿舍买了1 000张床②。到1946年4月22日,学校就得以在被迫流亡后第一次回到原来的教室开课③。在战后通货膨胀日趋严重的情形下,凌宪扬此举为学校节省了大量开支。

尽管教会大学的复校工作颇有起色,但也面临严峻的挑战。最严重的问题仍然是物质匮乏、通货膨胀所造成的恶果。1947年11月,美国传教士范天祥(Bills Mitchell Wiant)一家刚重返燕京大学,就发现中国同事此时的生活是如此窘迫。如燕大音乐系主任许勇三夫妇因无法两人同时全职受薪,生计困难到必须变卖衣物④。此后范天祥用日记的形式准确记录了通货膨胀给燕京大学教职员带来的不利影响。他在1948年7月的日记中写道,汇率持续每天上升10%,每当燕京大学教职员获发薪金后,便立即去买面粉、米或其他主要食物,然后在需要现金时再将之变卖。粮食已经被视为当时最保险的东西,而且以物易物的古老方式也代替了现金交易。⑤ 这种情况很难让教会大学的师生专注于教学和科研工作。

(二) 教会医院

教会医院在美国新教在华传教事业的战后规划中占据特殊地位,国民政府将本该由政府承担的卫生事业方面的诸多责任转嫁给教会医院。国民政府为配合"联总"对中国所实施的救济行动,于1945年1月成立行政院善后救济总署

---

① 吴贻芳:《回顾金陵女子大学》,载江苏省政协文史资料委员会编:《江苏文史资料集粹 教育卷》,江苏省文史数据编辑部,1996年,第59页。
② 海波士著、王立诚译:《沪江大学》,珠海出版社2005年版,第184—185页。美北浸礼会和南浸信会各拨款5万美元作为复校基建费,但这10万美元是在工程完成之后才拨到沪江大学的,此前的大部分费用都由凌宪扬从其他渠道借来,向美军购买床的钱也是其本人垫付。参见章华明:《沪江大学末任校长凌宪扬》,载《档案春秋》2011年第5期,第56—58页。
③ 海波士著、王立诚译:《沪江大学》,珠海出版社2005年版,第187页。
④ 范燕生著、李骏康译:《颖调致中华:范天祥传——一个美国传教士与中国的生命交流》,基督教文艺出版社2010年版,第207页。
⑤ 范燕生著、李骏康译:《颖调致中华:范天祥传——一个美国传教士与中国的生命交流》,基督教文艺出版社2010年版,第229页。范以上所言非虚。1948年7月,全国协进会的西干事海维德在写给北美国外宣教事业协会中国委员会的信中也曾描述通货膨胀的厉害:在过去的两个星期,生活费用已翻了一倍。在上海一家餐厅吃一顿平常的西餐就需要100万元国币(指的是法币),坐一趟最便宜的公共汽车也要6万国币。虽然官方汇率还停留在367万国币兑换1美元,实际上1美元在黑市的价格是600万元国币。

(简称"行总"),"行总"的一项重要使命即促进战后全国性的卫生事业,而此项使命又由中央卫生署具体布置。中央卫生署希望教会医院能从中发挥重要作用,要求差会予以合作,并派医药人才来华,相关的呼吁和请求经国民政府同意还曾发至中国驻美国等西方国家的大使①。国际基督教宣教协会美国干事德惠廉到访重庆时,中央卫生署署长金宝善也向其明确表达了合作的意愿。当然,这样做是有交换条件的,其中的重要一项就是:"器材与供应上,于获得联合国善后救济总署之允准后,中国政府将拨给复员之教会医院以必需之医药器材、仪器与供应品。此项消耗之医药品之供给至少足够六个月之用。"②正是依据这一条件,美国差会所属的教会医院通过"行总"之手,从"联总"那里获得相当数量的医疗物资,从而加快了复员速度。

从地方上而言,战后美国教会医院复员并非易事,现以厦门鼓浪屿救世医院为例加以说明。1946 年,当该院院长、美国归正会传教士夏礼文(Clarence H. Holleman)重返旧地时,他所见到的救世医院可谓满地狼藉,医院遭到了破坏和偷掠,物资严重短缺,甚至连木料都被人拆走,口径为两英寸、长约 1 英里的镀锌管也不翼而飞。夏礼文设法多方筹措资金和器材:他赶去菲律宾,向当地华人募得 75 000 美元;在爪哇岛获捐 40 万片奎宁;在美国得到 15 万美元的资助;他还获得联合国善后救济总署等国际机构的援助。最后,医院得以重建,而且在规模和设施上比战前更进一步,总投入高达 30 万美元③。在救世医院的复员中,夏礼文左右逢源,表现出很强的募捐能力,最为突出的一点就是他能充分激发南洋一带侨胞的认捐热情。

经过短暂的恢复后,美国新教支持的在华教会医院的规模究竟如何?根据中华医学会教会医事委员会执行干事伊博恩(Bernard E. Read,英国伦敦会医药传教士)于 1946 年 12 月的报告,战前在华新教的教会医院总数约有 270 家,1936 年在华的外国医生人数为 297 人。因为战事的影响,许多医院陆续关闭,当时维持运转的教会医院约为 203 家。其中,截至 1946 年 11 月美国教会医院数量及美国医生人数的统计结果如表 4 所示④。

---

① CEA 295, August 15, 1945, p. 2, Overseas Newletter of the N.C.C., New York, 1942.7 – 1949,上海市档案馆藏, U123 – 0 – 124。
② 《协进》第四卷第 10 期、第 11 期合刊,1946 年 2 月 6 日,第 14 页。
③ Transcript of an interview with Holleman, *China Missionaries oral history collection* [microform], p. 74.
④ *Bulletin of the Council on Christian Medical Work*, Volume 10, No. 37, November 1947: 15 – 16.

表4 美国教会医院数量及美国医生人数统计结果(截至1946年11月)

差会名称	战前医院(所)	目前在华医生(人)	预计来华医生(人)	医生总数(人)
公理会	10	1		1
圣公会	6	4	4	8
北浸礼会	11	6	2	8
南浸信会	7	2		2
行道会	1	1		1
贵格会	3			
岭南大学(贵格会)		1		1
豫鄂信义会	12	1	1	2
卫理公会	26	14	3	17
北长老会	30	13	4	17
南长老会	8	1	1	2
归正会	7	2	3	5
约老会	3	1		1
复临安息日会	10			
安息日浸礼会		1	1	2
同寅会	1	1		1
基督会	1	1		1
总计	136	50	19	69

同一时期,英国、加拿大、新西兰的教会医院数量及医生人数的统计结果如表5所示①:

---

① *Bulletin of the Council on Christian Medical Work*, Volume 10, No. 37, November 1947, p. 15.

表 5　英国、加拿大、新西兰的教会医院数量及
医生人数统计结果（截至 1946 年 11 月）

国家	差会名称	战前医院（所）	目前在华医生（人）	预计来华医生（人）	医生总数（人）
英国	浸礼会	6	6		6
	苏格兰教会	10	4		4
	内地会	7	13		13
	圣公会	19	2	3	5
	英格兰长老会	9	2		2
	公谊会	3			
	伦敦会	12	4	4	8
	循道会	16	7	1	8
	爱尔兰长老会	9			
	救世军		1		1
加拿大	圣公会	1		2	2
	合一教会		2		
	河南、四川信义会	17	6	1	9
新西兰	长老会	2	1		1
	总计	111	48	11	59

可见，美英两国是西方新教在华开办医院的主要国家，其中美国有 136 家，占总数的 50% 以上。战争对教会医院打击严重，不仅医院数目下降，而且医生人数急剧下降。美国的公理会、豫鄂信义会和南长老会，战前医院数目可谓不少，但战后在华医生人数均为 1 人。战后虽经过一段时期的恢复，美国、英国、加拿大、新西兰四国医生人数之和仍只等于战前的三分之一。相比之下，战后美国各差会已经或即将派往中国的医生人数超出另外三国之和，特别是卫理公会、北长老会、北浸礼会等差会，所派出的医生人数较多。这种对比说明，美国新教在

华医药事业在战后仍居于主导地位。

五、加强对中国教会的控制

　　近代中国教会基本上是西方差会及传教士一手培植的产物。进入民国以后，随着中国民族主义的高涨和本土基督徒的成长，教会合一运动兴起。代表不同国家的单一宗派或多个宗派的教会联合起来，组成多个大型教会。这些教会的名字往往冠以"中华"二字，掌握实权的传教士退至幕后，中国基督徒领袖则被推上前台。在战后复员的过程中，美国教会通过政治保护、经济支持、人事安排等手段大大加强了对中国教会的控制。下面以中华信义会、中华圣公会、中华基督教会全国总会这几个具有代表性的教会以及教会的总协作机关全国协进会为例，作一比较分析。

　　中华信义会成立于1920年，是信义宗美国差会和德国、挪威、芬兰、瑞典等国差会合作的结果①。抗战结束后，中华信义会粤赣总会②因为政治上的缘故（德国和中国是交战国）而遭国民政府攻讦。当时粤赣总会面临两大问题：一是他们当中有一位牧师已被监禁，其余的则被软禁在家，不得自由行动；二是粤省军界觊觎德国差会的产业，欲将其当作敌产没收③。无奈之下，德国传教士向重庆的美国传教士李敦礼（Daniel Nelson）④写信求救。在接到广东方面的数度来

---

　　① 1920年，在华信义宗各差会在河南鸡公山举行大会，会议决议联合组成中华信义会。一开始德国差会并没有参加。初始会员有豫鄂信义会、北美信义会、挪威信义会、芬兰信义会和瑞华信义会。豫鄂信义会辖境称中华信义会豫鄂总会，挪威信义会辖境称中华信义会湘中总会，芬兰信义会辖境称中华信义会湘西北总会，北美信义会辖境称中华信义会豫北总会，瑞华信义会辖境称中华信义会湘北总会。1928年，中华信义会第三次大会在汉口召开。粤赣、鲁东、关东三总会签字加入，相合为一。是时，中华信义会一共有10个总会，335个区会，50个公会，260个讲道所，信徒人数达31 600余人。其中，豫鄂总会、豫北总会、鲁东总会都由美国差会经营。

　　② 该会系由德国差会办理，原名巴陵会，1924年更名为中华基督教粤赣信义会，1928年加入中华信义会，1935年改名中华信义会粤赣总会，重视在客家人中传教。该会在一战前曾有3万名教友，但因为两次大战德国都战败了，战后教友人数已减至1万人。

　　③ 李敦礼：《广州来去》，载《信义报》第一卷第9期，1946年1月，第13页。

　　④ 李敦礼是第二代传教士。其父亲李立生是美国信义会来华传道的第一人，1890年在河南信阳创建美路会，该会以后与鸿恩会联合，成为豫鄂信义会。李敦礼于1902年生于信阳，16岁返美深造，毕业于大学及神学院。1928年之后来华充任豫鄂信义会传教士，先后任汉口信义公所经理，以后在河南正阳等处传道。1941年第二次回国休假，攻读博士学位。1944年2月，世界信义宗大会美国分会委派李敦礼来中国从事战时的救济工作，李在重庆成立办事处（李的正式身份为世界信义宗大会驻华总干事）。当时德国、挪威、丹麦、芬兰等国在中国的信义宗差会与其母会失去联系，经费来源断绝。这样的差会大小共计9个，都由世界信义宗大会美国分会筹募款项进行救济，使各会的工作得以维持。李敦礼就是这一巨大救济工作的主持者。参见陈建勋：《纪念李敦礼博士》，载《信义报》第二卷第19期，1948年11月15日。

77

信之后，李敦礼于 1945 年 11 月下旬乘坐美国大使馆的运输机由渝飞粤。抵达广州后，李敦礼到下芳村德国传教士的所在地①。这些传教士的积蓄已经用完，对工作的前途深感忧虑，李敦礼的到来让他们喜出望外。接着，李敦礼会见了广东省主席罗卓英，他用汉语与罗交流，希望这些传教士能得到政府的优待，将他们的产业物归原主。罗表示会设法切实"调查"此事。然后，李敦礼与第二战区司令张发奎将军会晤，请求他释放传教士。经过多方周旋，张发奎应许竭力相助。此外，李敦礼将随身携带的救济款分送给粤赣、粤南、崇真会等五个华南信义宗的差会。最后，为了保全粤赣总会及其产业，李敦礼提出要派两名美国信义会传教士到广州和德国传教士一起工作②。1947 年 6 月 5 日至 6 日，世界信义宗大会驻华办事处又在广州召开华南区各总会中西领袖联席会议。李敦礼担任会议临时主席。会议通过的重要议案之一，就是由世界信义宗大会拨付资金，帮助各总会③重振已停顿或遭遇经济困难的学校、慈善机构等事业④。可见，二战的爆发让欧陆国家信义宗在华差会陷入困境，美国信义会开始承担起保护甚至接管这些差会传教事业的责任，从而扩大了其在中国的传教势力⑤。

中华圣公会⑥的战后复员也得到美国方面的大力支持。中华圣公会的皖赣教区、鄂湘教区与江苏教区的母会都是美国圣公会。战争造成中国教会的积贫积弱，同时随着战后通货膨胀的加剧，中国教会的职员生活日渐难。1946 年底，美国圣公会派四名专员来华作实地考察⑦。至于此次考察的最终结果，根据罗培德（William Payne Roberts）主教在 1947 年 4 月中华圣公会江苏教区第三十四届议会上所作的报告，美国来华代表团给予经济援助的可能数字及优先使用顺序如下：

---

① 李敦礼：《广州来去》，载《信义报》第一卷第 9 期，1946 年 1 月，第 9—11 页。
② 李敦礼：《广州来去》，载《信义报》第一卷第 9 期，1946 年 1 月，第 13 页。
③ 这些总会主要涉及粤赣总会、粤南总会、崇真总会、礼贤总会，都由德国差会创办，传教区域位于华南。
④ 《华南区各总会中西领袖联席会议纪要（续）》，载《信义报》第一卷第 13 期、第 14 期合刊，1947 年 9 月 1 日，第 30 页。
⑤ 美国信义会早前就曾接手德国信义会在华传教事业，如鲁东信义会原系德国差会所开辟，首次在该区工作的宣教士是德人和士谦（C. J. Voskamp）牧师，1898 年在青岛、即墨、胶州等地兴建教会，创办学校，颇具规模。一战后，德国差会因经济拮据，由美国信义协会接管。于是美国差会派郭约翰牧师、安保罗（P. Kranz）牧师、穆美丽教士等前来工作，各项事业得到很大扩充。
⑥ 1912 年 4 月 18 日至 28 日，安立甘宗的各差会在上海召开联合大会，并于 26 日成立中华圣公会。一共有 11 个差会（英国 7 个、美国 3 个、加拿大 1 个）的 81 名成员（主教 10 名、教士 37 人、教友 34 人）出席此次大会。会议同时还组织成立了主教院（House of Bishops）及其常务委员会、教区代表议院（House of Delegates）及其常务委员会作为中华圣公会的管理机构。主教院的主席是史嘉乐（Charles Perry Scott），教区代表议院的主席是卜舫济（F. L. Hawks Pott）。
⑦ 《圣公会报》第三十五卷第 5 期，1946 年 12 月 15 日，第 6 页。

① 华人职员复员补助费,每年三教区共 75 000 元,1947—1948 年共计 15 万元;② 全国总会文字事业滚存款,5 000 元;③ 皖赣教区,280 848 元;④ 鄂湘教区,701 000 元;⑤ 江苏教区,753 000 元。上述款项共计 1 889 848 元。此外,美国妇女传道服务团特别资助经费 5 000 美元,指定为江苏教区文字工作之用。① 同时,中华圣公会另一个教区——福建教区,因其母会英国圣公会无力重振教区的各项事工,教区主教张光旭不得不于 1949 年 1 月前往美国纽约。他在接受记者访问时直言不讳地说:"我来美国就是希望得到帮助,因为英国圣公会在经济资助方面已力不从心,而我们福建教区的需要又是如此之大。"②

另一个典型案例则是中华基督教会全国总会③。成立于 1927 年的中华基督教会全国总会虽然名义上管理着当时最大的中国教会——中华基督教会,但其所属的大部分宣教区域实际上都是由原先的各个西方国家差会合作组成的。到抗战前后,与中华基督教会全国总会合作的西差会共有 17 个,遍及三大洲,其中美国方面有美北长老会、同寅会、归正会、复初会、公理会(福建)、美南长老会。④ 在战后的复员工作中,美国差会进一步凸显出它在中华基督教会全国总会中的特殊地位。表 6 为 1947 年中华基督教会全国总会内部各西方差会的在华传教士数目以及差会对教会经济资助的基本情况⑤。

表 6　1947 年中华基督教会全国总会内部各西方差会的在华传教士人数以及差会对教会经济资助情况

差 会 名 称	传教士人数(人)	给予大(协)会的津贴	1947 年度给予全国总会的津贴额度
美北长老会	207	250 000 美元	15 000 美元
同寅会	15	40 000 美元	5 000 美元

---

① 《江苏教区第三十四届议会主持致词》,载《中华圣公会江苏教区第三十四届议会报告书》,1947 年,上海市档案馆馆藏,U104-2-41,第 15 页。
② Elizabeth McCracken, "Interview with Bishop Chang", *The Living Church*, January 30, 1949, pp. 6-7.
③ 中华基督教会全国总会组织分为四级:一是堂会,即单独的地方教会;二是区会,由数堂会所派代表组织而成;三是大(协)会,由数区会所派代表组织而成;四是总会,为全国最高会议,由各大会所派代表组织而成。该会"代表 12 个大会,51 个区会,529 个教堂,2 091 个布道所,按立牧师 333 人,传道士 2 405 人,受餐信徒 120 175 人,约占全国信徒的三分之一,占地 21 行省,融化 16 个宗派"。
④ 高伯兰著、文南斗译:《合而为一》,载《公报》第二十卷第 2 期,1948 年 2 月,第 7 页。另外 11 个合作的西宣教会为:加拿大合一教会、加拿大合一教会女宣道会、加拿大长老会、加拿大长老会女宣道会、英浸礼会、英长老会、爱尔兰长老会、苏格兰长老会、新西兰长老会、澳大利亚长老会。
⑤ *The Church*, Vol. II. No. 1, February, 1948,上海市档案馆馆藏,U102-0-123-117。

续　表

差　会　名　称	传教士人数(人)	给予大(协)会的津贴	1947年度给予全国总会的津贴额度
归正会	34	9 300 美元	4 000 美元
复初会	23	36 000 美元	3 375 美元
公理会(福建)	29	6 000 美元	1 750 美元
美南长老会	52	100 000 美元	1 500 美元
加拿大长老会(男)	4		2 400 美元
加拿大长老会女宣道会	1		4 900 美元
加拿大合一教会(男)	90	40 000 美元	1 200 美元
加拿大大合一教会女宣道会	30	25 000 美元	3 250 美元
伦敦会	91	13 243 镑	225 镑
英浸礼会	58	8 450 镑	125 镑
英长老会	30	7 275 镑	350 镑
苏格兰长老会	20	7 000 镑	225 镑
爱尔兰长老会	10	6 000 镑	400 镑
新西兰长老会	14	2 500 镑	470 镑
澳大利亚长老会	6		200 镑

由表6可见，战后的中华基督教会全国总会仍然依靠接受各合作差会的大量津贴而生存。相较之下，美国差会无论是在传教士总人数还是在给予大(协)会和全国总会的津贴总额度上，都要大大超出其他国家的差会。

此外，作为中国教会总协调机关的全国协进会的运转经费也离不开美国教会的协助。1947年5月27日，吴高梓在写给北美国外宣教事业协会中国委员会的信中专门解释全国协进会所制定的"1947年4月1日至1948年3月31日"年度预算。全国协进会的全年预算资金的55%来自西方教会，即法币334 740 000元，约折合28 000美元，其中计划从美国获得20 000美元，从加拿大获得3 000美元,从英国获得800镑,从澳大利亚获得近200美元。① 可见,北美国外宣教事业协会是全国协进会新一年预算资金的主要来源。吴高梓在信中的口气颇有些低声下气,但联系当时国内日益上升的通货膨胀率,也就能理解其苦衷了。

二战直接改变了西方对华传教的势力版图。英国和欧陆国家的基督教对中国教会的影响力大不如前。美国教会依靠强大的经济力量和与国民政府的良好政治关系,不但促使自身在华传教力量迅速恢复,还对整个中国教会取得了事实上的主导权,凸显出一家独大的传教地位。

六、中国教会走向"三自"革新

美国新教在华传教事业的复员工作虽在短期内取得一定成效,但在无法克服的内外双重矛盾的制约下,注定只是暂时的现象。随着复员工作的推动,中国教会受美国差会和传教士的影响越来越大。中国教会虽表面上有所获益,实际上其主体性地位不断受到冲击,面临严峻的生存危机。

首先,就差教关系而言,复员工作造成中国教会在经济上严重依赖美国教会,致使差会和教会之间的关系进一步失衡。中华基督教全国总会的美国总干事高伯兰(A. R. Kepler)②曾根据"教会中心"原则,设计出一个教会发展程序,该程序分为五个阶段:第一个阶段是差会管理时代;第二个阶段是教会与差会分工任事,教会主办完全自养的教会,差会支配外来所有的人才与经济;第三个阶段是教会与差会各派代表组成混合委员会,以支配全盘工作;第四个阶段是传教士在教会中有与本国人一样的地位,差会原来所有的行政权等完全移交教会机关接掌;第五个阶段则是完全自治自养自传的教会③。这五个阶段循序渐进,围绕着如何处理差会和教会关系这个关键问题展开,可视作整个中国教会走向独立自主的演进过程。但抗战外加战后通货膨胀,中国教会自立自养谈何容易。复员口号喊出许久之后,许多教会仍然只能供养半个员工(牧师或传道的兼副业

---

① China-12, June 10, 1947, p. 2, New York: Foreign Mission Conference of N.A., Far Eastern Joint Office, China Committee, 1947–1951, Film S37.
② 高伯兰,美国北长老会教士。1901年来华,在南京、宁波、湘潭、北京等地传教。辛亥革命时在汉口从事红十字会工作时曾负伤。
③ 高伯兰著,文南斗译:《合而为一》,载《公报》第二十卷第8期,1948年8月,第6—7页。

以糊口,或是两间堂聘用一个员工)①。前文述及的几个中国教会,在经济上无不仰仗美国教会的支持,差会及传教士仍然居于中心地位。就当时中国教会的发展程度来说,基本上还处于高伯兰所设计的五个阶段中的第二阶段和第三阶段,离最终实现"自治自养自传"尚有很大的距离。

其次,就政教关系而言,复员工作让中国教会始终和美国的对华外交利益以及国民政府的命运紧紧捆绑在一起,以至于解放战争期间在政治上陷入被动境地。对于解放战争,无论是美国传教士还是中国教会领袖,一开始的主流意见自然是期望国民政府继续执政,认为美国政府应继续援助国民政府。1946年7月,美国在华传教士的头面人物司徒雷登正式出任美国驻华大使,美国《时代》杂志认为"这意味着中国统一的另一个新希望"②。受美国传教士影响甚深的全国协进会也曾组织一批中国基督教的上层人物于1947年7月12日面见蒋介石与宋美龄。在会谈中,他们虽然主张和平,但又同情和支持蒋介石,希望国民政府能改进民生、发扬民主,对共产党则持"恐惧"心理,认为共产主义和基督教不能兼容③。随着国民政府败局已定,1949年1月,北美国外宣教事业协会召开为期四天的大会,来自美国61个基督新教教派的145位传教士代表参加此次会议,代表们虽然几乎一致地认为传教士应继续留在中共所控制的区域,但对中共能否实行宗教自由政策又充满疑虑,担忧中国教会有可能要"经历风雨",因此会议又强调中国教会在组织形式上应"化整为零",这样将来即便遇到某种"阻碍",也能尽量保持自身的信仰④。5月2日,北美国外宣教事业协会中国委员会发表一则名为"中国基督教的使命"的声明,要求中国牧师和平信徒领袖懂得判别共产主义和基督教的实质⑤。北美国外宣教事业协会的这些举动,势必给中国教会带来恶劣的政治影响。

无论是差教关系还是政教关系,当时的中国教会都只能扮演一个亦步亦趋的随从角色,无法掌控自身的命运。在当时东西方冷战已经开启、解放战争中美国又支持国民政府的前提条件下,基督教会产生"恐惧"心理,也在情理之中。中

---

① 吴骥:《战后中国教会的危机》,载《两广浸信会联会会刊》第二卷第17期,1947年9月15日,第1页。
② "Foreign Relationship: So Happy", *Time*, Monday, Jul. 22, 1946.
③ China - 19, August 7, 1947, pp. 2 - 3, New York: Foreign Mission Conference of N. A., Far Eastern Joint Office, China Committee, 1947 - 1951, Film S37.
④ Religion: New China Hands? *Time*, Monday, January 17, 1949.
⑤ China - 57, p. 6, New York: Foreign Mission Conference of N. A., Far Eastern Joint Office, China Committee, 1947 - 1951, Film S37.

共关于以后如何处理和改造基督教的基本思路,早在1949年解放战争大局已定、筹备新中国成立的过程中就已相当明确。1949年6月26日,刘少奇率中共中央代表团抵达莫科斯。7月4日,刘少奇代表中共中央提交给联共(布)中央和斯大林一份报告,报告的第三部分"关于外交问题"中专门谈到涉及基督教的下一步政策:对于帝国主义国家在中国办的学校和医院等,暂时让其在遵守我们法令条件下继续办理,但不许再设新的,待将来国家有力量接收这些学校和医院时,将加以接收。对宗教机关,一方面,允许其在遵守我们法令的条件下继续活动,另一方面,进行一些反宗教的宣传。对教堂的土地,则在教民同意之下予以没收分配[①]。与此同时,中共中央通过发动和支持基督教界的民主进步人士吴耀宗[②]等人,广泛宣传中共最新的基督教政策。7月中旬,吴耀宗在上海《大公报》上发表《基督教的改造》一文,提出了中国基督教今后改革的方向和努力的途径:首先,基督教必须把自己从资本主义帝国主义的系统中挣扎出来,摆脱出来;其次,中国教会必须实行它早已提倡过的"自立自养自传"原则,变成一个地道的中国教会;再者,基督教必须认识现在的时代,和它自己过去的历史。[③] 8月2日,司徒雷登黯然离宁返美。司徒雷登的离去象征着美国新教在华传教事业开始走向终结。8月5日,美国国务卿艾奇逊发表《美国与中国的关系》白皮书。毛泽东在8月30日对白皮书所作的第五篇评论《"友谊",还是侵略?》中,将基督教的教育、慈善和文化事业和美帝国主义对中国的精神侵略相提并论,司徒雷登被看作这些侵略事业的主要代理人之一[④]。这番表述指明了中国基督教今后革新的目标与方向,即割断中国基督教与美帝国主义之间的联系,使其走上独立自主的发展道路,成为真正"中国化"的基督教。

新中国成立后,在中共高层的直接领导和推动下,再加上吴耀宗、刘良模等中国教会领袖的积极参与,《中国基督教在新中国建设中努力的途径》(后称"三自宣言")于1950年7月28日正式公布。为了争取尽可能广泛的中国基督徒表态支持这份宣言,吴耀宗、刘良模等人还发起了"三自宣言"签名运动。9月23

---

① 中共中央文献研究室编:《建国以来刘少奇文稿》(第一册),中央文献出版社2005年版,第13页。
② 吴耀宗是基督教青年会领袖。他在抗战时期曾和周恩来多次晤面,对共产党的宗教政策和统一战线政策有了较为深入的了解。在国共内战期间,他是知名的"无党派民主人士"。1949年6月19日,在新政协筹备会第一次全体会议上,周恩来在介绍当时在座的无党派民主人士过程中,还专门提及吴耀宗,说他是"在上海一直奋斗的宗教界人士"。建国初期,吴耀宗是基督教三自革新运动的主要发起人和负责人之一。
③ 吴耀宗:《基督教的改造》——转载上海大公报(七月十六日至十八日)——专题讨论:"基督教徒的觉醒"的总结,载《公报》第二十一卷第7期,1949年9月,第5页。
④ 毛泽东:《毛泽东选集》(第四卷),人民出版社1991年版,第1506页。

日,《人民日报》全文发表了"三自宣言",并刊登了签名者名单。抗美援朝运动全面展开后,针对美国政府关于管制中国在美资产及对中国实施禁运的措施,中共中央决心提早肃清美帝国主义在中国的残余势力。1950年12月29日,政务院第六十五次政务会议通过《中央人民政府政务院关于处理接受美国津贴的文化教育救济机关及宗教团体的方针的决定》等文件①。次年4月16—21日,处理接受美国津贴的全国基督教团体会议在北京举行。而在会议期间的4月17日,《人民日报》发表社论,要求美国差会停止在中国的活动并撤出中国国境,中国基督教的传教工作应该完全由中国教士来担负②。7月24日,政务院正式公布《对于接受美国津贴的基督教团体处理办法》。至此,美国差会及传教士彻底退出中国已成定局。美国差会及传教士最终离华标志着美国新教在华传教事业的终结,中国教会从此走上独立自主的发展道路。

结　　论

历经百余年发展的美国新教在华传教事业成为当时中国基督教的重要组成部分,并发挥了领导者的作用。它在抗日战争时期遭受重创,但在西南地区仍然坚持发展,这是对中国抗战的一种有力支持,也成为沟通战时中美两国教会联系的桥梁。即使在战争期间,美国教会仍表现出及早恢复其在华传教事业原有版图的强烈愿望。应该说,美国新教在华传教事业的战后复员在短期内是有成效的。复员工作进一步扩大了美国新教在华的传教利益,加深了美国教会对中国教会的主导和控制力度。复员工作不能简单地认为只是一种宗教行为,它实际上体现了美国国家实力和推销美国意识形态的一种国家行为,是当时美国全球霸权在宗教层面的表现。

虽然复员工作取得了一定效果,但内外矛盾的制约所引起的危机又注定了其无法持久。从内部来看,复员工作阻碍了中国教会走向独立自主,加重了中国教会的"美国化"色彩。这一特征此后成为中国教会身上所背负的"政治包袱",也是新中国基督教"三自革新运动"发起的缘由之一。外部条件是决定复员工作

---

① 中共中央文献研究室编:《周恩来年谱(1949—1976)》(上卷),中央文献出版社1997年版,第109—110页。
② 《彻底割断基督教与美帝国主义的联系》,载《天风》第十一卷第17期、第18期合刊,1951年5月8日,第12—13页。

成败的最终原因。美国新教在华传教事业的战后复员实际上和美国政府的对华战略以及国民政府的命运捆绑在一起,明显带有遏制共产主义的倾向。中国教会必须勇于革新,脱离美国教会的控制,去真正实现"中国化"。新中国成立后,随着中国基督教"三自革新运动"与抗美援朝运动的相继兴起,美国传教士最终不得不全面撤离中国。在此基础上,中国教会彻底清除了内部的美国影响,大大提升了对新中国的国家认同,走上爱国爱教、独立自主的新道路。

尚德者和他的早期中文著作

俞 强[①]

一、引言——文字传教与传教士汉语基督教文献

早期来华传教士撰写汉语基督教文献与其对华文字传教策略是分不开的。文字事工是西方基督教差会在华活动的主要内容之一[②]。文字事工主要包括用文字(中文)的创作和翻译,书籍、报纸、期刊的编纂、出版与发行等工作。

在早期来华传教士的心目中,文字传教的事工是非常重要而且充满着前景。马礼逊(Robert Morrison)在写给伦敦会总会的一份报告中,就对他所从事的圣经翻译和撰写中文传教手册等工作做了高度的评价[③]。另一位紧随着马礼逊来华的伦敦会传教士米怜(William Milne)更是道出了传教士们热衷于文字传教的原因,"在每一种优雅的文字中,利用该文字出版书刊以传播人类和神明的知识,对所有读者来说,都是明显有效的。至于用中文出版的书刊,也许要比任何别种文字更能有效地与中文读者沟通,因为中国能看书的人,其比例远比人类其他民族大得多。我发现中国的方言非常多,而且语言各异,常常无法互相交谈,唯一的办法是可以写中文字和别人交流。因为中国的书写文字是全国统一的,利用写中国字的办法可以和任何讲方言的中国人沟通,这是中国的特点"[④]。另外一个被伦敦会派往南洋掌管印刷所的传教士麦都思(Walter Henry

---

[①] 作者简介:俞强,浙江省社会科学院文化研究所副研究员。
[②] 西方基督教差会在华活动的五大事工分别为布道、教育、医疗、慈善和文字事工。
[③] 马礼逊夫人编、顾长声译:《马礼逊回忆录》,广西师范大学出版社 2004 年版,第 51 页。
[④] 马礼逊夫人编、顾长声译:《马礼逊回忆录》,广西师范大学出版社 2004 年版,第 135—136 页。

Medhurst)也认为,"在中华帝国范围之内,文字媒介是相通的。因此用文字代替口语是大家彼此互相交流的常用方法。由于中国文字是象形文字,每个字都有特定的象征含义。因此,受过教育的人即使说与作者不同的方言,对同一个字有不同的发音,也不妨碍他们理解书中的内容"①。

除了这个重要原因之外,传教士们还看到了文字传教的另一个优势,就是文字作品和印刷物能够突破地域的限制,深入中国内地。由于清政府的闭关锁国和禁教政策,早期来华传教士无法进入中国内地活动。1840年之前,像马礼逊、米怜、麦都思等传教士只能在澳门、马六甲、新加坡和巴达维亚(雅加达)等地活动,在南洋的华人群体中传教②。由于传教士们的人身活动受到限制,所以在他们所进行的事工当中,唯有文字传教、翻译圣经、编纂中文传教手册以及进行出版和发行,散发这些文字作品能够有效地突破封锁。就是到了鸦片战争之后,五口通商,传教士们终于踏上了中国内地,但是活动范围也仅限于中国沿海的通商口岸,面对幅员辽阔的中国内地,传教士们仍然寄希望于文字传教。马礼逊夫人在总结马礼逊等传教士的文字事工后,对文字传教的效果表示非常乐观,她认为,"中国目前仍闭关自守,对外国人有无法克服的猜忌,禁止传教士们在中国各地游行布道,宣扬福音,教导中国人放弃偶像,皈依基督教。但是,如能出版书籍,中国人都能看得懂,而且可以通行无阻。只要有人谨慎小心地去散发,就可以源源不断地输入到中国全国各地"③。

正因为文字传教有如此之优势和效果,西方来华传教士把它放在在华传教事业的重要位置。一些传教士纷纷投入翻译中文圣经、编纂中文传教手册、编纂中文报纸期刊、开办印刷厂和出版社等工作中。1877年,第一次在华传教士大会在上海召开,会上公开了一份关于中文基督教书籍的调查报告。报告显示,从1810年到1875年,用中文撰写的独立的基督教文字作品共有1 036种,其中126种是圣经的中文译本(含节译本)。剩余的作品中,有111种是宣传基督教教义的单张,还有521种是介绍基督教神学和宗教故事的书籍。④ 最令人瞩目的当属米怜写于1818年的《张远两友相论》。这本书主要

---

① Walter Henry Medhurst, *China: Its State and Prospects*, Wilmington, Del.: Scholarly Resources, 1973, p. 78.
② 即恒河外方传教计划,具体情况可参见拙著《近代沪港双城记——早期伦敦会来华传教士在沪港活动初探》,宗教文化出版社2008年版。
③ 马礼逊夫人编、顾长声译:《马礼逊回忆录》,广西师范大学出版社2004年版,第135—136页。
④ S. W. Barnett & J. K. Fairbank ed. *Christianity in China: Early Protestant Missionary Writings*, Cambridge Massachusetts: Harvard University Press, 1985, p. 20.

讲述两位好朋友张和远在自家的后花园里讨论基督教教义的事情,共有20页,自出版之始到1906年,包括对原版的重印或者改写在内,至少有17种版本之多,印数保守估计有几十万册,可能超过100万册[①]。

早期传教士创办的中文报纸和期刊也成为我国近代报刊之嚆矢。1815年8月5日,米怜在马六甲创办了我国第一份近代中文报刊——《察世俗每月统记传》,基本上每月发行一期,每期4到10页不等,一直持续到1821年。主要撰稿人有米怜、马礼逊、麦都思和梁发等。1823年,麦都思在巴达维亚创办了名为《特选撮要每月纪传》的中文月刊。1828年,伦敦会传教士基德(Samuel Kidd)在马六甲创办了《天下新闻》。1833年,德国传教士郭实腊(K. F. A. Gutzlaff)在广州创办了《东西洋考每月统记传》。之后,麦都思在奚礼尔(C. B. Hillier)的帮助下在广州创办了《各国消息》。1853年,麦都思又在香港创办了香港近代史上第一份中文月刊《遐迩贯珍》。1857年,伦敦会传教士伟烈亚力(Alexander Wylie)在上海创办了上海近代史上最早的中文月刊《六合丛谈》。这些报刊的主要内容除了传播基督教教义之外,还普及西方的历史地理和科学知识。

另据不完全统计,19世纪来华传教士在中国创办的印刷出版机构有60多所[②]。其中有些知名的印刷出版机构,例如英华书院、墨海书馆、美华书馆等带来了西方先进的技术和设备,促进了中国近代印刷术的发展,为中国近代早期的印刷业作出了贡献。

二、尚德者何许人——传教士中文署名之意义

在汗牛充栋的基督教中文文献中,尤其是在早期来华传教士的中文作品中,无论是在传教士创办的报刊上还是单独印刷的书籍上,都会经常出现"尚德"或者"尚德者"的署名,那么这个"尚德"或者"尚德者"到底是何许人也呢?

在伟烈亚力所著的《1867年以前来华基督教传教士列传及著作目录》(*Memorials of Protestant Missionaries to the Chinese: Giving a List of Their*

[①] S. W. Barnett & J. K. Fairbank ed. *Christianity in China: Early Protestant Missionary Writings*, Cambridge Massachusetts: Harvard University Press, 1985: 23.

[②] 张树栋、庞多益、郑如斯:《简明中华印刷通史》,广西师范大学出版社2004年版,第218页。

Publications, and Obituary Notices of the Deceased, with Copious Indexes)①中可以找到一些线索。伟烈亚力是在介绍伦敦会传教士麦都思的中文作品《三字经》时明确提道"在这本书和后面许多书籍上,麦都思都使用了'尚德者'的署名"②(图1)。由此可见,"尚德者"为伦敦会早期来华传教士麦都思。

> 2. 三字經 *San tszé king*. Three character Classic. 17 leaves. Batavia, 1823. This popular little tract is formed after the model of the Chinese work of the same name, and contains a portion of Christian truth, conveyed in a plain and easy manner. In this and many of his subsequent publications, Mr. Medhurst assumed the epithet 尚德者 *Shang tĭh chày*, "One who esteems virtue." A subsequent edition was issued at Batavia in 1828. This was reprinted at Malacca in 1832, and a small-sized edition appeared at Singapore in 1839. It was revised and recut at Hongkong in 1843,

图1 《1867年以前来华基督教传教士列传及著作目录》第27页剪影

其实,在中文作品上署中文的笔名并不是麦都思的发明。在他之前来华的伦敦会传教士米怜就曾在中文作品上署名"博爱者",郭实腊在其编纂的《东西洋考每月统纪传》上署名"爱汉者"。在伟烈亚力的书中也有明确的证据。在介绍米怜的中文作品《求世者言行真史记》时,他提道"在这本书和以后的所有出版物上,他没有署他的英文名Milne,而是署上了'博爱者'的中文笔名"③(图2)。

> cension. 20. Apostles go forth to teach all nations. In this as in all his subsequent publications, instead of giving his name, Milne signs himself by the epithet 博爱者 *Pŏ gaé chày*, "The Catholic Lover."

图2 《1867年以前来华基督教传教士列传及著作目录》第14页剪影

---

① Alexander Wylie, *Memorials of Protestant Missionaries to the Chinese: Giving a List of Their Publications, and Obituary Notices of the Deceased, with Copious Indexes*, Shanghae: American Presbyterian Mission Press, 1867.中文译本为伟烈亚力著、倪文君译:《1867年以前来华基督教传教士列传及著作目录》,广西师范大学出版社2011年版。

② Alexander Wylie, *Memorials of Protestant Missionaries to the Chinese: Giving a List of Their Publications, and Obituary Notices of the Deceased, with Copious Indexes*, Shanghae: American Presbyterian Mission Press, 1867: 27.

③ Alexander Wylie, *Memorials of Protestant Missionaries to the Chinese: Giving a List of Their Publications, and Obituary Notices of the Deceased, with Copious Indexes*, Shanghae: American Presbyterian Mission Press, 1867: 14.

来华传教士使用中文名有着很长的传统,始自利玛窦。林金水认为,利氏采用中国式名字,开西洋人取中国名之先河。① 传教士的中文署名是特定历史时期中西文化交流的一种特殊表现形式。中文署名是传教士在中西文化交流中的一个身份认同,也是基督教本土化的一种反映。对于西方人拼音式的姓名,中国民众非常陌生,甚至难以接受,如果按照中国人的取名方式来给取一个中国式署名,自然在与中国民众的交流中取得好的认同②。客观上要求传教士的名字必须以潜在信众容易辨识的形式出现,而名字的可接受程度,"在相当大的程度上,受到语言经济原则的制约:人本身固有的惰性倾向,要求在姓名称谓中尽可能省力,用较少的具有普遍性、好记、好念的姓名来辅助交际"③。这也许就是传教士们在中文作品中广泛使用中文署名的主要原因。

另外,传教士的中文署名还能反映出他们的一种抱负,或者说是一种文化心态。比如,米怜在主编《察世俗每月统记传》时的署名"博爱者",就可解读为一种"广博的,宽宏大量的爱"④。那么麦都思给自己署名"尚德者"或许就是借鉴了前辈米怜的做法。"尚"为崇尚、尊重之意,"德"为道德、德行,"尚德者"意为崇尚道德的人,体现出对中国传统儒家道德的敬意。伟烈亚力在书中把"尚德者"翻译为"One who esteems virtue"可谓深得其意。

麦都思作为近代早期来华传教士中的佼佼者,在中国的传教事业中作出了杰出的贡献。

麦都思 1796 年 4 月 29 日生于英国伦敦。1816 年被伦敦会派往马六甲参与印刷工作。1817 年 6 月 12 日,他到达马六甲很快便从米怜手中接管印刷所。1818 年,他担任《察世俗每月统记传》的编辑,辗转活动于槟榔屿、巴达维亚等地。1819 年 4 月被封为牧师。1820 年前往巴达维亚建立传教分站和印刷所,成为伦敦会在南洋的主要基地之一。1823 年 7 月在巴达维亚创刊《特选撮要每月纪传》中文月刊。他在东南亚一带传教近 20 年,其间曾于 1835 年从广州北上,游历上海、山东、浙江、福建沿海等地⑤。

---

① 林金水:《利玛窦与中国》,中国社会科学出版社 1996 年版,第 1 页。
② 臧宇:《试论明末清初来华传教士之中文名》,载《华南理工大学学报(社会科学版)》,2008 年第 1 期。
③ 纳日碧力戈:《姓名论》,社会科学文献出版社 1997 年版,第 124 页,转引自臧宇:《试论明末清初来华传教士之中文名》,载《华南理工大学学报(社会科学版)》,2008 年第 1 期。
④ 伟烈亚力把"博爱者"翻译为"The Catholic Lover",比较准确地反映出米怜的意图。
⑤ Alexander Wylie, *Memorials of Protestant Missionaries to the Chinese: Giving a List of Their Publications, and Obituary Notices of the Deceased, with Copious Indexes*, Shanghae: American Presbyterian Mission Press,1867:25 - 27.

1842年五口通商后，麦都思率先来到上海开展传教工作。在上海，他在文字工作上做了两件大事。一是主持并参与了委办本圣经的翻译工作，二是把巴达维亚印刷厂的机器搬到上海，创办了"墨海书馆"，为中国的近代印刷出版事业奠定了基础。在1860年之前，墨海书馆在西学传播方面也占据重要地位。在麦都思的主持下，从1844年到1860年，墨海书馆共出版书刊171种，属于基督教教义、历史、赞美诗和宗教礼仪等宗教内容的有138种，占总数的80.7%；属于数学、物理、天文、地理、历史等科学知识的有33种，占总数的19.3%。[1]

三、尚德者的中文著作——
种类繁多、影响深远

麦都思（即尚德者）在文字传教事业上作出了巨大的贡献。他的文字传教工作内容很广，不管是中文圣经的翻译还是中文传教书籍的编纂出版，也不管是创办中文期刊还是创办印刷机构，都取得了相当大的成就。伟烈亚力统计，麦都思除了编纂多种中文辞典、翻译圣经外，还用中文撰写印发了59种作品，堪称多产。[2] 笔者按照文献的不同内容和形式，将收集到的麦都思的中文作品分成六大类：中英文字典、中文传教手册、中文圣经节译、中文刊物、中文赞美诗和英华书院教科书。现择其要者，向大家简单介绍其早期编纂的中文基督教文献。

（一）中英文字典

早期来华传教士把编纂中英文字典（包括一些方言辞典）看作一项重要的任务。1807年，伦敦会派遣马礼逊来华，委派给他两项文字事工，其中之一就是编纂一部中文字典。马礼逊在华以其毕生精力翻译了中文圣经和编纂了《华英字典》，并以此为荣，他在1811年写给伦敦会总部的报告中写道："我要向董事会感谢批准我继续攻读难学的中文和编中文文法及字典。……我……感到无上的光荣。"[3]

麦都思1816年被伦敦会派往马六甲管理当时附设在英华书院的印刷所。麦都思在马六甲一边协助米怜管理印刷所，一边在英华书院学习中文。很快他就显

---

[1] 参见熊月之：《西学东渐与晚清社会》，上海人民出版社1994年版，第188页。
[2] Alexander Wylie, *Memorials of Protestant Missionaries to the Chinese: Giving a List of Their Publications, and Obituary Notices of the Deceased, with Copious Indexes*, Shanghae: American Presbyterian Mission Press, 1867: 25-27.
[3] 马礼逊夫人编、顾长声译：《马礼逊回忆录》，广西师范大学出版社2004年版，第68页。

示出很高的语言天赋,掌握了中文,包括福建话等方言。在此基础上,麦都思也编纂了几本中英文字典和福建话、台湾话的方言字典,还有介绍中文语法的书。

1. 中英文字典

据伟烈亚力的统计,麦都思共编写了两部中英文字典。一部是1842年至1843年在巴达维亚编纂的 Chinese and English Dictionary,在巴达维亚石版印刷出版。这部字典共有两卷,包括《康熙字典》(The Chinese Imperial Dictionary)所有的字,这些字按照部首的顺序排列。①

另外一部是麦都思在1847年至1848年在上海出版的 English and Chinese Dictionary②。根据其版权页信息显示,这部字典共有两卷,1848年在上海由墨海书馆印刷出版。"The Mission Press"的中文名称就是墨海书馆,大概取自中文"墨海金壶"之说,墨海意为"大的砚台"(图3)。

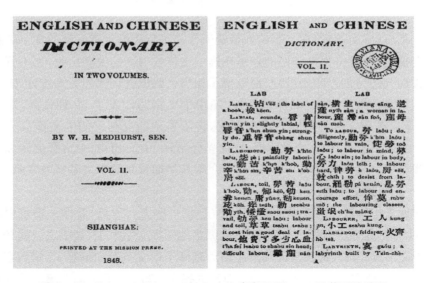

图3 *English and Chinese Dictionary* 版权页及 Vol. Ⅱ 首页的剪影

图3显示,这部字典内页为中分两列,单词按照传统的英文字母顺序排列。

---

① Alexander Wylie, *Memorials of Protestant Missionaries to the Chinese: Giving a List of Their Publications, and Obituary Notices of the Deceased, with Copious Indexes*, Shanghae: American Presbyterian Mission Press, 1867, p. 38.

② Alexander Wylie, *Memorials of Protestant Missionaries to the Chinese: Giving a List of Their Publications, and Obituary Notices of the Deceased, with Copious Indexes*, Shanghae: American Presbyterian Mission Press, 1867, p. 38.

先英文单词,再是中文释义,尤其值得注意的是,在中文释义后还有中文的发音标记。如此一来,既可以给中国人学习英语之用,也可以帮助西方传教士学习中文。这种编纂方式在以往传教士编纂的中英文字典中很少见到,可谓开了一个先河,也被后来的传教士所借鉴。比如后来的伦敦会传教士湛约翰(John Chalmers)编纂的《英粤字典》就采用了这种编纂方式(图4)。

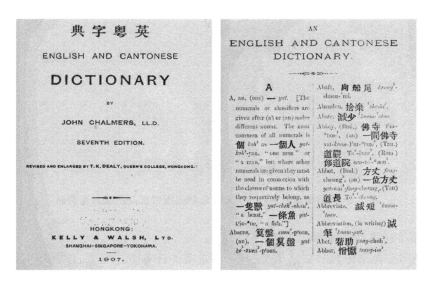

图4 《英粤字典》1907年第七版版权页及正文首页剪影

2. 福建方言字典

麦都思早期在东南亚华人当中传教,由于在马六甲和巴达维亚的华人以福建籍居多,所以麦都思也学会了福建方言,并且编纂了一部福建方言字典——《汉语福建方言字典》(Dictionary of the Hok-Keen Dialect of the Chinese Language),这是最早的闽南腔方言字典。1820年,麦都思在马六甲刊印了一本以罗马字标音的闽南语小册子,后来又依据《十五音》对其进行增补,将命名为《汉语福建方言字典》,这本字典1832年在澳门由东印度公司正式出版。

这部福建方言字典共860页,约12 000字。麦都思在字典的"前言"部分详细论述了方言与官话的关系、方言的种类,还举例说明了生字的正确使用方法。麦都思编纂《汉语福建方言字典》所依据的蓝本是谢秀岚的《汇集雅俗通十五音》,是目前所见到的对传统十五音拼音法介绍最多的著作。麦都思采用的拼音表记法主要沿袭了马礼逊的编写《华英词典》(A Dictionary of the Chinese

Language)中创用的英文式拼音法,而非当时通行的罗马拼音。

这部字典还继承了中国式辞书"重文读,轻口语"的传统。杜嘉德(Carstairs Douglas)称其所收录的是:"漳州音的书写文字"。而且在音韵方面,麦都思特别指出"四声非明辨不可",所以字典中基本能够区分出字音与语调的差异,也能分辨出闽南方言中有文音、语音的分别①(图5)。

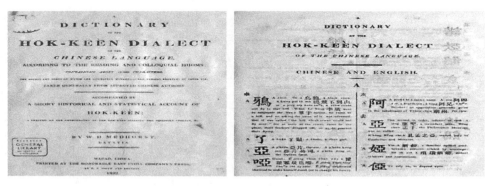

图5 《汉语福建方言字典》1832年初版版权页及正文首页剪影

(二)中文传教手册

麦都思在华传教的文字事工中,一项主要的任务就是编纂、印刷和出版中文传教手册。他一生撰写了大量的中文传教手册,而且流传甚广。伟烈亚力统计了其32种主要作品,其中有些书籍还在巴达维亚、新加坡、香港、宁波、上海等地多次重印和改版(表1)。

表1 麦都思主要作品一览

序号	中文名	英文名	页数	出版地点	出版时间
1	《道德兴发于心篇》	Rise and Progress of Religion in the Soul	40页	巴达维亚	初印于1826年,重印于1828年、1829年、1832年、1833年
2	《中华诸兄弟庆贺新禧文》	Tract on the New Year	7页	巴达维亚、新加坡	初印于1826年,重印于1828年、1833年、1834年

---

① 参见周典恩、王邦虎:《近代来华新教传教士与闽台方言字典》,载《世界宗教研究》2008年第2期。

续 表

序号	中文名	英文名	页数	出版地点	出版时间
3	《清明扫墓之论》	Feast of the Tombs	7页	巴达维亚、新加坡、上海	初印于1826年，重印于1828年、1833年、1834年。1854年、1856年以《野客问难记》为名在上海重印
4	《普度施食之论》	On Feeding the Ghosts	8页	巴达维亚、新加坡	初印于1826年，重印于1828年、1833年、1834年
5	《妈祖婆生日之论》	Birthday of Ma-tsoo-poo	5页	巴达维亚、新加坡	初印于1826年，重印于1828年、1833年
6	《兄弟叙谈》	Fraternal Dialogues	26页	巴达维亚	初印于1828年，重印于1832年、1834年
7	《踏火之事论》	On Walking over the Fire	5页、7页、10页	巴达维亚	第一版（5页）印于1828年；第二版（7页）印于1833年；第三版（10页）初印于1834年，1835年重印
8	《耶稣赎罪之论》	Tract on Redemption	21页	巴达维亚	初印于1829年，重印于1832年。1833年、1835年出版增补版
9	《乡训》	Village Sermons	39页	巴达维亚	初印于1829年。1832年出版14页的简版
10	《问答浅注耶稣教法》	Assembly's Catechism	20页	巴达维亚	初印于1832年
11	《论善恶人死》	Death of the Good and Bad	6页	巴达维亚、马六甲、新加坡、香港、伦敦、宁波、上海	初印于1829年。后于各地多次重印、改版
12	《偶像书编》	Tract on Idolatry	30页	巴达维亚	
13	《上帝生日之论》	Discourse on the Birthday of Heuen-teen Shang-te	4页	巴达维亚、新加坡	

95

续表

序号	中文名	英文名	页数	出版地点	出版时间
14	《圣教要理》	Important Principles of Religion	13页	上海	1844年
15	《亲篇》	Miscellaneous Pieces	58页	上海	1844年
16	《耶稣教略》	Condensed Atatement of Christianity	36页	上海	1846年
17	《天帝宗旨论》	Discourse on the Divine Perfections	22页	上海	1848年
18	《十条诫论》	Brief Exposition of the Ten Commandments	35页	上海	1848年
19	《人所当求之福》	True Happiness	6页	上海	1856年
20	《救世主只耶稣一人》	Christ the Only Saviour	3页	上海	1856年
21	《人不信耶稣之故》	Why the Heathen Make Light of the Gospel	6页	上海	1856年
22	《失羊归牧》	The Wandering Sheep Returned to the Shepherd	4页	上海	1856年
23	《君子终日为善》	A Well-spent day	7页	上海	1856年
24	《岁终自察行为》	Discourse for the New Year	4页	上海	1856年
25	《悔罪祈求之事》	The Penitent Sinner Seeking for Mercy	6页	上海	1856年
26	《恶者不得入天国》	Who Are Excluded from the Kingdom of God	5页	上海	1856年

续　表

序号	中文名	英文名	页数	出版地点	出版时间
27	《祈祷上帝之理善者受难获益》	Prayer the good Man in Affliction	5页	上海	1856年
28	《善人考终命》	The Happy Death of the Righteous	5页	上海	1856年
29	《死至猝不及备》	Death Comes Like a Thief in the Night	5页	上海	1856年
30	《葆灵魂以升天国论》	Discourse on Saving the Soul and Ascending to Heaven	6页	上海	1857年
31	《行道信主以免后日之刑论》	Discourse on Avoiding Future Punishment, by Consistent Faith	4页	上海	1857年
32	《人当自省以食晚餐论》	Self-examination on Partaking of the Lord's Supper	4页	上海	1857年

由于研究条件的限制，再加上笔者学识浅陋，这些作品未能一一搜集齐全，只能将部分书籍作一介绍精进。

1.《中华诸兄弟庆贺新禧文》

此文最早于1826年刊登在麦都思编纂的《特选撮要每月纪传》中，1828年、1833年、1834年在巴达维亚重印，后来也在新加坡重印。笔者所见的版本为新加坡书院重印版本。封面署名"卑友尚德者拜"（图6）。主要内容为在爪哇华人过新年之际所作的告诫训词，劝告华人不要过度纵欲，尤其要戒奢侈、戒酒醉、戒

图6　《中华诸兄弟庆贺新禧文》新加坡书院藏版封面剪影

赌博和戒淫邪。① 除此之外,还宣扬福音。

2.《清明扫墓之论》

此文最早于1826年刊载于《特选撮要每月纪传》上。1828年、1833年、1834年在巴达维亚重印。后来也在新加坡再版。1854年,麦都思重新修改此文,以《野客问难记》为名在上海出版,1863年再版②。笔者所见版本为新加坡书院藏版,封面署名"尚德纂",并录孔子《论语》之言"过而不改是为过矣",以此警示读者(图7)。

此文主要内容是讨论华人在清明节一年一度的祭祖习俗③。麦都思首先说明撰写此文的原因,"常闻清明之时,扫墓为事,而寒食节以禁火为要。今余想起此事,论说一篇,烦诸位细听耳"。接着回顾了清明节的来历,"察其源由,明是从介子推之古事而发。故合该先论子推之端,以明寒食之意"。在说完晋文公与介子推之典故,麦都思笔锋一转,一反中国人对介子推的称颂,认为其不忠不孝,与其设立寒食节以纪念他,不如"自己修身尊德,则可为善于子推多矣"。文中以问答形式阐明了麦都思基于基督教教义对中国清明节扫墓风俗的理解。

3.《普度施食之论》

此文最早于1826年刊登在《特选撮要每月纪传》上。1828年、1833年、1834年在巴达维亚重印。后来也在新加坡再版。④ 笔者所见版本为新加坡书院藏版。封面署名"尚德纂",并且题孔子《论语》直言"子曰非其鬼而祭之谄也",以此

图7 《清明扫墓之论》新加坡书院藏版封面剪影

---

① Alexander Wylie, *Memorials of Protestant Missionaries to the Chinese: Giving a List of Their Publications, and Obituary Notices of the Deceased, with Copious Indexes*, Shanghae: American Presbyterian Mission Press, 1867, p. 28.

② Alexander Wylie, *Memorials of Protestant Missionaries to the Chinese: Giving a List of Their Publications, and Obituary Notices of the Deceased, with Copious Indexes*, Shanghae: American Presbyterian Mission Press, 1867, p. 28.

③ Alexander Wylie, *Memorials of Protestant Missionaries to the Chinese: Giving a List of Their Publications, and Obituary Notices of the Deceased, with Copious Indexes*, Shanghae: American Presbyterian Mission Press, 1867, p. 28.

④ Alexander Wylie, *Memorials of Protestant Missionaries to the Chinese: Giving a List of Their Publications, and Obituary Notices of the Deceased, with Copious Indexes*, Shanghae: American Presbyterian Mission Press, 1867, p. 28.

劝诫读者(图8)。

(三) 中文圣经节译

在将圣经译成中文的工作上,麦都思付出了相当多的心血,也取得了很大的成就。在巴达维亚的时候,麦都思就与郭实腊、裨治文(Elijah Coleman Bridgman)等人合译了《新遗诏书》。后来在委办本圣经的翻译过程中,麦都思参与并主持了翻译委员会的工作。在1843年香港召开的传教士大会上,麦都思被推选为翻译委员会的书记,负责统筹各个分站的译经工作和召集大会①。在翻译的过程中,由于在"God"翻译成"上帝"还是"神"的问题上传教士们发生了争执,引发了译名之争。在这场争论当中,以麦都思为首的伦敦会传教士占据了上风,最后英国圣经公会出版了"上帝"版的新约圣经,也最终导致了翻译委

图8 《普度施食之论》新加坡书院藏版封面剪影

员会的分裂。在翻译旧约圣经的时候,由于译名之争,伦敦会传教士宣布离开旧约委办委员会。在上海,麦都思和美魏茶(William Charles Milne)随即于1851年2月20日成立了一个新的委员会,麦都思担任委员会主席,美魏茶担任会议记录秘书,约翰·施敦力(John Stronach)担任中文秘书。伦敦会传教士们在他们的中文助手的帮助下加快了翻译的进度。1851年9月,他们已翻译旧约到历代志下十四章,1852年10月30日,已经完成了旧约的翻译,并且重新修订新约。旧约最后由英国圣经公会在1854年出版,1858年又同新约一起出版。至此,伦敦会传教士在上海的圣经翻译工作圆满完成②。《委办本新约全书》和《伦敦会本旧约全书》译成后获得了很高的评价,在以后的圣经译本中享有崇高的地位(图9)。尤其是在文体上受到传教士们乃至中国学者的推崇,他们认为更适合受过高深教育的人来阅读,有的中国学者更是将它们与中国的典籍相提并论③。个中原因,一方面是传教士们的中文翻译水准有了很大的提高,尤其是像麦都思这样的语言天才的加入,而且有前人较优秀的译本作为参考,另一方面就是华人助手的大力帮助,在译本的文体和修饰润色上起到了很大

---

① *Chinese Repository*, Vol. 12, p. 552.
② 尤思德著,蔡锦图译:《合和本与中文圣经翻译》,第94页。
③ 尤思德著,蔡锦图译:《合和本与中文圣经翻译》,第95页。

图9 《新旧约全书》清光绪三十四年(1908)圣书公会印

图10 《天理要论》1948年影印本封面剪影

的作用。

麦都思除了参与和主持了委办本圣经的翻译工作之外,还节译了部分圣经的内容来宣讲基督教义。据伟烈亚利统计,麦都思节译的内容主要有《神天十条圣诫注解》《神理总论》《福音调和》《创世历代传》《真理通道》《耶稣降世传》《马太传福音注》《约翰传福音书》《天理要论》《圣马尔可传福音书》等。

1.《福音调和》(Harmony of the Gospels)

《福音调和》全书共8卷,200页。1834年在巴达维亚石印出版。1835年,两种修订版在巴达维亚出版。1835年和1837年分别在马六甲和新加坡出版了180页的版本①。据韩南(Patrick Hanan)的研究,他认为麦都思所著的《福音调和》是一种全新的翻译形式,是一部辑选自福音书的有关耶稣生活的混杂文献,每段材料都有标注。很明显,它不仅仅使对马礼逊版本相对应部分的修订,而是一种新的翻译。麦都思认为选择调和的形式是为了做出新的译本,"我开始于《福音调和》只是为了寻求更适合中国人品味的翻译风格,而不是检视这个领域或对深受我们尊敬的朋友的作品进行干涉。"他非常希望《福音调和》能成为新译的范本②。

2.《天理要论》

图10所示《天理要论》是太平天国时期截取麦都思所著《天理要论》一书前八章而成的。太平天国四年(1854)刊刻。原本存于巴黎国家图书馆。此本系民国37年(1948)影印本,

---

① Alexander Wylie, *Memorials of Protestant Missionaries to the Chinese: Giving a List of Their Publications, and Obituary Notices of the Deceased, with Copious Indexes*, Shanghae: American Presbyterian Mission Press, 1867: 31.

② 韩南、段怀清:《作为中国文学之〈圣经〉:麦都思、王韬与"〈圣经〉委办本"》,载《浙江大学学报(人文社会科学版)》2010年第2期。

收于《广东丛书》第二集、《太平天国官书十种》第一册。封面有龙凤纹边饰,中刻书名"天理要论",上端刻"太平天国甲寅四年新刻",共有25页,正文前题有"旨准颁行诏书总目",列书21部。此影印本书前有王重氏序,介绍了太平天国刊刻《天理要论》之缘由,还提到了本书作者"尚德者"即麦都思。

(四) 中文刊物

麦都思1817年到达马六甲就协助米怜编辑《察世俗每月统记传》,不少中文作品都以"尚德者"的笔名发表在这个刊物上(图11)。在《察世俗》停刊之后,1823年7月麦都思在巴达维亚创办《特选撮要每月纪传》(图12),英文名称为 A Monthly Record Important Selections。这是西方传教士用中文出版的第二份报刊,麦都思在《中国的现状与传教展望》(China: Its State and Prospects)中说过创办《特选撮要每月纪传》的目的:从中国请来了刻工之后,刊印了不少中文书籍,除此之外,原来在马六甲出版,由于米怜的早逝而停刊的中文期刊,这时得以在巴达维亚复办,每月发行一千份①。这份刊物的创办目的和内容,麦都思在《特选撮要每月纪传》的序言中又进一步说明:"夫从前到现在,已有七年,在吗啦呷(即马六甲)曾印一本书出来,大有益于世,因多论各样

图11 《察世俗每月统记传》清嘉庆丙子年(1816)全卷封面剪影

图12 《特选撮要每月纪传》清道光癸未年(1823)六月刊封面剪影

---

① Walter Henry Medhurst, *China: Its State and Prospects*, The University of Michigan Graduate, 1838, p. 331.

道理,惜哉作文者,一位老先生,仁爱之人已过世了,故不复得印其书也,此书名叫《察世俗每月统记传》。……夫如是,弟要成老兄之德业,继修其功,而作文印书,亦欲利及后世也。又欲使人有所感发其善心,而遏去其欲也。弟如今继续此《察世俗》书,则易其书之名,且叫作《特选撮要每月纪传》。此书名虽改,而理仍旧矣。"①刊物的内容、风格、版式与《察世俗每月统记传》一脉相承。从封面看,它是 21 cm×13 cm,比《察世俗》的 19 cm×12 cm 略大,但是报刊名称以及出版年号的排列位置却十分相似,正如米怜以"博爱者"自居一样,麦都思用"尚德者"自称,这也是卓南生用"雷同"这个词来评价《特选撮要每月纪传》的最关键的原因。《特选撮要每月纪传》在 1826 年停刊,一共出了 4 卷,大英图书馆收藏创刊号和第 3 期,哈佛大学哈佛燕京学社、香港中文大学图书馆、中国国家图书馆有部分微缩胶卷。

麦都思在《特选撮要每月纪传》中采用"为了让中国人能够接受"的写作风格,大量的文章宣传儒家伦理道德。其刊登的关于伦理道德方面的文章有:《不可性急》《夫妇相爱》《母善教子》《父子相不舍》《恶有恶报》《贫妇大量》《马亦知仁》《屠人有仁》《妇救其夫》《好友答恩》等。这些文章都体现出迎合中国人的思想习惯、拉近与中国人距离的写作手法。介绍爪哇历史地理的文章《咬𠺕吧总论》采用的就是中国人熟悉的章回体形式。

麦都思编纂《特选撮要每月纪传》的主要目的还是宣扬基督教教义。与此同时,麦都思也没有忘记"知识传教"的策略。麦都思的《特选撮要每月纪传》中也继承了《察世俗每月统记传》宣传基督教与传播知识的编辑方针,注重传播西方史地和科学知识。所以,其在《特选撮要每月纪传》序言中写道:"其次天文,即为日月星辰运行之度也。又其次地理,而依地理书所云,就是讲普天下各国的分数、方向、宽大、交界、土产、人情风俗之理也。除了此各端理,还有几端,今不能尽讲之,只是随时而讲。"②

麦都思担任主编的重要刊物还有 1853 年在香港创刊的《遐迩贯珍》。麦都思之所以受邀担任主编,一方面是他热衷于"文字传教"以及他在马六甲协助米怜编辑《察世俗每月统记传》和在巴达维亚创办《特选撮要每月纪传》的丰富经验,另一方面是由于当时麦都思等英美传教士刚刚完成《旧约全书》的翻译工作,

---

① 《特选撮要序》,载《特选撮要每月纪传》,道光癸未年六月(1823 年)。
② 《特选撮要序》,载《特选撮要每月纪传》,道光癸未年六月(1823)。

有一定的空余时间①。但是,《遐迩贯珍》的出版地点却不是麦都思定居的上海,而是香港。主要原因是这份月刊并非《特选撮要每月纪传》那样是由麦都思个人或以他为中心的传教团体的名义编辑,而是由香港马礼逊教育协会(Morrison Education Society)出资赞助的。1849年,由马礼逊教育协会资助的"马礼逊纪念学校"停办。马礼逊教育协会决定将其部分基金用在出版中文报刊上。《遐迩贯珍》与马礼逊教育协会之间的关系,在《遐迩贯珍》1855年第8号上有比较清楚的解释:"夫马礼逊行略,理应于《遐迩贯珍》传之,盖此书之所设,原有记载马君之意也。传内所载马六甲英华书院,创自马公,及其弃世数年,所有寓于粤省远人,触其流风余韵,莫不兴发善心,商议别立马礼逊之教会,捐金数万,以为膏火,教育唐人后生小子……二年前,理马教会之主人,因议每月刻贯珍数千,以天下事理传喻唐人诚可善述马君之事,善继马君之志者也,此《遐迩贯珍》一书之所由来也……"②由此可见,《遐迩贯珍》是为了继承马礼逊的遗志,由香港马礼逊教育协会资助、英华书院印刷发行的定期刊物。

《遐迩贯珍》的英文名叫"The Chinese Serial"。其中文名含义在上引文中也作了说明,主要是"夫马礼逊行略,理应于《遐迩贯珍》传之,盖此书之所设,原有记载马君之意也"。③亦有学者作了另一番解释。卓南生认为:"贯珍"和"贯珠"的意思十分接近,可以解释为串成一环的珠玉。但是《遐迩贯珍》毕竟是期刊的名称,因此可以解释为将远近的重要信息编成一册④。麦都思在创刊号中表示该刊之创办是为了尊重"列邦之善端""中国之美行"以及促进中英两国的相互理解。可知,《遐迩贯珍》出版的目的是为了传扬中国和西方的"遐迩"之事。

《遐迩贯珍》颇像一本中国线装小册子,高约19 cm,宽12 cm。每册从11页到24页不等,每页字数初为418字,1855年起每页的行数增多,字数增加到780字(图12)。每月首日出版,铅活字印刷,每期印数3 000份,主要在香港、澳门、广州、上海等地发行或赠阅,也有流传到海外的。封面正中通栏直书"遐迩贯珍"细仿宋体四个大字。右侧直写出版年月日和号数,左侧分两排标明出版者和价格,即"香港中环英华书院印送"和"每号收回纸墨钱十五文"。《遐迩贯珍》每期

---

① 卓南生:《中国近代报业发展史 1815—1874》(增订版),中国社会科学出版社2002年版,第69页。
② 《遐迩贯珍》1855年第8号,第9页。
③ 《遐迩贯珍》1855年第8号,第9页。
④ 卓南生著:《中国近代报业发展史 1815—1874》(增订版),中国社会科学出版社2002年版,第72页。

的目录均为中英文对照,又因其经常刊登一些西洋传教士的文章和插图,很多人误以为其是中西文对照的刊物。其实真正用中、英两种文字撰写的文章只有1856年的停刊通告,其他文章都是用中文撰写的。

图12 《遐迩贯珍》1853年创刊号封面剪影

就《遐迩贯珍》所刊载的内容看,前半部分主要是介绍西方文明和科技的长篇文章,不少是由传教士的著述改编而成的;后半部分则是新闻类型的"近日杂报";1855年以后还刊登了类似广告的"布告编"。《遐迩贯珍》所介绍的西方文明和科技的内容大都出自传教士之手,可以说是"科学传教"的一个重要方面,也是早期传教士们创办刊物的目的之延续,就是向中国人显示西方文明的强盛和优越性,改变中国人对外国人的看法,从而为传教铺平道路。《遐迩贯珍》所载的生理学知识介绍就是出自英国传教士合信(Benjamin Hobson)医生的《全体新论》,地理学知识源于传教士慕维廉(William Muirhead)所著《地理全志》。但是,《遐迩贯珍》也具有近代报刊的基本雏形。它重视新闻,每期的"近日杂报"刊登新闻10至20条,内容包罗万象,涉及内政、军事、经济等方面。在后来出现的"布告编"中,还刊登商品行情、船期等资讯,开创了中文报刊登载广告之先河①。

目前,世界上保存最好的全本《遐迩贯珍》收藏在英国伦敦大学亚非研究所图书馆,日本学者沈国威、内田庆市、松浦章影印出版了《遐迩贯珍:附解题·索引》。

(五)中文赞美诗

唱赞美诗不仅是基督教礼仪的一个重要内容,也是教会活动和教会学校日常生活不可缺少的一个组成部分。近代来华传教士也非常重视中文赞美诗的翻译和创作。据不完全统计,从1818年马礼逊出版的《养心神诗》算起,到1936年联合圣歌编辑委员会《普天颂赞》的问世,先后出版的基督教赞美诗达200

---

① 李谷城:《香港报业百年沧桑》,广东人民出版社2000年版,第58页。

多本。①

麦都思于1838年编纂出版了一本《养心神诗》，此书封面题有"尚德者纂"，共有46页，收录了70多首赞美诗，其中64首译自有英国赞美诗之父之称的艾萨·克瓦茨的诗作，9首译自英国浸信会牧师约翰·吕本的作品，1首取自最早出版于18世纪下半叶的《欧尔尼赞美诗集》，还有1首出处不详（图13）。麦都思的《养心神诗》后来经过王韬的加工润色，于1856年改名为《宗主诗篇》在上海重新出版。②

（六）英华书院教科书

麦都思还借用英华书院的教育功能，编纂《三字经》和《婴儿书课》之类的学生启蒙教科书以传播基督教。司佳认为，最初将布道手册与中国本土文化直接关联起来的就是传教士麦都思③。

图13　《养心神诗》1838年初版封面剪影

麦都思于1823年在巴达维亚印刷出版了以基督救世为中心内容的基督教《三字经》。伟烈亚力指出，"从标题中就可以看出作者在创作形式上套用了中国传统蒙学读物《三字经》的文体结构"④。根据伟烈亚力的介绍，麦都思以"尚德者"为名于1823年在巴达维亚印刷发行《三字经》第一版后，于1828年在巴达维亚又印刷发行一版，共17页。此版于1832年在马六甲再次重印，1839年又在新加坡加印刷发行了内容相同的小字版。稍加修订后，麦都思的《三字经》于1843年又在香港出版，封面注"英华书院藏版"，共16页（图14）。上海开埠后，麦都思移居上海，《三字经》于1845年至1856年在上海、宁波、厦门等地还有几个相关的重版、修订版和注解版。1845年的《新增三字经》以及1852年福州亚比丝喜美总会所出版的《三字经》，作者亦皆为麦都思，内容和字数

---

① Sheng, David, "A Study of the Indigenous Elements in Chinese Christian Hymnody", *D. M. A dissertation*, University of Southen California, 1964. pp. 487－591.

② 宫宏宇：《美国哈佛－燕京图书馆中文基督教新教赞美诗集缩微胶卷资料初探》，载《黄钟（中国·武汉音乐学院学报）》2011年第4期，第324页。

③ 司佳：《麦都思〈三字经〉与新教早期在华及南洋地区的活动》，载《学术研究》2010年第12期，第113页。

④ Alexander Wylie, *Memorials of Protestant Missionaries to the Chinese: Giving a List of Their Publications, and Obituary Notices of the Deceased, with Copious Indexes*, Shanghae: American Presbyterian Mission Press, 1867, p. 27.

也大致相同，只是个别用词偶有区别。这些版本的不断出现证明这种三字经体布道手册的确一度于南洋的教会学校中普及。①

图14 《三字经》1843年香港英华书院藏版封面剪影

图15 《婴儿书课》1836年香港英华书院藏版封面剪影

除了《三字经》之外，麦都思还编写了一本名为《小子初读易识之书课》的教育启蒙书。根据伟烈亚力的介绍，这本书于1824年在巴达维亚出版，有14页。1836年又在巴达维亚出版了增补本。接着在马六甲出版了改版本，书名改为《婴儿书课》。笔者所见的版本为马六甲英华书院印刷的该版本《婴儿书课》（图15）②。书中主要介绍了一些基本知识、道德教条和基督教教义。编纂方式借用中文的《三字经》的易读的形式，采取四字一行，共分为33课。

四、结语——文化交流与调适

麦都思的中文作品给我们提供了一个很好的跨文化分析的样本。在麦都思

---

① 司佳：《麦都思〈三字经〉与新教早期在华及南洋地区的活动》，载《学术研究》2010年第12期，第115页。

② Alexander Wylie, *Memorials of Protestant Missionaries to the Chinese: Giving a List of Their Publications, and Obituary Notices of the Deceased, with Copious Indexes*, Shanghae: American Presbyterian Mission Press, 1867: 28.

的中文作品中,我们不时地会发现中西文化交流、碰撞和调适的痕迹。文字传教是近代来华传教士传播基督教义的一种选择,但是它的效果不可避免地受到中西两种不同质文化的影响,如何让文字传教更富有成效一直是传教士们探讨的课题。研究分析麦都思的中文作品可以管窥一斑,看清基督教在华传播所面临的文化陷阱,一方面要让中国人更好的接受基督教教义,这就需要传教士们不断强化基督教本色化的色彩,无论是在传教方式和传教内容上都要更贴近中国人;另一方面,传教士的主要使命是传播福音,但是客观上也带来了西方的科学文化知识。这种主观目的和客观作用的矛盾始终存在。

先看基督教的本色化问题。"本色化"是指外来文化与本土文化接触后所产生的文化变迁的过程。林治平曾作了一个很精辟的比喻:本色化乃是甲、乙两种不同的文化,当甲文化传至乙文化中时,甲文化在乙文化中找到落脚点与生根点的过程或现象。甲文化如何在乙文化中找到落脚点与生根点,甲文化中的某些符号意义如何为乙文化所接受并在乙文化中生根发芽甚至开花结果,这整个过程及其在其中所遭遇的问题,都可以称为"本色化"过程。可以说,基督教在中国本色化即指基督教的思想文化在中国文化社会系统中落地生根开花结果的过程。基督教是西方文明之根本,要使其进入一个与其完全不同的东方社会,就必须认真研究中国的文化,进入中国的文化系统,与中国文化社会结合或者在中国文化中找到相关的发展脉络。简而言之,就是必须使用中国人熟悉的文化系统和符号来传播,否则中国人就很难接受基督教的教理。[①]麦都思的中文作品,无论内容还是形式都体现出一种强烈的本色化。比如,在形式上,遵从中国人过春节的习俗,撰写恭贺新禧文,借用中国《三字经》的编纂形式来撰写基督教《三字经》等;在中文作品的封面上还题上能被中国人接受的中文笔名"尚德者";甚至为了符合中国人的阅读习惯,在作品的文体上使用章回体。在内容上,也尊重中国的传统经典,并且推崇中国传统的忠孝等道德核心价值,在作品中,除了传播基督教教义,也不忘宣扬这些道德观念,甚至把孔子的论语章句印刷在书籍和报刊的封面上。中西两种文化中的异质元素不可避免地要发生碰撞与冲突。在麦都思的中文作品中,有不少就是针对中国传统文化风俗习惯的批评。作为一个传教士,麦都思对不符合基督教教义的异端行为毫不留情地加以反对和驳斥,同时其作品中也充斥着中西文化调适的印记。比如,他在反驳祭祖的时候,并没有

---

① 参见林治平:《基督教在中国本色化之必要性与可行性——从中国教会历史发展观点检讨之》,载林治平编著:《基督教在中国本色化(论文集)》,今日中国出版社1998年版,第1—29页。

直书这种行为违反基督教教义,而是引经据典阐释清明节的来历,并引用孔子的话来解释并非古制就是对的。

再看文字传教中涉及的基督教福音和西方科学文化知识的矛盾。这个问题一直困扰着来华传教士。一些传教士反复强调要出版发行基于基督教原则的文字作品。1890年,在上海举行的在华传教士大会上,一位美国传教士说道:中国诚然需要西方学者所能传播的哲学和科学,但必须从基督教传教士的手里来获得这些哲学和科学的知识,如果哲学与科学的知识离开了基督教,那知识就会使人们自大,只有使哲学和科学的研究,浸润于基督教教义中,才能使人们的内心卑怯,使其在宇宙的创造主面前低头。[①] 在麦都思的中文作品里面也存在这样的问题,在他主编的《特选撮要每月纪传》和《遐迩贯珍》中尤为突出。这两份刊物中,除了刊载基督教作品,还刊登了不少介绍西方历史地理和科学知识的文章。但是,麦都思对两者是有侧重点的。对于西方的科学知识,他认为是次要的、辅助性的。他的这种看法基本上被其他传教士认同和采纳,像其后的一些传教士办的刊物(如《六合丛谈》)基本上都遵循这种风格。

---

① 陈建明:《近代来华传教士关于文字传教的认识》,载《四川师范大学学报(社会科学版)》2005年第6期,第117—123页。

《蓝莲花》与"九一八":比利时天主教会对中国抗战的声援及其原因

潘致远[①]

1939年12月7日,比利时布鲁塞尔,漫画家埃尔热(Hergé)收到一封转给他来自中国重庆的电报,发件人是时任国民党中央宣传部副部长董显光。信中写道:"Mme Chiang invite Hergé Reimbursement provided[宋美龄邀请埃尔热并提供报销]。"[②] 由于当时的比利时正处在面临被德国入侵的前夕,埃尔热被要求服兵役无法前往。直到1973年,位于台湾的国民党当局再度邀请,最终成行。埃尔热在台湾"国立"历史博物馆被授予奖章,以"感谢这位热爱中国的艺术家……在抗战期间,这位欧洲画家曾编印了一本叫《蓝莲花》的漫画书……宣传中国的抗日精神"[③](图1)。

图1 《史物馆以金罍奖章赠比国漫画家艾善》,摄于埃尔热博物馆(2017年9月,Musée Hergé, Louvain-la-neuve)

---

① 作者简介:潘致远,上海社会科学院历史研究所助理研究员。
② 陆徵祥:《日记》(1939年12月7日),陆徵祥档案,布鲁日:Sint-Andriesabdij。
③ 佚名:《史物馆以金罍奖章赠比国漫画家艾善》,1973,Musée Hergé。

《蓝莲花》(Le Lotus bleu)是埃尔热在1934—1935年创作的漫画,虽然是一部儿童文学作品,但它的故事情节在很大程度上参考并还原了当时的抗战背景,并在当时国际舆论对中国不利之际揭示了九一八事变中日军的阴谋,支持和声援中国的抗日行动。由于这部漫画在当时积极的舆论宣传作用,当时国民政府多次邀请并认可埃尔热的举动。

本文追溯与这部漫画的产生的相关人士,发现其产生与比利时天主教会的推动有密切的联系。通过查阅比利时法语鲁汶大学所藏"雷鸣远档案"(Archives of Lebbe)与布鲁日圣安德鲁修道院(Abbaye Saint-André/Sint-Andriesabdij)收藏的"陆徵祥档案",本文认为在20世纪初期,通过天主教会,比利时与中国形成了特殊的联系。基于从神学思想上将支持中国的爱国主义和天主教会的发展直接关联的缘故,教会在九一八事变之后积极在欧洲营造对中国的正面舆论并宣传抗战的正义性,在此背景下促成了《蓝莲花》的创作。

一、《蓝莲花》和对中国抗战的正义性宣传

《蓝莲花》是埃尔热系列漫画作品《丁丁历险记》(Les Aventures de Tintin)中的一个故事,它的背景发生在中国。"丁丁"系列产生于1929年,首先连载于比利时天主教报纸《二十世纪》(Le Vingtième Siècle)的儿童周刊《小二十世纪》(Le Petit Vingtième)。每一个故事都围绕记者丁丁(Tintin)和他的小狗米卢(Milou)的在世界各地的冒险经历展开,在丁丁来到中国之前,他已前往苏联、刚果、美国、埃及和印度。自其诞生之时,就受到了当时儿童读者的欢迎,在苏联的故事结束之后,《二十世纪》报社找了一个叫卢西恩·佩伯曼斯(Lucien Pepermans)的男孩子饰演丁丁,假装他从苏联回来到达布鲁塞尔火车北站,当时有超过三千名少年儿童欢迎"丁丁"的归来。而在刚果的故事结束之后,报社又组织了类似的活动,这一次有超过六千名儿童参与。[①] 与此同时,它也转载于其他国家的周刊上,例如法国的天主教周刊《勇敢的心》(Coeurs Vaillants),瑞士周刊《回声画刊》(L'écho Illustré)和葡萄牙天主教杂志《鹦鹉》

---

① *Tintin,Hergé et Les Trains*,2010,Musée Hergé.

《蓝莲花》与"九一八":比利时天主教会对中国抗战的声援及其原因

(*Papagaio*)。① 这在一定程度上与"漫画"这一形式的新颖有关,法国-比利时连环漫画(Franco-Belgian bande dessineé)这一艺术形式在20世纪20年代之后兴起,一开始主要出现并连载在报纸或期刊上,目标读者多为青少年和儿童。兴起的另一个原因则是丁丁故事中的表达的英雄主义情节对当时的读者极具吸引力。

丁丁在每一次的冒险中都试图揭露阴谋,并与剥削和压迫弱势群体的强权作斗争。例如在《丁丁在美国》(*Tintin en Amérique*,1931)的故事中,他坚定地维护当地印第安人的利益,不让有钱的白人商人们强行征用他们生活的土地用来开采油矿②。漫画家本人埃尔热出身于中产阶级家庭,在童年时期受到童子军运动(Scout movement)的影响,对于正义感和道德观念有相当的认同。童子军运动开始于1907年,由英国陆军中将罗伯特·贝登堡(Robert Baden-Powell)首先提出,以特定的方法和形式组织青少年参与社会性的户外或野外活动,目的是希望可以培养身心健全的公民。其中尤其强调在活动中培养青少年的道德观念,包括忠诚、责任感、毅力、善良、服从、骑士精神、热爱自然等③。1971年在接受采访时,埃尔热解释说他认为丁丁出自他潜意识的愿望:"追求完美,做一个'英雄'",并把这样的一种理想追求归因于年少时童子军的经历④。《丁丁历险记》便传达了埃尔热的英雄主义情结,丁丁这一伸张正义的性格也体现在了他在中国的冒险故事——《蓝莲花》中。

《蓝莲花》的故事发生在20世纪30年代,当丁丁在中东揭露了一伙国际鸦片走私团伙之后,他收到了一封来自中国的求助信息,便从印度乘船来到了上海。他很快与当地的秘密组织"龙的传人"开始合作,这个组织以禁止贩卖鸦片为宗旨,其领袖是一位名为王先生的白须长者。王先生希望丁丁能帮助他们挫败以日本人平野松成为首的鸦片走私集团,而这个集团常在名为"蓝莲花"的鸦片馆里秘密集会。在丁丁的中国朋友的帮助下,尤其是与一个名叫"张(Tchang)"的同龄男孩的默契协作,他一次次地逃脱了平野松成给他设下的陷阱,并且最终和"龙的传人"组织成员们一起在"蓝莲花"鸦片馆抓获了鸦片贩卖

---

① Hergé, *Hergé In His Own Words*, ed. Dominique Maricq, Brussels: Éditions Moulinsart, 2010, pp. 21 - 22.
② Hergé, *Tintin en Amérique*, Les Aventures de Tintin 3, Tournai: Casterman, 1947, p. 29.
③ Robert Baden-Powell, *Scouting for Boys: A Handbook for Instruction in Good Citizenship*, London: C.A. Pearson, 1908.
④ Hergé and Numa Sadoul, *Tintin et moi: entretiens avec Hergé*, Champs 529, Paris: Flammarion, 2003, pp. 55 - 56.

集团的核心成员。(图2)

图2 (右)《蓝莲花》1946年版封面;(中)丁丁与王先生破译含有"蓝莲花(lotus bleu)"信息的神秘电报;(左)漫画中的"蓝莲花"鸦片馆招牌(图片来自 *Le Lotus bleu*①)

在这个漫画中,令人印象深刻的一幕是丁丁成为九一八事变日军阴谋的见证者。在跟踪平野松成的途中,丁丁在暗处看到他们炸毁了一段铁路,并且立即通电世界各地,宣称是中国人所为,并恶意捏造情节,虚构事端:"这里是东京电台:中国匪徒胆大包天,我们刚刚获悉他们在铁路上犯下了一系列滔天罪行。暴徒们在炸断铁轨以后强行拦截火车,疯狂袭击旅客。不少旅客企图自卫而惨遭杀害,受害者当中,有12名日本人。匪徒人数约有十来人,他们得逞之后,带着掠夺的财务,逃之夭夭。"而借由这一说法,日军出兵中国,并在国联(League of Nations)上号称"日本再一次承担了作为远东秩序和文明捍卫者的使命!……我们不得不出兵中国,那也是为了保卫中国自身的利益!"②(图3至图6)

这一情节应和了当时正在发生的九一八事变,并明确地表现出了日方的舆论宣传和所谓声明是为了派遣军队入侵中国的谎言。如同这样坚定声援中国的立场和态度在当时欧洲的舆论环境中是少见的,也正是因为如此,这部漫画引起了当时国民政府的注意。

1932年8月,中华民国驻比使馆在寄给外交部的文件中写道:"查日本入寇东北以来,此间报纸虽经设法联络,然因受法国袒日舆论之影响,且受日本有实效之联络,多持袒日言论。独有社会党所办之《民报》(*Le Peuple*)宗教党所办之《自由比国报》(*La Libre Belgique*)尚能主张公道。"至于比利时政府,自九一八

---

① Hergé, *Le Lotus Bleu*, *Les Aventures de Tintin 5*. Tournai: Casterman, 1946; Hergé, *Le Lotus Bleu* (B&W Facsimile Version), *Les Aventures de Tintin 5*. Tournai: Casterman, 2010.
② 埃尔热著、王炳东译:《蓝莲花》,中国少年儿童出版2014年版,第22页。

《蓝莲花》与"九一八":比利时天主教会对中国抗战的声援及其原因

图3 《蓝莲花》中丁丁跟踪平野松成等人时,目击他们炸毁铁路(图片来自 *Le Lotus bleu*)

图4 平野松成正在通电宣称铁路被中国暴徒炸毁时,丁丁不小心暴露了自己引来日本人的追捕(图片来自 *Le Lotus bleu*)

《蓝莲花》与"九一八":比利时天主教会对中国抗战的声援及其原因

图 5 "中国匪徒炸毁铁路并攻击乘客、抢夺财物"的消息由东京电台通过广播传播到世界各地,与此同时看到了真相的丁丁落入了平野松成的手中(图片来自 *Le Lotus bleu*)

跨越中西的个人、组织与文化——陶飞亚教授七秩纪念文集

图6 日本以"捍卫远东的秩序和文明"为由出兵中国；其代表在国联中宣称"为了保护中国的利益而不得不出兵"。而丁丁则被平野松成抓住,并被嘲讽多管闲事惹祸上身（图片来自 *Le Lotus bleu*）

《蓝莲花》与"九一八":比利时天主教会对中国抗战的声援及其原因

事变爆发以来亦未表达明确的态度,根据1932年1月《晚报》(Le Soir)的报道《美国备忘录与比利时》:在国联的辩论之前,"比利时对此没有确切的态度"并且"似乎没有必要选择立场"。

当丁丁目击日军炸毁铁路的一幕出现在《小二十世纪》周刊上时,日本驻比利时使馆通过中将霍恩·庞特斯(Raoul Pontus)向《二十世纪》报社提出抗议。庞特斯自1929年来担任北京中国高等学术研究院(l'Institut Belge des Hautes études Chinoises)主席,并参与组织1935年布鲁塞尔世博会上"新中国(New China)"部分的展览。埃尔热回忆说,当时庞特斯说道:"你说的这些,这不是给孩子看的……这完全是关于东亚的问题!"①面临日本政府对于《蓝莲花》提出的异议,埃尔热并没有妥协,也没有对漫画内容进行任何修改。而且此时,他身边有一位始终帮助和支持他的中国朋友,留学比利时学习西方艺术的学生张充仁,听说了来自日本的压力之后,鼓励埃尔热用艺术家的言论自由作为依据来回应庞特斯。20世纪80年代,张充仁在接受比利时记者采访时回忆道,他当时对埃尔热说:"别害怕!如果日本人生气了,那是因为我们说了实话。告诉你的编辑,比利时是一个自由的国家。作家和艺术家的言论自由是一种责任。如果他们散播假消息,他们知道他们将会在法庭上面临诽谤的指控。日本现在威胁说要把你告上海牙国际法庭?再好不过了!因为你没有说谎。所有你在《蓝莲花》中的描绘都是基于真实的事件。所以,所有人都会知道真相,你也会因此而闻名世界!"②

张充仁于1931年8月从上海乘船前往比利时,并在此后的四年中就读于布鲁塞尔的皇家美术学院,学习油画和雕塑。在航行途中(当时上海至法国马赛港的行程需要两个多月),他通过广播听说了九一八事变的爆发。多年之后他对记者形容说,他当时靠着船舷,"面朝东方,心如刀绞"③。而在留学期间,他一直密切关注着《晚报》上通过共同社、路透社、南京中央通讯社传来的关于中国局势的消息④。事实上,张充仁不仅支持埃尔热对九一八事变表明立场,而且深度参与了《蓝莲花》的创作。在接受的采访中,埃尔热和张充仁都

---

① Hergé and Sadoul, Tintin et moi, 71-72.
② Tchang Tchong-Jen and Gérard Lenne, Tchang au Pays du Lotus Bleu, Paris: Éditions Séguier, 2013: 44.
③ Tchang Tchong-Jen and Gérard Lenne, Tchang au Pays du Lotus Bleu, Paris: Éditions Séguier, 2013: 28-29.
④ 张充仁:《自述传记(节选)》,载张充仁纪念馆及上海张充仁艺术研究交流中心编:《张充仁艺术研究系列3 文论》,上海人民美术出版社2010年版,第194页。

曾谈起他们当时的合作方式：先由埃尔热构想故事情节，再由张充仁修改，以更准确地表现环境细节，包括中日关系和故事发生地上海的风土人情①。通过《蓝莲花》的合作，他们成了好友，并且张充仁也化身为漫画中丁丁的中国好友"张"，在与丁丁的共同的冒险经历中互相帮助，合力挫败日本间谍的阴谋（图7）。

图7 （右）埃尔热和张充仁在布鲁塞尔；（左）丁丁和张在《蓝莲花》中（图片来自 Tchang, Comment l'amitié déplaça les montagnes 及 Le Lotus bleu）

张充仁与埃尔热的相识并非偶然，是通过了比利时天主教会人士的推动和介绍，这其中包括了在天主教鲁汶大学（Catholic University of Leuven）负责中国学生事务的安德烈·博朗（André Boland）和列昂·戈塞（Leon Gosset）神父，以及民国前总理、后成为本笃会（Order of Saint Benedict）修士的陆徵祥。

---

① 张充仁：《自述传记（节选）》，载张充仁纪念馆及上海张充仁艺术研究交流中心编：《张充仁艺术研究系列 3 文论》，上海人民美术出版社 2010 年版，第 202 页。

《蓝莲花》与"九一八":比利时天主教会对中国抗战的声援及其原因

二、比利时天主教会的推动

　　1934年3月,就在埃尔热即将着手创作丁丁前往中国的故事之时,他写了一封信给在鲁汶大学的博朗神父:"还记得您曾写信给我关于丁丁去中国的事吗?在那时,我就回答您说我很乐意将这个故事作为对于日本帝国主义的指控,而非对中国人的夸张讽刺。现在派我的主人公前往那里的时刻就要到了。在这之前,我想和您见一面并谈一谈这些相关的问题,以免造成任何不愉快的结果。"①在收到埃尔热的这封信之后,博朗神父将信转交给了当时在鲁汶大学负责关照中国留学生的戈塞神父,后者立即与埃尔热约定了见面的时间和地点②。埃尔热说戈塞神父当时告诫他避免用刻板印象去描绘中国人,例如留着辫子或者是生性残酷,因为这会伤害他的学生,而且期望他能更为全面地了解中国③。

　　与此同时,张充仁收到了来自陆徵祥的信,希望他可以帮助埃尔热搜集更多关于中国的信息以帮助他更好地理解中国人。陆徵祥曾于1919年带领使团参加巴黎和会。1927年,在他比利时籍的夫人去世之后,陆徵祥决心离开政界,归隐于位于比利时布鲁日的圣安德鲁修道院成为修士。张充仁自1932年起就与陆徵祥有书信联系,并在1933年时前往布鲁日拜访。收到来自陆徵祥的委托,他便很乐意地接受了④。

　　除了博朗、戈塞和陆徵祥以外,同在圣安德鲁修道院的陆徵祥的另一位朋友爱德华·纽特(Edouard Neut)神父也参与促成了《蓝莲花》的创作。纽特不仅介绍埃尔热与陆徵祥结识,并给了他两本书做参考,其中一本是近现代著名作家、翻译家盛成基于他家族经历用法语所写的小说《我的母亲》(*Ma Mère*)⑤。由于这些在比利时的天主教会人士的推动,张充任和埃尔热从1934年5月1日起开始了他们一年多的合作。在当天的日记上张充仁写道:"访

---

① Hergé to Léon Gosset, 28 March 1934, Archives Vincent Lebbe, Archives du monde catholique.
② Hergé to Léon Gosset, 28 March 1934, Archives Vincent Lebbe, Archives du monde catholique.
③ Hergé and Sadoul, *Tintin et moi*, pp. 59 - 60.
④ 张充仁:《自述传记(节选)》,载张充仁纪念馆及上海张充仁艺术研究交流中心编:《张充仁艺术研究系列3文论》,上海人民美术出版社2010年版,第196—203页。
⑤ Benoît Peeters, *Hergé, Son of Tintin*, trans. Tina A. Kover, Baltimore: Johns Hopkins University Press, 2012: 75.

Hergé,彼为 Vingtième Siècle 绘星期画报欲取中国材料,索余帮助。"[1]经过讨论,埃尔热和张充仁一同确立了故事的主题,即通过丁丁在上海的所见所闻来揭露日本的阴谋和侵略行径。不仅如此,借由描绘场景,张充仁用中文写下了"打倒帝国主义""取消不平等条约"等标语。使得《蓝莲花》在九一八事变爆发、国联尚无定论之时,成为为处于舆论劣势的中国发声和传播立场的国际媒介之一(图8)。

图 8 《蓝莲花》中出现的标语:(左)"取消不等(条约)",(中)"打倒帝国主义",(右)"抵制日货"(图片来自 Le Lotus bleu)

自九一八事变爆发以来,博朗、戈塞和陆徵祥就在密切关注事态的变化,尤其注意国际舆论的态度对留比中国学生的情绪的影响。故而在得知《丁丁历险记》新的创作方向时,这几位天主教神父会主动建议并促成《蓝莲花》的创作,也积极联系促成张充仁和埃尔热的结识。

1931年9月23日,身处修道院的陆徵祥在报纸上读到了九一八事变之后,在日记中写道:"阅报日军进占长春,消息日坏,前途莫测,令人战栗。"[2]同年11月,他就九一八事变致信国联秘书长。[3] 此时博朗写信给陆徵祥,说道:"我们亲爱的中国天主教学生们正在遭受着真正的中伤:天主教报纸只接收来自东京的新闻,并且发表的文章都是对中国不利的!这些学生们感到受伤,因为听不到教会提醒日本最基本的道德制约!……我有这个感觉,此时对于中国教会来说是一个独特的时刻:这是让教会在所有国家面前表达立场的机会,显示它对中国

---

[1] Jean-Michel Coblence and Yifei Zhang, *Tchang*, *Comment l'amitié déplaça les montagnes*, Moulinsart,2003,p. 52.
[2] 陆徵祥:《日记》(1931年9月23日),陆徵祥档案,布鲁日:Sint-Andriesabdij.
[3] 陆徵祥:《日记》(1931年11月3日),陆徵祥档案,布鲁日:Sint-Andriesabdij.

《蓝莲花》与"九一八"：比利时天主教会对中国抗战的声援及其原因

的爱，并证明天主教徒对整个国家的苦难都感同身受。"①当时陆徵祥回信说：对于此时的冲突还"需要详尽的研究"，并且他对"我们的中央政府和我们在国联的代表有充分的信心。这个事件一定会得到最好的处理"②。

博朗急切地希望天主教会声援中国，是因为作为负责中国学生事务的神父，他直接了解到了中国学生、特别是天主教学生的心声。1931年11月，一些中国天主教学生给他写信，希望教会可以帮助中国："你们在中国的孩子们正在受煎熬。作为他们的责任，他们爱他们亲爱的祖国，但这种爱并没有磨灭他们对神圣教会的爱，如同爱他们的母亲一样。他们认为也许中国的天主教会再也不会有像现在这样的机会，来证明我们神圣的宗教并不是一个外来的宗教。"③在鲁汶大学，天主教会创办了中国学生俱乐部，"中国公教青年俱乐部"（Home Chinoise），为学生提供社交活动、讲座和宗教等活动的场所。1932年9月17日，在俱乐部的公告板上有人贴上了"明天是东北被日本武力侵占一年周年纪念日，望各同学停止娱乐，勿忘国难"的告示④。当时在公教青年俱乐部里，天主教报纸《自由比国报》和《二十世纪》提供免费订阅，可以常常被中国学生看到。由此刊登在《小二十世纪》上的《丁丁历险记》引起了博朗的注意，因而主动建议埃尔热在他的新故事中揭露日本帝国主义的阴谋，希望可以借此成为中国的舆论支持。

博朗和陆徵祥对于争取天主教会对中国的支持的努力不仅限于联络天主教报刊媒体，更进一步试图从神学角度来阐释天主教会应当支持中国的原因。这其中比利时教会的神学思想提供了有利的论据。在上引的那封信给陆徵祥的信中，博朗还写道："每一天这些中国学生都在等着一个中国的'梅西尔主教'来发表一封关于爱国主义的信。"⑤梅西尔主教全名约德雷希-约瑟夫·梅西尔（Désiré-Joseph Mercier），是一战时期比利时的枢机主教。面临德国的强势入侵，在1914年圣诞节时，他公开发表了牧函（pastoral letter）《爱国主义与忍耐》（*Patriotism and Endurance*）用来激励比利时人民的抵抗精神。其中，他从天主

---

① André Boland to Lu Zhengxiang, 18 November 1931, Archives Vincent Lebbe, Archives du monde catholique.

② Lu Zhengxiang to André Boland, 26 November 1931, Archives Vincent Lebbe, Archives du monde catholique.

③ Chinese Catholic students to André Boland, 19 November 1931, Archives Vincent Lebbe, Archives du monde catholique.

④ 鲁汶大学中国学生：《明天是东北被日本武力侵占一年周年纪念日》告示，1932年9月17日，Archives of Lebbe, Archives du monde catholique.

⑤ Boland to Lu Zhengxiang, 18 November 1931.

教的角度来探讨了爱国主义。他说天主教"视爱国主义为一种积极的法则;没有完美的爱国者就没有完美的基督徒。"而这种积极的法则是关于和平与正义的,那么"认同万物从属于公道、正义和真理(Right,Justice and Truth)的绝对必要性,不言而喻就是服从于天主"。梅西尔指出那些为保卫国家国而战的英勇士兵们朴实地说他们只是在履行他们的职责,而在他看来这是一种带着宗教色彩的、爱国主义的表达,因而这样的一种爱国主义是"神圣的"[1]。

1933年11月,陆徵祥在持续关注和研究中日冲突事态的发展,并研读了1932年10月接受国联委派前往中国东北实地调查后写成的《李顿调查报告》(*Lytton Report*)后,发表了一本小册子《满洲问题评判——以公教立场评判日本侵占东四省事件》(*L'invasion et l'occupation de la Mandchourie jugées à la lumière de la doctrine catholique*)[2]。在书中他多次引用梅西尔演说中关于爱国主义和正义的话语,并且在结论中说道:这些梅西尔所传达出的原则是"与真理(Truth)一致的"。尽管中国处于弱势,他却认为由于处在正义的一边:"我们何曾见过正义没有得到最后的胜利?"[3]由此可见,在当时这些在比利时的天主教人士将支持中国爱国主义和天主教会应负的责任直接联系了起来。

事实上,梅西尔本人就曾表达过对中国爱国主义的理解和对中国留欧学生的关切。也正是由于得到了他作为比利时天主教会领袖的支持,比利时才会有一批格外关心中国事务的神父,包括博朗、戈塞和纽特,以及他在他们之前作为发起和倡导者的雷鸣远(Vincent Lebbe)。自20世纪10年代起,雷鸣远的奔走与梅西尔的支持奠定了比利时天主教会与中国的特殊联系。

三、对中国爱国主义的支持

雷鸣远出生于根特(Gent),少时读到遣使会(Congregation of the Mission)传教士董文学(Jean-Gabriel Perboyre)殉道事迹,由此影响萌发了前往中国

---

[1] Désiré Mercier, *Patriotism and Endurance*, London: Burns & Oates, 1915, http://digital.slv.vic.gov.au/view/action/singleViewer.do?dvs=1547768508377~292&locale=zh_CN&metadata_object_ratio=10&show_metadata=true&VIEWER_URL=/view/action/singleViewer.do?&preferred_usage_type=VIEW_MAIN&DELIVERY_RULE_ID=10&frameId=1&usePid1=true&usePid2=true.

[2] 陆徵祥:《日记》,1932年11月23日,陆徵祥档案,布鲁日: Sint-Andriesabdij。

[3] Dom P.C. Lou Tseng-Tsiang, *L'invasion et l'occupation de la Mandchourie jugées à la lumière de la doctrine catholique par les écrits du Cardinal Mercier*, Paris: Les Éditions du Foyer, 1933: 36.

《蓝莲花》与"九一八"：比利时天主教会对中国抗战的声援及其原因

传教的念头。他加入法国遣使会接受修会的培训，并在 1901 年到达直隶。他积极学习中国文化，可以熟练地用中文交谈写作，并乐于与当地人交流结交朋友。在到达直隶之后的十年中，雷鸣远对之前的传教士的传教方式有颇多反思，他认为教会过于脱离中国社会，由于疏于交流和沟通又与当地人有过多的隔阂和误会，这些都阻碍了天主教会的发展和传播。因此，他认为应该使教会成为社会的一分子，关切和参与社会议题并对此提供教会的看法。

在直隶的十几年中，雷鸣远曾驻留多地，包括乡野间的小韩村和滨海都市天津。他注意到了中国社会中爱国主义情绪的增长，并认为教会应该对此做出回应。然而，当时绝大多数的天主教传教士们都没有意识到这个问题。1915 年，美国的耶稣会传教士丹尼斯·约翰·卡瓦纳（Dennis John Kavanagh）认为新成立的中华民国对外国人显示出了友好而非敌意，这个新政权也会欢迎和保护教会。他注意到 1912 年时，袁世凯在接见林懋德（Stanislas-Francois Jarlin）时说："天主教徒们将会被给予充分的宗教自由，每一个在政府辖下的岗所——民事的或是军事的——都将对它敞开。"另一个证据也表明这个保证的宗教宽容并不是空谈，卡瓦纳写道："事实上民国的首任政府总理是一位天主教徒，由于他比利时籍夫人的原因皈依了教会。"他所指的正是陆徵祥①。

然而事实上，在当时中国社会上的主导观念并非是如同传教士所关注的对宗教和外国人的宽容，而是国家的概念和爱国主义的情绪。对此问题许多学者都以进行了分析，例如沈艾娣（Henrietta Harrison）等②。周锡瑞（Joseph Esherick）在分析了 1911 年前后参与改革或革命的不同动机之后，总结到尽管不同人对于"民族主义"的理解不同，总体而言"民族"的概念已成主导。对于帝国主义威胁的担忧则助长了这一情绪，在当时，中国社会就已对于任何可能破坏其完整性的因素都很敏感③。

于是在天津，雷鸣远开始发表公开演讲，从天主教的角度回应社会议题、用福音作为理论依据，以期用这样的方式使得听众更好地理解天主教会。他的演讲标题包括"必须做些什么以救国"（Il faut faire quelque chose pour le salut de

---

① D. J. Kavanagh, *Catholic Missions and the Chinese Republic*, San Francisco: The James H. Barry Company, 1915, pp. 5-8.

② John Fitzgerald, *Awakening China Politics, Culture, and Class in the Nationalist Revolution*, Stanford: Stanford University Press, 1996; Henrietta Harrison, *The Making of the Republican Citizen: Political Ceremonies and Symbols in China, 1911-1929*, Oxford: Oxford University Press, 1999.

③ Joseph W. Esherick, 1911: A Review, *Modern China* 2, 1976: 141-184.

la Chine),"天主教是拯救中国的唯一方式"(La religion catholique est le seul moyen de sauver la Chine)。① 1912年,在著名天主教人士、《大公报》的创办者英敛之的帮助下,雷鸣远创办了《广益录》,在1915年国庆双十节又创办了《益世报》,成为民国时期的颇有影响力的报刊之一。《益世报》主要探讨中国和国际问题,同时也涉及部分天主教会的内容②。

1913年,雷鸣远短暂回到欧洲,并在当年夏天枢机主教梅西尔避静(retreat)时见到了他。雷鸣远表达了他对中国天主教会和传教士的看法,而枢机主教对于中国社会爱国主义情绪的增长表示理解。同年11月,梅西尔邀请雷鸣远在鲁汶大学的哲学高等研究所里对发表关于中国和天主教会的演讲③。1917年雷鸣远写道:"让(中国的)普罗大众接纳天国的最关键的阻碍就在于国家问题。"他引用了梅西尔在一战时期激励比利时民众的例子,以证明爱国主义和天主教信仰是可以共存的。他认为爱国主义是一种高尚的情感,作为"一种爱、一种奉献和自我牺牲的高昂情绪",而这样一种强大的力量可以在基督宗教中发展。他说在中国的传教士们应该像梅西尔学习,参与爱国主义的发展并使之成为一种爱的力量,而不是让它成为脱离甚至对抗天主教会的力量④。

然而他的行动却并不受他所属的法国修会遣使会的欢迎,在回到天津之后,很快与会中的上级发生的矛盾。1916年,遣使会天津主教杜保禄(Paul-Marie Dumond)在中国辖区老西开内购买了一块土地以兴建一座新的教堂,法国领事意图借由此机会扩张租界范围将老西开并入其中,这一侵犯领土的举动引起了当地民众的反抗。雷鸣远站在民众的立场上,反对其遣使会上级和法国领事的强制吞并行为,因而在1920年他被勒令离开中国,到欧洲等候梵蒂冈对此他行为的判断和决裁。直到1927年他才在梵蒂冈的支持下再度回

---

① Léopold Levaux, *Le Père Lebbe*, *Apôtre de La Chine Moderne (1877-1940)*, Brussels: Éditions Universitaires, 1948: 136.

② 宋稚青:《雷鸣远神父与天津益世报》,《神学论集》第87册,1991年,第49—62页; Theresa Ming Chuan Hsueh, Action et Mémoir, Les Archives Du Journal de Vincent Lebbe: I Che Pao, in *Vincent Lebbe et Son Héritage*, ed. Arnaud Join-Lambert et al., Louvain-La-Neuve: Presses universitaires de Louvain, 2017: 29-38.

③ Jacques Leclercq, *Thunder in the Distance: The Life of Père Lebbe*, trans. George Lamb, Sheed & Ward, 1958, p. 133; Léopold Levaux, *Le Père Lebbe*, *Apôtre de La Chine Moderne (1877-1940)*, Brussels: Éditions Universitaires, 1948: 166.

④ Vincent Lebbe, Letter to Mgr Reynaud (18.9.1917), in *Lettres Du Père Lebbe*, ed. Albert Sohier and Goffart Paul, Tournai: Casterman, 1960: 139, 142-143.

《蓝莲花》与"九一八":比利时天主教会对中国抗战的声援及其原因

到中国①。

在被迫远离中国的七年之中,雷鸣远把关注点放在了留学欧洲的中国学生上。他尤其注意到在留学欧洲的中国学生身上强烈的反基督教的思想,希望可以通过教会的努力改变消减他们的敌意。20世纪初期正值旅法勤工俭学的高潮,而大量前往法国的中国学生在出发之前就对宗教并无好感。例如在其宣传文章《趋重法兰西教育之理由》中写道:"就普通教育言之,泰西各国于体育、智育均可得比较上之满足,若德育则往往乖谬,惟法国教育,能脱于君神之迷信,匪但其他专制国之所无,即瑞美二国,虽离于君主之制,犹惑于新教之风也。法国于千八百八十六年,已废神学之专科。于千九百零七年(误:疑为千九零五年),实行国教分离。教育职务,多出乎宗教,返乎常民。此诚古今万国教育之新声,而法人德育之观念,由此可见矣。中国本无国教,遂无宗教之障碍。此教育中最可贵之点,宜固存之而弗易也。西教传入中国,其是非人人得而言之,宜避之而弗倡也。故法国教育之观念,最宜于中国。"②

这批旅法的学生容易接受欧洲世俗主义(secularism)、反教权主义(anti-clericalism)的思想,并把这些理论译介回国,进一步引发了20世纪20年代中国国内的非基督教运动。1921年,少年中国学会巴黎分会首先在其杂志上讨论宗教的问题,这个组织的成员将西方学者对宗教的看法介绍回中国:法国学者包括马塞·葛莱内(Marcel Granet)和塞勒斯廷·博格勒(Celestin Bouglé)都表示宗教对中国的现代化毫无用处。这些讨论和译介引发了中国知识界对宗教问题的敏感。1922年,当世界基督教学生同盟决定在北京召开大会时,学生和学者组织起了"非宗教大同盟",开启了非基督教运动③。

雷鸣远在1925年写的册子《中国将来会怎样?》(*Que Sera la Chine Demain?*)中表达了他的担忧,认为欧洲的天主教会对中国学生的关心不够④。

---

① Jacques Leclercq, *Thunder in the Distance: The Life of Père Lebbe*, trans. George Lamb, Sheed & Ward, 1958, pp. 146-52,156-179; Léopold Levaux, *Le Père Lebbe, Apôtre de La Chine Moderne (1877-1940)*, Brussels:Éditions Universitaires, 1948, pp. 176,188,192;吕颖,齐义虎:《天津法租界的扩张及老西开事件(1861—1917):以法国外交部档案为基础史料的考察》,《史林》2018年第5期,第1—7,33,218页。

② 旅欧杂志社:《趋重法兰西教育之理由》,载陈三井编:《旅欧教育运动》,台北:"中央研究院"近代史研究所1996年版,第63页。

③ Jessie Gregory Lutz, *Chinese Politics and Christian Missions: The Anti-Christian Movements of 1920-28*, Vol. 3, The Church and the World, Notre Dame, Indiana:Cross Cultural Publications, 1988:33, 37-38.

④ Vincent Lebbe, *Que Sera La Chine Demain?*, Louvain:Xaveriana, 1925.

他希望天主教会可以让中国学生了解到教会同样也在关注着中国发展①。然而他所隶属的法国遣使会认为雷鸣远在中国时忤逆上级命令举动违背了入会时"服从"(obedience)的誓词,从而禁止他在法国任何报纸上发表文章,并不给予他任何的帮助②。

与此对比,在比利时的梅西尔对他发起的行动给予了官方的认可:1921年,在信中给雷鸣远以鼓励;1922年,允许他在比利时印刷期刊;1923年,许可他在布鲁塞尔教区布道。1924年复活节,梅西尔亲自在肯彭(Campine)给四十个中国学生行了坚振礼(Confirmation),并任命雷鸣远作为中国学生组织的负责者。③有基于此,在之后的十年中,比利时教会中的神父如博朗和戈塞愿意投身于此,尽心着力关照在比利时的中国学生。

在他们看来,维护中国的利益与维护教会的利益是一致的。因为只有为中国的权益着想,中国学生以至于更多的中国人才会愿意了解和接受教会。1924年,雷鸣远在信中对梅西尔写道:中国学生们是热诚的爱国者,并对社会不公正十分敏感,"他们对于接受任何帮助感到羞辱,并且担心由此而屈人一等。只要他们不认为遭受了羞辱(得到尊重),他们是谦和的"④。雷鸣远呼吁教会对学生们表现出理解并公正地对待他们的国家。1930年,博朗在回顾之前所作的工作时写道:"他们(旅欧中国学生)经历了近几年来中国革命的岁月。他们的教育是无神论的并且不觉得有任何宗教的需要。天主教以一种错误的方式呈现给他们,它被作为欧洲帝国主义最有力的工具。"⑤因此,为了改变这样的观念,雷鸣远与博朗等一方面推动梵蒂冈对中国本土神父和教区的认可,另一方面向中国学生们介绍这些努力,让他们认识到天主教会对于中国而言并非侵略者,而是参与和支持社会发展的一部分。

但是,他们这样的理念在当时面临诸多阻碍。1926年,雷鸣远对梵蒂冈主

---

① Vincent Lebbe to Jean Budes de Guébriant, 12 November 1920, Archives Vincent Lebbe, Archives du monde catholique.

② Albert Sohier, *Un an d'activité du Père Lebbe: 1926*, ed. Claude Soetens, Louvain-la-Neuve, Belgique: Publications de la Faculté de théologie, 1984, III.

③ Désiré-Joseph Mercier to Vincent Lebbe, 3 January 1921; Vincent Lebbe to Désiré-Joseph Mercier, 11 November 1922; Désiré-Joseph Mercier to Vincent Lebbe, 2 October 1923; Ernest Storck, Un Double Cérémonie Religieuse à Averbode, *Le Vingtième Siècle*, 24 April 1924, Archives Vincent Lebbe, Archives du monde catholique.

④ Vincent Lebbe to Désiré-Joseph Mercier, 17 April 1924, Archives Vincent Lebbe, Archives du monde catholique.

⑤ André Boland, Histoire de l'Œuvre Des Étudiants Chinois, de 1920 à 1930, 1930, Archives Vincent Lebbe, Archives du monde catholique.

《蓝莲花》与"九一八":比利时天主教会对中国抗战的声援及其原因

教范·胡桑(Van Rossum)说法国保教权(French Protectorate)的存在对中国学生们来说是反感的,并且阻碍了他们接触天主教会①。在华保教权是指法国依据《黄埔条约》、《天津条约》和《北京条约》中的相关条例,行使保护教会中人身与财产安全的权力。然而事实上,法国屡次以保护教会为借口发动侵略或要求更多的特权。1927年,博朗说在欧洲社会中存在妨碍中国学生皈依的巨大障碍,那就是"欧洲天主教报刊的民族主义、传教的回顾文章、特别是那些传教士们的演讲和采访中对中国的嘲讽,使得中国人感到不悦"②。他们自20世纪20年代起就积极地在报刊上,包括《二十世纪》《比国自由报》《晚邮报》(*Le Courier du Soir*)上发表文章,以唤起比利时社会对中国的同情、增进对中国的理解。故而在九一八事变爆发之后,博朗急迫地希望天主教媒体和舆论中能为中国的立场发声。

在比利时的这些天主教神父的活动引起了社会中的不同阶层及身份的人注意。1926年,天主教政党政客埃德蒙·卡同·德维亚(Edmond Carton de Wiart)在与雷鸣远谈话之后,在报纸上发表了一篇题为《年轻的中国》(*La Jeune Chine*)的文章,他谈论了中国的重要性并且表扬了雷鸣远为促进双方友谊所作的工作。③ 德维亚是比利时国王的内阁成员,而他的哥哥亨利(Henry)曾在1920—1921年间任比利时总理。比利时修会圣母圣心会(Congregation of the Immaculate Heart of Mary)的总会长约瑟夫·鲁登(Joseph Rutten)在1929年写道:"在中国的天主教传教士已经正确地决定要尊重它的国家意识,即便有时出于无知这样的情绪会伤害他们(传教士),因为如果这世界上有一个组织真诚地期盼中国的福祉、独立和富强,那就是天主教会。"④ 而这些发表的有关天主教会和中国的文章及观点吸引了一些读者,例如一位乔治·杜比松(Geroges Dubuisson)就在读了《自由比国报》之后向雷鸣远组织的活动捐了一小笔款项⑤。张充仁回忆说:"我素来钦服比国人民的道德修养,从我踏上比国国土的

---

① Vincent Lebbe, Letter to Cardinal Van Rossum (11.05.1926), in *Lettres Du Père Lebbe*, ed. Albert Sohier and Goffart Paul, Tournai: Casterman, 1960: 238 - 239.

② André Boland and Theodore Nève, "Extract from a Report on the Project of Chinese Students", 27 November 1927, Archives Vincent Lebbe, Archives du monde catholique.

③ Henry Carton de Wiart, La Jeune Chine, 23 December 1926, Archives Vincent Lebbe, Archives du monde catholique.

④ Joseph Rutten, Christian Conversion in China, Source of Shame or of Pride?, in *Christian Missions in China: Evangelists of What*, by Jessie Gregory Lutz, Boston: D.C. Heath and Company, 1965: 26 - 33.

⑤ Georges Dubuisson to André Boland, 16 March 1925, Archives Vincent Lebbe, Archives du monde catholique.

第一天起,我就为比国人民的道德修养、热忱、礼貌、和平而激动不已……在班里,比国的同学时最有教养和礼貌的,他们从不挖苦人……在班里,我和大家一样都是被人尊重的。"①

四、结　　论

《蓝莲花》的产生以及博朗、陆徵祥、雷鸣远等比利时天主教人士对九一八事变和旅欧中国留学生的关切,一方面有对中国前途的担忧,另一方面也有对教会发展的焦急。这与当时天主教给中国人的印象有关,即认为教会是为帝国主义侵略服务的一部分,20世纪初反教权主义的传播和"非基督教运动"进一步加深了这种认知。抗日战争爆发后比利时天主教会的反应是一方面声援中国,另一方面希望借此机会改变中国对于教会之前的认识,从而也有助于教会自身的发展。

由于当时欧洲尚未爆发战争,比利时天主教会无从以世界反法西斯同盟的角度来理解中国抗战对于世界的意义,只是从教会的立场出发认为应该维护中国的利益。但其对抗战支持的表态先于英美等国家、以及国联等国际组织,在抗战初期国际舆论宣传上发挥了先导和积极的作用,在舆论战线上成为中国的同盟。而对于当时远离国土却心系故乡的中国留学生们而言,或许读到《蓝莲花》能给予他们些许宽慰和希望。

---

① 张充仁:《自述传记(节选)》,载张充仁纪念馆及上海张充仁艺术研究交流中心编:《张充仁艺术研究系列3 文论》,上海人民美术出版社2010年版,第190、195—196页。

义和团战争研究何以可能

——一项学术史的考察

崔华杰[①]

发生在19世纪和20世纪之交的义和团运动是震惊世界的重大事件,它牵涉的关系复杂,引发的国内矛盾突出,加上其本身反抗帝国主义的正当性与盲目排外的愚昧性交织在一起,使得对其爆发成因、组织源流和历史意义的评价,成为不同时代的学术焦点甚至是政治热点,在中外学界不同时期都产生了一批影响较大的论著,也促进了中国近现代史的学科增长和中国学术界的对外交流。因而有学者提出,义和团运动因"代表了中国近代史研究的方方面面,包括了政治、经济、军事、社会、外交、文化,更重要的是它代表了相当不同的甚至是对立的解释,而这种解释都是持之有故、言之有理的",故而足可将之称为"义和团学"[②]。

中外学术界尽管在义和团起源及其运动发展上结出累累硕果,并在跨学科综合研究和跨文化比较研究诸方面取得不少重要成果,然而始终以"运动"为论域半径,难免限定了知识谱绘的周长和辐射面积,从而给"义和团学"的自我更新和因时发展带来路径依附困境。2013年,山东大学首批终身教授路遥先生据其近60年的学术经验,指出义和团研究存有"两大难题",以之作为这一研究实现赓续发展的两条路向:"一是义和团运动起源,二是义和团战争。前者文献严重不足,需靠田野调查;后者虽有一些档案整理出版,但参与侵略的各国文档只出了很少一部分。"[③]如何解答路遥先生提出的此"两大难题"之问,成为"义和团

[①] 作者简介:崔华杰,山东大学历史文化学院教授。
[②] 古伟瀛:《在义和团运动110周年国际学术讨论会上的致辞》,中国义和团研究会:《义和团运动110周年国际学术讨论会论文集》,山东大学出版社2012年版,第14页。
[③] 雷家琼:《路遥 田野调查与文献结合是学术研究的康庄大道》,《中国社会科学版》2013年1月9日,第4版。

学"在自我学科构建过程中不得不要面对的问题。

一、学术演进

从义和团运动120年的研究历程来看,中外学界在如下考察路径建树较多:一是义和团运动的起源。义和团的地域起源复杂,组织来路模糊,加之留世文献较少,所以对其起源和组织的探察始终成为学界关照重点,尤其在地域起源、组织起源和名谓起源上见世成果丰硕[1]。二是义和团运动发展过程。学界对山东、直隶、京津、山西、东北与内蒙古地区、四川以及江苏、湖南、江西等长江流域的义和团运动有着各种程度的区域专题考察[2]。三是义和团运动背后的社会结构动因。周锡瑞(Joseph W. Esherick)运用文化人类学的方法解读鲁西北地区民间文化与义和团运动的源起[3],柯文(Paul A. Cohen)揭示灾荒及其衍生的谣言所引发的社会结构变化及其对义和团运动爆发的影响,狄德满(Rolf Gerhard Tiedemann)则考察华北乡村不同群体对日益加剧的内外压力之应对与义和团运动爆发的关系。四是义和团运动时期的中外关系。学界或按照国别对中英、中俄、中日、中美关系进行个案考察,或整体综论义和团运动前后的远东国际局势。[4] 五是列强军事侵略。学界对列强在侵华战争过程中的矛盾与合作、在华期间的活动及其暴行等都有所涉论[5]。

然而,也不容忽视的一个事实是,在新世纪尤其是近十年以来,作为中国近代史传统课题的义和团运动,常给人研究穷尽之感,特别是历史研究的多元化尤其是微观化发展,更进一步挤压了义和团运动等政治史的探讨空间。我们以"义

---

[1] 参见戴玄之:《义和团研究》,北京大学出版社2010年版;路遥、程歗:《义和团运动史研究》,齐鲁书社1988年版。
[2] 参见金家瑞:《义和团运动》,上海人民出版社1957年版;陆景琪:《义和团运动在山东》,齐鲁书社1980年版;廖一中、李德征、张旋如:《义和团运动史》,人民出版社1981年版。
[3] 参见周锡瑞:《义和团运动的起源》,江苏人民出版社1998年版;柯文:《历史三调:作为事件、经历和神话的义和团》,江苏人民出版社2000年版;狄德满著,崔华杰译:《华北的暴力和恐慌:义和团运动前夕基督教传播和社会冲突》,江苏人民出版社2011年版。
[4] 李节传:《俄国对义和团运动的政策与英俄关系》,《史学月刊》1986年第3期;王魁喜:《义和团运动时期日本的侵华政策》,《东北师大学报》1987年第2期;刘志义:《论义和团运动时期英国的对华政策》,《东岳论丛》1994年第3期;崔志海:《美国政府与义和团运动再考察》,《清史研究》2021年第2期;张海鹏:《试论辛丑议和中有关国际法的几个问题》,《近代史研究》1990年第6期。
[5] 李德征、苏位智、刘天路:《八国联军侵华史》,山东大学出版社1990年版;牟安世:《义和团抵抗列强瓜分史》,经济管理出版社1997年版。

和团(boxer)"为篇名关键词进行搜索,并限定 2010 年至 2020 年这近十年的研究时限,发现中文数据库"中国知网"刊发各类期刊文章共计 87 篇、学位论文 14 篇和会议文章 3 篇;而通过对英文期刊数据库(Jstor)的搜寻,仅见英国拉夫堡大学孔正滔(Thoralf Klein)于 2013 年刊发的《媒体事件与传教士期刊:义和团战争的案例(1900—1901)》一文。①

如何维持义和团运动在中国近现代史研究领域的学科地位,因势推动其研究的自我更新和领域开辟,中外学界实际上也存有不同层面的探索。其中,"义和团战争"这一议题逐渐映入中外学者的研究视野。

从"义和团战争(boxer war)"这个关键词来看,虽然中外时人的记录不乏常见"义和团"或"战争"等表述,但将该两个名词连用并作为完整概念使用的则是一些文章的随笔记录。1902 年美国康涅狄格州发行的《月报》(*the Monthly Record*)杂志曾报道说,随着"慈禧太后从都城的逃离,以及中国官员受派进行媾和谈判","这标志着义和团战争的结束"。② 1904 年俄国地理学家克鲁泡特金(P. Kropotkin)在一篇名为《外贝加尔新地图》的文章中提到"Little Khingan"这座山脉的名称实际上是在"最近的义和团战争"时期才广为人知。③ 1907 年丁韪良出版《中国之觉醒》时更是将"义和团战争"与"鸦片战争""亚罗战争""中法战争""中日战争"视为"中国觉醒"的重要历程。

随着时代发展和学术理路的自然演化,"义和团战争"始被纳入学术研究的话语。1952 年,美国历史学家鲍威尔(R. L. Powell)所出版《中国军事力量的兴起(1895—1912 年)》一书的第三章就是以"百日维新和义和团战争"为章节名探讨了此期中国军事力量配置及其改革措施。④ 1964 年,美国学者乔治·雷森(George A. Lensen)在其《俄国东扩》一书中,亦专节探讨了"义和团战争"期间沙俄对中国边界地区的经济掠夺、文化渗透和军事侵略。⑤ 1968 年,美籍华裔学者陈志让在研究民国时期中国军阀及其派系的文章中也提到了"义和团战争"期

---

① Thoralf Klein, Media Events and Missionary Periodicals: The Case of the Boxer War, 1900-1901, *Church History*, Vol. 82, No. 2 (Jun 2013), pp. 399-404.
② End of the Rebellion in China, *The Month Record*, Oct. 31, 1902.
③ P. Kropotkin, New Map of Transbaikalia, *The Geographical Journal*, Oct., Vol. 24, No. 4 (Oct., 1904), p. 466.
④ Ralph L. Powell, *The Rise of Chinese Military Power (1895-1912)*, Princeton: Princeton University Press, 1955.
⑤ George Lensen, *Russia's Eastward Expansion*, N. J.: Prentice-Hall, 1964.

间袁世凯的"武卫右军"。①当然,真正以"义和团战争"为专题研究并具开创意义的当属相蓝欣于2003年在伦敦出版的英文著作《义和团战争的起源:跨国研究》。作者立足广阔的国际环境考察义和团运动爆发的前因后果,特别是从中外关系互动中探究义和团战争的起源,其学术价值正如周锡瑞所论:"它仔细分析了外国驻华外交使团在北京的宫廷政治及其行为,充分利用了比利时、中国、法国、德国、英国、意大利、美国以及俄国和日本的文献——这是一项令人印象深刻的研究成果,为我们理解中国现代史上这一关键时刻增加了一个重要的新维度。"②在该书共计十四章的内容中,作者利用多国材料铺陈了清廷内部各种派系的交合与纷争以及列强之间的纵横交织与权势抗衡。然而正如其书名所示,这份研究在战争方面重点所解决的是起源问题,在战争过程上虽然论及西摩尔远征军来华(第十一章)和大沽炮台之战(第十二章),然而对于涉及十多个国家、五六十万参战中外兵力的战争过程却因研究主题偏差而缺乏纵深开展。

接着,中国国内学界也逐渐发生着将八国联军侵华战争推向义和团战争的学术演化。2008年,中国义和团研究会在上海大学组织"义和团运动与义和团战争学术论证会",鲜明提出了"义和团战争还是八国联军侵华战争"这一研究议题③。2010年,中国义和团研究会前会长张海鹏在义和团运动110周年国际学术讨论会上强调,"利用多种外国的档案文献","从国家间战争的角度来解读义和团运动","都是可以再加以讨论的"④。2010年,中国义和团研究会顾问路遥在接受中国社会科学报采访时,指出了"义和团研究面临重要变化",具体而言就是"加强教会内部资料搜集与研究"和"运用历史社会学方法进行学科交融研究",尤其要"急需探索"义和团战争问题⑤。2015年,中国史学会推介的"义和团战争"议题通过国际历史科学大会执行委员会筛选,成功入选第22届国际历史科学大会圆桌会议,这标志着"义和团战争"这一议题开始走上了世界

---

① Jerome Ch'en, Defining Chinese Warlords and Their Factions, *Bulletin of the School of Oriental and African Studies*, University of London, 1968(3): 563-600.
② Joseph W. Esherick, The Origins the Boxer War: A Multinational Study by Lanxin Xiang, *The China Quarterly*, No. 176, 2003(10): 1111.
③ 会议详情参见陶飞亚、赵美庆:《义和团运动与义和团战争学术论证会综述》,《上海大学学报(社会科学版)》2009年第4期,第136—144页。
④ 张海鹏:《义和团运动110周年国际学术讨论会开幕词》,《义和团运动110周年国际学术讨论会论文集》,山东大学出版社2012年版,第3页。
⑤ 路遥:《义和团研究面临重要变化》,《中国社会科学报》2010年12月7日第2版。

学术舞台①。如此看来,回答路遥先生关于义和团研究"两大难题"之一的"义和团战争",推进义和团战争的专题研究,此期已有了必要的学术土壤和实践空间。

二、新 进 研 究

2021年,山东大学苏位智教授出版了《从华北到东北:沙俄与义和团战争》。该书除"导论""结语"两部分之外,共14章,计80万字,以沙俄为轴线,主要解决"义和团战争的背景和起因""义和团战争的性质""华北战场与东北战场""义和团战争与国际公法""战争议和与《辛丑条约》""围绕义和团战争的远东国际关系"以及"义和团战争对各参战国乃至世界历史进程的影响"诸问题②。据李德征先生回忆,《从华北到东北:沙俄与义和团战争》一书的作者苏位智早在1982年撰写本科毕业论文时,自选的研究题目就是《沙俄在八国联军中扮演了什么角色?》。③在此后的学术生涯中,苏位智始终将义和团时期的中外战争当作自己的学术主攻方向,相继发表《八国联军没有始终如一的主谋》④《试论八国联军对直晋边境的侵犯》⑤《八国联军统帅及各国司令官史实补正》⑥等专题论文,并在《八国联军侵华史》一书中"承担了分量最重的主体章节"。⑦2000年,他又与刘天路合撰题为"义和团时期列强军事侵略研究"的义和团战争百年研究长篇评述⑧。2008年,苏位智以"从华北到东北——义和团时期的中俄战争"为题申报国家社会科学基金项目并获立项,《从华北到东北:沙俄与义和团战争》一书就是这份以"优秀"等级结项课题的最终成果。

从全书框架来看,《从华北到东北:沙俄与义和团战争》全书分为四编:第一至第三章为第一编,勾勒日俄英德法美等列强在远东关系的竞争与合作以及俄

---

① 《"中国的义和团战争"议题入选2015年第22届国际历史科学大会》,《义和团研究通讯》第50期,2014年,第32页。
② 苏位智:《从华北到东北:沙俄与义和团战争》,山东大学出版社2020年版,第7页。
③ 苏位智:《从华北到东北:沙俄与义和团战争》,山东大学出版社2020年版,第4页。
④ 苏位智:《八国联军没有始终如一的主谋》,《文史哲》1991年第1期。
⑤ 苏位智:《试论八国联军对直晋边境的侵犯》,《河北大学学报(哲学社会科学版)》1992年第1期。
⑥ 苏位智:《八国联军统帅及各国司令官史实补正》,《河北大学学报(哲学社会科学版)》1997年第1期。
⑦ 苏位智:《从华北到东北:沙俄与义和团战争》,山东大学出版社2020年版,第4页。
⑧ 苏位智、刘天路:《义和团研究一百年》,齐鲁书社2000年版,第203—220页。

国卷入义和团战争之前的中俄关系;第四至第九章为第二编,论述俄国参与联军对津京地区的进犯与劫掠;第十至第十三章为第三编,讲述俄国对东北义和团的应对以及其以之为借口的军事侵略,尤其是全面铺陈了中俄两国在东北不同区域的战事战况;第十四至第十五章为第四编,探讨俄国参与不平等条约的签订以及远东国际形势变动所带来的中俄关系变化。

从具体内容来说,第一编《战前中俄关系及双方军事态势》按照时间断限展现了甲午战争结束到义和团战争爆发之前的中俄关系。第一章"中日甲午战后远东国际关系及中俄关系"论述西方列强在远东国际关系上的竞争与合作,尤其勾勒了在甲午战争结束之后,列强争霸远东的主要矛盾由先前的英俄矛盾转为战后的日俄矛盾这一显著变化,并以中俄"四厘借款""华俄道胜银行""东省铁路"等重要史实篇章展现俄国财政大臣维特所推行的"经济、和平"的侵华路线。第二章"义和团运动初期的中俄关系"概述义和团运动的起源以及在京津地区的发展,并展述俄国对义和团的态度及其采取的外交对策。第三章"战前俄中军事态势"主要分析两国的军事概况以及兵力部署,其中的亮点在于对俄国军事力量编制和武器装备的描述。

第二编《华北战场》按照不同区域论述了俄国参与八国联军侵华的全过程及在其中发挥的作用。第四章"俄国参与八国联军"论述俄国于1900年6月初至中旬调派兵力参与解救"西摩尔远征军"的过程以及英俄两国在争夺联军统帅权中的摩擦。第五章"俄国组织联军攻占大沽口炮台"描述1900年6月中旬至7月下旬俄国在攻占大沽炮台和攻陷天津上作为"罪魁祸首"的主要表现。第六章"天津外围的战争"讲述中外在老龙头火车站和紫竹林上的拉锯战。第七章"俄军组织联军攻占天津城"论述俄军在攻陷天津城中所发挥的组织和指挥作用。第八章"清政府的应对措施与联军进犯北京"讲述1900年7月中旬至8月中旬各国联军军事力量的消长变化以及俄国在这个过程中所彰显的"大国地位及独特个性"。第九章"俄国在直隶地区的侵略活动及其战略变化"描述俄国在直隶地区争夺铁路和山海关,成立天津"都统衙门"以及抢占天津租界等史事,重点考察俄国将对华外交政策的重心由华北转向东北的战略变化及其背后动因。

第三编《东北战场》按照事件的因果联系构建了中俄义和团战争在东北的爆发。第十章"东北义和团运动的兴起及俄中政府的态度和措施"重点描述东北义和团的兴起以及俄国的外交应因,指出这为俄国出兵东北提供了战争口实。第十一章"海兰泡和江东六十四屯大血案"论说中外学界所熟悉的两大惨案的经过,以及其所引起的国际舆论批评以及清政府的外交交涉。第十二章"东北战场俄中双方的军事动员与作战部署"分别论述"俄国的举国动员与作战部署"和清政府在东北三省的防务与战备情况,认为清军将领在战前就已产生分歧,不仅影响着"东北战争的防务与战备",还制约了中俄东北战争的"全过程"。第十三章"东北战场的战争过程"讲述俄国从北路(布拉戈维申斯克—齐齐哈尔方向)、西路(斯特列田斯克—齐齐哈尔方向)、东北路(哈巴罗夫斯克—哈尔滨方向)、东南路(符拉迪沃斯托克—宁古塔—吉林方向)和南路(旅顺口—奉天方向)等五路的主动军事攻击和清军的被动防守抵抗。

第四编《余波》讨论了义和团战争的余绪、结果以及影响。第十四章"中俄战后的继续争斗"探讨中俄在《奉天交地暂且章程》《交收东三省条约》《辛丑条约》等的谈判上的往复磋商和俄国对东三省的军事占领及其对地方政权的控制。第十五章"中俄战争之后的远东国际形势及中俄关系"考察英日、日俄和中俄在战后的关系变化以及远东国际形势的趋向。结语部分则从"中俄战争的起因""中俄双方的军事目标和战争目的""中俄战争的性质""俄国在义和团战争中的角色""中俄战争对双方国家的影响"等五个方面对本书的研究主题做了综括性概述。

第二编和第三编是《从华北到东北:沙俄与义和团战争》一书的中心内容所在。在此两编中,作者将战争史与区域史、政治史、外交史、国际关系史紧密结合起来,把中俄战争置于远东国际形势这个宏观区域中予以考察,重点论述了俄军参与八国联军、攻占大沽炮台、天津外围战斗、攻占天津城、使馆之战、进犯北京以及俄军在直隶地区的侵略活动和战略变化,并有机梳理了东北义和团运动的兴起及俄中政府的态度和措施、海兰泡和江东六十四屯惨案、东北战场俄中双方的军事动员与作战部署以及东北战场五路战争的经过。作者对中俄战争进行的这种多层面考察及其推演的观点,不仅颇有创新之处且值得肯定。譬如在俄国参与八国联军侵华过程中,《从华北到东北:沙俄与义和团战争》一书从政治史角度揭示了穆拉维约夫和拉姆斯多夫前后两任俄国外长、沙皇尼古拉二世、陆军大臣库罗巴特金等俄方高层在对华决策上的统一和分歧[1],还从国际关系史角度构建出随着时势发展而产生的英俄斗争、日俄矛盾以及德俄结盟等交错变化的复杂过程[2]。再如在俄国抢占山海关和关内外铁路方面,《从华北到东北:沙

---

[1] 苏位智:《从华北到东北:沙俄与义和团战争》,山东大学出版社 2020 年版,第 67、第 89—90、第 170—171、第 355—356 页。

[2] 具体案例可参见该书对联军统帅权的争夺,见苏位智:《从华北到东北:沙俄与义和团战争》,山东大学出版社 2020 年版,第 227—236 页。

俄与义和团战争》一书不仅从区域史角度描述了山海关及关内外铁路所处的战略位置和经济效益地位,还从中构绘了联军争夺关内外铁路管辖权的白热化过程①。

总之,《从华北到东北:沙俄与义和团战争》一书频现的此类观点论从史出,考量全面,无疑加深了我们对复杂的远东国际形势以及俄国对华军事行动全过程的理解。当然,在这两编中,《从华北到东北:沙俄与义和团战争》对大沽口炮台之战、北京使馆攻防战等重要史事亦有细致梳理和客观评断,补充了学界已有研究的薄弱之处,表达出义和团战争上的一些重要的新知新论。②在这点上,考虑到路遥和李德征两位先生在为该书所撰序言中已有涉论,笔者在这里不再一一展开论述。

三、理论考察

义和团战争这个论题在2008年正式提上国内学术会议的会议议程时,实际上就引发了一些学术争议。有的学者认为义和团战争尽管"是事实上的战争","但不是国际法所定义的国家间的战争"。有的学者指出"义和团战争"这一概念需要明确,要搞清楚"其所指是义和团时期发生的战争还是仅仅指义和团与其敌人之间的战争"。有的学者强调说"从军事史、战争史的角度对庚子年间的大小战事作一番考究"或许更利于学术层面的实际操作③。

综合来看,这些问题的核心指向大致有二:一是"义和团战争"的概念问题,也就是事关学术"科学性"这一前提性问题;二是学术实践问题,即在第一个问题解决之后,能否将义和团战应争用到学术层面,此系能否开展研究的"适用性"问题。

针对第一个问题,《从华北到东北:沙俄与义和团战争》一书论证了"义和团战争"这一概念何以成立的三因素:其一,义和团战争"具备战争的必备要素",认为它既有政治目的,也进行了武装斗争,并达到了相应的军事目标;其二,"义

---

① 苏位智:《从华北到东北:沙俄与义和团战争》,山东大学出版社2020年版,第281—287、第291—306页。
② 大沽之战参见该书第124—139页;北京使馆被围参见该书第196—221页。
③ 关于中国学界对"义和团战争"这一概念的学术论争,参见陶飞亚、赵美庆:《义和团运动与义和团战争学术论证会综述》,《上海大学学报(社会科学版)》2009年第4期,第136—144页。

和团战争"具有一定规模,持续了一定时间,涉及范围较广;其三,中外学界在过去有多项成果已然将"义和团战争"这一概念付诸研究实践,可以说达成了一定程度的学术共识。①在该书作者苏位智看来,"义和团战争"这一概念自然无疑地具备了学术的科学性,即具备了进行学术操作实践的前提。

那么,又该如何将"义和团战争"这一概念应用到学术实践,以此来解决学界存疑的研究"适用性"问题?众所周知,发生在义和团运动期间的这场战争涉及英、俄、日、美、法、德、意、奥等国的军事力量,中外投入的参战人数大致有五六十万之多,时间上从1900年6月大沽口炮台之战爆发到1901年9月《辛丑条约》签订总共15个月之久,地域上包括京城及直隶全境以及盛京、吉林和黑龙江三将军辖区,可以说事件要素多,所涉地域广,相关史事也较为复杂。对于这一问题,《从华北到东北:沙俄与义和团战争》一书作者以战争为核心关键词推展论述,以中俄战争为轴线连接空间、人物与事件,着重探讨战前中俄关系及双方军事态势、中俄在华北和东北两个战场的军事冲突、战后中俄外交交涉和远东国际局势的变动。作者这种以中俄战争为轴线串联八国联军侵华诸事件的写作实践,明显彰显出"国别路径"的研究特点,此系其书的最大创新之处。这种"国别路径"的研究取向,在处理事项纷繁杂多的义和团战争史实方面,大致体现以下优长:

首先,专以单一国别为研究对象,便于外文史料的集中搜集与综合整理。《从华北到东北:沙俄与义和团战争》一书因向学界展示了一幅沙俄与义和团战争的历史全景,而被称为"开拓性的探索之作(路遥序言)""对国内研究义和团战争具有重要的推动作用(张海鹏推荐出版意见)""增强中国学界在此研究领域上的国际话语权(王先明推荐出版意见)"。该书之所以能够取得这些学术评价,其中的一个重要原因就是建基于对俄文原始资料的搜集、翻译、整理与利用。据笔者大致统计,《从华北到东北:沙俄与义和团战争》一书参考和征引的中外文资料足有千余种之多,其中,俄文方面的原始档案和研究著述共计294种②。尤其是该书的原始档案涉及俄罗斯国家历史档案馆、俄罗斯帝国对外政策档案馆、俄罗斯国家军事历史档案馆、远东俄罗斯国家历史档案馆、俄罗斯海军国家档案馆、俄罗斯陆军部档案、俄罗斯科学院东方学所圣彼得堡分所档案馆、阿穆尔地区研究协会档案馆、伊尔库茨克州国家档案馆、鄂木斯克州国家档案馆、哈巴罗

---

① 苏位智:《从华北到东北:沙俄与义和团战争》,山东大学出版社2020年版,第2—4页。
② 该书参引的俄文文献细目,参见该书第664—694页。

夫斯克边区国家档案馆等 11 家大小档案馆所藏的各类电报、文函和报告等。最难能可贵的是,作者利用其俄文语言优势,将俄方资料与中方资料进行整合运用,无疑也为其史事书写的客观性和严谨性增色不少。

《从华北到东北:沙俄与义和团战争》一书在俄文史料搜集与利用的经验,可为接下来推进义和团战争的其他国别研究提供了借鉴。这里以英国为例。根据对已有史料的大致梳理,我们发现目前英国所藏中国义和团战争史档案主要分布在英国图书馆亚洲、太平洋和非洲分部(原大英图书馆东方和印度事务部档案部门)和英国国家档案馆(原公共事务档案馆)。其中,英国图书馆亚洲、太平洋和非洲分部所藏缩微胶卷"402"卷宗主要涉及 1900 年赴华英军的兵种、装备、作战部署、军事技术、行动报告和后勤保障。英国国家档案馆所藏档案涉及义和团战争的全进程,包括外交部门档案、海军部门档案、战争办公室档案和内阁办公室档案,其中,外交部门档案主要涉及英国在华外事人员的官私藏档,如窦纳乐、贾礼士、金登干、萨道义、霍必澜、白利南等人从北京、上海、天津、烟台、镇江、重庆、汉口、宜昌、九江、牛庄等地使领馆所发的报告。① 若是沿袭《从华北到东北:沙俄与义和团战争》之路径,搜集英国所藏各类档案史料并用于专题研究,想必能够谱写义和团战争中的英国篇章。当然,继续沿着这条路向,我们可以继续推进德国、日本、法国、美国、意大利等国的专题国别研究,从而勾画义和团战争的多国全景。

其次,以中俄战争为主轴勾连义和团战争复杂而又多面的史事,既关注了中俄战争这起事件在八国联军侵华过程诸复杂事件中的相对独立性,又注意到这起事件与其他事件之间的联系性,如此利于历史叙事的深入和完整。《从华北到东北:沙俄与义和团战争》一书作者认为"义和团时期的中俄战争是中俄关系存在以来最重要的武装冲突,也是'义和团战争'的最重要组成部分"②;俄国参与的这场义和团战争,"入侵兵力之多、战场地域之广,均占中国旧民主主义革命时期中外战争的首位"③。为此,该书以中俄关系为主轴,按照时间发展先后论述了战前中俄关系及双方军事态势(第二章)、华北战场和东北战场(从第四到第十三章)、战后中俄的继续争斗、战后远东国际形势及中俄关系(第十四和第十五章)等进行了充分论述,同时分析了中俄战争的起因及时机、中俄的军事目

---

① 参见狄德满编著、崔华杰等译:《西文义和团文献资料汇编》,山东大学出版社 2016 年版,第 60—96 页。
② 苏位智:《从华北到东北:沙俄与义和团战争》,山东大学出版社 2020 年版,第 8 页。
③ 苏位智:《从华北到东北:沙俄与义和团战争》,山东大学出版社 2020 年版,第 566 页。

标和战争目的、中俄战争的性质、俄国在义和团战争中的角色以及战争对中俄两国的影响等问题,较为完整地勾勒了俄国参与义和团战争的全过程。这很显然注意到了中俄战争这起事件在八国联军侵华过程中的独特性和独立性。这样,《从华北到东北:沙俄与义和团战争》一书从政治史出发,较为清晰地勾勒出义和团战争爆发前夕的远东局势和中俄关系,并在研究过程中将重点归结于军事史尤其是其核心所在战争史,详细论述了中俄战争的前因后果和整个过程,还对学界原有研究较为薄弱的列强在大沽口的军事增员、联军侵华的军事部署和力量变化、俄军侵华路线的变化等关键史事都做了重点叙述,故而发挥了史实补益的作用。

然而,八国联军作为一个松散的军事联盟,各方自纠合之初到联合行动期间不仅缺乏统一调度和集中指挥,而且猜忌不断,倾轧不休。《从华北到东北:沙俄与义和团战争》在以中俄战争为核心要点的基础之上,留意到俄国与其他列强在义和团战争过程中始终存在的既联合又斗争的矛盾,可以说在关照单一事件独立性的基础之上,又关注到了事件与事件之间的联系性。根据该书对列强在华外交关系和经济利益纠葛的梳理,我们从第四章至第八章发现了列强在义和团战争过程中的权势转换,如法国在 1900 年 5 月底之前出于保教权之故而成为组织"使馆卫队"对华武装干涉的始作俑者,而从 6 月的上旬到中旬这期间,英国为了保护在华经济利益而对华增兵人数最多,接着从 7 月下旬到 8 月下旬,日本因驻津兵力最多且部队建制最为正规便成为攻打北京的主犯,最后从当年 9 月到签订《辛丑条约》期间,位居联军最高统帅权的德国则摇身变为联军侵略京津地区的主谋和元凶。再如在天津都统衙门问题上,第九章既专节论述俄国在策建该军事殖民统治机构所发挥的"策划主谋"和"首席委员"之作用,又从中穿插日英德法美诸列强在机构人事关系的斗争以及背后所反映的军事力量的彼消此长与国际关系的政治变动。

最后,以中俄关系切入义和团战争的长线叙事,给我们凝造出可资鉴用的"政治学—军事学—历史学"这一论证链条。正如《论战争》一书作者克劳塞维茨所强调的那样,战争"带有政治目的""战争无非是政治通过另一种手段的继续""……政治目的将差不多是唯一决定性的"①,故而想要研究义和团战争这种牵涉中外的多国战争,应该而且也必须回到政治关系为考察原点。顾名思义,《沙俄与义和团战争》一书考察的主题当然是军事和战争,然而在涉入这一主题之

---

① 卡尔·冯·克劳塞维茨著、时殷弘译:《战争论(上册)》,商务印书馆 1995 年版,第 109—111 页。

前,作者却在第一章、第二章中花费了整整两章的篇幅去讲述战争爆发之前的远东局势和中俄关系,这样就把中俄战争爆发的政治根因交代的既清清楚楚,又符合事件演进的自然逻辑。接着,《从华北到东北:沙俄与义和团战争》在第三章运用军事学相关知识分析两国的军事力量、武器装备和后方勤务等战争准备阶段的军事态势,预设了此后军事冲突与对抗中中国失利和俄国占优的必然结局。而在接下来的第四章至第十三章则论述战军事学研究的中心环节"战争"。其中,《从华北到东北:沙俄与义和团战争》一书不但罗列 32 位侵华俄军各级指挥官的人物肖像、生平经历及其军事举动,又论述到大沽炮战、老龙头火车站争夺战、紫竹林之战、使馆之战、北仓和杨村之战以及爆发在东北的五路战争等事件,并从中穿插俄国对华战争的战略观念、军事事务和军事技术,可以说其作者发挥了历史学长于叙事的学科特点,在论述上做到了见人见事,也就是依靠人物的具体描绘给战争增添了生动鲜活的网络节点,又通过事件的面面考察串联出中俄义和团战争的全景图。如此,《从华北到东北:沙俄与义和团战争》一书从政治学出发,经由军事学这一中心论述环节,又回归到历史学的学科本质,从而在义和团战争研究上提炼出"政治学—军事学—历史学"这一论证链条。

总而言之,《从华北到东北:沙俄与义和团战争》一书所彰显的"国别路径"这一研究方法,既从在华国际政治关系的宏观角度拉长考察的镜头,揭示出战争背后的政治动因和列强长期以来在华外交的纷争与媾和,又伴随着战事的展开描述而不断调整焦距,聚焦到战争中的个案人物和具体事件,足以成为我们接下来推进义和团战争相关国别史研究的沿循路径。

四、未来展望

上述虽然分析了《从华北到东北:沙俄与义和团战争》一书的研究价值和学术创新,但我们依然认为其仍有进一步深入探讨的空间和完善的余地。其一,既然"战争"作为讨论的中心,那么和战争攸关的战争动员学、战争经济学、战争心理学以及战争策略学等论域知识均应囊括在内并成为书写的主旨内容。如侵华联军人员的招募与组成、战争信息的传递、战争的指挥与调度、后方勤务的提供与补给、军事情报的搜集与信息传递、战略和战术维度下的战争解读等,这些都应是《从华北到东北:沙俄与义和团战争》一书在此后修订过程中的重要内容补充。其二,《从华北到东北:沙俄与义和团战争》一书在史料上主要运用俄语相关文献,在内容书写上自然要以俄中关系为叙述主线,然而在错综复杂的近代远东国际局势之下,日俄、英俄、德俄、法俄等国存在多重矛盾与多线合作,在个别史事论述上难免出现一方自言其说的情形。这就提醒我们接下来在义和团战争考察上推行国别研究路径时,似乎更应注意多源头多语种史料的搜集与使用,参照比对,相互印证,这样或许更能呈现近代远东国际局势的复杂面向。其三,《从华北到东北:沙俄与义和团战争》一书涵盖三编十四章,可谓是兹事体大,内容庞杂,但也因此在撰述体例上存有不统一乃至不协调之处。如"导论"部分的第五小节"中日战争前的中俄关系述略"似乎应该融入第四小节"学术回顾"为好,这样不仅能与前三小节"概念界说""问题缘起""研究意义"形成体例统一,而且究其内容来看,似乎也应涵盖在"学术回顾"的论说体系之内。再如有的章节目具体到了三级纲目(如第十三、十四章),有的只是具体到二级纲目(如第四章),甚至部分章节因为内容材料的多寡而导致同一章下面的二级纲目有的细化到三级纲目,有的则只写至二级纲目(如第五、第七章)。

当然,即使存在着以上不足乃至瑕疵,但依然销蚀不了《从华北到东北:沙俄与义和团战争》一书的创新成色,那就是它在义和团研究上所揭示的由"运动"到"战争"这一学术转变的合理性和新趋向。而且,该书所建构出的"国别路径"这一研究取径,也为后来者继续耕耘义和团战争这一学术领域创设出了沿循路径,这正是该书重要的学术创新所在,也值得我们在此后推进相关研究中借鉴使用。

新航路开辟后耶稣会传教士记录的明末肇庆研究*

范大明①

新航路的开辟,使世界各大洲连成一体,东西方的交往除了传统意义上的丝绸之路,一条新的"海上丝绸之路"也重新被打通。东西方之间在政治、经济、文化等领域的接触、交往和碰撞也愈来愈广泛和频繁,人类真正进入到了所谓的世界史和全球史。此时,耶稣会传教士沿着新航路来到了中国,比较幸运的是作为明末清初的两广政治中心——肇庆成了东西方文化交流的第一站。他们站在"外来者"的视角来审视和记录明末肇庆的历史变迁,留下了比较丰富的有关肇庆历史发展的外文文献资料。应该承认,我们对这些散落在海外的有关肇庆外文文献的利用是远远不够的②。海外文献所记载的明末肇庆是中国融入世界的历史,我们以肇庆为视角,从世界体系中"他者"的角度,来研究新航路开辟后西方文献记录的明末肇庆,对早期西方汉学、天主教在华史、肇庆地方历史文化等

---

* 本文是 2017 年国家社会科学基金一般项目"基督教与近代中国墨学复兴思潮研究"(项目编号:17BZJ027)。本文是在"第四届利玛窦与中西文化交流国际学术研讨会"所提交的论文基础上修改而成的,参考了张西平教授、金国平教授、何高济教授等中国海外汉学研究专家的许多译著成果,在此特别感谢。本文研究几点说明:一是关于时间上的界定,本书主要探讨的时间段是明末时期,具体是指 1583—1659 年,自罗明坚、利玛窦进入肇庆至 1659 年卜弥格病死广西边境;二是关于肇庆及其外语名称,根据《肇庆府志》,本文肇庆地域范围是指明末时期的肇庆行政区域,主要包括现在的肇庆(除怀集县外),云浮市全境,佛山市的高明区,江门的鹤山市等。本文肇庆外文名字采用"Shiuhing"。自新航路开辟后第一批西方人(主要是西方传教士)进入肇庆,肇庆这个名字就以不同的文字名称出现在西方地图、书籍之中。但是使用比较广泛的是"Shiuhing"这一外文名字,所以本文也选择此外文名称。

① 作者简介:范大明,湖南工学院副教授。

② 目前专家学者直接相关的研究成果比较少,但是大部分学者在研究利玛窦、卜弥格或者在研究《利玛窦中国札记》时涉及有关肇庆方面,例如比较有代表性的研究成果是林金水的《利玛窦与中国》里面着重探讨了利玛窦在肇庆的活动情况。还有张西平等教授编译的《卜弥格文集——中西文化交流与中医西传》记载了南明永历王朝在肇庆的活动情况。本文试图从世界新航路开辟后的角度比较全面展现耶稣会传教士文献所记录的肇庆形象。

具有重要的价值和意义。

一、新航路开辟后肇庆成为东西方文化交流的起源地

虽然肇庆与海外文化交流较早,其历史文字记载可以追溯至唐朝[①],但是进行广泛的海外文化交流始于明代,此时期的文化交流是与西方新航路的开辟或者说与人类进入真正的世界史或全球史直接相关联。15世纪末期开始,位于欧洲利比里亚半岛上的葡萄牙和西班牙进行了一系列的探险性航海活动,开辟了从欧洲通往非洲、亚洲、美洲以及进行环球航行的航线。1497年,达·伽马(Vasco da Gama)发现了从大西洋越过非洲好望角直达印度的新航线,在西欧与印度之间建立起了直接的海上联系,大大缩短了东西方之间的行程,加速了以探索东方航路为主要内容的海外扩张活动,并且为中国与欧洲之间海上航线的开辟奠定了基础。自此以后,全球化浪潮际上袭向东方,而且日益汹涌,势不可挡,要想通过禁闭的国门来隔绝中国与世界的联系,其结果只能是使自己被历史的洪流所淘汰。一批又一批的葡萄牙人沿着达·伽马开辟的新航线来到印度,并不断向东扩展。1514年(明正德九年),葡萄牙人首次出现在中国南海之滨,欧维士(Jorge Alvares)乘船抵达广东东莞的屯门(现属香港)附近海域,进行香料贸易。1517年(明正德十二年),葡萄牙人皮列士使团访华,到达广州,这是地理大发现后西方人第一次踏上中国的土地。1553年葡萄牙人借居澳门[②],并来广州参加一年一度或两度的交易会后,中国这个神秘的东方之国的面纱终于被渐渐掀开。中西方的交流开始频繁起来,彼此之间的形象由模糊走向清晰。

随着新航路的开辟,耶稣会传教士来到他们梦寐以求的东方。由于政治历史的原因,当时耶稣会传教士踏上中国内陆的第一站就是肇庆,肇庆也就在不经意间成了东西方文化交流的起源地。罗明坚、利玛窦、麦安东、拉斯·科尔特斯、

---

① 文献最早记录肇庆海外文化交流是日本留学僧荣睿(?—749),因他与鉴真五次东渡未果,于唐朝天宝七年(748)辗转来到端州,后圆寂于肇庆白云寺(古称龙兴寺)。

② 葡萄牙占领澳门是一个复杂渐进的历史过程,自16世纪中叶后,前后长达350多年。澳门于1553年为葡萄牙人占领,取得居留权,1887年通过《中葡和好通商条约》使葡萄牙正式获得了"永居管理澳门"的地位,中国丧失了对澳门的管理权,1999年12月20日澳门回归中国。

卜弥格、瞿安德、曾德昭等成为首批进入肇庆的西方传教士代表人物。另外，与这些一起到达肇庆除了欧洲耶稣会士以外，还有他们的黑人家奴。自从葡萄牙人占据澳门以后，他们向广东地区贩运了不少黑人奴隶，作为劳力和家奴。肇庆是当时内地除了广州以外，第一批有欧洲人居住，并带有黑人奴仆的城市。① 这些来到肇庆的耶稣会传教士打造了自大航海时代以来开启中西文化交流大门的钥匙。他们传播西方天文、数学、地理等科学技术知识，所创业绩，有不少影响中国历史发展的"多项第一"：建立了中国大陆第一座天主教堂——仙花寺；编写了第一部中文天主教教义——《天主圣教实录》；首创用拉丁字母注汉字拼音；建立了中国第一所西文图书馆；绘制了世界上第一幅中文世界地图——《山海舆地全图》；制作了中国第一台机械自鸣钟；编撰了世界上第一部中西文字典——《葡汉字典》；首次介绍西方数学文明——把数学经典欧几里得的《几何学》传播给中国人。此外，利玛窦还带来了望远镜、三棱镜、地球仪、自鸣钟等当时先进的科技物品和西方的天文、地理、数学、历法等书籍以及油画到中国，使肇庆成为中文世界地图、中国机械钟的诞生地、中国现代数学的起源地②。同时，他们通过著书立说以及其传教所设立的独特报告制度，将中国的经籍和思想介绍到西方，例如罗明坚将"四书"译成拉丁文寄到意大利，卜弥格将中医传到欧洲，开启了东学西渐之门，使肇庆成为东西方文化交流的起源地。

从此，肇庆的历史发展也就有了全球坐标，其名字也多次出现在外国的文献资料中。外文名字有拉丁文、葡萄牙语、英语等语言命名，例如 Xanquin、Shaou-king、Ziauchiufu、Scianquia、Chaoking（Chao-king）、Chao kim、Sciaochin、Shiuhing(Shiu-Hing)等。由于 Shiuhing(Shiu-Hing)使用的频率相对比较高一些，自利玛窦那个时代就开始使用了③。到了清末以后，国际上把 Shiuhing(Shiu-Hing)作为肇庆正式的官方外文翻译，特别是到了民国时期，国民政府的

---

① 在《利玛窦中国札记》中对黑奴有这样的记载。肇庆市民对城市里居住有大西洋来的外国人很不适应，于是对利玛窦等耶稣会士进行骚扰，甚至攻击。利玛窦回忆说："一群暴徒冲进我们的院子，他们对面遇到一名埃塞俄比亚守卫，他是一个非洲黑人；从欧洲旅行经过好望角之后就会碰到这样的黑人。葡萄牙人把他们叫作卡菲尔人（Cafres）。他们天生体大膘肥，无所畏惧。他一个人就单身驱散了一群暴徒。我认为中国人是世界上最容易受惊吓的人，他们一见黑人就感到害怕，好像他是个恶魔或黑鬼。"利玛窦、金尼阁著，何高济等译：《利玛窦中国札记》，中华书局 2010 年版，第 206 页。
② 据 2005 年 1 月 6 日西江日报载："享誉全球的杰出华人数学家丘成桐，在肇庆学院作报告时称，利玛窦首次把西方数学文明特别是数学的经典《欧几里德几何学》传播给中国人第一站就是在肇庆，因此可以认为，肇庆是中国现代数学的起源地。"
③ 利玛窦、金尼阁著，何高济等译：《利玛窦中国札记》，中华书局 2010 年版，第 7 页。

邮政书信来往明确了肇庆的外文译名为 Shiuhing(Shiu-Hing)[①],其历史与广州的外文名 Canton 具有很多的相似性。在东西方文化交流中,这些来肇庆的传教士起到了十分关键的作用,在担负各自角色任务的同时,还肩负着向西方世界传递中国社会信息的使命,建构西方人眼中的中国形象。

二、把肇庆介绍给世界:
西方地图上的肇庆

新航路的开辟直接推动了西方地图绘制的变革,这一时期西方航海家绘制了许多关于亚洲及中国的地图[②],其中与肇庆相关性比较强的主要有传教士罗明坚的《中国地图集》和卫匡国的《中国新图志》。

(一) 罗明坚《中国地图集》中的肇庆(Sciauchin)

对于肇庆来说,真正具有世界意义的地图是 1606 年罗明坚[③]手工绘制的《中国地图集》(Atlante della Cina di Michele Ruggieri, S.I.)[④]。在该地图集中,罗明坚比较详细地介绍了肇庆府[⑤]。他把肇庆用拉丁文拼写为 Sciauchin,并

---

① 1907 年汕头寄往澳大利亚明信片上的肇庆(Shiu-Hing)。这张明信片的正面是西江边上的塔(Shui Hing Pagoda),可能是崇禧塔;背面的信息写的是 1907 年,贴蟠龙票 4 分一枚,销汕头邮政局 6 月 6 日圆戳及香港和悉尼到达戳等。参看陈玲、王佳楠,蔡小丽编著:《明信片清末中国》,中国人民大学出版社 2005 年版,第 153 页。

② 1584 年,巴尔布达绘制的《中国新图》,是西方历史上绘制的第一幅单幅中国地图。该地图明确地标识了广东(CANTAM),以及广州(Canton),位于肇庆这个地方没有明确地标识出来,只是画了西江,一直延伸到广西。虽然这幅地图在西方绘制中国地图历史上具有里程碑意义,但是对于肇庆的记载还是一片空白。

③ 罗明坚(1543—1607),明代首位进入中国内地的耶稣会传教士,西方汉学莫基人。他 1543 年出生于意大利那不勒斯(Napoli),曾获民法与教会法博士学位,毕业在那不勒斯政界服务多年,29 岁加入天主教耶稣会,在里斯本接受派往亚洲传教的饬令,1578 年从里斯本出发前往印度果阿(Goa),先在印度进行了一年的传教工作洗礼,次年来到澳门。他遵照当时澳门主教范礼安神父的要求,努力学习汉语,明了中国的风土人清。1583 前,罗明坚曾三次进入中国肇庆,但都未获得居留点,后经过罗明坚的努力,总算才答应他们入肇。在肇庆期间,除了传教之外,继续学习中国的语言文字,用中文编写了《天主教实录》,与利玛窦合作编写了中国第一本外语汉语辞典《葡华辞典》等著作,拉开了中欧文化交流的帷幕。参看罗明坚、罗·萨多整理,金国平等译:《大明国图志——罗明坚中国地图集》,澳门特别行政区政府文化局 2013 年版。

④ 在 2014 年香港书展上,传说中的"罗明坚中国地图集",即《大明国图志——罗明坚中国地图集》中文版公之于世。这是西方绘制的第一部中国地图集,古代地图研究领域皆有耳闻,但它一直沉睡于意大利罗马国家档案馆中,直到 1987 年才被发现。该地图集共有地图 28 幅,有文字说明 37 页,详细介绍了明代中国的南北 2 个直隶省和 13 个行省,内容地理信息外,还涉及从中央到地方的行政结构,各地驻军情况,各地物产等政经信息。参看罗明坚、罗·萨多整理,金国平等译:《大明国图志——罗明坚中国地图集》,澳门特别行政区政府文化局 2013 年版。

⑤ Michele Ruggieri: Atlante della Cina di Michele Ruggieri, S.I.(罗明坚、罗·萨多整理,金国平等译:《大明国图志——罗明坚中国地图集》,澳门特别行政区政府文化局 2013 年版,第 93—94 页。)

把它明确地标明在地图上,这是西方第一次明确标明肇庆名称的地图,这也是西方第一次用拉丁文拼写肇庆地名。在整个地图中,只有两处是用大的城堡来表示,一个是广州,一个是肇庆,说明当时肇庆和广州是广东省最大的城市,非常重要,他这样介绍道:"肇庆位于省西55 000步处,北纬23°。两广总督驻扎于此。总督,本地人称作'都堂'。"①

罗明坚还特意介绍耶稣会士在肇庆的居留情况,称肇庆成了"耶稣会神甫最早居留地"②:

> 在中国差会起初的1582年,耶稣会神甫获得一所住房与一所教堂。其时正逢阿奎维瓦神甫当选为总会长之时。如今仍在任上。但愿其任期久远而幸福。中国差会系得耶稣会巡视这一带的视察员范礼安神甫的命令而建。他特别指令耶稣会会士罗明坚神甫来执行这一任务。罗神甫在上帝的神佑下,为基督教世界打开了这扇被我们的公敌牢牢禁锢的大门。对此,在此差会给我们尊敬的总会长的汇报中,有特别提及。③

从以上的文字中可以看出,在肇庆获得中国内陆的第一个居留地,对于罗明坚等传教士来说是多么"幸福",以至于需要"特别提及"。

在中《中国地图集》中,罗明坚还介绍了距离澳门的距离以及肇庆府的境界,并详细地介绍了到达这些境界的距离:

> 限113日至肇庆府(离澳门的距离)。东至广州府南海县界:55 000步。西至广西府梧州苍梧县界:100 000步。南至高州电白县界:67 000步。北至广州府清远县界:68 000步。自府治至京师:1 850 000步。自府治至南京:1 065 000步。④

---

① 罗明坚用"步"来作为距离单位,一步到底对于现在多少米,作者本人还不清楚,有待进一步考证。Michele Ruggieri,*Atlante della Cina di Michele Ruggieri*,S.I.(罗明坚、罗·萨多整理,金国平等译:《大明国图志——罗明坚中国地图集》,澳门特别行政区政府文化局2013年版,第92页)

② Michele Ruggieri,*Atlante della Cina di Michele Ruggieri*,S.I.(罗明坚、罗·萨多整理,金国平等译:《大明国图志——罗明坚中国地图集》,澳门特别行政区政府文化局2013年版,第94页)

③ Michele Ruggieri,*Atlante della Cina di Michele Ruggieri*,S.I.(罗明坚、罗·萨多整理,金国平等译:《大明国图志——罗明坚中国地图集》,澳门特别行政区政府文化局2013年版,第92页)

④ Michele Ruggieri,*Atlante della Cina di Michele Ruggieri*,S.I.(罗明坚、罗·萨多整理,金国平等译:《大明国图志——罗明坚中国地图集》,澳门特别行政区政府文化局2013年版,第93页)

罗明坚还介绍了肇庆的粮食生产情况,"粮:160 000 磅"①。除了府一级的介绍外,还介绍了肇庆府所辖的县的基本情况,包括位置、距离,部分县的矿产资源等:

领县:

高要县附郭。土产:银、铁。北至四会县界:32 500 步。土产:银。南至新兴县界:35 000 步。南至阳江县界:85 000 步。土产:银、锡。南至阳春县界:60 000 步。西南至高明县界:70 000 步。南至恩平县界:67 000 步。西北至广宁县界:21 000 步。德庆州在府西:52 500 步。土产:锡。西至封州县界:30 000 步。西北至开建县界:77 500 步。②

根据目前历史文献记载,罗明坚可能是新航路开辟后第一个到达肇庆的西方人,也是第一个绘制中国地图集的人,虽然他的《中国地图集》对肇庆的记载文字不多,只是留下 17 世纪肇庆风貌的鸟瞰,但是,这是西方第一次明确标明肇庆名称的地图,此图对于肇庆来说具有里程碑的意义。

(二)卫匡国《中国新地图集》中的肇庆(Chaoking)

1655 年,荷兰阿姆斯特丹最著名的布拉厄地图出版了耶稣会传教士卫匡国③拉丁文版的《中国新地图集》(NOVUS ATLAS SINENSIS,名《中国新图志》)④。在卫匡国的《中国新地图集》中,非常详细地介绍了肇庆。

关于肇庆,在《中国新地图集》中明确地标识为 Chaoking,这与罗明坚标识

---

① Michele Ruggieri: *Atlante della Cina di Michele Ruggieri*, S.I.(罗明坚、罗·萨多整理,金国平等译:《大明国图志——罗明坚中国地图集》,澳门特别行政区政府文化局 2013 年版,第 94 页)
② Michele Ruggieri: *Atlante della Cina di Michele Ruggieri*, S.I.(罗明坚、罗·萨多整理,金国平等译:《大明国图志——罗明坚中国地图集》,澳门特别行政区政府文化局 2013 年版,第 93—94 页)
③ 卫匡国(1614—1661),原名马尔蒂诺·马尔蒂尼(Martino Martini),字济泰,意大利籍耶稣会会士,欧洲早期著名汉学家、地理学家、历史学家和神学家。他在中国历史学和中国地理学研究方面取得了卓越的功绩,是继马可·波罗和利玛窦之后,对中意两国之间的友好关系和科学文化交流做出杰出贡献的一位重要历史人物,被誉为西方研究"中国地理之父"及欧洲早期汉学研究奠基人之一。1650 年,当他乘船返回欧洲汇报传教工作时,他在船上利用漫长的航程,对自己所搜集的资料进行了全面整理,编成一部中国地图集。卫匡国编辑完这部地图集时,刚好荷兰阿姆斯特丹最著名的布拉厄地图出版家族正在编辑《世界新图集》,于是 1655 年拉丁文版的《中国新图志》作为《世界新图集》的第 6 册出版。
④ 这部精美的《中国新地图集》(又称《中国新图志》)是早期欧洲人及来华传教士所绘制的中国地图当中质量最好、影响最大的一本中国分省地图集,是欧洲出版的一部用投影法制图的全新的中国地图集,也是近代欧洲人关于中国地理著作的范本。它为对开本图集(纵 32 厘米、横 50 厘米),分为彩色与黑白两个版本。图集以拉丁文编制,有 17 幅地图,其中中国总图(Sinarvm)一幅,分省图 15 幅(两京 13 布政使司),并附日本朝鲜图(Iaponia)一幅。原本为双面彩印,另有说明文字 171 页,目录 19 页。各分省图行政区划标至府(州)一级,每幅图的四周都标识出精密的经纬度格,并分别绘出海洋、山脉、河流、湖泊、运河、长城和大小城市以及能反映当地风土人情、传说掌故等的图画。

Sciauchin 的完全不同,这是西方较早用粤语方言拼写的肇庆地名,对后来西方地图中关于肇庆的地名注记产生过很大的影响。卫匡国在介绍广东省基本情况时就介绍了肇庆的重要地理位置,他说:"肇庆是连接广东和广西的咽喉城市。"①在随后肇庆府的介绍中进一步阐释:"这个城市很重要,就是我们所说的两省交汇之处。"②在卫匡国看来,肇庆不仅地理位置重要,而且景色优美,非常有特色:

> 它(肇庆)像一个中心一样所有的河流都往这里汇聚,从南方接收来自广西省的最大的河流,使得这里自然景观和建筑非常具有特色。根据古老的传说这个坐落在西江(Silla Riva)河畔,有着美丽的德庆三元塔的城市是个人杰地灵的地方。在一次庄严地仪式中,人们怀着一颗感恩的心和对历史的见证建立了一座纪念馆和纪念碑,纪念六十年前在这片土地抗战的将士,它就坐落在河畔,并且我们还能看到一个雕像。这个有许多美丽树木和风景的花园城市,从城市一直延伸到郊区的一个个村庄都非常漂亮。③

肇庆不仅有优美的自然风光,而且非常丰富的资源,特别是木材资源——香树林,"仿佛就是具有一种乐善好施的本性的艺术家或助产士的手不断创造出来的"④。

卫匡国还指出:"在这个地区森林里有许多野生的孔雀,当然也有家养的,这在其他省份是没有的。"⑤随后,介绍了肇庆府的盛产石头,他说:"鼎山(Ting 或 Dingshan)(估计是鼎湖山)有一种石头,而且非常多,有两百多杆,是一种很奇特的石头,非常有名(估计是端砚)。"⑥

更有意思的是,卫匡国还对肇庆这个名称进行了历史的考察,介绍得比较详细准确:

> 肇庆府这个地方在古代属于"百越"(Pegao),在秦朝属于南海郡,汉朝的时候设置高要县(Caoyang),隋唐时期设置端州(Duanzhou),而肇庆府这

---

① Martino Martini S.J., *Opera Omnia*, Trento: Universita di Trento, 1998: 731.
② Martino Martini S.J., *Opera Omnia*, Trento: Universita di Trento, 1998: 745.
③ Martino Martini S.J., *Opera Omnia*, Trento: Universita di Trento, 1998: 745.
④ Martino Martini S.J., *Opera Omnia*, Trento: Universita di Trento, 1998: 746.
⑤ Martino Martini S.J., *Opera Omnia*, Trento: Universita di Trento, 1998: 745.
⑥ Martino Martini S.J., *Opera Omnia*, Trento: Universita di Trento, 1998: 746.

个名称是宋朝才有的。①

卫匡国不仅介绍了肇庆府的整体情况,而且还详细介绍了肇庆府所辖的州县,他说有十一县区:

一是肇庆(Chaoking)、二是四会(Suhoei)、三是新兴(Xinxing)、四是阳春(Yangchun)、五是阳江(Yangkiang)、六是高明(Caoming)、七是恩平(Genping)、八是德庆(Teking)、九是广宁(Quangning)、十是封开(Fuchuen)、十一是开平(Caikien)。②

对于肇庆所辖十一个县的自然风光,卫匡国也进行了介绍,着重介绍了新兴的天露山、阳江的海陵岛:

> 在新兴的天露山(Tienlu),充满着恐怖洞穴,说有一个水源或是池塘不深,传说在它的水里只有卵石,只要出现颂声和雷声隆隆的响声,立即天空乌云密布就开始下雨,所以叫它龙池。类似的事情也出现在欧洲的阿尔卑斯山。③

> 在阳江,有一个岛叫作海陵岛(Hailing 或 Locheu),非常优美,绵延三十公里。在德庆的高梁山(Caoleang 或 Gaoliangshan)上生长了很多大树,这些树像铁一样坚硬。④

卫匡国除了介绍肇庆的自然风光外,对人文社会景观也没有落下,对中国的传统文化也略有介绍,例如,记载了肇庆的一个"贞洁"民间故事:

> 在贞山(Zhenshan 或 Chin)山上有一个传说,是关于贞洁故事的。据说,当地一个少女的未婚夫死了,她的父母想逼她嫁给另一个男人,但是她坚决不答应,声称生活到死也要保持忠于自己的新郎。为了逃避父母,她逃到了贞山上,非常不幸的是最后被山上的老虎吃掉了。山上类似的传说不止这一个。当地人对于她的这种保持贞洁的行为表示钦佩,并称赞这种不

---

① Martino Martini S.J., *Opera Omnia*, Trento: Universita di Trento, 1998: 746.
② 这里把肇庆也作为所辖的县区,不知是何故。参看 Martino Martini S.J. *Opera Omnia*, Trento: Universita di Trento, 1998: 745.
③ Martino Martini S.J., *Opera Omnia*, Trento: Universita di Trento, 1998: 746.
④ Martino Martini S.J., *Opera Omnia*, Trento: Universita di Trento, 1998: 746-747.

寻常的美德。①

西方历史上绘制的第一幅单幅中国地图——巴尔布达的《中国新图》上有关肇庆的历史记载还是一片空白。但是随着16世纪末传教士来到中国,来到肇庆,他们把肇庆的信息传递到西方,肇庆的各个方面才逐渐被欧洲所认识,其地理轮廓和地理知识伴随着中国信息的流传而传播开来。作为新航路开辟后第一批传教士来到肇庆的代表人物罗明坚,在他的《中国地图集》中明确地标识了肇庆,并对肇庆附有简单的文字说明,可以说,这是肇庆首次登上西方地图,对于肇庆的国际形象建构具有积极的意义。晚于罗明坚30多年后来到中国的卫匡国,其绘制的《中国新地图集》,在借鉴前人成果的基础上,对肇庆进行了更为详细的介绍,除了介绍肇庆的地理位置、自然风光,还涉及当时的人文社会故事,除了整体上介绍肇庆府的概貌,还比较具体地介绍了所辖县区的特点。随着中西文化交往的深入,肇庆的国际形象逐渐由模糊走向清晰。

三、《利玛窦中国札记》中记录的肇庆

肇庆是耶稣会传教士罗明坚、利玛窦一行接触到的第一座中国内地城市,在肇庆的六年时间里(1583年9月10日至1589年8月19日)是罗明坚、利玛窦等西方传教士认识肇庆、建构中国形象的重要阶段。《利玛窦中国札记》②中详细地记述了罗明坚、利玛窦等西方传教士在肇庆的基本活动情况,是17、18世纪西方人解中国的一扇窗口。

---

① Martino Martini S.J., *Opera Omnia*, Trento: Universita di Trento, 1998: 746.
② 手稿是用利玛窦的本国语言意大利语写成的,封面上除了有"耶稣""玛利亚"几个字外,没有作其他说明,看来他并不一定要想把它公开刊行。据金尼阁说,利玛窦写这份文献,是打算先把它送给耶稣会会长审阅,然后再让别人阅读;其目的是向欧洲人介绍有关中国的情况和在中国的传教事迹,使同会教友及有关人士从中获得教益。1614年,金尼阁为了保存这份珍贵文献,便把它从澳门携回罗马。在漫长单调的旅途航行中,金尼阁着手把它从意大利文译为拉丁文,并增添了一些有关传教史和利玛窦本人的内容,附有利玛窦死后荣哀的记述。这个拉丁文本第一版于1615年在德国奥格斯堡出版。它的封面题字是:"耶稣会士利玛窦神父的基督教远征中国史"。当时正值地理大发现的高潮之后,西方殖民国家大举进行海外殖民活动,他们把赴中国的传教也视为一次远征或探险。《利玛窦中国札记》成为17、18世纪西方了解中国的一扇窗口,使欧洲人对中国的理解减淡了幻想的成分而具有了真实的基础,它记述了的真实性在于撰写者本人是一个在中国生活了许多年而且熟悉中国生活的同时代的欧洲人。此书是研究明代中西交通史、耶稣会入华传教史,乃至研究明史都是颇有史料价值的。参见利玛窦、金尼阁著,何高济等译:《利玛窦中国札记》,中华书局2010年版。

(一)喜欢送礼和收礼：中国人的习俗

在肇庆的活动期间，罗明坚、利玛窦和他的同事们很快发现，送礼和收礼是中国人的一个习俗，给中国人送礼可以得到对方的好感，给官员送礼甚至可以得到一定程度的回报，这些回报包括默许在当地居住、以朋友方式交谈，甚至是接受天主教信仰。

《利玛窦中国札记》记载当罗明坚第一次来肇庆时（1582），把总值超过一千金币的纯丝衣料、带褶衣服、水晶镜子以及其他类珍品作为礼物送给总督陈瑞时，"他的傲慢态度顿时消失了，于是他笑着通知他们，该地的一切情况可以照旧继续下去"。后来他又偷偷地派人去见罗明坚，告诉他说，"客人以后再来时，可以答应这个请求（罗明坚请求在大陆安排一个居留地）"。然后盛筵招待他们，并以隆重的仪式送罗明坚回船。返回澳门不久，罗明坚就收到了总督陈瑞邀请他们再次来肇庆的文书，于是罗明坚与巴范济神父携带钟表、玻璃镜来到肇庆送给总督陈瑞。陈瑞看到这么多礼物时，殷勤地接待了他们，并"分派给他们一座宽敞的住所，可与郊外的一座叫作天宁寺（Thien-nin Su）的庙宇相通"①。他们在肇庆居住四五个月，传教似乎取得一些进展时，宫里传来一道指令，宣布总督陈瑞本人因某种不可推诿的过失已被解除职务。他感到，罗明坚、巴范济等神父待在肇庆可能不会使新来的总督高兴，还会加重对他们的处罚，因为按照明朝法律或朝廷的规定，非使节的外国人是不能进入内地逗留和居住的。所以他们只能撤走。在神父们离开肇庆时，向新任总督郭应聘的几个仆人送了一笔钱，请他们设法让神父们能够有机会回来。其中有个最低级的士兵，是宫廷卫士，他听说有报酬，马上就以译员的名义向总督递上一份申请，请求在肇庆城里为传教士安排一所住宅和一块兴建房屋与教堂的地皮。令罗明坚意外的是，总督郭应聘却接受了这名普通士兵的申请，并转饬肇庆知府王泮，马上把它付诸实施。当罗明坚返回澳门不到一个星期，就收到了总督的邀请信。1893年9月他们在总督的一名卫队长的陪同下来到肇庆，在花塔把一些珍品，例如玻璃三棱镜、欧洲手帕送给总督②。总督最后答应了他们的请求，允许他们在肇庆居住并兴建教堂。

通过送礼可以获得朋友的支持，罗明监、利玛窦与肇庆知府王泮的交往就是一例。利玛窦认为，王泮是他们在肇庆时代最好的朋友，他们向王泮送了当时先进的西方科技产品，比如西洋镜、世界地图、自鸣钟等。作为回报，他对利玛窦、

---

① 利玛窦、金尼阁著，何高济等译：《利玛窦中国札记》，中华书局2010年版，第151页。
② 利玛窦、金尼阁著，何高济等译：《利玛窦中国札记》，中华书局2010年版，第164页。

罗明坚在肇庆的活动给予了较大的支持。当他发现欧洲传教士在学术和文化方面比他想象的要更为先进,他决定送给他们两块制作精美、饰有彩色的匾额作为礼物,一块印有"仙花寺",另一块印有"西来净土",以表示:"中国人很重视的恩宠"和中国人向他的朋友们公开表示情谊。对于好朋友王泮送来这两块匾作为礼物来表达他们之间的友谊,利玛窦是非常满意的,这种关系对他们的传教事业是有积极帮助的。他评述道:"肇庆长官(王泮)采用这种特别的方式来荣崇他给予保护和支持的那些人,因为他认为由于他们的成就,他们值得这种荣誉,同时也为促进百姓的尊敬和友谊,他知道百姓会照他的榜样对待他的好友的。"①

对于罗明坚、利玛窦等西方传教士向官员、朋友送礼,何凯文从"行动者-网络"的角度进行了分析,认为:"器物层面的礼品,是建构更高层次的交流网络的利器。在中国这个礼仪之邦和社会复杂网络中,重视礼尚往来,中国'国情'和社会网络的特殊性,为物品作为有力量的行动者奠定了基础。假设没有这些礼品行动者,利玛窦的'行动者—网络'可以说是很难扩展的。"②

(二)天圆地方的天下观:中国人的世界观

利玛窦在肇庆为中国人绘制一张中文的世界地图。这张地图就是大家所熟悉的世界上第一幅中文世界地图——《山海舆地全图》③。这张地图最大的特点就是有关中国在世界的位置,为了使中国人更容易接受这张世界地图,他把中国放在世界地图上靠近中央的位置,把欧洲和非洲放在左边,把美洲放在右边。

那么利玛窦为什么要把中国放在世界的中央,原因是当时中国人的世界观与西方人不一样,中国人一向把中国看成是世界的中央。利玛窦这样描述当时中国人的天下观:

> 他们(当时的中国人)确乎也有与这幅相类似的地图,据说是表示整个世界,但他们的世界仅限于他们的十五个省,在它四周所绘出的海中,他们放置上几座小岛,取的是他们所曾听说的各个国家的名字。所有这些岛屿都加在一起还不如一个最小的中国省大。因为知识有限,所以他们把自己的国家夸

---

① 利玛窦、金尼阁著,何高济等译:《利玛窦中国札记》,中华书局2010年版,第172页。
② 何凯文:《重新认识利玛窦在华传播科技的历史——以利玛窦在岭南地区建构"行动者—网络"为例》,载黎玉琴主编:《言犹未尽利玛窦》,世界图书出版公司2014年版,第117页。
③ 利玛窦在肇庆绘制刻自的《山海舆地全图》已经佚失,但是利玛窦在此基础上不断绘制和改进他的这张中文世界地图,生前所绘地图至少作过三次以上修订重刻,图名也有多次更改,除了《山海舆地全图》外,还改称为《世界图志》《世界图记》《舆地全图》《两仪玄览图》等,本文介绍论述的部分内容参考了这张图。参见朱维铮主编:《利玛窦中文著译集》,复旦大学出版社2001年版,第172页。

耀成整个世界,并把它叫作天下,意识是天地下的一切也就不足为奇了。①

在当时,中国跟外国实际上没有任何接触,"结果他们对整个世界什么样子一无所知"。在制作新地图的过程中,利玛窦为了赢得中国人的好感,把中国人传统的天圆地方的概念加进去了:"他们认为天是圆的,但地是平而方的,他们深信他们的国家就在它的中央。他们不喜欢我们把中国推到东方一角上的地理概念。他们不能理解那种证实大地是球形、由陆地和海洋所构成的说法,而且球体的本性就是无头无尾的。"②

因此利玛窦不得不改变他的设计,抹去了第一条子午线,在地图两边各留下一道边,使中国正好出现在地图的中央。此图的比例比原图要大,由拉丁文换成了更大的中国字,还加了许多新的注释,利玛窦认为这更符合中国人的天下观,也更适合于作者的意图。利玛窦认为中国人长期受天朝上国优越感的影响,把自己和国家看成是世界唯一的中心和重心,从而抹杀别的国家同等存在的尊严和权利。利玛窦在绘制世界地图时已经担心,如果中国不是作为中心而出现在地图上,并仅仅占有一块不算大的地方,那么他会遭到中国人的反对,甚至攻击,对于他们的传教事业是有害的。利玛窦这种不经意的改变,将中国放在世界的中央,奠定了中文世界地图400多年来的大格局,他把欧洲的地理学与世界地图首次介绍给了中国③。当然对于这幅地图的价值和意义,利玛窦更多的是从基督教的传播角度来阐释的:

> 另一个结果也同样重要,他们在地图上看到欧洲和中国之间隔着几乎无数的海陆地带,这种认识减轻了我们的到来所造成的恐惧。为什么要害怕一个天生离他们那样遥远的民族呢?如果所有中国人都知道这一距离遥远的地理事实,这种知识会有助于排除在全国传布福音的巨大障碍。没有什么比疑心更能妨碍我们工作的了。④

(三)敌视:中国人对待外国人的态度

根据《利玛窦中国札记》记载,利玛窦认为"中国人不允许外国人在他们国境

---

① 利玛窦、金尼阁著,何高济等译:《利玛窦中国札记》,中华书局2010年版,第179页。
② 利玛窦、金尼阁著,何高济等译:《利玛窦中国札记》,中华书局2010年版,第180页。
③ 朱维铮主编:《利玛窦中文著译集》,复旦大学出版社2001年版,第181页。
④ 利玛窦、金尼阁著,何高济等译:《利玛窦中国札记》,中华书局2010年版,第182页。

内自由居住","他们不仅对住在海外或距离遥远的人以及事实上他们并不了解的人怀有猜疑,而且也猜疑友好的和敌意的异国人,甚至与他们有贸易关系的人"。罗明坚、利玛窦、麦安东等传教士认为中国人,尤其是有知识的阶层,把外国人都归入一类且都称之为"蛮夷""番鬼"①。中国人普遍"害怕并且不信任一切外国人,他们的猜疑似乎是固有的,他们的反感越来越强,在严禁与外人任何交往若干世纪之后,已经成为一种习惯"②。

由于中国人长期以来对外国人采取敌视的态度,所以罗明坚、利玛窦等西方传教士刚进入肇庆不久,当地的老百姓就煽动谣言来驱逐他们,其中一个谣言就是关于崇禧塔的。谣言的内容是:那座花费了那么多钱和那么大劳力修建起来的塔,是应外国传教士之请而建筑的,这源于该塔完成时神父们正在旁边盖的教堂。因此当地的老百姓称崇禧塔为番塔,而不叫它原来所取的名字——花塔或崇禧塔③。当他们不能驱逐传教士时,就想尽一切其他办法"对付"传教士,其中一个就是向教堂扔石头:"教堂就成为从塔上不断投掷石头的目标,那实在是很讨厌而又危险的。从附近高塔上扔向教堂的石头,每一块都把它的房顶当靶子。"④

除了普通老百姓外,还有当地的一些士绅反对传教士。在利玛窦他们看来,当地知识阶层的秀才根本不同意外国人进入肇庆,尤其不愿意给外国人在他们的那块土地上划出一块地皮。所以虽然总督(陈瑞)和长官(王泮)都同意拨一块地给他们建造教堂,但是还是受到当地知识阶层的阻挠。首先,他们散播一种会引起公开纠纷的谣言——外国人会在这儿干那种他们在澳门干过的勾当。最后,这些恶言使得营建监管人谭君谕把神父们召去,通知他们说他们不能进行施工计划,理由是按照中国人的历法,选择动工的那天是个不吉祥的日子。但是监

---

① 利玛窦、金尼阁著,何高济等译:《利玛窦中国札记》,中华书局2010年版,第216页。
② 利玛窦、金尼阁著,何高济等译:《利玛窦中国札记》,中华书局2010年版,第174页。
③ 根据《利玛窦中国札记》的记载,罗明坚、利玛窦一行在1583年9月到达肇庆之时,当地政府就已经向所属的十一个县征收一笔常税来修建这座塔,认为这座塔会给全省带来好的运气。第一层已经建好,上面还有九层。这塔就坐落在可通航的西江边上,河流灌溉总督和长官在城外的产业。塔离他们的庄园一英里多远,其间的地带人烟稠密,供休憩的花园和布置精致的园林展现出一片美景。就在建塔的土地上,他们也规划修筑一座宏伟的寺庙。根据民族风俗,他们要在庙内立一尊长官(王泮)的塑像,以表明他任职六年来博得了知识阶级和无知识的群众的颂扬。陪神父们一起来的那个兵士,还有他们居留几个月来结识的其他朋友,都向他们指出该地是他们修建房屋的理想环境。神父们对该地的第一印象很好,因此,他们当场就决定向总督申请正在兴建中的崇禧塔附近的一块地方来建教堂,过了几天,这个申请就得到了总督批准。参见利玛窦、金尼阁著,何高济等译:《利玛窦中国札记》,中华书局2010年版,第161页。
④ 利玛窦、金尼阁著,何高济等译:《利玛窦中国札记》,中华书局2010年版,第175页。

管人又不敢反对总督和长官所做的批准,他就去做当地知识阶层的工作,同意和解整个事情。监管人要求神父们放弃总督划定给他们的那块地,说他们的房屋会使百姓反对那个地方,破坏他们自己的建筑计划。作为交换,将另拨给神父们一块靠近大路的地皮,在那里他们房屋的门口将开在这片土地的范围之外。最后,神父们接受了调解,在另一块地上建起了教堂房屋。①

当地知识阶层没有成功地阻止神父们在肇庆建造教堂房屋,转而寻找其他理由。受广州外国人谣言的影响,一些士绅聚集起来向省检察官控告传教士在肇庆的所作所为,特别是他们在肇庆修建的塔令他们感到不安,因为修塔的五六千金币是由澳门的葡萄牙人支付的,教团也是由葡萄牙人支持的,他们利用传教士深入中国内地,"唯一目的就是要给国家制造一场大灾难"。

面对普通老百姓和当地士绅对外国人的态度,罗明坚、利玛窦等西方传教士"必须小心翼翼地满足他们的好奇心,因为他们生来就敌视外人,神父们就对他们极尽殷勤,行事时力求赢得他们的好感和友谊"②。当地人攻击他们时,他们声称,在整个时期内神父们都不伤害任何人,并严格遵守国家的法纪,"他们(神父们)到这里来不是要侵犯这个国家,或侵犯曾经如此善待过他们的城市,他们无意做任何可能被理解为有害的事"③。

鉴于大部分中国人对待外国人是一种敌视的态度,所以罗明坚、利玛窦等传教士刚进入中国时小心翼翼,更不会主动提及有关基督教的问题,"确实,宣传一种新宗教特别使他们反感,因为他们从过去的经验中早已知道,在传布新宗教的借口之下,纠聚起一批反叛祸国的阴谋分子曾经造成了内乱和骚动"④。

当他们到达肇庆,向当地官员申请居留地时,声称是受中国的"盛名和光辉所吸引"而来,希望得能够在中国居留,以便于深入地研究中国文献和文化,很少提及传播基督教的事情⑤。

《利玛窦中国札记》记录了罗明坚三次赴肇庆,以及1853年以后与利玛窦、麦安东等传教士进入肇庆的活动情况。在所著的有关文章中,记录了有关肇庆社会文化的静态与动态的各方面信息。这些传教士在肇庆的活动,是外国人进

---

① 根据记载,罗明坚、利玛窦等神父们对交换的这块地非常满意,因为他们已在这块地的旁边买了几间平房。神父们原来想按照欧洲的样式修建一所小巧动人的建筑物,有两层楼,和中国传统仅有一层的平房大为不同。但是后来神父们决定放弃盖两层楼房的想法,怕的是天性多疑的人会以为他们是在修碉堡。参见利玛窦、金尼阁著,何高济等译:《利玛窦中国札记》,中华书局2010年版,第166页。
② 利玛窦、金尼阁著,何高济等译:《利玛窦中国札记》,中华书局2010年版,第165页。
③ 利玛窦、金尼阁著,何高济等译:《利玛窦中国札记》,中华书局2010年版,第166页。
④ 利玛窦、金尼阁著,何高济等译:《利玛窦中国札记》,中华书局2010年版,第155—156页。
⑤ 利玛窦、金尼阁著,何高济等译:《利玛窦中国札记》,中华书局2010年版,第168页。

入中国的早期尝试,反映了外国人对进入中国的乐观态度以及他们所遇到的困难和他们所提出的一些对策。这些活动一方面给后来外国人提供了不少了情报和重要的参考,另一方面从中西方文化交流来讲,他们把自己在肇庆游历的所见所闻记录下来,介绍给西方世界,成为当时西方人了解中国社会的一个开放的窗口。

四、卜弥格眼中的南明永历王朝[①]

在肇庆的南明永历朝廷中至少有四位耶稣会传教士比较活跃,其中,影响最大的是卜弥格[②],他自1649年初来到肇庆的南明永历朝廷,到1650年11月作为南明永历朝廷的特使远赴欧洲而离开。在这段时间里,他对南明永历朝廷的活动以及天主教在南明的传播状况进行了进行了详细的记录。

(一) 等级秩序分明:南明永历帝及官员的形象

卜弥格与南明永历帝的关系比较亲近,称永历帝为"我的主人"[③],他指出:皇帝的地位是至高无上的,任何人不得挑战这种权威,因此大臣在上朝的时候,总是排成一个半圆的队形,和皇帝保持一定的距离,他们相互之间,也要保持约五步远的距离,一直是跪着。卜弥格评论道:"因为那些在我们之前早就制定了的皇宫里面皇帝在或者不在的时候的大臣们的行为举止必须遵循的规章,现在

[①] 当1646年南明永历王朝在肇庆成立之时,就遭到了清军的猛烈进攻。清军与南明永历王朝军队的交战情况也随传到了西方。不久,在西方世界里,几本描写中国命运大转折的书籍就迅速问世,它们分别是:西班牙人帕莱福《鞑靼征服中国史》,比利时人鲁日满《鞑靼中国史》与意大利人卫匡国《鞑靼战纪》,这几本著作都涉及南明永历王朝的活动情况,目前这几本书的中译本而今由中华书局出版。但是记录的比较凌乱,甚至有些记录是根据别人转述的,所以存在一些不够准确的地方,与卜弥格记录的相去甚远,卜弥格称永历帝为"我的主人",因此本节主要以卜弥格为视角。

[②] 卜弥格(1612—1659)原名叫米哈乌博伊姆(Micha Boym),中文名卜弥格,字致远,是波兰17世纪来华著名的传教士,西方早期为中学西传作出杰出贡献的先驱。在卜弥格的有生之年,他先后两次往来中国与欧洲之间,穿越十几个国家,最后于1659年8月22日因病死在广西边境线上,终年四十七岁。他是第一个将中国古代的科学和文化成果系统地介绍给西方的欧洲人:一是利用经纬度绘制了世界上第一幅中国彩色地图,原拉丁文名《大契丹,过去的丝国即中华帝国,十五个行省十八张地图》,在这幅图中明确地用中文和拉丁文标出了肇庆(Chao kim);二是开启了西方来华传教士研究中国动植物之先河,生前出版的唯一著作叫《中国植物志》;三是开启了西人的中医研究。卜弥格是向西方介绍中医的第一人,当他来到中国后,用拉丁文撰写了很多的中医著作,比较有代表性是《医学的钥匙》。他还是中国派往西方的第一个使臣。参见卜弥格著,卡伊丁斯基、张振辉、张西平译:《卜弥格文集——中西文化交流与中医西传》,华东师范大学出版社2013年版,第46—48,186,234—235页。

[③] 卜弥格著,卡伊丁斯基、张振辉、张西平译:《卜弥格文集——中西文化交流与中医西传》,华东师范大学出版社2013年版,第186页。

依旧是有效的。"①

皇帝这种至高无上的地位充分体现在"祭司"方面，他是最高"祭司"："中国的皇帝很少出现在公众场合，他一旦出现，就要穿上非常珍贵的朝服，表示他是最高级的'祭司'，这是写在他们的圣书中的传统，只有他有权公开地祭天。"②卜弥格详细地描写了永历帝作为"祭司"时所穿的朝服，这种朝服也是他至高无上地位的象征："他（皇帝）的朝服用丝绸和金线缝制而成，上面各个部分都缀饰着许多象征品德的图像，如太阳、月亮、星星和行星，象征他的世界永远不会逝去。当他在祭祀中对太阳给予的光明表示感谢的时候，他衣服上的那些图案也表示了他是依附于太阳的。"③

那么皇帝的龙袍除了绣有祭天的朝服上的图像外，还增加了一些野兽、家禽、植物的图案：

> 在皇帝的龙袍上还可见到一些高山和金蛇的图像，蛇皮上的闪光，象征始终不渝和力量以及其他的品德和才能。鸟中之王的凤凰和群鸟都有漂亮的羽毛，能给眼睛展示一幅美丽的图景。在一些书中也有它们的图像，是高贵的象征。此外还有画在器皿上的老虎和其他野兽的图像，和绵羊不同，它们象征速度和勇敢。植物中的水分和闪烁的火焰象征正直和纯洁。还有小麦和稻谷的种子，因为它们是土地给的，被看成是整个民族的父母。④

当然，皇帝的朝服和龙袍绣有这些图案是权利和秩序的象征。卜弥格记述了在有一次祭天一个或者两个月后，他又看见永历帝穿上了这一身衣服，身边有以辅臣兼总督和军队的统帅天主教徒庞天寿先生为首的一大群最显要的大臣，他们在距离皇帝二十步远的地方就跪了下来。

在正式场合，皇后和大臣也必须穿朝服或者官服，在胸前和后背上都有一个

---

① 卜弥格著，卡伊丹斯基、张振辉、张西平译：《卜弥格文集——中西文化交流与中医西传》，华东师范大学出版社2013年版，第171页。
② 卜弥格著，卡伊丹斯基、张振辉、张西平译：《卜弥格文集——中西文化交流与中医西传》，华东师范大学出版社2013年版，第185页。
③ 卜弥格著，卡伊丹斯基、张振辉、张西平译：《卜弥格文集——中西文化交流与中医西传》，华东师范大学出版社2013年版，第185页。
④ 卜弥格著，卡伊丹斯基、张振辉、张西平译：《卜弥格文集——中西文化交流与中医西传》，华东师范大学出版社2013年版，第185—186页。

个的补子(Pusui)①,上面画着或者绣着许多鸟兽的图像。但是文官和武官的图像是不一样的:"文官(Wen-kuon)分为九品,一品和二品高官官服的胸前和后背绣的是漂亮的仙鹤(Cyen-hie)和锦鸡(Kin-ki)。三品和四品官官服上绣的是孔雀(Kum-cyo)和云雁(Yun-uo),它也叫飞在云中的鹅。五品官官服上绣的是白鹇(Pe-hien)和长尾野鸡,它的翅膀有十个拳头那么长,翅膀边上是黑颜色的。六品和七品官官服上绣的是鹭鸶(Lu-cu)和另一种叫㶉𫛶(e-cai)的鸟,也就是紫鸳鸯,它的翅膀是卷起来的,像绸缎一样的闪光。八品和九品官官服上绣的是另一种鸟,它是鹅的一种。"武官与文官差不多,"他们权力的大小和地位的高低也是以九个品位来划分的,最大的官为公(Kum)和候(Heu),皇帝的亲属驸马,伯爵以及他们相近的官的官服的胸前和后背绣的是麒麟(Ki-lien),麒麟是一种独角的野兽,身上有白色的兽毛。一品和二品武官的官服胸前绣的是狮子(Su),三品和四品武官的官服绣的是小老虎,五品和六品武官的官服绣的是熊罴,七品武官的官服绣的是豹,八品和九品武官的官服的胸前和背后绣的是海马和犀牛。所有这些官员官服的两边都有一个丝绦子,背后也有一个绦子"②。

不管是皇帝,还是大臣,在正式场合,还必须戴帽子。皇亲国戚戴的官帽在后脑勺上有一对向上伸着的翅膀。大臣们的官帽形状相同,向下垂着,例如阁老的官帽在头的两侧伸开,像两只耳朵一样,帽子上也有很多饰物,饰物也像朝服一样,是自己地位和身份的象征。③

通过对皇帝龙袍和大臣的朝服衣着的描写,中国皇帝在卜弥格的心目中留下了一个至高无上的形象,官员是绝对对皇帝顺从的形象。但是这种效果,作者也有产生一定的怀疑:"我得到的信息不很确切,因此我不知道,他们这个时候能不能随心所欲地观看皇帝的行为举止。"④

(二)天主教化:南明永历朝廷

南明永历王朝虽然历史短暂,但是天主教十分活跃,永历朝廷甚至被称为

---

① 为进一步明确官阶,区分文武职别,明洪武年间恢复了官服上的补子制度。所谓补子,即在胸前和后背补上一块表示官阶和职别的标志性图案。从史籍资料及出土实物来看,补子长34厘米,宽36.5厘米,上面织有禽兽两种图案。转引自卜弥格著,卡伊丹斯基、张振辉、张西平译:《卜弥格文集——中西文化交流与中医西传》,华东师范大学出版社2013年版,第171页。
② 卜弥格著,卡伊丹斯基、张振辉、张西平译:《卜弥格文集——中西文化交流与中医西传》,华东师范大学出版社2013年版,第171—172页。
③ 卜弥格著,卡伊丹斯基、张振辉、张西平译:《卜弥格文集——中西文化交流与中医西传》,华东师范大学出版社2013年版,第186页。
④ 卜弥格著,卡伊丹斯基、张振辉、张西平译:《卜弥格文集——中西文化交流与中医西传》,华东师范大学出版社2013年版,第171页。

"天主教朝廷",至少有四个外籍传教士曾经到访并发挥了重要的作用,他们是瞿安德、卜弥格、曾德昭、毕方济,传教士们除替王太后、马太后、王皇后和皇子领洗外,而且还涉及向澳门请求军援与遣使赴欧等。在卜弥格所写的《中国王室皈依略记》,以及后来发表的法文版的《在中国的波兰耶稣会的卜弥格神父1653年在罗马发表的一个关于基督教在那个国家的状况的报告》①中对永历王朝中的天主教活动和王太后等人皈依天主教、皇太子受洗进行了详细的记载。

在卜弥格看来,南明永历王朝之所以能够建立并存续十多年,与天主教徒和传教士的鼎力相助是分不开的。首先是在天主教徒帮助下建立起来,"(永历帝)手下有一员大将,是虔诚的天主徒,名叫卢卡斯(焦琏,教名路加,拉丁文名Lucas),打败了鞑靼军,因此他至今仍保持着自己的统治地位。南方的汉人在永历取得辉煌的胜利之后,也尊他为帝"②。其次是得到天主教徒重臣庞天寿(教名亚基楼,拉丁文名Achille)的辅佐。在卜弥格看来,庞天寿虽然年近60岁,但是其权甚重,凡军事、法律、政务、理财各方面莫不属之,颇得永历帝信任,对永历帝非常忠诚:"辅臣是一位尽心竭力的天主教徒和英明的政治家,他的名字叫亚基楼先生。福王死后不久,他接替了福王的职务,并和几年前来到中国的耶稣会神父瞿安德结下了深厚的友谊。"③再次就是传教士赴澳门搬救兵。毕方济,南明永历帝封他为太师。1647年1月,传教士毕方济受命前往澳门借兵,澳门葡人很快便组建了一支装备6门大炮的300人火枪队来相助,由尼古拉·费雷拉担任统帅,以耶稣会士瞿安德为随军翻译。同年3月11日,这支外国援军在桂林大败清军,使永历帝恢复一部分基业,南明永历王朝迎来了它历史上的最辉煌时期。

正是因为天主教徒和传教士对南明永历王朝的支持,南明永历帝及朝廷大臣对于宗教活动才比较宽容,对传教士非常友好,特别是传教士瞿安德深得大臣、皇帝和后宫的信任,他见皇帝时可以免除一切礼节,"神父来到后,永历当时

---

① 法文版 *Briefve Relation De La Notable Conversion des Personnes Royales*,*& de l'estat de la Religion chrestieme en la China. Faicte par le tres R.p. Michel Boym ... & recite par luymesme dans l'Eglise de Smyrne*,*le29. Septembre de l'an 1652*,Paris:S. Cramoisy,1654.参见卜弥格著、卡伊丹斯基、张振辉、张西平译:《卜弥格文集——中西文化交流与中医西传》,华东师范大学出版社2013年版,第16页。
② 卜弥格著,卡伊丹斯基、张振辉、张西平译:《卜弥格文集——中西文化交流与中医西传》,华东师范大学出版社2013年版,第262页。
③ 卜弥格著,卡伊丹斯基、张振辉、张西平译:《卜弥格文集——中西文化交流与中医西传》,华东师范大学出版社2013年版,第262页。

就给他在皇宫里安排了一个住处,在我离开中国之前,他一直住在宫里"①。因此,瞿安德借此机会宣传天主的福音,取得了积极的效果,最后为参与朝政的皇太后,永历的生母,正宫皇后及两个宫女受洗,并给"皇太后取名烈纳,给永历的生母取名玛利亚,给正宫皇后取名亚纳"②。

当永历皇帝得知瞿安德为皇太后,永历的生母,正宫皇后及两个宫女受洗,接受天主的信仰,皇帝表示积极的认同,甚至称他们接受了"真正的信仰"。同时,他自己也受到了天主的影响,对瞿安德送给他的那幅基督和圣母的图像表示敬仰,并且保证不再崇拜各种其他的神祇,而只崇拜一个真正的主——耶稣基督。这个保证后来他真的遵守了。他每天都讲圣教的教义,早晚都以天主教的方式做祷告。卜弥格评价道:"他崇拜圣象,在各个方面都做得很好。"③

永历皇帝"甚至想要领受圣洗,如果不是某种原因给他造成了阻碍的话"④。他虽然没有受洗,但是后来同意瞿安德神父给皇子施洗,取名"当定"⑤。卜弥格认为:"这当然是天主创造的奇迹。这一次,神父给皇子洒上圣水时,庞亚基楼又是他的教父。"⑥

卜弥格认为天主教在南明永历朝廷的活动感动了上帝,于是"人们见到了一种壳上有十字的白色的螃蟹"。在卜弥格看来这一切都是"十字架旗之胜利",这本来只有天主才能看得到,但是现在显现了,于是卜弥格把这种现象画

---

① 卜弥格著,卡伊丹斯基、张振辉、张西平译:《卜弥格文集——中西文化交流与中医西传》,华东师范大学出版社2013年版,第263页。
② 卜弥格著,卡伊丹斯基、张振辉、张西平译:《卜弥格文集——中西文化交流与中医西传》,华东师范大学出版社2013年版,第263页。
③ 卜弥格著,卡伊丹斯基、张振辉、张西平译:《卜弥格文集——中西文化交流与中医西传》,华东师范大学出版社2013年版,第4页。
④ 卜弥格著,卡伊丹斯基、张振辉、张西平译:《卜弥格文集——中西文化交流与中医西传》,华东师范大学出版社2013年版,第264页。
⑤ 黄一农认为:给上述永历皇太后"所取的教名为烈纳,这原是罗马君士坦丁大帝(Constantine the Great;临死前受洗)其母之名(Helena 海伦娜),本意或希望其子永历帝能效法君士坦丁大帝于313年颁布信仰自由诏书的事迹,成为中国第一位允许天主教自由传教的君王。然而,永历帝或因无法遵行'十戒'所要求的一夫一妻制等因素,而无意入教。瞿纱微(即瞿安德)遂将愿望置于慈炫(永历的皇太子)身上,特意将其教名取作当定,此为Constantine音译之简称,且其字意对垂亡的明廷也深具意义。亦即,慈炫若和诸后同时受洗的话,Helena理应被取作其母王皇后的教名,以对映到君士坦丁大帝母子的关系。"太后烈纳所见到的那幅画了圣母玛利亚怀中抱着小救世主,旁边站着施洗圣约翰的画"对永历帝而言,玛利亚母子直接就对应于王皇后母子,慈炫或被看成将挽救明朝于沦亡的救主,而洗者约翰当然就对应于瞿纱微。"转引自卜弥格著,卡伊丹斯基、张振辉、张西平译:《卜弥格文集——中西文化交流与中医西传》,华东师范大学出版社2013年版,第264页。
⑥ 卜弥格著,卡伊丹斯基、张振辉、张西平译:《卜弥格文集——中西文化交流与中医西传》,华东师范大学出版社2013年版,第264—265页。

在了《中国地图册》里。① 为了把永历朝廷"十字架旗之胜利"的信息迅速传递到罗马教廷,永历朝廷决定"要派一个特使到罗马宗座去,告诉那块圣地上的基督的全权代表,说他们接受了(基督信仰),希望得到他的祝福"。于是"中国皇帝(永历帝)陛下把这个艰难又光荣的事业托付于我,为了这件大事,我便冒着各种危险,经过澳门、果阿、莫卧尔、波斯、亚美尼亚、那多利亚,又从那里到罗马去了"②。

小　　结

自大航海时代以来,耶稣会传教带着上帝的使命沿着新航路来到中国,其主要目的在于把天主教传播进入中国。根据耶稣会的要求,他们必须把天主教在中国传播的情况报告给罗马耶稣会总部,这些报告形成了记录中国的西方历史文献。在这些文献中除了记录有关天主教在肇庆活动情况外,还记录了肇庆的社会历史文化现象和自然景观,不仅折射着撰述者的思想文化观照,表达着肇庆的历史文化场景与面相,传递着社会的记忆,而且留下了东西方文化交流碰撞的时代痕迹,对其进行研究具有以下显著特点和重要价值。一是体现了西方人"事无巨细"的特点。通过前面的论述我们可以发现传教士对肇庆社会方方面面、零零碎碎、事无巨细的介绍和记述可谓庞杂丰富、包罗万象,既有自然景观,也有人文社会场景。作为西方人,他们在记载所见事物时往往不顾取舍问题,见事皆录,其中有很多自然是无关紧要的信息。不过,正是由于一些不假思索的记录,加之西方人自身观察角度的迥异,为我们的记录分析提供了他者的视角,同时提供了一些重要的历史线索。例如,与罗明坚第二次一起去肇庆的两位方济各会的修士布而高和洛约拉叙述肇庆府当日的情形:"肇庆府城内的风景是十分富于兴趣的:它是充满了种种最悦人的绿草、灌木和果树,到处都可遇到花园、浴池及休憩处所。……在城垣以内,尽是堂皇宽阔的房屋,道路是非常的优美,不但是宽阔、远长,而且是笔直,从街的这一端

---

① 卜弥格在其所撰的《中国地图册》海南岛(Haynan)图中,曾有一段内容明确地记载了永历朝中的天主教活动,该图的右下方绘有两个螃蟹,壳上有明显的十字纹路,在卜弥格看来,这种现象只有天主才能看到。参见卜弥格著,卡伊丹斯基、张振辉、张西平译:《卜弥格文集——中西文化交流与中医西传》,华东师范大学出版社2013年版,第242页。

② 卜弥格著,卡伊丹斯基、张振辉、张西平译:《卜弥格文集——中西文化交流与中医西传》,华东师范大学出版社2013年版,第265页。

可以看清在街的那一端的行人。到处是五光十色的美丽牌坊，……在每座城门上面，有一处极雄健的炮楼。……在城的对面江心中有一座秀丽的孤岛，中间有一道用石质及木材造成的大桥。……此外还有许多珍贵的和稀奇的物品，如琥珀、麝香、丝帛、绣货等。"[1]这些既是西方人"事无巨细"记录的体现，也为现在研究明末肇庆提供了历史素材。二是用画像生动地再现肇庆社会历史风貌。传教士记述肇庆的历史文献中还有一个重要特点，就是插配了一些画像。这些老画像帧刻着明末以来肇庆社会真实面貌，用镜头捕捉了许多社会角落最真切的场景，再现了当时社会风貌，留住了不少社会记忆信息，为我们带来了视觉冲击的同时，有助于加深我们对数百年前的社会环境的直观认识，对肇庆地方历史文化研究提供最真切的实物证据。例如卜弥格所画的南明永历帝和皇后的画像，这有可能是南明永历帝和皇后唯一的画像[2]。老画像是社会记忆的历史旧底板，生动地展示了明末以来肇庆社会的生活百态、物质特征和精神文化表现形态等。通过他们，我们可以真切直观地认知逝去的地方历史，感受地方的沧桑痕迹。三是保存了肇庆地方历史文献的资讯。传教士记述的有些文献资料在肇庆地方历史文献中或难于查找、或语焉不详、简扼模糊，所以传教士的下意识或流水账式的记录往往能在不经意间起到弥补中文史料之不足的作用，为今人保存下不少珍贵的史料片段与传说故事，为研究肇庆地方历史文化提供姐妹资讯，发挥辅助和印证的作用。例如，在1942年德礼贤编辑的《利玛窦全集》第一卷中记载了明末一张中文肇庆地图，名叫《肇庆府城池四境图、高要县附郭》，这有可能是西方的第一张肇庆中文地图（1673年）[3]。四是促进了中西方文化的交流。肇庆，作为中西方文化交流的第一站，它是全球史或世界史进入中国内陆的开端，也是中国人了解西方最早的内陆窗口。传教士向肇庆的中国人介绍世界各国的地理、历史和现状、社会风

---

[1] 转引自裴化行（H.Bernard）著，萧睿华译：《天主教十六世纪在华传教志》，上海商务印书馆1936年版，第240—241页。

[2] 基歇尔著，张西平等译：《中国图说》，大象出版社2010版，第220页。

[3] 该图以肇庆府为中心，西江穿流而过。肇庆府衙环城的城墙上有东南西北四门，以及衙门里的重要建筑物，例如关帝庙、督院、府署、城隍庙、包公祠、披云楼等。在城墙外东边标有阅江楼、崇禧塔、天宁寺、羚山寺等。北边有七星岩、慧日寺、八贤祠等等，在往北是高山。西边是梅庵、山川坛、白衣庵等。南边是西江，西江南岸有文明塔、巽塔等。肇庆府四周邻近的县从东往北往西往南有开平县、高明县、四会县、广宁县、开建县、封川县、德庆州、阳春县、阳江县、新兴县、恩平县。毫无疑问，这幅保存在西方档案馆里的中文肇庆地图对于研究明清时代的肇庆具有积极的意义。Pasquale D'Elia (ed.)（德礼贤），*Fonti Ricciane. Storia dell'introduzione del Cristianesimo in Cina scrittura da Matteo Ricci*，Vol. 1（Rome 1942）(《利玛窦全集》第一卷）。此资料由德国维尔茨堡大学考兰妮教授（Claudia Von Collani）提供，在此表示深深的谢意。

俗,传播西方的文化科技成果。利玛窦在肇庆制作世界地图、自鸣钟就是一个显著的例子。同时,又把肇庆的社会人文现象和自然景观传播到西方,成为西方人认识了解中国有关信息的主要来源,影响着大众对中国形象的看法,是西方汉学研究的原始资料素材。

跨越东西方

——基督教与近代中国知识分子

刘 义①

基督教与中国文化的碰撞是自近代以来东西方交流的一个重要主题。耶稣会士利玛窦(Matteo Ricci)从一开始就采取了"文化适应"的策略。他自称"西儒",穿中国儒士的衣服,与中国的士大夫交朋友,试图从中国经典中寻找解释基督教的要素。当时称为中国天主教三大柱石的杨廷筠(1557—1627)、李之藻(1565—1630)、徐光启(1562—1633)都曾经历儒家文化的经典教育,并在宋明理学的背景下对佛教和道教有着一定的兴趣。他们或因着对科学知识的追寻,或因着对宗教灵性的探索,在与利玛窦的友谊过程中转化为了基督徒。这构成了中西文化交流的一个经典时期②。19世纪的英美传教士打开了中西文化交流的另一个关键时期。林乐知(Young John Allen)创办的《中国教会新报》(后改名《万国公报》)和李提摩太(Timothy Richard)主持的广学会都是近代传播西学的重要平台③。教会学校还培养出了近代留学美国第一人容闳(1828—1912)④。

然而,如果说1 500年间地理大发现带给中国的影响还只停留在隔靴搔痒的层面,19世纪英法殖民主义的扩张则通过鸦片战争、火烧圆明园、八国联军等事件带给中国人的是刻骨铭心之痛。如蒋梦麟在《西潮·新潮》一书中写道:"如来佛是骑着白象来到中国的,耶稣基督却是骑在炮弹上飞过来的。"⑤在西方炮舰和文化

---

① 作者简介:刘义,上海大学历史系教授。
② 关于明末清初耶稣会士在中国的问题,可参见谢和耐著、耿昇译:《中国与基督教——中西文化的首次撞击》,上海古籍出版社2003年版。
③ 贝奈特著、金莹译:《传教士新闻工作者在中国:林乐知和他的杂志(1860—1883)》,广西师范大学出版社2014年版;李提摩太著,李宪堂、侯林莉译:《亲历晚清四十五年》,人民出版社2011年版。
④ 容闳著、王蓁译:《西学东渐记 历史回眸》,中国人民大学出版社2011年版。
⑤ 蒋梦麟:《西潮·新潮》,中国工人出版社2015年版,第12页。

的强大冲击下，中国的士大夫徘徊在中体西用的矛盾之中。19世纪后半期发生了一系列反对基督教的冲突，其中以1870年的天津教案为最①。1900年的义和团运动则将这样一种基于原始情感的排外主义演绎到了极致，也给晚清社会造成了致命的影响。与此同时，在传教士所办的学校中，也培养了一批了解基督教和西方的中国学生②。他们成长于中国文化的土壤，却接受了传教士所传播的西式教育。为此，这也造成了他们身份的一个根本矛盾——基督徒还是中国人。

在新文化运动的浪潮中，西学刺激了中国知识分子的思想觉醒，反帝主义则唤醒了中国基督徒的民族身份。传教士倪维思（John Livingstone Nevius）所倡导的"三自"思想指导了中国本土教会的成立。著名的神学家赵紫宸（1888—1979）等则尝试从中国文化的角度解释基督教。特别是20世纪20年代的非基督教运动，在收回教育权的过程中也收回了基督徒学生们的爱国心③，这也促进了当时广为传播的本色化运动。教会领袖如诚静怡（1881—1939）专门解释了本色教会和本色基督教的问题，带领了基督教协进会和中华基督教会这样的全国性组织④。一大批基督教知识分子也团结在《真理与生命》杂志或基督教青年会这样的组织⑤。

本文希望从一个稍显不同的视角来探讨一个夹杂在东西之间的知识分子群体。他们曾接受基督教的教育，却从事教会之外的工作。他们的共同点体现在，他们都曾接受中西方文化的专门教育，都是有着公共地位的知识分子（当然，在个人经历和社会身份方面，又有着显微的差别），但他们都对跨越东西的知识和身份作出了系统的反思，且这种反思超越了历史的局限，对于今天的我们仍有着启发性的意义。

一、林语堂：从异教徒到基督徒

就中西文化交流而言，林语堂（1895—1976）是近代中国当之无愧的灵魂人

---

① Paul A. Cohen, *China and Christianity: The Missionary Movement and the Growth of Chinese Antiforeignism, 1860-1870*, Cambridge, Mass.: Harvard University Press, 1963.
② 史静寰、王立新：《基督教教育与中国知识分子》，福建教育出版社1998年版。
③ Jessie G. Lutz, *Chinese Politics and Christian Missions: The Anti-Christian Movement of 1920-1928*, Norte Dame: Cross Cultural Publications, 1988.
④ 刘家峰：《从差会到教会：诚静怡的本色化教会思想解析》，载刘家峰编：《离异与融合：中国基督徒与本色教会思想的兴起》，上海人民出版社2005年版，第204—234页。
⑤ 邢军著、赵晓阳译：《革命之火的洗礼：美国社会福音和中国基督教青年会（1919—1937）》，上海古籍出版社2006年版。

物。"两脚踏中西文化,一心评宇宙文章",展现了他的豪情与天赋。20世纪30年代,他的《吾国吾民》(1935)、《生活的艺术》(1937)、《京华烟云》(1939)等著作成就了其国际盛名。"幽默大师"的称号更是让他名誉四海。①

很多人知道林语堂毕业于著名的上海圣约翰大学,后又在哈佛大学和莱比锡大学分别获得硕士和博士学位,这也是其后来得以用英文写作的重要基础。然而,很少人了解,林语堂的父亲本身就是一名基督教的牧师,林语堂在上海圣约翰大学就读的第一专业竟然是神学②。他本来也是要去做牧师的,只是因为实在受不了学校的课程,才衍生出之后的"从异教徒到基督徒"之旅。他感谢传教士林乐知创办的报刊,使其有了最早接触西学的机会。在他的众多著作中,《孔子的智慧》(1938年)、《中国印度之智慧》(1942年)、《老子的智慧》(1948年)等也反映了其在哲学方面的反思。如他自己所述:

> 我曾在甜美、幽静的思想草原上漫游,看见过美丽的山豆;我曾住在孔子人道主义的堂室,曾攀登道山的高峰且看见它的崇伟;我曾瞥见过佛教的迷雾悬挂在可怕的空虚之上。而也只有在经历这些之后,我才降在基督教信仰的瑞士少女峰,到达云上有阳光的世界。③

然而,实际上,林语堂的精神之旅首先是从"基督徒"开始的。他的父亲是牧师,他们的家庭生活也是围绕着读经、祷告而展开的。即便是他不识字的母亲,也可以读懂用闽南话注音的《圣经》。然而,林语堂对基督教的理解却是"异教徒"式的。如他所说,当吃饭前要祷告谢恩时,他并不是完全地赞同。这是因为,他觉得饭不是自由天赐,而是农夫的汗水而来。但他自圆其说,一如太平盛世时要感谢皇恩,因为是他的统治才得以太平,所以吃饭谢恩也就不是什么大事了。当读书的暑假期间,父亲要他为乡亲们讲道时,他竟然选择"把《圣经》当文学来读"。

在当时的中国,做一个基督徒有什么意义呢?林语堂解释说:

---

① 施建伟:《名家简传书系:林语堂》,中国华侨出版社1997年版;王兆胜:《林语堂与中国文化》,社会科学文献出版社2007年版;钱锁桥:《林语堂传:中国文化重生之道》,广西师范大学出版社2019年版。

② 关于基督教在近代福建的传播,可参见吴巍巍:《西方传教士与晚清福建社会文化》,海洋出版社2011年版。关于圣约翰大学的历史,可参见徐以骅:《教育与宗教:作为传教媒介的圣约翰大学》,珠海出版社1999年版。

③ 林语堂著、谢绮霞等译:《从异教徒到基督徒》,湖南文艺出版社2016年版,第44页。

被培养成为一个基督徒,就等于成为一个进步的、有西方思想的、对新学表示赞同的人。总之,它意味着接受西方,对西方的显微镜及西方的外科手术尤其赞赏。它意味着对赞成女子受教育、反对立妾及缠足,保持鲜明而坚决的态度。它意味着赞同教育、普及民主观念,且以"能说英语"为主,较佳教养的态度。它同时意味着文字罗马拼音化,废除对中国字的知识,有时且废除一切对中国民间传说、文学及戏剧的知识,至少在厦门是如此。①

就此而言,林语堂主要是从中学与西学的角度来讲基督教的特点的。他自己就觉得自己是基督教的受益者,但基督教同样让自己亏损了很多。这特别是指在中国文化方面的训练,林语堂很长时间以此为耻。但更多的,他觉得基督教让他损失了对中国神话故事和戏剧的兴趣,因为这被当作偶像崇拜。这实在不符合其幽默的性格。

然而,当论到乡下的基督徒生活时,他又有一番不同的言辞。如他所说:

> 我不相信我父亲传给那些农民的基督教和他们男男女女一向信奉的佛教有什么分别,我不知道他的神学立场究竟是怎样的,但是他的一片诚心确无问题——只需听听他晚上祷告的声音与言辞便可信了。然而也许连他自己也不知道他是为情势所逼,要宣传独一种的宗教而为农民所能明白的。这位基督教的上帝,犹如随便哪一所寺庙中的佛爷,是可以治病、赐福的,而尤为重要的是可以赐给人家许多男孩的。②

在这里,我们发现,基督教不再与西方相连,而与中国传统的宗教信仰更加接近。在超越东西方差别的同时,基督教与中国文化在中国老百姓的日常生活中找到了共鸣。

林语堂之所以视自己为"异教徒",主要是因为其人文主义的态度。他反对神学的教条,也反对物质主义,最终在"爱"中找到了基督教信仰的意义。他说:

> 因此,在耶稣的世界中包含着力量与某些其他的东西——绝对明朗的光,没有孔子的自制、佛的心智的分析或庄子的神秘主义。在别人推理的地

---

① 林语堂著、谢绮霞等译:《从异教徒到基督徒》,湖南文艺出版社 2016 年版,第 18 页。
② 林语堂著:《从异教徒到基督徒》,湖南文艺出版社 2016 年版,第 199 页。

方,耶稣施教;在别人施教的地方,耶稣命令。他说出对上帝的最圆满的认识与爱心。耶稣传达对上帝的直接认识与爱慕,而进一步直接地并无条件地把对上帝的爱和遵守他的诫命,即彼此相爱的爱,视为相同。如果一切大真理都是简单的,我们现在是站在一个简单真理的面前,而这真理包含一切人类发展原则的种子,那就够了。①

在晚年,林语堂再度开始定期地去做礼拜、读《圣经》,恢复了其"基督徒"的生活。然而,林语堂始终保留一种自由的灵魂。他或许心系基督,但他的形象却更像道家中的老者。也许只有在苏东坡这样的人物身上,他才能更清楚地看见自己的影子②。参照林语堂自身对基督教的了解,作为老年人的他当然和中国最普通的老百姓有着类似的灵性需求。但他终究深受东西方文化的深刻影响,而不会停留于普通老百姓的生活日常中。更关键的,正是因为知识分子的超越精神,他才更追逐一种个人主义的修行。在这里,林语堂与中国老百姓信奉同一个基督教的名字,但却与千年之前的苏东坡保持着内在的精神沟通。

二、吴经熊:超越东西方

吴经熊(1899—1986)是跨越东西方的另一个代表人物。有意思的是,他因为徐志摩的推荐而去读法学,又跟林语堂一起办杂志。他以法律为职业,却同样用优美的文字记录下自己的精神之旅。吴经熊毕业于东吴大学法科,又在密歇根大学获得法学博士学位,曾担任上海特区法院法官、东吴大学法学院院长等职,③1933 年受邀撰写《中华民国宪法草案》,是近代中国难得的法律人才。然而,吴经熊在 1937 年皈依天主教,开启了自己的灵修之旅。1942 年,受蒋介石委托,用美丽优雅的文言翻译《新经全集》和《圣咏》④。1951 年出版英文

---

① 林语堂著、谢绮霞等译:《从异教徒到基督徒》,湖南文艺出版社 2016 年版,第 177 页。
② 杨柳:《身份的寻索:林语堂与基督教关系研究》,香港中文大学 2013 年博士学位论文;林语堂著、张振玉译:《苏东坡传》,湖南文艺出版社 2018 年版。
③ 值得注意的是,著名传教士林乐知正是东吴大学的创办者之一。他于 1882 年在上海创立的中西书院后并入东吴大学。东吴大学的法学院则一直保留在上海。与吴经熊的经历相悖,东吴大学法学院恰恰在抗日战争后审判日本战犯的问题上发挥了重要的作用。
④ 吴经熊译:《圣咏译义初稿》,商务印书馆 1946 年版;吴经熊译:《新经全集》,公教真理学会 1960 年版。

自传《超越东西方》(Beyond East and West),并被翻译成多个版本。① 吴经熊成为了一个传奇。

吴经熊少年成名,又凭借个人的聪明才智在上海谋得一番生计,自是锦衣玉食。然而,在年届不惑之即,他却苦于找不到可以真正委身的真理。他写道:

> 我渴求权力,却忘了惟有"善"才具有权力。我渴求自由,却忘了惟有服从天主的诫命,才能得到自由。我渴求生命,却奔驰在导致沉沦毁灭的大道上。我越是靠自己的力量去挣脱罪恶的罗网,就越是深陷其中。世界成了我的监狱,我不断地以头颅撞向铜墙铁壁,结果却是徒然。②

吴经熊是受过中国传统文化的训练的,对儒释道三家的学说也有着相当的把握和尊重。而且在很多方面,他也比较信奉中国传统文化。例如:他的婚姻就是因着父母之命、媒妁之言,但他依然乐于接受。孝道也是他重视的一个核心道德。但是,他也说:

> 凡属人的一切,没有比这三大派思想更伟大的。但基督宗教是属神的,把基督信仰当成西方宗教是一大误解。西方也许属于基督宗教(我但愿更加如此),但基督信仰并不属于西方。它超越东方与西方,超越古老与创新。它比古老的更古老,比新的更新。对我来说,它比我从小耳濡目染的儒家、道家和佛家更本土。我感谢这三大派思想,因为是它们领我走向基督。基督使我的生命整合贯通,由于这整合,我很庆幸自己生为黄种人却能接受白种人的教育。③

在皈依天主教之前,吴经熊曾经是卫理公会的信徒。然而,他的二次改宗经历,体现了天主教的一个重要特征,也即对母性的追求。如他所说:

> 我一直在寻找一位母亲,终于在天主教会内找到了。其实,教会就是信

---

① 中文简体字版,可参吴经熊著、周伟驰译、雷立柏注:《超越东西方》,社会科学文献出版社 2002 年版。
② 吴经熊著,黄美基、梁伟德译:《超越东西方:天下奇才吴经熊自传》,台北:上智文化,2017 年,第 19 页。
③ 吴经熊著,黄美基、梁伟德译:《超越东西方:天下奇才吴经熊自传》,台北:上智文化,第 24 页。

徒的母亲。在她慈母的手中,严厉被温和软化;纪律带来健康的自由;陶醉和清醒、感觉与教条、感性与理性,都恰得平衡。圣事是得到恩宠和天主圣神的渠道;圣经是活的传统的一部分,礼仪像是一棵植在溪畔的树,按着季节开花结果;克己修身变成欢乐、庆祝的源泉;圣化变成真正的浪漫生活;神秘默观主义转变为德行的活泉。统一中有多元、多元中有统一。在至公、普世性中,真正的个体化得以实现。①

这是吴经熊在宗教体验上一个十分独到的地方。在一定程度上,或许与其少年丧母有关,他似乎缺乏母爱;另一方面,则更加突出了中国知识分子在灵性追求方面的特殊因素。相对于林语堂广义的基督之爱,吴经熊的圣母之爱充满了人格化和亲密性的特征。相对于他沉迷世俗之欲的浪荡,天主教则为他提供了中国文化中所强调的家的港湾。但吴经熊不是到儒家的伦理中去寻找这种爱和家,而是甘愿臣服于天主教的教堂。这似乎反映了当时中国文化弱于天主教的组织性特征,也体现了其在近代化过程中的式微。特别是联想到1931年由于日本侵略而导致的家国破碎的场景,吴经熊的经历也让我们联想到凡尔赛会议后退居到比利时修道院的另一位中国知识分子陆徵祥(1871—1949)②。我们或许要嘲笑他们性格上的软弱,但在一定程度上这又何尝不是一个白面书生的心理无奈。既然无力杀敌,只能退回到自己的精神堡垒。

吴经熊沉迷于宗教的体验,这也体现于他关于佛教的论述。《禅的黄金时代》(The Golden Age of Zen)是他在这方面的一个体验总结③。他曾经说:"每一个中国人的内心都是佛教徒"——在社会关系上,中国人按照儒家思想为人处世,并以道家的超脱哲学为平衡,但他们的内心生活是追随佛教思想的。④ 然而,他也批评佛教。他认为,"佛教最大的错误在于否认神的存在";"佛教是个华丽的形容词,但缺乏形容的对象"。⑤ 他钦佩佛陀的人格,但认为他并没有找到真理。他说,"佛陀是带领我走向基督的一位导师"⑥。他对儒家和道家的批评没有这么明显,而是极力找出相互之间的共同性。但整体来说,他是将中国文化

---

① 吴经熊著,黄美基、梁伟德译:《超越东西方:天下奇才吴经熊自传》,台北:上智文化,第99—100页。
② 陆徵祥著、王眉译:《回忆与随想:从民国外交总长到比利时修道院修士》,上海远东出版社2016年版。
③ 吴经熊著,吴怡译:《禅的黄金时代》,海南出版社2014年版。
④ 吴经熊著,黄美基、梁伟德译:《超越东西方:天下奇才吴经熊自传》,台北:上智文化,第192页。
⑤ 吴经熊著,黄美基、梁伟德译:《超越东西方:天下奇才吴经熊自传》,台北:上智文化,第218页。
⑥ 吴经熊著,黄美基、梁伟德译:《超越东西方:天下奇才吴经熊自传》,台北:上智文化,第219页。

作为走向基督信仰的桥梁。

吴经熊的宗教体验甚至影响了其法学观点。在他的自传中,吴经熊特别提到了和美国大法官霍姆斯(Oliver Wendell Holmes)的忘年交。而且,在这段友谊之中,除却法律思想上的交流,吴经熊更突出了他们在哲学、人生、信仰方面的比较。在其法学经典名著《正义之源泉:自然法研究》中,吴经熊引述霍姆斯的观点,强调法律的普世性价值和利益(universal interest)以及律师应作为一种"志业"(calling)。他区分永恒法、自然法与人法,认为"永恒法乃根基,自然法是其树干,而人法之不同部门则是其枝叶"[①]。他从"公益"(common good)的角度来论述法的根本目的,追求正义的真、善、美。这也被形容为一种法律的艺术。最后,他总结说:"爱,即法律之实现(love is the fulfillment of the law)。"[②]这几近于耶稣对旧约所有律法之总结。在这里,吴经熊个人信仰中的圣母之爱和作为法学家的社会大爱联系了起来,这种联系自然也超越了东西方的界限。

三、韦卓民:基督教与中国文化

韦卓民(1888—1976)也是一位沟通东西文化的巨人。他早年就读于文华书院(后来的文华大学)[③]。1918年到哈佛大学攻读哲学,翌年获得硕士学位。1927年赴伦敦大学攻读哲学博士学位。1929年回国担任华中大学校长。韦卓民对中国文化颇有研究,其当年的学士论文《中国古籍中的上帝观和祭祖的研究》即得以在校报和教会刊物发表,硕士论文和博士论文分别为关于孟子政治思想和孔子伦理思想的研究。20世纪30—40年代,韦卓民曾多次应邀到耶鲁大学、芝加哥大学、哥伦比亚大学等名校讲学。20世纪60年代,他先后出版了《康德〈纯粹理性批判〉释义》《康德哲学讲解》《康德哲学原著解读》《判断力批判》等译著;后来还出版了《黑格尔〈小逻辑〉评注》。其在康德研究方面的成果,至今仍

[①] 吴经熊著、张薇薇译:《正义之源泉:自然法研究》,法律出版社2015年版,第37页。
[②] 吴经熊著、张薇薇译:《正义之源泉:自然法研究》,法律出版社2015年版,第70页。爱是吴氏信仰的一个核心主题。
[③] 文华书院和上海的圣公会大学同属圣公会。圣公会在基督教本色化的过程中发挥了领先的角色。但圣约翰大学却是教会大学中最后才向政府注册的。

为学界所认可,也足见其在西学方面的功力①。

简单地说,韦卓民是从中学逐步转入西学的,而其最初对西学的了解正是因为教会大学的渊源,这也包括基督教的信仰。韦卓民曾简述自己的求学和信仰生涯:

> 作者童年束发受书,服膺儒学,废除八股之后,才转习西学,以应时尚,潮流所趋,固应如此。当时提倡西学,以教会所办的学堂为最先。故肄业于武昌文华书院,后改名文华大学,由中学而大学,历时八载,朝夕得聆基督教的意义,参加教会的礼拜,限于校规,不得不尔,原非所愿。于是始而反抗,然以年幼,敢怒而不敢言。继而知识稍长,闻道越多,乃将信而将疑,反求诸儒家典籍,渐渐觉得儒家伦理,许多是能与基督教并行不悖的。大学毕业之后,继续从事于哲学的探讨,由哲学而宗教,由宗教而神学,由神学而各宗教历史,尤其注意于中国的佛道两教,垂四十年,至今不辍,可说是出入于儒佛道耶。②

与林语堂和吴经熊不同,韦卓民的信仰生涯一开始就与严谨的学术研究密切相关。这包括哲学、社会科学和历史。他一度认为可以用科学和哲学来证明神学的合理性,后来才发现神学由宗教经验而来,非科学和哲学所能解。而且,韦卓民对神学思想的探索也远超林语堂和吴经熊两位。他经常与著名的神学家赵紫宸并列,有"南韦北赵"之称③。

那么,如何理解基督教的信仰呢?韦卓民反对基督教是西方的观点,尽管不可否认西方文化的一个突出特点在基督教。韦卓民论述的一个基本出发点是基督教是世界的,如此,基督教尽管由传教士带来,却也必将是中国的。在这里,韦卓民首先提出了"中国基督化"的观点。他说:

---

① 马敏、周洪宇、方燕主编:《跨越中西文化的巨人:韦卓民学术思想国际研讨会论文集》,华中师范大学出版社 1995 年版。另可参见李良明、张运洪、申富强编著:《韦卓民年谱》,华中师范大学出版社 2010 年版;李良明:《韦卓民传》,华中师范大学出版社 2018 年版。韦氏在国外研究的一个重要成果,参见 Francis C. M. Wei, *The Spirit of Chinese Culture*, New York: Charles Scribner's Sons, 1947.

② 韦卓民著,马敏、刘家峰整理:《韦卓民全集 第 11 卷 宗教文化研究》,华中师范大学出版社 2016 年版,第 109 页。

③ 伍德荣:《和谐神学:从"南韦北赵"寻索中国基督教神学思想的根源与发展》,三联书店 2018 年版。

> 潜心研究我们自己的文化结果,显示出我们过去的宗教发展是为接受基督教所作的最好准备。凡是了解中国人的人都会知道,如果以应有的方式把基督介绍给中国人,他们会成为天然的基督徒。构成中国社会结构基础的儒家制度似乎究尽了它最后的活力,正等待着基督教给它注入上帝的精神,以使它获得新的再生灵魂。①

在这里,韦卓民的基督教立场自是表露无遗。然而,这只是其思想的一个方面。他论述的另一个观点则是"基督教中国化"。与20世纪20—30年代中国基督教界的主流风潮相近,韦卓民也力主基督教的本色化,或者说要让基督教在中国扎根。他解释说:

> 中国人需要基督教,而教会也需要中国人。当我们以中国文化来解释基督教义的时候,由于中国人的重视,我们宗教新展望,也会超于显赫。我们将会产生一个中国的神学,就像我们过去的希腊、拉丁和欧美的神学一样,不仅将在中国的教会和其他国别地区的教会分开,而且要将过去历史上所继承的精华,用以充实基督教的传统。为此教会可根据中国社会生活的方式,有一种新的形貌、一种新的显现或表现。②

韦卓民并不是一个狭隘的基督徒,而是用一种很高的眼界来审视这个问题的。对他来说,基督信仰和中国人的身份并不矛盾,而且是互相强化的。特别是在革命的浪潮中,很多基督徒证明了他们是更好的中国人。"东西文化之综合"(synthesis of cultures of East and West)是他的旨归③。

作为哲学家的韦卓民是十分富有创见的。其中一点即他关于中国教会"四个中心"的论述:一是礼拜中心。教堂是礼拜中心,也是教会的社会中心。里面应当有一种家庭气氛,既是为接触上帝,也可以会见朋友。二是社会服务中心。这可以超越教会的宗派,服务于周边的社区,可以有阅览室、民众教育中心、诊所、学校等。三是思想中心。这是指教会大学,学者们可以在这里讨论社会、国

---

① 韦卓民著,马敏、刘家峰整理:《韦卓民全集 第11卷 宗教文化研究》,武汉:华中师范大学出版社,2016年,第47页。
② 韦卓民著,马敏、刘家峰整理:《韦卓民全集 第11卷 宗教文化研究》,华中师范大学出版社2016年版,第66页。
③ 这点反映了近代中国知识分子的一个普遍诉求。一个类似的案例,可同参做过燕京大学校长的吴雷川的经历。参见吴雷川:《基督教与中国文化》,商务印书馆2017年版。

家和世界的问题,思考生存与工作问题。四是朝圣中心。这可以仿照佛教和道教的模式,在相对边远静谧的地方修建教堂,还可以建公墓和旅馆①。韦卓民的想法可能显得有些理想化,但他结合了中国人对知识的尊重以及民众的普遍宗教心理,又突出了基督教的礼拜仪式和服务精神。这可以说是他"综合"思想的一个典型体现。

结　语

在 20 世纪 20 年代的民族主义浪潮中,确实涌现出了一批杰出的基督教知识分子,如赵紫宸、吴耀宗、徐宝谦、吴雷川等。到 20 世纪 80 年代,在改革开放的热潮中,一方面反思中国文化自身的传统,一方面向西方探求现代化的指引,中国又出现了一批所谓的"文化基督徒"。② 他们学习和研究基督教的知识,却未必加入基督教会。这也构成了基督教思想史上一个特殊的现象。

在谈论东西之别的同时,笔者希望强调与此相关的其他方面。首先,通过林语堂、吴经熊和韦卓民的例子,也联想从利玛窦到李提摩太这样的传教士,基督教与中国文化之间的碰撞是不可避免的,但也从另一个层面上展现了双方的联系。在中国知识分子从儒释道走向基督教的信仰历程中,我们同样看到了西方传教士学习和接受中国文化的努力。其次,要更好地理解基督教与中国文化的联系,还必须参照基督教在其他社会的经验,如英美传教士在近代奥斯曼帝国的活动。基督教与伊斯兰文明之间实际上发生了比基督教与中国文化更激烈的冲突,中东地区的殖民主义经历也远比中国更严重③。最后,所谓的东西之争还有一个时间的维度(也即传统与现代之变),以及一个社会的维度(也即信仰在具体社会中的体现)。在研究东西交流主题的同时,我们也展望超越东西方的愿景。

---

① 韦卓民著,马敏、刘家峰整理:《韦卓民全集 第 11 卷 宗教文化研究》,华中师范大学出版社 2016 年版,第 72—77 页。
② 汉语基督教文化研究所编:《文化基督徒:现象与论争》,香港:道风书社,1997 年。
③ 2014 年,土耳其海峡大学(Boğaziçi University)与上海大学曾合作"奥斯曼帝国与晚清中国时期的传教士"(The Missionary Experience in Late Ottoman Empire and Imperial China)学术研讨会,对这一主题进行了初步探讨。海峡大学的前身正是由传教士所创立的罗伯特学院(Robert College),它也为后来贝鲁特和开罗的美利坚学院树立了榜样。

从王朝到共和：北美青年会干事鲍乃德眼中的中国社会与革命（1910—1919）

梁　珊①

鲍乃德（Eugene Epperson Barnett）出生于美国佛罗里达州一个虔诚的基督教家庭，以优异的成绩获得神学学士学位后，他入职北美基督教青年会国际委员会，成为一名专职干事，并乘着当时美国轰轰烈烈的学生海外志愿传教运动浪潮，于1910年来到中国，为基督教青年会的在华事工提供协助。在以高度本土化为方针的青年会工作中，鲍乃德与中国社会不可避免地发生着持续的互动，其外来的观察者和卷入其中的参与者双重身份，使他在面对中国社会变革时，有着与中国人和身在彼岸的美国人均截然不同的视角。尤其是1910—1919年这最初的十年间，中国历史这出由朝代更迭、人口迁徙、文化演进错综交织而成的长篇大戏，如快进般变化多端。作为一个成长于美国"最好的时代"之一，在南方宗教影响远大于世俗影响的环境中度过青少年时期的美国人，鲍乃德对这些扑面而来，令人应接不暇的重大事件有着怎样的看法与应对，在这一时期外侨与中国革命的互动中具有一定的代表意义②。

---

① 作者简介：梁珊，福建社会科学院海峡文化研究中心助理研究员。
② 对于在华外侨，尤其是基督教传教士或青年会外籍干事群体如何观察、议论和参与这一时期的中国社会与革命，学界已有关注，但目前多使用当事人所撰的报刊书籍等出版物或工作报告等公开、半公开的文字记录进行分析，如吴义雄：《民元前后基督教传教士对改革和革命的认识与反应——基于三种基督教出版物的考察》，《徐州工程学院学报（社会科学版）》2013年第3期；陶飞亚、王皓：《传教士话语中的辛亥革命——依据〈教务杂志〉的考察（1900—1916）》，《近代中国》第三十辑（2019年）等，且较少对以辛亥革命为开端及其此后10年中的一系列革命进行连续性的考察，而这恰恰能够反映当事人认知的流动性及其与中国社会的高度互动性。本文主要基于哥伦比亚大学珍本与手稿档案馆所藏鲍乃德档案（Eugene E. Barnett Papers）中所包含的大量公私信件，试图还原从辛亥革命到五四运动这一整个时期，鲍乃德出于自身独特视角的细微观察与对革命态度的波动起伏。

一、对孙中山及辛亥革命的认知变化

1910年11月4日,鲍乃德带着妻子在上海滩登陆时,清廷的黄龙旗还在狂风暴雨的洗礼下苟延残喘地飘扬着,及至辛亥革命爆发,他在第一个正式工作地杭州的居住时间也仍不足一年,还处于一边学习中文,一边试图理解清末错综复杂的社会、政治和思想文化潮流的懵懂阶段。尤其是初到杭州时,目睹着在太平天国时期严重损毁、尚未完全修复的残垣断壁,城区中行人络绎、繁华热闹的市集,西湖边刁斗森严、拒人于千里之外的旗营,这些场景相互之间的差异如此巨大,却都集合在这个小小的"人间天堂"之中,一定曾令这个初来乍到的美国人困惑不已。

但这些都无法难倒一个有学习能力和学习意志的人。在革命爆发的半年之前,鲍乃德已经对中国社会的"阶级性"有所了解,并因此似乎理解了"弃笔从戎"这件事对于中国的知识阶层意味着什么:随着兵制的不断变革,到了清末,在许多中国人的观念里,士兵这个群体已是由"流氓痞子(riffraff)"组成的集团,打仗则是这些"下等人"干的活;另一方面,"万般皆下品,惟有读书高"的传统完好地保存了下来,加上教育普及度极低,能够上学接受高等教育,甚至出国留学,自然意味着较为良好的家庭出身。因此,"弃笔从戎"就意味着主动屈尊从上流社会降至底层。

然而这种阶级效应并不是一成不变的,面对民族危亡,福州、广州和上海等地率先觉醒的知识精英纷纷组成义勇队。在杭州,也有不少文人、学生组织起来,商议救国之策。一天,鲍乃德的中文老师郑秀才没有如约出现在他家的课堂上,次日他带给这位洋学生的缺席理由是,他去参加了一场在浙江高等学堂举行的大型集会。这场集会的组织者全是官办学校的学生与教授们,会上展示的一张巨型地图标出了英国、德国、俄国、日本和法国在瓜分中国的过程中各自占据的势力范围,对与会成员产生了冲击性的印象,燃起了他们的爱国情怀,鼓舞着他们走出阶级桎梏,"弃笔从戎",投身革命、保家卫国的斗志。鲍乃德认为这些学生是"一个崭新的中国"的代表,在家信中写道:"你们(指在美国的家人)根本无法想象这对于中国人的思想是多么巨大的革新。"①

---

① Eugene E. Barnett's Letter from Hangchow to Home; April 23, 1911; Eugene E. Barnett papers; Box1, Folder 1911-A; Rare Book and Manuscript Library, Columbia University Library.

从王朝到共和：北美青年会干事鲍乃德眼中的中国社会与革命(1910—1919)

1911年10月，鲍乃德收到来自中华基督教青年会全国协会的电报，发信的中国同工以此敦促各地的外籍干事前去上海避难。"他们并不担心杭州的外国人会被叛军或清军骚扰，至少迄今为止双方都表现出想要保护外国人的强烈意愿"，但不能排除长官对军中的暴力行径失去控制，或在战斗中流弹意外伤人的可能性，加上怀着头胎的太太鲍斯美德已经出现产前征兆，鲍乃德便携妻应召前往上海，在那里他发现派驻汉口、牯岭和南京的外籍干事也都在此避难。同样涌进这个被"世界顶级列强的军舰"联合护卫着的中立区的，还有20万中国难民，在其中，鲍乃德甚至发现了几名原本应在杭州的浙江省政要。避难期间，鲍乃德写了一封家信寄回美国，用自己当时所掌握的信息，阐述了辛亥革命发生的民族主义背景："这单纯是一场迟到已久的抗争，一部分中国人致力于摆脱他们所憎恶的异族统治者和腐朽的王朝带来的束缚。300多年前满人南下征服了中国，并将发辫与其他习俗一同带入中原，作为他们征服的象征。一开始他们只要求那些暴力抗争者在发辫前屈服，但最后所有拒绝服从削发令的汉人都被处以死刑。杭州民众拒绝蓄清式发辫的抵抗十分顽固，以至于清军攻入城中滥杀无辜，持续了10天之久。中国从未忘记这场杭州屠城①，只要时机成熟，他们就将体验到复仇的快感……如果革命军继武昌和汉口之后拿下了杭州，满族人定将血溅全城。"总之，在他看来这是一次"复仇"，但这复仇绝不是出于冲动而爆发，而是蓄谋已久的。其中留学生起到了重大作用："这是一场彻头彻尾的爱国主义运动，多年来它的种子散布在民间的秘密结社之中。甲午战争之后……这些结社的活动愈发频繁。成百学生被派往欧美，上千学生赴日留学，在那些国家他们发现满清这个异族政权是世界上最低效和腐败的政府。他们察觉了中国正处于异常和屈辱的状态下，即使对于爱好和平的中国人而言，这也足以令他们觉醒。"而正是他们的觉醒，与他们从海外发回的号召，加上广州起义、四川保路运动等事件中清廷的镇压，最终导致了革命的全面爆发。随着革命军从武汉三镇溯江而下，一路上收编叛变的清军，杭州的地下革命者也转为公开为革命造势，"在寺庙、茶馆里发表演说"。这使得杭州当局不得不草木皆兵，在前往上海前的一天晚上，鲍乃德注意到"在街上巡逻的士兵，数量非同一般"。②

1911年11月6日革命军光复杭州的当天，鲍乃德的长子平安出生，确认母子平安后他立即返回杭州。果不其然，这座古城仍在庆祝清潮的统治终于被推

---

① 这里描述的应是"扬州十日"，鲍乃德误以为发生地是杭州。
② Eugene E. Barnett's Letter from Shanghai to Home; October, 1911; Eugene E. Barnett papers; Box1, Folder 1912 - Hangchow Letters; RBML。

翻。江南局势一片大好的同时，依然盘踞在北京的清政府却不愿轻易承认失败，尽管他们麾下的将士早已丧失战意，革命军则摩拳擦掌地期待着进军帝都。双方的谈判进展缓慢，在鲍乃德的观察中，革命党人开出的条件显然已经十分丰厚，但却被清廷扼住了软肋，一是即使攻下北京，也难以守住，更不用说北京以北还有广阔的后方；二是持续征战会给革命党人带来不小的经济压力；最重要的是，清政府知道革命党人最害怕的局面就是南北分裂，国力削弱，给日、俄、英、法等列强更多可乘之机。尽管如此，鲍乃德作为一个外国人，还是相信"一个基于各方让步的和解方案即将达成，末代皇帝不日即将宣布退位"，同时他也抱持着谨慎，认为这个"和解方案的持久性只能由时间来验证"①。这种谨慎的乐观不无道理，在他写下上述文字之后，1912年2月12日，溥仪宣布退位。但局势的动荡却没有因此结束，直到当年的年底，还时常发生城市暴动、焚烧衙门等事件；另一方面，学生作为革命主体，热情完全没有消退的迹象，在杭州，"所有的官办学校都关门了，许多教会学校的学生也离校加入了军队"。值得注意的是，上至这些有文化的精英阶层，"下至佣人与苦力，都希望中国也能有一个美国那样的共和政府"②。

为了回应中国人民的这种热爱，更为了在列强关于中国的博弈中先发制人，1913年5月，美国宣布承认中华民国，在杭美国人于是受到了极高的礼遇，当局还邀请他们参加了一场宴会，来庆祝两国交好。可就在他们为两个"姐妹共和国"的美好未来推杯换盏之时，"二次革命"爆发了。在这一年2月首次依《中华民国临时约法》举行的国会选举中，由宋教仁担任党首的国民党胜出，按规定将由他组阁并出任内阁总理——这严重威胁到了临时大总统袁世凯的统治，宋遂遭暗杀。孙中山闻讯从东京赶回上海，意图召集军政力量武装讨袁，但未能在党内获得一致支持。4月，袁世凯当局向英法等五国银行以盐税为担保，借贷2500万磅，其主要用途之一就是扩张北洋政府的军备。此举迅速引起激烈反应，5月，江西都督李烈钧、广东都督胡汉民和安徽都督柏文蔚相继发出通电反对贷款，6月，袁世凯将此3人解职。于是在孙中山的支持下，李烈钧发布讨袁电告，随后安徽、上海、湖南、福建和广东等省市也宣布起兵讨袁。

---

① Eugene E. Barnett's Letter from Foochow to Home; February 11, 1912; Eugene E. Barnett papers; Box1, Folder 1912 - Hangchow Letters; RBML.

② Bertha S. Barnett's letter from Hangchow to friends; December 30, 1912; Eugene E. Barnett papers; Box1, Folder China - 1912; RBML.

从王朝到共和：北美青年会干事鲍乃德眼中的中国社会与革命(1910—1919)

鲍乃德所在的杭州，当时处于"中立"阵营的都督朱瑞①管理之下，既没有独立，也没有参与战事，也许是由于这个原因，鲍乃德对"二次革命"的观感似乎偏离了整个民主主义革命的大局，这场征讨"窃国贼"的战争在他眼中竟成了"自私的政治野心家们想要挑起内战"，并且认为"袁世凯在现状中占据上风，他将很快恢复秩序。在他的身后，有着列强的支持，有从贷款中获取的财力，有一支组织良好、斗志昂扬的军队。相反，革命军没有强大的后盾，资金匮乏，更没有充足的兵力。一个公认的观点是，日本人在支持着革命军，不仅提供军费，而且直接进行指挥。日本的野心是个公开的秘密，即趁乱攫取中国的土地"。②尽管对"二次革命"动机的认知有所偏颇，但在对双方势力的判断上鲍乃德倒没有犯错，7月下旬在江苏、上海等地的战斗中讨袁军节节败退，7月28日重要将领黄兴的赴日流亡更给士气造成极大打击。8月9日，鲍乃德在家信中继续发表他对这场革命及其领导者的看法：

> 讨伐袁世凯的军队看起来已几乎弹尽粮绝。如前所述，这从来就不是一场人民起义，而是一个由少数野心十足、对时局不满的政治家们，用日本"私下"提供的人力和财力所发起的运动。现在我们十分难过地发现，可怜的孙中山已经无法经受住成功的考验。也许他会在后世的历史上作为一个无私的爱国主义者留下光辉形象。但是就像扫罗（Saul）一样，当下的情况已经印证了——或者至少看起来是这样——很不幸地他无法获得成功。近日的报纸报道了他流亡台湾且将继续前往日本的消息，此次他就像是位行了不义之事的殉道者（the martyer of an unrighteous cause）。有些人觉得他只是时运不济，而我赞成另一些人的观点——这是命中注定的结果。我想他已经陨落了，并且是败在这样一件不光彩的事情上，他的失败原因不仅在于那些对他所挑起的革命的镇压，而且在于他的革命运动内部。③

从中不难看出鲍乃德对孙中山及其领导的革命的负面印象，尤其考虑到他

---

① 朱瑞，字介人，光复会成员，辛亥革命中为光复江浙的主力将领，后任浙江省都督，在任期间为杭州青年会批地捐款，且与鲍乃德一家交往甚密，是青年会运动在杭发展的有力靠山。

② Eugene E. Barnett's Letter from Mokanshan to Home; July 22, 1913; Eugene E. Barnett papers; Box1, Folder 1913; RBML.

③ Eugene E. Barnett's Letter from Mokanshan to Home; August 9, 1913; Eugene E. Barnett papers; Box1, Folder 1913; RBML.

深信"上帝为中国的事务进行着裁定,并且无论如何祂都会保证中国人民的福祉"①,基于此前提,他在此处引用扫罗来类比孙中山就显得更富深意。扫罗是《圣经》中的人物,一位国王,从亚扪王的残害下拯救了基列雅比人,深受民众爱戴,同时又十分谦逊,认为自己不配接受崇高的王位。但扫罗不愿遵从神的安排,时常违背神的指令,且在神选择了大卫作为他的继任者之后不甘服从安排,从中作梗,最终为神所废弃。这几乎可以肯定是在暗指孙中山与袁世凯的关系——孙中山领导的辛亥革命将自己的同胞从满清统治者手中解放出来,但他十分谦逊地没有接受大总统的职位,就像扫罗王抵御外辱,并且面对王位也曾有过推辞;而当时势归于袁世凯,孙中山又开始举兵讨袁,正如扫罗多次试图谋杀大卫一般;扫罗的结局是悲惨的,也与"二次革命"之后流亡日本的孙中山不谋而合。

回溯辛亥革命爆发之初,鲍乃德对这场运动无疑是持支持态度的:

我还从未看见任何一个人,无论是中国人还是外国人,不对革命者们抱有最至深的同情。所有人似乎都意识到,根据斗争结果,一定会有意想不到的情况发生。革命者们的诉求在于推翻衰败腐朽的满清王朝,在此之上建立起一个如美国一般的共和国②。

无论于公还是于私,这都曾是他所期待的结局,因为一个共和政权必定更加利于青年会工作的展开,更不用说作为一个美国人,谁不愿意看到自己引以为傲的社会制度在东方生根发芽呢?同时,作为革命最高领导人的孙中山本人,也是鲍乃德最为欣赏的,受过西式教育的中国基督徒。那么,是什么造成了这种积极态度急转直下?可能性最大的拐点,当然就是袁世凯这个"大卫"的上位。

二、袁世凯与军阀割据时期的迷思

袁世凯出身官宦世家,屡次参加乡试不中后弃文从武,随后时运亨通,20岁出头即崭露头角——因在朝鲜壬午军乱中平叛有功,被委以驻朝鲜"通商大臣"

---

① Eugene E. Barnett's Letter from Mokanshan to Home; July 22, 1913; Eugene E. Barnett papers; Box1, Folder 1913; RBML.
② Eugene E. Barnett's Letter from Shanghai to Home; October, 1911; Eugene E. Barnett papers; Box1, Folder 1912 - Hangchow Letters; RBML.

从王朝到共和：北美青年会干事鲍乃德眼中的中国社会与革命(1910—1919)

之任。甲午海战失败退回天津后，又在练兵、戊戌变法、义和团运动和八国联军之役等事务中发挥出色，成为备受清廷依赖的军政大员。辛亥革命之后南北对峙，面对危机清廷任命袁世凯为内阁总理大臣，希望战事早日结束的各国公使因此更加"追捧"袁世凯，希望他能够出面调停。最终，袁以倒逼清帝逊位、维护国家统一等"卓越功劳"，顺理成章地就任了中华民国临时大总统。

在这一系列的事态演变中，鲍乃德不是唯一一个转而支持袁世凯的在华基督教相关人士，实际上这一整个群体对袁的主流态度十分耐人寻味。袁世凯与基督教渊源不浅，在朝鲜任职时，即曾就该教在朝鲜的高速发展向北京提出过警告，希望北京严令限制；任山东巡抚期间，在这个义和团的发源地一改历任巡抚或明或暗地支持义和团的态度，以维持稳定为首要目标，寻求"东南互保"；庚子事变之后，随着清廷对教会事业态度的变化，袁世凯顺应时势地陆续发布《保教简明章程》《各州县教案简明要览》等政令，鼓励各级地方官员保护传教士与信教民众，同时与传教士之间形成某种互利互惠的关系，一方面对教会主持的医疗、教育等各项事工持支持态度，另一方面也利用传教士所掌握的西方先进科技文化等，推进自己的各项改革。鉴于他的这些符合教会在华利益的行为，再加上辛亥革命时期满清朝廷与革命者阵营对他的重视，使得传教士们将他认定为一个能够确保中国走上统一、强大、对西方开放道路的人物，因此纷纷与母国使馆联系，希望他们在政治与外交上支持袁世凯，并敦促袁出面请清帝退位。革命成功，袁世凯继任孙中山的临时大总统一职，为了"回报"西方差会的厚爱，更为了讨好他们背后的西方列强，他继续实行有利于传教事业的方针，不仅承诺宗教信仰自由，还多次亲自接见教界地位重要的中西人士，如北京天主教主教林懋德及副主教，来京参加中华博医会全国大会的与会者等，另外令各省都督召集省内基督教会人士于1913年4月27日响应北京教界号召，一同为国祈祷，"开非基督教国家请教会为国请愿之先河"①。

面对青年会运动，袁世凯也表现出了极大的支持。1912年12月，青年会在北京举行第六次全国会议（The Sixth National Convention of the Young Men's Christian Associations of China），开幕式当天，鲍乃德和其他与会代表一起受邀前往紫禁城袁世凯的宅邸参加他举办的招待会。"这是第一次邀请这样一个代表团进城。总统阁下以一种非常不正式的方式现身于代表们面前，在几句热忱

---

① 张德明：《袁世凯与近代来华基督教》，《史学月刊》2013年第8期，第58页。

的欢迎问候之词后,他赞扬了他们在青年会所作的、促进中国青年人身体、精神与道德文化进步的工作,并声称这是在为这个国家最需要的方面做贡献。"在袁世凯这种态度的影响下,或者是在他本人的要求下,国务总理赵秉钧和另一些具有影响力的内阁成员也陆续现身、致辞;到这届全国会议即将结束的时候,甚至有 2 名袁世凯身边的年轻幕僚放弃政治前途,加入青年会的干事行列[1]。这一系列的会面与间接互动中,令鲍乃德相信当前的大环境对青年会在中国的发展是极其有利的,而袁世凯本人给他留下的印象则是:"一个如花岗岩般坚毅的人物,作为一个共和国的总统,他显得不合时宜。"[2]这个评价十分暧昧不清,相较之下,艾迪的评价也许更能反映北美青年会对袁世凯的主流态度。1914 年,同样是在紫禁城宅邸,袁世凯与黎元洪一同接见了来华布道的艾迪。艾迪眼中的袁世凯,外形上"貌至英异,眸子瞭且黑,目光锐利,首甚巨,额丰满而高耸,须发极整洁,皆苍然矣,躯干颇短,然甚伟硕。其品性,其魄力,与美国前总统罗斯福氏相伯仲";在地位与成就上"风雨神州,撑持危局,诚中国今日之一柱石也";他的政治理念是由"东方之礼化,亚洲之局势,孔教之精神,古朴之奉上所酝酿涵育,乃特具伟大之心神才力者也";在思想上"合新旧两派而调融之",是在中国这个有"守旧之根性"的国家中,以对民主这种新思想持开放态度,而"力挽夫狂澜"的栋梁之材。当日双方会谈中,袁世凯倾听了艾迪此次来华的布道计划,相应地也阐述了自己兴办教育以推动社会进步的理念;当论及当前中国政局,他所持的"今日当以安抚大局、巩固国基为救时之急务。彼青年好乱者流处此危境,犹日事推波助澜,昌言复兴革命,诚至愚极谬之谈也"观点也深得艾迪赞赏,因为一个稳定的社会局势自然更加有利于青年会吸引青年人的注意力,并借机发展壮大。在宗教上,袁世凯表示"孔教示吾人以精理,耶教则授吾人以实力。譬诸建筑,孔教为吾人植其基础,耶教则将为吾人竣其全工也",尽管这与艾迪所期望的基督教在华地位有所出入,但作为一个识时务的布道家,在当时状况下,这种不同宗教地位的分配无疑也是可以接受的。在这种种光环之下,袁世凯镇压"二次革命"成了"正义之举",且其行使正义之时,不忘"多所宽假,不肯逞其威力以残杀夫异己者",甚至让艾迪认定其有"设帝制自为"的实力,却"不尔也",是真正置身

---

[1] Recorder of the Sixth National Convention of the Young Men's Christian Associations of China (Beijing, December 12 – 15, 1912); December 1912; Eugene E. Barnett papers; Box1, Folder China - 1912; RBML.

[2] Eugene E. Barnett, As I Look Back: Recollections of Growing Up in America's Southland and of Twenty-Six Years in Pre-Communist China, 1888 – 1936, 1963, p. 154.

从王朝到共和：北美青年会干事鲍乃德眼中的中国社会与革命(1910—1919)

个人得失之外，为国家民族大义献身之人①。

然而长期生活在中国的鲍乃德比起艾迪，没有那么容易被蒙蔽，尽管曾将袁视为"大卫王"，对其抱有极高的期待，但事态的实际发展无疑让他嗅到了危险的气息。1914年初，鲍乃德发现国会被解散了，省议会也被遣散，除了几个重要的中心城市外法庭也暂停开放，各地行政机构的运作方式像是一夜回到了旧时代，"袁世凯似乎正不顾一切地将权力攫取在自己手中……受过现代教育的学生被排挤出仕途，老态龙钟的旧式官僚重新掌权。太多太多让人不满的事情正在发生，而其后果甚至无法预测。一切都取决于袁世凯究竟是一个真挚的爱国者，还是一个仅仅寻求个人得道的政治家。"②1915年，《二十一条》的签订使得袁世凯和日本人一同被列为"中华民族的公敌"。6月鲍乃德休假回国，暂时远离席卷中国的纷扰，但这些纷扰自然不会因旁观者的短暂缺席而按下暂停键——该年12月12日，袁世凯宣布恢复帝制，定次年年号为"洪宪"，为自己"黄袍加身"，引发护国运动。比起"二次革命"，此时各方反对势力已经在袁不再掩饰的野心面前取得了团结一致，因此当1916年3月鲍乃德返回中国，"抵达上海后接到的第一条消息就是袁世凯在一天前刚刚宣布了放弃君主制，回归共和的打算"。至于这个政治强人的立宪努力为何会失败，在他看来"受到强烈抵制的与其说是帝制，不如说是袁世凯本人。至少在（杭州）这一带，人们对'总统'的诚意似乎没有什么信心，他一意孤行的称帝看起来是对他之前声称的忠于共和理想的背叛行径。"在一片高涨的、要求消灭袁世凯的呼声中，鲍乃德感到的却是忧虑——"我担心这个国家将会很难再凝聚在一起……如果袁世凯被取缔了，我完全想不到还有谁能够继承他的地位。总之我对政局的第一印象是十分黯淡的。但中国是世间最难以预测的国家，所以我将稳坐于此，看看将会发生什么事。"③

袁世凯退位后仅一个月便因病而亡，"叛国贼"已死，一时间群起的民愤似乎得到了平息，不少友人甚至特地致电鲍乃德表达喜悦之情，杭会董事会的一名成员喃喃道："上帝看到了中国面临的绝境，所以为我们除掉了这些灾祸的主要来

---

① 艾迪：《艾迪氏之袁世凯观》，严桢译，《大中华》1915年10月20日，第1卷第10期。
② Eugene E. Barnett's letter from Hangchow to home; March 21, 1914; Eugene E. Barnett papers; Box1, Folder Hangchow Letters - 1914; RBML.
③ Eugene E. Barnett's letter from Hangchow; March 27, 1916; Eugene E. Barnett papers; Box2, Folder 1916 - B; RBML.

源。"①但随后事情的发展印证了鲍乃德的忧虑——军阀割据时代随着袁的倒台正式到来。当他刚刚回到杭州,还沉浸在"归乡"的兴奋之中,就立刻遭到了意外的打击。一天晚上凌晨一点,朱瑞的官邸方向传来了枪声,第二天鲍乃德前去查看情况时,不得不"爬过沙袋垒成的路障",街上"没有警察,只有戴着新袖章的士兵"。朱都督已经于凌晨三点出逃,鲍抵达时他的宅邸正在经受洗劫,"这不是一场血腥的行动,但却是最现实主义的表演:那些从农民摇身一变而来的士兵穿过庭院向外跑着,肩上挑着他们和他们的担子所能承担的最终分量的战利品"②。这场政变源于朱瑞在护国运动中一直举棋不定,曾受封一等侯的他始终没有旗帜鲜明地反对袁世凯,因此受到省内政坛拥护护国军的吕公望等人的驱逐。此后几周杭州持续陷入混乱之中,许多中国朋友为了躲避城里四处发生的抢劫事件带着值钱的家当纷纷躲到了鲍乃德家,有一晚甚至有一整个中国家庭出现在门外请求留宿——这些客人和他们的物品令鲍家变得"像座仓库",只因他们相信在这种时候,"外国人的家是最为安全的"。鲍家只能尽力安顿,却不知这样的情况会持续多久,有人告诉他们,"中国正在经历产痛,挣扎着将一个全新的国家带到世间"③。

朱瑞取道上海逃亡天津后曾给鲍乃德寄来一封长信,又过了不久再一次得到他的消息,竟是一封讣告,请鲍去朱瑞的家乡参加葬礼。为了纪念这位在杭会开创时期恩重泰山的故友,鲍乃德和同僚们在会所的庭院中为朱瑞建造了一个纪念亭。接替朱瑞执掌浙江军政大局的是屈映光,鲍乃德"听说他是一位能干的人,但是对杭州的各项基督教事业暂时没有表现出任何兴趣"④。在政局剧变的余波中,杭州的基督教事业失去了更多的支持者。朱瑞出逃后温世珍拒绝了屈映光的挽留,前往南昌、南京和上海三地发展。对青年会出力甚巨的律师金泯澜一直是鲍乃德想要发展为基督徒的对象,他也在很长一段时期内坚持去教会,最终由于有两房太太而无法受洗,鲍乃德休假返杭后发现他一改往常的干练与自信,变得闷闷不乐,不久竟找了个偏僻的佛寺出家了。

---

① Eugene E. Barnett, *My Life in China*, 1910-1936, edited by Jessie Gregory Lutz, Asian Studies Center, Michigan State University, 1990: 98.
② Eugene E. Barnett, *My Life in China*, 1910-1936, edited by Jessie Gregory Lutz, Asian Studies Center, Michigan State University, 1990: 99.
③ Bertha's letter from Mokansan; August 1, 1916; Eugene E. Barnett papers; Box2, Folder 1916; RBML.
④ Bertha's letter from Mokansan; August 1, 1916; Eugene E. Barnett papers; Box2, Folder 1916; RBML.

能够享用的资源似乎变少了,这对杭州青年会自然带来了巨大的影响:武夫当道,"知识分子和进步人士受到了排挤与怀疑"。青年会不得不表现得极其谨慎,这"不仅是明智之举,更是必要之举"。因为那些曾经用他们的资金、影响力和时间服务于青年会的人们如今正为现政权所不容,尽管"幸运的是目前尚未有针对青年会的实际伤害,但是伴随着来自'权力阶层'的大力协助越来越少,他们为青年会所创造的易于展开工作的气氛也就消失了"①。当然,杭州青年会的发展步伐不可能因此放缓,在会所建设的同时,鲍乃德也在面对社会形势演变带来的新挑战。

三、第一次世界大战与新生共和国的国际参与

跳出中国革命的语境,20世纪初在世界范围内发生的最重大事件自属第一次世界大战。这场大战从不同的角度为世界制造了无数的裂痕。一是信奉基督宗教的国家之间的裂痕,这不仅令罗马圣座左右为难,而且也大大降低了中国人对基督宗教的好感度——原本同是信奉上帝,因此应该追求普世和平的欧洲诸国之间,竟爆发了的这样一场残酷的战争,宗教对道德的塑造力与约束力顿时备受质疑。二是"新大陆"与"旧世界"之间的裂痕,当欧洲主战场各国几乎不计成本地投入血腥厮杀之时,美国总统威尔逊(Thomas Woodrow Wilson)却宣布保持中立,希望新大陆能够在战火中独善其身。而对鲍乃德及其周围的人们而言影响最大的,则是开战之初中美这对"姐妹共和国"之间的裂痕,作为刚刚建立的新生共和国,中国希望通过参加这场大战来获取自己的国际地位,好与那些虎视眈眈地想要侵吞自己国土的殖民国家能够平等地坐到同一张谈判桌上,然而美国此时却享受着内需旺盛的国内市场所带来的稳定与发展,无意考虑中方立场,在中国几次努力加入协约国的过程中始终作壁上观。

鲍乃德出生在美国内战结束之后,整个成长时期周围环境相对平稳,战争对于他来说既是个新鲜事物,更是对虔诚基督徒灵魂的拷问,更不用说他还要每日面对仍对基督教抱有疑虑的中国人,怎样平衡爱国主义与宗教信仰的矛盾,并体

---

① Eugene E. Barnett's letter from Hangchow to Brockman; July 24, 1917; Eugene E. Barnett papers; Box2, Folder 1917; RBML.

面、妥善地回答中国人提出的相关问题,成为一个对他内心灵修和工作水平的双重挑战。

民众对于战争的灾害性总有着天然的抗拒,因此尽管中国政府意欲加入协约国阵营,但普罗大众却对所有的参战方充满质疑。美国参战前,鲍乃德和其他美国人常常在英国人众多的本地外人社交圈里抬不起头来,但参战后,又要面对来自中国人的疑问:"所有的基督教国家都在互相憎恶、战斗,这说明了什么?"时任浙江省立甲种工业学校监督的许炳堃就是其中之一。许本人并不是基督徒,但是曾几何时他一度将基督教视为中国乃至世界的希望。直至欧洲"发生在基督教国家之间"的战事令他产生了极大的动摇。一日他去拜访鲍乃德,一脸悲伤与失望地表示自己得出了"佛教比基督教更为接近真理"的结论,因为"佛教直白地告诉众人世间本恶,由于我们自己也是'不洁'的,所以无法'净化'这个世界"①。从他身上鲍乃德深深体验到,随着战争愈演愈烈,中国人对所谓的"西方优越性"——包括基督教——陷入了越来越深的怀疑。

自称为和平主义者的鲍乃德为了回答中国人这类"刁钻"的问题,抛开了耶稣的和平训导,转而抬出"爱国主义"作为便利的答案:"一个为家庭而活的人远远好过一个完全以自我为中心的人。更胜一筹的是具有'公德心'的人,他们为自己所处社群甘愿牺牲自己的利益。最为杰出的则是那些为了国家献出一切却不求回报的人。在中国,不乏将家族置于自身之上的人,但可能只有少数人愿意为了自己赖以生存的社群作出牺牲,更不用提为了国家。以'爱国'这个词语为载体的爱国主义在中国仍然是个崭新的概念。正是基督教使西方国家的人民学会爱一个像国家一样大的集体,并愿意为其赴汤蹈火……耶稣认为我们应该爱整个世界,如同现在我们爱自己的国家,甚至如同我们爱自己的家庭。要达到耶稣的标准,对于爱国主义者而言自然比那些所有的兴趣与爱都仅局限在周遭的人要容易得多。"总之,他认为参战的基督徒是出于对祖国的无私热爱才走上战场,而他们的这种爱国热情,也使得他们比其他人更容易达到耶稣"爱整个世界"的训诫。此外,对于中国而言,爱国主义是一个"真正的美德",急需推广,以对抗猖獗的"地方主义和自我中心"②。

在试图向中国人解释一战这一事件期间,鲍乃德观察到了一个现象,即与

---

① Eugene E. Barnett, *As I Look Back: Recollections of Growing Up in America's Southland and of Twenty-Six Years in Pre-Communist China*, 1888–1936, 1963, p. 140.

② Eugene E. Barnett's letter from Hangchow to "Dear old Hen"; June 25, 1917; Eugene E. Barnett papers; Box2, Folder 1917; RBML.

从王朝到共和：北美青年会干事鲍乃德眼中的中国社会与革命(1910—1919)

对德国同仇敌忾的英美人士不同，杭州本地的中国人自开战以来似乎对德国产生了一种普遍的尊重——尊重他们的强大与勇气，他们敢于与全世界敌对的实力，和坚持奋战至"最后一条战壕"的毅力。但鲍乃德认为这种普遍同情的主要原因并不是比起其他交战国中国人更加热爱德国，而在于"他们更恨德国的敌人——尤其是日本，以及某种程度上英国也囊括在内"，因此率领同盟国挑战英日所在的协约国的德国，似乎是在帮中国人出一口长期受到压制之后的恶气。但1917年美国的参战为他们的观感带来了巨大的改变，一位来自被解散的省议会的官员告诉鲍乃德："一开始我们对自己的立场感到困惑，并且无法看清真正的症结所在。然而当美国正式宣战，我们开始眼观八方，现在我们意识到德国尽管十分强大，但其原则是错误的，因此应该被击败。"与此同时，中国人对美国的友好态度与热情一直在持续升温，而这场战争又为这种友好"渲染上了尊敬的色彩"[①]。

在杭州，这种"美中友谊"并不止停留在意识上，而是投入到了实际行动之中，尽管欧洲战场似乎远在天边，唯一的远东战场青岛的战事也早已尘埃落定，但杭州人民依然以自己的方式支持着协约国对同盟国的抵抗。1918年秋天，鲍乃德当选杭州本地红十字会主席，这个组织的一项主要任务就是依托杭州的产业优势——发达的丝绸业，将废丝收集起来，用募集到的资金制成和针织衫一样保暖但显然更轻薄的马甲，再运送、分发给前线的战士们。1918年11月的美国战争基金(United War Fund)发起筹款活动，青年会和救世军、美国图书馆协会以及女青年会等一起位列七个承办组织之一，总募捐金额是1.7亿美元。当时北美青年会在中国驻法劳工服务方面的预算约为每年40万美元，主要负责为劳工们搭建营地、放映电影、代写书信和文化教育等。鉴于此，分派给中国地区的30万美元募捐额度基本由各地青年会负责征集——"即使是在受过教育的群体中，对于许多中国人而言，一战在他们的脑海中从未形成过一个明晰的概念，但是他们十分理解青年会所作的战时服务的意义，所以他们在这样一个（能够协助青年会工作）的机会面前感到责无旁贷，他们的慷慨令所有人惊喜万分。"[②]杭州青年会领到的任务是5 000美元，鲍乃德与同事们将最低金额提升到6 250美

[①] Eugene E. Barnett's letter from Hangchow to Carl Grow (Committee on Public Information, Shanghai); November 12, 1918; Eugene E. Barnett papers; Box2, Folder 1918; RBML.

[②] Eugene E. Barnett's Annual letter to Mott; August 28, 1919; Eugene E. Barnett papers; Box2, Folder 1919-A; RBML.

元,其中20%用以支持杭州青年会自身的工作①。由于当地的"商界与政界都对于能有机会向他们的美国盟友致敬感到过于欣喜",最终在杭州募得的款项大大超出预期,达到了10万美元②,提交给北京筹款总部的金额为8.6万美元,截至募捐活动结束,整个中国地区共为战争基金贡献了142.5万美元③,这一数额是惊人的,因为在评估这个数字的时候,必须考虑到在20世纪初中国的人均生产总值。

四、世界学生进步潮流与五四运动

　　协约国的胜利本该令中国人欢欣鼓舞,这个蹒跚学步的新生共和国原以为终于盼来了威尔逊总统在动员演讲中所描绘的和平、民主、平等的国际环境,尤其是作为战胜国之一,中国希望能够在新的国际秩序中通过协商与合作取回本国丧失的领土和主权。然而巴黎和会及会后签订的《凡尔赛条约》却完全否定了中国政府的外交诉求,反倒承认了日本对德国在山东权益的接管。这个失败的外交参与结果传回国内后,引发了震动整个社会的五四运动。

　　由于学生是青年会的主要工作对象,因此密切关注这个群体的动向也是干事们工作的一个重要组成部分。来华后的数年间,鲍乃德眼见着学生们不再是象牙塔里不谙世事的少爷小姐,在大多数中国人还只关心自己所在的小家,而对国家这个"大家"的兴衰荣辱不甚敏感的情况下,学生们早已觉醒,他们敢于挑战权威,关心国内外政局且不吝于表达自己的看法——总之,鲍乃德对于五四运动最早产生于学生群体丝毫不感到惊奇。

　　早在1912年,学校中兴起的独立精神就吸引了鲍乃德的注意。当时在短短一周内,他就得知了三个事例,首先是蕙兰中学校,由一件琐事引发的冲突中,一整个班的学生为了不让学校开除两名班级成员,以集体退学相要挟,抵制所有来自校方的指令;这种行为仿佛具有传染性,在宁波一所卫理公会所办的中学也发

---

① Eugene E. Barnett's letter from Hangchow to home; November 7, 1918; Eugene E. Barnett papers; Box2, Folder 1918; RBML.
② Eugene E. Barnett, *My Life in China*, 1910-1936, edited by Jessie Gregory Lutz, Asian Studies Center, Michigan State University, 1990:112.
③ Roger S. Green, China Helped Our War Fund, Contributed More Than Red Cross Now Asks for Relief Work There. *The New York Times*, March 4, 1938; Eugene E. Barnett papers; Box2, Folder 1918; RBML.

从王朝到共和：北美青年会干事鲍乃德眼中的中国社会与革命(1910—1919)

生了类似的骚乱；在江阴的励实中学，学生们为了赶走一个他们不喜欢的中国教师，竟集体罢课离校，只留下十名无处可去的孤儿。"新晋的自由思想演变成了管理的混乱，这种趋势正代表了当下中国最大的危机之一。这种思想在杭州几乎每一所官办学校中都能见到其身影，学生们想要从教师手中夺得他们的自治权……这与学生服从教师的传统截然相反。"①

尽管对自由的滥用与失控充满警惕，但鲍乃德总体上仍是认可学生的进步与觉醒的，且认为中国学生身上同步显现着全世界整个学生群体的巨大变革。1914年他专门撰写了一篇文章，名为《当代学生的显著特征》，总结了自己对这一群体的观察结果，并在其中多次盛赞了中国学生：首先，当代学生对于"学生"应该是怎样的有着自己新的见解，他们不再是驼着背、眼神空洞、面色苍白，没日没夜地埋头书本之中，也不再关注一些毫无意义的事情。其次，当代学生的思想独立和自力更生也远超从前，受困于教室、被动接受知识已经不能满足他们，图书馆和实验室的重要性越来越高。不仅在学习方面，在学校生活的管理上，学生们也越来越具有主人翁意识，美国的学生们将学校视为一个联邦，自己则是其中的公民，通过参与学校事务培养主观能动性与责任感，学习团队合作，以做好在更加广阔的社会中承担责任的准备。学生们另一个杰出的特征是强烈的爱国主义，无论东西，在每一个国家均是如此。学生在土耳其和俄国的革命中扮演了最为重要的角色，而当代最伟大的社会、政治变革莫过于中国革命，显然，这也是一个学生运动。

此外，随着社会精神(social spirit)的发展壮大，学生们还对人类社会产生了极大的兴趣，社会学成为西方最受欢迎的课程，在东方也广受追捧，芝加哥大学的一位社会学教授访华时，每到一处，他关于社会需求与社会改造的讲座都吸引了众多的听众。值得一提的是，学生们不仅学习社会学，还投身于社会服务。几乎每一个美国大学，都有至少一个学生组织致力于为边缘人群提供志愿服务。在中国这样的例子也比比皆是：广州一所一流中学的学生自力开办了一个为贫苦儿童提供免费教育的学校；上海的学生志愿者造访少年管教所，为那里的青少年开设讲座；数百名天津学生走上街头向全社会宣传肺结核的危害及其防治方法……总之，如果说过去的学生往往是自私的，那么如今的学生无论是观念上还是精神上都是社会化的。

---

① Eugene E. Barnett's Letter from Hangchow to Home; June 16, 1912; Eugene E. Barnett papers; Box1, Folder 1912 - Hangchow Letters; RBML.

最后,最为难能可贵的特质是,全世界的学生开始走向团结。西方的学生们热衷于学习东方的历史与文学,东方的学生则从西方的语言、历史和科学中攫取知识。共同的理念不知不觉地将各国的学生联为一体,留学生的巨大流动性则加快了这一进程,1 600名在美的中国留学生不仅促进了中美学生之间的友谊,更促进了两个国家之间的紧密联系。在接受和学习异文化的同时,学生们也十分重视传播本国文化,将其视为相互交流的重要途径。在美国召开的世界基督教学生同盟大会上,最大的代表团来自中国,一天下午这些中国学生身着传统服饰,邀请所有其他代表前来观赏中国茶道、品尝中国茶,这个活动成了大会期间最为出彩的一个环节。在交流之中产生的国际亲善与兄弟情谊,跨越了国籍,即使是来自当时正在紧张局势中的巴尔干半岛各国的代表,也全然接受了这种友好氛围[①]。

事实上,鲍乃德自身也是他为之喝彩的新型学生-社会关系在中国的推动者,在杭州青年会一场介绍美国学生的演讲中,除了学习方式、学习内容和丰富的课外活动外,他还特别强调了美国学生与社会的联系,即他们所积极从事的社会事工,并以此推销青年会"非以役人,乃役于人"的理念[②]。然而从中不难看出,他的关注点始终在"社会服务"上,这当然与青年会当时的工作方针相关,但也体现了他看待中国事务时的局限性:对于军阀割裂、外侮频仍的中国,只谈"服务"不谈"改造"甚至"革命",真的能够拯救这个国家于水火之中吗?答案当然是不能。尽管某种程度上,当时中国的学生们可以说是在青年会的引导下学会关注社会,但他们很快青出于蓝而胜于蓝,掀起了五四运动、新文化运动等,为病入膏肓的社会开出一剂猛药。

五四运动的序幕拉开后,鲍乃德本人对其的态度总体上与青年会官方并无二致。一方面,他十分钦佩学生们的勇气,称赞他们的运动是"美妙的(wonderful)",同时,他也充分地了解学生们的反抗原因与对象,他们揭竿而起绝不是出于年少轻狂的愤世,而是有着充分的客观理由。他们的第一个反抗对象是日本,并以抵制日货为主要手段。尽管在一战中曾同属于协约国阵营,但在巴黎和会上,中日的立场却完全是敌对的——中国想要恢复山东的主权,日本却

---

① Eugene E. Barnett, Striking Characteristics of the Modern Student. *China's Young Men*; 1914; Eugene E. Barnett papers; Box1, Folder 1914; RBML.

② *Remarks of Eugene E. Barnett before the Hangchow Young Men's Christian Association*; May 21, 1916; Eugene E. Barnett papers; Box53, Folder Speeches etc 1910 - 1920, EEB (before Chinese groups etc); RBML.

从王朝到共和：北美青年会干事鲍乃德眼中的中国社会与革命(1910—1919)

想要国际社会将它在山东的利益"合法化"。按照鲍乃德的理解，山东之所以牵动着如此多中国人的心，一是因为作为孔子诞生地与孔家时代安葬的孔林所在地，它是中国的"圣地"。二是因为日本作为中国的近邻，战略上比远在西欧的上一代侵略者德国的危害性大得多：短而便利的补给线，加上有了山东这个位于中国东部海岸线中间点的基地，日军可以向北与早已配置在东北和朝鲜的驻军会合，包围首都北京；向南也能和福建、台湾驻扎的日军夹攻南京等地。总之，日占山东简直像是"一把利刃插在中国的心脏上"，让整个国家的安全丧失保障。① 越是了解事态的严重性，美国在其中扮演的角色越是令鲍乃德感到羞愧万分："美国参与了这场交易！"②正是在威尔逊主导的国联会议上，"中国丧失了恢复领土的希望"。鲍乃德认为威尔逊虽然是自己"任何时候都愿意追随的领袖"，但他为了保全国联而向日本让步这一做法，"违背了国联的存在意义本身"。令在华美国人感到更加危险的是，联想到1909年朝鲜民族主义者刺杀伊藤博文所造成的日本全面吞并朝鲜这一后果，他们非常担心如果美国对日本不进行牵制，"悲剧将在中国重演"，届时受难的将不仅仅是中国，"整个世界都会为此付出代价，其中相当一部分必将由美国承担"③。

学生们的另一个反抗对象是军阀，自他们成为中国的统治者以来已有数年，"中国的军队不再是国家机器的一部分，而是这些军阀的工具，他们尽己所能雇佣大量士兵以巩固自己的地位，壮大自己的实力。他们和日本军国主义者结为同盟，从日本大量借贷——表面上是为了国家，实际上却是用来豢养私兵和中饱私囊。为了这些巨额债务，他们不惜牺牲国家安全和大量的自然资源，从这个意义上说，他们出卖了国家"④。学生们没有盲目地将所有矛头指向日本侵略者，而是敏锐地察觉了这些隐藏在国门内的敌人，为此他们四处组织游行，公开揭露军阀的罪行，要求严惩卖国贼，即使是政府针对言论与集会自由的高压封锁，也不能阻挡他们的行动。

学生运动从不同程度上实现了他们的诉求，家家户户都在清理日用品中的日货，商店里的日货也丧失了销路；同时一些权倾一时的官员纷纷落马。但在鲍

---

① Eugene E. Barnett's Letter from Hangchow to Home; May 31, 1919; Eugene E. Barnett papers; Box2, Folder 1919 - B; RBML.
② Eugene E. Barnett's Letter from Hangchow to Home; May 31, 1919; Eugene E. Barnett papers; Box2, Folder 1919 - B; RBML.
③ Eugene E. Barnett's letter to Dr. Vensble; August 25, 1919; Eugene E. Barnett papers; Box2, Folder 1919 - A; RBML.
④ Eugene E. Barnett's Letter from Hangchow to Home; May 31, 1919; Eugene E. Barnett papers; Box2, Folder 1919 - B; RBML.

乃德看来,学生运动的意义远不止如此,"这场运动刺激了本土制造业的发展,推动了各类社会福利的进步。学生们对于自己的事业和这个时代有着如宗教狂热般的激情,为此他们甚至不惧士兵们对他们举起的刺刀。男生和女生平等地投入其中。学生登上政治舞台这个事实本身,已经从根本上改变了整个国家的政治前景,他们拥有道德立场,而他们的对手只有强权"①。

青年会的学生工作由来已久,成效显著,因此在这种局势下,一些学生自然地找到青年会寻求支持。杭州青年会的会所,就曾出借给浙江省学生代表团作为会议场地,这个团体有35人,其中包括4名女学生,他们在此聚集商讨如何完善他们的组织,以及为来年的社会服务工作作计划。1919年8月,在写给穆德的年度报告中,鲍乃德以这一事件作为引子,探讨了青年会、学生运动以及中国未来的关系:"他们在创造历史,加快历史进程,他们对此怀有自知之明,知识令他们冷静,同时也令三个月前还不成熟可靠的青年人成长为了成熟的大人。他们创造的历史将会是怎样的?基督教理想将在多大程度上提供启迪?多大程度上它的领袖们能够接触到基督教,尽管他们也许从未去过教会?这些问题的答案无疑伴随着巨大的后果——无论是对这些青年人而言,还是对他们的国家而言都是如此。而这在很大程度上取决于青年会的行动。我们是否有合适的人选、坚定的信仰和足够的勇气涉足其中?在这种时候,人们只恨自己分身乏术,因为机会来得迅雷不及掩耳,但同时也转瞬即逝。"②

然而另一方面,在为学生们的觉醒喝彩并敦促上层机构作出相应反馈的同时,鲍乃德也深知有一些限制性的因素迫使青年会不得不采取一种较为克制的立场。例如1919年10月发往《大陆报》(*China Press*)的特别通讯中,鲍乃德描述了一次学生抵制日货行动的场景:"一大宗货物于周日(10月5日)从日本运抵杭州。学生联合会的成员听到消息后便处于忙碌之中。货物先被运往商会检查。许多货物毫无疑问产于日本,且确实订购于抵制日货运动开始之后,因此被学生们运往西湖岸边的公共游乐场,堆积起来并放火焚烧。据说被毁坏的货物价值一万元。杭城最大的两个公司是这个事件中的'犯人',公众舆论似乎支持学生们的举动。"③也就是说,在抵制日货运动期间从日本订购货物,将被公开焚

---

① Eugene E. Barnett's letter to Dr. Vensble; August 25, 1919; Eugene E. Barnett papers; Box2, Folder 1919 – A; RBML.

② Eugene E. Barnett's Annual letter to Mott; August 28, 1919; Eugene E. Barnett papers; Box2, Folder 1919 – A; RBML.

③ Special Correspondence to the *China Press*; October 8, 1919; Eugene E. Barnett papers; Box2, Folder 1919 – A; RBML.

从王朝到共和：北美青年会干事鲍乃德眼中的中国社会与革命(1910—1919)

毁,遭受损失的本地商人不仅得不到赔偿,而且会成为千夫所指的对象——对于学生和公众,这是一个合乎逻辑的流程,但对于青年会情况就有所不同了。尽管站在鲍乃德所处的立场,他不需周到地考虑抵制日货对北美青年会在日工作带来的影响,但这些工业家、商会和公司是奉行"自养"原则(只能从本地获取给养)的青年会的最主要资金来源,如果旗帜鲜明地支持学生运动,便极可能失去这些城市资产阶级的信任,导致资金链断裂,无法维持生计。因此,无论是鲍乃德个人还是所有的在华青年会机构,此时都陷入了左右为难的境地,对自己应该代表哪一方的利益困惑不已,最终只能选择明哲保身。

五、结　　语

鲍乃德跨越太平洋来到奇异的东方,正是中华大地经历千年一遇的一系列剧变之时。在他自己看来,这是一个最恰如其分的时机:"义和团运动刚刚过去十年,与我交谈过的传教士们和中国基督徒都对那期间发生的重大事件以及随之而来的是对西方事物态度的激变感到震惊。尽管整个国家已经落入穷途末路,中国人的民族与文化自豪感依然强烈,但同时西方,尤其是美国此时也迎来了它们的机遇,基督教的声誉也在上升。"①时机虽好,但无论对他而言还是对于当时的中国人而言,实际上这都是一个陌生的环境,在这里外国人与中国人,政府与人民,青年人与长者,一同跌跌撞撞地探索着,试图在时代的乱流中找寻属于自己的位置。

由于工作的原因,鲍乃德与中国人有着密切的交往,另一方面,跳出工作范畴,正是这些丰富的人际交往构筑了他对中国社会的认知,和对中国未来的设想。关注报纸新闻和与中国友人谈论政局对鲍乃德而言是摸清社会变革脉络的主要手段,但由于所接触人群背景的单一性——以受过或正在接受较高层次教育的知识阶层为主,令他对中国现实的了解具有某种程度的片面性,也令他无法意识到自己实际上是被一个想象中的、充满希望的、正在觉醒的国家的"合格公民"所环绕,在他没有触及的地方其实还有着大量蒙受着苦难却因蒙昧无知而麻木不仁的人群。这种局限性在进入20世纪20年代,中国革命力量更加多元化

---

① Eugene E. Barnett's, *As I Look Back: Recollections of Growing Up in America's Southland and of Twenty-Six Years in Pre-Communist China*, 1888 - 1936, 1963: 88.

之后变得愈发明显,带来的后果,则从传教运动最终在中国的走向保持了一致。

　　归根结底,鲍乃德对中国社会与革命的认知偏差,实际上是由其在中国社会中的角色所决定的。1916年,在目睹都督朱瑞的宅邸被洗劫时,洗劫者挑着担子从鲍乃德身边把"战利品"搬到院子外面,没有人在意他,他站在这个显示着势力更迭残酷后果的场景之外;然而他的形象又出现在场景之内——在一堆"战利品"的顶部,鲍乃德突然瞥见了自己的脸,那是朱瑞双胞胎儿子的生日宴上拍下的合照①。这整个场面仿佛标示着鲍乃德和与他相似的外国传教士在20世纪初的杭州甚至整个中国的复杂地位:既是局外人,又是参与者,既不能改变风向,也无法置身事外。

---

① Eugene E. Barnett's, *My Life in China*, 1910 - 1936, edited by Jessie Gregory Lutz, Asian Studies Center, Michigan State University, 1990:99.

"昙花四现":龚斯德与中国教会运动(1907—1949)

弓嘉羽①

在1790—1840年美国第二次大觉醒运动中,基督徒怀着浪漫主义的热情和对超自然的兴趣,开始否定自启蒙运动遗留下来的怀疑主义和理性主义,全国掀起一股宗教复兴浪潮。美国卫理公会教徒数量在该时期迅速增加,并逐渐领导了这场运动。龚斯德(E. Stanley Jones),美国卫理公会派往印度的海外传教士,1922—1949年先后四次来华宣教,他是20世纪上半叶国际著名基督教布道家。虽然他在印度传教的时间最长,但其一生都致力于通过基督教跨文化交流促进世界尤其是亚洲民族独立和基督教本色化运动。龚斯德曾在中国教会内外名噪一时,但新中国成立后逐渐淡出人们视野。

目前关于龚思德的研究主要出自国外研究者,且主要涉及他的神学思想的形成和生平布道经历的梳理。关于龚思德与中国教会运动的互动关系的国内研究②稍显薄弱。笔者相信此研究有助于加深对基督教的跨文化交流的理解。

"跨国史"研究是以伊恩·蒂勒尔(Ian Tyrrell)、托马斯·本德(Thomas Bender)和入江昭(Akira Iriye)为代表的西方学者提出的一种史学研究理论。其主要表现在两个方面,一是为打破和超越民族国家界限来研究民族国家史的

---

① 作者简介:弓嘉羽,国防大学政治学院讲师。
② 学术界目前关于龚斯德的国内研究关注不多,主要有陶波:《追求互济与和平——试论太平洋战争前后的贺川丰彦》,复旦大学2011年硕士学位论文,第27—30页,以及根据这部分内容扩充成单独文章发表出来的陶波:《贺川丰彦与罗斯福总统:一位日本基督教领袖的对美和平工作》,载张庆雄、徐以骅主编:《基督教学术》(第九辑),上海古籍出版社2011年版,第9—18页(叙述了龚斯德与贺川丰彦作为和平主义者在太平洋战争爆发前进行的美日和平运动);张德明:《挫折与复兴:民国基督教五年运动之布道事业初探》,载《民国档案》2012年第3期,第100—112页;达纳·L.罗伯特、秦倩:《第一次全球化:两次世界大战期间基督新教传教运动的国际化》,载《宗教与美国社会》2013年第2期,第408—459页(其中,第425—428页简述了龚斯德作为基督教国际主义传教士在非西方基督教本色化运动方面的主要贡献)。

方法,提出在全球化背景下重新思考民族国家史;二是以跨国历史现象为对象的研究领域,发掘全球化时代包括跨国公司、国际非政府组织及各种跨国对象在内的历史①。中国教会运动既是中国的也是世界的,是基督教跨文化交流活动的代表。本文以跨文化交流为视角,以龚斯德四次访华经历为研究对象,考察龚斯德对中国教会运动和中国革命运动的理解。

一、钦慕东方:民族主义与教会本色化

1907年,龚斯德从阿斯伯里神学院(Asbury Seminary)毕业,被卫理公会传教团指派前往印度北部邦勒克瑙布道。布道最初十年,龚斯德的成绩乏善可陈,1916年,他因精神状况不佳返回美国休假一年。休假期间,被任命为基督教青年会亚洲协会干事的艾迪(George Sherwood Eddy)与穆德(John Mott)一起访问世界各地的宣教区域,一战时期,艾迪还作为随军牧师服务于英美两国军队。由于有着多次访问印度和中国的经历,艾迪对落后国家社会经济状况有着切身的体会。丰富的传教经历以及开阔的视野塑造了艾迪的社会福音思想。受惠于传教士代际承接,在思想上,艾迪促使龚斯德认真思考布道工作的使命和方法。

1917年,结束休假后的龚斯德正对自己的布道工作一筹莫展时,艾迪邀请他陪自己一起进行为期6个月的全印度巡回布道。在担任印度教青年会大学干事及锡兰学生励志证道团游行干事的大部分时间里,艾迪与印度各大学的学生有过深入接触和交流,其巡回布道的方式使龚斯德精神一振,他发现基督教在印度知识界群体中有着广阔的发展潜力,大批印度青年在各地都听到了福音,且不论是基督徒还是受过教育的非基督徒都在福音影响下学会了彼此尊重。②

巡回布道结束后,艾迪写信正式请求卫理公会董事会允许将龚斯德"借调"到基督教青年会并让其在赞助下开展跨教会工作(interdenominational work)。由于卫理公会董事会负责龚斯德的费用,并给予他在印度所有不同教会中工作的完全自由,他能够多次在印度各地旅行,向基督徒和非基督徒传播他的福

---

① 刘文明:《跨国史:概念、方法和研究实践》,载《贵州社会科学》2018年第8期,第57页。
② C. Chacko Thomas, *The Work and Thought of Eli Stanley Jones with Special Reference to India*, (PhD diss., University of Iowa, 1955), p. 30.

"昙花四现"：龚斯德与中国教会运动(1907—1949)

音。① 1919年起,龚斯德作为受过教育的阶层中的福音传道者在印度逐渐为人知晓,大批受过教育的基督徒和非基督徒聚集在一起听他布道。1920年1月起,作为第一位在印度受过教育的和高种姓印度民众中从事福音工作的全职传教士,龚斯德走遍印度各地,向不同教派发表集会演说,并劝诫他们献身于为基督服务。

1919年巴黎和会外交失败,救亡图存的民族意识在中国人心中激荡,中国知识分子的救国热情日益强烈,基督教青年会的各项事工紧紧围绕"爱国"展开。1922年,世界基督教学生同盟大会在北京召开。这一年的10—12月,龚斯德伴随艾迪夫妇和艾迪的弟弟布鲁尔·艾迪(D. Brewer Eddy)在中国开始了他的第一次全国福音宣讲之旅②。

北京是龚斯德访问中国的第一站。据称,他会见了新文化运动和非基督教运动的领导人③,但是龚斯德发现非基督教运动并没有浇灭学生对福音的热情。④ 走上层精英路线是龚斯德在中国布道的手段,"在中国的上等社会中做布道工作,所以他很希望能在上海遇见许多重要的非基督徒",他陪同艾迪见到了当时素有"基督将军"之称的冯玉祥⑤。在龚斯德的言论中经常出现的还有孙中山、蒋介石、蒋夫人、陶行知、晏阳初等⑥。1922年5月,孙中山亲赴广东韶关督师北伐,任命李烈钧为北伐总司令,许崇智为总指挥。参加过第一次北伐的粤军许崇智部联合驻闽皖系王永泉部于10月13日进占福州,取得立足之地。但战斗仍未结束,福州仍是双方军队争夺的战场。1922年11月30日龚斯德一行准备前往福州传教。到福州后,他们并没有受到战争的影响,一些与当地传教士交好的中国人还把他们的财产交给其他传教士暂存。1922年,尽管中国大部分地区处于政治和军事动荡的状态,但他发现就传教事业而言,中国"非常开放,充满热情",甚至"福州的战斗才刚刚结束,我们就受到了很棒的招待……我们的事工

---

① C. Chacko Thomas, *The Work and Thought of Eli Stanley Jones with Special Reference to India*, PhD diss., University of Iowa, 1955: 52 – 55.
② Individual Salvation and Social Reconstruction. *The Chinese Recorder*, vol. 53, no. 11, 1922: 681 – 682.
③ 根据其描述猜测是胡适和陈独秀,但是遍寻胡适日记未找到直接记录。联想龚斯德和艾迪作为基督教青年会派来中国宣传事工的传教士,会见当时中国重要的名流人物应在情理之中。
④ Stephen A. Graham, *Ordinary Man Extraordinary Mission: the Life and Work of E. Stanley Jones*, New York: Abingdon Press, 2005: 154.
⑤ 参见冯玉祥:《我的生活》(第2册),民国丛书第5编,上海书店1947年版,第366—368页。
⑥ 谢颂羔:《艾迪集》,广学会1935年版,第43页。

进展很顺利。"①龚斯德接着去了厦门,他每晚都在厦门大学会堂里面对成百上千的青年、商人布道演讲。他发现尽管参加会议的听众大多是无神论者,但他坚决反对帝国主义的态度获得了听众的一致好评。对龚斯德的福音布道反响最强烈的是广州。

龚斯德后来对中国之行总结道:"经过六年的印度受教育阶层布道,能有机会来到中国巡讲,这是对我多年事工一个很好的补充。我相信我会带着更丰富的福音回到印度。"②基督徒在中国政治、文化和社会生活等多个领域扮演的积极角色给龚斯德留下了深刻的印象。他称赞中国基督徒领袖将基督教与爱国热情紧密结合,中国基督教会运动不仅没有与国家利益相悖,反而与其保持一致的事实,使他相信这也可以成为印度基督教运动效仿的地方。在他访问的近20个城市中,每个城市都为基督教聚会进行了仔细的准备。听众以城市青年和学生群体为主,许多聚会是在基督教堂举行的,且每场聚会听众都凭票进入。聚会受到热烈欢迎,平均每晚都有千人左右参加。

20世纪20年代,龚斯德的福音理论侧重于基督教本色化。他认为任何试图把信仰强加给别人的行为都是宗教帝国主义,而基督徒是通过讲述来分享"宗教体验"的,在不断分享的过程中,逐渐加深信仰③。1907—1917年,龚斯德并未有意识地将基督福音与亚洲国家动荡社会变革相联系。然而从1917年开始,他福音布道的足迹越来越广、接触交流的人越来越多,他逐渐意识到基督精神在传教社区之外也有广泛的一片天地,他最终挣脱了美国卫斯理宗正统宗教训练的保守色彩,并初步完成了两个重要的转变:第一,从印度低种姓人群的福音主义转向城市受教育精英的福音主义;第二,从个人灵魂得救的保守福音转向以人为本的社会福音。他在神学思想上的转变既受到了艾迪社会福音的影响,也与他在印度和中国的福音布道经历有关,还与整个美国基督教在当时世界局势的变化有关。19世纪20年代龚斯德的传教活动遭遇亚洲民族主义觉醒,福音布道运动使其逐渐意识到要使亚洲人民更乐意接受基督教就必须将基督教与西方帝国主义文化分割开来,宣扬基督本色化运动。

---

① Stephen A. Graham, *Ordinary Man Extraordinary Mission: the Life and Work of E. Stanley Jones*, New York: Abingdon Press, 2005: 155.
② Stephen A. Graham, *Ordinary Man Extraordinary Mission: The Life and Work of E. Stanley Jones*, New York: Abingdon Press, 2005: 156.
③ E. Stanley Jones, "The Power of Evangelism" in *The Report of the Jerusalem Meeting of the International Missionary Council*, London: Oxford University Press, 1928: 133-137.

二、救人、济世二重奏

1930年,龚斯德希望通过"道场形式"实现基督福音的理想,借鉴甘地和泰戈尔设立"道场"的经验,在印度创办了第一所基督教道场(Ashram)①,并用"上帝之国"(God of Kingdom)②来指代道场里一切宗教生活。按照龚斯德的理解:共产主义强调解决社会经济不平等,则基督教也应突出"个人福音与社会福音是分不开的有机体,亦决不能分论有所轻重先后",布道事业"是在个人与社会两方面,养成基督化的生活与品格"③。龚斯德所提倡的"上帝之国"吸收了共产主义的长处,即肯定后者对改造社会的作用,个人对社会的责任、社会财富的分享、个体自身发展权利等。他希望通过个人与社会两方面努力,使人养成基督化的生活方式,形成跟耶稣一样的人格,信徒之间信仰上帝并结为团契,从而获得道德及灵性上的重生。当人与人、种族与种族甚至国与国之间彼此共享友爱、超越一切畛域隔阂时,一个新的属灵的社会将诞生,这种社会形式就是"上帝之国"④。

中国教会经过非基督教运动的打击,在短期内虽无法恢复,却成长起来了,中国教会踏入一个新阶段:教会内部有识之士积极反思并主动将基督教教义与共产主义强调的"社会平等、财产共有、互助合、批判资本主义生产方式、社会关系"等社会理论相联系并形成基督教社会主义。为振兴教会运动,1930年中华全国基督教协进会发动了"五年奋进布道运动"。受协进会邀请,1932年夏正处于宗教热情和精力旺盛期的龚斯德欣然前往中国开启第二次布道。

龚斯德发觉中国民众虽有皈依福音的倾向,但单纯依靠个人布道局限甚大,故指出平信徒乃是改变世界的重要力量,"个人布道须大众参加"。同时,此时期基督教布道方式也面临着变革,故传统的布道讲经效果甚微,急需发动个人讲述宗教经验感化民众。

---

① 该道场地点设在印度北部、喜马拉雅山脚下的萨塔尔湖泊群。该道场占地约为1.62平方千米,在这个道场里印度教徒、佛教徒、锡克教徒、穆斯林、基督教徒或者其他无宗教信仰的人同吃同住同劳动,共同体验跨宗教对话式的宗教活动。虽然这些参与者对宗教、政治和经济持有不同观点,但都被要求用谈判与协商的和平方式解决争端。总之,所有参与者都受到尊重和重视。(参见 Tuttle Jr., Robert G, *In Our Time: The Life and Ministry of E. Stanley Jones*, The E. Stanley Jones Foundation, 2019, p. 141.)
② "上帝之国",又称"天国""神国",是基督教术语。基督徒认为耶稣的使命是营造一个属于他的国度,不论经过多少年代,不论经过多少变动,在这个国度里必须以公有制度为基础,是对未来美好理想社会的不切实的憧憬。
③ 《龚斯德博士布道消息及演词》,载《中华归主》1932年第130期,第10页。
④ 龚斯德:《布道问题的研究》,载《金陵神学志》1932年第14卷第9期,第55页。

从1931年8月到11月,自北向南,龚斯德在沈阳、北平、济南、武汉、南京、上海、宁波、苏州、福州、广州等全国十一个城市作了几十场演讲,几乎每一场演讲都万人空巷。在华四个月,他分赴各地主领教区退修会,除了奋兴中国教会和教徒灵性生活、研究布道方法之外,龚斯德还主持举办了多场圆桌会议以复刻他在印度的成功经验,即邀请非基督徒知识分子讨论交流对基督教的认识,并分享各自的宗教经验。

龚斯德强烈的社会福音意识,使其拒绝将个人灵修与社会福音对立,宣称两者之间是互补的:"我们不应过于关注个人生活,也不应忽略社会的处境。我们是各种社会关系中的个体;宗教必须从个体开始,并由此延伸开至各种社会关系。"①这表明龚斯德很早就将社会内容作为上帝在人间的实现的具体内容,后经过1934年苏联之行得以系统整合。20世纪30年代,中国教会相信天国的理想可在中国呈现,龚斯德的"上帝之国"言论借着中国社会建设的时代背景得以广泛传播。

龚斯德注重个人在灵性生活上的经验吸引了中国教会,在"五年奋进布道运动"中,教会十分重视基督徒自身灵性修养。龚斯德通过著述和演讲述说他个人在宗教生活上的经验,把个人得救的经验向人解释为耶稣在世间的佐证。正因为他的布道方法是向众人说出自己切身经历,所以才能感人最深,收效最宏。② 龚斯德不单地"就经解经",他善于运用福音来提高教徒们改造社会的能力,他常讲到天国有在世界上实现的可能。宣传福音,不能只在社会方面用力,尤当注意个人如何皈依基督,然而向"个人宣传得救的道理,亦不能忽略了社会改造的事工,二者若有偏废,皆不能算是完全的福音"③,因此也有人说他是一个宣传社会福音的人。事实上,龚斯德并不属于任何一派,在他的自传中他曾说自己既不属于基要派,也不属于自由派,他希望弥合基督教派之间的分歧,将全身心奉献给耶稣基督。

三、和平使徒

"五年奋进布道运动"到期后,中华全国基督教协进会于1935年通过决议将

---

① E. Stanley Jones, *The Christ of Every Road: A Study in Pentecost*, New York: Abingdon Press, 1930, pp. 185 - 186.
② 王恒心:《听了龚斯德博士演讲之后》,载《金陵神学志》第14卷第9期,第74页。
③ 王恒心:《听了龚斯德博士演讲之后》,载《金陵神学志》第14卷第9期,第75页。

"昙花四现"：龚斯德与中国教会运动(1907—1949)

其继续推行。龚斯德开始第三次中国布道之行。

1937年8月13日"淞沪会战"爆发,龚斯德正在浙江湖州莫干山主持会议。突变打乱了他的布道计划,龚斯德被迫暂停所有演讲安排,随数百名美国人一起撤退到菲律宾马尼拉暂避风险。撤离途中所目睹的战火惨烈景象给了他极大震撼,其中包括著名来华传教士《教务杂志》总编辑乐灵生(Frank Joseph Rawlinson)的不幸①。

战争的惨烈深深刺激了在华巡讲的龚斯德,1937年9月15日他发表《龚斯德博士忠告日本国民书》一文,该文首先义正词严地谴责日本侵华行为,之后又驳斥了日本以人口过剩为侵略他国的荒谬借口。不过,20世纪30年代龚斯德的"上帝之国"理想在访苏之后变得日益强烈,两次世界大战的残酷性使其致力于教会团结和世界种族平等。龚斯德反对美国1924年通过的移民法中的"排亚法案",因为它将中国人、日本人和其他东方人拒于美国之外,造成了事实上的种族歧视②。1937年10月,他重返中国布道。中华全国基督教协进会和基督教联合会继续开展五年"奋进布道大会",拟重新安排龚斯德的布道日程,为中国青年学生宣讲讨论做准备③。也许龚斯德认为仅仅道德谴责日本军国主义罪行还远远不够,1937年11月10日他发表《致英美基督徒的公开信》,号召英美基督徒共同抵制日本。文章首先呼吁"世界上的基督徒(主要指英美)进行经济抵制,不与日本合作,并对(日本的)国际犯罪行为提出抗议"。龚斯德坚信道成肉身,所以基督徒必须用实际行动证明上帝对世人的仁慈,但这种行动必须是救赎性质的。战争很可能源于被压抑已久的怨恨,所以救赎行动不能因为要试图把受害者从压迫者手中拯救出来而增添新的仇恨。看似"软弱消极"的经济抵制"会唤醒犯错之人的良心"从而达到自我忏悔的目的④。

龚斯德在全国各地的"奋进布道大会"是由中华全国基督教协进会和各地基督教协会筹备的。各教会省级机构选派教牧人员和信徒代表人数动辄几百,天数也因需求不同而不等,少则三两天,多则近十天⑤。例如当时龚斯德在四川共待了十天(成都六天、重庆四天)。在成都的六天,一天是龚斯德领导信徒的静修

---

① Stephen A. Graham, *Ordinary man Extraordinary Mission: The Life and Work of E. Stanley Jones*, New York: Abingdon Press, 2005.
② 《龚斯德博士忠告日本国民书(续)》,载《申报》1937年9月20日第5版。
③ 《龚斯德博士将到沪》,载《上海青年》1937年第37卷第32期,第6页。
④ An Open Letter to The Christian People of America and Great Britain, *The Christian Century*, November 10, 1937, p. 1386.
⑤ 刘吉西等编:《四川基督教》,巴蜀书社1992年版,第264页。

时间,剩余五天早上都安排基督教领袖与他会面,讨论中国基督徒的主要任务;下午则向市里的学生和教师群体发表演讲,基督教领袖们同时思考他们在中国西部基督教化中面临的问题;晚上在龚斯德的带领下,举办公开的福音会议(圆桌会议),让许多信徒开诚布公地平等讨论对基督的见解和认识。重庆的宣讲工作也大致如此。龚斯德的福音布道之行受到了中国教会的热烈欢迎,几乎所有的教会都真诚希望亲承教诲,通过他的布道获得灵感和帮助。

"上帝之国"的理想在龚斯德目睹苏联共产主义后日益坚定,和平解决日本侵华问题和日美太平洋战争问题成了龚斯德完善其"上帝之国"理论的最好机会。"上帝之国"对民族国家、社会和个人的意义是龚斯德演讲的重要内容。

龚斯德对中国抗战的同情和支持,博得了中国教徒的广泛好感。同时他对基督教的独特理解、对个人灵性话题的阐释,对上帝之爱的清晰表述,加之引人入胜的演讲,都引起中国基督教同工和信徒的无限兴趣。龚斯德天生精力旺盛,即使在战争紧张的状态下他也坚持平均每天四次会议,繁重的巡回布道已经使他精疲力竭,但只要想到能与不同的人接触交往,他就乐此不疲。年轻人从来没有表现出如此开放的思想和对基督福音的渴望,甚至在许多非基督教的大学里都有基督教联谊会在学生中为基督祈祷[1]。他平易近人的态度也使中国人愿意把他当作自己的好朋友,许多人的心因他的朴实话语和真诚态度而得到安慰。学生们有很好的机会在教会大礼堂和青年会的电影院聆听他的演讲。每当夜幕降临,龚斯德还为那些感兴趣的教会信徒或好奇的青年学生在大学礼堂或者青年会电影院举行圆桌会议[2]。

1937年12月初,他结束了中国之旅返回印度。1938年12月,国际宣教协会在印度马德拉斯召开世界大会,龚斯德联合其他几位教会领袖发表声明支持中国反抗日本侵略的正义性。1940年夏,龚斯德开始为美国福音运动而疲于奔波。就像他在其他国家进行福音布道一样,他每天都要进行两到三次演讲活动。当他结束这次美国的福音之旅,准备返回印度时,没想到日美之间日益紧张的局势打乱了他的计划。

1940年末,日美矛盾愈益激化。日本此前已与美国进行多次接触[3]。野村

---

[1] 可参见《中国基督教年鉴》(第23册),国家图书馆出版社2013年版。
[2] Chungking News, *West China Missionary News*, vol. 39, no. 12, 1937: 17.
[3] 日美之间的和谈接触首先以"民间方式"进行。美国James E. Walsh神父和Vicar General James M. Drought主教1940年11—12月经日本中央金库理事井川忠雄介绍拜访日外相松冈,后者向两位神父传达保持日美和平的态度。1941年3月,日美达成所谓的《日美谅解方案》,后由于美国政府拒绝对日军进入法属印度支那事件作出让步,使谈判难以取得进展。

吉三郎（Yoshizaburo Nomura）任日本驻美大使，利用与罗斯福良好的个人关系，他与美进行多次谈判，但由于双方有各自的战略布局，且彼此都在试探对方，所以和平会谈一直收效甚微。

1941年7月1—5日，贺川丰彦和龚斯德应邀出席在威斯康星州日内瓦湖举行的基督教青年会夏令营。贺川建议龚斯德最好去拜访日本驻美大使野村吉三郎并就势提出了日本对新几内亚岛的需求："日本需要一个地方来容纳过剩的人口，一个足够暖和的地方来脱下我们的外套。"①贺川丰彦的提议可谓正中龚斯德下怀。首先，日军侵略中国的借口荡然无存；其次，新几内亚岛优良的自然环境正好能缓解日本土地人口压力；再次，日美紧张的关系也可暂时得到缓和。不过对于龚斯德个人而言，这个和平解决方案中最关键的在于能否实现他多年来梦寐以求的"上帝之国"理想。20世纪20年代，他尊重亚洲国家民族主义，支持甘地非暴力不合作运动抵抗英帝国主义；20世纪30年代，他坚定支持中国抗击日本军国主义；此时他又有机会借助自身影响力纠正美国种族主义。

1941年9—12月，龚斯德每周都会抽出三天时间去华盛顿，走访各界政要名流，包括参议员、众议员、国务院官员、最高法院法官、公众人物和宗教领袖。9月17日，龚斯德在国务院远东司司长汉密尔顿（Maxwell Hamilton）的引荐下与助理国务卿艾奇逊（Dean Acheson）进行了会谈并陈述了自己的意见。龚斯德认为美国需要采取有效措施应对时下日益紧张的局势，但应本着三个原则：一是美国绝不出卖、背弃中国；二是采用适当方式使日本不至丢失"颜面"；三是迫使日本脱离"轴心国"，从而与美国、英国和荷兰等国建立更紧密的联系。显然，龚斯德异想天开的和平建议并没有引起美国政府积极响应。

四、天国主义的幻灭

抗战胜利后，中国基督教会开始恢复工作，中华全国基督教协进会于1946年7月从重庆迁回上海，同年12月3日召开了第十二届全国年会。这次会议是基督教领袖战后的首次聚会，也是自1937年第十一届年会后相隔九年召开的会议②。会议召开时，正值国共关系走向破裂、战争一触即发之际。面对严重的社

---

① E. Stanley Jones, *A Song of Ascents*, New York: Abingdon Press, 1958: 194.
② 罗伟虹主编：《中国基督教（新教）史》，上海人民出版社2014年版，第619页。

会危机,中国基督教会以"基督的教会与中国的将来"为主题,商讨战后基督教运动在中国的前景,期望通过发起三年"奋进运动"振奋人心,协助重建国家。

"奋进运动"的目的是使不信基督教的中国人成为基督徒,使每一个基督徒成为更忠实的基督徒,加强基督徒内在的灵性生活。按照协进会总干事梁小初的解释,"奋进"一词含义丰富,"奋"是对内的,要扶助信徒面对恶劣处境,仍能抖擞精神,振作图强。"进"是对外的,有行动的表现。鉴于战后的腐败、民心涣散,遂欲挽救时弊,"除宣扬基督福音,重建道德基础外,别无他途"[①]。1948年1月1日,三年"奋进运动"正式开始,这次"运动"以"全盘基督化"为总目标。当时有本叫作《全盘基督化》的刊物专门报道各地基督教动态,很大程度上对基督教的宣传起到了积极作用。教会对内奋兴充实信徒灵性、加强教会组织与活动(具体事工包括奋兴会、陪灵会、祈祷会、查经班),注意儿童宗教教育、培训青年,推行基督化家庭生活,讲授受托主义、促进自养自理;对外则开办布道聚会,运用五彩玻片、模型、影音等传媒传播福音[②]。

"奋进运动"是在国家命运未卜的背景下作出的主动选择,其工作中心还是布道。运动要求在学校、家庭、农村、医院等一切场合进行布道,特别是1948年以后把工作重点放到了乡村、工业和家庭三个方面。1948年底至1949年初,解放战争的关键时刻,包括龚斯德在内的许多美国传教士来华进行最后的布道工作。1949年4月2日至5月2日,他最后一次不辞辛劳地奔赴上海、南京、成都、福州、广州和香港等大中城市进行布道宣讲。

20世纪40年代末,龚斯德的"上帝之国"神学体系逐渐成熟完善。龚斯德认可通过渐变的社会改革来实现"上帝之国"。基督徒必须有自己明确的行为规范,在"上帝之国"建设过程中要发挥中流砥柱的作用。龚斯德毕竟没有深入研究过共产主义理论,他只是依据短暂的访苏经历,结合一名牧师的专业修养,从外部直观地审视共产主义。他所批判的是苏联式共产主义,并据此去努力构想出一套针对共产主义的天国主义。面对中国共产党领导的革命运动,龚斯德与同时代的艾迪等人类似,将对于苏联共产主义运动的理解先入为主地代入到中国革命运动中,脱离了中国共产党带领中国人民取得中国革命胜利的语境,自然会对中国共产主义运动作出误判。他们一方面加紧建立与国民政府的关系,另一方面则以"上帝之国"的名义企图号召中国教会对抗共产主义。在他眼里,要

---

① 梁小初:《基督教奋进运动》,载《天风》1946年第53期,第1页。
② 郑新民:《教会奋进运动的另一条路线》,载《天风》1948年第117期,第4页。

成功应对共产主义的挑战,唯一的方法就是让"上帝之国"在中国生根发芽,天国的实现又全赖于每个人是否能尊崇基督的精神。

然而,龚斯德的"上帝之国"实为越俎代庖之举,他对中国发展道路的设计一样"从根本上是错误的,他并非从中国的实际需要和利益出发,而是从西方和传教的利益出发,他们的设计不仅无助于中国的独立和富强,相反会把中国的现代化引入歧途,因而是有害的。泛基督教论与基督教救中国说反映出传教士具有的强烈的宗教和文化优越感以及殖民主义妄想"①。

对于共产主义,龚斯德看到了其与基督教有很多共同点,例如两者共同的目的都"追求个人与团体均能得到绝大幸福""坚持爱人如己的原则""寻求社会公平公正"等,这些共同点都使龚斯德对共产主义增添了很多同情和好感,也成为其"上帝之国"学说的一部分。但是基督教与共产主义在根本原则上的分歧与对立使其无法面对现实。

五、余论:跨文化传教运动的反思与超越

20世纪初,随着社会福音运动在美国国内的逐步展开,各种跨国性质的基督教传教团体不再满足于纯粹的福音布道工作,它们对国际社会问题也显得兴趣盎然。殖民时代传教士对东方的认知偏见和"文化帝国主义"的做法被摒弃,它们通过与其他国家教派合作,建立跨教派、跨国界乃至跨种族的传教团体。传教士们在不同国家之间流动,试图在国家之外建构一种共享的基督教文化,在思想上和精神上占据了一种与民族、国家不同的跨国空间②。1928年耶路撒冷会议和1938年马德拉斯宣教会议,都属于处理跨国传教运动问题的国际非政府组织活动。两届国际宣教协会的会议性质、主题以及基督教思想目标、组织形式上的国际化程度大大加强。该时期国际宣教协会的任务重点不是把基督教的恩典带给东方,而是让当地的文化来解释丰富基督精神和基督教的传统。③ 正如龚斯德在1928年所说:"传教士到东方的目的是要尊重其文明中任何好的成分,让

---

① 王立新:《美国传教士与晚清中国现代化——近代基督新教传教士在华社会文化和教育活动研究》,天津人民出版社1997年版,第503—504页。
② 王立新:《在国家之外发现历史:美国史研究的国际化与跨国史的兴起》,载《历史研究》2014年第1期,第156页。
③ 王立新:《美国传教士对中国文化态度的演变(1830—1932)》,载《历史研究》2012年第2期,第75—76页。

信徒通过他们自己的民族才智和历史来解释主基督"①。

另外，该时期美国传教士个人的身份认同也是多重的。他们是美国人，也自视为文明的先锋、耶稣基督的仆人和某个教派的传教士，其中最重要的不是其国家身份而是宗教身份。从这个意义上说，如果把"传教史研究纳入民族国家史学范畴，就会造成对历史的扭曲"②。但像龚斯德这样受美国卫理公会海外传教部资助、受基督教青年会邀请的国际著名传教士进行跨国传教运动，他们的福音布道足迹往往跨越多个国家。这类群体在海外传教过程中建立起了跨文化的关系纽带。传教士是跨国群体活跃在中国近代历史舞台上的重要力量，对他们的关注和研究可以拓展民国史研究的边界，加深人们对中国与世界互动关系的理解③。

龚斯德热衷于前往不同国家布道福音，1945年他在拉丁美洲的墨西哥、哥斯达黎加、巴拿马、秘鲁等国举行福音布道会；龚斯德致力于种族平等和教会团结，1946年1—6月，他分别与尼赫鲁（Jawaharlal Nehru）和真纳（Mohammed Ali Jinnah）会谈，试图促成印度国大党与全印穆斯林联盟和解；龚斯德执着于世界和平的信念，1966年公开谴责美国对越南的持续轰炸。这些都反映了龚斯德试图超越民族国家的边界，关心整个人类世界的族群平等，而并不局限于世界一小部分民族或国家。从这个意义上说，以实现不同种族、宗教和文明间的相互理解为理想的天国主义运动，体现了龚斯德同时具有跨文化和国际主义视野④。

然而，龚斯德出生成长在美国，接受的是美式自由民主文化的熏陶，面对亚洲民族的言论和行动自然会带有"美国人"的印记。正如萨义德（Edward W. Said）所言："对于一个研究东方的欧洲人或美国人而言，他也不可能忽视或否认他自身的现实环境：他与东方的遭遇首先是以一个欧洲人或美国人的身份进行的，然后才是具体的个人。在这种情况下，欧洲人或美国人的身份绝不是可

---

① E. Stanley Jones, The Aim and Motive of Foreign Missions, in Fennell P. Turner and Frank Knight Sanders, eds., *The Foreign Missions Convention at Washington, 1925: Addresses Delivered at the Foreign Missions Conventions of the United States and Canada Held at Washington, D. C., January 28 to February 2, 1925*, New York: Foreign Missions Conference of North America and Fleming H. Revell Company, 1925: 52-53.

② 王立新：《在国家之外发现历史：美国史研究的国际化与跨国史的兴起》，载《历史研究》2014年第1期，第156页。

③ 王立新：《民国史研究如何从全球史和跨国史方法中受益》，载《社会科学战线》2019年第3期，第86页。

④ 这里采用入江昭对国际主义的概念诠释，即认为各国和各民族应当相互合作而不是只专注于各自的国家利益，更不应以不合作的方式追求自身利益。

"昙花四现"：龚斯德与中国教会运动（1907—1949）

有可无的虚架子。"①西方传教士尽可能把自己想成是非政治性的（角色），他们却注定无法逃脱被描绘成西方政治与经济权力的代表②。如果说19世纪西方传教士在华传教活动的文化征服观念是受"福音主义"（evangelicalism）③影响的话，20世纪龚斯德的福音神学则深受其内心的天国主义影响。20世纪30年代，他目睹共产主义运动在中国的兴起和蓬勃发展，认为宣教工作不应再以教会为中心，而应以基督尤其是耶稣的人格为中心；福音布道的目标也不再是为了教会在亚洲民族国家扩张，而是追求"上帝之国"在现世建立。传教士的任务是根据爱和正义的原则改造社会，最终实现"上帝之国"的理想社会秩序。如前文所述，基督教的"上帝之国"实际上是一种超越现实的憧憬，龚斯德的基督教道场运动也不过是把这种空想付诸实践。从小的方面讲，他希望基督徒实现某种程度上的财产公有，创造出一种融宗教和生活为一体的新社会。从大的方面讲，他希望将类似"共产生活"的基督教社团扩大到全人类，人们像兄弟一样亲密无间，共同生活和分享一切。他的出发点是好的，但若将此作为放之四海皆准的金科玉律，漠视甚至诋毁中国共产主义革命和中国人民群众对中国革命道路的选择，那就与19世纪传教士的文化征服观念在本质上并无差别了。这也是龚斯德对中国教会的影响在新中国成立后迅速衰减以至日后湮没无闻的根本原因。

龚斯德作为20世纪美国海外传教士和福音布道家之一，是跨文化传教运动的典型代表。深入了解龚斯德福音神学与近代中国教会的跨文化互动，有助于摆脱狭隘的民族主义，揭示传教运动中中国与外部世界的关系，但也不能就此迷信传教士因文化隔阂进而成为一个世界主义者，否则会失去自己的立场和本位意识。

---

① 爱德华·W. 萨义德著、王宇根译：《东方学》，生活·读书·新知三联书店2019年版，第15页。
② 达纳·L. 罗伯特著、秦倩译、徐以骅校：《第一次全球化：两次世界大战期间基督新教传教运动的国际化》，载《宗教与美国社会》2013年第2期，第456页。
③ "福音主义"传教神学的核心思想是：基督教是唯一的真理；个人只有通过信奉耶稣基督为救主才能得救。通过贬低其他宗教来荣耀基督，通过指出其他文化的弱点来证明基督教的优越。（参见王立新：《美国传教士对中国文化态度的演变（1830—1932）》，载《历史研究》2012年第2期，第71页。）

在"幽默"与"讽刺"之间

——1924年《晨报副刊》"汗牛之充栋"风波述论

杨雄威[1]

著名语言学家王力曾提出：有一种语病与别字颇有相似之处，就是写文章的人不懂文言里某字或某句的意义，当他用起来的时候，或误加虚字，例如"汗牛之充栋"，或叠床架屋地再加些字去表达那已经表达的意义，例如"出乎意表之外"。这与别字可说是同一来源的，因为都是'不识字'的缘故。他进而断言"懂文言的人渐少，这种语病也就渐多"[2]。

文中所举"汗牛之充栋"和"出乎意表之外"两例，涉及民国文坛两段往事。其中的"汗牛之充栋"，曾于1924年春在民国著名的《晨报副刊》引发一场小小的风波。在这场风波中，林语堂提出了著名的"幽默"文学创作理念，但同时他也注意到被调侃的一方的"板面孔"现象。而此时正与林语堂"相得"的鲁迅则更主张"讽刺"。"幽默"与"讽刺"涉及的不仅是不同的创作理念，也是文人之间交往的尺度，特别是批评的尺度。本文希望通过这一风波重返历史现场，感受聚集于《晨报副刊》这一平台的新文化阵营文人圈的嬉笑怒骂，进而为观察民国文坛的聚合裂变现象提供一个视角。

史学界已经注意到，文学与思想在近代中国呈现出千丝万缕的联系。不过通常史学家截取的是文学对社会产生推动的部分，而文学自身的部分则留给文学史专业。由于这一专业藩篱的存在，史学界对于新文化运动尽管有着大量的关注，但仅聚焦于这场运动的思想面相，而忽视"新文化"中文的一面。实际上这场运动的发起者大都存在文人面相。而《晨报副刊》正是这一面相的集中体现。

---

[1] 作者简介：杨雄威，曲阜师范大学历史文化学院教授。
[2] 了：《文字的保守》，《独立评论》1935年3月25日，第143号。

在"幽默"与"讽刺"之间

相比《新青年》《新潮》这些饱受史学界关注的刊物,《晨报副刊》因更集中记录文人群体内部的细故芥蒂而被忽略。但对这些内容的关注,无疑更能反映的新文化阵营的文人面相,有助于进一步拓展学界对新文化运动的观察视野。

一

1924年春,正值鼎盛期的北京《晨报副刊》刊登了淦女士(冯沅君)的一篇随笔,文中写道:"时至今日印刷异常便利,号称文艺作品的真'若汗牛之充栋'。"①此语本意是形容文艺作品的数量之伙,却被一个读者发现漏洞并撰文讥讽道:"淦女士的《淘沙》一篇大作,扬扬伟论,可怜我这个'幼不读书'的人,读到第二行,竟被一句'若汗牛之充栋'所阻,而不敢继续下去。"他先是自问:"什么叫汗牛?""汗牛怎样去充栋?"随后又自答虽不知"汗牛之充栋"为何意,但倒是知道"汗牛充栋"是出自柳宗元的文章,原句为"其为书,处则充栋宇,出则汗牛马"。②

此文作者就是后来成为知名作家的蹇先艾。评论发表之时,他还是一个十八岁的中学生,但已经在《晨报副刊》上与梁实秋有过一回合交锋。因为感觉被"藐视"而"颇受了一些刺激"③。此次他对"汗牛充栋"的解释显然千真万确,难免按捺不住,在结尾挑衅性地邀请"一般国学研究有素的,以及博读广览的读者来讨论一下",并点名说"淦女士呢,既是原文作者,想来决不会默默无言"。可以想见当时这位少年的提刀四顾踌躇满志之态。

但有趣的是,编者在其文后又附了如下一段按语:"先艾先生因为没有看见'若汗牛之充栋'句外有一个引号,所以发了这一篇伟论。其实这句话也与'出人意表之外'一样,是有来历的;淦女士大概喜欢留心这类小掌故,所以用了进去。不过我们也决不能怪蹇先生的粗率,因为这是僻典,不像'汗牛充栋'那样容易找。"

编者并未指出这个僻典为何事,淦女士也无一字回应。直到半个月后,《晨报副刊》刊载浩然的《"注者充栋"》一文。浩然以一副圈内人的派头,披露了"汗牛之充栋"这个僻典的来历。他说:"'若汗牛之充栋'也是一样:在我们朋友中

---

① 淦女士:《淘沙》,《晨报副刊》1924年3月15日,第55号。
② 蹇先艾:《"若汗牛之充栋"》,《晨报副刊》1924年3月20日,第60号。
③ 蹇先艾:《向艰苦的路途走去》,《蹇先艾文集三(散文·诗歌卷)》,贵州人民出版社2004年版,第278页。

说话时常谈起,作文时常提起的人,一看见便要引起许多趣味:我们要记起《民报》,我们要记起《教育》,我们要记起《民报》的主笔,我们要记起《教育》的主笔,我们要记起《民报》主笔与《教育》主笔的笔墨官司,《民报》主笔的附白,《教育》主笔的辩正——趣味自然浓厚了;但在寒先艾先生一流不接头的人们,看着不但了无趣味,而且还要做了文章去指摘了。"①

学界对这个浩然的来历一向憒然,每每张冠李戴,甚至有将其与《艳阳天》的作者浩然混同②。据笔者另文考证,浩然实为《晨报副刊》主笔孙伏园始终未曾公开过的化名③。此处孙伏园提到两份清末的刊物和两位主笔的一段笔墨官司,却又故作神秘,欲言又止。这个谜底在1924年4月的月底由一个重量级的作者来揭开。

4月27日,副刊刊登钱玄同《我也来谈谈"博雅的手民"》一文。进一步披露了这段僻典的细节,说18年前有两个留学生在日本创办的《教育》杂志出现"虽如汗牛之充栋"句。章太炎遂借《民报》批评道:"贵报《新教育学冠言》有一语云'虽如汗牛之充栋',思之累日不解。'汗牛充栋',语出唐人文中,非难得之秘书。其意谓积书既多,藏之则充塞栋梁,载之则牛马流汗。语本平列,而作此句,恐有杜温夫助词不中律令之消。望速改正。"④钱玄同又对后续事件陈述如下:"后来《教育》的记者答复太炎先生,大意说,'这是手民排错的。我们的杂志中还有引孟子的话,也脱了一个字,你为什么不举发?难道你以为我们只读过四书,没有读过唐文吗?你竟这样看不起我们吗?'到了《教育》第二号出版,便附了一张'第一号勘误表',把'虽如汗牛之充栋'改正为'虽亦汗牛而充栋'了!"⑤

大概出于避讳,钱玄同对这桩笔墨官司的《教育》杂志一方仅以"某某"代称,纵然如此,仍惹恼了一位当事人。这就是出身梁启超门下的研究系干将蓝公武。

据钱玄同5月20日日记所载:"晚十一时半伏园忽来,给我看蓝志先一文,仍辩谈其二十年之'汗牛之充栋'(冯文)为手民之误,且云我侪今日犹以此等事为谈资为太不长进。哈哈!"⑥孙伏园与钱玄同打过招呼之后,便将蓝公武的回

---

① 浩然:《"注者充栋"》,《晨报副刊》1924年4月4日,第73号。
② 如张华在其书中提到"经常发表杂文的梁金广(笔名浩然)的《今日的章行严》也写得较好"(张华:《中国现代杂文史》,西北大学出版社1987年版,第42页)。另外吴兴人的著作也提到"1923年7月10日梁金广(笔名浩然)发表《日本货》一文,反对'抵制日货'"(吴兴人:《中国杂文史》,上海人民出版社2002年版,第598页)。
③ 相关考证和解释见笔者未刊稿《浩然是谁:〈晨报副刊〉的笔名文化与批评伦理》。
④ 太炎:《与人书》,《民报》1906年12月20日,第10号。
⑤ 玄同:《我也来谈谈"博雅的手民"》,《晨报副刊》1924年4月27日,第93号。
⑥ 杨天石:《钱玄同日记》,北京大学出版社2014年版,第586页。

应文章刊布于世。

蓝公武在文中交代《教育》杂志为他与张东荪、冯心支所办。"汗牛之充栋"一语便出自冯心支笔下。蓝公武代其辩解道:"凡曾在任何印刷品上发表过文字的,都知道误字是万不能免的。何以独独'汗牛之充栋'能留存在今日,供诸君的谈笑呢?无非是因为曾经章太炎取笑过,他的令高徒当然要据为典要的了。"随后讥讽这位"令高徒"为尊者讳抹去如下事实:"当日和太炎辨难的是我,所辨论的题目,是哲学上一个善恶的问题。这和冯君的'汗牛之充栋'有什么相干?"继而把矛头转向章太炎:"推度太炎当日的心理,无非牌子十足,以为你们这班小孩子胆敢和我老前辈来动口伸舌,没有兴致和你们多说,随便找一个'汗牛之充栋'来取笑一顿就算了。"最后又将师徒二人双双推向被告席:"彼此辨难,老前辈是否可以丢开正文,把后辈取笑一顿了事?文字上是否有连带的责任,可以找出第三人的错处来攻击对手方?文字上偶然有了一点错误,是否应该永久成为笑谈供人开心?二十年前辨论的情形如是,二十年后是否应当照样的继续下去?……这种恶习不改,再过二三十年,中国的思想界,依然不会有进步的。"①

平情而论,蓝公武对章太炎的心理剖析不算太过分,章士钊晚年即称太炎此举涉嫌"英雄欺人"。②蓝公武口中章太炎的"令高徒"当然是特指撰文披露此典的钱玄同了。因为两代话题发起者有这层师生之谊,所谓的二十年后"恶习不改"就显得颇具杀伤力。对此钱玄同似乎也很难辩白,在日记中把蓝文的重点放在自辩"手民之误"。至于对方反诘的"太不长进",只有"哈哈"而已。

先睹来稿的孙伏园在蓝文发表次日即假借浩然的笔名刊文辩驳,声称章太炎那段"汗牛之充栋"的批评只是正文后的"一个小小的附白",以此化解蓝文"丢开正文"、"连带的责任"和"第三人的错处"等批评③。需要指出的是,孙伏园此时不仅与钱玄同过从甚密,更是同列章氏门墙的绍兴周氏兄弟门下的学生。

二

蓝文的开篇有这么一段话:"近来《晨报副刊》上忽而有人翻旧案,提出'汗牛

---

① 蓝公武:《"汗牛之充栋"不是一件可笑的事》,《晨报副刊》1924年5月25日,第117号。
② 章含之、白吉庵:《章士钊全集(第9卷)》,文汇出版社2000年版,第59页。
③ 浩然:《二十年前的辩难文字》,《晨报副刊》1924年5月26日,第118号。

之充栋'来取笑,于是你也开心,我也好笑,总算热闹极了。"①稍有移情能力的读者,不难理解蓝公武的恼羞。随后孙伏园的回应则说:"副刊上所载'汗牛之充栋'的问题底文字已不少了,虽不如林玉堂先生所期望的怎样'幽默',但大家却都喜逐颜开地阅读。我们虽也知道这是从前《教育》杂志上的笑话,但取笑的只是'汗牛之充栋'的本身,与《教育》杂志几乎没有什么关系的了。"②这个笑话并非讽刺一份20年前的杂志,也是实情。

孙伏园提到的林玉堂,即林语堂。林语堂在民国文坛力倡幽默,并于20世纪30年代初创办《论语》杂志,极力推行这一独特的文学理念。这是民国学史上的瞩目事件,不过学界对其初倡幽默时的历史运会则言之不详,故下文将不惜笔墨细加叙述。

在蓝公武的批评性文章发表前两天,林语堂发表了《征译散文并提倡"幽默"》一文,首次尝试在报刊上推销他的幽默理念。他说:"我早就想要做一篇论'幽默'(Humour)的文,讲中国文学史上及今日文学界的一个最大缺憾。('幽默'或作'诙摹'略近德法文音。)素来中国人虽富于'诙摹'而于文学上不知道来运用他及欣赏他。于是'正经话'与'笑话'遂截然分径而走:正经话太正经,不正经话太无体统。"而西洋则不然,他提道:"西洋讲学理的书常可以带说一两句不相干的笑话,此笑话不是彼笑话,不是三河县老妈的笑话,乃是'幽默'。('幽默'是什么东西,让我在此地神秘一点儿别说穿了妙。)我们应该提倡在高谈学理的书中或是大主笔的社论中不妨夹些不关紧要的玩意儿的话,以免生活太干燥无聊。"

文章结尾特意跟鲁迅和周作人兄弟玩了一把幽默:"若是以'鲁迅'来说些笑话那是中国本有的惯例;若是以堂堂北大教授周先生来替社会开点雅致的玩笑那才合于西洋'幽默'的身格(幽默不是怎样卑鄙的,说他也不是丢脸的事)。若是做细腻可爱骂人有步骤的只是'○然''○生',那是无可无不可的。若是有一位周作人先生不屑说些不相干的话来占《晨报副刊》的篇幅,我才承认新文学受过了西化。"③"○然""○生"实指陶然和荆生,都是周作人的笔名。稍后周氏即刊文回应说,陶然是指陶然亭,即"金心异等被打之处"④。对知晓此典的圈内文人来说,这个回复无疑令人捧腹。实际上周氏兄弟文风诙谐,林此时正引为同

---

① 蓝公武:《"汗牛之充栋"不是一件可笑的事》,《晨报副刊》1924年5月25日,第117号。
② 浩然:《二十年前的辩难文字》,《晨报副刊》1924年5月26日,第118号。
③ 林玉堂:《征译散文并提倡"幽默"》,《晨报副刊》1924年5月23日,第115号。
④ 陶然:《别号的用处》,《晨报副刊》1924年5月28日,第120号。

道。兄弟两人同为《晨报副刊》重要撰稿人,林为该刊撰文有物以类聚的意思。而此时聊得火热的"汗牛之充栋"话题更让林语堂的倡议显得恰逢其时。

这个话题制造了许多俏皮话。孙伏园在《"注者充栋"》一文中,因新近爆出学者顾实的"注者充栋"一语而即兴发挥道:"难道连这'充栋'自身也活该'充栋',所以此'充栋'未去而彼'充栋'又来吗?"此文全篇保持滑稽基调,结尾特地调侃道:"'若汗牛之充栋'所以人人喜欢用他,是因为用错了还可以得到滑稽的解释:流着汗的牛,堆积起来,堆积起来,一直叠到碰着屋栋——这是何等滑稽的现象呵!"随后这个滑稽的解释一再得到唱和。钱玄同即引用道:"这句话的确很有趣味,如浩然君所说的:'流着汗的牛,堆积起来,堆积起来,一直叠到碰着屋栋。'"①

钱玄同的引用随后引发了一个接龙游戏。某作者有感于副刊所载"汗牛之充栋"的花样繁多,也贡献了一个素材。作者之前读到一句诗,大意是"天女散花充汗栋,〇〇依样画葫芦"。他据此阐发道:"今天看见玄同先生提起,又引动我的回忆。我想不可辜负了妙文,使'汗牛充栋'少一条解说。从此浩然君说的'流着汗的牛,堆积起来,堆积起来,一直叠到碰着屋栋',同'注书的人,堆积起来,堆积起来,一直堆到碰着屋栋'之后,要加一条'天女散的花,堆积起来,堆积起来,一直堆到碰着流着汗的屋栋'的解说。"②

其后,又有一位作者也本着"不要辜负了妙文"的意思加入游戏。他先是指出那句诗的原句是"天女何多充汗栋,斯人依样画葫芦",随后发挥道:"天女的身躯,堆积起来,堆积起来,一直碰到流着汗的屋栋,尤为有趣!"并附加说明道:"花片堆起来,算不得十分希罕;这天女堆起来'充汗栋',可谓空前绝后。"③

几天后某作者又提供了一个新视角:"'汗牛之充栋'问题在'充'字上。这'充'字,是'历充要差'的'充';也许是'假充学者'的'充'。你们想!一个牛要去充当屋栋,不压死它还不是便宜吗? 出点儿汗算甚么!"④这显然也是一个引人发笑的文字游戏。

这种游戏与林语堂的幽默理念颇有亲和之处。特别值得一提的是,正如林语堂所谓"这句话懂的人(识者)一读就懂,不懂的人打一百下手心也还是不知其所言为何物",幽默效果往往就来自圈内唱和间识者的会心一笑。这一

---

① 玄同:《我也来谈谈"博雅的手民"》,《晨报副刊》1924年4月27日,第93号。
② 青人:《"汗牛充栋"的又一花样》,《晨报副刊》1924年4月30日,第95号。
③ CJ:《我也谈谈"汗牛充栋"》,《晨报副刊》1924年5月13日,第106号。
④ 拙园:《牛栋问题》,《晨报副刊》1924年5月18日,第111号。

点,孙伏园也颇有体会,他说"我们一看见'出人意表之外',就要想到林琴南先生那样鄙夷白话为'引车卖浆者流'所用,自己尚不免一时用字疏忽,便觉得意趣横生","引车卖浆"出自林纾致北大校长蔡元培力主文言文的信,①所谓的"我们"则特指熟悉此典的新文化阵营中人。"汗牛之充栋"这个话题能引起"许多趣味"也同样离不开这个前提。不难发现,这期间的调侃文章,也习惯性地指出是对某文的呼应。这种可能源自诗词唱和传统的文学现象在《晨报副刊》表现得相当明显。

当然,这副其乐融融的景象背后也潜藏着紧张与对抗。正如一位论者稍后提到的,俏皮话容易变成刻薄话,"虽然招人听,可是每被有心人厌恶终身。"而幽默里"常不免有俏皮刻薄话在内,如此,林玉堂先生提倡它,岂不危险吗"。②

三

蓝文刊登不久,林语堂又刊发《幽默杂话》一文,批评蓝公武"板面孔。"他说:"前个月还有人要加副刊记者以提倡'胡适论'及痰迷诗的嫌疑。前几天还有蓝公武的那封信。此种欠幽默的读者在北京城里可以说是'随拾即是'。""胡适论"和"痰迷诗"各有典故,此处林语堂是指有些读者读不出孙伏园的"正反话"。至于蓝公武,林语堂则认为他不该在别人谈笑风生之际跳出来煞风景。林文以问答方式展开。其中一个问题是:"阁下谈的是幽默,何以突如其来的攻击板面孔?"随后则如此答道:"这正是问题中心。板面孔一日不去,幽默的文学一日不能发达,而诸位板面孔先生一日不能不藏藏躲躲地看三河县老妈一类的笑话,或赋痰迷诗。"③

林语堂的问答在"幽默"与"板面孔"之间建立了一组紧张关系。不过,在更富有战斗精神的鲁迅看来,问题的症结别有所在。据孙伏园叙述:"林玉堂先生提倡幽默的文章里,提起了鲁迅先生的名字,于是有人向鲁迅先生问及这件事。鲁迅先生说他的作品中很少有幽默的分子。幽默在日本译为有情滑稽,令人看后嫣然一笑便了。而他自己的作品,是要令人看后起不快之感,觉得非另找合式

---

① 林纾:《答大学堂校长蔡鹤卿先生书》,《畏庐三集》,北京市中国书店1985年版,第217页。
② 华:《解闷随记》,《晨报副刊》1924年7月5日,第153号。
③ 林玉堂:《幽默杂话》,《晨报副刊》1924年6月9日,第131号。

的生活不可。这是'撒替',不是'幽默'。他的作品中几乎满是'撒替'(Satire)。"① Satire 即讽刺,毫无疑问,它旗帜更鲜明,战斗意味更强,更容易造成讽刺者与被讽刺者之间的敌对关系。

实际上,此时孙伏园及其《晨报副刊》的调侃对象中便有两个具体而切近的敌人。一个是梅光迪等主办的刊物《学衡》,一个是林纾。这两个敌人同时指向新文化运动时期白话文和文言文之争。《晨报副刊》汇集了一群新文化阵营的文人,"汗牛之充栋"这个"僻典"成为话题,与副刊作者群对旧文化阵营的文法问题的攻击有关。这些攻击的一个重点,便是旧文化阵营对"之"字的用法。

还在 1922 年 2 月 5 日,《晨报》元老蒲伯英便在副刊撰文,对当下"之"字的各种错误用法极力挖苦讽刺。他在文中提到两个案例,其一是"科学之家",其二是"乌托之邦",他说:"这两句内'之'字底用法,有人说和林纾底'出人意表之外'是一个例,我看不大对。'出人意表之外',和'天地有两大之乾坤,椿萱有二人之父母'倒有点性质相近;和这两个'之'字却不相同。我想'乌托之邦''科学之家',或者和'口衔长烟之袋,居然老先之生'是一个例呵。"②蒲文所举两例,分别出自《学衡》杂志创刊号的两篇文章。其一有"科学之家,方其观察事实研究真理务求得其真相"句,③另一有"造乌托之邦,作无病之呻"句④。尽管蒲氏仅以"某杂志"代之,但从后来人的著述来看,其所指当为圈内所共知。几天之后,鲁迅挥笔跟进,以"风声"的笔名批评《学衡》文言文的文法问题,其中就提到"乌托之邦"⑤。

其后不久,思想更为激进的费觉天更是创造了"梅光之迪"和"胡先之骕"的说法来讽刺《学衡》的两位重要人物梅光迪和胡先骕⑥。由此"梅光之迪"四字近乎成典。后来章衣萍即讽刺说"梅光之迪当入中国之文学史"⑦。根据川岛的解释:"不幸《学衡》杂志中说了一个'乌托之邦',竟引出来费觉天君的'梅光之迪',我虽没有读过'汗牛之充栋'的书,却以为费先生逼人太甚,而且是少见多怪。"⑧

---

① 龙:《小杂谈三则》,《晨报副刊》1924 年 6 月 19 日,第 140 号。
② 止水:《"之"字的特别用法》,《晨报副刊》1922 年 2 月 5 日。
③ 刘伯明:《学者之精神》,《学衡》1922 年 1 月,第 1 期。
④ 萧纯锦:《中国提倡社会主义之商榷》,《学衡》1922 年 1 月第 1 期。
⑤ 风声:《估学衡》,《晨报副刊》1922 年 2 月 9 日。
⑥ 费觉天:《请问〈学衡〉记者》,《晨报副刊》1922 年 3 月 30 日。
⑦ 衣萍:《丢了三个》,《语丝》1926 年 2 月 1 日,第 64 期。
⑧ 矛尘:《理他呢》,《晨报副刊》1922 年 4 月 12 日。

川岛的"逼人太甚"和"少见多怪"自然是反话。值的一提的是,正是他率先在副刊重提"汗牛之充栋"这个旧典。"汗牛之充栋"与"乌托之邦"和"梅光之迪"的同时出现,焦点正好落在"之"字的文法上。顺及,此条也印证了两年后孙伏园的"在我们朋友中说话时常谈起,作文时常提起"之说。相比褰先艾的"不接头",川岛早已是副刊的圈内人。

《晨报副刊》对《学衡》的这种调侃,在张东荪看来或许皆流于肤浅。他曾抱不平道:"现在不怕《学衡》等发生,实在患在没有新青年以折服林纾等的精神而折服《学衡》。"甚至断言:"自《学衡》出世以来,我竟没看见有一篇正式和他宣战的文字,所有的只是乱骂梅光之迪的小品。"①对此,孙伏园反诘道:"东荪先生未免错了……我们此后不但不屑'和他正式宣战',连'乱骂梅光之迪的小品'也不屑做了。我们以《晨报副刊》《学灯》《觉悟》三个出版物去与一个最无聊的《学衡》对敌,自己觉着值得吗?"②

孙伏园或许是为反驳张东荪而故意贬低《学衡》的影响力,但他并未否认无正式"宣战的文字",更未否认"折服林纾等的精神"强于"折服《学衡》"这一论断。实际上,新文化阵营确曾一度集矢于林纾,将其塑造为旧文学的象征性人物。前文一再提到的"出人意表之外"句便是对林纾的揶揄。此语出自林纾和陈家麟翻译的法国小说《赂史》③。其实先前亦有此用法,如清末即有谓"其观察点尤奇警而往往能出人意表之外"④,但因林纾的反派角色,很快就成为新文化阵营口中的一个谈资。《每周评论》和《新潮》都有调侃,如陈独秀即在批评日本人时借用"出人意表之外"这一表达并注明是"林琴南先生用语"⑤。《晨报副刊》的发挥尤其淋漓尽致。

1923年初,钱玄同的一篇杂文即以"出人意表之外"为主题,调侃一本名为《小说世界》的杂志⑥。随后周作人也撰文唱和,并大玩文字游戏,称大家对商务印书馆的《小说世界》大惊小怪,"以为是出于'意表之外'的事件。其实这是极平常的意表之中的事;值得什么惊怪"⑦。值得一提的是,周作人此文所署的"荆生"笔名,正是出于对林纾小说《荆生》的调侃。

---

① 张东荪:《思想问题》,《时事新报·学灯副刊》1922年6月23日第1版。
② 柏生:《小杂感》,《晨报副刊》1922年6月28日。
③ 亚波倭得,林纾、陈家麟译:《赂史》续,《东方杂志》1919年,第16卷第7号。原著者实为英国人 Allen Upward。
④ 朱景圻:《欧米列强之对清贸易政策上》,《法政杂志》1906年7月,第5号。
⑤ 只眼:《对于日使照会及段督办通电的感言》,《每周评论》1919年6月1日,第24号。
⑥ 疑古:《"出人意表之外"的事》,《晨报副刊》1923年1月10日,第6号。
⑦ 荆生:《意表之中的事》,《晨报副刊》1923年1月23日,第19号。

在1924年《晨报副刊》的"汗牛之充栋"话题中,孙伏园绘声绘色地披露了一则轶事:"……一天在中央公园来今雨轩吃完中饭以后,钱玄同先生在走向水榭的路上,与同行的朋友们还详细的说明来历,说这是林文豪的笑话。其时也有人以为这句话非不可通的,蒋百里先生就是其中的一个,说'意表之外'比'意表'更深一层,可以表示格外出惊之意。最妙的是我们走到水榭门口,其时正当阳历年终,中央公园游人甚少,水榭的大门紧紧地关着,钱玄同先生走在前头,出口便说,'竟挥之于大门之外吗?'这时候梁任公先生即刻接下道,'不,你应该这样说:竟挥之于大门之表之外吗?'全体大笑。"①

平心而论,新文学对旧文学"之"字文法的上述讥评有时不免严苛,引文中蒋百里便不以为然。章士钊即注意到"实则之字如此用法,《楚辞》最伙,子厚亦踵袭骚赋为之"②。语言学家郭绍虞也指出:"近人以'胡先之骕''梅光之迪'称为笑谈,实则昔人原有此例,我们如以称名割裂为辞学,则称名增字,又何尝不可称为辞学呢?俞樾《古书疑义举例》所举句中用虚字例多属此类。"③语言重在应用,文法亦自有弹性。即如钱玄同等人所调侃的"读后感"三字,日后便成了常见的用法。以后见之明而言,当年这些批评更多只是胡适鼓吹"新思潮"时所说的"新态度"而已。④重要的是新文化阵营通过这种态度表达获得并强化了自身的群体认同。

四

1926年,林语堂推荐鲁迅赴厦门大学任教。或许有投桃报李之意,鲁迅翻译日本作家的《说幽默》一文呼应林语堂的文学主张。他在译文后特别提道:"将humor音译为'幽默',是语堂开首的。因为那两字中似乎含有意义,容易被误解为'静默''幽静'等,所以我颇不赞成,一向没有采用。但想了几回,终于也想不出别的什么适当的字来,便还是用现成的完事。"⑤据鲁迅之意,其最初对这一译法的抵触是缘于其字面意思容易产生混淆。

---

① 浩然:《"注者充栋"》,《晨报副刊》1924年4月4日,第73号。
② 章含之、白吉庵:《章士钊全集(第9卷)》,文汇出版社2000年版,第59页。
③ 郭绍虞:《中国语词之弹性作用》,《燕京学报》1938年12月,第24期。
④ 胡适:《新思潮的意义》,《新青年》1919年,第7卷第1号。
⑤ 鹤见佑辅著,鲁迅译:《说幽默》,《莽原》1926年12月,第2卷第1期。

无独有偶,一直提倡古文的章士钊也注意到新文学的这一新动向。他说:"近来文坛流行新字,愚辄不解。幽默二字似从英语 humour 译来,意指善为俊语者之风趣也。而字面微得其反,易生歧解。"随后又举例说:"近见李君四光致书《晨报》,一则曰'现在西滢先生又提出这一套旧话,我如何能再守幽默'(二月一号),再则曰'我以后决不答一辞,仅守幽默就罢了'(二月三号),如此用法,未是造词者原意。"①

章士钊引用的案例正好出自李四光与鲁迅之间的一桩笔墨官司,两人因为在女师大风潮中立场不同而恶语相向。考虑到章士钊在这一风潮中的角色及其对新旧文学的态度,能关注到李四光此语并关联到幽默问题算不上巧合。在这场小小的论战中,李四光语带讽刺地奉劝鲁迅"十年读书十年养气"才能成为"真文士",并进而批评鲁迅笔锋"露骨到底",痛陈中国"已经给洋人、军阀、政客弄到不成局面,指导青年的人,还要彼此辱骂,制成一个恶劣的社会"②。而在鲁迅看来,这种"露骨到底"实有必要。他解释道:"在中国,我的笔要算较为尖刻的,说话有时也不留情面。但我也知道人们怎样地用了公理正义的美名,正人君子的徽号,温良敦厚的假脸,流言公论的武器,吞吐曲折的文字,行私利己,使无刀无笔的弱者不得喘息。"③鲁迅因此要用笔锋揭露这些人的"马脚"。

鲁迅的这种战斗风格自然会让林语堂的"幽默"显得无关痛痒,因此在林语堂提出"幽默"之后特地以"讽刺"与之相区分。鲁迅这一文学旨趣不乏同道。有论者即指出:"滑稽而有深味的文字,所谓'幽默'的文字,在文学中自成一种风格,自有一种意味,也就是庄言之不足则谐言之;大言之不足则小言之之意。然而与讽刺的文字大有区别。"他认为讽刺包含俏皮话、双关话和戏言等多重含义。而幽默则"只不过是要活泼文势,使阅者添加趣味,虽或也有因此对某一种外因,少带有暗喻或表象的意思"。他个人更支持"锋利的带有诅咒气分的讽刺文字"④。

有意思的是,这位论者认为幽默"稍一踰越便成了讽刺,而非'幽默'的本来面目"。这种看法非常符合《晨报副刊》的文学实践,"汗牛之充栋"事例便是如此。1924年《晨报副刊》还出现了张耀翔的翻译事件。他把无名氏错译为诗人名,并音译为阿囊,因此成为调侃对象,其中一篇批评文章直接署名阿囊。张耀

---

① 《孤桐杂记》,《甲寅周刊》1926年1月30日,第1卷第30号。
② 《结束闲话,结束废话!》,《晨报副刊》1926年2月3日。
③ 鲁迅:《我还不能带住》,《京报副刊》1926年2月7日,第408号。
④ 《杂谈二则》,《晨报副刊·文学旬刊》1924年7月21日,第42号。

翔不甘示弱,其回击中"口口声声说'阿囊要知道'",故此周作人亦加入调侃,说"中国向来没有能够理解承受'幽默'之人,有之则自张耀翔先生始",又说"在那个阿囊的疑义未蒙原著者解释以前,张先生居然能临文不讳地大叫其阿囊,这种洒脱磊落的态度真可以说得了幽默的三昧了"①。

不知周作人是将自己的这番言论视为幽默还是讽刺。他对幽默的理解,可参见稍后的《上海气》一文,文中写道:"自新文学发生以来,有人提倡'幽默',世间遂误解以为这也是上海气之流亚,其实是不然的。"他认为上海气过度且俗恶,缺少理性与风致。相比之下幽默"是从艺术的趣味与道德的节制出来的"故而"不肯说得过度"。②

也许周氏自以为他的批评做到了趣味和节制,但所谓的度实则见仁见智,在批评者和被批评者眼中可能是全然不同的情境。正如胡愈之针对与江绍原的笔墨官司说:"我要'幽默',江先生偏不'幽默'。"③但江绍原则反唇相讥道:"我爱'幽默',不过你若用我作幽默的对象,切莫怪我和你'认真'。"④鲁迅所译的《说幽默》一文对这种状况即有论说:"在这里,我所视为危险者,就是幽默的本性,和冷嘲(cynic)只隔一张纸。幽默常常容易变成冷嘲,就因为这缘故。从全无幽默的人看来,毫不可笑的事,却被大开着嘴笑,不能不有些吃惊,然而那幽默一转而落到冷嘲的时候,对手便红了脸发怒。"⑤

此际幽默与讽刺之间亲近而又含混的关系,不仅体现在鲁迅翻译此文为林语堂助威,也体现在林语堂稍早时候在《语丝》对文体问题的表态。他认为"自有史以来,有重要影响于思想界的人都有骂人的本能及感觉其神圣",说"尼采不得不骂德人,萧伯讷不得不骂英人,鲁迅不得不骂东方文明,吴稚晖不得不骂野蛮文学,这都是因为其感觉之锐敏迥异常人所致",因此骂人不仅"重要"且"难能可贵"⑥。此处的表态无疑是在向鲁迅致敬。

从一个更大的历史层面看,双方并肩作战的局面仍然一目了然。正如某古文的支持者所言:"至于近今流行之幽默、讥刺、诡谲、浪漫、尖刻、浮薄等风尚,如《语丝》《新潮》之类,其有伤文章平正敦厚之旨更不待论。"⑦毫无疑问,无论是幽

---

① 开明:《幽默的咬嚼》,《晨报副刊》1924年10月16日,第245号。
② 岂明:《上海气》,《语丝》1927年1月1日,第112期。
③ 胡愈之:《"翻译玄学文章"与"咬人"》,《晨报副刊》1924年7月3日,第153号。
④ 绍原:《反对帝国主义者的梦和我的梦》,《晨报副刊》1924年9月17日,第220号。
⑤ [日]鹤见佑辅著,鲁迅译:《说幽默》,《莽原》1926年12月,第2卷第1期。
⑥ 林语堂:《插论〈语丝〉的文体——稳健,骂人,及费厄泼赖》,《语丝》1925年12月10日,第57期。
⑦ 易峻:《评文学革命与文学专制》,《学衡》1933年7月,第79期。

默还是讽刺,都是旧文学的大敌。更有意思的是鲁迅针对文坛激进文风的一段感言:"先前是刊物的封面上画一个工人,手捏铁铲或鹤嘴锹,文中有'革命!革命!''打倒!打倒!'者,一帆风顺,算是好的。现在是要画一个少年军人拿旗骑在马上,里面'严办!严办!'这才庶几免于罪戾。至于什么'讽刺''幽默''反语''闲谈'等类,实在还是格不相人。"①且不管文中"革命"具体所指为谁,讽刺和幽默又有了同是天涯沦落人之感。

林语堂与鲁迅两度"相得"而复"疏离"。双方的亲疏关系也投射到各自所代表的文风之上。即如初次相得时期各自的文学主张而论,已不乏若即若离的迹象。需要指出的是,后世文学史对幽默与讽刺两种文风的异同分析相当常见,但多为后见之明和外在理论所左右。正如司马迁借孔子之口所云:"我欲载之空言,不如见之于行事之深切著明也。"幽默与讽刺的关系本就微妙,需要回到文学创作的历史现场去感知和把握。

结　语

胡适鉴于"文化"一词的漫无边际,更愿意强调新文化运动中的新文学运动部分,并尤为推崇其中的白话文之功。《晨报副刊》盘踞着一群具有新文化和新文学倾向的现代文人,在现代文学史上占据着重要席位。与《新青年》不同,《晨报副刊》具有明显的文人导向,充斥着文人情调的文字。新文化运动很早便已融入现代史的结构性叙事,成为反映现代中国思想转变的关键事件。故而《新青年》自然成为研究这一运动的关键观察对象。但新文化运动终究是文化人乃至文人掀起的一场运动,自有其文人和文学的面相。就此而言,《晨报副刊》无疑是个更好的观察对象。

由"汗牛之充栋"五个字牵出的《晨报副刊》的这段轶事,隐含着民国文坛的诸多重要信息。新旧之间的对立自不必说,在副刊的文字游戏和林语堂所倡的幽默背后,实际上不止有民国的文风问题,也包含了当时言论界独特的批评文化。林语堂式的幽默与鲁迅式的讽刺之间的微妙关系,反映了民国文人对自身所在群体内部交往和批评尺度的不同态度,进而也反映了民国文人在群体内部和社会环境之间的游走何撕裂状态。围绕在《晨报副刊》周围的新文化或曰新文

---

① 鲁迅:《扣丝杂感》,《语丝》1927年10月22日,第154期。

学阵营的文人圈,有意无意间通过一唱一和的嬉笑怒骂寻求群体认同,但他们的这种自娱自乐在民国政治的纷扰中终究无法持久。此后文学与革命的关系日益紧密,曾经的新文化阵营也不断分裂。相比陈独秀和吴稚晖的友爱、友尽、友相杀的残酷历史,鲁迅与林语堂的反目要温和得多。

清代《圣谕广训》及其宣讲制度再考察*

余志刚①

入关后的清朝是中国史上继蒙古族建立的元朝之后,又一由少数民族建立的统一的封建王朝国家。在明清战争尤其是入关得有天下的过程中,清室一反前明"以夷制夷"故智,采用"以汉制汉"策略,最终得以襄助其成大功。对于统治者而言,如何有效治理"马上"打下的天下,是维护大清基业必须面对的现实命题。清前中期诸帝在恪守满洲旧制外,对于行于中原王朝"继道统而新治统"②政治工程的建设颇为热衷。在"自古得天下之正莫如我朝"框架内,作为官方意识形态的程朱理学,在清廷建立新的统治秩序与国家机器上起着重要作用。

清雍正帝御笔亲撰的《圣谕广训》,同康熙年间朝廷颁行的《圣谕十六条》、御纂《性理精义》一起,构成清代驾驭人心的严密的政治意识形态体系③。雍正帝甫一登基就乾纲独断于元年(1723)酝酿制作④,二年(1724)颁行全国兵民,三年(1725)接受张照、觉罗逢泰、张廷璐等奏请谕令士子诵习恭默及在军中大力宣讲⑤,七年(1729)议准设立乡约拣选约正值月宣讲《圣谕广训》⑥,八年(1730)允

---

* 本文是在导师陶飞亚教授悉心指导下完成的,笔者非常感恩陶飞亚教授悉心的指导。
① 作者简介:余志刚,浙江音乐学院马克思主义学院讲师。
② 王鹏善编著:《钟山诗文集》,东南大学出版社2013年版,第447页。
③ 姚达兑:《〈性理精义〉与清初的政治意识形态》,载《北京社会科学》2014年第8期,第101—108页。
④ 周振鹤撰集、顾美华点校:《圣谕广训:集解与研究·资料编》,上海书店出版社2006年版,第510页。
⑤ 《清实录·世宗实录》(卷三一),"雍正三年四月甲午(二十七日)"条,载中华书局编:《清实录》(第7册),中华书局1986年影印本,第481页;萧奭撰、朱南铣点校:《永宪录》(卷三),中华书局1997年版,第180页。
⑥ 《讲约事例》,载索尔讷等纂修,霍有明、郭海文校注:《钦定学政全书校注》,武汉大学出版社2009年版,第292页。

准田文镜关于由官员养廉银、公项支给乡约主讲人束脩等①,一气呵成地完成宣讲制度的奠基。自乾隆朝迄于清亡,《圣谕广训》及其宣讲制度成为"圣圣相承"②守之不易的施政活动。

作为一种历史文本、政治资源与文化现象,鉴于著作者身份的特殊性、面向群体的普遍性、推行范围的广泛性、延续时间的长期性、贯彻施行的强制性、落实途径的复杂性、文化内涵的丰富性和淡出历史的戏剧性,《圣谕广训》及其宣讲制度在新时期以来得到较多的关注,晚近更是越来越得到学界的重视。目前学界在《圣谕广训》综合研究、版本与衍释作品、传播、宣讲、与教化和教育的关系、与法律的关系、语言与翻译、与比较文学和小说的关系、与中西文化交流的关系、与传教士和教案的关系等诸多范畴已取得丰硕的成果③,但循名责实,随着研究的深入,就《圣谕广训》及其宣讲制度本身的内涵来说,仍有再梳理、呈现的必要。今日从历时性与共时性、民族性与时代性范畴检视《圣谕广训》及其宣讲制度的"前世今生",可以比较深入地揭示清代兼含政治权威与教化权威的圣谕及其宣讲的历史实相,剖析清代中国国家治理层面的一些实质问题,同时还可以从中西文化交流史范畴呈现清代中国走向世界的曲折面向。

一

就训诫类作品的起源来看,先秦时代王室的训、诰,《周礼》记载的州长、族师

---

① 周振鹤撰集、顾美华点校:《圣谕广训:集解与研究》,上海书店出版社2006年版,第515页。
② 《训俗》,载郑观应著、陈志良选注:《盛世危言》,辽宁人民出版社1994年版,第173页。
③ 相关研究甚多,比较重要的研究有:周振鹤撰集、顾美华点校:《圣谕广训:集解与研究》,上海书店出版社2006年版;王尔敏:《清廷〈圣谕广训〉之颁行及民间之宣讲拾遗》,载《近代文化生态及其变迁》,百花洲文艺出版社2002年版;常建华:《论〈圣谕广训〉与清代的孝治》,载《南开史学》1988年第1期;徐忠明:《明清国家的法律宣传:路径与意图》,载《法制与社会发展》2010年第1期;姚达兑:《圣书与白话——〈圣谕〉俗解和一种现代白话的夭折》,载《同济大学学报(社会科学版)》2012年第1期;姚达兑:《现代的先声:晚清汉语基督教文学》,中山大学出版社2018年版;廖振旺:《"万岁爷意思说"——试论十九世纪来华新教传教士对〈圣谕广训〉的出版与认识》,载《汉学研究》2008年第3期;司佳:《传教士缘何研习〈圣谕广训〉:美国卫三畏家族档案手稿所见一斑》,载《史林》2013年第3期;司佳:《晁德莅与清代〈圣谕广训〉的拉丁文译本》,载《复旦学报(社会科学版)》2016年第2期;耿淑艳:《岭南古代小说史》,社会科学文献出版社2015年版,第209—265页;汪燕岗:《清代川刻宣讲小说刍议——兼述新见三种小说集残卷》,载《文学遗产》2011年第2期;汪燕岗:《论清代圣谕宣讲与白话宣讲小说——以四川地区为考察中心》,载《文化遗产》2014年第6期;邓洪波、周文焕:《化民成俗:明清书院与圣谕宣讲》,载《湖南大学学报(社会科学版)》2020年第5期;程丽红:《清末宣讲与演说研究》,社会科学文献出版社2021年版,第1—110页;等等。

"月吉读法",春秋时期郑国的"铸刑书"、晋国的"铸刑鼎",《论语》《孟子》等诸子书及《诗经》等典籍中记载的家庭教育言论[1],构成了早期的训诫类作品。战国时期秦国推行的"以吏为师""以法为教"信条,深深影响了此后帝制中国的训诫文本。

进入帝制时代后,秦汉时期官方颁行的训诫类作品,不仅确立了帝王向臣民施行教化的格局,而且日渐为封建宗法父权所借鉴衍生至家族内部,生成大量封建家长训诫子弟后辈的作品;到隋唐时期,形成了成熟的家训专著和帝训专著,颜之推所著《颜氏家训》三十卷、唐太宗所撰《帝范》十二篇即是此类作品。入宋后,庶族地主无论是出仕为官还是在乡居家都颇注重社会风气建设与家风建设,施行于一州一县的地方守令"琴堂谕俗编"与施行于一家一族的"世范""族规"风行,影响及于明清。

明洪武帝所颁《资治通训》《圣谕六言》诸书是有史以来可考的帝王颁行天下、用于施教"愚夫愚妇"的训诫类作品之"鼻祖"[2],在推行《圣谕六言》的过程中,有明一代衍生了大量衍释作品,清代宣讲中采用的白话(以至方言)、歌谣(歌诗)、图文结合、合律、同善书合流等方式均已滥觞。清承明制,但有所损益,清顺治十六年(1659),顺治"圣谕六言"即通过乡约传播;到康熙九年(1670),亲政未久已除鳌拜的康熙帝毅然颁发"上谕十六条","上谕十六条"及其衍释作品逐渐取代《圣谕六言》及其衍释品的地位;及至雍正朝,新帝于雍正二年(1724)颁发集大成的《圣谕广训》,自后《圣谕广训》及其衍释作品成为圣谕宣讲制度中重要文本。

雍正帝亲挥宸翰的《圣谕广训》,主要由"圣谕广训序"与"圣谕广训十六条"构成。"序"为雍正帝御笔亲撰,言简意赅地交代了"典籍之所由作";"圣谕广训十六条"每条则为雍正帝"广训"康熙朝"上谕十六条"每条而来,每条衍释文字在500—700字。"圣谕广训十六条"内容与篇幅构成如下(字数为笔者所加):

  敦孝弟以重人伦(632字) 笃宗族以昭雍睦(630字)
  和乡党以息争讼(605字) 重农桑以足衣食(638字)
  尚节俭以惜财用(643字) 隆学校以端士习(634字)
  黜异端以崇正学(640字) 讲法律以儆愚顽(632字)

---

[1] 参见朱明勋编著:《中国古代家训经典导读》,中国书籍出版社2012年版,"前言"第1页。
[2] 纪昀总纂:《四库全书总目提要》(第3册),河北人民出版社2000年版,第2405页。

明礼让以厚风俗(599字)　　务本业以定民志(600字)
训子弟以禁非为(625字)　　息诬告以全善良(619字)
诫匿逃以免株连(590字)　　完钱粮以省催科(641字)
联保甲以弭盗贼(628字)　　解仇忿以重身命(644字)①

要辨别"广训"与"上谕十六条""圣谕广训十六条"、《圣谕广训》彼此间的内容关联实不能脱此。然要进一步认识《圣谕广训》的内容，仅就训诫范畴破题则仍不完全。在上者"随时、随事切实训诲"其要在在下者"天良勃发，率其良知、良能"。正所谓"不知国家教人，字字要人躬行实践，朴实做去。人伦日用，正是圣贤学问至切要处"②。满洲崇尚的"实行"文化传统③，同清帝推崇的"真道学"，于此是相合的。

由此，从横向结构分析——将"圣谕广训十六条"各相同范畴板块结合在一起，来呈现整个的《圣谕广训》内涵——上，可以发现《圣谕广训》内涵可以分为四类：第一、二、三、十一条构成"教民"与"自教"板块；第四、五、十条构成"养民"与"自养"板块；第六、七、八、九条构成上层建筑层面朝廷对顺民的规训，与顺民对朝廷训诫的遵守板块；第十二、十三、十四、十五、十六条构成朝廷约定的做顺民的具体规定，与顺民据此做"顺民"的具体规定板块。这样，朝廷对"顺民"的"规训"与顺民遵训诫做"顺民""典范"，就很好地结合在一起，这两相对应的面向，形成"风行草偃"的规训模式。

从纵向诠释性——"广训"每条的诠释同"上谕十六条"每条之间的切合度如何，是否贴切——上，应当说"广训"对"上谕十六条"的推阐，大体是贴切的，二者的切合度非常高④。但是，因帝王个性、认知与理念的差异，雍正帝在"广训""上谕十六条"时，也会对"上谕十六条"进行发挥⑤，以至对康熙帝的原意进行新的认定与修正⑥。但不论如何，从"家天下"的统绪与体制来看，无论"广训"对"上谕十六条"做了何种衍释，哪怕造成明显的差别，它的目的同"上谕十六条"一样，除了对军民人等施行意识形态灌输，更是为稳固大清做出制度性安排。

---

① 详见《圣谕广训》，清雍正二年(1724)内府本。
② 见《讲约事例》，(清)素尔讷等纂修，霍有明、郭海文校注：《钦定学政全书校注》，武汉大学出版社2015年版，第293页。
③ 郭成康：《18世纪清朝国家政体变革再思考》，载《清史研究》2021年第4期，第1—5页。
④ 比如"重农桑以足衣食"条，《圣谕广训》，清雍正二年(1724)内府本。
⑤ 比如"隆学校以端士习"条，《圣谕广训》，清雍正二年(1724)内府本。
⑥ 比如"黜异端以崇正学"条，《圣谕广训》，清雍正二年(1724)内府本。

二

清代《圣谕广训》及其宣讲，是古代中国政治权威运用精神权威进行"风行草偃、以上化下、以长化少"规训活动的一种晚近发展。作为古老中国历史积淀下来的一种历史文本、政治资源、文化现象，它是以"后来者居上"的样态出现在历史舞台的。福柯就"话语的生产、积累、流通"与权力的结合有过一段精辟的评论："在我们这样的社会以及其他社会中，有多样的权力关系渗透到社会的机体中去，构成社会机体的特征，如果没有话语的生产、积累、流通和发挥功能的话，这些权力关系自身就不能建立起来和得到巩固。我们受权力对真理的生产的支配，如果不是通过对真理的生产，我们就不能实施权力。"[①]虽然福柯是在表达对现代社会知识与权力共谋替代了封建社会和资本主义帝王权力和国家政权所进行的权力运作的警惕[②]，但抽去现代性因素，将之置换到"任君师之责者"[③]使用《圣谕广训》对军民人等施行政治规训的那个年代，有助于丰富人们对《圣谕广训》及其宣讲这种政治资源、历史现象以及其规训实质的认识。可以说，时至封建社会晚期，在清王朝建设"继道统而新治统"政治工程框架下，《圣谕广训》及其宣讲，作为中国帝皇规训臣民传统的延续，走上了其历史发展的顶峰。

《圣谕广训》是中国帝皇规训臣民的传统的延续，也是其发展的顶峰。

第一，在规训权威上，《圣谕广训》不仅寓"治统"的政治权威与"道统"的教化权威于一体，被四库馆臣推崇至"世为天下则"[④]的高度，位列三代以降教导"愚夫愚妇"的九重纶音"首席"；而且合官方的"礼俗设教"威严与民间的"神道设教"威严于"一炉"，首则被百官万民神化到"天人""天语"的地位，继则更在民间衍释作品中被列为同文昌帝君、关圣帝君等仙道神祇训导等量齐观的位置[⑤]，在宣讲仪式中长年累月地运用圣谕牌、香烛、锣鼓等仪轨，加上三跪九叩之礼，热闹与敬

---

① 福柯著、严锋译：《权力的眼睛：福柯访谈录》，上海人民出版社2019年版，第192页。
② 福柯关于"规训"术语的表达，详见福柯著，刘北成、杨远婴译：《规训与惩罚：监狱的诞生》，生活·读书·新知三联书店1995年版。
③ 《讲约事例》，载素尔讷等纂修，霍有明、郭海文校注：《钦定学政全书校注》，武汉大学出版社2015年版，第293页。
④ （清）纪昀总纂：《四库全书总目提要》（第3册），河北人民出版社2000年版，第2405页。
⑤ 见冷德馨、庄跂仙撰：《宣讲拾遗》，清光绪二十四年（1898）津济生社重刊本，日本早稻田大学图书馆藏，"首卷"第4—8页；（清）王文选编：《绘图宣讲集要》，清宣统元年（1909）德州城东王官庄重刻本，日本早稻田大学图书馆藏，"卷上一"第2—5页。

畏并在,难免使人产生一种整合教化行为与宗教活动的观感,对亲历亲见其事的外人而言,留下儒教或"偶像崇拜"的教条的印象并不奇怪。当然,这种高高在上对子民实施"驯化"的姿态,在君主专制主义中央集权发展至顶峰时,却为前朝前代所不及,尤其是先朝先代多无此"教化"天下的钦定文本,前朝行于一州一县、一家一族的政治教化与宗法父权训导更是与之有天壤之别。

第二,在规训内容上,《圣谕广训》的规训不仅系统全面,举凡士、农、工、商、兵诸色人等做顺民的本分与义务皆有规定;而且具体细致,涵盖军民人等做人、做事、生产、生活、教育诸方面的细节,但凡"人伦日用"范畴无所不包。这种全方位对子民的人生观、世界观施之以形塑与规范的"精神改造"运动(文本是为实践服务的),为前朝前代任何一世皆所不及,它的威力之发挥不单在它是来自帝王的"规训""训诫",更在于它是"君师一体"的帝王给臣民树立的"孝子贤孙""典范",外在"规训"与内在"自塑"结合在一起。

第三,在规训方法上,清室以满族君临中原,却得心应手地将中原伦常纲纪加以"包装",《圣谕广训》不仅内化法家的警诫于儒家的教导中,成功消除广大汉人对"以夷变夏"的反感,而且公然将反映满洲寄生特权的"逃人法"揉进对军民人等的教导中[①],这种"以满制汉""以汉制汉"的规训文本之问世,在我国历史上是少有先例的。同时,即便不区分是汉人建立还是少数民族建立的统一政权,就《圣谕广训》所反映的训诫模式而言,它也是我国历史上规训文本的巅峰之作。它以"万言谕"的形式,对正统与异端的形塑,对国家治理与社会自治做出的制度性安排,等等,为前朝前代所无或所不及。更进一步,由于清帝"君师一体"至尊地位的确立,"列圣"推崇的"真道学"工夫,将国家权力外在的规训内化为私人个体内在的自我规训(人生信仰上),"圣贤"教导"朴实做去"的内外在要求就成为个体伦常日用上的自我身体力行。

《圣谕广训》的宣讲和推广也是发展的顶峰。

第一,在贯彻路径上,《圣谕广训》宣讲的贯彻将中国帝皇规训臣民的传统发展到顶峰。毋庸讳言《圣谕广训》的宣讲是在前朝圣谕宣讲的基础上发展起来的,但在《圣谕广训》颁行全国不久,它就形成一套更严实的制度。按照军民分治的原则,军中(八旗、绿营)宣讲与民政层面的宣讲很快形成定制,士人除了需要参与全民皆要参与的每月朔望举行的宣讲活动,如果进学则还要在岁科两试中对之进行默写。光就生童岁科两试需要"恭默"《圣谕广训》一项来看,就大大扩

---

① 见"诫匿逃以免株连"条,《圣谕广训》,清雍正二年(1724)内府本。

大了宣讲制度的内涵。这比康熙年间的贯彻更进一步,远非明代依托里老人"木铎徇于道路"模式("洪武模式")与乡约宣讲模式("嘉万模式")可比①。至于地方守令与封建家长有限度推行的训导,显然无法同君临天下的帝王针对全国的"王道"教化相比。

  第二,在贯彻机制上,《圣谕广训》宣讲机制的建设,也将中国帝皇规训臣民的传统发展到顶峰。鉴于《圣谕广训》的宣讲,在雍正七年(1729)已成为每月朔望在乡约强制举行的制度,至迟到乾隆年间更由"半月讲"发展到"随时""随事"②讲读的制度;不仅如此,在"牧民而正其邪者"外,它还发展成为一种驭官的机制。推行宣讲的文武官员与各地乡约人员不但有权而且也有责任对表现优异的个体、不良的个体施以奖惩措施,如将表现各异的庶民列入善恶薄直至报官,士人"果能潜心聆受",在村镇能"转相传播""告诫"并使乡村"无犯法事件"能得到给匾奖励③,如有违士人本分也会受到处罚(如唆讼要受到阶下跪听宣读的处罚④);但同时,在雍正年间,朝廷即制定出对乡约宣讲得力与不力的奖惩措施,以及对地方官实行不力的处罚规定⑤,至迟在乾隆年间关于官员"卓荐"的奖励措施也更多地被使用⑥,以调动宣讲的积极性;不仅如此,在宣讲一事上,至迟在乾隆年间,科道等帝王"耳目"之官,加入清帝"牧官"之列,官僚体系层层节制,州县官及教职官员更多地直面宣讲的宣讲机制中来⑦。宣讲成为官员的日常行政事务,监察官员的进入,以及至迟在乾隆朝,朝廷将宣讲列为"祖宗家法",这一切无不将宣讲制度一步步推上顶峰。无论是加

---

  ① 见赵克生:《从循道宣诵到乡约会讲:明代地方社会的圣谕宣讲》,载《史学月刊》2012年第1期,第42—52页。
  ② 见《讲约事例》,载(清)素尔讷等纂修,霍有明、郭海文校注:《钦定学政全书校注》,武汉大学出版社2015年版,第294页。
  ③《大清律例通考·卷七·吏律公式》,载马建石、杨育棠主编,吕立人等编撰:《大清律例通考校注》,中国政法大学出版社1992年版,第376页。
  ④《钦定礼部则例》卷五六《仪制清吏司·教官事例》,清嘉庆二十五年(1820)江宁藩司刻本,日本早稻田大学图书馆藏,第1—2页。
  ⑤《讲约事例》,载(清)素尔讷等纂修,霍有明、郭海文校注:《钦定学政全书校注》,武汉:武汉大学出版社,2009年,第292页。
  ⑥ 乾隆十一年(1746),川陕总督庆复援例荐冯天锡事,所反映的督抚借实力宣讲卓荐例滥举,正可见官员"卓荐"的奖励措施也更多地被使用,详见《清实录·高宗实录》(卷二七四),"乾隆十一年九月丁酉、戊戌(初四日、初五日)"条,载中华书局编:《清实录》(第12册),中华书局1986年影印本,第579—582页。
  ⑦《大清律例通考·卷七·吏律公式》,载马建石、杨育棠主编,吕立人等编撰:《大清律例通考校注》,中国政法大学出版社1992年版,第376页;《礼部·风教·讲约二》,(清)昆冈等修,(清)刘启端等纂:《钦定大清会典事例》(光绪)(卷三九八),载《续修四库全书》编纂委员会编:《续修四库全书》第804册,上海古籍出版社2002年版,第336页。

强对官方督办的乡约宣讲的控制,还是将宣讲纳入官员日常行政事务及考成制度范围,无论是引入监察制度,还是将宣讲列为"祖宗家法",无不反映国家权力对宣讲制度的进一步规制,也无不是我国帝皇规训臣民的传统发展到顶峰的表征。

第三,在推行力度上,清廷大力推广的《圣谕广训》传播,亦将我国帝皇规训臣民的传统发展到顶峰。自雍正年间《圣谕广训》宣讲形成定制,近 200 年间,诸帝无不在贯彻这项"家法"。在国家层面,清廷不仅长年累月地投入人力、物力资源进行宣讲,而且将宣讲一体推广到举国范围,满洲共同体、蒙古族、回族、汉族、南方各少数民族皆被纳入。光下定如此施政决心与投入如此巨量资源,就是空前的施政举动。这也为前朝前代所不能企及。

第四,随着中国被迫开放,《圣谕广训》的推广活动,也引起了国际社会的关注。《圣谕广训》的推广活动,作为中国帝皇规训臣民的传统的发展,本是中国政治生态中历史堆积的产物。当然,在中西文明相遇中,这种反映中华帝国政治伦理与道德伦理的活动,为外人所注意并不奇怪。其实,有迹象表明,早在 18 世纪下半叶,标榜"开明专制"的女沙皇叶卡捷琳娜二世就曾试图借鉴中国帝王统御万民的这种教化方式做点文章①,"把自由主义和正统主义的词句巧妙地结合起来"②。及至 19 世纪,中西强弱易位,随着一系列不平等条约的签订,中国官方长年累月推广的这项政治活动,也同它的母体中国一样,为国际大环境所裹挟,在时代大潮中随波逐流。作为既是西方文明表征的各差会团体相关人员,同时又自觉不自觉"扮演"列强在华利益存在代表的各差会来华传教人员,他们发现,尽管清政府推动的这项活动其所标榜与追求的同现实中存在的状况存在着鲜明的落差,但是宣讲活动中反西方基督教的教导可能随时为官方暗中利用也使传教人员颇为警惕;事实上,官方及在官方暗中支持下的士民中也确有人如此想、如此做,从 19 世纪下半叶一系列的反洋教运动到世纪之交的义和团运动,其中或多或少都有这种有形无形力量的"影子"。这样,同《圣谕广训》所反映的异域叙事一样,中西两种文明的碰撞不仅在观念上存在,更通过宣讲活动在实践上存在。清代圣谕宣讲所面临的这种复杂的国际形势也非前朝前代可比。

---

① 肖玉秋主编,肖玉秋、阎国栋、陈金鹏著:《中俄文化交流史 清代民国卷》,天津人民出版社 2016 年版,第 304 页。
② 恩格斯:《俄国沙皇政府的对外政策》,载马克思、恩格斯著,中共中央马克思恩格斯列宁斯大林著作编译局编译:《马克思恩格斯全集》(第 22 卷),人民出版社 2006 年版,第 28 页。

三

自雍正朝后,清帝分外推崇《圣谕广训》,清帝国更是百年如一日地推动宣讲,《圣谕广训》及其宣讲的效果究竟如何呢?就清帝推行的主观愿望来审视,虽然不能一概而论,但清代圣谕宣讲的推动在总体趋势上是逐步加强的,尽管呈现的轨迹可能因具体政情等因素影响时松时紧、常有变化,不过,从帝制中国时代"有治人无治法"的传统来看,其实际效应终归难脱清帝"言者谆谆"、臣下"听者藐藐"的境地。易言之,受制于帝制中国的局限性,就《圣谕广训》及其推广的实际效果来说,它有效,也无效。《圣谕广训》及其宣讲制度作为政治规训文本与政治规训实践,它"风行草偃、以上化下、以长化少"的规训风格,很好地映衬着它的政治文化特色。但《圣谕广训》及其宣讲制度逃不出中国封建社会历朝历代出台新政策"开始时大张旗鼓,到后来偃旗息鼓"的命运。这是由封建时代阶级的局限性和历史的局限性决定的。即便在长年累月的贯彻中,满洲共同体自己也被同化,清代君臣也毫不吝啬于称赞它在教化兵民、维持国家稳定上的贡献,①但这只是问题的一方面。问题的另一方面是,由于有清一代朝廷始终无法全面保障它的有效传播,加之它所提供的规训教条并不能有效应对内外危机,②最终使得它成为徒有其名的规制。它本身及其宣讲既得益于又受困于它兼及政治权威与教化权威于一体的属性,使得它和它的宣讲制度像"百足之虫,死而不僵",在晚清依然黯然惨淡"不绝如缕"地存续着。从这个层面看,在民国诞生以前,《圣谕广训》及其宣讲实际上已经"寿终正寝"了。

嘉道之际,面对国势的江河日下,有识之士发出"自改革"的呼声,主张"经世致用"的贺长龄就吹嘘《圣谕广训》及其宣讲对清帝国的稳定做出的贡献。③ 同光年间,洋务派李鸿章、沈葆桢、张之洞、盛宣怀等人,在推动与举办新式教育时,

---

① 《清实录·宣宗实录》(卷四四),"道光二年十一月乙亥(初五日)"条,载中华书局编:《清实录》(第33册),中华书局1986年影印本,第781页;贺长龄:《会议广敷教化疏》,载盛康编:《皇朝经世文续编》卷六十五《礼政五·学校下》,清光绪二十三年(1897)思补楼刊本,第31—32页。
② 曾国藩著、江世荣编注:《曾国藩未刊信稿》,中华书局1959年版,第271页。
③ 见贺长龄:《会议广敷教化疏》,载盛康编:《皇朝经世文续编》卷六十五《礼政五·学校下》,清光绪二十三年(1897)思补楼刊本,第31—32页。

也将之作为"看家法宝"。①即便开明如启蒙思想家郑观应也同样在甲午前后认同此见②,更不必论清亡后甘做"遗老",甚至为了复辟清室而不惜做汉奸的罗振玉,在清末新政时期,大谈特谈要将《圣谕广训》置于新式学校学生读"经"的高度③。还是出身光复会的革命家,也是闻名于世的"古文经学派"大师章太炎先生说得好,结束"苏报案""牢狱之灾"流亡日本的他1910年在东京的一次讲演中以《圣谕广训》作反例,批评了时人对经典的误解。章太炎先生讲的虽是"论经的大意"④,是在学术上进行探讨,但从章学诚先生"六经皆史"的主张来看,"古文经学派"的章太炎先生,虽然在学术路径上反感今文经学派的"微言大义",但其此番话的微言大义,不也正说明清廷企图以《圣谕广训》灌输话语权的用心可鄙吗?从这个层面看,国民军将领冯玉祥将军所部于20世纪20年代末在甘肃兰州改造前朝的讲圣谕内容,以新文化反对旧道德的举动就引人注目⑤;30年代,以"革命军人"自居的蒋介石在一次讲话中,批评清朝在《圣谕广训》中大谈特谈"孝"而不谈"忠"来奴役与钳制汉族思想也颇值得注意⑥。

四

从一部钦定政治读物及其强制宣讲史来看,《圣谕广训》及其宣讲制度,在深刻反映了帝制中国丰富的政治文化内涵外,还深刻揭示了封建时代国家治理的一些深层次问题:封建统治者的统治能力与社会发展是不相匹配的。如果说清帝从教化百姓角度推出《圣谕广训》及其宣讲制度还有可取之处,那便是可以为民众提供社会教育的机会,可以略微提高百姓的精神面貌。那么,清帝对世界大

---

① 详见李鸿章:《派员携带幼童出洋并应办事宜疏》,载谭国清主编:《晚清文选(一)》,西苑出版社2009年版,第159—161页;沈葆桢:《察看福州海口船坞大概情形疏》,载谭国清主编:《晚清文选(一)》,西苑出版社2009年版,第165—167页;盛宣怀:《拟设天津中西学堂章程禀》,载《皇朝经世文新编》卷五上《学校》,清光绪二十七年(1901)上海日新社石印本,第13、16页。
② 详见《训俗》,载陈忠倚编:《皇朝经世文三编》卷三十九《礼政三·正俗》,清光绪二十八年(1902)上海书局石印本,第26页;《训俗》,载(清)郑观应著、陈志良选注:《盛世危言》,辽宁人民出版社1994年版,第174页。
③ 罗振玉:《学部设立后之教育管见(二)》,载《教育世界》第一百二十号,1906年3月。
④ 详见章太炎:《论经的大意》,载章太炎著、张勇编:《章太炎学术文化随笔》,中国青年出版社1999年版,第21—22页。
⑤ 邓明:《"圣谕"及"讲圣谕"轶事》,载《档案》2004年第2期,第18—20页。
⑥ 王尔敏:《清廷〈圣谕广训〉之颁行及民间之宣讲拾遗》,载周振鹤撰集:《圣谕广训:集解与研究》,上海书店出版社2006年版,第638页。

势变动所带来的"巨变"的应对,就是一种逃避态度与回避立场,更甚者他因之在国内采取的是进一步"收缩战略",这一切均是逆时代潮流的"鸵鸟心态",西洋人的优势岂能只有"奇淫技巧",西洋人的宗教岂能只有"亦属不经"聊聊数字①。海交以来,中西经济、文化交流日益繁多,《圣谕广训》及其宣讲制度的炮制者、奠基者清世宗雍正帝,站在中华帝国权力的顶峰,他不是没有看到这种巨变——他比中华帝国内部的任何人都有资源与途径使自己能看得更深入——但他为了捍卫自己的权力与清室家天下的一己尊容,有意向国人隐瞒了世界大势发展的真相,域外的世界晦暗不明对统治者是有利的,这恐怕也是他在《圣谕广训》中刻意描绘的。他以为通过加强"闭关锁国"、加大内部控制与精神整肃,以收缩和静态的战略,就能够应对海洋时代外部世界所带来的扩张和动态的国际格局。这不但扼杀了国内经济、文化等层面的新萌动,背离了社会发展的潮流,而且成为不良示范,在政治上造成嗣后统治者日益保守的局面。由于封建君主的统治能力的局限,中国大概因之错失了一次走向世界的机遇。

自圣祖康熙帝以降,清室诸帝在对待国际大势上一代不如一代,一代比一代无知,内政外交紧密相关,因而在对内施政上也是如此,毕竟"巧妇难为无米之炊",这同反映在官方对《圣谕广训》及其宣讲制度的推行上。如果说雍正帝、乾隆帝还可以通过厉行宣讲驾驭人心,嘉庆帝、道光帝则要面对秘密社会与"邪教"的冲击。嘉庆帝一改宣讲导民为善的说辞,血淋淋地讲到"邪慝顽民"还需"刑以齐之"②,道光帝推出针对异端的"四言韵文"也就顺理成章了③。居"危"思"安",咸同二帝亟亟于申明"旧章"以整理士气、民心④,光绪初年,朝廷还在大谈特谈"宣讲《圣谕广训》""宪典昭垂"⑤。"收拾人心"有时候要破的是自家"心中贼",但鸦片战争之后,面对"三千年未有之大变局",清政府需要的"咸与维新"式的变

---

① 详见"黜异端以崇正学"条,《圣谕广训》,清雍正二年(1724)内府本。
② 《清实录·仁宗实录》卷三五七,"嘉庆二十四年闰四月庚子(初九日)"条,载中华书局编:《清实录》(第32册),中华书局1986年影印本,第711页。
③ 《清实录·宣宗实录》卷三二七,"道光十九年冬十月丙寅(初四日)"条,载中华书局编:《清实录》(第37册),中华书局1986年影印本,第1134页。
④ 《清实录·文宗实录》卷二三、卷三八、卷四三,"道光三十年十二月己巳(十二日)"条、"咸丰元年七月丙午(二十二日)"条、"咸丰元年九月丙寅(十四日)"条,载中华书局编:《清实录》(第40册),中华书局1986年影印本,第335、529、600—601页;《清实录·穆宗实录》卷一一,"咸丰十一年十一月丁未(二十三日)"条,载中华书局编:《清实录》(第45册),中华书局1986年影印本,第283—284页;《清实录·穆宗实录》卷一三五、一三六,"同治四年四月癸酉(初九日)"条,"同治四年四月甲申(二十日)"条,载中华书局编:《清实录》(第48册),中华书局1986年影印本,第187、206页。
⑤ 《清实录·德宗实录》卷四六,"光绪三年正月丙寅(初十日)"条,载中华书局编:《清实录》(第52册),中华书局1986年影印本,第643页。

法,却被保守力量亲手扼杀了。奔着"皇图永固"而进行的立宪,还不足以说明问题吗?

固守旧制,最终清王朝与其在兹念兹的《圣谕广训》,"无可奈何花落去"地走入历史洪流。作为一种独特的历史文本、政治资源与文化现象,在历时性与共时性、民族性与时代性层面检视《圣谕广训》及其宣讲制度,可得到颇为深刻的启迪。一方面,作为清帝"规训"子民的一套如何做顺民的"典范",《圣谕广训》及其宣讲对巩固清朝长期稳定统治有过积极的作用;另一方面,作为一套驾驭被统治者尤其是底层与边缘社会的思想武器,它也产生了消极的影响。《圣谕广训》及其宣讲制度所反映的政治文化现象,确实值得深思。

共有记忆：古约翰与中国[*]

岳 丽[①]

19世纪80年代，北美地区基督教复兴运动兴起，培育出美国历史上规模最大的海外传教浪潮——学生志愿海外传教运动[②]。该运动很快蔓延至加拿大，燃起了加拿大大学生的传教热情。加拿大教会就是否对外传教展开了激烈的讨论[③]。诺克斯神学院、皇后学院传教代表的加入推动了加拿大这场声势浩大的传教运动。

古约翰(Jonathan Goforth)，1888—1935年在华传教，新教来华传教士福音集会的领袖人物。他与妻子罗瑟琳(Rosalind Goforth)、史美德(Rev. J. F. Smith)夫妇、罗维灵(William McClure)夫妇、季理斐(Donald MacGillivray)是继马偕(George Leslie Mackay)之后加拿大第一批来华传教的海外大学生，属于第二代新教传教士。

贝德士认为：代表美国机构的传教士中有不少是加拿大人，但是报告中很少提及[④]。就目前传教士人物研究而言，学术界对加拿大传教士的关注也相对

---

[*] 原文《加拿大传教士古约翰在中国》发表于《宗教学研究》2021年第2期，第205—214页，此处有改动。

[①] 作者简介：岳丽，西北师范大学马克思主义学院讲师。

[②] 王立新：《美国传教士与晚清中国现代化：近代基督新教传教士在华社会、文化与教育活动研究》，天津人民出版社2008年版，第9页。

[③] 1868年，安大略省的一些教区要求长老会改变以往的传教策略，积极参与海外传教，他们在建议书中指出："公众认为，向异教传播福音是基督教会的义务。加拿大长老会有能力维持一个传教差会……请求加拿大长老会采取明智措施，一刻也不要拖延，使加拿大长老会也有自己的海外传教会。"(参见宋家珩、董林夫：《中国与加拿大：中加关系的历史回顾》，齐鲁书社1993年版，第70页。)

[④] 贝德士著，章开沅、马敏主编：《贝德士：中国基督教史著述选译》，上海社会科学院出版社2017年版，第225页。

较少。目前关于古约翰的研究①系统梳理了其在华的主要活动。而关于古约翰与中国主要社会运动、主要社会人物之间的互动少有论及。

"记忆"最早属于心理学研究范畴,在新史学的推动下,"记忆"成为历史研究的对象逐渐被史学家们关注。20世纪60年代随着"全球史""跨国史"的兴起,史学家不断将眼光投向非国家行为个体②,为中国近代基督宗教研究尤其是传教士个案研究提供了新的视野。香港大学嘉里集团基金全球化历史讲席教授徐国崎在其著述《中国人与美国人:一部共有的历史》③中提出"共有历史"的概念。"共有记忆"成为跨国史、共有历史研究的重要纽带。

本文以"共有记忆"为视角,以古约翰在华经历为研究对象,考察古约翰对应许之地形象的勾勒、遭遇义和团运动、与冯玉祥关系的疏密变化及其在东北传教的印象等,力图加深对古约翰个人经历和近代中国基督教发展的认识。

一、河南印象:"应许之地"形象的勾勒

1871年,加拿大传教士马偕前往台湾北部传教,受妻子去世、马偕本人回国等方面影响,传教活动未能坚持。大学生海外传教运动伊始,加拿大长老会认为大学生传教士应该被派到离台湾不远的中国大陆南方地区传播基督教,经过仔细考虑这一方案被否决。通过商议加拿大教会将河南确定为新的传教地区,由诺克斯神学院的古约翰牧师和皇后学院的史美德开启新的传教旅程。为保证传教工作顺利开展,史美德进行了专门的医学研究④;古约翰和季理斐描绘了一张豫北地区的蓝图"计划、祈祷、幻想与应许之地相关的事情"⑤。可见,该时期加

---

① 目前学术界与古约翰相关的研究有:李巍:《基督教福音的重视传播者古约翰》,载宋家珩主编:《加拿大传教士在中国》,东方出版社1995年版,第227—240页;卓新平主编:《中国基督教基础知识》,宗教文化出版社2005年版,第265—267页,简要介绍了古约翰来华传教经历;梁丽芳、马佳主编:《中外文学交流史》(中国-加拿大卷),山东教育出版社2014年版,第55—56页,从文学交流的角度介绍了古约翰与妻子罗瑟琳关于中国传教经历的文字记录;邵金远:《近代加拿大传教使团在豫北医学传教活动研究》,山西大学2014年博士学位论文,第47—57页,叙述了古约翰带领加拿大长老会在豫北传教伊始进行的医疗布道工作,肯定了古约翰在豫北传教工作中的重要地位,并对其从出生至1897年的生命轨迹做了简单整理。
② 不同年龄组别、专业或业余组织、身体或心智存在障碍的人群。
③ 徐国崎著、尤卫群译:《中国人与美国人:一部共有的历史》,四川人民出版社2019年版。
④ Murdoch Mackenzie, *Twenty-five years in Honan*, Board of foreign missions Presbyterian church in Canada, Toronto, pp. 57-58.
⑤ Margaret H. Brown, *MacGillivray of Shanghai: The life of Donald MacGillivray*, The Ryerson Press, 1968, p. 13.

拿大长老会以及参与海外传教运动的大学生对河南一无所知。

1888年初,媒体报道中国发生灾荒,传教委员会决定由古约翰携带筹集的救灾资金提前前往河南,必要时他也要参加救灾活动。① 1月25日,古约翰夫妇带着朋友赠送的食物、礼物正式启程,史美德完成学业后与古约翰会合。抵达上海后,古约翰立即拜访了几位经验丰富、资历较老的传教士。次日的会议将河南北部确定为加拿大长老会的具体传教区,古约翰与罗瑟琳先前往烟台学习语言。到烟台后,英国伦敦布道会传教士韦廉臣(A. Williamson)将闲置的房子以极低的价格租给古约翰暂住。安顿下来后,古约翰又去毓璜顶(Temple Hill)拜访了美国长老会的郭显德(Hunter Corbett)牧师。

三周后,古约翰搬到了烟台码头的一栋小洋楼。为提前适应中文布道,每个安息日早上古约翰总会拿着纸和笔在周边地区布道。因为离得近,倪维思、郭显德在生活、学习上给了古约翰很多帮助;郭显德夫人给予古约翰无微不至的照顾。这种以信仰为基础的人际关系,为初来乍到的古约翰生活和工作提供了便利。

读书时两年的多伦多贫民窟传教经历使古约翰认识到中国人与加拿大人的相似性,他很快适应了在华的传教生活。1888年8月中旬,古约翰收到美国公理会传教士明恩溥(Arthur Henderson Smith)来信,声称他愿意为古约翰和同事们做向导,带他们去河南考察。古约翰在日记中详细记录了这次出行考察:越过漳河,由北边进入河南。像多伦多的农场一样,这里土壤肥沃,村庄星罗棋布。西边可以看到山西的群山峻岭……②考察结束后古约翰搬到了离豫北较近的临清地区。可以说,第一次考察是非常成功的,豫北地区的部分官员接待了古约翰和同事;考察途中一些本地的民众一直跟着他们。③ 几个月后,古约翰的好友季理斐来华。1889年12月15日,八位加拿大传教士陆续来华,包括三对新婚夫妇和两位单身女传教士,古约翰带领的传教士队伍进一步扩大。在加拿大长老会的建议下,河南长老会正式成立,古约翰为第一任长老④。次年2月,在古约翰的带领下,传教士们第二次进入河南。

---

① Rosalind Goforth. *Goforth of China*, Zondervan Publishing House, 1937:64-65.(按照原本计划由古约翰在国内布道等待史美德一同前往中国传教。1887年秋天,古约翰正式成为一名海外布道志愿者。同一时间,皇后学院宣道会在其多伦多姊妹会的成功激励下,选定史美德为传教代表。这两个学院的传教兴趣,极大地激发了加拿大在中国传教的热情。)

② Rosalind Goforth. *Goforth of China*, Zondervan Publishing House, 1937:78-79.

③ Donald MacGillivray. *A Century of Mission in China*, 1807-1907, the American Presbyterian Mission Press, p. 243.

④ Margaret H. Brown. *MacGillivray of Shanghai: The life of Donald MacGillivray*, The Ryerson Press, 1968:24.

通过两次考察,以古约翰为首的加拿大长老会传教士们对河南的认识不断加深,应许之地的形象逐渐清晰化、具体化。与古约翰同期传教的尹兹谟(Murdoch Mackenzie)认为:豫北地区与加拿大一样地势平坦、土壤肥沃。1895年,加拿大长老会传教士弗雷泽(J. B. Fraser)写道:河南的经济地位及影响,特别适合传教,在该地建立一个自给自足的教会,将推动该地基督教传播[1]。此外,在1889—1913年的报告书中,加拿大长老会传教士们对河南基本概况的描述包括矿产资源、文化、交通运输等方面。

"官员接待""民众追随""与加拿大一样地势平坦、土壤肥沃",通过两次考察和大量的考察记录,豫北地区的形象由臆想到真实,从一个对加拿大长老会来说完全未知的区域逐渐成为一个与加拿大有着相似之处、适合基督教传播的区域。尽管在后来的传教工作中,古约翰和同事们遇到了很多困难,但他们对河南的认识更加具体化。无论是古约翰、尹兹谟对河南形象的勾勒,还是加拿大长老会传教团体对河南形象的描述,都对加拿大海外传教事业的宣传和传教工作的开展具有重要意义。

二、共有记忆的分享:古约翰与义和团运动

义和团运动爆发时,很多被困在北京使馆区的外国人以书信、日记等方式记录了他们的遭遇,美国公理会女传教士麦美德(S. L. Miner)在日记中就记述了该运动中的亲身经历[2]。同一时间,因所处空间不同,经历也因人而异。古约翰又是如何书写义和团运动期间的遭遇,如何看待中国的政治形势的呢?

在义和团运动由山东向河南迅速蔓延时,古约翰收到来自驻烟台的美国领事的电报,简述了运动的发展形势。北方道路阻断,古约翰只能前往南方避难。简单准备后,古约翰与同事开始了逃亡生活。起初,他们遇到了北京福公司的哲美森(Jamieson),得到短时间保护。后因前行方向不同分道扬镳,但没过多久古约翰一行人就遇到了麻烦:

> ……我的胳膊和手上有九处受伤,只有一处比较严重,在后脑勺上,那一下子把我打倒在地。我还挨了八棍子,其中一棍子差点把我打晕……我

---

[1] J. B. Fraser. *Province of Honan, China*. Toronto: Press of the Canada Presbyterian, 1895: 7.
[2] 参见柯文著、杜继东译:《历史三调:作为事件、经历和神话的义和团》,北京:社会科学文献出版社2015年版,第69页。

妻子向他们求情,说他们平时对待孩子都很仁慈。这似乎产生了好的效果,他们就离开了我们。我们接着到了一个村庄,在那儿受到了很好的对待,人们给我们的伤口上药,还给孩子们吃的和穿的。

我的四个小孩中的一个丢在了另外一辆车上,这些人立即说他们去找找她,把她带回来。……有人当着我们的面警告他们,想让我们离开,说我们全都要被杀死。然而,这些人说他们会为我们而战斗。

……我的脖子要么是被刀背、要么是被一把非常钝的刀砍了一下,起初我觉得我的头快要掉了,一两天以后发现头疼得不能大声说话。①

经过长途跋涉,古约翰与其他20个人(包括男女传教士、孩子)到达上海②。义和团运动的遭遇成为古约翰在华传教的转折点。个人独自产生的某些情感、行为和经验,使他觉得自己与他所认为的神圣对象发生了关系。义和团运动中历经艰险被救,在古约翰看来是他与上帝最亲密的接触。

古约翰认为,各资本主义国家对中国领土的贪婪瓜分是义和团运动爆发的重要原因;而这些国家对中国领土的侵占以及侵占计划的提出,是最大的诱发因素③。回国期间,古约翰做了多场以义和团运动为主题的演讲。演讲中,古约翰对各资本主义国家的侵略意图以及争先恐后的侵略势头直言不讳。此外,古约翰还从政治、制度、社会等多维度反思义和团运动的爆发,"上海法律不公、外国人对中国人的压榨、罗马天主教徒在法庭上对官方的要求以及鸦片的泛滥"④均是义和团运动的诱因。古约翰认为:"中国人害怕包括传教士、商人、工程师在内的外国人联合起来分裂中国……作为一个民族,从慈禧太后开始,认为唯一的出路就是消灭和驱逐外国人。因此拳民们以野蛮、残忍的方式反抗。如果他们成功了,对中国来说将是一场灾难。"⑤可见,古约翰积极引导加拿大教会人员以同情理解的态度看待义和团运动。

遭遇义和团运动,古约翰以演讲的方式与本国的信徒、教会人员分享自己的经历,说明古约翰已经开始与其他人开始分享自己与中国的共有记忆,标志着他与中国的联系进一步加深。

---

① 路遥主编:《义和团运动文献资料汇编·英译文卷》(上),山东大学出版社2012年版,第339—340页。
② News from the Province. *The Chinese recorder*, Augest, 1900:432.
③ Rosalind Goforth. *Go forth of China*, Zondervan Publishing House, 1937:147.
④ Rosalind Goforth. *Go forth of China*, Zondervan Publishing House, 1937:149-150.
⑤ Rosalind Goforth. *Go forth of China*, Zondervan Publishing House, 1937:147-149.

共有记忆：古约翰与中国

三、古约翰与冯玉祥

在最好的状态下，传教士与所在国家基督教领导和合作者的关系是以共同信仰和道德观念的深度为标志的，这两者给他们以特有的力量和稳定性。中国信徒对这种关系的认知受反帝运动、爱国思潮的影响，往往会发生变化。冯玉祥与很多传教士建立了深刻的友谊，古约翰就是其中之一。随着政治、军事地位的变化，受社会思潮的影响，冯玉祥招致了一股批判洪流，他与古约翰的友谊也发生了变化，这段关系是冯、古的共有记忆。从不同记忆主体对这段关系的书写重新考察他们关系的疏密变化，助于加深我们对冯、古关系背后社会大背景的了解。

1909年2月23日，古约翰由彰德(治今河南安阳)到英国[①]，再由英国返回加拿大。休假期间，古约翰一直协助本国长老会处理教会事务。该时期豫北差会进入发展的第二阶段[②]，教会制定了新的传教政策，规定外出传教人员不超过两人，与古约翰传教的同事都被分散到了不同的传教点。1910年8月古约翰返华，长老会安排他继续在彰德传教。在传教方式的选择上，古约翰与部分传教士产生分歧。古约翰主张以集会布道的方式传播基督教，而罗维灵、史美德等传教士则主张借助医疗、教育等基督教事业传教。古约翰便从河南出发，开始了短暂的巡回布道，江苏等地发文保护古约翰传教[③]，该时期的巡回布道使古约翰逐渐疏离豫北地区。传教经费不足、非基督教运动、中国基督教合一运动以及罗瑟琳每况愈下的身体状况严重影响了古约翰传教工作的开展。

1919年夏天，古约翰由广东、桂林等地向北返回河南，经过鸡公山时，受到

[①] 王士瑛：《教会新闻：古约翰牧师将次反华》(河南)，载《通问报：耶稣教家庭新闻》1910年第411期卷，第2页。

[②] 宋家珩将豫北差会发展分为三阶段：1888—1910年为创立阶段；1910—1936年为发展阶段；1937—1947年为战争与撤离阶段。可参见宋家珩、董林夫：《中国与加拿大：中加关系的历史回顾》，齐鲁书社1993年版，第76页。

[③] 布道地区包括直隶、山东、山西、河南、陕西、湖北、江苏、安徽等地。[齐耀琳：《饬：江苏巡按使公署饬第二千一百九十二号(中华民国四年四月十七日)：保护英教古约翰游历》，载《江苏省公报》1915年第491期卷，第8页。]1915年，古约翰一直被口腔溃疡困扰。尽管秋天古约翰母校——诺克斯神学院授予他神学博士学位，但短暂的喜悦丝毫未减缓病情的恶化，因为不能开口说话，古约翰不得不暂停布道工作，前往杭州治疗。在圣公会梅因医生(Dr. Main)的建议下，古约翰决定回国治疗。1917年秋天，古约翰再次入华，他将更多的时间和精力用来召开奋兴大会。他先后到湖北、广东、汉口、江西、广西、香港等地传教。

避暑的传教士们的邀请,举行了奋兴大会。集会结束时,古约翰收到了冯玉祥邀请讲道的书信。持续的高温天气、霍乱的流行以及身体状况不佳使古约翰犹豫不决,后来他决定前往冯玉祥军营布道。罗瑟琳认为,前往冯玉祥军队布道标志着古约翰一生传道中最富有成果的大门正在向他缓缓打开。

1919年8月24日,古约翰夫妇到达湖南圣洁会传教士查四维①(S. G. Caswell)家中。见面伊始冯玉祥就向古约翰夫妇讲述了自己皈依基督教的故事。罗瑟琳认为:冯玉祥是真正意义上的将军,谦卑、严肃、长得英俊②,值得信赖。

布道第一天,古约翰针对青年军官和士兵举行了两场集会。第二天,部队军官的妻子们也参加了集会。这次布道给古约翰留下了深刻的印象。

冯玉祥军队的布道经历给了古约翰无限希望,他将改善传教工作状况,甚至中国布道工作的开展都寄托在冯玉祥身上。布道结束后,古约翰和冯玉祥成为很好的朋友,每年都要见几次面③。后来古约翰受北京一个大型的军官培训学校的邀请,做了题为"基督徒冯玉祥"的演说④。

冯玉祥在北京教会医院治病时对基督教产生好感,后来受洗成为基督徒,一直与传教士、教会保持着紧密联系。1921年1月至1923年7月,陈独秀、田汉、余家菊、蔡和森、瞿秋白等先后发表文章,逐步指出基督教与帝国主义侵略的关系。⑤ 1923年6月20日,著名历史学家孟森在《申报》上发表文章讨论时局,指出冯玉祥的基督徒身份⑥。同时期,非基督教运动兴起,国内反帝呼声日益高涨,在国内形势和舆论的压力下,冯玉祥对基督教的态度逐渐发生转变,在"自我"与"他我"的张力中苦苦挣扎。五卅运动后,作为政治人物,"他我"始终占据主要地位,冯玉祥开始撇清与帝国主义、基督教及教会人员的关系。冯玉祥在日记中详细记述了他与古约翰关系的裂变:

……当残酷的五卅惨案发生后,我对于全世界基督教徒主持正义的呼

---

① 查四维于1910年来华。1918年在常德东门庙正街购得房屋作为圣洁会会址。次年,查四维在南县修建分堂及住宅。详见湖南省地方志编纂委员会编:《湖南省志·宗教志》,湖南人民出版社1999年版,第453页。
② Rosalind Goforth. *Goforth of China*, Zondervan Publishing House, 1937:240.
③ 冯玉祥:《我的生活》,中国青年出版社2015年版,第358页。
④ Jonathan Goforth. *By My Spirit*. http://adventist.org.uk/data/assets/pdf_file/0007/60793/Goforth-BY-MY-SPIRIT-a5.pdf, p. 109.
⑤ 参见陶飞亚:《"文化侵略"源流考》,载《文史哲》2003年第5期,第31—39页。
⑥ 心史:《时局转机》,载《申报》1923年6月20日,第3版。

吁,既如石沉大海,没有引起什么有力的反响。后来有一位加拿大人名叫古约翰的来看我……我又提到五卅惨案的事,我问他说:"您说英国人在中国这种行为到底对不对?"

"那些乱党胡闹,怎么不应该开枪打?"他毫不迟疑地这样回答。

他的回答出乎我的意料之外,但我按住了激愤,向他说道:

"古先生你再说一次!我要求你不要说英国人的话,我也不说中国人的话,……英国巡捕拿着枪向中国徒手工人学生胡乱射击,这种行为到底对是不对?你凭着良心再回答我一次!"

他说:"他们都是乱党,开枪是对的!"

我就站起来,走到他跟前,我说:"我和你相识了这些年我可错认了你!我倒要看看你的心肝,是不是生错在胳肢窝?"说着,我就拉开他的胸口,在上面推了几推:"我要把你的良心推到中间来,你再说一次!"于是我就沉下脸,指着他的鼻子大骂道:"你这是昧着良心说话!我被你骗了,你是冒充教徒!你其实倒是帝国主义者最凶恶的走狗!"从这次以后我再也不愿意见他。①

然而,冯玉祥并非彻底断绝了与古约翰的联系。1926 年初,冯玉祥再次邀请古约翰前往其军队布道。收到消息后,加拿大长老会立即让古约翰返华,并为其提供了丰厚的物资支持。对加拿大教会人员而言,古约翰从事的是一项特殊而重要的工作②。古约翰带着生病的妻子再次回到中国,前往冯玉祥军队布道;5 月,因冯玉祥要去苏联考察,古约翰提前结束了布道。苏联之行使冯玉祥意识到"宗教有很多的地方,都是骗人的工具,害人的鸦片"③。可见,受国内形势的变化、个人经历的影响,冯玉祥对帝国主义、基督教有了新的看法,直接导致了他与古约翰关系的疏离。

民国时期,中国国民不断探索建立民族国家的道路,很多出色的、重要的人物除了是民族复兴的中流砥柱外,他们还有一个重要的身份——基督徒。机缘巧合,古约翰结识冯玉祥,以信仰为基础,他们建立了深厚的友谊。从古约翰夫

---

① 冯玉祥:《我的生活》,中国青年出版社 2015 年版,第 358 页。
② On the Field. Dr. Goforth Assigned to Work with Masshal Feng's Army, April 1926, *The Chinese Recorder*, p. 301.
③ 《冯总司令演讲集》,民德书局 1927 年 11 月版,第 2—4 页。转自刘敬忠:《冯玉祥与基督教》,载《文史哲》1991 年第 2 期,第 83—87 页。

妇的描述可发现他们不断美化冯玉祥①，这种形象建构在在华福音传播工作中扮演着重要作用。

贝德士注意到，冯玉祥一直如此深刻地影响着诸如文盲和受过教育的军官的品格；他不可能用物质收买他们的忠诚，也不能借此来关心下属，中国军队一般不会高度尊重将军的意见②。为提高士兵的觉悟，冯玉祥经常请传教士在军队里讲道；为加强军队战斗力、劝诫士兵遵规守纪，冯玉祥用他在教堂做礼拜时熟记的赞美歌调子作歌谱填词，编了《射击军纪歌》《精神书》等油刊出来发给士兵唱诵。冯玉祥皈依基督教是福音传播故事中讨论最广泛的主题。

1926年4月，古约翰与冯玉祥的合照被刊登在《教务杂志》上。对冯玉祥而言，在基督徒与传教士中获得身份认同，为其获得军费资助增加了便利；对古约翰以及其他新教传教士而言，与中国社会中重要的政治人物交往、联系，能为他们在反帝呼声高涨的特殊时期赢得某种保护。

四、老骥伏枥：古约翰东北传教

基督新教入华伊始，新教传教士经常从天主教传教活动中吸取经验。19世纪末，随着新教传教范围的扩大，新教与天主教之间的竞争实际上日趋激烈。③ 天主教吸收教徒标准不严、对教徒袒护，增加了信徒与非信徒的矛盾，成为晚清教案频发的重要原因，新教传教士对天主教逐渐呈否定态度。

1896年，天主教传教士进入彰德，对古约翰和加拿大长老会的其他传教士而言，布道工作面临威胁。1898年，季理斐在李提摩太的邀请下离开河南，进入上海广学会从事文字翻译、出版工作，古约翰失去了布道的好搭档。由于新的传教形势以及季理斐的离开，1901年豫北传教事业几乎呈停滞状态，古约翰认为需要新的布道方式吸引更多的信徒。1904—1905年，在威尔士基督教复兴的报道和美国布道家艾迪的小册子的影响下，古约翰开始转变布道方式。

1907年，加拿大长老会麦凯博士（Dr. R. P. Mackay）邀请古约翰一同前往

---

① Rosalind Goforth. *Goforth of China*. Zondervan Publishing House, 1937：255.
② 贝德士著，章开沅、马敏主编：《贝德士中国基督教史著述选译》，上海社会科学院出版社2017年版，第102页。
③ 陶飞亚、田燕妮：《同为异国传教人：近代来华新教传教士对天主教的态度转变解析——以 *The Chinese Recorder*（1867—1941）为依据》，载《东岳论丛》2011年第2期，第88—97页。

朝鲜。朝鲜之行给古约翰留下了深刻的印象。返程时,古约翰与麦凯访问了东北的传教站。一个星期天的早晨,在奉天(今沈阳)传教站的集会上,古约翰给信徒们讲述了朝鲜基督教复兴的故事。信徒们深受感动,希望古约翰可以在次年的2月召开奋兴大会;在辽阳,古约翰再次受到召开奋兴大会的邀请。① 这为古约翰东北传教埋下了伏笔。

回到河南后,古约翰将东北地区布道请求告诉了长老会,经商议决定古约翰次年在东北巡回布道一个月。1908年2月,古约翰开始了东北传教之行,在东北期间共举行了四十多场集会。古约翰东北传教召开奋兴大会、做演讲的事迹被英国报纸广为报道,他很快被教会界人士熟知。②

与冯玉祥关系的疏远、与豫北长老会传教意见的分歧,使古约翰试图寻找一个新的布道地区,他想证明自己,以自己的力量,以奋兴大会的方式传播福音。

1924年春天,来自河南、直隶、山东的百万名移民涌入东北地区③,爱尔兰长老会又向东北增派了十位传教士④,传教形势逐渐好转。1927年年初,在苏州住院的罗瑟琳收到古约翰的电报要她"收拾行李,去满洲"⑤,事后她才知道,古约翰收到了在满洲牛庄传教的爱尔兰长老会麦嘉孟(James McCammon)牧师的来信,希望古约翰前往东北传教。3月,年近七旬的古约翰带着罗瑟琳、格雷厄姆(Graham)小姐、安妮(Annie Kok)小姐以及年轻的单身传教士瑞阿克(Reoch)前往东北开辟新的传教点。

抵达长春后,由于资金不足,古约翰和同事只能住在一所废弃的中式女校里。安顿下来后,古约翰立即开始了布道工作;罗瑟琳和其他两位女传教士待在长春直到四平街传教工作的正式展开。瑞阿克在四平街租了一间日本人的房子,一边学习汉语,一边利用空余时间寻找更好的住所;古约翰则在哈尔滨及周边地区巡回布道。

1927年4月初,瑞阿克发电报说四平街有几间房子非常适合传教,询问古约翰要不要租下来,以免错失良机。⑥ 此时,中国国内的反帝情绪日益高涨,在华传教事业受到了极大的影响,很多传教士被召回本国。尽管如此,古约翰与同

---

① Jonathan Goforth. *By My Spirit*. http://adventist.org.uk/data/assets/pdffile/0007/60793/Goforth-BY-MY-SPIRIT-a5.pdf, p. 19.
② Rosalind Goforth. *Goforth of China*, Zondervan Publishing House, 1937:206.
③ Rosalind Goforth. *Goforth of China*, Zondervan Publishing House, 1937:281.
④ 奥尼尔著、牟京良译:《闯关东的爱尔兰人:一位传教士在乱世中国的生涯(1897—1942)》,生活·读书·新知三联书店2013年版,第129页。
⑤ Rosalind Goforth. *Goforth of China*, Zondervan Publishing House, 1937:270.
⑥ Rosalind Goforth. *Goforth of China*, Zondervan Publishing House, 1937:175.

事们依旧决定搬去四平街开展新一轮的布道工作。4月底,传教工作正式拉开帷幕。

6月中旬,古约翰向加拿大教会报告了传教工作,信的最后,古约翰希望本国教会能够向满洲增派新的传教人员。加拿大教会直接拒绝了古约翰的请求,认为中国当时的政治形势不适合布道,希望古约翰放弃东北的传教事业。

古约翰来东北之前,没有外国人在东北居住。古约翰与同事们搬来后,引起了当地人尤其是日本人的各种猜疑。1927年他们搬到四平街后,几乎每天都有日本人询问古约翰和同事各种各样奇怪的问题,他们的回答被一一记录下来①。几周后,日本人突然关闭了他们的教堂,古约翰和同事被迫前往北戴河"度假",直到8月才返回四平街。此后,虽然日军还会偶尔盘查,但没有影响到古约翰和同事布道。随着人数的增加,四平街的布道工作取得了显著成就。

铁路的修建为基督教传播提供了便利,洮南地理位置优越,是南满铁路的交汇点。古约翰认为外出布道时可以充分利用这里500公里的铁路②。古约翰还认为洮南将来会成为东北地区传教事业的总汇区,打算在洮南建立新的传教点,但最后因生病无功而返。1928年2月,古约翰带妻子和女传教士安妮再次进入洮南布道,瑞阿克随后加入。那年夏天,古约翰夫妇又去长洲召开奋兴大会,洮南传教的工作最后交由瑞阿克负责。

1930年年初,白内障严重影响了罗瑟琳的视力,古约翰与罗瑟琳一起返回加拿大治病。4月,内地会传教士韩纯中(Mr. Hanna)拜访瑞阿克负责传教的洮南地区并称赞这是他见过的最好的传教团体。回国后,古约翰的情况同样每况愈下。年龄、疾病正在逐渐约束和影响他的工作。接下来的几个月,古约翰右眼视网膜脱落,视力不断下降。1931年5月,72岁的古约翰和68岁的罗瑟琳带着儿子保罗再次返回东北传教。1932年全年共举行472场成人洗礼,基督徒的捐款也超过4 300美元③。

1933年3月开始,古约翰每天早上坐火车从四平街出发前往公主岭召开奋兴大会,直至病情恶化左眼失明。1933年7月至8月,古约翰在妻子罗瑟琳、女儿露丝(Ruth)以及女婿的陪同下,在大连的医院接受治疗。该时期传教士在华传教经费不断缩减,很多传教士被召回本国,四平街的70名传教士面临着同样的危机。了解情况后,古约翰立即给加拿大教会写信,商议解决办法,教会很快

---

① Rosalind Goforth. *Goforth of China*, Zondervan Publishing House, 1937: 283.
② Rosalind Goforth. *Goforth of China*, Zondervan Publishing House, 1937: 281.
③ Rosalind Goforth. *Goforth of China*, Zondervan Publishing House, 1937: 315.

寄了1 000美元的传教资金并劝古约翰回国安享晚年。从大连回到四平街后，古约翰收到了一位美国人的捐款，足以支付传教士一年的工资，布道工作得以继续。因传教资金的短缺，本地教会工作无法正常开展，教会的自养再次被提上议程，很多本地教会逐渐开展自养运动。

1934年3—6月，古约翰没有缺席任何一场集会，失明似乎并未影响到古约翰的布道事业。零度以下的天气，教堂里挤满了信徒。即使染上流感，古约翰依旧坚持工作，直到嗓子沙哑不能讲话。7月中旬，古约翰因肺部感染不得不暂停布道。其间不断有人写信劝他回国休息，但古约翰并没有停止传教。11月罗瑟琳在日记中详细记述了她陪古约翰举行奋兴大会的情形：

> 11月8日，星期四：
>   我不知道古约翰怎么能受得了这么高强度的工作。他每天早上7点负责祈祷会；9点左右听高先生读经文；10点半开始他的第一场奋兴大会直到午餐时间。午睡成了可望而不可即的事情。来访者络绎不绝直到下午3点半他去参加戴维斯牧师的奋兴会。等他回来，我想让他休息一下，但根本不可能。5点半他要出去参加晚上的集会。7点左右吃完饭，他又要接待来访者……①

1932—1934年，在古约翰的引领下，共有2 246人受洗。② 信徒人数明显增加，教友的捐款数额逐年递增。1934年年底，古约翰病情恶化，回国事宜再次提上议程。1935年2月10日，在76岁生日当天，古约翰回到加拿大，正式结束了在华传教旅程。

结　　语

随着中国史研究范式的转变，中国基督教研究亦发生了相应转变，基督教研究从"外围"转向基督教本身；传教士研究则从宏观讨论转向以神学、基督教本土

---

① Rosalind Goforth. *Goforth of China*, Zondervan Publishing House, 1937: 331-332.
② 1932年472人；1933年778人；1934年996人（明编：《著名布道家：古约翰》，载《末世牧声》1944年第3卷第6期，第21页）。

化、中西文化交流、身份认同、现代化、宗教文化比较等为视角开展的个案研究。20世纪60年代随着"全球史""跨国史"的兴起,史学家不断将眼光投向非国家行为个体。在华传教士远隔重洋来到中国,学习语言、建立传教站、传播福音,是典型的"跨国个体"。他们不断适应中国的宗教与文化,与中国社会互动,与中国民众一起经历了基督教与中国文化的重塑,是典型的"跨国个体"。传教士的来华传教史,由各种不同的经历与回忆拼装组合而成,这种记忆既是跨国史、全球史研究的基础,更是"共有历史"的研究基础。香港大学历史系教授徐国崎在其著述《中国人与美国人:一部共有的历史》中初步运用了"共有历史"的史学研究方法和视野。从某种层面来看,"共有历史"视野可以看作对跨国史、全球史的延伸和突破。徐教授指出,他的动机在于通过关注历史中共有的时刻,更重要的是,通过关注私人或个体的经历,探索出一条历史研究的非传统路径。

作为加拿大大学生海外传教运动来华传教的福音传播者,古约翰与罗瑟琳、史美德等"都受过高等教育,热衷于传教事业,在他们看来:只要能把福音带到一个完全未知的地方,做什么牺牲都是值得的"。常年巡回布道古约翰踏遍了中国的众多省份,中国作为古约翰宗教实践活动的主要场域对其宗教观的形成有重要意义。

在华传教期间,古约翰不仅遭受了病痛的折磨,还经历了很多困难。语言的学习、应许之地形象的勾勒是古约翰来华传教与中国建立联系的基础,是"共有记忆"的开始。义和团运动中,在民众的帮助下逃过一劫,古约翰以中国义和团运动为主题发表了大量演讲,使古约翰与中国联系更加紧密。冯玉祥和古约翰的交往与疏离,是大时代下中国基督徒与传教士交往的缩影,是背离弃教还是站在民族主义的立场上以基督教徒的身份建设新国家,成为受过教育或者拥有较高政治地位的中国基督教教徒在反帝情绪日益高涨、民族主义兴起的大背景下面临的新挑战。这些故事属于古约翰与中国人、中国社会的共同经历,是加拿大与中国的共有记忆、共有历史。

以全球史为视野,以"共有记忆""共有历史"为切入点,从记忆史角度出发,既能为中国国际关系史研究提供线索,也能为传教士个案研究提供新的视角。对记忆的追溯,从记忆的地点、人物、时间、仪式、群体、事件入手,有助于深化我们对传教士与中国人、中国社会之间互动的讨论。

美国传教士的跨文化观察

——以《海南通讯》(Hainan News Letter)为中心

杨圆梦[①]

近年来,中国基督教史学界已经尝试从研究"西方传教运动在中国(Western missionary movement in China)"或"基督教在中国(Christianity in China)"向研究"中国基督教(Chinese Christianity)"的范式与视角转移,特别是通过挖掘中文史料来探索中国本地信徒的参与和成长。但毋庸讳言,基督教在中国大部分地区的传播首先肇始于西方传教士,其后才经历了华人教牧和本地信徒谋求自立的历程。因此,在强调中国本地信徒在基督教运动中逐渐从配角走向主角的必然路径之前,有必要讨论来华传教士及其在中国开辟的传教事业。与此同时,不得不承认,就中国基督教史的研究而言,大部分地区有关基督教的中文史料较少,而西方传教士留下的英文原始材料则成为重要的研究资源。

正如研究《教务杂志》的资深学者陶飞亚教授所言:"相信通过对传教士自身刊物的深入研究,将会使我们对传教运动、传教士生活的认识从抽象的符号,变成具体的有人有事的历史,将基督教附属事业的历史,变成全面的中国基督教的历史。"[②]《海南通讯》(Hainan News Letter,1912—1949)同样作为一份传教士创办的面向自身的英文刊物,虽然不如《教务杂志》影响大,传播范围广,但该杂志刊载的海南传教士们的传教活动及其在海南的经历、见闻,对于研究民国时期的海南有特殊的价值。然而,令人遗憾的是,对于这样一份重要的、有关近代海南基督教的英语史料长期未得到国内外学界的关注和使用。鉴于此,本文依托

[①] 作者简介:杨圆梦,上海大学历史系博士研究生。
[②] 陶飞亚:《传教运动的圈内"声音":The Chinese Recorder(1867—1941)初论》,载张先清:《史料与视界:中文文献与中国基督教史研究》,上海人民出版社2007年版,第262页。

香港大学图书馆收藏的《海南通讯》的缩微胶卷①,对这份杂志做初步的梳理。

一、《海南通讯》的概况

《海南通讯》(以下简称《通讯》)由美国北长老会传教士在海南创办,作为一份地方性基督教刊物,该杂志的创刊词提出:"我们尝试定期发表新闻通讯,希望它能成为我们与其他地方的许多已有意赴海南归向基督的朋友之间的纽带,并帮助其他人看到这一地区的需求和机遇。"②这表明该杂志除了加强海南差会与其他不同地区传教士之间的联系和交流,还想通过报道和传播海南地区的信息,吸引更多的人关注该地区的发展和需求。

该杂志的时间跨度从 1912 年 9 月到 1949 年圣诞节。其间,该杂志并非持续出版,有两次间断。第一次间断出现在 1927 年春季号出版后,1928 年全年未出版,1929 年冬季复刊。此次间断的原因是 1927 年 3 月南京事件发生后,传教士被迫离开海南岛外出避难,直到 1929 年教会工作才逐步恢复,杂志得以复刊。第二次间断是由于 1939 年日军侵占海南岛,该杂志暂停出版,直到 1947 年复刊,复刊后一共只出版三期,1949 年圣诞节出版最后一期后正式停刊。

《海南通讯》现存 63 期,出版频率不固定。仅有前 5 期标注了卷期,之后仅在开头标注出版的月份、季节或哪一年的圣诞节。根据笔者的统计,该杂志每年出版的期数详见表1。

表1　1912—1949 年《海南通讯》每年出版期数情况表

全年出版期数	年　份
全年未出	1928、1939—1946
1 期	1913、1915、1916、1927、1929、1947、1948、1949

---

①　香港大学图书馆和中国国家图书馆等机构都收藏了《海南通讯》的缩微胶卷。在笔者使用的这份缩微胶卷的最前面,首先交代了这份缩微胶卷是在美国费城宾夕法尼亚州长老会历史学会的合作下制作完成的。据缩微胶卷的整理者介绍,由于当时出版不规范,无法确定《海南通讯》出版了多少期,但所有可用资料都已被拍摄下来。此外,2021 年,中国国家图书馆的许海燕女士与上海大学的陶飞亚教授将《海南通讯》选入《近代基督教史料汇编》(全三十册)影印出版。参见许海燕、陶飞亚:《近代基督教史料汇编》(全三十册),国家图书馆出版社 2021 年版。

②　*Hainan News Letter*, September 1912: 1.

续 表

全年出版期数	年 份
2期	1912、1914、1917、1921、1922、1925、1926、1931、1937
3期	1919、1920、1923、1924、1930、1932、1933、1934、1935、1936、1938
4期	1918

资料来源：笔者依据香港大学图书馆收藏的《海南通讯》的缩微胶卷整理而成。

与大多数在华传教士创办的英文刊物不同,《海南通讯》的编辑大多由男传教士的夫人或单身女传教士担任。一方面是因为,来海南传教的女性约占海南差会总人数的一半,且她们在海南差会中享有相当的话语权。根据美国学者罗凯琳(Kathleen L. Lodwick)的统计,有40多名男传教士的妻子或从事教育或医疗工作的单身女传教士来到海南岛服务[1]。另一方面,来海南的女传教士基本都接受过高等教育(大学教育)。在美国妇女很少有大学毕业生的时候——1890年为17.3%,1940年为41.3%——几乎所有海南差会的妇女都属于这一精英阶层[2]。除了她们自身的文化素质外,由女传教士担任编辑,也体现了海南差会对女性传教士在传教事业中的信任和支持。这和来海南的美国北长老会相对的自由主义倾向也有关系。

表2列举了不同时期《海南通讯》的编辑名单。

表2　1912—1949年《海南通讯》历任编辑情况表

英　文　名	中　文　名	担任编辑的时间
Mrs. J. F. Kelly	嘉约翰夫人	1912.9—1917.8
Miss M. M. Moninger	孟言嘉小姐	1917.8—？
Rev. P. C. Melrose	王道琼牧师	1921—1925
Mrs. D. S. Tappan	谢大辟夫人	1925.6—？

---

[1] Kathleen L. Lodwick. Women at the Hainan Presbyterian Mission: Ministry and Diversion. *American Presbyterians*, Vol. 65, No. 1(1987), p. 20.

[2] Nancy Woloch, *Women and the American Experience*, New York: Alfred A. Knopf, 1984: 543.

续　表

英　文　名	中　文　名	担任编辑的时间
Rev. D. S. Tappan	谢大辟牧师	1926 （共同担任编辑）
Rev. P. C. Melrose	王道琼牧师	
Miss M. M. Moninger	孟言嘉小姐	1929—？
Dr. E. Morse	毛凤美医生	1935.4
Mrs. A. E. French	梁化德夫人	1935.7
Mrs. D. S. Tappan	谢大辟夫人	1936.4—？
Rev. D. S. Tappan	谢大辟牧师	1937.4
Mrs. A. E. French	梁化德夫人	1938.4—1939
Mrs. D. S. Tappan	谢大辟夫人	1947—1949 （共同担任编辑）
Rev. and Mrs. P. C. Melrose	王道琼牧师夫妇	

资料来源：笔者依据1912—1939年海南差会年度会议记录，以及1947—1949年《海南通讯》整理编制而成。对于个别编辑的任职时间或其他具体细节，有待于进一步的查证和研究。

编辑的工作包括向海南差会成员约稿、编辑材料，并将其付印。另根据孟言嘉在1919年提出的建议，每个布道站还选举了一名助理编辑（sub-editor），其职责是确保编辑从各自布道站获得足够的材料，并以适当的形式进行复制。①《海南通讯》存续期间，海南差会在海南设有三个布道站，分别是琼州府城布道站（包括海口）②、那大布道站和嘉积布道站。这三个布道站的传教士是《海南通讯》的主要稿件来源。这样的安排不仅确保《海南通讯》能够及时收集到各个布道站的最新动态、传教活动和其他相关信息，并将其传达给海南差会成员和其他读者，同时也加强了各个布道站之间的联系和互动。

---

① *Minutes 1919 of The Twenty-Seventh Annual Meeting of The American Presbyterian Mission*, *Hainan*, Shanghai: Presbyterian Mission Press, 1919: 28.
② 海南传教士英文文献中的"Kiungchow"指的是琼州府城。府城是当时海南岛的首府，最高行政官员所在地。由于海口与府城仅相距三英里，传教士常在两地之间流动，所以将海口当作琼州布道站的一部分。

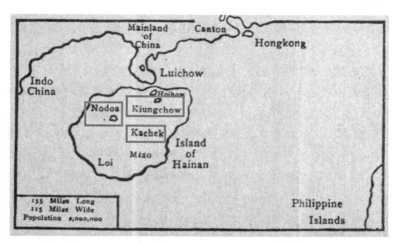

图片来源：该图首次出现在1922年夏季号《海南通讯》的封面上，一直到1931年秋季号后，该图不再作为杂志的封面出现。图中三个方框标注的地区，自上而下，分别为琼州府城、那大、嘉积三个布道站的位置示意图。

《海南通讯》先后由如下机构印刷出版：最初由广州美华浸信会印书局承印，但出版质量不佳，嘉约翰夫人曾报告1915年出版的《海南通讯》"校对工作非常糟糕，浸信会出版社承认校对不佳，并表示今后将努力做到更好"[1]。从1920年11月号开始，《海南通讯》由上海的商务印书馆承印。1922年夏季号由《南华早报》公司(South China Morning Post Co.)承印。1922年秋季号由华南基督教图书公司(South China Christian Book Co.)承印。1923年春季号后，仍由上海的商务印书馆承印。1937年秋季号"是我们七月在北平度假时在北平真理堂出版社(Truth Hall Press)印刷的，印刷者是正在学校学习的学生，他们做得非常好，因为他们除了字母表外几乎不懂其他英语"[2]。1938年夏季号、秋季号和圣诞节号三期由香港《孖剌报》有限公司(Hongkong Daily Press Ltd.)承印。1947年圣诞节号、1948年圣诞节号和1949年圣诞节号三期由当时位于上海四川路五八三号的上海利兴印刷所承印。

关于该杂志的出版经费来源，1925年圣诞号的扉页上，明确说明了该杂志

---

[1] *Minutes 1916 of The Twenty-Fourth Annual Meeting of The American Presbyterian Mission, Hainan*, Shanghai: Presbyterian Mission Press, 1916: 18.

[2] *Minutes of The Forty-Sixth Annual Meeting of The American Presbyterian Mission Hainan*, Hongkong: Hongkong Daily Press, 1938: 20.

是季刊,并由华南地区广东省海南岛上的美国长老会差会成员出资出版。① 在1938年秋季号的扉页上,再次强调了该杂志的经费来源、出版目的与发行方式:

> 《海南通讯》由华南地区海南岛上的美国长老会成员出版,每年出版三期,经费由传教士个人分摊。它的出版目的是与美国国内教会团体和传教士的个人朋友建立联系,并把《海南通讯》免费寄给他们。
> 为方便不在定期邮寄名单上的个人或团体使用其材料,海南差会被要求设定一个订阅费。扉页上显示三期杂志的订阅费为50美分金币(fifty cents gold)。请注意,所有订阅费用将在纽约市第五大道156号对外传教委员会司库处收取。请勿将支票或汇票寄往当地地址。②

可见,《海南通讯》的发行主要有赠阅和订阅两种形式。赠阅对象主要包括美国长老会海外传道部、美国北长老会中国理事会③,也与某些宗教报刊进行赠阅交流。赠阅的邮寄费用由海南的三个布道站共同承担。赠阅名单是不固定的,例如,1936年赠阅名单上有75个名字,而1938年的赠阅份数则不超过60份。④ 除了赠阅,该杂志还面向教会内部进行销售。海南差会的成员可以购买他们想要的数量,并将其寄给他们的朋友。此外,该杂志在美国国内也进行销售。

1912年12月,该杂志编辑在第二期"编者记"指出:"对我们第一期《通讯》的需求鼓励我们继续发行第二期"。⑤ 表明该杂志发行伊始就受到了读者的关注。从该杂志的发行量可以看出其受欢迎程度和影响力,如1920年出版三期,每一期发行平均发行1 200份。⑥ 1921年出版两期,每期印刷约1 800份。⑦ 根据1934年春季号的报道,该杂志每期的平均发行量为1 400份,它被分发到美

---

① *Hainan News Letter*, Christmas 1925:1.
② "Please Notice", *Hainan Newsletter*, Autumn 1938:1.
③ 1910年美国北长老会在华的七个差会在上海成立了"美北长老会中国理事会"(China Council of the Presbyterian Church. U. S. A.),旨在制定政策统一各差会的工作。该理事会由十名成员组成,包括两名正副主席和八名差会代表(山东差会有两名),由路崇德(J. W. Lowrie)担任主席。参见:"China Council", *Hainan News Letter*, February 1917, p. 16.
④ *Minutes of The Forty-Sixth Annual Meeting of The American Presbyterian Mission Hainan*, Hongkong: Hongkong Daily Press, 1938:2.
⑤ "Editorial", *Hainan News Letter*, December 1912:1.
⑥ *Minutes 1921 of The Twenty-Ninth Annual Meeting of The American Presbyterian Mission Hainan*, Shanghai: Presbyterian Mission Press,1921:36.
⑦ *Minutes 1922 of The Thirtieth Annual Meeting of The American Presbyterian Mission Hainan*, Shanghai: Presbyterian Mission Press, 1922:27.

国各州，其中加利福尼亚州收到的数量最多，约为 250 份。其次是宾夕法尼亚州（149 份）和爱荷华州（113 份）。全美仅有八地没有收到该杂志，它们是阿肯色州、特拉华州、哥伦比亚特区、佐治亚州、肯塔基州、路易斯安那州、内华达州和佛蒙特州。此外，夏威夷、菲律宾和波多黎各也收到了该杂志，另有 138 份被送到了美国以外的地区①。这些数据表明，《海南通讯》在发行量方面保持了相对稳定的水平，在美国各地有一定的读者群体和传播影响力。

值得注意的是，该杂志的英文名称经历了一些细微的变化。从 1912 年 9 月号到 1918 年 1 月号，杂志的英文名称为"Hainan News Letter"，1918 年 4 月号变为"Hainan Newsletter"，下一期变回"Hainan News Letter"。从 1921 年 6 月号开始，又变为"Hainan Newsletter"。但在随后的 1929—1930 年冬季号，它又变回"Hainan News Letter"。接着，1934 年圣诞节号再次变成"Hainan Newsletter"，而 1935 年春节号又变回"Hainan News Letter"。从 1937 年秋季号开始，杂志的英文名称再次变成"Hainan Newsletter"，一直延续到 1949 年圣诞节号。尽管《海南通讯》中没有过多解释这种名称变化的原因，但笔者推测可能只是出于印刷习惯的问题。

二、《海南通讯》所见美国传教士在海南岛的传教活动

无论如何，传教士在海南岛的教务活动始终是《海南通讯》关注的焦点。就这份杂志的内容和特点，主要表现出以下几个方面：

第一，该杂志以传教士的视角呈现了近代美国北长老会传教士在海南岛传教运动的全景。虽然《海南通讯》存在于民国时期，但其所涉及内容中不仅有传教士们实时动态的传教活动的记录，也有晚清第一批进入海南岛的传教先驱们的回忆性文章。即使在 1912 年 9 月《海南通讯》创刊前，王约翰（John C. Melrose）、纪路文夫人（Mrs. Frank P. Gilman）以及海南岛的传教先驱冶基善（Carl C. Jeremiassen）三位传教士先后于 1897 年、1899 年、1901 年去世，但仍有美国长老会海外传道部派遣到海南岛的首位医疗传教士康兴丽（Henry M. McCandliss）与首位福音传教士纪路文（Frank P. Gilman）等早期开拓者为创刊

---

① "New Notes", *Hainan News Letter*, Spring 1934: 2.

后的《海南通讯》供稿。因此,对晚清基督教在海南岛的传入与立足的回忆性文章,多出于他们或其同事之手。

据笔者统计,康兴丽在《海南通讯》上的署名文章共有 14 篇,他的大部分文章用来介绍他所主持的海口福音医院工作的近况,其中 1920 年的一篇文章回忆了他于 1885 年始抵海南岛时找住处的艰难,以及传教士们后来在琼州府城、海口、那大、嘉积修建现代化教会建筑的情况①。纪路文于 1918 年去世,他的两篇文章均发表于 1918 年 7 月出版的《海南通讯》,第一篇文章纪路文夫人回忆了冶基善在那大开辟布道站的经过②。纪路文夫人在另一篇文章中介绍了海南差会的三位传教士、两位传道人、一位本地医生以及三位女传道访问雷州半岛的经历。③ 需要说明的是,除海南岛外,雷州半岛一直属于美国北长老会海南差会的传教范围,直到传教士完全离开海南岛,这在《海南通讯》的文章中有所体现。

第二,《海南通讯》主要刊登的是美国北长老会传教士在海南岛建立并长期拥有的三大布道站的消息。以《海南通讯》第一卷第一期(1912 年 9 月)为例,除了开头的创刊词,四个栏目分别是《那大布道站》(Nodoa Station)、《琼州布道站》(Kiungchow Station)、《嘉积布道站》(Kachek Station)以及《个人消息》(Personals)。其中,各布道站栏目不只限于报道每个布道站的教堂、男女教会学校、医疗工作等情况,也报道各个布道站所在地的地方新闻。《个人信息》栏目的篇幅较短,内容涉及传教士休假、结婚等流动情况。第二期在开头新增了《编者记》栏目。之后每一期的栏目虽然在不断地发展变化,但总体仍是介绍三大布道站的传教情况。

三大布道站各建有一所教会医院,《海南通讯》中常常列举这三所医院的病人数量。如 1913—1914 年,海口福音医院有 10 996 名门诊病人和 721 名住院病人,嘉积基督医院有 6 200 名门诊病人和 212 名住院病人,那大福音医院有 3 621 名门诊病人和 105 名住院病人④。这些数据统计直观地向读者展示了医疗传教士的工作成绩。另外,除了海口福音医院外,嘉积基督医院和那大福音医院以捐建医院的美国国内支持者的名字命名,嘉积基督医院又名"基尔伯恩医院"(Kilborn Hospital),那大福音医院又名"玛丽·亨利医院"(Mary Henry Hospital)。这样的命名方式反映了传教士对捐助者的感谢。

---

① H. M. McCandliss, "Contrasts", *Hainan News Letter*, July 1920: 26 - 28.
② F. P. Gilman, "The Opening of Nodoa Station", *Hainan News Letter*, July 1918: 2 - 3.
③ F. P. Gilman, "Luichow Evangelism", *Hainan News Letter*, July 1918: 13 - 14.
④ "1913 - 1914, Hospital Statistics", *Hainan News Letter*, December 1914: 7.

除了教会医院的病人数量,《海南通讯》还刊登了大量的统计数据。从1917年八月号开始,到1932年秋季号,《海南通讯》基本每年的杂志上都会刊登《海南差会名册》,介绍谁是目前正在海南传教的传教士,谁已经退休,谁正在休假。

尤为重要的是,1931年秋季号为"1881—1931年,美国长老会在海南传教五十周年纪念特刊"。表3是该期杂志记载的1892—1931年美国北长老会海南差会的发展情况。

表3 1892—1931年美国北长老会海南差会发展情况表

年份	信徒/人	慕道者/人	在校学生/人	住院病患/人
1892	78	220	74	424
1900	106	265	86	391
1909	375	1 187	281	673
1917	1 642	3 535	1 500	2 972
1927	4 168	615	705	1 829
1931	4 711	791	858	3 371

资料来源:*Hainan News Letter*,Autumn 1931.

该统计数据之后,接着分析了1881—1931年在海南实地工作过的传教士的整体情况。以下是相关的统计数据:截止到1931年,来海南岛服务过的传教士总计77名,他们的总服务年限为979年,平均服务年限为12.71年。服务时间最长的传教士是康兴丽医生和王约翰夫人(Mrs. Margaret R. Melrose,也被称为赖马太),他们均在海南岛服务了41年。此外,还有一些关于传教士家庭的数据:共有68名孩子在海南岛出生,其中,8名孩子夭折,7名孩子长大后返回中国服务(6名传教士,1名商人),20名孩子仍在海南差会的名册上[①]。

《海南通讯》最后三期分别是1947年圣诞节号、1948年圣诞节号和1949年圣诞节号。这三期杂志记述了抗日战争胜利后,一些回到海南的传教士如何参与难民救济,如何与本地信徒合作,如何复兴教会的各项事工。在每一期的尾页刊有《我们的活动范围》(*Scope of our activities*),记录了教会医院有多少病人,

---

① 参见 *Hainan News Letter*,Autumn 1931.

教会学校有多少学生,传教士们访问了多少麻风病人等实际数据。

第三,该杂志记录了传教士们在海南岛不同的生存状态和各种诉求。与历年出版的海南差会年度会议记录不同,《海南通讯》中不仅有严肃的工作报告,还会有传教士个人情感的直接表达。这种表达包括传教士对工作的热情,如1919年唐玛西(David H. Thomas)谈了他们夫妇在海南岛居住一年的感受,"我们并不总是能够远离忧郁和思乡之苦,但我们仍然不想与其他国家的朋友交换位置"①。有时也有他们面对困境时的反思,如1926年谢大辟夫人在面对20世纪20年代中国不断高涨的民族主义热潮时提出:"让中国基督徒负起责任,会使他们在同胞们心目中树立威信,也会使教会真正实现自传、自养和自治的日子越来越近。本着这一目的,我们决心帮助这一计划取得成功"。② 通过不同传教士的笔触,可使读者更好地了解传教士的情绪和思想,从而增强读者对传教士们个体生命的理解和共鸣。

由于传教士们受教育程度、性格特征、居留时间和工作地区等有所差异,这些因素可能会影响他们的感受和体验,进而在他们所写的文章中得到反映。这种多样性使得《海南通讯》成为一个反映传教士个体差异和多元经历的媒介,为中国基督教史的研究提供了宝贵的原始资料。如陶飞亚所说,"对传教士个人的研究,迄今为止是中国基督教史中的薄弱环节。对这些构成了跨世纪、跨国宗教文化传播运动的普通人,中国学界其实知道得很少,和西方汉学对中国的了解是明显不对称的"③。

第四,从《海南通讯》刊载的文章中,可看出传教士非常关心海南本地传道人和本地教会的发展。《海南通讯》第一期的首页就介绍了海南第一位华人牧师万鼎新被按立的过程,"6月22日,万鼎新先生被按立为海南第一个长老会教会的牧师。这是海南第一个有组织的教会,也是第一个聘请华人牧师的教会,年薪为240鹰洋。这是一个庄严的时刻,人们不远万里前来观礼。八位外国神职人员把手放在万先生的头上,欢迎他加入长老会"④。说明传教士很早便意识到本地传道人在传播基督教和在当地教会中起到的重要作用,将他们作为推动教会发展的重要组成部分来看待,并通过《海南通讯》来展示和宣传他们的成就。

---

① D. H. Thomas, "In Retrospect", *Hainan News Letter*, November 1919:13.
② D. S. Tappan, "Chinese Church Given New Responsibility", *Hainan Newsletter*, Fall 1926:34.
③ 许海燕、陶飞亚:《近代基督教史料汇编》(全三十册),国家图书馆出版社2021年版,第5页。
④ "Nodoa Station", *Hainan News Letter*, September 1912, p.1. 需要说明的是,万鼎新并不是海南本地人,而是一名来自东莞的巴色会友。他于1906年来到那大,1912年6月22日被美国北长老会传教士按立为牧师,之后一直在那大长老会教会服务,直到1925年离开海南回到广州。

值得一提的是,在1931年秋季号"1881—1931年,美国长老会在海南传教五十周年纪念特刊"上,专门刊登了六名海南本地牧师的照片,分别是那大的李英华牧师、海口的周世光牧师、那大的万鼎新牧师、临高的符文开牧师、嘉积的吴毅新牧师和万宁的冯焕新牧师。作为第一批被在海南岛传教的传教士们按立的本地牧师,他们也是海南岛的第一批本地教会领袖。

第五,杂志的另一个特点是,《海南通讯》发表了许多传教士在海南岛的黎族和苗族聚居区工作的文章。自1881年冶基善踏足海南岛开始,美国北长老会传教士的目光并没有局限于占人口主体的汉族,而是把目光同样投向了黎族和苗族等少数民族及其聚居区。整体而言,在《海南通讯》中,传教士笔下塑造了一个以主动姿态希望皈依基督教的黎族和苗族群体印象。传教士们认为黎族和苗族民众受"儒释道"的影响较少,在他们当中传教有广阔的前景。另外,传教士对海南岛的黎族和苗族民众有着强烈的情感偏向,如1918年谢大辟夫人称赞"苗族是一个非常诚实勤劳、热爱和平的民族"①。

以上,大致勾勒了《海南通讯》的基本内容和特点。当然,除了文字资料,《海南通讯》刊载了大量的照片,尤其是传教士与中国人的合影,传教士的集体合影,各个阶段基督教医院、学校和教堂的照片,海南人日常生活的照片等等,这些有价值的图片资料有待于进一步的阐释与探索。

三、《海南通讯》对海南地方史 研究的史料价值

陶飞亚在为国家图书馆出版社出版的《近代基督教史料汇编》这套丛书所写的"导言"中,充分肯定了《海南通讯》对海南地方史的研究价值,他说:"杂志也记述了20世纪二三十年代那些爆炸性的政治事件……带来的影响以及海南地区国共力量的消长。杂志感叹国民党枪杀共产党人的残暴。他们也由衷地赞扬宋美龄。杂志还报道了海南经济的发展、西方技术对海南的影响。这些资料对研究这个时期的海南有独一无二的价值"②。毫无疑问,对于内容庞杂、存在时间较久的《海南通讯》来说,除了记载美国北长老会在海南的传教活动,它也是海南

---

① D. S. Tappan, "A Trip to Several Miao Villages", *Hainan Newsletter*, April 1918:11.
② 许海燕、陶飞亚:《近代基督教史料汇编》(全三十册),国家图书馆出版社2021年版,第2页。

地方史研究重要的资料佐证和文献补充。

1925年圣诞节号的《海南通讯》封面上,出现了"来函照录,据事直书"八个中文字样,表明传教士主动向读者强调《海南通讯》所刊载文章的真实性与客观性。以这期杂志为例,所刊载的文章涵盖了多个议题,包括政治状况、匪患问题、外交和交通工具变化等。谢大辟夫人的文章《当前的政治状况》提到1925年海南出现严重的匪患问题,"士兵哗变,变成了强盗,或者强盗一夜之间换了外衣,变成了士兵。士兵们被派去保护村庄免受强盗的侵扰,回来时却带着猪、鸡和衣物,并将它们拿去出售",在这种不稳定的局势导致商业萧条的情况下,有约1 700人乘坐两艘船前往新加坡①。该期杂志还刊载了张约翰(Wilbur M. Campbell)写给美国国务卿的一封信,信中感谢美国国务院委托汉密尔顿(M. M. Hamilton)领事就1924年6月24日冯卓支(George D. Byers)在海南岛的嘉积遇害一案与中国政府达成和解。此外,蔡秉礼夫人(Cora B. Salsbury)在《十年回眸》一文中讲述了在过去十年间海南岛上交通工具的变化。她提到了从传统的轿子、独轮车和骑马,到汽车逐渐普及的转变,她说:"进展如此之快,以至于当我们看到人们从嘉积出发只需5个小时就能走完11年前我们花了4天才走完的路时,我们几乎不敢相信自己的眼睛。"②可见,除了对教务活动的报道,传教士为《海南通讯》撰写了不少介绍海南社会各个方面的文章。

传教士在巡回布道过程中与当地民众的亲身接触,以及他们基于深入观察的实践事实,使得他们对海南社会的描绘更加细致和具体。如1918年蔡秉礼(Clarence G. Salsbury)作为一名医疗传教士,曾专门撰文讨论海南人当时的卫生状况。他在开头便提出:为中国人制订个人卫生和环境卫生计划是一件非常简单的事情,但要制订一个切实可行、让中国人能够理解并乐于接受的计划,那就完全是另一码事了。他指出,外国医生最担心的问题之一是如何处理粪便,另一个问题是如何应对苍蝇的滋扰。除了苍蝇,还有无处不在的蚊子。蔡秉礼指出,对于蚊子问题,唯一的解决办法是将房屋的屋顶做好封控,并在门窗上安装纱窗。而对于中国灶具带来的烟雾和污垢对环境构成威胁的问题,蔡秉礼主张为中国人建造无烟的灶具。蔡秉礼还提道:"我们外国人的许多习惯对中国人来说是令人讨厌和不卫生的。其中最明显的是使用手帕。用手帕擤鼻涕,然后把它放进口袋,这明显证明我们外国人连最基本的卫生原则都不懂。"最后,蔡秉礼

---

① D. S. Tappan, "Present Political Situation", *Hainan Newsletter*, Christmas 1925: 3.
② C. B. Salsbury, "A Backward Look Over Ten Years", *Hainan Newsletter*, Christmas 1925: 24 – 25.

得出结论:"也许,教授卫生(知识)最有效的方法是通过幻灯片和演讲,以及为学校的学生开设有关这一主题的全面课程。这些学生来自许多村庄和城镇,向他们彻底灌输的(卫生)原则迟早会产生效果。"①《海南通讯》中关于传教士对海南卫生问题的记录还有不少,尤其是对鼠疫、霍乱、天花、麻风病等传染病的记录,这些记录为研究海南现代医学的发展提供了另一种视角。

传教士对海南少数民族的记述虽然比较零星,并且对教务活动着墨过多,但也有一些对少数民族整体情况,以及少数民族与汉族之间交往与互动的记录。谢大辟对海南苗族人的记述是其中的一个例子。据谢大辟记载:

> 苗族人并非海南岛的原住民,而是从广西迁徙而来。他们居住在海南岛的山区内陆,把他们的村庄建在高山上,高于黎族原住民。他们是真正的山地民族。他们没有自己的土地,不断遗弃用竹子和棕榈树建造的村庄,再迁往未开垦的土地上。苗族人不施肥,而是选择一片热带雨林,砍伐并烧毁所有植被,然后在烧焦的树干之间种植他们的稻谷。几年后,这些田地变得贫瘠,被新的山地取代。一个村庄的历史不会超过十年,大多数村庄的定居时间只有五六年。除了稻米,苗族人还食用野猪、鹿和森林里其他动物的肉,以及木瓜、苏铁(sago palm)和其他山林产物。他们没有商业或贸易,在很大程度上自给自足。少数汉族商贩进入他们的村庄,出售盐、帽子、布匹、衣服、鞋子、镜子和刀具,并购买他们珍贵的兽皮、兽角和兽骨。②

通过以上文字可以看出当时苗族人在海南岛上传统而原始的生活方式、经济活动以及与汉人之间的商业往来。传教士的这些记录可以为研究海南岛上汉族和少数民族的历史和文化提供重要的参考资料。

除了对本地民众的描述,来访海南岛的华侨和外国人也是传教士注意的对象。例如,在1935年春季号《海南通讯》上刊登了一张新加坡华侨商人胡文虎与传教士石鼎业(John F. Steiner)等人的合影,并用文字注明胡文虎捐赠了两万鹰洋给琼崖麻风病院。③ 而在1948年圣诞节号上,刊登了一张美国驻华大使司徒雷登(John Leighton Stuart)参观琼州教会学校(琼山县私立匹瑾初级中学)的照

---

① C. G. Salsbury, "Sanitation for Chinese", *Hainan News Letter*, July 1918:4.
② D. S. Tappan, "A Trip to Several Miao Villages", *Hainan Newsletter*, April 1918:11.
③ *Hainan News Letter*, Spring 1935:17.

片。① 这些照片对于近代海南中西文化交流史的研究而言具有重要的参考价值。

还应当提到的一点是,《海南通讯》在研究中国主流传统文化方面与《教务杂志》不可同日而语。在《海南通讯》的所有作者中并没有出现像美国北长老会山东差会狄考文、倪维思、郭显德牧师那样对中国文化有深度了解并有许多著述的传教士巨擘。对于这一问题,值得另外撰文细究。

当然,在肯定《海南通讯》的价值时,必须指出的是,传教士对海南的记录不可避免带有不准确性和认知的局限性。因此,在使用这份英文杂志时,应当保持批判性思维,避免将传教士的观点作为唯一的真实表述。

结　　语

与在华传教士创办的英文刊物《教务杂志》相比,《海南通讯》并未跳出地方性刊物和宗派的限制。作为美国北长老会传教士在海南创办的区域性杂志,《海南通讯》主要报告的是美国北长老会传教士在海南岛的传教工作的开展,很少关注其他地区和宗派的情况。但是同时,从另一个方面来讲,"局限于地方性事实",或许更有利于研究者从地方社会文化史的视角了解基督教在海南岛传播的地方性经验。

另外,近代基督教在海南岛传播的历史,主要是美国北长老会传教士在海南岛活动的历史。美国北长老会是 1932 年以前在海南岛传教的唯一新教差会,并且相较于 1932 年进入海南的基督复临安息日会,以及 1947 年进入海南的美国南浸信会,美国北长老会对近代海南社会的影响最深,发展信徒人数也最多。因此,《海南通讯》作为美国北长老会传教士创办的杂志,毫无疑问是研究海南基督教史、海南区域史不可或缺的历史资料。但仍需指出,该杂志创办的最主要目的是为了寻求美国国内差会、教友对海南传教运动的经费和人员支持。为了达成这一目的,传教士在报告中或许有"渲染成绩"的成分,这应当引起所有使用《海南通讯》这份英文杂志的研究者的注意。

---

① *Hainan News Letter*, Christmas 1948: 2.

余慈度与20世纪初中国教会复兴运动

田燕妮①

基督教信仰在不同国家、文化中的传播与发展,固然受到众多政治、经济、文化、外交等外在环境的影响,但发展的动力最终还是来自信仰本身。因此,从信徒的属灵经历和教会内部发展的轨迹探讨基督教在近代中国的发展就显得尤为必要。教会复兴运动在每个时代都有,且对教会的发展起到了重要的作用。关于复兴运动,以往的研究多关注美国、英国教会的复兴运动,而对于中国教会的复兴运动缺少详细的研究。本文拟从中国教会最早的一名女奋兴布道家——余慈度入手,尝试探讨20世纪初中国教会的复兴运动及余慈度对复兴运动产生的影响。

关于本文探讨的主题,国内外学界已有一些研究有所涉及。美国学者吴秀良的《余慈度传》一书从一个崭新的角度讲述了余慈度的一生,着重介绍了余慈度的属灵经历、在教会中的奋兴布道活动,以及对中国教会的复兴所产生的重要影响。英国学者伊恩·默里的《真正的复兴》一书依据史实分析18—19世纪的美洲福音派复兴运动,指明如何区分"真正的复兴"与"奋兴",以及此差异对今日教会的重大影响。姚民权和罗伟虹的《中国基督教简史》一书指出20世纪初布道事工成为教会复兴的重要手段。上海社会科学院张化教授的《20世纪上半叶上海基督教属灵派述评》一文描述了上海属灵派的西方渊源及相互关系,在上海属灵派的发展状况,阐述了女性在属灵派的特殊地位和作用。上述研究成果对本文的研究有参考价值。

---

① 作者简介:田燕妮,吉林大学图书馆副图书馆员。

一、余慈度的早年生活及灵性上的成长

（一）余慈度的家世与童年

余慈度的祖父是一个富有而颇具名望的乡绅,且笃信孔孟之道。余慈度的父亲曾是一名外科医生,后来进入杭州一个神学院进修,成为美国长老会的一名牧师。余慈度的母亲是一名基督徒。1873 年,余慈度出生于浙江杭州的美国长老会大院,她从小在一个非常敬虔的基督教家庭中长大,余慈度日后曾回忆:"实在感谢神,是他使我生在一个基督徒的家庭中并被抚养长大。"[1]

余慈度的角色定位主要是在其父母良好的教育下形成和发展的。社会学家认为角色学习的过程就是社会化的过程,"所谓社会化,是指个体在与社会的互动过程中,逐渐养成独特的个性和人格,从生物人转变成社会人,并通过社会文化的内化和角色知识的学习,逐渐适应社会生活的过程"[2]。余慈度儿童时期的祷告经历奠定她一生信心的基础。

余慈度的父母自幼就重视孩子们的宗教信仰,在余慈度 5 岁的时候,就和她的姐姐一起被送进长老会所办的儿童日校(Day School,相当于现在的幼儿园)接受教导。从那时起,她就已经开始学习祷告,她回忆道:"自从我能记事开始,我就每天学习向上帝祷告。我很少忘记这样做……我的姐姐在夜间常常因为黑暗而害怕,但是我对自己说,既然有耶稣与我同在,我为什么害怕呢?"[3]余慈度在 7 岁的时候曾做过一个非常美好的梦:"我似乎是在天上,看不见任何人,却听到美妙的乐器,弹奏着甜美温馨、难以形容的属天音乐,这是我从来没有听见过的。"[4]这可视为她从小就经历的属灵救恩的喜乐。

余慈度的父母除重点关注孩子们的宗教信仰外,还有意识地在日常生活中培养他们接受批评指责的良好品格。余慈度 8 岁的时候,她的父亲又被调到杭州以外的另一个地方去做牧师,在那里,除了一部分的时间去外面上学外,大部分的时间都是父亲在家里教她读书。余慈度日后回忆父母这一段时间的教育对

---

[1] 吴秀良:《余慈度传》,九州出版社 2012 年版,第 4 页。
[2] 郑杭生:《社会学概论新修(第三版)》,中国人民大学出版社 2004 年版,第 83、96 页。
[3] Yu, Dora. *God's Dealing with Dora Yu, A Chinese Messenger of The Cross*, Shanghai：Mission Book Co.1916：3
[4] Yu, Dora. *God's Dealing with Dora Yu, A Chinese Messenger of The Cross*, Shanghai：Mission Book Co.1916：4 - 5.

她来说是非常有价值的,她特别提到的是父母在她犯错时的指责,她的父母当时说:"在你以后的生活中你将不会找到任何指出你错误的朋友,尽管你希望认识自己的错误,但人们只在你背后指出你的错误。"①

(二) 余慈度灵性上的成长

余慈度灵性成长的重要阶段是从青少年时期开始。1888 年,余慈度 15 岁,她就去苏州博习医学院学习,并于 1896 年毕业。这 8 年期间余慈度经历了父母逝世、自己订亲又退亲的过程,以及属灵成长的重要经历。

在余慈度来到苏州三个月之后,父亲就病故了,那时母亲也正患着严重的心脏病,不到两年的时间,母亲也去世了。这是她进入医学院首先需要学习的克服因父母去世所产生的孤凄感。这段时期,有一位传教士朋友②经常安慰她,同时她也学会了在内心与上帝保持亲密的交流。

1892 年,余慈度 19 岁,本来预定和未婚夫完婚,她突然觉得婚姻是一件非常严肃的事情,而且她自己也不愿意结婚。按照当时中国的习俗,如果没有特别的原因,解除婚约将是一件非常困难的事。为此她经历了两个星期的挣扎,后来也是在甘博师母的帮助之下,她顺利解除了婚约。这在她的属灵经历中也是非常重要的一件事③。

余慈度属灵经历的第三个重要事件是她对付罪的经历,她觉得自己犯了一种不得能到上帝赦免的罪,虽然她仍然照常工作,但是她甘博师母却注意到她的情形不正常,甘博师母愿意帮助她,但余慈度一开始却不愿意告诉她,经多次劝慰之后她终于告诉了甘博师母,后来她们两个一起祷告,在祷告中她向上帝敞开,彻底让上帝搜查她的内心,她就回忆起许多以往所犯的罪,并且圣灵向她启示她应当认罪悔改。此后,她又经历了世界的诱惑,她说:"我也不再感觉与上帝交通的甘甜。我发觉我又开始享受这个世界和其中的事物。"当她与上帝渐渐疏远的时候,她也就被地上的人和事所困扰④。这段时期是余慈度坚定基督教信仰、属灵成长的一个重要阶段。她经历了基督救恩的喜乐,也确定了要跟随甘博师母去朝鲜半岛北部开创监理会的妇女福音工作。

---

① Yu, Dora. *God's Dealing with Dora Yu*, *A Chinese Messenger of The Cross*, Shanghai: Mission Book Co.1916: 5.
② 这位传教士朋友是甘博师母(Mrs. Josephine P. Campbell, 1853—1920)。
③ Yu, Dora. *God's Dealing with Dora Yu*, *A Chinese Messenger of The Cross*, Shanghai: Mission Book Co.1916: 7-9.
④ 吴秀良:《余慈度传》,九州出版社 2012 年版,第 38—40 页。

二、余慈度在朝鲜半岛北部的传教活动

（一）监理会在朝鲜半岛北部的传教活动

19世纪末20世纪初，基督教开始传入朝鲜半岛，并于短时间内获得了快速发展，其原因是多方面的。1896年，在上海传教的美国监理会传教士瑞德（C.F. Reid）带家属迁到汉城（今首尔），成为监理会在朝鲜半岛北部传教的第一个传教士。由于朝鲜半岛的民俗文化深受中国儒家思想的影响，男女授受不亲，必须女传教士才可以向当地妇女传讲福音。因此美国监理会从上海教区抽调甘博师母到朝鲜半岛北部开创妇女的传教工作。

（二）余慈度在朝鲜妇女中的传教工作

甘博师母于1889—1893年期间代理博习医学院的校务，正是这段时间余慈度父母双亡，甘博师母对她照顾入微，也与她建立了亲密的关系，因此，甘博师母被派去朝鲜传教时，就邀请余慈度与她同去。1897年10月初，甘博师母同余慈度一起坐船离开上海，10月9日就抵达汉城。一到那里，甘博师母就迫切希望立即开展传教工作：

> 我们非常盼望整个教会（指监理会）能够向上帝屈膝，为着当地人的得救祷告。如果整个基督的教会，都能够用基督的眼光，来看这一个不信上帝的国家，那么我们的心就要受到激发，而担负起我们应担的责任，我们就不会只想到吃什么、喝什么和穿什么，而是想到如何来拯救灵魂了。①

而余慈度来朝鲜半岛北部则是为了逃避在现实环境中的种种试探。她在回忆中说：

> 1897年，我的教士朋友约我和她一同到朝鲜半岛去，我没有得到我天父的许可就立刻答应了。当时我心里以为只要能离开我现在的事情，就可以将职务做得更好，并且也可避免当时看来似乎是非常大的试探。我就是在这种光景中，没有得到天上的许可就离开了我的祖国。大家可以想象到

---

① 吴秀良：《余慈度传》，九州出版社2012年版，第52—53页。

在我以后的路途上,将要受到什么样的待遇。①

上帝是一个永远爱人的父亲,也是宇宙中公义的主宰。他把我立刻放在他的手中,并开始教导我许多宝贵的功课。这些功课,我承认:有的时候我并不能体会出它们带给我的意义,我也不欣赏他那双为我安排道路的手。我曾极力反抗全能的上帝所用诸般工具,且不承认这一切都是他的手。②

余慈度在监理会中担任多方面的工作,在教育方面,她和甘博师母共同创立了培花学堂,她在教务方面负责教材编纂和教学两方面的工作;在学校医务方面,她能独当一面,一方面在学校诊所照顾学生,另一方面负责照顾住院的病人;在教务方面,她一直担任女传道人的职责,是教堂的主讲人。繁重的工作,使她的工作大受亏损,与此同时,与此同时,中国国内正兴起一股基督教复兴的洪流,她内心也感受到圣灵的带领与引导,于是于1903年10月返回了中国。③

三、20世纪初中国教会复兴运动

(一) 中国教会复兴的前奏

有基督教学者认为,起初,上帝与他的百姓立了约定,但是,百姓离开上帝,后来上帝赐下悔改之恩,再次与他的百姓立约,而百姓则向上帝悔改,再次与上帝立约。"复兴"就是约的更新,或是重新立约。④

美国著名布道家塞缪尔·戴维斯(Samuel Davies)说:

人远离了上帝,不断地悖逆上帝,且"乐此不疲"。人拒不履行自己的义务,也不恢复当有的忠诚。只有从天上而来的能力才能征服人刚硬的心,亲切地使人顺服,将上帝的爱和他对一切罪的深恶痛绝启示给人。为此缘故,上帝将圣灵赐下世界;也为此缘故,上帝世世代代一直在对人心做工。⑤

---

① God's Dealing with Dora Yu, pp. 11 – 51.
② God's Dealing with Dora Yu, pp. 51 – 54.
③ God's Dealing with Dora Yu, pp. 13 – 21.
④ 阿诺德·达里茂著,陈凤译:《怀特菲尔德传》,华夏出版社2008年版,代序:两个复兴传统(撒母耳·林博士),第3页。
⑤ 伊恩·默里著,张宇栋译:《真正的复兴》,团结出版社2012年版,第17—19页。

关于复兴的全部理论,都包含在两件事情之内:一是在每一个坚定的悔改归信的过程中,圣灵都会发挥作用;二是与其他时期相比,在某些特定的时期内,圣灵的这一工作开展得更广泛、更有利。当这两件事情同时发生时,信仰的复兴就现出了。

怀特菲尔德将始于1739年冬天的美国剧变,看作"未来的预兆,预示着上帝的灵要在这些地区更充足地降下"。塞缪尔·布莱尔也写到这一次剧变:"1740年春天,上帝的救恩临到了我们,他的圣灵以异乎寻常的方式浇灌下来。"乔纳森·迪金森评价这一时期道:"上帝的灵以异乎寻常、显而易见的方式降下,再一次临到他们。"在这些人眼中,"降下""洗礼"和"圣灵的浇灌"都是"属灵复兴"的同义词。"属灵复兴"这一词语,直到18世纪40年代才开始作为标准化措辞被采用,人们也总是按照这一含义来理解它。①

18—20世纪初,在西方教会中,基督教会经历过几次大的复兴。宗教改革之后,最早的复兴是18世纪发生在东欧的"摩拉维亚大复兴",接着是18、19世纪发生在英国的复兴,以及发生在美洲的两次大觉醒运动,20世纪初期发生在英国的威尔斯大复兴,被称为西方历史上最大的复兴。基督教会的复兴运动,不仅吸引了成千上万的人悔改信主,使信徒的灵命得着复苏,也给整个社会带来了巨大的影响。

20世纪的前十年中,其他地区也有复兴,日本、印度、印度尼西亚和非洲部分国家和地区的信徒人数都大量增加。中国的东北、华北、华中以至华南,都由著名基督徒带来了极大的复兴②。

(二)20世纪初中国教会的复兴

20世纪上半叶,中国教会复兴的历史大致可以分成两个时期,1900—1927年是第一个时期;1928—1949年是第二个时期。其中,20世纪的前十年中,中国教会复兴的发展大致可以分为三个阶段:1901—1904年是复兴的初期;1905—1907年是复兴的壮大期;1908—1909年是复兴的高峰期③。

1900年春天,复兴首先在北京东郊通州的"潞河学院"开始启动。那里的学生们受圣灵感动,自己认罪奉献,还到四周乡村去传播福音。与此同时,福州"英华书院"的学生也有70人悔改信主。同年春天,在广州一地就有700人加入教会。1903年,东北和华南各省也呈现出初步的复兴现象。1904年,上帝在云南

---

① 伊恩·默里著,张宇栋译:《真正的复兴》,团结出版社2012年版,第17—19页。
② 吴秀良:《余慈度传》,九州出版社2012年版,第83—84页。
③ 吴秀良:《余慈度传》,九州出版社2012年版,第92、189页。

边区借着内地会的传教士们,在少数民族中间燃起福音之火。1906年,复兴的流扩大到华北、华中和华南。北方山东省的复兴情况最为显著。在华中的扬州、上海等地都有复兴的报道。1908年,中国开启"东北大复兴"。1903年,余慈度回到中国,一开始,她只是在上海一带监理会中间从事奋兴布道工作。1908年,她从监理会的范围中出来,投入基督教在全国的复兴中[1]。

四、余慈度对20世纪初中国教会复兴运动的影响

(一)按照"信心原则"生活和事奉

近代在华的基督教传教团体中,有一些差会在组织性质上属于"信心差会"。郭熹微认为:"所谓'信心差会',是指那些超宗派机构,一切需要没有宗派固定支持,所以要凭信心仰望上帝。信心差会不劝募、不举债,他们只将需要公开告诉基督徒,并凭祷告来感动基督徒按时奉献。"戴德生创办的中国内地会就是一个"信心差会",它的传教士没有稳定的薪金,他们也不向外借贷,收入完全依靠基督徒自由捐献,所有收入大家平均使用。戴德生对信心的注重体现了他对传教士本身信仰的强调,他认为,只有传教士本身在现实生活中过着虔诚的信仰生活,才能使他所传播的基督教具有公信力[2]。

当时中国教会大多依靠西方差会的经济支持。1903年,余慈度回国后放弃行医,不从西方差会接受固定的薪金,完全凭信心生活和传道,她的信心是在多次美妙、神奇的经历中逐渐坚定的。

余慈度回国后,在她姐姐所居住的城市里租了一个房子,完全凭信心生活事奉。最初,一位有钱的朋友为她捐了一笔钱财,但后来突然退捐了,这对她的信心生活是一个极大挑战。但余慈度认为这一切都是出于上帝的安排,她愿意顺服上帝。最后退捐的人又重新捐钱给她,这笔钱维持她近一年的生活[3]。

余慈度凭着信心生活,也凭着信心讲道。余慈度的讲道大有能力,她主持的奋兴布道活动,影响深远。1904年余慈度参加一个为期10天的特别聚会时,其中有一个专门为妇女举行的聚会,需要她来主持和承办。她一开始没有信心:

---

[1] 吴秀良:《余慈度传》,九州出版社2012年版,第92—94页。
[2] 田燕妮:《近代基督教在中国本色化的路径选择》,苏州科技大学硕士学位论文,2009年,第33页。
[3] 吴秀良:《余慈度传》,九州出版社2012年版,第100—103页。

"我觉得我实在没有能力承担这个重任。从孩童时代开始,说话时常有咬舌头的毛病,因此连说话都说不清楚。"第二天就要举行大会了,余慈度就五点钟起床迫切向神祷告,直到上帝向她说:"时候到了,我必定会把我的话放在你的口中。"当她站起来讲话的时候,讲道非常顺利,聚会蒙上帝大大的祝福①。因为她一直是凭着信心为上帝说话,许多人都是听完她的讲道之后,归信了基督教,并决心献身事奉上帝。

(二) 致力教育和培养中国传道人,特别是女传道人

清朝时期来华的传教团体,无论是天主教还是新教,都大量使用中国人,几乎在所有的传教团体中都少不了中国人的身影。但西方差会中中国职员的人数虽多,被按立为牧师的却为数不多,一直到民国初期情况依然如此。以安徽教会为例,1922年出版的《中华归主——中国基督教事业统计(1901—1920)》的资料表明:当时安徽教会中国职员共有721名,除去从事教育工作和医疗工作的中国职员,直接从事传播基督教工作的中国职员有240名,其中,只有31人被按立为牧师,比例为12%,而外国职员中18%为按立职员,中国内地会中被按立的中国职员更少。中国传道人主要是协助西方传教士巡回布道和处理教务。事实上,由中国传道人向中国人讲道更利于中国人接受福音,但是中国传道人没有得到更多的培养和训练②。

余慈度也在布道时发现,教会缺乏称职的中国传道人。因此,为了日益增长的教会的需要,余慈度通过创办圣经学校、暑期查经班并在各地引领奋兴会,为教会培养了许多男女传道人才。

1908年9月,余慈度自己募款在上海创建了"查经祈祷处",实际上就是一所圣经学校,以培训中国传道人。1916年,"查经祈祷处"扩大校舍,正式建成"江湾圣经学校"。学校的课程分为两年制和三年制两种,一共招收住校学生12名。所学课程注重属灵生命的追求,注重读"上帝的话语",着重将课程内容与日常生活相联系。学校不收学费,只收每月4元的膳宿费③。

余慈度曾在《教务杂志》上声明圣经学校的宗旨:"帮助那些寻求神话语的女传道人,不仅仅是为了获得圣经的知识,而是为了能够被上帝占有,而成为神强

---

① 吴秀良:《余慈度传》,九州出版社2012年版,第104—105页。
② 田燕妮:《近代基督教在中国本色化的路径选择》,苏州科技大学硕士学位论文,2009年,第34—35页。
③ 吴秀良:《余慈度传》,九州出版社2012年版,第131页。

有力的见证人。"①

（三）追求"在基督里合而为一"

在《新约》记录着使徒保罗劝勉早期教会的信徒要过一种合一的生活。但是，近代来华基督教新教各个教派在中国却并不团结。著名学者王治心在《中国基督教史纲》指出，新教来华的差会和传教团体不仅数量多达130多个，而且同一个宗派内还有不同国家之间的分别，例如长老宗，还有英国、美国、加拿大等国之分。②

余慈度从一开始尽职事起，就致力于践行合一的生活。从1910年开始，余慈度在夏冬两季开办查经班。查经班每期为期10天，1918到1922年这四年，余慈度因为健康原因暂停，其余每年都举行。余慈度创办查经班时就致力于追求不同宗派之间的合一。暑期查经班的会员来自全国七个省的20多个大小城市，她们代表了10个不同的公会，包括南长老会（美国）、北长老会（美国）、循道会（英国）、联合美以美会（英国）、圣公会（英国）、内地会（英国）、宣道会（美国）等。从查经班的效果来看，会员们虽然来自不同的公会，"却都在上帝的爱里融合为一了"，会员们也见证她们"在训练期间深深感觉到圣灵的同在"。③

1916年，余慈在传教士著名的杂志《教务杂志》上声明圣经学校的宗旨，最后一点就是："我们的目的不是要把学员从他们自己的公会中拉出来，而是要把他们训练成更称职的工人，使他们更适合在他们原来的公会中工作。"④

1919年，余慈度和天津女青年会的传教士安汝慈（Ruth Paxon）加入"中华国内布道团"。1924年，她们又一起加入"全球复兴代祷运动"，这个运动是1924年元旦由伍兹师母（Mrs. Henry Whomas）和她的先生以及几位著名的基督教领袖在上海发起的，余慈度是委员会中唯一的中国人⑤。

1927年，余慈度在著名的传教士大会上——开西大会⑥上发言的时候，也追求基督身体的合一，当她在大会中被介绍为"中国的代表"时，她立刻纠正："我在

---

① Dora Yu, "Bible study for Women", *the Chinese Recorder*, Vol.47 (May 1916), p. 327.
② 王治心：《中国基督教史纲》，上海古籍出版社2011年版，第152页。
③ 吴秀良：《余慈度传》，九州出版社2012年版，第135—136页。
④ Dora Yu, "Bible study for Women," *the Chinese Recorder*, Vol.47 (May 1916), p. 327.
⑤ 吴秀良：《余慈度传》，九州出版社2012年版，第176页。
⑥ 开西大会(Keswick Convention)是福音派基督徒的聚会，是由圣公会的 T. D. Harford-Batters 和贵格会的 Robert Wilson 于1875年创立的，此后一年举办一次。开西大会在每年七月、八月间举行，大概持续三周左右。开西大会致力于推动全世界的基督教传教运动，追求基督徒个人的圣洁，并致力于恢复基督教各派别的合一。因此被视为基督教会各派别追求属灵最高境界的象征。

这里不是中国的代表,我是主耶稣基督的代表,我属于一个天上的城市。"①

余慈度在自己的布道活动和培训工作中没有和其他教派有纷争、分裂的现象,而是一直遵从圣灵的引导,努力活出合一的见证,所以她的布道活动就满有成效,她自己也成为基督教复兴的力量。

上海社会科学院的张化教授认为,属灵派是一种神学取向,而不是一种派别,如果再从组织体系细分,属灵派可分为三派:基要派、灵恩派和奋兴派。基要派多数接受差会津贴、活跃于大公会;灵恩派多数凭信心生活,推崇灵恩经历,自组属灵教会;奋兴派多数也凭信心生活,在布道家身份在海内外各教派主领奋兴布道会。② 余慈度属于属灵派中的奋兴派。她的见证主要讲述她的属灵经历和上帝在她外面环境中的对付。吴秀良在《余慈度传》中总结了余慈度的六点属灵经历:

一是信徒必须时常对付罪。凡是被圣灵显明出来的罪,都必须靠着上帝的恩典去对付。

二是要绝对奉献。包括向上帝完全顺服,把一切交(托)给上帝,跟随圣灵在里面的引导教训,顺服上帝在环境中全能的安排和对付。

三是圣洁或成圣的生命。包括必须对付世界、接受十字架,并与基督同死的经历。

四是经历圣灵在信徒里面的充满和外面的浇灌。她注重生命过于恩赐。

五是认识属灵争战的需要。信徒必须养成时时儆醒祷告的习惯,防备撒旦在信徒必思里的建议和控告。

六是她和开西属灵领袖们分享普世教会(基督的身体)合一的异象。她的培训职事也是为受训者所在的公会培植人才,而不是把他们吸引到她自己的教会。③

余慈度的传教活动对中国教会1930年之后的复兴运动,起到了承上启下的关键作用。她最重要的传教成果就是倪柝声的得救。1920年,在一次复兴大会

---

① 吴秀良:《余慈度传》,九州出版社2012年版,第185页。
② 张化:《20世纪上半叶上海基督教属灵派述评》,《基督教学术》2017年第1期,第7—35、+346页。
③ 吴秀良:《余慈度传》,九州出版社2012年版,第199—201页。

中,倪柝声听了余慈度的讲道,深受感动,决心将自己完全奉献给上帝①。总之,20世纪初,由上帝掀起借着著名布道家在中国各地激发的教会复兴运动使传教事业获得很大发展,中国信徒人数激增,教会在生命上向下扎根,向上成长。余慈度作为女布道家和教会复兴的先驱,在20世纪初中国教会复兴运动中,扮演了至关重要的角色,也对当今中国教会的复兴运动产生了深远的影响。由于中外学者对余慈度的研究非常缺乏,本文的史料查阅势必还有很大的空间,因此,本文的研究属于尝试之作,我将会继续努力,以此作为后续研究的起点。

---

① 吴秀良:《余慈度传》,九州出版社2012年版,第13页。

冲突与融合：范子美与近代中国变革

乔洋敏[1]

范子美(1866—1939)，又名范祎，号皕海，1866年生于苏州吴县，自幼习读经书，深受中国传统文化熏陶，1893年中举人。在19世纪晚期中国变局中，范子美对传统体制产生了某种疏离，开始寻求民族国家救亡图存和个人安身立命的新出路。受维新风气影响思想大变，他从传统经学转向政论，对西学产生兴趣，"激刺于国势之日陵，悔儒术之迂腐寡效，乃更取算数物理之书读焉"[2]。19世纪末最后几年，先后任《苏报》《实学报》《中外日报》等报的记者。1900年范子美迁居上海，1901年秋通过与美国传教士林乐知交往，耳濡目染西学西俗，从欣赏"西艺"、"西政"进至接受"西教"。1902—1907年与林乐知合作编译《万国公报》，致力于传播西学和基督教。1911年范子美加入中华基督教青年会书报部，先后主编《进步》杂志和《青年进步》月刊，达25年之久，著述丰富。1935年70岁时退休，1939年去世，同年11月中华基督教青年会董事部通过了纪念范子美的决议：

> 范子美先生，以硕学通儒，于一九一一年加入本会书报部，先后主编《进步》及《青年进步》两月刊，以其如椽之笔，发挥四育，启迪青年，使本运动得借文字之阐发而加速其进展。民国廿四年，先生年届七秩，乃向本会告老，时适为服务本会二十五周之期，同人等方冀先生颐养林泉，克享耋寿，乃于

---

[1] 作者简介：乔洋敏，上海立信会计金融学院讲师，上海大学历史学博士。研究方向中国近现代史、近代中西文化交流。

[2] 范祎：《〈万国公报〉二百册之祝辞》，《万国公报》第337卷，1875年5月22日，台湾华文书局影印合订本，第1036页。

本年九月十日,遽归道山,曷胜怆悼。先生勤奋治学,酷嗜典籍,早岁奋迹庠闱,驰名士林,中年接受福音,毅然归主,服膺至老弥笃。凡此懿行,均堪为青年所取法者,谨志数语,用彰潜德。①

作为从事三十多年报刊编辑的文字工作者和关心中国文化和国家民族命运的"儒者基督徒",范子美发表过许多论著回应急剧变迁中的中国社会面临的问题,在爱国与信仰的身份认同、调适基督教信仰和中国文化等方面思想活跃,颇多建言立论,在当时的基督教圈内,甚至在圈外都产生了重要的影响。学界已对范子美的生平及其服务《万国公报》、中华基督教青年文字工作有一定研究②,但围绕范子美仍有可探索的研究空间。文章考察范子美早年的读书和科举之路,以及在近代中国变革其思想冲突与融合的图景。

一、范子美的读书和科举之路

读书走科举之路是中国传统文人谋求生命价值的传统模式,范子美也不例外。他"幼而读书,嗜诗古文辞之学"③,培养了较为深厚的国学根基。1870年五岁时随家人移居上海大东门外横街伯父家中。父亲和伯父教导他识字读书,读《诗经》,继而学习《论语》《大学》、《中庸》《孟子》等典籍。9岁读完《尚书》《周易》,十岁时去何姓家塾中学习《礼记》。次年伯父请教师教授《春秋》《左传》。诵读背记经书占据了范子美少年教育的大部分时间,不断重复背诵以刻入脑海。刚开始他读书只求背诵极熟,略不讲解,读《左传》时才开始讲解,讲解不到半年

---

① 编者:《纪念范子美先生》,《同工》,中华基督教青年会,第183、184期合刊,1939年11月,第33页。
② 有关范子美的研究见邢福增:《"儒者基督徒"范子美(1866—1939)》,《道风》1997年第6期,第140—174页。李可柔、毕乐思编,单传航、王宗文、刘红译:《光与盐——探讨中国近代改革的十位历史人物》,中国档案出版2009年版,第99页。安秀梅:《"非基运动"前后范祎对基督教与儒学关系的认识》,湖南大学硕士学位论文,2015年5月。包兆会:《历史文化名人信仰系列之四十七:范子美》,《天风》2017年第11期,第54—55页。谢玉梅:《民国基督徒的国学观——以"儒者基督徒"范子美为中心》,上海大学硕士学位论文,2017年;夏蓉:《范甸海及其〈青年的国学需要〉》,《湖南科学学院学报》2018年第3期,第10—13、37页。乔洋敏:《耶儒之间:范子美研究(1866—1939)》,上海大学博士学位论文,2019年5月;乔洋敏:《20世纪二三十年代范子美论基督教与中国文化之会通》,《基督宗教研究》2023年第32辑,第502—522页。
③ 范祎:《万国公报第二百册之祝辞》,《万国公报》1905年第200期,第23611—23612页。

已能理解大部分的宋经讲解之书,只有一两个深奥的语句不能透彻而已①。多年以后回忆起来,范子美视这种熟读方法视为"吾国二千年教学唯一经验之良法"。12岁时(1877年)开笔写八股文以及五言试帖诗,12岁之冬完篇。又在晚间读唐诗及近代试帖诗,八股文完篇时已经能做五言八韵的排律②。自五岁识字至十三岁(1870—1878)范子美读书八年,"自觉是时四书五经滚滚在胸,滔滔在口,尝以余闻,更读他书"③。与当时一般读书人无异,经书是范子美早年学习的重点,他还喜欢读中国文学和历史。少年时代的阅读和知识积累奠定了他的国学文化根基,养成的学习习惯也影响终其一生的嗜书爱好和文字事业。

1878年父亲带13岁的范子美回到苏州,他以幼童入元和县学,成为附生④。时任江苏学政的林天龄⑤非常赏识他的文章,称赞他的文章"雏凤清于老凤声",一时间亲族邻里都称其为"小秀才"⑥。1880年范子美15岁时在上海小南门宋姓小官僚家担任家庭教师,教比他小四五岁的宋氏儿女,当时他的年薪为三十六千文钱,分三期致送。在宋氏家教了三年,课读之余他用收入所得在旧书摊上购买旧书,潜心研讨宋元明理学家之文集语录,"濂洛关闽学派尊,探研初入圣贤门"⑦。"当时周、程、张、朱之名,太极五行之说,格物致知之辨,居敬穷理之训,口诵心维,居然以道学自命,一步一趋必恭必恪"⑧。他还喜爱读诗作诗,以建安七子和杜甫的诗为榜样。17岁时担任桐泾吴氏的家庭教师,经常夜读《仪礼郑注句读》《湖海楼集》,沉浸在阅读中常忘记了时间。

1882年17岁的范子美在父亲陪同下首次前往南京参加光绪壬午科乡试。在南京期间,他常徘徊于东牌楼购买古书。父亲的朋友劝他好好学习八股以中举,不必费心思钻研古书。他对这种功利主义很不以为然,甚至鄙视⑨。范子美

---

① 誾誨:《五十七年读书自述》,《青年进步》1927年第102期,第64页;夏冰:《苏州士绅》,文汇出版社2012年版,第48—49页。
② 誾誨:《五十七年读书自述》,《青年进步》1927年第102期,第64—65页。
③ 誾誨:《五十七年读书自述》,《青年进步》1927年第102期,第65页。
④ 清代生员有附生、增生、廪生之别。刚入学的秀才为附学生员,简称附生,后经考试名列优等者,可享受官府津贴,称廪生。明、清两代,由府、州、县按时发给银子和补助生活的生员,廪生定额之外,增加的名额称增生,地位处于廪生和附生之间。
⑤ 林天龄(1830—1878),字受恒,又字锡三,福建长乐人。咸丰九年举人,十年成进士,官至翰林院侍读学士,出为江苏学政卒。
⑥ 誾誨:《五十七年读书自述》,《青年进步》1927年第102期,第65页。
⑦ 誾誨:《忆旧诗》,誾誨《古懽室诗存》,《青年进步》1917年第1期,第3页。
⑧ 誾誨:《五十七年读书自述》,《青年进步》1927年第102期,第65页。
⑨ 他说:"此清季士风之所以日衰,何谓道德,何谓志节,何谓廉耻,都以扫地无余。"参见誾誨:《五十七年读书自述》,《青年进步》1927年第102期,第65页。

仰慕古人的道德学问，尤其喜欢读顾炎武的《日知录》。作为影响一代学人的思想家——"清学开山之祖"①顾炎武在学术思想上的突出贡献之一是经世致用，主张学问重在实用，以利国利民为宗旨，反对理学的空疏。顾炎武重视社会道德、强调世道人心对维持风俗教化的重要作用，重视社会风俗，"治乱之关，必在人心风俗，而所以转移人心，整顿风俗，则教化纲纪为不可缺矣"②。范子美在《日知录》上密密麻麻写满了批注，和别人讨论时每次必提起顾亭林，多年以后还记述道，"能知儒者有伟大学问，伟大事业，则自读此书始"。

对范子美来讲，道德和学问知识的一致，使他相信经世致用之学和经史是科举的途径，他要为升天坠渊的科举考试竭力奋斗。然而，年复一年受困于经文的约束，催促他为科举应练习八股文写作的朋友，以及父母家人对他乡试的期望与现实屡次不中的失望之间，多次科考报罢而归，内心会有失落和愤懑。"六躓棘闱气不馁"，他将度过这段艰难过程的精神支持和慰藉归功于所读古书中古人的道德学问、高尚风范和情操。

1885年，范子美在苏州阊门外朱家庄的一处私塾练习举业。塾师包家驹③是管理慈善机构又新局的董事。私塾设在善堂空余的房屋内，靠近寄存棺柩的丙舍，有些阴森恐怖。多年后回忆起来，他感慨当时为科考的练习是浪费心力，所读的书无用，"丙舍穷经暂蹴居，夜深鬼火上阶除，下帷攻苦縻心力，不是人间有用书"④。值此际遇范子美和在此练习举业的蔡俊镛⑤结交，两人成为挚友。1885年科考不第，随后范子美返回苏州娶一张姓女子为妻。父亲在上海经商，范子美便在苏州吴门独立小家庭。婚后他仍潜心清代汉学，把妻子的钗钏首饰典质以购买《学海堂经解》⑥。沉潜其中五六年，对经学的研究不断长进，"宋学家之余，一变而为汉学家矣"⑦。

---

① 梁启超：《中国近三百年学术史》，中国书店1987年版，第53页。
② 《顾亭林诗文集》，文集卷四《与人书》九，商务印书馆1937年版，第257页。
③ 包家驹，字逢伯，光绪四年入苏州府学，廪生，又新局董事。
④ 皕诲《忆旧诗》，皕诲《古懂室诗存》，《青年进步》1917年第1期，第3页。
⑤ 蔡俊镛(1876—1957)，苏州人，光绪二十年(1894)举人，苏州公立第一中学校长首任校长，参与兴办新式教育是江苏学务总会最早一批会员，擅长文章、诗词、书法、历史考证。有关蔡俊镛生平，见夏冰：《苏州第一中学首任校长蔡俊镛》，苏州市传统文化研究会编《传统文化研究》第19辑，北京：群言出版社，2012年。
⑥ 《学海堂经解》，又名《皇清经解》，是大型经解丛书，阮元在广州粤秀山麓建立学海堂时主持编辑刊刻。《学海堂经解》1400卷，收书182种，囊括了清初至乾嘉时期顾炎武、万斯大、毛奇龄等73位著名学者的重要著作，几为清代学术精华之总汇。
⑦ 皕诲：《五十七年读书自述》，《青年进步》第101册(1927年4月)，第66页。

跨越中西的个人、组织与文化——陶飞亚教授七秩纪念文集

1893年,28岁的范子美赴南京参加癸巳恩科乡试①,中举人。1882年至1893年间,也就是范子美17岁至28岁间,他共参加了七场乡试②,前六次都没有考中。屡次不第让他烦闷气馁,也鄙视士人一味钻研八股以猎取功名的做法,对科考的厌恶感挥之不去。"癸巳三场已毕,余年二十八,颇厌苦科举,出场对明远楼,作揖曰誓不再入此门",事实上正是在这一年(1893),第七次参加乡试时范子美考中举人。此时他已精研宋明理学,对经史、哲学、诗词均有一定修养,"周、易、程、张、朱之名,太极五行之说,格致之辨,居敬穷理之诉,口诵心维,居然以道学自命"③。1893年癸巳恩科乡试时,他首篇用今文《尚书》,次篇用《春秋》《殷历》,终于得到主考官文廷式④的赏识,中第四十八名举人。⑤

乡试是科举系统中竞争最为激烈的一级考试,清代中后期的录取比例从50取1到80取1不等,甚至有过100取1的录取率⑥。一个举人的背后可能是一百个陪读者。科举之路的狭窄与艰辛,竞争惨烈造成蹉跎科场、困顿场屋潦倒一生的士子比比皆是。成功的概率如此之低,中举之后士人命运和社会身份的改变又非常巨大。举人在清末是颇具声望的,是具有特定身份地位的,获得举人科名意味着成为高级士绅,可直接进京会试,将获得权力、名誉和财富。科举考试不拘身份、机会均等使知识分子全都涌到科举考试的门前,不过被这狭窄的门阻挡,几乎所有的考生都不得不体味落第的悲哀。他们之下还有很多没能中举的生员,有的人考了一辈子也没中。范子美无疑是幸运的,举人身份使得他进入所谓的"上层士绅",和一般的百姓生活有了区别,其日常生活更多是和文字相关的诗书、著述、写诗和收藏典籍。即使到了科举制已废除的20世纪,范子美的教育

---

① 清代乡试定制三年一次,逢子、午、卯、酉年乡试。光绪十四年(1888)戊子、十七年(1891)辛卯、二十年(1894)甲午为江南乡试为正科。因1894年为慈禧太后六十岁寿辰,光绪十九年(1893)癸巳增加恩科乡试,次年举行甲午恩科会试。

② 参见髯海:《五十七年读书自述》,《青年进步》1927年第102期,第66页。范子美记自己共参加九次科考,其中乡试七次,会试两次。目前笔者已知的范子美乡试有六次:1882年范子美17岁时,在父亲陪同下首次前往南京参加光绪壬午(1882)科乡试。他还参加光绪十一年(1885)乙酉科江南乡试、光绪十四年(1888)戊子科乡试、光绪十五年(1889)己丑恩科乡试、光绪十七年(1891)辛卯科乡试。因1894年为慈禧太后六十岁寿辰,光绪十九年(1893)癸巳增加恩科乡试,1893年乡试范子美考中举人。接着又两赴春闱,光绪二十一年(1895年)参加乙未科会试,不中。第二次是参加戊戌春闱(1898年)。"余乡试七回至二十八岁,始诡而获隽",参见髯海《五十七年读书自述》,《青年进步》1927年第102期第66页。

③ 髯海:《五十七年读书自述》,《青年进步》1927年第102期,第66页。

④ 文廷式(1856—1904),字道希,芸阁,号纯常子、罗霄山人等,中国近代著名爱国诗人、词家、学者。光绪十六年(1890)进士,殿试一甲第二名及第,授职翰林编修,擢侍读学士。在甲午战争时期主战,积极参与维新变法运动。

⑤ 髯海:《五十七年读书自述》,《青年进步》1927年第102期,第65页。

⑥《钦定大清会典事例》卷337(礼部·贡举·录送乡试),《续修四库全书》第803册,上海古籍出版社2002年版,第347—348页。

资格已不具有政治实用性和社会上的特权,但曾考中举人依然标志他的身份,他依然属于中上层知识阶层。

乡试中举后是科举考试的最后一关会试,虽然多次科考不第的经历使范子美气馁,产生挫败感,但他毕竟已考中举人,这鼓励他继续在科举之途上攀登前进,加上父兄师友的期待、入仕的理想,他准备继续练习举业参加会试。清代会试也是三年一科,三月在京城举行,共考三场。在科举制度下,士人与官僚政治密切结合,"邑聚千数百童生而擢十数人为生员,省聚万数千生员而拔百数十人为举人,天下聚数千举人而拔数百人为进士,复于百数进士而拔数十人为翰林"①。对于传统知识分子来说,紧张而漫长的科举之路是仕进为官的"正途",也是当时士人阶级提升的主流。

在准备会试期间,范子美以经解投考苏州正谊书院,取得第一名,活跃于正谊书院和南菁书院。1897年还为点石斋校印《十三经注疏》,编著《十三经汉注叙录》。19世纪七八十年代晚清"自强求富"的洋务运动正在进行,清朝统治者对思想文化和教育方面的控制逐渐衰弱,促进传统旧书院改革。有识之士力除积弊,苏州的书院研究实学通经致用的传统得以发扬,将通经致用的学术成就与致世救国的现实政治结合,为因应社会转型调整改革方向②。在紫阳书院、正谊书院和南菁书院及学古堂的学习交游,开阔了范子美的知识版图,也正是在这一时期,经学之外,范子美对格致算学日渐大感兴趣,撰有《四元演代》一卷。他常以"一物不知,儒者之耻"之言勉励自己。③除了经学理学,他广泛涉猎江南制造局翻译出版的关于声光电等自然科学的书籍。从读经书到格致、新译西学书刊,范子美知识仓库的内容也"自东向西"转移。

虽然之前范子美曾有不再参加科考的想法和誓言,但实际上中举后他又"两赴春闱",1895年和1898年两次赴京参加会试。两次会试均落第而归后,他才彻底远离科举之路。④当时他已经花了二十多年时间用在科举之途,之前多次乡试不中让他厌恶八股文,中举后参加两次会试不种,仕途不畅,穷约如故。在考试之间的日常生活中,除了练习考试的各项训练外,范子美还要为家庭生计奔波,婚后儿女出生,一家的生活负担压在双肩,他不得不另谋出路,做报馆记者,

---

① 梁启超:《公车上书请变通科举折》《饮冰室合集·文集三》,中华书局1989年版,第22页。
② 王晋玲、李峰:《清代苏州书院教育述论》,《苏州科技学院学报》2008年第4期,第70页;苏州市教育局:《苏州教育志》,上海三联出版社1991年版,第25页。
③ 皕海:《五十七年读书自述》,《青年进步》1927年第102期,第66页。
④ 皕海:《古懽室诗录:忆旧诗(续前册)》,《青年进步》1917年第2期,第3页。

去学校任教习,只好利用余暇时间读书,不能像二十岁前后在读书学习上的锐志猛进绝无旁扰了。他自言"盖自知性不耐烦,奔走势利非所擅长,不如决然舍去,还我读书人之本色,无为非分之求可也"①。第二次会试不中后,范子美决心不再应考,彻底放弃了追逐功名的念头,不再入科考之门。

二、时代变局中范子美思想和志业的转变

19世纪90年代中国内外形势处在急剧变动中,范子美的个人命运和思想也处于重大转变时期。甲午战争中中国战败,被迫签约求和。中国战败所导致的领土割让之广与赔款数额之巨,前所未有。清朝放弃了对朝鲜的控制,并割让台湾岛给日本。甲午战争战败使中国"四千余年大梦唤醒",国人大受刺激,对现实中国极度失望,失望后产生深深不满。儒家知识分子很难适应这种变化,却又不得不接受。1895年4月17日郑孝胥在日记中记下他当时的心情:"闻之心胆欲腐,举朝皆亡国之臣,天下事岂复可问?惨哉!"②张謇在日记中写道:甲午中日战争"几罄中国之膏血,国体之得失无论矣"③。知识分子倍感沉重的不仅是战争的失败和巨额赔款,更是文化尊严和民族自信心的挫败。和当时国人首次受到这种打击的感觉一样,范子美也感到说不出的愤慨,把中国失败的原因归咎于政治的不良。

对传统经学不能回应时艰难,挽救国家民族的危亡不满,范子美逐渐弃经学转向政论、经济及自然科学,强烈向往西学和西方观念,回应变法维新,以挽救国势。1895年康有为等维新派"公车上书"要求光绪皇帝进行改革,革新图强,反映出弥漫在知识分子之间的普遍焦虑和渴求变革的心情。呼吁变法的议论在全国兴起,范子美亦是其中之一。甲午战争后不到五年便是戊戌,1898年六七月间新政的讨论腾载报章,维新之风大盛,热心于国家改革的精英和支持者纷纷主张维新变法。范子美等支持维新的人士"一读一击节,以为吾国定有中兴之望了"④。然而,对维新改革的希望很快变成失望,1898年9月的政变宣告戊戌变法以失败告终。

---

① 范祎:《五十七年读书自述》,《青年进步》1927年第102期,第68页。
② 郑孝胥著、劳祖德整理:《郑孝胥日记》,中华书局1993年版,第482页。
③ 张謇:《张謇全集 第6卷》,南京:江苏古籍出版社1994年版,第371页。
④ 范祎海:《服务二十五周纪念会之答谢与自述》,《同工》1935年第143期,第20—24页。

对于晚清时代士人所走的道路,周作人说过,"除了科举是正路之外,还有几路权路可以走得。其一是做塾师;其二是做医师,可以号称儒医,比普通的医生要阔气些;其三是学幕,即做幕友,给地方官'佐治',称作'师爷',是绍兴人的一种专业;其四则是学生意,但也就是钱业和典当两种职业。此外便不是穿长衫的人所当作的了"①。范子美在科举之余,就做过塾师和报刊编辑。近代以来西学传入、洋务运动的开展和军事地方化带来城市社会结构的变化,为读书人开辟了一些新的职业拓展空间,读书人可以通过一些新职业通往权力的高层。特别是在东南沿海和通商口岸,越来越多的读书人游离到新职业,做商人、买办、记者、编辑、出版家、医生、律师、幕僚、军人等。

范子美曾投身创办实业。南京沿江诸山多煤矿,1896年12月他与法国矿师哈巴遍走一周寻矿。1897年又在上海办矿务近一年,后回到苏州。1898年,即光绪帝下诏变法的当年,范子美、蔡俊镛与俞武功②受苏州九邑(即九县)农户之托,联名禀请江苏巡抚"拟设经世小学堂,并设农务学堂一所,专门考究农学植物学,招股购买外国机器,开垦九邑荒田"③,开设农学堂,倡导学习西方农艺,购买农业机械,改良中国农业。但他们提出购买外国机器的请求不了了之,没有得到清廷的支持。

在19世纪末中国急剧变化的时代,范子美从传统经学转向政论,越来越感到器物背后西方科学理性思维的功用,对西学产生兴趣,"激刺于国势之日陵,悔儒术之迂腐寡效,乃更取算数物理之书读焉"④,广泛涉猎江南制造局和广学会翻译的西学著作。他自述自己最初的志愿是投身政治界,实践孟子学说,幼学壮行的儒者本色,也是父兄师友寄希望于一身的无奈⑤。但却遭遇时代的变局,发生在身边的一切让他灰心失望,仕进的锦绣前程之梦不得不警醒。面对一再关闭的科举之门,落第士子的心态由失望到怨愤,再到叛逆,极易从传统的桎梏中挣脱出去,通过与西方文化的接触,寻找到新的人生坐标。经1899年至1900年义和团运动,范子美灰心国事,痛感国势日蹙,认识到以往中国引以为立国之本的伦理道德及文明体系已不是唯一的准则,对儒学的治国功效产生怀疑,受维新

---

① 周作人著、止庵校订:《知堂回想录(上)》,河北教育出版社2002年版,第62页。
② 俞武功(1868—1942),字梦池。光绪十六年入吴县县学,增生。学古堂、江阴南菁书院肄业。浦庄镇董事,公立浦庄初等小学堂堂长,长元吴教育会调查员。
③ 参见夏冰:《亲历辛亥的蔡俊镛》,https://www.docin.com/p-278284606.html,最后访问日期2024年6月25日。
④ 范祎:《万国公报第二百册之祝辞》,《万国公报》1905年第200期,第9页。
⑤ 范皕诲:《服务二十五周纪念会之答谢与自述》,《同工》1935年第143期,第21页。

风气影响思想大变。戊戌新政兴起一时,可是"未几噩耗传来,此前昌言维新的人个个销声匿迹,继而拳匪之难作,联军入京,赔款亿兆,国事到此已是不可收拾了"①。1898年9月戊戌变法的失败沉重打击了积极支持改革的范子美。戊戌政变后,慈禧太后逮捕新政分子,不少主张新政的朝野人士被株连其中,一时风声鹤唳。而且慈禧的仇外思想大增,加之八国联军侵华战争、义和团运动,中国局势更加衰落。义和团运动爆发后上海人纷纷避难回乡,房屋租赁也因此减价。1900年范子美由苏迁眷到上海,居住眉寿里。

上海自开埠后便成为中西文化交融的前沿,不仅吸引大批与洋人做生意的闽粤商贾迁到上海,富庶安定的租界和新奇的生活环境也吸引江浙士人来上海从业和居住。太平天国对江南经济形态和世家文化的破坏,造成许多秀才举人出身的读书士子涌入上海,江南文人渐渐为西方文明吸引,放下"夷夏之防"的心态,开始与西人合作翻译西书和报刊杂志,近代出版业和报刊业逐渐建设起来,这也成为近代文人的新的生活方式。早在范子美之前,云集在上海的著名文人有"海天三友"(王韬、李善兰、蒋敦复)还有通格致之学的赵元益、张文虎、舒高第等人,擅长文字的沈毓桂、蒋敦复、管嗣复、任廷旭等人。怀有进步思想的冯桂芬、郑观应等也在上海生活。他们形成一新型的知识人文化群体,与西方人交游,出入报馆、西餐厅和教堂。范子美随后也加入,转向从事报刊编辑,说明他不甘边缘化的自我抉择,希望步入新的上升渠道,由此成为脱离庙堂之羁绊和山林幽闭的近代都市文人的一员,在中西文明间徘徊的"双视人"。

三、时代变迁与典范转移

1900年范子美迁居上海,1901年秋他结识了传教士林乐知(Young J. Allen)。与林乐知的交往使范子美更加放眼世界,欣赏"西艺""西政"进而接受"西教"。林乐知影响范子美认识理解世界的新认知,赋予基督教拯救中国的功能,西学与西教的结合才可以救中国。面对当时中国的日益衰落之势,中国传统文化"经典"神圣性失落,无法在引领中国走向现代化发挥作用,作为广义西学范围内的基督教及基督教文化成为近代中国转型的借鉴。范子美感慨:"先生志趣

---

① 范皕诲:《服务二十五周纪念会之答谢与自述》,《同工》1935年第143期,第21页。

为余所服膺,而先生与余之言亦多为首肯,有相视莫逆者。"①他感到心灵震撼和精神上的满足,决定服膺基督教,受洗入教。1902年范子美阖家受洗为基督徒。不久加入林乐知主办的《万国公报》,任华人记者,"欲籍公报尽一己之义务"②,协助林乐知译述、编辑《万国公报》,进行知识启蒙工作,成为林乐知晚年的重要"代笔",后期《万国公报》的主要撰稿人③。从事《万国公报》编辑工作和入教是范子美人生转折,他由"儒者"成为"儒者基督徒"。和科举生涯彻底告别,此后半生主要从事报刊的编辑出版工作。

19世纪中叶以来,中国知识分子的时代精神主要以两种形态出现,一是以"《大学》模式"为本的致用精神,即以《大学》"八德目"所展现的一个理想生命过程。这种过程以"修身"为起点,以实现完美人格为目标,以完美的人格参加社会活动,为社会尽各种义务,完美的人格扩大成就完美的社会。和这种道德理想主义相区别,另一种强调制度形态的安排,这种制度形态以"经世""治平"为号召,提倡改革,以客观的制度安排和调整达到目的。特别是今文经学派对改制的追求,改制必须配合宇宙和历史变化的韵律,表现其"外在取向"的精神所在④。无论"内在"取向还是"外在"取向,清末不少知识分子振兴儒学的努力,基本都是在"传统"的典范框架内进行的,有振兴儒家经世传统的倾向⑤。虽然在西方冲击之下,沉浸在知识分子血液中的传统思想对许多知识分子仍然相当有吸引力,但大多数读书人的观念和行为仍然未脱离传统的旧轨道。甲午战争中清政府战败,被迫签约割地赔款,引发严重危机感,迫使中国知识分子反思并承认儒学的缺陷,要想救亡图存就要谋求彻底变革,"富强"的口号和一些有关的联想,赢得大多数明智分子的默认。之前对大多数士大夫知识分子看来,"保国"(国家富强)和"保教"(捍卫儒家传统)是不可分割的,而现在"保国"与"保教"之间的内在矛盾及紧张关系愈益突显出来⑥。要富强就要学习西方的工商业技术,而西方

---

① 皕海:《林乐知先生传(下)》,《青年友》1924年第4卷第4期,第17页。
② 范祎撰:《万国公报第二百册之祝辞》,《万国公报》1905年第200期,第9页。
③ 自1894年,林乐知的华人编辑助手沈毓桂以87岁的高龄退休后,编辑及代笔工作只余下蔡尔康等人。故当林与范结识后,因范子美的学养,成为林聘之人才,成为林乐知晚年的得力助手和《万国公报》后期的主要撰稿人。
④ 张灏著,崔志海、葛夫平译:《烈士精神与批判意识——谭嗣同思想的分析》,中央编译出版社2016年版,第19—22页。
⑤ 费正清编、中国社会科学院历史研究所编译室译:《剑桥中国晚清史(下卷)》,中国社会科学出版社1985年版,第185页;本杰明·史华慈著、叶凤美译:《寻求富强:严复与西方》,江苏人民出版社1989年版,"第一章"。
⑥ 本杰明·史华慈著、叶凤美译:《寻求富强:严复与西方》,江苏人民出版社1989年版,第16页。

的商业和军事力量中由包含着西方社会的政治、社会、法律、思想和价值观念,这些与儒家的核心价值观念是一致的吗?如果只要富强就要毁掉儒家的制度价值观念,结果会如何?当时的知识分子不得不面对命运攸关的问题:怎样既"富强"又"保教",如果在"保国"和保住基本的儒家价值观念之间做最后抉择,哪一方将让路?这将震荡动摇传统政治秩序的理论基础。一些知识分子对西学的接受,从"西艺"进至"西政"甚至"西教",而西学对中国文化的渗透与冲击,从外围进至内核[①]。

晚清以来的中国遭遇千年未有之变局,各方面都发生了深刻的变化。在从传统社会走向近代社会的转型过程中,中国传统知识和文化资源和儒家"经典"神圣性失落,它们在回应西方现代化的扩张时失败,无法挽救中国贫弱的状态,使中国富强,因而难以受到当时知识分子的普遍认同。而作为广义西学范围内的基督教及基督教文化便成为近代中国转型的借鉴。

范子美的知识版图经历了信奉传统、扬弃传统接受西学的过程。甲午战争前他深受经学、理学的影响,但是对八股制不满,倾慕经世致用的实学。最初范子美对西方的接纳是属于"西艺"的西方科学技艺,此时他对传统的信仰依然坚固。甲午战争后,传统秩序的崩解引起范子美思想上的混乱,他期盼急切能寻找到一条通往新秩序的道路,反观传统学说无效,逐渐对旧学不满,开始倾慕"西政",希望通过维新变法,重建新的政治和社会秩序。他自述"祎之沉溺与词章训诂也,三十年矣,中间虽略读东西译书,激其爱国之热心,慨然欲有所变革与政治风俗,而发为议论"[②]。历经戊戌政变和义和团运动,范子美灰心失望,到否定传统,急欲寻找使中国富强的方法。1901年左右受林乐知"西政"与"西教"的影响,当时他开始认为基督教是"救我一人与救我四万万同胞的唯一保证"[③]。时代处境的危机促使旧典范失去其指导能力,在当时的范子美看来,西学和基督教是可对当时中国社会状况提出改革方案并做出具体贡献的,这是他由儒入耶的关键。

社会变迁与个人的人生际遇密切相关,晚清社会独具的时代风貌造成诸多个人命运的巨大变化。范子美的思想和观念的变化,正是从他生活的社会和文化环境中经历并养成的。世变对范子美的影响始自中日甲午战争战败的冲击。

[①] 张灏:《思想的变化和维新运动》,载费正清编、中国社会科学院历史研究所编译室译:《剑桥中国晚清史(下卷)》,中国社会科学出版社1993年版,第316—317页。
[②] 范祎:《全地五大洲女俗通考书后》,《万国公报》1903年9月第176卷,第22040页。
[③] 范祎:《全地五大洲女俗通考书后》,《万国公报》1903年9月第176卷,第22040页。

19世纪末20世纪初中国社会动荡和变革,又为中国知识分子提供了历史机遇和舞台,成为新思潮的制造者和传播者。此时的范子美虽然立于民族传统文化的土壤上,但另一只脚已迈进汹涌而至的西学的门槛。在新旧鼎革之际的焦虑、沉闷和失落,为他思考社会问题和个人发展营造一种生命危机,危机即契机。倘若不是这样一个时代,自幼饱读诗书的范子美人生道路将是科考做官或者教授乡里,这也正是父母对其人生的规划。

科举之门关闭后,落第士子的心态由失望到怨愤,再到叛逆,加上与西方文化的接触,极易从传统的桎梏中挣脱出去,寻找到新的人生坐标。王韬、沈毓桂、蔡尔康就是前例。因科举落第,他们转而协助西人译书办报,是美国汉学家柯文所谓的"条约口岸知识分子",后来他们中的一些人在传教士的影响下成为基督教徒,在中华世界的边缘活动,"起初在中国主流中的事件中,他们的工作似乎几无影响,但最终他们提出的东西却与中国的实际需要渐渐吻合,其重要性将与日俱增"①。范子美显然也属于这一群体,作为晚辈,他抉择前的个人境遇和社会气氛和前辈们基本相似。

知识结构的变化影响职业性质和流动方向,随后范子美将从事文字编辑工作,他的编辑著述、诗文给生活赋予了一种特殊的价值,将他个人置于国家和社会事件的语境中,范子美将自己从湮没无闻中拯救出来。文字事业是他理解自己和周围的一种重要方式,"教化启蒙"的报刊编辑和著作成为他的职业,也是他实现自我期许的一种方式,写作给他创造一个可以在日常生活中践行的身份认同。

四、冲突与融合:游离在中西之间

鸦片战争以来,西方学说随着西方坚船利炮大规模涌入中国,冲击中国数千

---

① 参见柯文著,雷颐、罗检秋译:《在传统与现代性之间——王韬与晚清改革》,江苏人民出版社1994年版,第18页。美国汉学家柯文所谓的"条约口岸知识分子"指近代中国生活在条约口岸的一批人,如王韬、李善兰、蒋敦复、蔡尔康等长期和西人合作从事中西文的翻译工作,后来有些成为报人。柯文把这类知识分子的描述为:他们许多人都曾深受儒家经典熏染,取得秀才资格,而又起码部分是因为西方人在上海的出现所创造的新的就业机会儿来到上海。作为个人而言,他们普遍平常,甚或有些古怪,有时才华横溢。就整体而言,他们代表了中国大地上一种新的社会现象——条约口岸知识分子,他们的重要性将与日俱增。他们在中华世界的边缘活动。起初,他们的工作对中国主流中的事件似乎几无影响,但最终他们所提出的东西却与中国的实际需要渐渐吻合。直到这时,他们才渐次得到一定的社会地位和自尊。

年来傲然于世的文化优势,动摇中国传统知识分子的价值观念,逐渐萌发新的学术思潮。虽然西方学说已涌入中国,然而总体上而言,直到甲午战争之前,中国传统文化依然深厚,中国传统文化依然保持在本体地位。转型中的知识阶层,常常新知旧学兼具。一般的中国读书人所知道的西学很有限,他们熟知的学问仍然为旧时士大夫之学。真正明了世界大势的只是极少知识阶层,大多数读书人的观念和行为仍然未脱离传统的旧轨道。范子美的早年的读书经历也是如此,他早年读经书,研习经世之学,接受的是系统的传统士人教育,没有进过新式学堂。和中国的传统士人重视精神修养、讲求道德文章类似,范子美也具有经世济民、忧国忧民的心。世变对他的影响始自甲午战争,时代的冲击,使其思想观念逐渐发生了变化。

自小受到传统文化典籍熏陶的范子美,对获取新知有强烈的求知欲,对外来的文化知识持开发的态度,乐于学习新知。19世纪末他开始更大规模的阅读西书和报刊,吸取最新的西学知识。当时进步的中国知识分子意识到中国要想救亡图存,必须谋求彻底的变革。以甲午战争为转折点,在此后的二三十年,中国社会从政治制度到思想文化都发生了根本性的变化,进入变迁最大的时代。文化立足点的失落造成范子美心态的剧变,从自认为世界文化的中心到承认中国的落后。跟随巨变的时代潮流,范子美由儒家知识分子成为儒者基督徒,加入《万国公报》的报刊编辑事业,作为实现理想志业的场域,致力于启蒙工作,通过思想文化的改造入手,批判儒家传统,试图利用其所谓"真教化"的基督教思想资源重新建构一套世界观和价值体系教化人们,影响改变民众。

在接受了西方某些思想和价值后,即20世纪初的前几年,信教和从事《万国公报》编辑初期,范子美对中国社会和文化传统的评价采取了新的标准,走向全盘反传统主义。凡与西方相左之处便成为缺点、劣势,被视为阻挡中国走向现代化和富强的障碍,必除之而后快。但作为生于中国,读三十多年儒书的士人,此时的范子美为何从根本上否定儒家的价值和孔子的地位。撇开没能从读儒书走上科举入仕的腾达之路的自身因素和当时儒家传统未能使中国富强的现实,从学理和思想上看,当时的范子美在沉浸儒书三十多年,有关于自己所属文明的"文化理想"的一整套价值观,从不知道世界上还存在"他教",目睹"祖国之危险,伤同族之艰难,不能不张目以望,平心以思",这种社会大变局造成了范子美内心的分裂,他长期积累并坚持的传统"文化理想"慢慢堕落,幻灭,反而看到西方国家富强的图景,并归之源头为基督教,把基督教视为西方政治、法律、法律、风俗、伦理之源。范子美读西学、"西教"的书籍,回头思考孔子和儒书"几若别有天地",其思想理念上产生了剧烈振荡,动摇原本根植坚固的儒家传统学说,儒家和基督教思想之交锋翻腾在他头脑中,当时他确认儒家是中国富强的对立和阻碍,孔子和儒家被归入"守旧"并"妒异嫉新"的思想序列①。

范子美在不惑之年做出宣告向传统决裂这一抉择,但三十多年生活在传统社会、读传统书籍受传统文化浸染,并不能一朝否定就真正失效。他接受的传统,包括理学(宋学)、经学(汉学)和经世之学,内忧外患外患的时代氛围变得远非这些只熟于经史和义理的士人可把握,必须了解西学,放眼世界才能成为时代思想主角,应对近代化或全球化之类的宏观议题,看清个人和国家民族的出路。范子美厌弃了理学和经学,但中国传统文化和学术中入世的经世传统仍然扮演着重要角色。

虽然20世纪初的范子美扬弃了以儒家思想为主的中国"旧典范",选择了西学、基督教这些新的精神生活方式,但早年哺育他成长的传统理念不会轻易抹除。范子美由儒入耶,但儒家经世传统的道德人格与基督教有很大的相关性,不同的是,基督教的"真教化"变成了"内圣"的内容,向具有鲜明西学色彩的"新经世"转移。这种"借思想文化解决问题的途径"思考,本就根源于根深蒂固的传统思维模式。②《剑桥中国晚清史》中将称这类人称为"基督教改革派"。范子美属于早期摆脱了儒家藩篱的人,并且改信了基督教。因为他的理性意识到除儒学外,"其他合法的和值得尊重的世界观都是可能存在的"③。但事实上,传统的思维模式在范子美身心上依然顽强地存在,两种有着明显冲突的意识形态在他身上揉和,对任何一方都难以作出完全的认同,使他成为游离在儒耶之间的"边际人"。到20世纪二三十年代,范子美重新重视中国传统文化和学术的价值,提倡国学,并以耶儒对话融合者的双重视角展开西方文化、基督教和中国文化的对话。

结　语

早年深受传统文化的熏陶,范子美仕进之途挫折后对传统体制产生了某种

---

① 范祎:《论儒教与基督教之分》,《万国公报》1904年第182期,第1—3页。
② 林毓生著、穆善培译:《中国意识的危机——"五四"时期激烈的反传统主义》,贵州人民出版社1988年版,第49页。
③ 参见章晖、马军:《游离在儒耶之间的蔡尔康》,《档案与史学》1998年第5期,第74页。费正清编,中国社会科学院历史研究所编译室译:《剑桥中国晚清史(上卷)》,中国社会科学出版社1993年版,第648、第650—651页。

疏离感。晚清时代变局的震荡促使他寻求民族国家救亡图存和个人安身立命的新出路。迁居上海后，与林乐知交游，耳濡目染西学西俗，范子美较早跨越中西藩篱，超脱传统文士。和林乐知合作译著《万国公报》传播西学和基督教后，他对中国社会和文化传统的评价采取了新的标准，走向反传统主义。在皈依基督教初期范子美抑儒崇耶，表面上扬弃了以儒家为主的中国旧典范，但事实上，早年哺育他成长的传统理念不会轻易抹除，融化在他文化血液中的中国传统文化在他身心依然顽强地存在，两种有着明显冲突的意识形态在他身上糅和，使他游离在中西、儒耶之间。西学和基督教信仰并没有取代范子美研习并沉浸已久的中国传统文化，只是给从前生活在传统文化语境中他以进入西方文化和世界的契机。和晚清以来凭借知识优势和道德力量来参与政治、引领国家的历史潮流中的具有淑世情怀的读书人一样，这段历史特征也在范子美身上留下印记，在他思想形成方面发挥作用。范子美以西方文化为参照省察传统，不断趋新，却难以割舍传统，不能完全摆脱中国传统文化的影响。他的矛盾心态根源于根深蒂固的传统文化的影响和对西学的折服，情感与理智矛盾，在思索中徘徊前行。在近代化转型过程中精神苦斗，范子美内心深处中西文化抵牾，左右徘徊、抉择的隐痛或明或暗，还将持续很久。至20世纪二三十年代，游离在中西、耶儒、传统与现代之间的范子美重新重视中国传统思想文化和学术的价值，提倡国学，并以耶儒对话融合者的双重视角展开西方文化、基督教和中国文化的对话。

英国在华传教政治的地方实践：
福州乌石山案再研究*

杨卫华①

1878年中英乌石山案曾是海内外研究热点，前辈学人有不少成果面世，为理解该案真相奠定了基础。但既有研究多聚焦中英博弈，偏重于事件本身及交涉过程。②倾向于将英方笼统论之，对传教士和外交官内部纠葛着墨不多，这种忽略无疑会遮蔽部分历史真实，而导致对事件的解释流于片面。实际上不仅传教士和外交官之间，就是外交官内部都非"铁板一块"，而其内部分歧既是案件的起因，也影响交涉的走向。这种研究现状多因局限于就乌石山案谈乌石山案所致，但事实上要理解传教士的抗争逻辑与外交官的行为模式，特别是外交官何以强烈要求传教士搬离却遭遇圣公会激烈反对，必须跳出案件本身而放在一个长时段时空背景中重新审视。传教士的抗争并非仅针对中国官绅，更多是指向在华使领及其所代表的传教政策，其政策不像法国视传教为核心利益，也未像美国对传教士积极保护，相反意欲限制传教而避免影响其商业政治利益。圣公会认为正是该政策给英国教会在华传教带来巨大困难，乌石山案即其后果，希望化危机为转机，欲借乌石山案扭转英国在传教政策上的退却。而外交官的乌石山策略也是其对华既定政策的一个缩影，乌石山案的爆发正好印证了他们视传教冲突为肇衅之端的忧虑，他们也不得不反击圣公会的挑战并维系其政策

---

* 原载于《学术月刊》2017年第12期，第144—161页。
① 作者简介：杨卫华，上海大学历史系教授。
② 陈名实：《福州乌石山教案始末》，载《福建史志》1994年第3期；汪敬钦：《"福州乌石山教案"一百三十周年祭——兼议晚清"抚闽"办案数疆吏》，载陈永正主编：《多学科视野中的闽都文化》，福建人民出版社2009年版，第109—133页；严峻：《晚清中西文化交流与冲突——乌石山教案剖析》，载陈永正主编：《多学科视野中的闽都文化》，福建人民出版社2009年版，第156—174页。这些成果部分提到教领冲突，但多一笔带过，并未深入讨论其详情及原因。

与声誉。本文拟结合英国外交部档案（Great Britian, Foreign Office, China, Confidential Print）和圣公会档案（Church Missionary Society Archive），对照中英报刊和中文档案，将外交官与传教士的角力及使领间的分歧呈现出来，在加深对乌石山案全面理解的同时更好地认知英国在华传教政治的复杂性①。

一、星察理和传教士：福州教领冲突的源起

1850年，英国圣公会进入福州，英国历任驻福州领事不仅对传教工作鼎力相助，也在传教冲突上积极交涉，执守保护侨民之责。1850年，圣公会传教士温敦（W. Welton）租房引发神光寺案，因外交干预入住领事馆所租乌石山道山观后结案，②这成为"乌石山教会"的开端。同年温敦又由领事馆翻译星察理（C. A. Sinclair）和侯官县令担保，成功定约租赁道山观房屋③。正是在外交支持下，圣公会才得以在乌石山立足并不断发展壮大。特别是1863年胡约翰（John Wolfe）负责后开始向全省拓展，并将乌石山打造为福建圣公会的中心和象征。星察理1850年到福州，历任领事馆翻译、代理领事、副领事、领事等职。他是圣公会福州传教事业的见证者，一直和传教士保持合作关系，直到1869年发生转折。

1869年，胡约翰在川石岛租地建房，遭到绅民的阻拦，时为领事的星察理因胡约翰所请引入炮舰外交，胡约翰陪同"贾纳斯"号舰长凯佩尔带兵交涉，致使我

---

① "传教政治"的提法较早可见1925年美国学者威廉姆斯（Benjamin H. Williams）所提的"Politics of Missionary"概念，后来杨格（Ernest P. Young）提出"Politics of Evangelism"的概念，另外保尔森（George E. Paulsen）还提出过类似的"传教外交"（Missionary Diplomacy）的概念，主要是指西方传教和对华外交的关系。分别参见Benjamin H. Williams, "The Politics of Missionary Work in China", *Current History*, Vol. 23, No. 1 (October 1, 1925), pp. 71-76; Ernest P. Young, "The Politics of Evangelism at the End of the Qing: Nanchang, 1906", in Daniel H. Bays, ed., *Christianity in China: From the Eighteenth Century to the Present*, CA: Stanford University Press, 1996, pp. 91-113; George E. Paulsen, "The Szechwan Riots of 1895 and American 'Missionary Diplomacy'", *Journal of Asia Studies*, Vol. 28, No. 2 (February 1, 1969), pp. 285-297.

② 吴振强：《神光寺事件与福州夷务的再检讨》，载明清史国际学术讨论会论文集编辑组编：《第二届明清史国际学术讨论会论文集》，天津人民出版社1993年版，第386—402页。

③ "Hong-kong Daily Press", *The Woo-shin-shan Case, Correspondence respecting the Anti-Missionary Riots at Foo-chow 1877-80*, Great Britain, Foreign Office, China, Confidential print (1848-1937)（后文简称F. O. 405/23，仅标篇名、时间、档案号和页码），pp. 177-178；《致何制军办理乌石山详细案由十五条》，载赵春晨编：《丁日昌集》，上海古籍出版社2010年版，第847页。

国一平民丧生,导致英国外交部产生传教冲突或将英国带入战争的忧虑。星察理因此遭到英外交部申斥,外交大臣克拉伦登(Lord Clarendon)认为他"草草行事,诚属不可宽宥之举",特令驻华公使阿礼国(Rutherford Alcock)"严厉训斥该领事之行为,今后务必谨慎,以防再犯"。指令严禁激化中英关系的行为,警告未经授权领事不得滥用炮舰政策①。而同期1868年扬州教案、台湾教案也因领事擅用炮舰政策而遭英外交部责难,甚至致使英国驻打狗(今高雄)领事吉必勋(John Gibson)去职②。这促使星察理在教案处理上更加谨慎,以避免断送职业生涯。

传教冲突的迭起是英国政府改变传教政策的原因,这与其对华外交和解政策的出台相契合。第二次鸦片战争后,英国渐而转求一种和平的环境和稳定的政局来维系其长久利益,采取的一条重要原则就是尽可能避免中英民众的接触,尽量减少破坏两国和平的摩擦③。1868年底出任外交大臣的克拉伦登是这一政策最忠实的执行者,而实践证明,传教士进入中国内地定居、置产是对这一国家战略的巨大威胁。英国传教士进入内地是援用中法《北京条约》中文版第六款"并任法国传教士在各省租买田地,建造自便",但因该款作伪,法国于1865年与清廷另定《柏尔德密协定》以弥补其合法性。1869年3月,阿礼国呈报:第六款末句法文无且须以法文版本为正义,而清廷已采取新法(指《柏尔德密协定》)同意天主教在内地置产。他声称英国通过抗议能获取法国权利,但应慎重。④ 实际上他倾向于不支持。克拉伦登得知真相后,明确表示不会以中法条约中文版本添加的几个字为英国传教士争取同样权利。⑤ 他在议院演说强调此点,但遭教方反对,强调这对英国传教士不公平,"虽然法国条约的法文版本没有订明这一条文……但事实上法国传教士业已获得这一特权"⑥。不过英国政府重通商轻传教,担心传教冲突会影响其在华利益特别是商业利益,所以并未动摇。诚如

---

① 中国第一历史档案馆、福建师范大学历史系合编:《清末教案》(第六册),中华书局2006年版,第325页。
② 赵树好:《晚清教案交涉研究》,人民出版社2014年版,第146—147页。
③ 伯尔考维茨著,陈衍、江载华译:《中国通与英国外交部》,商务印书馆1959年版,第65—84页;Paul A. Cohen, *China and Christianity: the Missionary Movement and the Growth of Chinese Antiforeignism, 1860-1870*, Cambridge: Harvard University Press, 1963, pp. 187-199.
④ 中国第一历史档案馆、福建师范大学历史系合编:《清末教案》(第六册),中华书局2006年版,第139—141页。
⑤ 中国第一历史档案馆、福建师范大学历史系合编:《清末教案》(第六册),中华书局2006年版,第142页。
⑥ 中国第一历史档案馆、福建师范大学历史系合编:《清末教案》(第六册),中华书局2006年版,第161页。

克拉伦登所言:"深信其他的政策都将危及维护本国和中国之间的和平,并使女王陛下政府的人民在该国的巨大商业利益陷于困境,英国政府方面惟有采取克制和和解的政策始能获得这种利益。"① 1870 年天津教案的爆发更坐实了英国的担忧,驻华公使威妥玛(T. F. Wade)在 1870 年和 1872 年发布两道限制性法令,强调英国传教士只享有居住于通商口岸的权利,没有其他特权②。他还命令各地领事不要让传教士到远离通商口岸以外的地方置产,还建议把内地产业置于当地人名下,并言明领事不对在其保护和控制范围之外的房地提供支持③。由此英国完成了传教政策的转变,限教政策一步步走向严密。

英国限教政策的出台与胡约翰的传教扩展形成张力,而川石岛事件不仅加深了绅、教之间的裂痕,也导致驻华使领对胡约翰的不满。乌石山案爆发后,威妥玛曾强调胡约翰在川石岛事件中借用武力、枪杀平民蛮横无理的表现,是福州民众敌意的来源④。而他也承认"川石岛案使我对胡约翰对待民众和官员的态度产生担忧"⑤。所以川石岛事件确实让英驻华使领担心胡约翰等会成为新冲突的导火线。1869 年后胡约翰未再在福州城内成功租建,而他在省内的开拓也冲突不断。1872 年发生延平教案,1875 年又爆发建宁教案,都因租购房地而起,引发中英交涉但迁延不决。根据后来教方的控诉,不管是教案的拖延还是租建失败都是因为星察理领事遵循上述政策未能强硬交涉所致⑥。这无疑增添了传教士对领事及其背后政策的不满。

而 1876 年福州天灾不断,绅民将其归咎于乌石山上的异国建筑,而传教士的动作使矛盾加剧。事因 1876 年圣公会新派史荦伯(R. W. Stewart)和罗为霖(L. Llyod)来榕。据 1877 年 9 月胡约翰给伦敦圣公会总会的报告,之前的七八年他一直在城内寻地建房,但因官绅反对而失败。眼看新人到来,本来决定在道山观旁的小地建房,但遭士绅反对。改与僧人顷波订租,也因士绅以僧人仅为掌

---

① 中国第一历史档案馆、福建师范大学历史系合编:《清末教案》(第六册),中华书局 2006 年版,第 198 页。

② Circular addressed by Mr. Wade to Her Majesty's Consuls in China(September 20, 1870), *Church Missionary Society Archive*, *Section VII*, *General Secretary's papers*, *pt. 3. Papers relating to Japan & China*, *1874 - 1952*, *REEL50* (以下简称 *CMS*, *REEL50*, 仅标篇名)。

③ Circular Addressed by Mr. Wade to Her Majesty's Consuls in China (February 20, 1872), *CMS*, *REEL50*.

④ Sir T. Wade to the Marquis of Salisbury (May 19, 1879), *F. O. 405/23*, p. 124.

⑤ Sir T. Wade to the Marquis of Salisbury (May 23, 1879), *F. O. 405/23*, p. 170.

⑥ Memorial from the Church Missionary Society, *F. O. 405/23*, pp. 38 - 39;Letter from the Rev. Robert W. Stewart (November 19, 1879), *CMS*, *REEL50*.

灯之人无权租地放弃租约①。1877年7月,胡约翰又成功约租许姓地亩,士绅将前后灾异与传教士住房挂钩,以保护名胜、破坏龙脉为由加以反对,导致矛盾升级。② 正是绅教僵持促使福建巡抚丁日昌于光绪三年(1877)七月抛出调换计划,提议用外国人聚居区南台官买电线局与乌石山房屋调换,以让传教士搬到城外,一劳永逸地解决冲突③。

星察理对电线局调换计划颇为满意,不仅欣然答应并允劝教士。④ 他长居福州,对圣公会的处境十分清楚,也明白绅民反感传教士在乌石山居住,川石岛案前车可鉴。他先将建议提供给胡约翰,希望他能接受这份条件优越的提议,胡约翰答复不得不慎重考虑,因为搬离城内会给工作带来不便,但承诺会和其他传教士商议,并向总会报告由其最后决定⑤。

星察理对胡约翰的妥协非常满意。1877年9月10日,星察理向外交大臣德比(Derby)报告"已准备接受巡抚建议",强调搬到城外百利而无一害:从安全角度看,城外远离是非、人身安全得到保障,且离领馆更近,发生意外更便于保护;从经济上讲,可以不付房租获得十倍于现在的土地,并得到一笔额外的补偿;从传教工作看,搬到城外能顺应民意赢得威望,且空间更大,有利于传教工作的开展。因此他极力促成此事,并建议外交部邀请圣公会总会领袖面谈以说服他们。他强调绅民对乌石山教会的反对由来已久,而最近的灾难加剧了迷信风水的人们的反感,如传教士不放弃乌石山,他们将遭遇的攻击和危险是不可想象的⑥。

然而事情并不如星察理想象的那么乐观,无论传教士还是总会都不接受调换计划。胡约翰在与史荦伯、罗为霖深入讨论利弊后,通知星察理不接受,反而希望他帮忙促使中国官方能同意在城内合适的地方建第二幢房。星察理很失望,指出拒绝并非明智之举,表示已电外交部并鼓励总会放弃乌石山,希望传教

---

① Church Missionary Society: Foo-chow Mission, F. O. 405/23, p. 9.

② Church Missionary Society: Foo-chow Mission, F. O. 405/23, p. 9; Letters from the Rev. Robert W. Stewart on the Recent Disturbances in Foochow (September 6, 1878), CMS, REEL50.《答复英领事书》,载赵春晨编:《丁日昌集》,上海古籍出版社2010年版,第838—839页。

③ Ho and Ting to Consul Sinclair(Translation), F. O. 405/23, pp. 4-5;吕实强主编:《教务教案档》(第三辑第三册),"中央研究院"近代史研究所1975年版,第1515页。调换计划共八条,见吕实强主编:《教务教案档》(第三辑第三册),"中央研究院"近代史研究所1975年版,第1512—1513页。

④ 吕实强主编:《教务教案档》(第三辑第三册),"中央研究院"近代史研究所1975年版,第1513页。

⑤ Church Missionary Society: Foo-chow Mission, F. O. 405/23, pp. 10-11.

⑥ Consul Sinclair to the Earl of Derby (Received October 23, 1877), F. O. 405/23, pp. 2-3.

士写信建议总会接受。胡约翰答复只能向总会报告调换的利弊而由其最后决定①。

1877年9月17日,胡约翰向总会提供一份详细报告,他强调福建官方意在赶他们出城,而"领事的想法真是太愚蠢了":如果接受将极大损害教会威望,经营几十年的乌石山已成为圣公会在福建的象征,被称为"乌石山教会",因此因官绅反对搬离无疑是向其低头,不仅对总会工作产生负面影响,甚至还会引发全国反教运动;电线局离城市超过4英里,往来道路危险,极为不便;将学生移到外国人聚居区会让他们沾染不良习气;若此次因风水说而搬离会助长中国人以此为借口反对教会在任何地方居住建房。他还以《天津条约》和1868年阿礼国信件为凭强调有在内地居住和置产的条约权②。尽管他表示最终由总会定夺,但报告强烈的倾向性会影响总会的态度。

德比接报后征询正回国度假的威妥玛的意见,威妥玛站在星察理一边极力促成此事。在征得德比同意后,威妥玛拜访了总会,与几位秘书进行了讨论,双方都明了对方的态度但未接受对方的观点。在弄清驻华使领意见后,1877年12月6日总会写信给德比,主要根据胡约翰的理由拒绝了调换提议,并指责"代表传教士利益的领事却成了中国的代言人",批评在华使领为了和平和友好向有偏见的中国官员低头是一个严重的错误。而尽管非常必要,威妥玛和星察理却认为传教士向领事提出施行传教条约权是不受欢迎的,所以完全不能指望威妥玛会有像美国将传教士安置在城内的那种考虑,"他还没有这种意识"③。总会接受了胡约翰的意见,希望外交部支持教会留在乌石山及进一步在城内的建房权。他们已向威妥玛及其代表的传教政策提出挑战,投诉应有的条约权未得到保障。

而在1878年3月31日威妥玛给英外交部的备忘录中对圣公会的质疑予以反驳,强调搬离不会影响教会威望,更不会影响英国威望,相反会增加教会在民众中的好感;也不会将福建乃至全国教会带入危险,相反滞留乌石山及屹立的夸张建筑会增添以为破坏了风水的人们的恶感而使冲突加剧,乌石山被视为圣山,福州反对传教士居住乌石山由来已久,他预言"如继续住下去迟早会出事"。同时他认为中方的建议合理而慷慨,希望总会让传教士接受交换计划,并提议让代理公使傅磊斯(Hugh Fraser)指示星察理通知传教士搬离,但仍可保留"乌石山

---

① Church Missionary Society: Foo-chow Mission, *F. O. 405/23*, p. 11.
② Church Missionary Society: Foo-chow Mission, *F. O. 405/23*, pp. 9–15.
③ Memorial from the Church Missionary Society, *F. O. 405/23*, p. 6.

教会"的称号。① 双方的分歧有一个错位：教会纠结的是城内城外和条约权利，尤其对使领与中国官绅合作将他们赶出城却不支持其条约权深感不满；而威妥玛偏重的是因风水和士绅反对避免灾难性冲突，担心川石岛悲剧重演，他强调时过境迁，城内居住权不再是个政治问题。

囿于圣公会的反对及与驻华使领观点的迥异，英外交部一直未明确指示。久无音讯，1878年3—5月星察理在向傅磊斯和德比的报告中仍坚持调换是明智之举，并多次询问外交部是否回复，傅磊斯也曾帮助催问，但并无结果。② 他们寄希望于外交部向教会施压。

到7—8月，因史荦伯建房，闽浙总督何璟着通商局催问，星察理回复对未收到外交大臣定议而遗憾，期待威妥玛返华能带来消息，并建议何璟电驻英使臣郭嵩焘就近与圣公会总会协商。星察理并乘人之危提请总督帮忙代买马场，如成功他将竭力促成对换。③ 尽管此计颇有可议之处，但他希望调换，害怕爆发冲突，到8月初案发的前夜，他还报告说已超过一年还未收到答复，这将产生非常不利的影响。④ 他将希望寄托在圣公会总会和外交部上，且给予官绅希望，而未在传教士和官绅间良好沟通，传教士认定已拒绝调换，而士绅则在等待，很重视调换之约。所以7月初士绅林应霖等还催促官厅继续交涉践行电线局之约。⑤ 而8月24日外报还报道"引导教会接受另一块地的努力正在进行"⑥。

在星察理翘盼外交大臣答复之际，士绅也未停止对传教士的阻难，他们在乌石山石刻反教宣言，禁止外国人在山上居住，且严禁将土地卖给外国人，否则会遭惩罚。1878年1月18日，史荦伯就此向星领抗议，经交涉官厅同意去除告示。⑦ 但反对并未能阻止传教士在乌石山继续建房，新人住宅急需解决，而拟办

---

① Memorandum by Sir T. Wade respecting the Missionary Establishments on Woo-shih-shan, Foochow (March 31, 1878), *F. O. 405/23*, pp. 17–18.
② Consul Sinclair to the Earl of Derby (Received April 29, 1878), *F. O. 405/23*, p. 18; Consul Sinclair to Mr. Fraser (March 2, 1878), *F. O. 405/23*, pp. 18–19; Mr. Fraser to the Earl of Derby (Received May 18, 1878), *F. O. 405/23*, pp. 23–24.
③ 吕实强主编：《教务教案档》（第三辑第三册），"中央研究院"近代史研究所，1975年版，第1569—1571页。
④ Memorandum by Mr. Brenan (September 15, 1878), *F. O. 405/23*, pp. 51–52.
⑤ 吕实强主编：《教务教案档》（第三辑第三册），"中央研究院"近代史研究所，1975年版，第1573—1575页。
⑥ Foochow, *The North-China Herald and Supreme Court & Consular Gazette*, August 24, 1878, p. 185.
⑦ The Rev. R. Stewart to Consular Sinclair (January 18, 1878), *F. O. 405/23*, pp. 19–20. Translation of Anti-foreign Chinese Inscription on Rock at Woo-shih-shan, *F. O. 405/23*, p. 20. Memorandum by Mr. Brenan (September 15, 1878), *F. O. 405/23*, p. 51.

的学校也需校舍。传教士们失去了耐心,正如史荦伯写道"绝望之中我们才想要在院内小地建校,地很小堆满了垃圾和建筑材料,之前从没想过要在此建校"①。商定后史荦伯和胡约翰拜访了星察理,星察理起初反对,不过查看拟建位置在教会土地上,其中文老师也回应说不会遭遇邻居和民众反对,他才于4月2日回复同意,但声明一旦士绅反对马上停工。尽管史荦伯认为士绅没理由反对,因为房屋样式和周围一样且从城内看不到,但还是无奈地同意了。②不过事后他曾向总会抱怨领事的苛刻要求,他本可不必请示领事,因为根据条约他们有权租地建房,但为避免以后麻烦还是同意了③。这是双方因建房纠葛的开始。星察理的同意为日后的冲突埋下隐患,案发后传教士多次强调获得星察理首肯才开工。星察理也认可这一点,但他解释史荦伯告诉他建造一座小房子,但实际成型的是一座带外屋的大房子④。

1878年4月史荦伯开始动工,而胡约翰外出游历。直到6月25日通商局向星察理交涉建校土地超出教会权利范围,星察理才致信史荦伯因中方强烈反对请求史荦伯停工,但被史荦伯拒绝,声称房子已完工无所谓停工,并质问为何开工三个月才反对。6月28日他再次请求史荦伯全面停工,7月1日史荦伯强调老百姓并不反对,反对的只有两三个士绅,三个月期间很多人围观并无异言,并以有租约为凭反驳指控。7月10日,星察理又请求史荦伯停工一段时间,他承认绅民的请求并不合理,但不停工会引发民众愤怒。史荦伯坚持不会因士绅反对而停止有权进行的建筑工程,那会给全国教会造成影响,这不是一个人的事而是整个教会的事。⑤ 两人多次往返,星察理担心祸起反复要求停工,但均被史荦伯拒绝。

面对官绅的违权控告和史荦伯的权利坚持,星察理意识到必须双方对质,决定安排一次会勘以安抚官绅的急躁,但经手人胡约翰因前往日本游历,他建议史荦伯表达配合调查的诚意,但正式的会勘仍须等待胡约翰归来。⑥ 7月23日,福建海防厅及闽侯两县县令会同翻译前往会勘,正如星察理预见的那样,本次努力

---

① Letters from the Rev. Robert W. Stewart on the Recent Disturbances in Foochow (September 6, 1878), *CMS*, *REEL50*.

② Consular Sinclair to Mr. Stewart (April 2, 1878), F. O. 405/23, p. 129. Mr. Stewart to Consular Sinclair (April 2, 1878), F. O. 405/23, p. 129.

③ Letters from the Rev. Robert W. Stewart on the Recent Disturbances in Foochow (September 6, 1878), *CMS*, *REEL50*.

④ Consular Sinclair to Sir T. Wade (November 19, 1879), F. O. 405/23, p. 292.

⑤ Letters between Mr. Stewart and Consular Sinclair (June 26 - July 10, 1878), F. O. 405/23, pp. 129 - 133.

⑥ Letters between Mr. Stewart and Consular Sinclair (June 28 - July 23, 1878), F. O. 405/23, pp. 133 - 135.

无果而终。①

会勘并未促使史荦伯妥协,史荦伯当日即转告星察理当地人告诉他根据中国法律如房顶盖好就不可以再反对了,史荦伯决定重启开工。所以,史荦伯确有加赶工期,趁机完成建造的想法。7月31日,史荦伯正式通告领事所有工作已完工(停止),但木工还需两天,请求继续开工。针对屡劝不止,星察理无可奈何,指出继续开工是不对的,表示"如出事责任自负"。星察理似乎已经失去耐心,而史荦伯也毫不示弱,回应"看来是不能指望从领事那里获得帮助了"②。星察理很担心出事,同时对中方抗议也不能不理,而史荦伯坚持条约权利,希望完工造成既成事实,教领冲突到了发作的边缘。

建房是乌石山案爆发的直接原因,案发后威妥玛也对传教士不听劝阻耿耿于怀,他强调胡约翰和史荦伯不肯妥协的行为给星察理带来巨大困难,史荦伯在通信中表现得非常粗鲁,他事后也对自己无视领事要求感到后悔。③ 他进而写道:"传教士建房的行为是不可原谅的。像胡约翰在中国生活了18年的人不可能不知道在道山观建房是会引起人们愤怒的,而且在领事告知有人反对后还坚持建造。"④史荦伯的解释是他很想表现得尊重领事,因为领事是他的上级,但他做不到,他的职责告诉他必须拒绝领事⑤。终于等到胡约翰的归来,双方约定8月30日(也就是乌石山教案爆发的当天)会勘。

尽管星察理与传教士有纠葛,但案发后他们都将乌石山案的责任归咎为中国官绅。⑥ 不过很快在案件处理上又分道扬镳。传教士的目的在严惩责任官绅,并保障其在内地居住置产的条约权。星察理则意图借案获取巨额赔偿,⑦但未获上

---

① 吕实强主编:《教务教案档》(第三辑第三册),"中央研究院"近代史研究所,1975年版,第1573—1575页。
② Letters between Mr. Stewart and Consular Sinclair (July 23 - August 2, 1878), *F. O. 405/23*, pp. 135 - 136.
③ Sir T. Wade to the Marquis of Salisbury (May 23, 1879), *F. O. 405/23*, pp. 169 - 170.
④ Sir T. Wade to the Marquis of Salisbury (August 9, 1879), *F. O. 405/23*, p. 268.
⑤ Letters from the Rev. Robert W. Stewart on the Recent Disturbances in Foochow (September 6, 1878), *CMS, REEL50*.
⑥ Consul Sinclair to Mr. Fraser (August 31, 1878), *F. O. 405/23*, pp. 25 - 26. Consul Sinclair to Marquis of Salisbury (Received October 28, 1878), *F. O. 405/23*, pp. 24 - 25. The Rev. J. R. Wolfe to Consul Sinclair (September4, 1878), *F. O. 405/23*, pp. 34 - 35. Letters from the Rev. Robert W. Stewart on the Recent Disturbances in Foochow (September 6, 1878), *CMS, REEL50*.
⑦ Consul Sinclair to Mr. Fraser (August 31, 1878), *F. O. 405/23*, pp. 25 - 26. Consul Sinclair to Marquis of Salisbury (Received October 28, 1878), *F. O. 405/23*, pp. 24 - 25. Consul Sinclair to Mr. Fraser (September 5, 1878), *F. O. 405/23*, p. 28. Consul Sinclair to Marquis of Salisbury (Received October 28, 1878), *F. O. 405/23*, pp. 24 - 25.

峰支持。9月20日,傅磊斯建议他要考虑公正,最好放弃索要巨额赔偿的计划,传教士的损失可依司法途径获取①。但星察理并未听从,仍以各种理由企图说服英外交大臣接受其计划,解释罚款将用于福州口岸的公共事业和赔偿传教士,绝不落入私人腰包②。10月17日,他还向傅磊斯重申:官绅串通一气,不可能对真正的罪犯进行惩罚,所以提议"将对个人的惩罚变成大笔的赔偿"③。但傅磊斯认为联邦政府不会同意,要他考虑赔偿的合理性。④ 到12月20日,当星察理得知中方的逞凶未包括士绅首领林应霖后,他再次发难,向傅磊斯坦言"如我们进一步妥协,不坚持对应有的权利进行赔偿,是可悲的"⑤。傅磊斯回信告诫要避免予人口实的行为,中方的拖延部分是因他的介入而引起的⑥。他并不赞成星察理有借机勒索嫌疑的图谋。

然而星察理却在未经授权的情况下,执意通过闽海关税务司长官汉南(Charles Hannen)向何璟提出五万元罚款⑦,后又与丁日昌交涉强硬坚持赔款五万元。⑧ 1879年1月28日,他再次向傅磊斯老调重弹以巨额罚款为惩罚的最好方式,他写道:"对这场士绅主导官员纵容的暴乱,除了重重的赔款,其他的惩罚都是不够的。"他提到罚金应由英国官方处理,如被允,他会起草一份分配清单供查核。⑨ 傅磊斯可能已厌倦了星察理的老调,只是简单回复"我只能重复已传达给你的指示了"⑩。星察理的索赔计划最终因上峰的反对和丁日昌的坚拒落空,但对他的马场计划,丁日昌为了结焚楼案予以满足⑪。

星察理的额外之举导致焚楼案迁延,但传教士起初并不明了其秘密意图,只是对交涉迟迟未果不满。1878年9月14日,史荦伯致信总会强调"除非本国政

---

① Mr. Fraser to Consul Sinclair (September 20, 1878), F. O. 405/23, p. 50.
② Consul Sinclair to the Marquis of Salisbury (October 5, 1878), F. O. 405/23, p. 58.
③ Consul Sinclair to Mr. Fraser (October 17, 1878), F. O. 405/23, p. 84.
④ Mr. Fraser to Consul Sinclair (October 31, 1878), F. O. 405/23, p. 88.
⑤ Consul Sinclair to Mr. Fraser (December 20, 1878), F. O. 405/23, p. 100.
⑥ Mr. Fraser to Consul Sinclair (December 26, 1878), F. O. 405/23, p. 100.
⑦ 吕实强主编:《教务教案档》(第三辑第三册),"中央研究院"近代史研究所,1975年版,第1653页。时人汪康年注意到晚清交涉中各国领事"营谋例外之权利……大率不先关白政府,或政府故作为不知。倘居然为之而成,则势力顿进,政府即行承认,万一被驳斥则即作罢论,政府不受其咎",见汪康年:《汪穰卿笔记》,上海书店出版社1997年版,第33页。
⑧《上总署乌石山教案办理情形书》,载赵春晨编:《丁日昌集》,上海古籍出版社2010年版,第984页。
⑨ Consul Sinclair to Mr. Fraser (January 28, 1879), F. O. 405/23, p. 108.
⑩ Mr. Fraser to Consul Sinclair (February 3, 1879), F. O. 405/23, pp. 108-109.
⑪《与星领事问答节略》,载赵春晨编:《丁日昌集》,上海古籍出版社2010年版,第843页;《上总署论乌石山案办理情形书》,载赵春晨编:《丁日昌集》,上海古籍出版社2010年版,第987页。

府能非常强硬地处理此事,否则很难看到我们的条约不再被忽视"。他认为领事的很多案件描述是从中国人那抄来的,他对中国人的看法和感受也是从中国官员那获知的,他本人不会讲中文,所以"会被能与中国人直接交流的传教士所否认"①。10月4日,胡约翰也向总会抱怨:"无论是中国官员还是英国领事都没对我们现在面临的困难采取任何解决措施。领事告知已报外交部,在收到外交大臣或威妥玛指示前什么也不能做"。他强调"没什么比现在处境更糟的了","但领事却帮不了我们"②。可见他们已丧失对星察理的信任,极力要求总会寻求英外交部帮助向领事施压。他们还借助公共平台表达这种情绪,以致外报公开指责"英国领事畏手畏脚,没有一点官员的样子,听命于中国政府的'法律顾问'"③,将矛头指向领事的不作为。

传教士的抱怨很快上升为总会意志,总会接连向外交部投诉。1878年11月7日,总会致信英外交大臣重申乌石山案并非个案,建宁、延平等教堂都遭频繁毁坏而得不到赔偿,"尽管领事在过去六年一直要求赔偿,但中国官员根本不理会"。更关键的是"只有对英国,他们才敢这么做",而法、美、俄等国的教堂却在领事要求下很快重建。总会在信中最后强调"如果不对福州骚乱采取强硬措施,恐怕我们在福建任何城市都会站不住脚"④。通过与他国对比,总会隐晦地批评领事的软弱和外交政策的不当。11月20日,总会在转达胡约翰信件的同时再次希望外相采取措施促成更加令人满意的协议以改善教会处境⑤。所以乌石山案让传教士找到了质疑外交官的契机,而真正目的是希望改变其对华传教政策。一位福州英侨也直接上书外交大臣,认为乌石山案严重违背《天津条约》,强烈请求马上采取措施为圣公会争取足够的赔偿,让中国官员明白损害条约权是不可以免责的⑥。

英外交部表示立刻处理,同时要求威妥玛提供详尽报告⑦。随后又指示傅

---

① Letters from the Rev. Robert W. Stewart on the Recent Disturbances in Foochow (September 14, 1878), *CMS*, REEL50.
② The Rev. J. R. Wolfe to Mr. L. Wright (October 4, 1878), *F. O. 405/23*, pp. 55 - 56.
③ The Late Outrages at Wu-Shih-Shan, *the North-China Herald and Supreme Court & Consular Gazette*, September 21, 1878, p. 285.
④ Memorial from the Church Missionary Society, *F. O. 405/23*, pp. 38 - 39.
⑤ E. Hutchinson to the Marquis of Salisbury (November 20, 1878), *F. O. 405/23*, p. 55.
⑥ The Wu-Shih-Shan Riots-Native Placards, *the North-China Herald and Supreme Court & Consular Gazette*, October 3, 1878, p. 328.
⑦ Mr. Lister to the Earl of Chichester (November 13, 1878), *F. O. 405/23*, p. 40. Mr. Lister to Sir Thomas Wade (November 13, 1878), *F. O. 405/23*, p. 40. Sir J. Pauncefote to Mr. Hutchinson (December 12, 1878), *F. O. 405/23*, p. 79.

磊斯"传教士抱怨他国政府在本国传教士出事后就出现,联邦政府希望你们做错的地方能够纠正"①。威妥玛回复他说没时间准备,表示等尘埃落定后可采取一些措施。他强调他对乌石山案的说明可能让传教士难以接受,特别是胡约翰。显然他并不认可传教士的抱怨,他也否认胡约翰所谓英国领事不如美法俄等他国领事的指控,指出星察理已积极就延平和建宁案进行交涉,而"传教士已获得比总理衙门当初承诺的还要多的可观赔偿"②。可见威妥玛的解释与传教士有别,也对他们将矛头指向外交官感到不满。傅磊斯则转令星察理拜访闽浙总督转达外交大臣要求,促使英国能得到如他国般的公平对待③。但他也不同意胡约翰对福建教会命运的描绘,表示"并不认为教会处于永久性的危险之中"④。星察理则随后与何璟会面转达了联邦政府的意思⑤。

在传教士表达对外交官不满之际,星察理索赔及马场之计的泄露更加剧了教领冲突。据星察理自述"我的计划变得人尽皆知,并被《福州捷报》说成是阴谋"⑥。教方借机发难,胡约翰表示"强烈反对通过乌石山案向中国人索要任何钱财"⑦。到1879年2月10日总会也向外交部申诉,"真诚希望不要用金钱来赔款",最好的补偿是修复学校及赔偿实际损失,惩罚不能殃及无辜而让真凶逍遥法外。⑧ 所以教方并不支持星察理。更重要的是胡约翰认为正是星察理别有所图才阻碍了他与总督达成的新方案。1878年12月24日,胡约翰向总会报告,闽浙总督带来一个接近传教士要求的提议,但"星察理领事出于其他利益考虑表示不同意"。总会就此上告外交大臣希望以此为基础结案⑨。教领冲突的激化促使威妥玛1879年3月来到福州,到达当日胡约翰即向他控告"本案长久未决是因星察理领事不愿接受中国政府的提议"⑩,"他想要我们接受他的赔款提议"⑪。矛头直指星察理的额外之计。

---

① The Marquis of Salisbury to Mr. Fraser (November 23, 1878), F. O. 405/23, p. 57.
② Sir T. Wade to the Marquis of Salisbury (November 14, 1878), F. O. 405/23, p. 40.
③ Mr. Fraser to Consul Sinclair (January 8, 1879), F. O. 405/23, p. 105.
④ Mr. Fraser to the Marquis of Salisbury (February 4, 1879), F. O. 405/23, p. 107.
⑤ Memorandum of an Interview with his Excellency the Governor General Ho (February 8, 1879), F. O. 405/23, p. 109.
⑥ Consul Sinclair to Sir T. Wade (April 7, 1879), F. O. 405/23, p. 149.
⑦ The Rev. J. R. Wolfe to Sir T. Wade (March 29, 1879), F. O. 405/23, p. 147.
⑧ Mr. Hutchinson to the Marquis of Salisbury (February 10, 1879), F. O. 405/23, pp. 103-104.
⑨ Mr. Hutchinson to the Marquis of Salisbury (February 10, 1879), F. O. 405/23, p. 104.
⑩ Sir T. Wade to the Marquis of Salisbury (May 20, 1879), F. O. 405/23, p. 137.
⑪ Sir T. Wade to The Rev. J. R. Wolfe (March 28, 1879), F. O. 405/23, p. 147. The Rev. J. R. Wolfe to Sir T. Wade (March 29, 1879), F. O. 405/23, p. 147.

经过威妥玛的调查，传教士并非无中生有，闽浙总督确曾派人与他们沟通过，因为总督想完美地解决教案，但双方并未达成一致。①他倾向于认为胡约翰将协商的破裂归结于星察理是不对的，1879年5月23日他向外交大臣解释即使星察理的判断有时会招来批判，但他是最认真、最准时、最有礼貌的公仆之一。他在整个事件中都在热情地为传教士服务，从未在信中抱怨过，因此他感到星察理"受到福州圣公会的不公平对待"②。所以他决定保护部下而退拒传教士的指控，但还是代为道歉："我对星察理在此时提出这样的条件感到非常遗憾，因为这不仅会使中国官员误解，还会使其他关注此事的人感到我们真是太会算计了。"③因星察理事实上放弃了赔偿之议，所以教领关于此事的摩擦也静静落幕。

二、威妥玛调停：外交官与传教士冲突的扩大化

乌石山教案的审判分为两部分，由中国官厅审理官绅焚楼案，因治外法权关系，由领事法庭审理传教士侵地案。在丁日昌"将我无理之事先行议结"策略下，1879年2月焚楼案结束，案件转入传教士侵占公地案。5月23日，威妥玛呈报外交大臣的备忘录指出"我此次来福州的首要目的是避免针对教会的司法诉讼"，因为"诉讼会对教会的最高利益带来灾难性的影响"。他坦言尽管传教士和商人享有同样的权利，但不赞成采取一样的维权方式，他"对教会的忠告是作为宗教组织没有比向政府寻求政治支持带来的打击更致命了"。而他息讼的方式就是搬离乌石山。他强调搬离不会使教会丧失威望反而会赢得声望。相反，如继续留在道山观，就是留下灾难的火种，因为传教士行为已明显激怒了一部分人。更重要的是在福建对教会的反对非常明显，尤其是针对圣公会，而这一现象在他省如浙江并不存在④。为未来考虑，他认为教会必须改激进为温和以减缓反对，他不想悲剧重演。

威妥玛的判断是基于对乌石山教案及福建圣公会过去的反省，而下属的报告也支撑了他的认知。教案发生之前的调换计划就是试图避免灾难的一种尝

---

① Sir T. Wade to the Marquis of Salisbury (May 20, 1879), *F. O. 405/23*, p. 142.
② Sir T. Wade to the Marquis of Salisbury (May 23, 1879), *F. O. 405/23*, p. 169.
③ Sir T. Wade to the Marquis of Salisbury (May 21, 1879), *F. O. 405/23*, p. 146.
④ Sir T. Wade to the Marquis of Salisbury (May 23, 1879), *F. O. 405/23*, p. 175.

试,就像他曾预言传教士继续在乌石山迟早会出事,而他的忧虑不幸言中,所以案发促使他更坚持让传教士搬离。案发后傅磊斯也多次向外交大臣指出传教士也要承担部分责任,1878年9月20日他报告"我认为圣公会未能很好做到避免偏见,很难赢得同情。当然福建官员总是很不友好,但恐怕也是因传教士的行为而引起反感吧",他认为传教士当前的政策是在引起而非调解矛盾。① 他在内部对传教士一直持保留态度。后来他也提道:"很遗憾,恐怕传教士在和道观管理者的争论中也存在一定的责任。"②

威妥玛对传教士们更无好感,审判结束后他多次上呈外交大臣,直指传教士在乌石山教案中的错误。首先他强调:"有一个人的行为毫无疑问促成了这种不好氛围的产生,我认为本案中最后的暴力行为来自对他们的敌意。"他详细描述了敌意的来源,特别是胡约翰在川石岛案中借用武力枪杀平民的蛮横无理的表现。③ 作为该案主角,胡约翰及圣公会确实是引发绅民反对的重要原因。1879年4月27日,该案死难家属向威妥玛抗议,要为家人报仇④。他也试图向外交大臣证明并非所有福建教会都遭遇反对,他强调"除针对圣公会外,并没有其他强烈的反教示威",美部会就未受干扰。而他把这归结为"胡约翰过分的行为,或者用总督的话来说,他的侵略性使他把自己变得令人憎恨。他说有人悬赏要他命,这并非不可能。他也并非不友善,但他太有野心太冲动了,他似乎完全忘记与中国人相处中的迷信和偏见"⑤。不管怎样,他将传教士行为包括胡约翰的个人性格视为他们困境的原因。

威妥玛认为尽管乌石山教案有很多原因,但"福州反教运动是由传教士本身的行为直接引起,除非有所改善,否则圣公会在福州的事业得不到长久保障"⑥。这个结论成为他处理案件的起点。因此他"并不认为加重惩罚会给传教士带来更多的好处,至少在福州是如此",他承认士绅是主要反对者,但并不认可胡约翰将教案定位为政治排外而非宗教原因的论断。他指出是因为"他们(士绅)迷信地认为我们(传教士)的建房、开矿、修路等破坏风水;但更重要的是我们所传播的教义冒犯了儒家思想。同时传教士不断寻求政治上的帮助也使得我们

---

① Mr. Fraser to the Marquis of Salisbury (September 20, 1878), F. O. 405/23, pp. 44–45.
② Mr. Fraser to the Marquis of Salisbury (November 4, 1878), F. O. 405/23, p. 89.
③ Sir T. Wade to the Marquis of Salisbury (May 19, 1879), F. O. 405/23, p. 124.
④ Sir T. Wade to the Marquis of Salisbury (May 20, 1879), F. O. 405/23, p. 139.
⑤ Sir T. Wade to the Marquis of Salisbury (May 28, 1879), F. O. 405/23, p. 258.
⑥ Sir T. Wade to the Marquis of Salisbury (May 28, 1879), F. O. 405/23, p. 256.

更加不受欢迎"。所以他强调"如想基督化中国,就需要更有能力、学识、耐心和宽容"①。这个框架成为他交涉的中心思想。他并不赞成传教士的激进政策及对政治的依赖,考虑的并非眼前利益,而是希望为传教奠定一个更长久的保障。正如他所言:"我更看重的是未来而非过去。"②

当然外交官对传教士的责难仅停留在内部,并未与之公开决裂,在交涉中还是尽力维护他们而抵制中方的责难。案发后两国都避重就轻,中方自然强化传教士的过失,将案件归咎于传教士的侵地和谩骂,1878年9月何璟还就此发布告示③。何璟此举引发英国外交大臣的不满,大臣对领事强调没有外交部同意不要接受总督的任何方案。④傅磊斯也认为这种指责不公正,担心何璟会拖延或处理不公。不过傅磊斯对总理衙门充分考虑他的条件满意,也深信北京不想得罪联邦政府⑤。9月24日,他照会奕䜣驳斥何璟布告,无论传教士何为都不能作为教会财产在官员眼前被毁的借口⑥。星察理也致函巡抚反驳。⑦尽管外交官不认可传教士,但有内外之别。

郭嵩焘在伦敦以同样的理由向英外交大臣申诉,并指出胡约翰的行为经常被投诉,且已不止一次制造麻烦,希望圣公会能考虑调他离开以减轻福州的敌意⑧。但英外交部向郭嵩焘表示"本国一切准照律文办理,断不徇庇传教士"⑨。后郭与外交大臣会面,对方也提出是否侵占应由法庭裁断。无论对错都不能成为宗教迫害和焚烧房屋的理由⑩。由法庭判决侵地常成为英方应对中方的一种外交辞令。

早在1878年8月19日,星察理为应对绅董,指出如有证据"自赴英领事衙门具控侵占界址",⑪案发后他也一再强调领事法庭是开放的,但绅董未充分利

---

① Sir T. Wade to the Marquis of Salisbury (May 28, 1879), *F. O. 405/23*, pp. 256 – 259.
② Sir T. Wade to the Marquis of Salisbury (May 28, 1879), *F. O. 405/23*, p. 255.
③ Proclamation issued by the Viceroy and Governor of Foo-chow in the matter of the Woo-shih-shan riot (Translation), *F. O. 405/23*, pp. 32 – 33.
④ The Marquis of Salisbury to Consul Sinclair (October 29, 1878), *F. O. 405/23*, p. 35. The Marquis of Salisbury to Mr. Fraser (October 29, 1878), *F. O. 405/23*, p. 36.
⑤ Mr. Fraser to the Marquis of Salisbury (October 7, 1878), *F. O. 405/23*, pp. 59 – 60.
⑥ Mr. Fraser to the Prince of Kung (September 24, 1878), *F. O. 405/23*, p. 60.
⑦ Consul Sinclair to the Viceroy of Fuh-kien (November 13, 1878), *F. O. 405/23*, pp. 92 – 93.
⑧ Kuo Ta-jen to the Marquis of Salisbury (November 19, 1878), *F. O. 405/23*, p. 54.
⑨ 郭嵩焘著,钟书河、杨坚整理:《郭嵩焘:伦敦与巴黎日记》,岳麓书社1984年版,第821页。
⑩ The Marquis of Salisbury to Mr. Fraser (December 18, 1878), *F. O. 405/23*, p. 83.
⑪ 吕实强主编:《教务教案档》(第三辑第三册),"中央研究院"近代史研究所,1975年版,第1572页。

用却采烧毁的方式,现在谈侵占太晚①。10月17日,他还向总督表示"根据条约侵占应由领事法庭判决",指责士绅"比起采取法律措施,更愿意将房子推毁",表示如遵照正确的法律途径,可解决界址纠纷②。后来他多次向中方重申此意,但他觉得官绅"不想将此事带到法庭,因为无控告传教士的证据"。③ 他预计中方不可能走法律路径,且即使控告,审判权也掌握在英方之手。但他内心并不主张审判,想借交涉取得额外收获。另外传教士和英侨也在沪、榕报刊上制造舆论,指责"中国官员现以传教士的无权作为他们错误行为的借口,真是太晚了"。如土地权不明确"可到法庭解决,领事也会提供帮助,因为他有责任阻止侵占的发生"④。

当有人前往香港聘请律师的消息为星察理所闻,1879年2月8日他就此询问何璟,何答复说士绅有此打算,但尚未最终确定,且"官府并不赞成,此事该由中英官员解决,而不是让普通百姓插手"。星察理请求若属实请告知他,以便传教士寻求法律帮助⑤。他对士绅的行动多少有些意外。所以同日他又向丁日昌求证,丁日昌声称"此系由绅士主意,不关官事",并强调侵地确有凭据,请审判时能相助"使教士全搬出城"。星察理表示如证据确凿,会设令出城。⑥ 两人都在玩外交手法,丁日昌抛出士绅以减少官方压力而有更多伸缩性,而星察理也不可能正面拒绝。

两位公使也不主张走向法庭。早在1878年12月12日傅磊斯即向英外交大臣报告更倾向于和解而非诉讼,"这个案子很难判决",租约是据当地习俗而非英国法律签订的,而英国法务人员运用当地法的能力非常有限。因此他强调"某种妥协是唯一可能的方式",应由中英官方协商解决⑦。他完全同意何璟的意见,19日他再次向外交大臣表示"比起让教会与房东到领事法庭打官司,我更倾向于和总督达成官方解决方案"。假如判决不利于中国人,诉讼将无休无止,而

---

① Minutes of a Meeting on the Subject of the Woo-shih-shan Riot (October 16, 1878), *F. O. 405/23*, p. 87.

② Consul Sinclair to Mr. Fraser (October 17, 1878), *F. O. 405/23*, p. 85. Consul Sinclair to the Marquis of Salisbury (November 14, 1878), *F. O. 405/23*, p. 92.

③ Consul Sinclair to Mr. Fraser (December 20, 1878), *F. O. 405/23*, p. 100.

④ The Wu-shih-shan Affair, *the North-China Herald and Supreme Court & Consular Gazette*, October 31, 1878, p. 420.

⑤ Memorandum of an Interview with his Excellency the Governor General Ho (February 8, 1879), *F. O. 405/23*, p. 110.

⑥ 《与星领事问答节略》,载赵春晨编:《丁日昌集》,上海古籍出版社2010年版,第843页。

⑦ Mr. Fraser to the Marquis of Salisbury (December 12, 1878), *F. O. 405/23*, p. 98.

如不利于传教士,将妨碍他们的赔偿。但他感觉很难避免,因为中国人更愿上法庭,领事法庭不可能拒绝,而坚信自身权利的传教士也很难无条件妥协。因此他接受诉讼,希望彻底弄清真相解决冲突,但他预计"最后的仲裁不可避免地将导致某种程度的妥协"①。

威妥玛也不赞成采取法律手段,他明白以外交而非司法手段处理更能维护传教士利益,更重要的是这更符合英国利益。1879年3月8日傅磊斯从香港离华,10日威妥玛到港,案件转到他手里。傅磊斯给威妥玛留下便条希望他尽快到榕,因为"很可能案件已提交领事法庭"②。威妥玛同意傅磊斯的提议,但认为"对此事进行审判非常不可取"。所以他亲赴福州与丁日昌进行一系列调解,目的即避免诉讼,但同时他电上海最高法官傅兰治(George French),请其派莫瓦特(Mowat)到福州,在诉讼时为领馆提供法律援助。③ 所以,威妥玛已经做好了两手准备。

3月22日,威妥玛到榕后接报士绅在著名律师希刺指导下起诉,因传教士尚未做出回应,所以他开始"尽全力避免诉讼"。当即邀胡约翰到领馆,强调诉诸法律像采取武力一样对传教事业是不利的,建议接受电线局调换,但遭胡约翰拒绝,因为被赶出城将影响教会声誉。威妥玛再三规劝,更直言官司赢比输更艰难,因为重建房屋并继续居住道山观会再次引发危机。胡约翰答复说联邦政府会为传教士提供保护,但威妥玛认为"作为一个宗教组织不应获得任何形式的政治保护"。最后胡约翰答应可接受搬至城内其他合适地方,但反对搬离城内④。

在获得胡约翰的妥协后,3月23日威妥玛拜访丁日昌,他称和丁日昌是"老相识"。尽管他力劝传教士搬离,但交涉之初并未抛出底线。据丁日昌报告,威妥玛询问可否按传教士提议"照旧居住",并在"山上另择地起盖,以换焚毁之屋"。丁日昌答侵地确有实据,士绅不会同意,须全行移出或调换电线局。威妥玛退步但坚持烧屋之后即令出城难以接受,希望将原屋改低照旧居住。但丁日昌表示传教士留驻会留下隐患,"我两人同办之事,岂可使有后患,不如由贵大臣劝令迁移,以断葛藤",所以威妥玛才抛出城内择地迁徙计划。丁日昌的报告与威妥玛的描述大致不差,只不过在丁日昌是"做一人情于威使身上",而威妥玛则发现丁日昌"希望和平地处理此事,表达了希望避免诉讼的强烈愿望"。而随后

---

① Mr. Fraser to the Marquis of Salisbury (February 19, 1879), F. O. 405/23, p. 109.
② Sir T. Wade to the Marquis of Salisbury (May 19, 1879), F. O. 405/23, p. 120.
③ Sir T. Wade to the Marquis of Salisbury (May 19, 1879), F. O. 405/23, pp. 120 – 121.
④ Sir T. Wade to the Marquis of Salisbury (May 20, 1879), F. O. 405/23, pp. 136 – 138.

拜访何璟等，威妥玛也感到"上层官员及其下属都不愿让自己或他们的做法拿到外国法庭上受审判"。而在两次与希剌的会面中，后者也表示希望双方和解①。

丁日昌与威妥玛达成共识，先后提出五处房屋供选，威妥玛不厌其烦，在通商局官员陪同下和传教士一起选址。据威妥玛报告，23—26日他们共察看三处，其中一处他倾向于接受，相比乌石山房屋差，但比大多数传教士、商人和领馆人员的居住条件都要好。但胡约翰认为该地为水塘，不适合居住②。而胡约翰报告则控诉"我们自己的公使，当着中国官员的面强迫我们接受，要我们把教会建在污水坑上，这完全是一种侮辱"③。因他希望经威妥玛与丁日昌协商在比较高的城北划出第四块地，但被胡约翰以"不利于身体健康"为由拒绝，并强调"准备在法庭上为自己辩护，情愿被法律判决搬走，也不愿羞辱性地接受污水池"④。

正当威妥玛感到进一步协商毫无意义之际，3月31日丁日昌向他提议可让教士搬到乌石山领馆闲置房屋，威妥玛当即在官员陪同下察看，4月1日又与传教士同看，威妥玛感觉大得令人意外，但胡约翰认为不够建房，要求将毗邻三地划入，且不满意围墙将周围区隔而要求在墙上开门。官员同意增添面积但不同意开门，实地协商未果。当日下午，正当威妥玛与丁日昌及士绅就租期、大小、开门等讨价还价之际，传教士派信使报信接伦敦总会电报称不接受调换，宁愿上法庭解决。但威妥玛还想补救，邀传教士复看，但并未达成一致，他对史荦伯的语气非常不满，直白地告诉被告律师"我再也不愿管他们的事了"⑤。双方矛盾有升级之势。

威妥玛并未放弃，在4月2日他因事离开前指示星察理继续在官教间沟通，但在他回来前不要做决定⑥。4月5日星察理邀约官、绅、教一同察看了领馆房屋及毗邻小地，传教士提出搬离的几点要求：撤销指控、发布告示宣布传教士未

---

① 《上总署论乌石山案由书》，载赵春晨编：《丁日昌集》，上海古籍出版社2010年版，第987页；Sir T. Wade to the Marquis of Salisbury (May 20, 1879), F. O. 405/23, p. 138.

② Sir T. Wade to the Marquis of Salisbury (May 20, 1879), F. O. 405/23, pp. 138 - 139.

③ Letter from the Rev. J. R. Wolfe on the Visit of Sir Thomas Wade, and the Position of Affairs at Foochow in Connexion with the Recent Disturbances (April 9, 1879), CMS, REEL50.

④ Sir T. Wade to the Marquis of Salisbury (May 20, 1879), F. O. 405/23, pp. 138 - 139. Letter from the Rev. J. R. Wolfe on the Visit of Sir Thomas Wade, and the Position of Affairs at Foochow in Connexion with the Recent Disturbances (April 9, 1879), CMS, REEL50.

⑤ Sir T. Wade to the Marquis of Salisbury (May 20, 1879), F. O. 405/23, pp. 139 - 141. Messrs. Wolfe, Stewart, Lloyd、and Taylor to Sir T. Wade (April 1, 1879), F. O. 405/23, p. 143.

⑥ Consul Sinclair to Sir T. Wade (April, 1879), F. O. 405/23, p. 143.

侵权、赔偿被放弃的乌石山房屋、除领馆房屋外另需两地建房和男校,租期100年等①。星察理与官绅交流后获知不可能实现②,并转告威妥玛"无任何成功的希望"。威妥玛回来后于4月12日邀请被告律师、官绅一起重勘,但努力后他"觉得已没什么希望,除非教会愿意接受短租"③。士绅难以接受100年租期,但福建官员仍希望传教士提供新的选择地点。

4月17日胡约翰提出租用福州屏山土地,18日威妥玛拜会何璟,双方同意就此进行协商,19日威妥玛陪同胡约翰察看了该地,但他感到不合适,因紧邻考试院,对外国人而言是一个危险的选择。随后总督也派人考察,但20日回复说因风水原因被拒。④威妥玛第二次调停失败。而4月17日有报纸公开攻击威妥玛,指责他"对传教士的抗议充耳不闻,坚持要他们向无理的、无法无天的士绅屈服"。这迫使威妥玛不得不请传教士到领馆,并把其福州之行备忘录读给他们听,传教士承认总体是正确的⑤。尽管互不认同,但并不准备公开决裂。

威妥玛以为他已尽职维护传教士的利益,但传教士并未领略他的良苦用心。正如1879年4月9日胡约翰向总会报告的,威妥玛到来后,"事情已从不好变成更糟糕"。在历数选址风波后,胡约翰强调"威妥玛在各方面都反对我们,他还与我们的律师进行了谈话,使其改变观点认同了他的看法。我们已没人可以相信了,担心律师为了不得罪他会在法庭上反对我们。"胡约翰表示他不会不做任何抗争就搬走,并已直接告诉威妥玛他无权这样要求,坚持要采取诉讼的方式⑥。胡约翰还借另一位传教士的文章作为支撑,该文控诉威妥玛公开要求传教士搬离,"非常遗憾,我们的使领不仅不支持教会,反而尽力地压制他们,并鼓励反对者。"该传教士还强调法庭的公平审理会让是非一清二楚,而威妥玛阻止讼案的目的,是要迫使传教士接受妥协而搬走⑦。

可见传教士不愿妥协而更愿走向法庭,1879年7月23日《字林西报》曾针对诉讼指责传教士,认为"这是因传教士不愿接受任何形式的和平妥协引起的",

---

① Messrs. Wolfe, Stewart, Lloyd, and Taylor to Consul Sinclair (April 5, 1879), *F. O. 405/23*, p. 144.
② Consul Sinclair to Sir T. Wade (April 10, 1879), *F. O. 405/23*, pp. 144–145.
③ Sir T. Wade to the Marquis of Salisbury (May 20, 1879), *F. O. 405/23*, pp. 136–138.
④ Sir T. Wade to the Marquis of Salisbury (May 23, 1879), *F. O. 405/23*, pp. 174–175.
⑤ Sir T. Wade to the Marquis of Salisbury (May 23, 1879), *F. O. 405/23*, p. 174。
⑥ Letter from the Rev. J. R. Wolfe on the Visit of Sir Thomas Wade, and the Position of Affairs at Foochow in Connexion with the Recent Disturbances (April 9, 1879), *CMS*, REEL50.
⑦ Extract from a Private Letter to a near relative from the Authoress of "From the Hebrides to the Himalayas", *CMS*, REEL50.

史荦伯不得不解释他们不能这么做,因为原告提出的方案是要传教士承认被毁校址是非法占有的,而事实上他们没有做过任何无权之事①,所以坚持诉讼也是为名誉而战。而士绅在丁日昌的主持下也认定"教士侵占则为彼所无理之事","该国刑司想亦不能不照律公断","凭据确凿,断可有胜无负",所以也决议延请律师控告②。《字林西报》也报道士绅坚持走向法庭将传教士打败,不接受任何搬到城内的妥协方案③。

在多次失败后,审判将至。4月24日,威妥玛只得无奈地向星察理表示"我们所要竭力避免的审判必须进行了"④。连丁日昌也感到了英使领对传教士的失望,威妥玛放言"只好听绅董控告,等审到传教士无理,由公堂断令驱逐,我亦不加怜悯"⑤。而星察理也抱怨"传教士如此悻强无理,必须由绅董控审,将其实在侵占凭据和盘托出,然后英国政府始知传教士无理底里,免致将来处处袒庇传教士,调停之说,断不可行"⑥。所以原本意欲以外交方式解决的路径在传教士坚持下被再司法化,而这恰恰迎合了部分开放官绅的期望。但威妥玛并未放弃努力,5月3日他还在试探如赢得官司是否能在城内择地调换,史荦伯表示希望原地原样重建⑦。威妥玛明白无论输赢都不会就此结束。5月13日他赴港之前交代星察理针对各种审判结果的处理办法,并尽力为传教士服务⑧。威妥玛调停以失败告终。

4月30日至5月10日,最高法官傅兰治主审此案,其间他希望双方庭外和解,但因租约期限问题失败。⑨ 此案并未当庭判决,到6月18日判决书才寄达福州⑩。判决承认1867年租约的有效性,同时认定道山观确需自用,士绅可收回房屋⑪。判决显示出法官的高明,既否定传教士侵地维护其声誉,同时满足士绅让传教士搬离的要求,又恰恰迎合了外交官的期待。

但传教士对原告可讨回房屋的判决颇为不满,所以拟提上诉⑫。星察理提道

---

① The Rev. R. Stewart to Consular Sinclair (July 31, 1879), *F. O. 405/23*, p. 270.
② 《上总署论乌石山案办理情形书》《上总署论乌石山案办理情形书》《上总署书》《上总署论乌石山案由书》,载赵春晨编:《丁日昌集》,上海古籍出版社2010年版,第985—989页。
③ Foochow, *the North-China Herald and Supreme Court & Consular Gazette*, May 6, 1879, p. 483.
④ Sir T. Wade to Consul Sinclair (April 24, 1879), *F. O. 405/23*, p. 146.
⑤ 吕实强主编:《教务教案档》(第四辑第二册),"中央研究院"近代史研究所,1976年,第1045页。
⑥ 《办理乌石山案事竣回籍疏》,载赵春晨编:《丁日昌集》,上海古籍出版社2010年版,第207页。
⑦ Sir T. Wade to the Marquis of Salisbury (May 23, 1879), *F. O. 405/23*, p. 174.
⑧ Sir T. Wade to Consul Sinclair (May 22, 1879), *F. O. 405/23*, pp. 176-177.
⑨ In Her Britannic Majesty's Supreme Court for China, Chow Chang Kung and others V. the Rev. John. R. Wolfe, *F. O. 405/23*, pp. 210-211.
⑩ Editor's Corner, *The Chinese Recorder*, July-August, 1879, p. 310.
⑪ 吕实强主编:《教务教案档》(第四辑第二册),"中央研究院"近代史研究所,1976年,第1080页。
⑫ Sir T. Wade to Consul Sinclair (August 28, 1879), *F. O. 405/23*, p. 272.

是受圣公会宁波主教禄赐(W. A. Russell)的影响,目的是让原告做出更多让步。不过他希望传教士接受调解,因为不可能再从中方获得更多东西①。中外报刊都报道了传教士上诉的消息②。星察理对上诉颇为不满,③威妥玛也不赞成,他认为教会没有获胜的把握,而唯一获胜的方法是和解。但他指示星察理还是要尽力帮助传教士,要考虑到他们是被迫搬离认为可永居的地方,借此向总督要求更多的方便,同时让传教士接受适当的妥协,比如调换或短租,④并让星察理努力避免诉讼。⑤ 同时他写信给闽海关税务司长官汉南,让他利用与中国政府的关系居间调停,并为传教士争取宽大处理⑥。他想为传教士争取更多权益来换取撤诉。

经星察理的努力,史荦伯只得有条件地妥协⑦。通过交涉其要求得到部分满足,9月13日星察理向史荦伯转达:允许在乌石山居住到1880年3月31日;传教士搬到电线局,租期20年,从1880年1月1日起,租金每年350元⑧。星察理终于成功阻止了再一次诉讼,9月29日他高兴地向外相报告"这一麻烦事不会再有诉讼了"⑨。威妥玛也向星察理表示对"此次教案的处理结果非常满意"⑩。在11月英外交大臣与驻英公使曾纪泽的通信中双方也均表示对结果感到满意⑪。而正式的指示到1880年2月24日才发出,英外交大臣高度评价在华使领的工作,对案件结果非常满意,并让他们通知中国政府结案⑫。

三、进退之间的传教与外交:
英国在华传教政治

圣公会在乌石山的坚持与抗争,除针对官绅外,更多的是为抗议在华使领及

---

① Consul Sinclair to Sir T. Wade (August 4, 1879), F. O. 405/23, p. 270.
② 《乌石山教案近闻》,载《申报》1879年8月16日,第2版。
③ The Rev. Robert W. Stewart to Consular Sinclair (July 31, 1879), F. O. 405/23, p. 270. Consular Sinclair to Rev. Robert W. Stewart (August 2, 1879), F. O. 405/23, p. 271.
④ Sir T. Wade to Consul Sinclair (August 28, 1879), F. O. 405/23, p. 272.
⑤ Sir T. Wade to the Marquis of Salisbury (September 4, 1879), F. O. 405/23, p. 273.
⑥ Sir T. Wade to the Marquis of Salisbury (August 28, 1879), F. O. 405/23, p. 273.
⑦ The Rev. Robert W. Stewart to Consular Sinclair (August 13, 1879), F. O. 405/23, p. 276.
⑧ Consul Sinclair to Rev. R. Stewart (September 13, 1879), F. O. 405/23, p. 282.
⑨ Consul Sinclair to the Marquis of Salisbury (September 29, 1879), F. O. 405/23, p. 280.
⑩ Sir T. Wade to Consul Sinclair (October 15, 1879), F. O. 405/23, p. 285.
⑪ The Marquis of Salisbury to the Marquis Tseng (November 24, 1879), F. O. 405/23, p. 283. The Marquis Tseng to the Marquis of Salisbury (November 27, 1879), F. O. 405/23, p. 284.
⑫ The Marquis of Salisbury to Sir T. Wade (February 24, 1880), F. O. 405/23, p. 298.

其背后的传教政策,他们认为这是造成福建困境的根本原因。因此总会曾对条约权进行深入研究,于1880年1月形成备忘录,明确指出乌石山教案是1870年和1872年威妥玛指令带来的结果,包括1870年4月14日英外交部哈蒙德(E. Hammond)信件反对对《天津条约》中"各地方"进行延伸性解释。"该信及威妥玛指令大大改变了传教士地位,尤其是内地居住和土地权"①。以这份报告为支撑,1880年3月18日总会向外交部请愿,抗议威妥玛指令等给传教带来的束缚,"这些束缚来自1869年1月13日克拉伦登伯爵给阿礼国的指示,要求解决问题时绕过地方直接上诉中央政府;以及得到外相同意的威妥玛1870年和1872年指令,指令否认传教士有权在内地居住,并要求领事坚持不让他们在远离通商口岸的地方租赁或购房,即使通商口岸也限制在一定区域;并进一步建议在内地租购房产应置于当地人名下",最后强调"传教工作在福建遇到的困难,正是由这些指令引起的"②。

根据上述备忘录,政策变化是这样发生的。传教士条约权包括:保障教士个人安全、为传教工作获得房产权、本地教徒免受迫害。中英《天津条约》保证了上述各点,中法《北京条约》第六款("任法国传教士在各省租买田地,建造自便")进一步确认,而根据片面最惠国待遇英国分享法国权利。这一点也获官方承认,1868年伦敦会曾致信外交大臣斯丹立(Lord Stanley),建议借修约加入允许传教士到内地居住和购地权,9月11日驻华公使阿礼国回应称:"我并不认为需要增加新条款赋予英国传教士在中国各地购买土地和居住权。这一点中法《北京条约》第六条已非常明确,据片面最惠国待遇赋予法国传教士的权利也同样赋予英国传教士。罗马天主教会在内地也遭遇了突发的敌意,我认为法国大使馆的主要工作之一是代表教士不断要求赔偿和更换土地。"所以12月1日斯丹立回复:"关于在中国各地购地和居住权,传教士要谨言慎行,尽全力避免冲突,如当地政府拒绝承认这些权利,应向驻华公使投诉。如发生迫害传教士的骚乱,公使要向北京官员控诉,惩罚肇事者并赔偿受害者。"圣公会认为这是承认英国传教士内地置产和居住权的证据,所以"斯丹立和阿礼国的看法都是支持传教事业的"③。

---

① Memorandum upon the Treaty Rights Applicable to British Missionaries and their Work, and the Protection of Native Christians in China, CMS, REEL50.

② The Memorial of the Right Honourable, the President and Committee of the Church Missionary Society to The Most Noble The Marquis of Salisbury, Her Majesty's Secretary of State for Foreign Affairs, CMS‑Sect. VII‑pt.3, REEL50.

③ Memorandum upon the Treaty Rights applicable to British Missionaries and their Work, and the protection of Native Christians in China, CMS, REEL50.

英国在华传教政治的地方实践：福州乌石山案再研究

但备忘录认为这种承认被接下来的外交官所否认，1868年底克拉伦登出任外交大臣，他因"中国官民对教会在内地建传教点存在一股明显强烈的反对之情"，强调"除《天津条约》第八款外，中英间没有其他特别的条款可引证"，并建议传教士遇到麻烦时最安全的做法是向驻华公使报告并接受其意见。克拉伦登的政策主要是受阿礼国的影响，阿礼国已发现中法《北京条约》第六款最后一句为法文版本所无，而实际的情况是中国当局已采取新方法（指《柏尔德密协定》）同意天主教在内地获得产业，法国这种权利如英国通过抗议也可获取，但鉴于中国人对传教事业的敌意，英国必须慎重考虑为英国传教士争取法国条款，为避免危险最好对传教活动加以限制，也希望传教士能够用智慧和节制规范其自身行为，减少与中国民众的摩擦。① 这是外交官限制传教活动的开始。

而1870年天津教案后，英国对传教士的政策进一步收紧。外交大臣格兰维尔（Lord Granville）指出法国在华教会体制的危险，希望英国传教士从天津教案得到警示，谨言慎行，消除中国人民的猜疑和仇恨，英国政府也有必要阻止会引起麻烦的传教行为。其直接结果是1870年9月20日驻华公使威妥玛向在华领事发出指令，要求遵循哈蒙德受克拉伦登指示写给苏格兰圣经公会信件的指导，信件指出："联邦政府并不打算接受你们所提关于条约第十二款中'各地方'的延伸性解释，否则将交易限定在通商口岸就变成多余的了。不管法国政府如何声称其所代表的是传教士利益，联邦政府不认为传教士与其他英国公民相比享有任何特权。"所以英国传教士只享有居住在通商口岸的权利。而对口岸的区域界定，指令要求由领事根据各地情况自行判断，总原则是"最安全的做法是领事对其所控制地区负责并进行保护，不要随便批准英国人到遥远孤立的地方永久性居住"。最后针对已深入内地的事实，威妥玛指示"现在突然让英国教会放弃已在内地获得的传教点也是很不明智的"。1870年12月7日，英外交部批准威妥玛指令。② 1872年2月20日，威妥玛再次向各地领事发出指令，重申不要让传教士到远离通商口岸以外条约所未允许的地方置产，还进一步建议传教士把内地产业置于当地人名下，并言明领事不对在其保护和控制范围外获得的房产或土地提供支持。③ 该指令也得到了英外交部的批准，6月7日圣公会收到了外交

---

① Memorandum upon the Treaty Rights applicable to British Missionaries and their Work, and the protection of Native Christians in China, CMS, REEL50.
② Memorandum upon the Treaty Rights applicable to British Missionaries and their Work, and the Protection of Native Christians in China, CMS, REEL50.
③ Memorandum upon the Treaty Rights applicable to British Missionaries and their Work, and the Protection of Native Christians in China, CMS, REEL50.

部的来信,转达威妥玛指令并建议传教士遵守①。

该备忘录也指出中国政府是同意内地产权适用于各国传教士的,各种声明都承认基督新教享有与法国条约一样的权利。麦华陀领事1868年9月报告中提到的总理衙门信件及1870年7月江苏巡抚的声明都可佐证。但中国政府的执行程度完全取决于英国外交官的态度,如果不支持这些权利就会被忽略,而福建的事实证明正是外交官未能支持才给传教工作带来巨大障碍。首先是拒绝传教士到内地居住置产,而且即使是通商口岸也要限定在一定区域。但1872年指令并未规定将传教士居住点限制在外国人聚居地,特别是中英签订的条约并未规定在通商口岸对外国人的居住地进行限制。但事实是福州领事未能采取措施来支持这些条约权利,反而要求放弃城内的房产而搬到外国人聚居区,"这是对传教士权利的进一步削弱",而法、美传教士却因有领事的支持而成功地留在城内。其次是因拒绝对"各地方"的延伸性解释规定传教士不能在内地置产,而只能以本地人的名义持有房地。这样做风险很大,更容易引起中国官方的反感,从法律来讲导致传教士无法持有契约并对本地信徒进行保护。而在非通商口岸的杭州和绍兴,圣公会却依据"各地方"及中法签订的条约所赋予的权利获得了大量房产。最后是福建官绅对本土信徒的迫害及对教会财产的损害,尽管传教士不断向中国政府提出抗议,却长期得不到赔偿。所以圣公会"希望英国政府可以采取一些方法修改威妥玛先生的政策"来保证条约权利得到实施②。

因此乌石山教案为传教士过去的遭遇找到一个发泄的窗口,他们并不满足于案件本身,而是希望借此案为圣公会获取更坚实的条约保障,改变过去不利于传教士的外交政策,同时纠正使领的不当行为。这样就能更好地理解在整个事件中圣公会的抗争逻辑。案前对调换计划的退拒就是这种角力的开始,在案发交涉过程中,已能看到传教士多次向在华使领发难。据1879年11月11日外交部的总结,除指控星察理的索赔计划外,主要有两点:条约权利没得到保证;投诉威妥玛以及英国传教士没有如美国传教士那样获得赔偿和保护③。1879年2月10日,总会向英外交部抗议"在中国有关英国政府所享有的条约权利中与基督教相关问题的处理经常是敷衍了事的",暗示使领的不作为,要求联邦政府介

---

① The Memorial of the Most Reverend the Vice-Patron, the Right Honourable the President, the Vice-President, and the Committee of the Church Missionary Society, *CMS*, *REEL50*.

② Memorandum upon the Treaty Rights applicable to British Missionaries and their Work, and the Protection of Native Christians in China, *CMS*, *REEL50*.

③ Memorandum by Sir J. Pauncefote Respecting the Woo-shih-shan Papers (November 11, 1879), *F.O. 405/23*, pp. 279–280.

入,果断快速处理案件①。可见他们不仅着眼案件本身,而且想借此案获取传教环境的改善,就像史荦伯所言:"这一事件也许能让我们的政府更加坚定地坚持条约,这些条约在很多时候都被中国官员所忽视,但他们拒绝为我们做的事情,为他国却都在做。"②

当时在华英侨公共舆论也指向外交官在维护传教士条约权上的乏力。《福州捷报》刊文称"乌案是对英国公民受条约保护的居留权的极大挑战"③。案发初,福州传教士和侨民集会曾向外交部请愿,希望政府采取措施进行保护,并敦促当地政府更好地执行条约规定④。据此,1878 年 9 月 21 日《字林西报》刊文攻击威妥玛,称"乌石山教案反映了对云南杀害马嘉理凶手的惩罚还不够,自《烟台条约》以来,并没有开启一个改善双方交流的新时期,反而出现越来越不堪容忍的先兆。福州暴乱(乌石山教案)为威妥玛和中国官员在烟台签订的条款'对过去事件的惩罚并不能带来将来的安全'提供了一个奇怪的注释。此事使我们看到既未实现对过去的罪行的惩罚,也没实现这位全权大使所希望的将来的安全"⑤。所以以乌石山教案为借口化危机为转机走向前台。

因此福州传教士和总会形成统一战线,案发后针对郭嵩焘提议调离胡约翰,总会选择支持胡约翰,坚信其行为合法,且胡约翰一直受到老百姓的友好对待⑥。而对郭嵩焘建议重启电线局调换,传教士也予以拒绝,1879 年 2 月 10 日回复道"只能在一定条件下才能有适当的保证",强调"如要强迫一个欧洲人搬到低海拔地方居住则不能保证他的健康,除非"找一个卫生条件相当的,或者更好的",并重申让教会搬离缺乏法律依据,传教士有权继续住在已居住了 28 年的乌石山并得到英国政府的支持,直到法律认为这是站不住脚的⑦。这为福州传教士的坚持提供了支撑。

传教士就条约权与外交官直接的碰撞是在威妥玛调停期间,圣公会不接受

---

① Mr. Hutchinson to the Marquis of Salisbury (February 10, 1879), F. O. 405/23, p. 104.
② Letters from the Rev. Robert W. Stewart on the Recent Disturbances in Foochow (September 6, 1878), CMS, REEL50.
③ Editorial Slections: The Woo-Shih-Shan Riots, the North-China Herald and Supreme Court & Consular Gazette, April 29, 1879, p. 412.
④ Miscellaneous: Destruction of missionary premises at Wu-Shih-Shan, the North-China Herald and Supreme Court & Consular Gazette, September 14, 1878, p. 269.
⑤ The Late Outrages at Wu-Shih-Shan, the North-China Herald and Supreme Court & Consular Gazette, September 21, 1878, p. 285.
⑥ E. Hutchinson to the Marquis of Salisbury (November 20, 1878), F. O. 405/23, p. 55.
⑦ Mr. Hutchinson to the Marquis of Salisbury (February 10, 1879), F. O. 405/23, pp. 101-103.

搬离是他们反抗威妥玛及其政策的一部分。尽管未公开决裂,但1879年4月9日胡约翰在内部密件中对他进行了严厉批评,威妥玛坚持传教士无权以自己名义在内地持有房产,当胡约翰向他指明美、法、俄、德传教士享有这种权利,并获本国政府支持,同时也受到中国政府的承认时,威妥玛反驳"美国和法国都错了,中国没有反对也是错的"。他对威妥玛的回答很不满意:"对于争论怎么可以这么回答,或者说是以这种口气回答呢?"他认为威妥玛是在否定传教士的条约权利,如此圣公会将失去在福建乡村的100多个传教站,而把圣公会的活动限制在福州城内,对英国公民而言是一种侮辱,更严重的是,中国官方也明了威妥玛对传教士的敌意并正在利用这一点反对他们。他进而声称在教会遭遇危险之际,"我们的领事和公使却对反对传教士和教徒的行为感到满意,并鼓励中国人采取行动表达自己的憎恨并破坏条约权利"。他表示"我们真的很担心威妥玛先生的行为",希望总会采取行动予以纠正,将传教士从灾难中拯救出来。他还呼吁总会迅速明确传教士是否享有到内地置产居住的权利[1]。

胡约翰还将另一位传教士(Frederica Gordon-Cumming)的评论作为支撑,她从朋友来信获悉威妥玛和星察理对福建教会遭遇的迫害无动于衷,威妥玛甚至声称在《天津条约》中加入传教条款是一个巨大的错误,并且否认英国传教士享有像美国传教士一样根据最惠国待遇分享的内地置产权。她评论道:"国内很难相信一位英国公使会有如此一边倒、不公正的行为,但这确实是真的,我希望在国内有影响力的圣公会支持者能要求政府公布乌石山教案中对待传教士的详情,真相可能只会揭露公使和领事在其中的恶行。"[2]这些批评是非常严厉的。

胡约翰控告的直接结果化为1879年6月4日总会向外交部的抗议书,抗议即使根据威妥玛1872年的指令,在华使领也未尽到他们应尽的职责,指令明确领事有保护教会之责,但"传教士没有受到来自福州领事或威妥玛先生的保护和帮助"。而对本土信徒的迫害和教会内地财产的损害,过去六年持续向领事求助却得不到赔偿和保护。而对比美国领事在保护教会方面表现得非常积极,中国政府也相应会更积极地处理。但最终抗议书将矛头直指威妥玛指令:"这种不利地位是因政策的变化引起的,即1872年威妥玛先生的指令,而部分执行者又不愿奉行其中有利于传教士和本地教徒的条款。我们希望政府对于传教工作的态

---

[1] Letter from the Rev. J. R. Wolfe on the Visit of Sir Thomas Wade, and the Position of Affairs at Foochow in Connexion with the Recent Disturbances (April 9, 1879), *CMS*, *REEL50*.

[2] Extract from a Private Letter to a near relative from the Authoress of "From the Hebrides to the Himalayas", *CMS*, *REEL50*.

英国在华传教政治的地方实践：福州乌石山案再研究

度（尤其是获取土地或房屋）回到1869年时的看法以及美国政府所采取的态度。"①这是圣公会第一次明确向威妥玛指令发起冲击。而6月14日外交部并未明确回应,只是搪塞等到公使的报告再议②。

中英官方以皆大欢喜结案,但对教领而言,则是一个新的开始。1879年底福建官厅的两个动作无疑为教领冲突火上浇油,可能受乌石山教案"胜利"的激励,何璟发布了一份布告：外国人不准租或买城内山上及邻近土地。星察理将通知翻译并转发史荦伯,引发史荦伯的激烈反应。另外,通商局还下令全省统计教堂并检查租约。这让史荦伯措手不及,也给福建信徒带来巨大恐慌。史荦伯很担心50多个乡村教堂或传教点的命运,这些都是以本地人名义持有的,但合同是传教士签订的且在福州由他们保管,另外许多合同并未经中英官方登记。他写道："我不知道接下来要面对什么；可能非常糟糕,比以前碰到的任何事都糟糕。"③这种负面情绪很快化为对领事的责难,1879年11月11日他向星察理抗议其未能兑现让传教士放弃上诉后所应得的承诺,他指责星察理企图通过妥协来安抚中国官员并获得好感是荒谬的。他写道："我们屈从于你不断的请求,相信了你的话。尽管没有上诉,可我们的要求没有全部满足,我们相信了你所说的这样做可从中国官员那里获得好感",但结果却是不合常规、不公平的教堂检查④。正是这一矛盾为后面更深层的教领冲突埋下了种子。

据1879年11月19日史荦伯的报告,星察理很快找来通商局命令的复本,而福州官方的解释是"为了让教堂受到更好的保护",而他也难以干涉,史荦伯意识到星察理领事认为"这超越了他的职责",将其视为一次普通的检查。更重要的是,星察理通过咨询美国领事得知美国仅有两教堂遭遇检查,且并未要求查看合同。这更证实了史荦伯的预想：官方行动主要是针对圣公会的。星察理允诺将事情上报威妥玛,史荦伯认为这正好可让他明了英美教会所遭遇的差别待遇："他们的领事总是站在他们一边,而我们的却总反对我们；我们已尽力想与他保持友好的关系,但却不容易；他经常站在中国人一边来反对我们。"而史荦伯认为除了两国领事的不同,两国教会命运的差异主要在"美国传教士被允许在农村以

---

① The Memorial of the Most Reverend the Vice-Patron, the Right Honourable the President, the Vice-President, and the Committee of the Church Missionary Society (June 4, 1879), *CMS*, REEL50.
② Foreign Office to Committee of the Church Missionary Society (June 4, 1879), *CMS*, REEL50.
③ Letter from the Rev. Robert W. Stewart (November 11, 1879), *CMS*, REEL50.
④ The Rev. Robert W. Stewart to Consular Sinclair (November 11, 1879), *CMS*, REEL50.

自己的名义租购土地，而威妥玛却不允许以'英国传教士'的名义获取合同而只能置于本地人名下，这导致若官府检查合同，我们很难予以保护"，所以最好"由高层下令给予我们与美、法、俄一样可在农村以自己的名义享有房产的权利"。① 除了对领事的不满，史荦伯也把矛头指向威妥玛指令。

在史荦伯报告的影响下，1880年3月18日总会向外交部抗议总督的布告违约，但领事却遵循威妥玛指令，未采取措施支持条约权，反而以官方名义将声明翻译转发。而当地政府对以本地教徒为名持有教会房产的干涉，"也反映了接受威妥玛指令所带来的困境"。因此"我们有理由相信部分在华使领不愿为传教士争取条约权利"，希望外交部"指示北京公使，让其下令各地领事，英国传教士享有与美、德一样在内地租购房地权，因为未见任何合理的反对"，并采取进一步措施让中国政府发表公开声明：根据条约其有义务保护传教士人身及财产安全以及保障本地教徒传习基督教。另外指示福州领事提醒中国官府注意传教士享有租购房地权，撤销福州禁止本地人卖房给传教士的布告，并向中国官方施压解决破坏和迫害案件②。这实际上是要求改变过去的传教政策特别是威妥玛指令，并纠正使领的不当行为。

总会的抗议并未取得及时的效果，而随后总会又收到福州的传教士（Gordon-Cumming）和一位美国女士的来信。前者控诉在乌案交涉中星察理和威妥玛的各种错误；③后者则指控结案后星察理不愿尽力解决福建官方的违约行为，这对他国保护传教士的条约权也增添了障碍，同时指责他未能保障英国公民享有他国所享特权，美、俄传教士都通过最惠国待遇享有内地置产权。④据此1880年7月3日总会不得不向外交部抗议，重申总督布告和检查合同背约，而星察理"似乎已抛弃了自己的职责"，不但不反对，反而将其翻译并帮忙通知。总会认为星察理也未执行威妥玛指令对本土信徒提供保护，尽管星察理意识到即将到来的危险，却未采取任何措施，表示"完全不能理解星察理这一做法的动机何在"，希望获得合理的解释。1880年7月27日，总会再次向外交部发出一份更为严厉的抗议信，重申1880年3月18日请

---

① Letter from the Rev. Robert W. Stewart (November 19, 1879), *CMS*, *REEL50*.
② The Memorial of the Right Honourable, the President and Committee of the Church Missionary Society to The Most Noble The Marquis of Salisbury, Her Majesty's Secretary of State for Foreign Affairs, *CMS*, *REEL50*.
③ Letter from Miss Gordon Cumming, *CMS*, *REEL50*.
④ Letter from an American Lady at Fuh-Chow to Miss C. Gordon Cumming (April 4, 1880), *CMS*, *REEL50*.

愿中的各项要求。①

实际上外交部并非没动作,已指示威妥玛处理,而1880年2—3月向星察理交涉无果的史荦伯也前往北京向威妥玛抗议。② 尽管星察理报告"只要史荦伯继续负责福州教会,麻烦就不会停止。我对圣公会冒险将其利益放在这样一个不谨慎的人之手感到诧异"③,但6—7月间威妥玛还是派使馆秘书布瑞南(Byron Brenan)前往福州向何璟施压,解决延平、建宁等陈案及史荦伯新购房地案,并要求总督切实遵守传教宽容条款,公告保护信徒与教堂安全。④ 不过圣公会对政策的挑战并未成功,威妥玛指令一直未撤销,直到1902年中英重订新约,英国才欲为包括传教士在内的英国公民获取内地居留和置产权,但未获中方同意。⑤

四、结　　语

晚清中英教案交涉,英国政府奉行"内外有别",将对华强硬和对内限教并举。部分官绅敏锐捕捉到英国重通商轻传教,与法国重传教轻贸易形成鲜明对比。⑥ 法国通过1860年《北京条约》和1865年《柏尔德密协定》为传教士获取内地置产和居住权,包括英国圣公会在内的各差会曾多次请求在中英签订的条约

---

① Statement as to the Recent Difficulties at Foochow, and Relation of existing Treaty Rights to Mission Work in China. For use of Deputation to Lord Granville, on Tuesday (July 27, 1880), *CMS*, *REEL50*.

② Sir T. wade to Consul Sinclair (March 29, 1880), Further Correspondence Respecting the Anti-Missionary Riots at Foo-chow, *F. O. 405/25*, p. 9.

③ Consul Sinclair to Sir T. wade (March 7, 1880), Further Correspondence Respecting the Anti-Missionary Riots at Foo-chow, *F. O. 405/25*, p. 13.

④ Mr. Brenan to Sir T. wade (July 10, 1880), Further Correspondence Respecting the Anti-Missionary Riots at Foo-chow, *F. O. 405/25*, pp. 1-5.

⑤ 中国近代经济史资料丛刊编辑委员会主编、中华人民共和国海关总署研究室编译:《辛丑和约订立以后的商约谈判》,中华书局1994年版,第18、21、22、24—25、39、49、51页。

⑥ 最早提到这种分野的是1845年闽浙总督刘韵珂所提"英夷等国重贸易而轻传教,而佛夷则重传教而轻贸易"。后来成为熟悉洋务人士的共识,比如丁宝桢也看到"法国重传教而各国重通商",薛福成所谓"各国立约以来,英重通商,法重传教,所操之术不同",王韬也意识到"通商英为重,传教法为亟"。分别参见《刘韵珂密陈习教流弊等由(道光二十五年十二月二十一日)》,载蒋廷黻主编:《筹办夷务始末补遗 道光朝》(第4册),北京大学出版社1988年版,第167页;《密陈海口防务暨筹备北路情形折(同治九年七月十九日)》,载(清)丁宝桢撰:《丁文诚公奏稿》(卷七),清光绪十九年刻二十五年补刻本;薛福成:《分别教案治本治标之计疏(一八九一年)》,载丁凤麟、王欣之编:《薛福成选集》,上海人民出版社1987年版,第393页;《传教上》,载(清)王韬:《弢园文录外编》,上海书店出版社2002年版,第53页。

中增添类似于法国的条款,不过英国政府担心传教冲突影响其商业政治利益未获同意。正如1869年阿礼国所说:传教士进入内地会成为摩擦的根源,所以必须将其限制在条约允许及领事能保护和干预的范围内,这样"不断威胁两国关系的根源亦将断绝",否则会危及英国在华更大利益——商业利益,而"商业是一个伟大而又强大的国家所依靠的有力支柱"①。阿礼国的报告也引起王韬的注意,他据此强调重通商的英国"凡事皆欲与中国永敦辑睦,而断不肯无端以启衅",因为"设使一旦有事,则于贸易大局殊有妨碍",而"贸易之局实以和平为枢纽"②。因此传教与通商的轻重影响到英国在华传教政治。

特别是1869年阿礼国上报中法《北京条约》第六款作伪,使本来就担心传教士进入内地引发灾难性冲突的外交官找到了拒绝的理由。而1870年天津教案的爆发给英国外交官带来深刻警示,1871年奕䜣就曾上奏"英国重通商而不重传教,并时恐天主教在中国滋事,有碍通商大局"③,其直接导致了1870年和1872年威妥玛指令的出台,进一步限制传教士进入内地,实际上是否定了传教士的内地居住和置产权。而要执行这些指示,各地领事只能提供"消极保护",不愿意放纵传教士违背威妥玛指令的行为,在减少传教冲突的同时避免两国关系擦枪走火。而圣公会在福建的频繁摩擦恰恰印证了外交官的担忧,外交官在福建的行为模式正是这种政策的一种表达,他们也不得不反击圣公会的挑战,坚守并维系其既定政策。

另外,英国政府一直坚持一条底线:传教士并不享有超越一般公民的特权,既然普通侨民不能进入内地居住置产,传教士也必须停留在通商口岸。早在1864年第一任公使卜鲁斯(F. W. Bruce)就明确表示会给予传教士与其他公民同样的保护,但不会动用官方影响力为传教士争取额外利益,也不赞成传教士借用法约在内地置产,他担心传教纠纷成为中英开战的导火索④。1869年5月19日,克拉伦登在得知法国条约的真相后,明确表示英国传教士不享有超出一般英国公民的特权,也不会以法国条约中文版本添加的几个字为英教士争取同样权

---

① 中国第一历史档案馆、福建师范大学历史系合编:《清末教案》(第六册),中华书局2006年版,第143、146、149页。
② 《英重通商》,载(清)王韬:《弢园文录外编》,上海书店出版社2002年版,第91页。
③ 《奕䜣等又奏拟定传教节略及章程通行各国使臣片(同治十年七月)》,载中华书局编:《筹办夷务始末(同治朝)》(第九册),中华书局2008年版,第3294页。
④ 理查德·J. 司马富、约翰·K. 费正清、凯瑟林·F. 布鲁纳编,陈绛译:《赫德与中国早期现代化——赫德日记(1863—1866)》,中国海关出版社2005年版,第175、177页。

利①。而在乌石山教案的交涉过程中,当傅磊斯向英外交大臣寻求指示传教士有无内地置产权,外交大臣也答复传教士并不享有超越其他公民的特权②。美国同样主张不为传教士获取超越普通公民的特权,也不鼓励进入内地③,但美国并不阻止传教士自行享有法国传教士的同等权利,且未出台限教政策禁止其进入内地,并对其积极保护④,因此英国传教政治有其特殊性。当时一位德国观察家发现:1860年后传教士遍布十八行省,"有时他们也会遇到阻力,不过阻力并不是来自中国人,而是来自外国的使领馆,尤其是英国的公使领事"⑤。

当圣公会看到各国同行在母国政府支持下进入内地,中国政府也承认其内地居住和置产权时,他们认为应同享此权,而英国政府的政策特别是威妥玛的指令不但不支持反而限制甚至否定这些条约权,这给传教实践带来巨大的障碍。所以他们不得不起而反抗,实际上早在1869年圣公会香港维多利亚教区柯尔福(C. R. Alford)主教及北京的包尔腾(J. S. Burdon)和顾惠廉(W. Collins)就对克拉伦登所代表的传教政策发起过冲击但以失败告终⑥。而乌石山教案恰恰为他们的抗争提供了一个新契机,这是他们长久不满的一次总爆发,而从福州到伦敦,圣公会上下构成统一战线,宁波主教禄赐的强硬也为福州传教士提供支撑,而胡约翰、史荦伯不妥协的个人性格也起了一定的作用,他们将乌石山教案视为英国政策不当的结果,希望借乌石山教案促使英国政府改变对华传教政策特别是威妥玛指令,并纠正在华使领的不当行为,指责他们不但未效法美、法等国为传教士争取条约权益,同时也未尽力提供保护。这必然会导致与这种政策的制定者及施行者威妥玛和星察理的冲突,而最终因这种挑战与英国奉行的对华和解政策相悖而失败。

总之,乌石山教案不仅是中英交涉,也是教领博弈。英国政府关怀的核心在商业及其他政治利益,而传教士的中心诉求在传教,这种利益格局的错位增添了

---

① 中国第一历史档案馆、福建师范大学历史系合编:《清末教案》(第六册),中华书局2006年版,第142页。
② Mr. Fraser to the Marquis of Salisbury (February 20, 1879), *F. O. 405/23*, p. 112. The Marquis of Salisbury to Sir T. Wade (May 10, 1879), *F. O. 405/23*, p. 113.
③ Chao-Kwang Wu, *The International Aspect of the Missionary Movement in China*, London: Oxford University Press, 1930, pp. 81-82.
④ 许俊琳:《中法〈北京条约〉第六款"悬案"再研究》,载《东岳论丛》2016年第1期,第68—78页。
⑤ D. G. 瓦尔内克:《基督教传教团在中国》,路遥主编:《义和团运动文献资料汇编(德译文卷)》,山东大学出版社2012年版,第261页。
⑥ 中国第一历史档案馆、福建师范大学历史系合编:《清末教案》(第六册),中华书局2006年版,第161、196、198页。

英国传教政治的复杂性。外交官希望传教"去政治化",并避免引发冲突的行为,表面上是因这更符合传教的长远利益,实质则是担心外交为传教所累而影响商业和政治利益,但他们又不可能放弃保护侨民的责任,处理传教冲突成为他们一项重要的行政负担,所以不管是终极目的还是日常责任都促使他们走向限教政策,不断有外交官宣称在条约中加入传教条款是一个巨大的错误①。而传教士既希望获得外交保护并为传教提供更多的条约保障,但同时又忧虑外交官借教案谋取额外利益给传教带来负面的障碍,这种需要政治又远离政治的两难让他们不便与外交官公开决裂,但又不得不对其限教和不良之举予以反抗。由此引发的传教士和外交官的冲突成为影响乌石山教案结果的重要变量,而乌石山教案也成为管窥英国在华传教政策的一个最恰当的窗口。

---

① 杨国伦著,刘存宽、张俊义译:《英国对华政策(1895—1902)》,中国社会科学出版社1991年版,第246页。

从马尼拉到上海

——《远东时报》兴衰记

徐锦华[①]

1898年,通过"美西战争",新兴的美利坚合众国从欧洲老牌列强西班牙手中获得了加勒比海的控制权,还以2 000万美元的"代价"拿到了西太平洋上的菲律宾地区的控制权。这场战争似乎印证了美国人的"昭昭天命"将通过太平洋继续扩张到整个亚太地区。菲律宾和关岛也由此展开作为美国在西太平洋的重要基地的历史。经过3年的镇压,美国清除在菲律宾原本反抗西班牙殖民、现在反抗美国统治的起义军势力,正式建立了对菲律宾40多年的统治。在1904年,一位35岁的美国前随军记者,在菲律宾首府马尼拉的戈伊蒂广场(Plaza de Goiti)的麦卡洛大楼(McCullough Building)[②]租借了办公室,创办了《远东时报》(*The Far Eastern Review*)。

这位后来被称为李亚(George Bronson Rea)[③]的美国记者,在发刊词中宣称:"欲知一人,先观其友;欲知一报,观其订户及广告品味……《远东时报》将是远东地区毫无争议的最佳报刊,无论是内容、纸张还是发行渠道……我们发行量只有3 000份[④],但这3 000位订户都将是最佳人选。"[⑤]这段文字多少有自我吹嘘成分在内。但当时这位发行人兼主编对于菲律宾和东亚的良好发展前景的预期也在发刊词中展露无遗:"接下来将是菲律宾和东亚大发展的时代了。远东已经从数个世纪的睡梦中惊醒,火车机车的汽笛嘶鸣、有轨电车的铃铛振动、工业

[①] 作者简介:徐锦华,上海图书馆历史文献研究中心副主任、副研究馆员。
[②] 创刊时的杂志地址,参见 *The Far Eastern Review*, Vol. 1, No.1, p. 4 的出版信息。
[③] 此人生平还可参见吴成平主编:《上海名人辞典 1840—1998》,上海辞书出版社2001年版。
[④] 在1935年的《报学季刊》第1卷第2期第55页上的《偏袒日本的〈远东时报〉》一文称,当时该刊物每月销售数约6 000份。
[⑤] 发刊词,参见 *The Far Eastern Review*, Vol. 1, No.1, p. 1.

机械嗡嗡作响,这些将快速驱赶走长久以来对西方观念的偏见。"在描绘了远东从城市到港口、乡村一派忙碌的建设与发展景象后,李亚号召道:"对菲律宾和远东的铁路、工程、金融和贸易感兴趣么?快订阅《远东时报》!想要寻找在世界上最大的市场扩展自己业务的机会么?想要寻找远东的买家么?想要为自己的机器和产品寻找潜在的客户么?快在《远东时报》上刊登广告!"这样的发刊词,不难让人联想到19世纪美国西部"边疆地区"充满活力,机遇和挑战并存的环境。也许在成长于美国南北战争后的李亚眼中,远东,正是下一个"边疆"所在。

这是一个美国人眼中20世纪初的东亚,此时终结"不列颠和平"的"一战"和"二战"尚未发生,美国也还没有从英国手中接过"海神三叉戟"。这是殖民帝国主义的顶峰,也几乎没有人想到终点将至。此时的李亚,犹如那些"西进运动"的前辈,将自己看作"文明"与"进步"的代表,前往"蛮荒的边疆",试图把"现代化"的福音传遍世界各个角落。

"美国、加拿大、墨西哥三国全年定价2.5美元,其他邮政联盟加盟国全年定价3美元,每期零售价0.25美元。广告费率欢迎来函接洽。"[①]1904年6月,《远东时报》的创刊号发行,发行人兼主编的李亚在"《远东时报》的方针"中强调:"这是一份商贸与工程杂志,不偏向某一政治立场或者利益集团……我们不刊登冗长的政论、流言蜚语、幽默故事或者私人轶事。我们的版面不受收买,我们将免费刊登远东相关的信誉良好的商业新闻。我们的目标是整合诸多的工商业信息,展示各类业务发展的可能性。我们希望不仅是远东,也能为欧美的资本和制造业提供机遇。"[②]

杂志创刊号,在发刊词之后,是"《远东时报》的方针"和一些菲律宾当地新闻,之后是配有多幅地图和照片的主题文章,包括:"马尼拉的岛屿制冰工厂招标出售"、工程师主管凯斯(J. F. Case)撰写的《新近核准的马尼拉供水系统扩建计划》、菲律宾农业局水稻专家布德罗(Wilfred J. Boudreau)撰写的《现代水稻文化》、矿业局主管麦卡斯基(H. D. McCaskey)撰写的《布拉干省的昂阿特铁矿区》。还有按照不同行业门类划分的短讯与新闻,有100多条:"远东建筑新闻"(包括新的马尼拉政府大楼的信息)、"远东铁路信息"(包括泰国、日本、菲律宾、中国、澳大利亚、马来西亚、朝鲜等地铁路相关简讯)、"远东矿业评论"(菲律宾、马来西亚、斯里兰卡、日本等地的矿业简讯)、"远东建设与工程新闻"(包括上海

[①] *The Far Eastern Review*, vol. 1, no.1, p. 4.
[②] "The 'Far Eastern Revie' its policy", *The Far Eastern Review*, Vol. 1, No.1, p. 4.

工程师与建筑师协会年会信息在内,涉及港口与海运、桥梁、有轨电车、个人信息、电话与电报、道路、建筑等诸多方面的新闻简报与招标信息)、"远东金融评论"(包括银行相关新闻、各类投融资项目信息、公司财务状况等)、"远东及新加坡证券市场行情"、"工业速记"(包括制造业、工业相关新闻)、"远东市场行情"(包括菲律宾、香港、上海、旧金山等地的现货、期货行情),以及各类"公告及声明"和"航班信息"、补白。

这些新闻报道与信息,有的出自当时菲律宾官方机构人士的手笔,相信和李亚在菲律宾的人脉及活动有关;少量是从其他报刊转载的消息,更多的则是没有署名的新闻消息以及一些类似广告的招投标信息与业务需求。在48页的篇幅中,浓缩了大量的工商业、金融、矿产信息,而没有任何政治方面的社论、政论,恰如《远东时报》的方针"所强调的,和杂志的副标题一致,是一本"商贸、工程与财经"杂志。

然而,当日的亚太地区,尤其是东亚地区,激流迭起,欧美新老列强之间、殖民地与宗主国之间、殖民地与殖民地之间的矛盾,还有独立或半独立的亚太国家尝试或被迫进入全球化、现代化的大潮中带来的各种冲突。这里孕育着各类机遇,但不仅仅属于商人、企业家、投资者,更属于政客、投机者、冒险家。

就在《远东时报》创刊的同时,日俄两国在中国东北地区酣战不已。虽然在前几期中都没有直接的相关报道,但《远东时报》的编辑部显然一直在关注战争的动向。在1904年12月号题为《20世纪的亚洲》①的编者按中,认为日本由于"过去三十年中明显的进步",已经"可以与任何一个欧洲国家媲美",是"现代亚洲的代表",这一切"可以用最近日俄战争中日本取得的胜利作为证据"。《远东时报》和它的主编李亚明确提出:亚洲今后将是一个"迅速发展的、西方化的现代亚洲"。这段篇幅不小的编者按语,显然已经跨越了创刊号上"只谈经济,不谈政治"的界线。这究竟是曾经以随军记者身份见证美国军队履行自己的"昭昭天命"的李亚的一贯想法,还是其在现代化大潮的裹挟中身不由己地改变初心,现在很难断定了。但无论如何,《远东时报》的基调和它原本宣称的"纯粹"杂志已经渐行渐远了。

在接下来的杂志上,李亚不断在编者按语里鼓吹自己的政治观点:建立一个"现代化的、西方化的亚洲"。同时也开始了《远东时报》的业务扩张之旅。在1905年,杂志社建立了中国办事处,办公室位于当时上海外滩5号大楼内。并

---

① "Twentieth Century Asia", *The Far Eastern Review*, Vol. 1, No.7, pp. 10–11.

且和别发洋行(Kelly & Walsh, Ltd.)等建立了代理关系,通过这些出版社的发行渠道在上海、香港、天津、长崎、横滨、新加坡等地流通杂志。同年,中国办事处又多次迁移地址:九江路9号、北京路4号A座……到了1906年,位于横滨的日本办事处以及分别位于伦敦、旧金山的英、美办事处先后设立。整个杂志的业务扩张态势不可谓不良好。就连广告业务也明显增加,杂志前后的广告页从第一卷的寥寥数版增加到三十多版。1906年的《北华案头行名录》(*The North China Desk Hong List*)中,已经刊登有《远东时报》上海办事处的信息,中国业务负责人为米德(C. W. Mead)①。

随着业务的扩张,《远东时报》上的专栏文章、通信简讯越来越多地出现与中国、日本、朝鲜等东亚、东北亚地区相关的内容,尤其是在晚清最后几年的动荡时期。因此在1911年11月号上,辛亥革命成为头条、袁世凯成为题图人物毫不令人意外。这一期杂志用16版的篇幅配以大量清晰的人物照片,详细报道了中国发生的事件。编辑部认为"多年以来欧美一直期待中国在政治和经济上的觉醒",而现在正是转变发生的时刻。此后连续数期,杂志都以"The Chinese Situation"为主题对中国的政治局势做了专门报道。1912年4月号上,李亚署名发表了《革命的金融史——货币的威力》②一文,以四十多版的篇幅,撰写了他个人对辛亥革命从爆发到结束的政治经济学视角的考察。

就在同一年,《远东时报》杂志社的总部从菲律宾迁往了中国上海。不管是对中国持续关注的热情导致了这次迁移,还是从辛亥革命的剧烈震动中感受到了"昭昭天命"使然,李亚本人也随同杂志社一起在上海扎根。

从这一时期开始,中国的中文报刊上也不时出现明确是从《远东时报》转译的文章:《协和报》《中华实业界》《铁路协会会报》《直隶实业杂志》《国货月报》《时兆月报》……在1915年到1930年间,有200多篇此类文章,大多是和中国的工商业情况相关的报道。可以看出,此时《远东时报》在中国的影响力正在逐步扩大。杂志的发行地从最初的"Manila"到"Manila-Shanghai"再变为"Shanghai",这也说明,整个杂志的重心,已经从南向北迁移,正紧追着20世纪东亚的热点步伐,寻找"现代化的亚洲"建立的时代脉搏。

在1919年3月号和6月号的《远东时报》上,刊登了有孙中山英文签名署名的文章《中国的国际化发展计划》(The International Development of China)。

---

① *The North China Desk Hong List*, 1906, p. 54.
② "The Financial History of the Revolution: The Power of Money", *The Far Eastern Review*, Vol. 8, No.11, pp. 337 – 381.

这似乎说明《远东时报》与孙中山之间有着某种程度的联系。事实上，早在1912年，李亚就曾写信给孙中山，希望能将《远东时报》变为由孙中山出资并支持的刊物①。而就在同年，澳大利亚记者端纳（William Henry Donald）②加入了《远东时报》的团队。这位澳大利亚记者，1902年以悉尼《每日电讯报》通讯员身份来远东，后历任《德臣报》《先驱报》驻沪记者，还曾担任过孙中山的私人顾问。他的加入对于《远东时报》的发展显然是颇有助力的——1912年4月号上刊登的《中国的革命》一文的作者就很有可能是端纳——也因此，他很快就成为杂志的主编，在杂志社内的地位仅次于李亚。李亚也最终获得了孙中山的认可，在孙中山建立的铁路总公司担任了顾问。在1919年前后，乔治·索克思（George Sokolsky），一位美籍俄裔犹太记者，在这一时期和孙中山交往甚多，也逐步加入了《远东时报》的工作团队中。看起来，李亚要把《远东时报》变成孙中山出资并支持的刊物的想法正在逐步实现。

可是，20世纪东亚的历史进程是如此的诡谲。一方面，《远东时报》上不断刊登关于孙中山和他的政治、经济思想的报道：1923年5月号的封二有配以孙中山肖像画的短文——《孙博士向世界的宣告》；1924年1月号第9页，《孙和关税》一文阐述了孙中山对于关税和建立中国统一政府的关系的看法；1926年4月号第145、146页为索克思的署名文章《孙逸仙主义》；1929年3月号，刊发了署名"吕彦直"（Lu Y. C.）的《纪念孙逸仙》……在孙中山去世时，《远东时报》就发表了《孙逸仙：中华民国首任总统，革命家与爱国者，古老民族现代化运动的领袖》一文，给予了孙中山高度的评价③。另一方面，在1920年前后，端纳和李亚产生了不合，而不合的原因，在于端纳认为《远东时报》对于日本的态度过于亲密。考虑到《远东时报》从创刊起，包括三井物产公司这样的大财阀在内的日本公司是杂志重要的广告收入来源④，以及在日俄战争期间李亚流露出的对"可以代表现代化亚洲的日本"的好感，可以说李亚及《远东时报》的亲日立场是有其现实原因的，同时也反映了李亚一贯的思想：20世纪的亚洲，应当是一个现代化的亚洲，哪股势力能够展现出符合他心目中的"现代化"标准，他就愿意支持谁。孙

---

① 邓丽兰编著：《临时大总统和他的支持者——孙中山英文藏档透视》，中国文史出版社1996年版，第76页。

② 端纳的生平，还可参见马洪武等主编：《中国近现代史名人辞典》，档案出版社1993年版；Earl Albert Selle, *Donald of China*, Sydne: Invincible Press, 1948.

③ Sun Yat-Sen, "First President of the Republic of China, Revolutionist and Patriot, the Leader of the Movement to Modernize an Ancient Nation", *The Far Eastern Review*, Vol. 21, No. 3, pp. 99–103.

④ 从菲律宾时代的第一卷第二期起，三井物产公司长期占据了《远东时报》的广告头版。

中山也好，日本也好，也许在李亚看来，都是能够代表这种趋势的。然而，端纳对日本却有着更为复杂的认识，也许他已经从"一战"的阴影中感受到了"现代化"给人类社会带来的暴戾一面，也许是他在"二十一条"泄漏给媒体的事件中的经历，让他对日本的扩张野心与迷梦有所警惕，他最终选择了离开《远东时报》杂志。

之后更换的新主编，没能长期任职，最终李亚又自己一肩挑起主编与发行人的双重职责。从1912年迁移到上海后，《远东时报》上政论性的专题文章数量就明显上升，以1925年上半年为例，1月号目录有27篇文章，前9篇都是政论性的文章；2月号目录有21篇文章，有6篇属于政论性文章；3月号目录19篇文章，有4篇政论性文章；4月号22篇文章，有6篇政论性文章；5月号28篇文章，有6篇政论性文章；6—7月合号为一期，目录47篇文章，政论性的文章有4篇，但超过三分之二的文章是关于日本的，介绍日本在市政建设、工程技术、铁路发展、工业领域取得的各类成就，犹如一期"日本专号"。同时，以往那类丰富的市场信息、项目短讯则开始从《远东时报》上逐渐消失。

当然，与此同时，《远东时报》依旧保留了不少高质量的经贸、工程、金融类的专题报道。尤其是铁路、矿产、建筑等领域的报道，专题文章图文并茂，内容翔实。李亚、端纳、索克思等人复杂的人际关系网络，对于提供此类信息无疑是非常有说服力的。在建筑方面，无论是上海、香港、东京、横滨、马尼拉……举凡当时比较有影响力的重大建筑工程完工，都会有相关的信息乃至专题报道，配以精美的外立面图、内景图，甚至是建筑设计图。比如1924年9月号上，介绍翻修后的外滩24号，横滨正金银行上海分行的大楼，称其为"外滩建筑皇冠上的明珠"。1930年代，国民政府在江湾实行的大上海计划中的几幢标志性建筑，以及新住宅区的规划，也都有相应的文章。

然而，随着世界经济形势的日益恶化，《远东时报》上也开始出现越来越多的市场不景气的糟糕信息。另一方面，它的政论性文章的立场也越发亲日，在1926年11月号上，李亚发表署名文章，批驳抵制日货运动；1929年，又发文指责英国破坏英日同盟；同时李亚一直鼓吹美日合作，携手建设"现代化的亚洲"……1930年，《远东时报》杂志社的编辑部搬入了横滨正金银行上海分行大楼内。1931年，九一八事变爆发，1932年一·二八抗战爆发，《远东时报》的相关报道或明或暗地都在为日本开脱责任，这种如此明显的倾向性，当时的中国舆论也不会看漏，在1935年的《报学季刊》上，一篇补白性质的短文——《偏袒日本的〈远东时报〉》，直接抨击《远东时报》，认为"该报的编辑政策是反对早日取消在华之领事裁判权,并主张美日两国在远东方面之合作。美人在华所办的报纸,要算该报是很明显的偏袒日本了。"①一些后来的研究著作,比如《近代在华文化机构综录》,认为《远东时报》此时已经被日本收买,沦为日本在华的"宣传工具"了。②

在伪满洲国成立后,李亚走得更远,出任了伪满洲国外交部的顾问。1933年7月号上,李亚撰写了《满洲国真相》一文,为伪满洲国辩护。到了1935年,他又出版《满洲国真相》③一书,在书的前言中,"做为一个在东亚生活了三十多年的人;做为因为同情那些古巴革命中遭受痛苦的人们而从工程师变为记者的人",李亚回顾了自己的一生,认为他关于东亚的经验总结,乃是"美国为首的西方对东亚毫无章法的态度是导致东亚问题的原因",他直言不讳地承认自己的政治立场:"我是满洲国的支持者。"他认为"满洲国的独立",使其摆脱了当时中国其他部分的混乱与内战,"满洲国被指控是日本的傀儡",但在李亚看来,日本是"满洲这块土地获得幸福的唯一机会"④。随后,在书中李亚将"满洲国"描述为日本在远东抵抗苏联和"共产主义"的桥头堡,还继续提出,希望美国能够和日本合作,维护这一桥头堡的存在。这位曾经意气风发、和美国军队一起前往亚洲实现"昭昭天命"的随军记者,此时已经是一位垂暮老者。他曾为"日俄战争"中日本击败沙俄而震动,也曾为中国的辛亥革命鼓吹,还坚信"现代化的亚洲",游走于各色势力之间,最后选择了日本。1936年去世的李亚,大概未曾料想到,五年之后,他眼中的"现代化亚洲"的代表日本,将会和他负有"昭昭天命"的母国——美国之间爆发争夺太平洋霸权的战争。如同四十多年前,美国从西班牙手中以战争的方式获得殖民地菲律宾,随后又残酷镇压菲律宾的人民起义。"旭日帝国"的日本打着"东亚共荣"的旗号,宣称要从"英美鬼畜"手中"解放"备受压迫的亚洲人民,实则给亚洲带来了众多的暴行与蹂躏。虽然历史不能假设,但我们还是禁不住想要知道,如果李亚活到1941年以后,他又将如何解释这场战争,如何理解在自己信念里的"20世纪的现代化亚洲"不单有轰鸣的机器、延伸的铁路与繁荣的市场,更有南京大屠杀、巴丹死亡行军、"饥饿地狱"的瓜岛、残酷血腥的冲绳岛……

李亚去世了,《远东时报》还在出版,接任负责人的是之前长期担任副主编的拉瓦尔(C.J. Laval),此后《远东时报》彻底成为日本宣传机构的一环,在掌控现

---

① 《偏袒日本的〈远东时报〉》,载《报学季刊》1935年第1卷第2期,第55页。
② 郭卫东主编:《近代外国在华文化机构综录》,上海人民出版社1993年版,第213页。
③ G.B. Rea, *The Case for Manchoukuo*, New York: D. Appleton-Century Co., 1935.
④ G.B. Rea, *The Case for Manchoukuo*, New York: D. Appleton-Century Co., 1935, Preface.

代化的舆论导向上，日本学习西方的速度也同样迅速。早在日俄战争期间，日本就注重营造自身在外国媒体的形象，同时严格掌控国内媒体的报道口径与尺度。在"二战"中，活跃的"笔部队"更是炮制了一篇篇鼓吹"皇皇战绩"的报道，营造出全民狂热的氛围。从1942年起，虽然《远东时报》的开本缩小了一号，但在文章中对于日本发动的侵略战争的诡辩、对于美化日军占领区下的社会生活经济生活的文章却增加了许多。馆藏的1943年1月号，也许是最后一期，其封面照是整齐行军的日本97式中型坦克的编队，刊物里充斥着《过去一年日本帝国海军的辉煌战绩》《重庆政府的财政濒临崩溃》这样的文章。然而这种粉饰太平的日子不会太久了，此时太平洋上的战争局势正向着日本失败的局面演进：中途岛战役的失败、瓜岛的丢失……"定价上海地区中储券20元，其他地区日本军用票20元。"没有向其他日本控制的媒体那样，在战争的末期声嘶力竭的叫嚣"一亿玉碎"，而是戛然而止，对《远东时报》而言也许不是最坏的结局。

另外两位在《远东时报》历史上发挥过重要作用的人物：澳大利亚人端纳，离开《远东时报》杂志社后，在北洋政府、张学良、蒋介石等处担任顾问类职务，参与了西安事变的协调，1938年又因和宋美龄的冲突而离开中国。在东南亚被日军俘虏，被解救后，于1946年在上海去世，享年61岁。索克思则在1935年离开中国，回到美国，经营报纸和电台，以社会活动家、评论家的身份活跃到他69岁的人生尽头，在1962年因心脏病去世，他生前是麦卡锡的坚定支持者，终身反对共产主义和苏联。

李亚、端纳、索克思，有着各自不同的人生经历与故事，《远东时报》成为他们的一个集合点。在将近四十年的时间里，这份杂志的兴衰与相关人物的经历，也许不如其他同时期发生在西太平洋的故事那样传奇，但也足以成为汹涌、诡谲的历史浪潮中值得留意的一滴。诞生于交接西太平洋霸权的"美西战争"之后的菲律宾；终结于"二战"，一次同样血腥的转移霸权尝试中途的日本；与孙中山、蒋介石、张学良、宋子文等中国近代史上的重要人物有着千丝万缕的联系，《远东时报》的命运，值得我们进一步探究、讲述。

即使抛开这本杂志纷繁复杂的幕后故事，单纯作为一个经济史、物流史、金融史、新闻史的原始史料文献，《远东时报》也有着相当重要的价值。比如广告，不同于其他面向社会大众杂志的广告往往侧重日常生活用品，《远东时报》上每期少则数条、多则上百条的广告，很大一部分是生产资料、生产机械、金融银行方面的。造船业、机械制造业、火车制造业、建筑业乃至军火，从中可以发现，在20世纪早期有哪些相关领域的厂商试图进入或者开始重视亚洲市场。而每月连续的期货、股票行情信息，可以和其他来源的相关资料进行互补、对比，从而有助于更深入地了解当时西太平地区的经济、金融的整体发展趋势。铁路、航运方面的文章、报道，则是反映相关领域在相应历史时期的进展的一手文献。建筑方面的图片、图纸，对于研究相关的老建筑有所裨益——事实上，我们很欣喜地看到，近年来已经有越来越多不同领域的研究者注意到这份杂志。我们也期待，大家能从中发掘到更多的历史信息，还原更多的历史现场。

局外与局内：柯文中国史研究的内在理路

王德硕　李彩云[①]

柯文（Paul Andrew Cohen）是享誉世界的中国史研究大师，他提出的"中国中心观"至今深刻地影响着中国史的研究。如今学界对于柯文及其学术的译介和批评也非常多，但是这些研究大多集中在对"中国中心观"的看法上。柯文其实是美国中国史学界的一个样本，他的学术思想折射了美国学界中国史研究的内在理路。2019年，柯文又出版了他的回忆录《走过两遍的路：我作为中国历史学家之旅》[②]，柯文自述"我的写作生涯贯穿始终的一个主题是局外人与局内人的对立"[③]。柯文是美国人，他最初是中国史的"他者"，但是他"在工作中始终志于深入中国，像中国人自己亲历历史一样，最大限度地重构中国历史"，中国中心观正是柯文中国史"自我"形象的建构。在后期学术生涯中，他又跳出了"中国中心观"，重新用"局外人"的视角来研究中国历史，他建构了"以人为中心"的历史观。本文尝试从"局内人"和"局外人"的视角来剖析柯文中国史研究的内在理路。

一、局外人：柯文早期的中国史研究

柯文是犹太人，1934年6月2日生于纽约，1952—1953年就读于康奈尔大

[①] 作者简介：王德硕，山东师范大学历史文化学院副教授；李彩云，山东师范大学历史文化学院硕士研究生。

[②] Paul A. Cohen, *A Path Twice Traveled: My Journey as a Historian of China*, Cambridge, MA.: Harvard University Press, 2019.

[③] 柯文、刘楠楠：《走过两遍的路：我作为中国历史学家之旅》，载《读书》2019年第12期。

学,1953—1955 年在芝加哥大学就读,获学士学位,1955 年进入哈佛大学,师从费正清和史华兹两位大师,1957 年获硕士学位,1961 年获东亚史研究博士学位。其博士论文的题目是《中国人对基督教的敌意:一项跨文化冲突研究(1860—1870)》①,1963 年该文出版,改名为《中国和基督教:传教运动和中国的排外主义的成长(1860—1870)》(以下简称《中国和基督教》)②。1962—1963 年,柯文任密歇根大学客座讲师,1963—1965 年在阿默斯特学院任助理教授。从 1965 年开始,柯文执教卫斯理学院,直到 2000 年退休,其中 1965—1971 年是副教授,1971 年评为沃尔曼教授(Edith Stix Wasserman Professor)。卫斯理学院在哈佛大学附近,所以柯文在毕业后与费正清中心保持了密切的联系,他是中心的特聘研究员,也是执委会委员③。目前,柯文还是香港大学人文社会科学院的访问学者。

　　柯文早期的中国史研究成果都是关于中国基督教史方面的,这是因为在学统上,柯文是费正清的学生,属于美国的中国基督教史研究的"哈佛学统"的第二代学者④。在学术内在理路上,柯文继承了其导师费正清的"冲击-回应论"模式。

　　1957 年,柯文发表《戴德生与李提摩太传教方式之比较》⑤一文。这是柯文最早的学术著作,也应该视其为柯文的硕士论文。该文从信息的内容、对传教士质量的要求和方法论三个方面比较了戴德生和李提摩太传教方式的异同。在做比较之前,柯文分别介绍了戴德生和李提摩太的生平、神学思想和工作组织。其问题意识是传统的宣教学的问题,但是研究问题的视角却是新颖的。柯文看到了中国走向现代化的艰难过程,有一种革新的力量,也有一种保守的力量,保守的力量要消灭外来事物,所以反教现象严重,"这两

---

① Paul Andrew Cohen, *Chinese Hostility to Christianity: A Study in Intercultural Conflict, 1860 - 1870*, Harvard University (Ph.D.),1960.关于柯文获得博士学位的时间,《哈佛大学费正清研究中心 50 年史 1955—2005》中的说法是 1961 年(第 24 页),《美国中国学手册》中的说法也是 1961 年,其简历中的说法也是 1961 年(第 54 页)。但是其简历中在哈佛大学就读是时间是 1955—1960 年,所以应该是其博士论文写成于 1960 年,1961 年通过答辩,获得博士学位。
② Paul Andrew Cohen, *China and Christianity: The Missionary Movement and the Growth of Chinese Anti-foreignism, 1860 - 1870*, Cambridge, MA: Harvard University Press,1963.
③ 哈佛大学费正清研究中心.柯文的简历[EB/OL].哈佛大学费正清研究中心官网.http://www.wellesley.edu/history/faculty/cohen;中国社科院情报研究所编:《美国中国学手册》,中国社会科学出版社 1981 年版,第 54 页。
④ 王德硕:《薪火相传:北美中国基督教史研究的学统述评》,载《宗教与美国社会》2015 年第 2 期。
⑤ Paul Andrew Cohen, "Missionary Approaches: Hudson Taylor and Timothy Richard", *Papers on China*, Vol. 11,1957;柯文著、苏文峰译:《戴德生与李提摩太传教方式之比较》,载《基督教与中国本色化论文集》,今日中国出版社 1998 年版,第 121—137 页。

种求新和反教的不同现象给传教士们带来了艰巨的挑战,他们必须面对这些问题寻思解决方式。在此情况下,19世纪的传教士产生两种极其不同的且具代表性的观点,那就是戴德生和李提摩太所实行的方式"①。柯文的这篇文章其实是探讨传教士对中国的反教的回应,属于双向"冲击-回应论"的范畴。

1958年,柯文又写了《1862年湖南江西的反传教士运动》一文②,该文虽然研究的是反教运动,但是其视角与其他人不同,其他人研究的着眼点还是在传教士身上,研究的视角是中国冲击、传教士回应,但是柯文研究的着眼点在中国人身上,其视角是典型的西方冲击-中国回应。

1960年,柯文写出了博士论文,1963年经修改后出版成书。该书的萌芽是柯文在研究生院第三年写的一篇讲习班报告。该书可以分为两个部分,前两章构成第一部分,柯文运用荷兰学者德格鲁特(J.J.M.Degroot)率先提出的"正统"和"异端"的概念追溯了中国人反教的历史传统。柯文认为,中国将儒家视为正统,将佛教、道教、基督教等都视为异端,中国有反对异端的传统。19世纪的反基督教运动就是中国反对异端传统的一部分。接下来的十章构成了第二部分,详细描述了从签订《天津条约》的1860年到天津教案发生的1870年这十年间中国排外主义的发展。《天津条约》的签订使基督教在中国任何地方进行传播成为可能,中国的乡绅和地方上的领导人煽动普通民众反对传教士。同时,柯文也注意到了清政府对传教运动入侵的反应,他认为这导致了统治精英阶层的分裂。陈志让(Jerome Ch'en)认为,柯文对这一问题探讨得不够深入,主要原因是柯文没有考虑到北方人和南方人宗教生活的不同,这是因为教门在北方很流行。这种不同经常被统治者利用。后来的义和团运动,南北不同的反应就是例证③。柯文曾在欧美诸国以及我国台湾的档案馆中广泛收集资料,该书使用的资料非常广泛,有传教士的记录、外交档案资料等。与前辈学者不同的是,柯文大量使用了中文资料,主要是总理衙门的资料,也就是后来出

---

① 柯文著、苏文峰译:《戴德生与李提摩太传教方式之比较》,载《基督教与中国本色化论文集》,今日中国出版社1998年版,第121—122页。

② Paul Andrew Cohen, "The Hunan-Kiangsi Anti-Missionary Incidents of 1862", *Papers on China*, Vol. 12, 1958.

③ Jerome Ch'en, "Reviewed work: China and Christianity. The Missionary Movement and the Growth of Chinese Anti-Foreignism, 1860-1870", *Pacific Affairs*, Vol. 38, No. 3/4, Autumn, 1965-Winter, 1965-1966: 364-365.

版的《教案教务档》①。该书是一本详细、严谨、合理的学术著作的典范,出版之后,影响很大。据笔者统计,仅在出版之后的1964年和1965年,就有八篇书评,其中有赖德烈这样的中国基督教史界的泰斗写的两篇书评。赖德烈认为柯文此书最大的贡献是描述了中国文化被西潮侵蚀的一个重要阶段,这个阶段的大体过程已经被相关专家所熟知,但是柯文补充了许多细节。柯文没有得出新的结论,他只是细化了已知的知识,但是他使用了比任何前辈都多的中文史料②。我国台湾的学者王尔敏也评价了该书,他不同意柯文认为"反基督教运动是传统中国反对异端的一部分"的观点,并提出了四个理由:其一,儒学在汉代成为正统之后,没有反对道教和佛教的企图;其二,中国的反基督教思想不是由传统产生的,比如明末儒家士大夫就很多相信基督教;其三,19世纪的反基督教运动是由新型中西关系的建立引起的;其四,许多资料表明,唐代对基督教是宽容的。作者认为,中国反基督教运动仅仅是中国维护本土思想的一个传统,而不能将其拔高为中国反对西方宗教的传统③。

1961年,柯文发表了《中国反基督教的传统》一文,该文其实就是其博士论文的一部分。该文共分为三个部分:第一部分提出了中国的"正统-异端"的分析框架,第二部分论述作为异端的基督教,第三部分论述近代的反基督教传统。该文一个核心观点就是将近代的反教运动看成中国反异端传统的一部分④。1962年,柯文又写了一篇《晚清反传教士情绪的一些来源》一文⑤。

柯文早期的中国史研究都是沿着费正清提出的"冲击-回应论"而开展的。费正清的"冲击-回应论"又是对马士的"西方冲击论"的拓展,其中拓展的主要问

---

① Edmund S. Wehrle, "Review: Christianity and Imperialism in China", *The Review of Politics*, Vol. 27, No. 1, January, 1965, p. 136; Murra A. Rubinstein, "Christianity in China: One Scholar's Perspective of the State of the Research in China Mission and China Christian History, 1964-1986",载《近代中国史研究通讯》1987年第4期,第116页; Kenneth Scott Latourette, "Review: China and Christianity: The Missionary Movement and the Growth of Chinese Antiforeignism, 1860-1870", *The Journal of Modern History*, Vol. 36, No. 2, June, 1964: 215.

② Kenneth Scott Latourette, "Review: China and Christianity: The Missionary Movement and the Growth of Chinese Antiforeignism, 1860-1870", *Annals of the American Academy of Political and Social Science*, Vol. 352, Urban Revival: Goals and Standards, Mar, 1964, p. 211; Kenneth Scott Latourette, "Review: China and Christianity: The Missionary Movement and the Growth of Chinese Antiforeignism, 1860-1870", *The Journal of Modern History*, Vol. 36, No. 2, June, 1964: 215.

③ Wang Erh-Ming, "Bulletin of the School of Oriental and African Studies", *University of London*, Vol. 28, No. 1, 1965: 184-185.

④ Paul Andrew Cohen, "The Anti-Christian Tradition in China", *The Journal of Asian Studies*, Vol. 20, No. 2, February, 1961: 169-180.

⑤ Paul Andrew Cohen, "Some Sources of Antimissionary Sentiment during the Late Ch'ing", *Journal of The China Society*, 2: 1962: 1-19.

题意识就是将文化的冲击也视为西方冲击的重要内容,而承载文化冲击的就是西方来华传教士。因此,中国基督教史研究成为柯文的主要研究内容。

二、从局外到局内:中国中心观的出现

费正清的弟子们对"冲击-回应论"进行了拓展,其中之一就是认识到"冲击-回应"不是单向的,而是双向的。柯文也持这样的观点。

在《中国与基督教》一书的结尾部分,他这样写道:"当代研究中国历史的学生,往往过于重视西方冲击与中国回应的过程,而忽略了从另一个方向审视中国冲击-西方回应的过程。传教士到达中国时,碰到不少沮丧的遭遇与仇恨的眼光,这是他们来中国之前难以想象的。结果是他们不知不觉地被转化成一个外国的传教士。他们警觉到这种蜕变,加上他们对中国的情况本来就不满意……都深刻地影响着他们在中国的情景中怎样作出回应。"①柯文在这里明确地提出了双向"冲击-回应论",更重要的是他自觉反思"冲击-回应论"的态度。柯文自言在此后几年,他仔细地、有系统地检视"冲击-回应论",企图找出其背后的前提②。

1971年,柯文在为傅沙士(Sidney Alexander Forsythe)的书写序时指出,"西方人作为回应者的身份是目前研究的中心主题"③。与其他同时代的研究者不同,柯文从起初就有一种倾向:重视中国方面。其他的双向"冲击-回应论"者,重视的都是中方冲击下西方回应的这一面,其实还是西方中心论在作祟。柯文的比较李提摩太和戴德生传教路线的文章探讨的也是西方回应的一面,但其后按照费正清的想法,研究的是西方冲击-中国回应,其侧重点一直是在中国回应的一面。《中国与基督教》一书已经有了中国中心观的萌芽。首先,在该书的前言中,柯文就开宗明义地说,他"不会走过去研究中国传教团的路子。过去这

---

① Paul Andrew Cohen, *China and Christianity: The Missionary Movement and the Growth of Chinese Anti-foreignism*, 1860-1870, Cambridge, MA: Harvard University Press, 1963. pp. 264-265.

② 柯文著、程美宝译:《变动中的中国历史研究视角》,载柯文著、林同奇译:《在中国发现历史——中国中心观在美国的兴起》,中华书局1989年版,第248页。这是柯文 *China Unbound: Evolving Perspectives on the Chinese Past* (London: Routledge Curzon, 2003)一书的序言,程美宝将其译成中文,作为附录放在《在中国发现历史》增订版之后。此外,这篇译文还可参见朱政惠编:《美国学者论美国中国学》,上海辞书出版社2009年版,第262页。

③ Paul Andrew Cohen, *Sidney Alexander Forsythe. An American Missionary Community in China*, 1895-1905. Cambridge, MA: Harvard University Press, 1971. Perface.

方面的研究,实际上研究传教团的历史,而非中国的历史"①;其次,柯文把 19 世纪中国反对基督教视为中国传统反对异端的一部分,这个观点就带着中国中心观的基因;此外,对历史描绘的精细化和重视中文史料的运用都使得本书具有中国中心观的倾向。

此后,柯文研究的兴趣不再是中国基督教史,而是转而研究王韬与晚清的改革。1974 年出版了《在传统和现代之间:王韬与晚清改革》一书②。该书论述了早期维新派王韬的改革思想,柯文对当时流行的"传统-现代模式"进行了反思和超越。他认为,王韬的好多思想无法机械地分为"传统"和"现代"两个对立的方面,王韬对新思想的接受其实是将其纳入了旧的知识体系里面。以王韬为代表的"口岸型知识分子"的现代思想在真正的实施过程中还必须和传统妥协才能真正进行改革。柯文还注意到了王韬对中西文化的态度。王韬认为,儒家之"道"和基督教之"道"同系于人,两者"其道大同"。这为柯文后来提出"以人为中心"的研究取向埋下了伏笔。正如王韬具有"之间性"一样,这部著作也具有"之间性",是西方中心论向中国中心论的转型作品。这部著作标志着柯文开始以中国的局内人的视角来研究历史,但是其中还是过分地强调了西方冲击。

1978 年,柯文还为《剑桥中国晚清史》(*The Cambridge History of China*) 第 10 卷写作了第 11 章 "1900 年以前基督教传教活动及其影响"。该书在 1983 年就被翻译成中文。这本书的写作由费正清牵头,汇集了世界上研究中国晚清史各个领域的专家。柯文正是因此被视为那个时代中国基督教史领域的专家。该文共分三部分,论述了天主教和新教对中国旧制度的冲击及其新制度的建立。第一部分讲述了传教事业的演变,这是基本的背景;第二部分论述了基督教对旧制度的威胁以及旧制度的回应——反教运动;第三部分论述了基督教创立的医疗、教育体制对中国近代化的促进,传教士传播西学对中国政治改革的影响等。虽然此时,柯文已经有了中国中心观的想法,但是该书的第一部分还是传统的传教学范式,第二、第三部分还是按照"冲击-回应""传统-现代"框架写作的,具有浓厚的西方中心论色彩。

从 20 世纪 70 年代末,柯文开始全面反思西方中心观,最终的成果就是

---

① 柯文著、程美宝译:《变动中的中国历史研究视角》,载柯文著、林同奇译:《在中国发现历史——中国中心观在美国的兴起》,中华书局 1989 年版,第 247 页。
② Paul Andrew Cohen, *Between Tradition and Modernity: Wang Tao and Reform in Late Ch'ing China*, Cambridge, MA: Harvard University Press, 1974.

1984年出版的《在中国发现历史——中国中心观在美国的兴起》一书。该书批评了西方中心范式下的三种理论模式:"冲击-回应论""传统-现代论"和"帝国主义-革命论",然后提出了中国中心论。中国中心论不是一个具体的理论模式,而是一种研究取向和范式。

中国中心论的逻辑起点依然是"冲击-回应论",其变化是认为西方冲击对中国的影响力不大,中国历史发展的动力是从内部产生的。从学术理路上讲,这种观点是对西方中心论的突破。所以,中国中心观在研究视角上侧重从中国内部而非西方来看问题,在研究领域上侧重于区域史和下层民众的历史,在研究方法上侧重于运用社会科学的方法来研究历史,在史料运用上强调中文文献和口述、视觉等资料的运用①。至此,柯文局内人的视角已经成熟,该书的影响力无需本文赘言。此后,中国中心观成为美国中国史学界的主流观点。

三、游走局内局外之间:人类中心观

柯文属于美国中国学研究的第二代学者,中国中心观属于第二代对第一代转向的成果。但是第三代学者的崛起,开始对中国中心观提出挑战。首先是加州学派的王国斌(R. Bin Wong)和彭慕兰(Kenneth Pomeranz),他们研究的重心在中国经济史,他们采取的方法均是把中国和欧洲进行比较。他们都摆脱了欧洲中心主义的前设,但是也很难说他们采取的是中国中心取向。其次,新清史的崛起和非汉族群体的研究也凸显了中国中心取向的弱点。它们表明,作为中心的"中国"也是很复杂的现象,再次,中国中心观并不一定适合处理"海外华人"这个问题。

以加州学派和新清史为代表的第三代学者深受后现代主义史学的影响,他们体现的其实是一种"去中心"的价值取向。无论"西方"还是"东方"都不能视为"中心","东方"不过是西方人建构出来的"他者"。"西方"也不过是人们建构出来的学习现代化的"典范"。第三代学者解构了"中心"。面对第三代学者的冲击,柯文也作出了回应。这个回应就是他提出了"以人类为中心"的研究取向。所谓人类中心取向,就是在对中国历史研究的时候,不仅批评西方中心主义,更

---

① 王德硕:《何为中心?——中国基督教史研究理论述评》,载《基督教学术》2016年第1期。

注意某一历史问题上对人类共性的探讨①。我们可以将"以人类为中心"的研究取向视为人类中心观。

柯文的人类中心观主要体现在三个方面：

第一，沿着文化史的路径，强调中西文化的共通性。柯文在研究王韬的书中就提到中西文化的交汇和共鸣之处，直到《历史三调：作为事件、经历和神话的义和团》（以下简称《历史三调》）一书才真正使这个想法充分发挥②。他在这部著作中真正探讨的是人性的共通性。

第二，沿着新文化史的路径，探讨历史书写的三种路径。在《历史三调》一书中，柯文以义和团为例从更宽阔的角度探讨历史书写的一般性问题。柯文提出了历史书写的三种路径：过去可以作为事件（event）为史家所重构，可以作为某种经历（experience）为历史亲历者所了解和记忆，也可以作为神话（myth）为后世神话制造者所利用，服务于现实的需要③。在这里，局内人和局外人的含义被拓展。历史的亲历者是历史的局内人，而重构历史的史学家们和后世神话的制造者都是历史的局外人。柯文先以局外人的身份重塑了义和团事件，然后以局内人的身份"移情"到义和团事件的亲历者身上，最后再重新以局外人的身份探讨后世怎样赋予义和团事件各种意义。

在《与历史对话：勾践的故事在二十世纪的中国》一书中，柯文再次强调了作为神话路径的历史书写。历史故事可以不断地被建构来服务于某种现实，这是该书的主要观点。卧薪尝胆的故事在中国耳熟能详，这已经内化成中国人的民族精神。柯文将勾践的故事分为四个主题：第一是耻辱，第二是复仇，第三是忍辱负重，第四是国家重建。柯文研究发现，在20世纪的中国，勾践的故事被不同的语境建构成不同的"版本"。比如在抗战时期，国耻和忍辱负重的主题被突出，因为此时中国要抗日要雪耻。蒋介石占据台湾时期，夫差被打败，越国被重建这个主题被突出，因为这反映了蒋介石"反攻大陆"的企图。中国改革开放之后，在"下海经商"大潮中，勾践的故事被建构成励志的榜样。在旅游业兴起之

---

① 朱政惠：《柯文教授的清史研究——三次相聚及其请教的若干问题》，载《江西师范大学学报（哲学社会科学版）》2004年第6期。

② Paul Andrew Cohen, *History in Three Keys: The Boxers As Event, Experience, and Myth*. New York: Columbia University Press, 1997；柯文著，杜继东译：《历史三调：作为事件、经历和神话的义和团》，南京：江苏人民出版社2000年版。

③ 毛升：《评柯文回忆录：在中国发现历史2.0版》，载澎湃新闻，https://new.qq.com/omn/20191214/20191214A06GMV00.html。

后,勾践又作为旅游资源被地方政府建构为文化符号①。

第三,沿着全球史的路径,将中国历史放在全球历史中去考察。杜维明曾评价史华慈说,"将他所钟爱的地方性知识小心翼翼地转化成全球意义的话题"。②

柯文的《历史与大众记忆:故事在危机时刻的力量》一书继承了史华慈的这种理念。柯文的高明之处在于他没有停留在"局内人"的身份来叙述勾践故事,而是以"局外人"的视角将勾践故事放在全球视域中。在该书中,柯文将勾践的故事同世界历史上类似故事进行对比③。比如,塞尔维亚族在20世纪如何不断利用1389年发生的科索沃战役来强化民族主义;犹太人如何利用圣地玛萨达的沦陷这一故事不断加强犹太人的身份认同;法国在二战期间沦陷后,与纳粹德国合作的维希傀儡政权和戴高乐领导的抵抗组织如何同时利用圣女贞德的故事来获取政权的合法性;苏德战争爆发后,苏联的电影如何将一位生活在13世纪的俄国王子亚历山大·涅夫斯基塑造为民族英雄,鼓舞全国军民的士气;二战末期,英国政府又如何通过将亨利五世的故事搬上银屏来为战争中饱经苦难的英国人打气。④ 柯文自述,这样"主要就是为了把中国放在更广阔的世界舞台,以此说明中国和世界其他地方的共通性"⑤。

四、结　　语

从20世纪50年代至今,柯文致力于中国史研究已逾60载。他的学术经历就是美国的中国史学界的一个重要样本。柯文对中国史的探索也反映了美国学界中国史研究的内在理路。总体而言,美国的中国史研究经历了"西方中心观—中国中心观—人类中心观"的嬗变。中国中心观和人类中心观都是柯文率先提出并积极倡导的。

"局外"和"局内"有两层含义:第一层是针对中国的"局外"和"局内",柯文

---

① Paul Andrew Cohen, *Speaking to History: The Story of King Guojian in Twentieth-Century China*, California: University of California Press, 2008.
② 杜维明:《史华慈叙事的人文主义境界》,载《世界汉学》2003年第2期。
③ Paul Andrew Cohen, *History and Popular Memory: The Power of Story in Moments of Crisis*, New York: Columbia University Press, 2014.
④ Paul Andrew Cohen, *Speaking to History: The Story of King Guojian in Twentieth-Century China*, California: University of California Press, 2008.
⑤ 柯文著、刘楠楠译、冼玉仪校:《走过两遍的路:我作为中国历史学家之旅》,载《读书》2019年第12期。

是美国人,他是中国的"他者",这是一个局外人的身份。柯文提出中国中心观,其目的就是从局外人过渡到局内人,其后,他又提出了人类中心观,又从局内人重返局外人,但是他并未回到西方中心论,而是扩展到全球史视野。第二层是针对历史的"局外"和"局内"。历史亲历者是局内人,作为历史研究者的柯文是局外人。柯文不但能通过"移情"的方法设身处地体会局内人的思想、感情和处境,而且能以局外人的身份来理解历史和书写历史的意义。

抗战胜利后协和复校的美国问题
及其纾解(1946—1948)

邹赜韬①

协和医学院在近代中国独树一帜,被时人誉为"全国医学最高学府"②。1941—1945年,侵华日军霸占协和医学院校址,该校教学活动被迫中止,综合实力遭受重创。1947年据专业人士评估,战后协和医学院在不受外力撼动的前提下最少需要五年方能恢复战前水平③。1945年底,侵华日军依照无条件投降有关安排归还了协和医学院(含医院)校舍,协和医学院由此开启了战后复校的艰难跋涉④。

目前学界对抗日战争胜利后协和医学院的复校问题认识有限,探讨较为集中的成果是福梅龄(Mary Ferguson)初版于1970年的《美国中华医学基金会和北京协和医学院》(China Medical Board and Peking Union Medical College: A Chronicle of Fruitful Collaboration),该书第八章"从头再来"回溯了抗战胜利后协和医学院东山再起的经过⑤。然而恰如西方医史学界的公允评价:福梅龄著作缺少基本史学规范,因而更似"当事人"见证而非研究著作,史料价值高于

---

① 作者简介:邹赜韬,上海大学历史系博士研究生。
② 一夫:《四十三个省外专科以上学校》,载《福建教育通讯》(卷六),1940年第5期,第9页。
③ 盈:《协和医学院复校复院》,载《大公报》1947年6月15日,第7版。
④ 关于抗日战争胜利后大学恢复教学、科研活动的现象学界多有别名,"复员""复校"以及针对协和学院之名的"复院"均见用及。为方便起见,本文在行文过程中将之统一为"复校",特此说明。抗战胜利后的"教育复员"是近几年抗日战争史乃至中国近代史的重要研究增长点。孙邦华、金国、蒋宝麟、陈岭、韩戍、何方昱等学者以北平师范大学、南开大学、中央大学、暨南大学等高校战后恢复史实已有多视角观察。然而相关研究均未涉及复杂的国际关系切磋,这是协和医学院复校案例带给中国近代大学、抗日战争史研究的一片新天地。张蒙最新科技史研究成果《导入美国医学:抗战胜利后北京大学对伪北大医学院的接收与改造》,载《抗日战争研究》2021年第1期,该成果是与本研究形成有益对话的佳作。
⑤ 福梅龄著,闫海英、蒋育红译:《美国中华医学基金会和北京协和医学院》,中国协和医科大学出版社2014年版,第185—191页。

抗战胜利后协和复校的美国问题及其纾解(1946—1948)

阐释价值①。蒋育红成功地以"跨国语境"观察了协和医学院与近代国际社会的密切互动。但关于战后协和复校的问题蒋文所言稍显简略②。此外一些近代大学史、医学史、抗战史考察成果也些许涉及协和复校问题,遗憾的是有关考察均未能达致周详、形成完整认识。

近代协和医学院由于奠基资金、管理架构、教学内容均与美国方面紧密联系,因而该校与生俱来地带着浓重的美国色彩,是"中美之间"的国际合作结晶③。鉴于此,不同于在抗战胜利后中国高校复员的常规模式④,协和医学院的复校进程脱离不开美国方面的深度参与。

抗战胜利后协和复校的工作镶嵌于中美关系波动的政治历史中,推进协和复校的进程面临着接二连三的"美国问题"⑤。这正是本文核心立意所在,即利用美国外交档案、中美新闻报道,回到抗战胜利后协和复校的历史情境,观察协和复校所遭遇的美国方面障碍,并由此切入思考战后协和医学院对其"美国性"表征的微妙调适,继而以恢复办学经费为例,解析"二战"结束后几年间美国各层面涉华战略在协和复校问题上的政治映射、意涵。一如时人多将协和医学院与协和医院(事实上也是医学院教学医院)视作一体⑥,本文所讨论的"协和复校"囊括了协和医学院恢复办学、协和医院重新开张两个复校过程。本文对时间截面的选取依从洛克菲勒基金会的官方意见,将抗战胜利后协和复校时间段定在

---

① Brown Bullock, "China Medical Board and Peking Union Medical College. A Chronicle of Fruitful Collaboration (1914 – 1951) (Book Review)", *Journal of Asian Studies*, 1972, 32(4): 689.
② 蒋育红:《20世纪上半叶跨国医学机构在中国——以协和为例》,载秦倩主编:《医学与国际关系》(《复旦国际关系评论(第23辑)》),上海人民出版社2019年版,第98—101页。
③ 约翰·齐默尔曼·鲍尔斯著,蒋育红、张麟、吴东译:《中国宫殿里的西方医学》,中国协和医科大学出版社2014年版,第2页。
④ 在抗战教育复员领域堪称经典之作的《抗战胜利后国民政府教育复员研究》(贺金林著,社会科学文献出版社2010年版)并未涉及协和医学院。鉴于贺金林的著述主要集中在国民政府教育部等中国官方力量支持、管理下的大学复员,因而我们可以反推抗战胜利后协和的复校问题并非中国政府在大学恢复方面的核心关切。另一个证据是遍检1945—1948年反映教育部权威动态的《教育部公报》,仅有一则教育部命令在下达对顾临表彰令(事实上是致哀)时提及协和,关于协和复校事务丝毫不见于教育部的官方行政动议中。综合上述特征,我们可以断定抗战胜利后的协和复校是一项"美国中心"命题。
⑤ 本文所言"美国问题"指向有二:首先是以美国各方力量为当事主体的外力影响,其次是协和医学院自身"美国性"(约等于美国符号)带来的内生问题。"美国问题"具体实指为何,且容下文逐步揭开。
⑥ 譬如1948年署名"暗然"者发表的《祝协和医院开幕》就将协和医院列作协和医学院办学成绩、复校进程之一,见《大公报》1948年5月6日,第4版。无独有偶,在抗战胜利后香港大学(The University of Hong Kong)的复校实践中,该校教学医院——玛丽医院(The Queen Mary Hospital)亦被纳入教育复员整体。见 *Observation Reading The Possible Reconstitution of The University of HongKong* (1944), in Rehabilitation of Hong Kong University after Occupation and Internment, TS War and Colonial Department and Colonial Office: Hong Kong, Original Correspondence CO. 129 /593 /2. The National Archives (Kew, United Kingdom), p. 154。

1946—1948年①。期待通过重温短短三年时间内协和医学院的复校经过，本文能为检视国际语境下近代中国高等教育的"政学关系"②，乃至第二次世界大战后中美关系调适的"大历史"书写供给再认识的动力。

一、抗战胜利后美国影响下的协和复校困境

1937年7月29日，北平陷入侵华日军魔爪。与其他高校命运相似，协和医学院迎来了昏暗惨淡的时期。1944年，罗杰·格林（Roger S. Green）在其主笔的军情咨文《中国医疗活动报告》（*Report On Medical Activities In China*）中如此描述1937年全面抗战爆发至1941年底珍珠港事变终结美日和平期间协和的运转状态：

> 不少学生和教员频繁穿梭于国统、日占区之间。自中国来的人士依旧会到协和医学院参加一些特殊课程。供职于学院的一位昆虫学家还曾受派前往滇缅公路沿线，开展了为期数月的疟疾问题田野调研。③

1941年美日开战的连锁效应很快终止了协和医学院的正常活动。1942—1945年，协和医学院的校舍被日军征用作为军医场所，一切有组织的教学、科研活动均彻底停摆。据战后调查统计，日占期间协和医院主体建筑基本保存完好，但重要的医科教学仪器、实验设备均因日军使用而损耗或在日军败退时被卷走、

---

① 洛克菲勒基金档案中心（Rockefeller Archive Center）的编目指南认为抗战胜利后协和复校起于1945年底日军方面归还协和校舍，终于1948年5月协和医学院、护校、医院全部恢复运营，本文采信此说。但结合1945年协和医学院复校实务寥寥可数的总体情况，我们将研究上限稍延至1946年3月起。参见 *Introduction To China Medical Board, Inc. Records*, New York: Rockefeller Archive Center, 2018, p. 4.

② 利用高等教育、学术机构历史来检视近代中美国际政治问题的成熟著述相对有限。樊书华著、方堃杨译的《文化工程：哈佛燕京学社与中国人文学科的再建（1924—1951）》（北京大学出版社2017年版）是目前这一领域最具学术影响力的作品，该书探讨了哈佛燕京学社这一"作为东西方桥梁"的美国在华事业，其国际关系定位、政治意蕴与协和医学院高度类似。

③ Roger S. Green. *Report On Medical Activities In China* (1944), in China, Public Health. Hospitals. Hospital Service (November 29, 1939 - October 10, 1944), National Archives (United States), p. 13.

抗战胜利后协和复校的美国问题及其纾解(1946—1948)

破坏①。全校可移动固定资产中仅图书资料一项保存尚可(折耗约0.2%),损失十分惨重②。

1945年抗日战争胜利后,协和医学院并未随北平光复而同步重开。与清华、南开、浙大等内迁院校因返程耗时而滞后恢复的情形不同,抗战胜利后协和医学院面临的首要复校难题是校舍被占:1946年1月至1947年5月间,美国代表马歇尔将军使团与中共、国民党三方组构了军事调处执行部,该部与马歇尔使团总部一道借用了日军移交的协和医学院馆舍办公③。荷枪实弹的双边守卫彻底封锁了协和医学院校舍,校区内的紧张气氛被前去探访的记者形容为"高度军事化",实与复校开学所需条件相去甚远④。

1947年1月,面对协和、美国中华医学基金会(China Medical Board)等利益有关方的多次追索,马歇尔将军对其使团及相关职能机构必须占驻协和医学院校舍作出了如下解释:

> 虽然抛开协和医学院的建筑,我们行政总部的自身结构并不会受影响。然而,在这个拮据的穷国,毫无疑问我们无法找到另一处像样的建筑(来办公了)。⑤

除却场所合宜,马歇尔使团及其有关职能单位长期借用协和医学院的另一个考虑是通过与美国中华医学基金会的联络接触,他们意识到协和医学院是否能顺利复校尚是一个巨大未知数。这也是为何在1946年6月军调部"租借"协和楼宇期限已至、不少声音呼吁协和复校的舆情包围下美方依旧安之若素地继续征用协和校址⑥。马歇尔将军一针见血地指出:即便协和从他处讨要回校舍,

---

① "Reopening Of P.U.M.C. Hastened", *The North-China Daily News*, May 3, 1946, p. 1.

② L. Carrington Goodrich, "The Cultural Opportunity in China", *Journal of the American Oriental Society*, Vol. 67, No. 2(1947), p. 76.

③ 在1947年底协和医学院递交给美有关方面的情况说明中,校舍受占被描述为协和复校的首要障碍,唯有校舍恢复后协和复校的其他工作方才有条件启动:"自从校舍被归还后,学院方面尽最大努力以求恢复正常,期望以最快速度实现复校"。见 Office of the Director, Subject Files, 1947-1948: Peiping Union Medical College. July 21, 1947-April 10, 1948, National Archives (United States), p. 42.

④ Shifrin, S E, "Peiping A Much-Militarized City: Hotel Accommodation Scarce", *The China Weekly Review*, Sep. 28, 1946, p. 109.

⑤ "From General Marshall"(1947.1.6), in Records Of The Marshall Mission Relating To Military Affairs: Carter Volume IV, National Archives (United States), p. 1.

⑥ 记者:《军调部将迁新址传协和医院八月复院》,载《和平日报》1946年5月28日,第2版。

该校能否顺利开学最终还是要取决于"未来（中国的）政治、军事与经济情况"①。而在马歇尔使团与协和医学院两者间做比较，当时能够以直接作用力影响"中国政治、军事、经济情况"的毋庸置疑是前者。由此，在国际话语权、现实资源分配方面都远在协和之上的马歇尔使团自然可以略带"强占"色彩地长期借住协和医学院校舍，完全无须顾忌这是否会损害正常教学、科研秩序。

在战后协和医学院因校舍硬件缺失而被迫停滞的数年间，马歇尔将军也曾与其他中美关系事务部门一道，在无形间严重冲击了协和医学院的立校"软件"。

众所周知，战前协和医学院之所以能在中国近代医学界傲视群雄，高居民国医学高等教育顶峰，关键在于洛克菲勒基金、美国中华医学基金会的大力支持为其引来了一流的师资人才②。诸如林可胜、胡恒德（Henry S. Houghton）、伊博恩（Bernard E. Read）、兰安生（John B. Grant）等对中国近代医学进展功勋卓著的大家都曾执鞭于此③。然而，马歇尔将军等是时中美关系决策层对协和医学院重开的悲观态度加速了协和人才的向外流失。譬如1946年10月，深感中国局势行将失控的著名寄生虫学家、战前协和医学院教师何博礼（R. J. C. Hoeppli）期望赴美发展④。当月，赴美访问的协和医学院校董会秘书福梅龄向有关方面放出了何博礼有意前往美国继续工作的风声⑤。美国高层获知何博礼意向后高度重视，对挖掘这位生物、医学奇才抱有极大兴趣。很快，以马歇尔使团为支点的美方力量围绕何博礼赴美事宜作出了系列高规格部署：马歇尔将军命令属下以"豪华的飞机"接回何博礼，如此"不仅给（他）面子，也可借此表达美国对他服务的由衷感谢"⑥。十天后，在发送给战争部（War Department）的行动要求中，马歇尔将军再次明令对何博礼来美予以贵宾（VIP）接待⑦。若站在代表美国国

---

① "From General Marshall"（1947.1.6），in Records Of The Marshall Mission Relating To Military Affairs: Carter Volume IV, National Archives（United States），p. 1.

② 福梅龄著，闫海英、蒋育红译：《美国中华医学基金会和北京协和医学院》，中国协和医科大学出版社2014年版，第217—226页。

③ 王勇、刘烨昕：《顾临与中国近代医学教育》，载《医学与哲学（A）》，2016（7），第91—95页。

④ 何博礼对日本血吸虫（*Schistosoma japonicum Katsurada*）深有研究，以其名字命名的血吸虫卵嗜酸性脓肿抗原抗体复合物反应——"何博礼现象"（hoeppli phenomen）至今仍为寄生虫研究经典命题。在1946年10月15日马歇尔·卡特（Marshall S. Carter）致斐洛·帕克（Philo W. Parker）的通气信中，何博礼被认为是"极有兴趣"（very much interested in）赴美工作。

⑤ Letter To Mr. Parker（1946.10.21），in Records Of The Marshall Mission, War Department Records: [Misc.—Hoeppli, R.J.C., Dr.]. n.d., National Archives（United States），p. 9.

⑥ Memorandum For General Marshall（1946.10.29），in Records Of The Marshall Mission, War Department Records: [Misc.—Hoeppli, R.J.C., Dr.]. n.d., National Archives（United States），p. 5.

⑦ Message From office of General Marshall（1946.11.8），in Records Of The Marshall Mission, War Department Records: [Misc.—Hoeppli, R.J.C., Dr.]. n.d., National Archives（United States），p. 2.

家利益的实用主义视角上检视,马歇尔将军不计代价为祖国举才何博礼的做法是合情合理的①。同样,从何博礼个人前程出发考量,在美国"伯乐"的关照下前往当时世界最优科学中心继续求索显然胜过留守硝烟中国千万倍。不过这项"两全其美"的美国引才计划对百废待兴的协和医学院而言确实是沉重一击:美方投入不菲成本千方百计将医学人才引进或召回美国,使得协和医学院的复校工作启动伊始便遇到了严重的师资危机②。根据福梅龄的回忆,除何博礼外,战时、战后协和医学院流失至美的旧日人才为数不少,仅1943年与她同船归美的就有10人,其中不乏具有较高影响力的研究者③。优质教师的出走不仅使得协和的教学、科研能力远落后于战前水平,同时也对这所医学名校的学术声誉造成负面影响。一旦重启招生,优质生源必会踟蹰不定,由此形成学校质量下滑的恶性闭环。

相较前文述及的校舍被占、人才流失问题,抗战胜利后协和医学院复校最为突出的障碍当属办学经费短缺。考虑到协和特殊的财源结构,该校所面临的资金困难实质上是抗战胜利前后美国资助削减、拨款终止的直接后果。

早在1921年协和医学院的开学典礼上,主要资助方洛克菲勒基金会代表洛克菲勒二世(John D. Rockefeller)就明确展望了协和医学院未来的财政愿景:"学校获得的资助将如同世界上其他国家类似级别的医学院校一样,源于中国人的捐赠和政府的资助"。④然而小洛克菲勒在20余年前许下的"协和自立"祈愿显然对饱经抗日战争冲击的中国经济社会"水土不服"——无论是方才戡乱就深陷内战的国民政府抑或纷乱时局中苟延残喘的中国商业资本在1946—1948年的历史遭遇中均无力抽身支持协和医学院复校⑤。在1946年12月11日吉列姆(Gillem)将军向马歇尔将军呈交的情况汇报中,有如下一段描述生动诠释了美

---

① 第二次世界大战后,美国乘世界格局大变之际开启了全球人才引进行动,将大批高水平海外人才吸聚入美。有关政策可参见 B. L. R. Smith, *Lincoln Gordon: Architect of Cold War Foreign Policy*, Lexington: University Press of Kentucky, 2015, pp. 12-16。
② 在1941年协和医学院彻底为日军抢占前,所聘教职员工的合同期限均已到期(见《协和医学院复院经过》,载《国立贵阳医学院院刊》1948年第22期,第2页)。由此,抗战胜利后早先供职于协和医学院的人才外流并无法理问题。然而诚如《协和医学院复院经过》撰者所言:学术人脉、医界故知的流散为1946年至1948年间协和医学院重开工作构成了极大障碍。
③ 福梅龄著,闫海英、蒋育红译:《美国中华医学基金会和北京协和医学院》,中国协和医科大学出版社2014年版,第170页。
④ 致辞日期为1921年9月19日。转引自福梅龄著,闫海英、蒋育红译:《美国中华医学基金会和北京协和医学院》,中国协和医科大学出版社2014年版,"开篇语"。
⑤ 经费困难是抗战胜利后各高校复员的中心难题,就连首屈一指的中央大学也无力负担校舍修缮、改扩建的重负,不得已请求土木行业校友出面无偿代劳。见肖如平:《从重庆到南京:吴有训与中央大学的复员》,载《晋阳学刊》2019年第6期,第40页。

援(洛克菲勒基金)赞助到位与协和医学院复校之间的因果关系:

> 重开(协和医学院)的计划完全取决于他们是否能从洛克菲勒基金处寻求到必要的资金支持。①

较长一段时间内,洛克菲勒基金对物质支持协和复校抱以不确定态度。受此影响,自1946年3月美国中华医学基金会方面开始讨论重启协和医学院计划后,各方期待的"明确计划"(definite plans)一直未能落地②。由此可见,以"未知数"形象介入复校进程的美方援助资金确实对协和转归正轨起到了决定性限制:1947年初至1948年冬季,协和医学院甚至无力应付取暖开销,全体教职员工在瑟瑟寒风中艰难推动着协和事业的复苏③。

由于我们将在后文中进一步探讨1946—1948年协和复校期间经费问题的国际政治投影,此处议论暂且从略。综合前文所提及的校舍被占、人才流失状况来看,我们已经可以验证先前的总体印象:1946—1948年间协和医学院的复校问题绝非一个简单的高等教育内部问题,它是第二次世界大战后中美关系不断调整下"不确定"压力与中美多方积极调适的"教育/科学-政治"结果。因而在接下来的行文中,我们的视野将聚焦于1946—1948年间协和复校"美国问题"的调适与纾解。

二、姓用之间:复校进程中协和的"美国性"表达

在一份1949年杜鲁门总统批阅过的《美国在华利益》(*United States Interests In China*)备忘录中,执笔者精辟地对近代中美关系中的高等教育因素作出如下评述:

---

① WARX87321(General Gillem info General Marshall, 1946.12.11), in Records Of The Marshall Mission Relating To Military Affairs: Messages In, 6 Dec 46 - 31 Jan 47, Vol. XIX, p. 1.
② "Letter to Arthur R. Ringwalt" (1946.3.21), Reopening Of The P.U.M.C. n.d. MS Chinese Civil War and U.S.-China Relations: Records of the Office of Chinese Affairs, 1945 - 1955 Collection, National Archives (United States), p. 1.
③ 福梅龄著,闫海英、蒋育红译:《美国中华医学基金会和北京协和医学院》,中国协和医科大学出版社2014年版,第187页。

抗战胜利后协和复校的美国问题及其纾解(1946—1948)

在过去的一百年间,美国在华影响力稳步增长。虽然在过去几年间出现倒退,这些影响力仍旧是我们在该国最宝贵的资产之一。美国(在华)教育的成功扩张对此贡献巨大。……同时,那些在美国支持教育机构学习的中国人未来也会成为他们国家的领导者。①

紧随其后,备忘录执笔者罗列出了一长串美国在华高等教育的成功案例,而其中唯一的非基督教会学校便是协和医学院。自这份备忘录中我们可以清晰地窥见两个是时中美关系的关键表征:其一,在华高等教育事业是美国基于自身国家利益考虑而大力倡导且一贯重视的基础性"软外交"②;第二,由于协和医学院是当时美国政府中意院校目录里唯一的非基督教会高等教育机构,因而,其之于中美政治往来实有不可替代的、更为直接的交汇点意义。

单是引述美方呈词或有"王婆卖瓜"之嫌。此处我们另举1939年日伪在南京煽动"反英"情绪时的一段"新中国之声"(Voice of New China)主编广播词,对协和医学院树立美国积极形象的功劳增添"他者见证":

英国或英国的商人有在中国的大地上建立一所大学或医院吗?有像洛克菲勒捐助协和医学院、协和医院一样的壮举吗?③

综上所举证例,在第二次世界大战结束、世界新格局步入构建"快车道"的关键节点上,美国方面出于维护其在华影响力、巩固亚洲地区的美国存在考虑,有必要斥资、促动协和医学院复校事业。不过假若将战后协和医学院复校放置于美国力量与协和校方交互的关联语境中检视,则不难觉察到:协和复校进程中的"美国性"(美国符号)并非是单线的"由淡漠重归浓重",恰恰相反,围绕"美国性"这一国际政治表征,协和医学院在复校努力中对自我认同的"姓"与实际支持之"用"间多加平衡,形成了绝少出现的国际关系景观。

正如我们早先已经点明的史实,不论是洛克菲勒基金会抑或协和医学院高层,主流意见一贯期望该校能尽快脱离美援襁褓,成长为扎根中国、服务中国的

---

① Presidential Papers of Harry S. Truman, Papers as President, President's Secretary's File, 1945-1953, Harry S. Truman Library, Independence, Missouri, Folder: 002196-025-0760, pp. 8-9.
② 第二次世界大战结束后曾有英国评论家对美国在华高等教育事业带来的外交"正效应"钦羡不已。见 Forster L, "Higher Education in China", *The Contemporary Review*, Vol. 170, No.7(1946), p. 89。
③ "Editor's letter"(1939.7.1), Files On Noulena Associates: Publication of An Article In The "Voice of New China", Shanghai Municipal Police Files, National Archives (United States), p. 18.

"中国化"医学教育典范。由此,协和的长远宗旨将该校的"姓"定位在"由美国迈向中国"的轨道上。然而事实上,近代中国动乱的政局,加之抗日战争的损耗致使中国各方无力为协和医学院成长乃至正常运营提供稳定支持——协和的"用"必须仰赖美方援助,否则大有关门歇业的风险。在如此双边利益对垒之上,协和自身的"姓"与美援之"用"蕴含的"美国性"期许间矛盾突出。协和需要找寻到一条"中间路线",既规避因过分浸染美援背后的国际政治色彩而与立校根本背道而驰,同时又要最充分调动本校与美方的历史、现实渊源,开创丰足、优质的办学环境①。以下我们就回顾1946—1948年间协和医学院史,观察其复校进程中的"姓"与"用"。

总体而言,在协和复校的全程中,美方都在极力规避中国力量介入协和事务,力图将协和复校与中国内政隔离开来,彰显美国际关系界所期待的"协和美国本色"。举例而言,在1948年处理协和医院重开期间医用耗材采购困难时,浙江实业银行高层曾向美方代表献策,建议协和医学院向国民政府申请特殊执照,以规避波动汇率冲击,掌握资金主动权。然而吉尔帕特里克毫不犹豫地回绝了中国方面介入协和美援经费管理、处置的方案②。美方如此紧密包裹协和复校事务核心的目的在于避免真金白银的援助资金"落入他手",真正使每一分美国援助都成为其提振战后在华影响力的"美国性"筹码。为确保美方援助为美国利益牢牢掌控,在第二次世界大战尚未结束时,一批曾有中国科教界工作、学习履历者被选调充任中美交往的关键职务,其中就有协和故人的身影:1944年底,曾在协和医学院执教十年(1924—1933)的露丝·盖伊(Dr. Ruth Guy)被美国政府派往国务院文化合作事务局远东分部担纲重任。盖伊此行的核心使命是"加速推动中国科技专家的培育、补充"③。可见早在战争结束前,通过制度操纵、人员安插等方式,美国外交已然确立了"全流程美国控制、全方面展现美国的战后科学技术"援华体系④。

美国方面将援助体系封闭的"滴水不漏"并不意味着协和医学院在其复校进程中完全脱离了早先确立的中国化轨道,相反,协和医学院灵活地在复校事业中

---

① 美国学者施康妮(Connie A. Shemo)在讨论美国基督教会与中国妇女医学教育时也关注到类似于此的情况。参阅美施康妮著,任方圆译:《美国传教士与中国妇女的医学教育:帝国主义、文化传播及跨国史》,载徐以骅主编:《宗教与美国社会》(第十八辑),北京:时事出版社,2019年,第343—353页。
② Office of the Director, Subject Files, 1947-1948: Peiping Union Medical College. July 21, 1947-April 10, 1948, National Archives (United States), pp. 20-21.
③ "New State Department Appointment", *China Trade News*, Dec., 1944, p. 16.
④ 福梅龄著,闫海英、蒋育红译:《美国中华医学基金会和北京协和医学院》,中国协和医科大学出版社2014年版,第185页。

抗战胜利后协和复校的美国问题及其纾解(1946—1948)

表达了中国、美国双重特性,通过展现复校决策层内中国人士的美国色彩,巧妙回避了"是中是美"的绝对对立,在"亦中亦美"的关键个体支撑下兼顾了援助方"美国性"表达与协和中国本位的愿景。

1947年3月6日,胡适、福梅龄、协和护校主任聂毓禅三人搭乘美国军机由北平飞抵上海,旋即在住地召开简短会议确定了协和医学院董事会"提名委员会",由刘瑞恒、李铭、邓乐普(Dunlap)、胡适担任该委员会成员。[①] 从整体阵容来看,北平方面抵沪的两位中国籍代表均有在康奈尔大学、密歇根大学等美国高水平教育机构留学的经历。而"提名委员会"四位成员亦与美国有着千丝万缕的紧密联系。3月12日,协和医学院董事会在国际饭店主持召开协和医学院董事会议[②]。此次会议研讨了当年秋季协和医学院重新开学的所需事宜,并初步选定了复校后的协和领导层:李宗恩担任院(校)长、格莱格(Alan Gregy)任副校长[③]。这一中国人正职、美国人副职的顶层设计充分体现了协和"美国性"基调与中国高等院校本质的巧妙调和。

人事安排上的"中体美用"很快在协和复校进程中催化出"以美国姓实践中国用"的发展模式,这里的协和之"姓"并非前文所述的协和是哪国机构、为哪国服务之"主义",而是具化到协和直接由美国创设,执行美式医学教育方案的"历史"。"美姓中用"之表征在同时具有协和"局外人"与"局中人"双重定位的胡适身上尤显突出。1947年6月22日,胡适在拜读美国杰出医学教育家威廉·亨利·韦尔奇(William Henry Welch)的传记后于日记中大发感叹,盛赞韦尔奇"改造了全美国的医学教学方法"[④]。由于胡适当时身居协和复校事业的关键位置,因而我们完全可以稍做迁移猜测:胡适的韦尔奇传记阅读实际上是这位本与医疗界相去甚远的文化人找寻协和复兴路之一种尝试,他在求索复校后协和可以直接复制的蓝本,一个可以在最大程度上令美国援助方感到亲切、满意,也可以推动协和尽快步入正轨的经验。

当然,协和医学院在复校过程中所做出的"美国性"表达也并非全是消极的被动适应。我们可以看到:一些本意于彰显"美国性"的举措确实为协和复校进程消除了不少障碍、提高了各方接洽协和重开事宜的工作效率。譬如在1947年和1948年推进协和医院重开工作时,协和复校进程中的校方高层与美国援助方

---

① 胡适著、曹伯言整理:《胡适日记全集》(第八册),联经出版事业公司2005年版,第271—272页。
② 记者:《协和医学院今晨董事会》,载《新闻报》1947年3月12日,第10版。
③ 胡适著、曹伯言整理:《胡适日记全集》(第八册),联经出版事业公司2005年版,第273页。
④ 胡适著、曹伯言整理:《胡适日记全集》(第八册),联经出版事业公司2005年版,第294页。

面事实上已并非单纯业务往来。两者之间接连着基于私交、美国国家利益乃至"美国认同"的多股纽带。协和校方与美国高层间的"私交"纽带表现相对潜隐，但无所不在，也不乏径直浮露表面的案例——最典型的莫过于在福梅龄与中国救济代表团(Chinese Relief Mission)的磋商过程中，福梅龄兄长、供职于驻沪美国企业上海电力公司(Shanghai Power Company)的查尔斯·弗格森(Charles J. Ferguson)多有奔走，在信息传递、日程联络上发挥了建设性的作用[①]。由此我们可见：协和复校进程搁置"姓美姓中"分歧，充分借助美方援助完成恢复办学这一当务之急是明智、有益的。

合理表达"美国性"使得协和战后复校事业"姓以成用"。那么在彰显"美国性"以响应资助方期待的同时，战后协和复校工作又如何奉行其创设时定下的"中国化"圭臬？虽然复校时间仅有短促两年，且受时局动荡干扰，协和在复校资源方面的应急需求远胜过展现教育宗旨的欲求。不过，协和医学院方面一直未曾放弃落实"中国化"方针的关键主张。譬如就协和副校长任用美籍人士的做法，协和校董会的意见明确是"在重建的关键岁月里，由一名美国人担任副校长"[②]，此言的深意，是过渡阶段结束后，校董会将考虑美籍以外的人选，其实主要是中国人担任该职，由局部中国化跨入深度中国化。

同时我们也需要客观地认识到：任何助推协和医学院恢复正常秩序的举动从本质上而言都是对中国医学高等教育乃至医疗事业的极大帮扶。1936年颁行的《私立北平协和医学院简章》确立协和医学院宗旨有三，除服务社会医疗的常规目标外特别有"造就医师""培植医学教员"这两项高于"做事"的"育人"使命[③]。此言不妄，因而抗战胜利后协和医学院复校的意义并不局限于一校开闭，而是牵涉到整个中国医学高等教育，以及由此催生的战后中国医疗事业之宏观全局。若协和恢复顺畅，则中国医学教育、医疗事业重归正轨将因其孕育的精英复制效应而事半功倍[④]。据此评说，虽然协和复校进程中为"用"而大力彰显了其历史上延承下来的"美国性"，但当"美国性"表达为复校事业换取充足条件，协和医学院已然重归"中国化"正轨并以及时功劳为其"中国化"增添了亮丽一笔。

---

① Office of the Director, Subject Files, 1947-1948: Peiping Union Medical College. July 21, 1947 - April 10, 1948, National Archives (United States), p. 27.
② 福梅龄著，闫海英、蒋育红译：《美国中华医学基金会和北京协和医学院》，中国协和医科大学出版社2014年版，第178页。
③《私立北平协和医学院简章》，1936年9月1日颁布，第7页。
④ 1947年协和复校的关键人物李宗恩在接受媒体采访时对此多有规划："协和最大目的为造就师资。全国有医学院五十二所，协和愿尽力为其同负造就师资之责"。见盈：《协和医学院复校复院》，载《大公报》1947年6月15日，第7版。

抗战胜利后协和复校的美国问题及其纾解(1946—1948)

如此微妙的"姓""用"平衡是协和得以重生的命门,也是近代中国国际关系实践的别样智慧。随着政局天翻地覆,复苏后的协和也迎来了中国化的新篇章:中华人民共和国成立,1952年协和整体收归国有后,该校终于根本解决了残存于其内涵上的"美国性",真正成长为一所成熟的中国医学院、人民医学院。

为深入理解战后协和复校的美国问题,我们还需要适当升格协和复校话题,将之嵌入美国涉华战略的更高一级架构中予以阐释。以下我们就转而讨论协和复校的"经费政治",力求以此揭示二战结束后美国涉华战略笼罩下的协和复校深层动力及阻力。

三、美国涉华战略与协和复校的"经费政治"

前文对抗战胜利后协和医学院复校面临的极大障碍已多有交代,诚如本文首节所示,经费短缺是横亘在战后协和复校事业面前的首要困难。举例而言,1948年5月1日,协和医院时隔六年半重新开张。考虑到办院经费紧缺,自5月3日起首批复诊的仅是急需且基础的内、外二科[①]。同时,囿于现金流紧张,复院初期的协和医院只设置了25张留观床位。如此情形一如媒体所感:"(协和)的活动将受到较大限制"[②]。

为应对迫在眉睫的资金问题,协和方面在积极开源的同时也尽最大努力增强了节流措施,其中影响较为深远、广泛的是折扣发放薪资。1947年起,协和医学院教职员的基础薪水按核定额度的15%计发(20美元),同时根据该教职工家庭人口(赡/抚养者)的多寡建立六级工资梯度(单身至六口之家),每级增发2美元,最多的六口之家户主可从协和方面领取30美元月薪[③]。这个额度无疑跌破了当时教职员的生存极限。1947年8月25日,福梅龄在一封信件中谈道:"(教职工)薪资待遇未能及时跟进货币贬值带来的物价上涨变化,致使员工生活陷入

[①] 《协和复院典礼》,载《科学》第30卷第6期,第184页。
[②] Spencer Moosa, "P.U.M.C. Reopens After Lapse Of Six Years", *The China Press*, May 13, 1948, p. 2.
[③] Office of the Director, Subject Files, 1947-1948: Peiping Union Medical College. July 21, 1947-April 10, 1948, National Archives (United States), p. 68.

维谷。"①由此可见,纵使协和医学院在艰难起步的复校工作中已然采取一切主动措施降低开支、压缩预算,但巨大的资金缺口依旧使该校入不敷出。

鉴于此,协和的复校难免受制于人,亦即受制于美国援助。在上节所揭示的协和复校"美国性"表达外,还有一条蹊径值得我们进一步深入探寻:美国援助方面是如何将协和复校所需资金运作为一种政治工具的?当协和复校的经费协定掺入了政治要素,相关事项会如何左右协和的复校进程,协和校方又将采取哪些应对性管理措施以达成新的平衡?

(一)挟经费以掌控局势:马歇尔使团与协和复校

协和复校的首场"经费政治"较力发生在马歇尔使团、洛克菲勒基金会与协和医学院三方之间。矛盾从1946年底延续至1947年1月,恰是协和校方与占据其地盘的马歇尔使团就归还校舍问题分歧凸显之时。

1946年12月22日,马歇尔·卡特向吉列姆、马歇尔将军通报了他自洛克菲勒基金会内部了解到的协和复校赞助动向。马歇尔·卡特向两位领导转达了洛克菲勒基金会协和医学院事务负责人雷蒙德·福斯迪克(Raymond Fosdick)之意见。那也是福斯迪克1947年1月17日递交给基金理事专题会议的材料中提及的主要担忧:

> 报告所列经费足以支持(协和医学院)在1947年秋季学期重开。但是这份报告是基于那时中国经济、政治、金融情形趋于稳定之假设而筹划的。②

同时福斯迪克还向卡特透露:洛克菲勒基金会主要成员对在当前中国极端动乱的形势下投入一大笔资金感到忧心忡忡,对其前景颇为悲观。就此,福斯迪克认定洛克菲勒基金向协和医学院复校项目注入资金的首要前提是"美国在华军事存在能充分尽到保护协和医学院财产的看护责任"③。此言一出,协和与马歇尔使团就校舍归还问题之对峙很快转向有利于马歇尔使团的一边:既然协和复校无法脱离中国政治、军事局面重归稳定,那么直接影响中国和平进程的马歇

---

① Office of the Director, Subject Files, 1947-1948: Peiping Union Medical College. July 21, 1947 - April 10, 1948, National Archives (United States), p. 48.

② WARX88246 (Marshall S. Carter to General Gillem, 1946.12.22), in Records Of The Marshall Mission Relating To Military Affairs: Carter Volume IV, p. 1.

③ WARX88246 (Marshall S. Carter to General Gillem, 1946.12.22), in Records Of The Marshall Mission Relating To Military Affairs: Carter Volume IV, p. 2.

尔使团自然可以借助其话语权威深度左右协和资助者的决定。事实上,马歇尔使团方面抓住这一压制协和诉求的"机遇"迅速展开了行动。

马歇尔将军接获1946年12月22日卡特来报后于翌年1月6日命吉列姆将军回复了卡特。在吉列姆代笔的复函中,马歇尔将军再次重申了其使团占据协和医学院校舍的必要性,同时就洛克菲勒基金会在援助协和医学院复校议案方面最为关注的局势安全问题作出直接回应:"我们目前尚无法就中国接下来的总体局面作出什么保证。"吉列姆延续马歇尔将军的基调,指示卡特尽快向洛克菲勒基金会方面强调"要基于事实而非我们的预测来下定最终计划"[①]。显而易见,马歇尔将军敏锐地觉察到洛克菲勒基金会方面棋落何处完全基于他和他外交团队的情报研判。因而,既然有意继续占据协和医院校址办公,完全可以通过含糊其词的中国局势评估将协和资助动议的"皮球"踢回洛克菲勒基金会一方。而马歇尔将军深知:他言语背后传递的不确定性足以在短期内遏制基金会资助方案。如此循环,既然协和无从获取复校必需的救急资金,则使团也无须即刻归还校舍。马歇尔使团这招"挟经费以掌控局势"的"妙棋"充分显露出协和医学院复校进程的"身不由己",一切复员尝试均为波澜起伏的战后美国涉华战略紧密包裹。

(二)主权"洼地"与协和医院重开期间的管理再平衡

上文聚焦的马歇尔使团在协和复校期间"挟经费以掌控局势"属于战后协和"经费政治"中相对"外向"的一个层次。对应这一层次的是战后中、美关系依附的美国国家涉华战略。然而与此同时,大有"民间外交""软外交"色彩[②]的美国各方对华援助也无时无刻不体现、深化着同时期美国国家涉华战略,并结合各自特色建构出美国援助涉华战略格局。以下将引入主权"洼地"[③]问题模型,思考美国援助的涉华总体战略与协和医院重开期间之管理再平衡。

战后协和主权"洼地"形成的根本原因是实际上负有监管、支持协和复校事

---

① 62/05(For Marshall From Gillem, 1947.1.6), in Records of The Marshall Mission Relating To Military Affairs: Messages In, 6 Dec 46 - 31 Jan 47, Vol. XIX, pp. 1-2.
② "民间外交"指的是由非外交官员的人士为主体而开展的双边/多边国际关系活动,见朱蓉蓉、王玉贵:《构建人类命运共同体:民间外交的路径》,载《中国社会科学报》2019年11月6日第6版;"软外交"包括电影、体育等非政治要素,是一种"润物无声"的外交形式,见巢巍:《文化向外交的跃变——印度瑜伽软外交之路初探》,载《南京师大学报(社会科学版)》2018年第3期,第72—81页。
③ 洼地效应(理论)(Depression Effects)是一种借鉴地表水动力机制的比喻。在正常情况下,地球引力总会使高处水流向低处,形成"高地缺水,洼地积水"的效应。经济学借此来形容货币的流动趋向。此处所谓"主权洼地",指的是因协和复校存在不小资金缺口,援助方面在向协和注入资金的同时也有意无意地注入了控制欲,形成了"协和人治协和,协和人为人治"的独特管理态势。

业的民国教育部门长期失语,生成了巨大的真空地带。解放战争中的国民政府无暇他顾,对牵连中国政府层面的协和复校事宜漠不关心、草率了事①。最好印证是直接参与协和医院重开拨款事宜的国民政府行政院"处理美国救济物资委员会"负责人连协和医学院、医院的长官姓名都不甚清楚。对此福梅龄不得不特地致信,列出李宗恩、李克鸿的中英文名及职衔以备行政院方面参考,这实属笑谈②。1947年的一篇外刊时评鞭辟入里地揭示了协和复校这一中国领土上的公益事业为何无法仰仗国民政府:"中国尚未树立公共责任观,而中国政府也缺乏对人类福祉、公共责任之普遍认识。"③

另一方面,纷乱局势中协和自身资金"造血"能力之丧失也进一步掘深了其身处的主权"洼地"。除去美援拨款,协和重要甚至唯一的财政开源便是协和医院的门诊收入。不过因复校时期外部局势混乱,协和医院门诊收入大幅下滑。据时人统计,需要免(降)费医疗的就诊者比例由战前的50%一跃到1948年的75%,协和财政危机由此雪上加霜④。如此一来,协和医学院的复校事业不得不长期依赖美援"输血",主权"洼地"愈来愈深也就不出意外。

美援方面侵入战后协和复校主权"洼地"的手段便是单方面严格控制援助资金流向,这使得协和任何发展计划都必须事先报备,乃至与美方商榷并严格执行美方批准之预算。接下来将引入若干史实,以观察美援如何单方面严格控制协和医学院资金流向。

在协和医学院、医院均迈向正轨后,美援助方明确要求协和不能将两者各自的扶植金混合通用。1948年1月17日,在通知福梅龄援助协和医院开业的资金已汇出时,美方代表詹姆斯·穆迪(James P. Moody)特别提醒福梅龄务必注意该笔款项"不可用于教育目的",穆迪还敦促协和方面"对所有支出加以详细记录,同时也要提交财务审计报告"⑤。与资金处置上处处设限形成鲜明对照的是美援汇款时延问题极为突出:例如1948年2月5日委员会议批准的拨款直到3

---

① 目前可见民国高层直接关照战后协和复校事宜的唯一例证由福梅龄记述,她称时任行政院院长孔祥熙曾在1945年9月致信洛克菲勒基金会方面,希望对方尽快推动协和医学院、协和护校恢复办学。然而即便将此视作民国官方关照协和复校事业,其力度、影响实际上都是蜻蜓点水,微乎其微。

② Office of the Director, Subject Files, 1947–1948: Peiping Union Medical College. July 21, 1947 – April 10, 1948, National Archives (United States), p. 33.

③ Douglas B. Falconer, "Non-Political Relief Urged: China Needs Help", *The China Weekly Review*, July 26, 1947, p. 234.

④ Office of the Director, Subject Files, 1947–1948: Peiping Union Medical College. July 21, 1947 – April 10, 1948, National Archives (United States), p. 7.

⑤ Office of the Director, Subject Files, 1947–1948: Peiping Union Medical College. July 21, 1947 – April 10, 1948, National Archives (United States), p. 39.

抗战胜利后协和复校的美国问题及其纾解(1946—1948)

月 11 日方才通知汇出①,而协和方面就某笔敲定款项反复去电查询的记录也说明美援拖延协和资助款的情况实属屡见不鲜。从某种意义上看待,由于主权"洼地"的存在,协和复校进程中美援的角色由外入内,甚至有升格为"主宰者"的苗头。

固然协和医学院方面无力在有求于人的被动处境中公然叫板美援资助的傲慢态度,但其也并非全然顺受伴随美援资金而注入主权"洼地"的干涉力。可以看到:协和医学院在美援外力的夹逼之下既充分满足美方管理欲,又积极有为,保持了学院发展的能动性。

1948 年协和医院准备重开时,维系正常运转的医用耗材采购费用仍无着落,这成为协和方面的极大心病。② 2 月 11 日,中国救济代表团长阿尔德·吉尔帕特里克(Donald S. Gilpatric)向福梅龄正式提议,期望协和院方能与中国救济代表团订立一个规范的援助资金使用合约。同时,吉尔帕特里克还表示,假若协和医院重开后在华物资采购清单为中国救济代表团认可,则美国方面可以酌情填补中国货币快速贬值给相关采购带来的财务缺口③。通常情况下医院耗材采购这种日常运营行为本应由院方完全自主。但对此时的协和医院而言,吉尔帕特里克的提议无疑是具有诱惑力的:虽然小到一针一药的购置都将被限批,但终归比缺医少药、难以为继要好上千万倍。

在 2 月 17 日的复函中,福梅龄充分接受了吉尔帕特里克提出的经费监督要求,并称自己不久便会借赴沪之机向中国救济代表团高层汇报协和医院使用美援资金的详细计划。福梅龄还盛情邀约吉尔帕特里克访问协和,届时可以直观地为赞助方展示"协和将利用这笔资助完成什么"④。福梅龄的回复明确了两个关键问题:其一,协和方面对美援的全面监管需要表示理解、愿意配合,这消除了美援到位的直接障碍;其二,福梅龄邀约吉尔帕特里克访问协和的意图也很明确:她希望美援代表的到访能让美援方面信任协和发展的规范性与潜力,可以最大限度地返还他们复校时期的财政自主权。如此兼顾的良策一针见血,美援

---

① Office of the Director, Subject Files, 1947 - 1948: Peiping Union Medical College. July 21, 1947 - April 10, 1948, National Archives (United States), p. 23.

② Office of the Director, Subject Files, 1947 - 1948: Peiping Union Medical College. July 21, 1947 - April 10, 1948, National Archives (United States), p. 29.

③ Office of the Director, Subject Files, 1947 - 1948: Peiping Union Medical College. July 21, 1947 - April 10, 1948, National Archives (United States), p. 31.

④ Office of the Director, Subject Files, 1947 - 1948: Peiping Union Medical College. July 21, 1947 - April 10, 1948, National Archives (United States), p. 28.

在较短时间内就依照协和方面期望的版本得以兑现：3月16日，吉尔帕特里克在通信中透露"针对协和医用耗材的美援很快将改由中国货币支付"①。

如此，协和医学院在其复校问题上与美援方面达成了一种管理再平衡。美援方面显然许可了协和在主权"洼地"与充实经费之间辟出的中间路线，美援方面继而逐渐将之制度化。1948年4月，协和获得耗材资助后的首次审计来临，美援方面要求的材料清单包含两个大项：协和医学院汇总的逐月支出详表、由美方代表出具的协和账单评估②。这个关键信息告诉我们：美援方面对协和财政运作的评估是建立在协和自制报表之上的。这一方面固然有美援方面信任协和的道德基础，但从另一个视角检视也确实体现出美方介入协和主权"洼地"有所收敛：仅是进行宏观把控，在细节上给协和自主安排留足了余地。我们可以看到，这一情形远好于美援计划出炉时援助方希望事无巨细均涉足的模式，协和医院重开期间的管理再平衡固然无法彻底消除经费短缺致使的主权"洼地"，但其积极调适后的管理模式犹如一道水坝，有效地节制了他者通过资金流注入自身主权"洼地"的干涉力。

这里需要特别说明的是，我们不应对美援方面在协和复校进程中的态度采取过于"辉格史"的认知基调。美援方面在1947—1948年间对协和注资慎之又慎、多加管理除却本身控制诉求外也却有无奈之处：中国特别是华北局势的不确定让其难以捉摸的协和未来。我们可以看到：其实当时协和自身也对宏观乱世可能引到自身的祸乱忧心忡忡。1948年4月，协和医学院及齐鲁大学联合向教育主管部门反映"战事关系，必要时将迁移闽省"，期望当局能尽快安排好南迁之后两校在福建的落脚地③。倘如协和倏然南迁，则美援方面砸入北平的对协和援助将瞬间化为乌有。客观地看，恰如我们在第二节讨论协和复校"美国性"表达时所点明的那样，美方投入无疑证明他们对协和医学院复校寄予厚望。对比与协和医院重开同步推进、并案商讨的"圣光医院"（Holy Light

---

① Office of the Director, Subject Files, 1947-1948：Peiping Union Medical College. July 21, 1947-April 10, 1948, National Archives (United States), p.22.这里需要额外说明的是，协和之所以期望以中国货币兑现援助主要是考虑到该校（院）的耗材零散购买均在中国进行。而战后美元购买力贬值、息率降低，以及中国货币币值不确定性对复校后协和办学的经费稳定影响深远。（盈：《协和医学院复校复院》，载《大公报》1947年6月15日，第7版）如果能不必汇兑，直接以中国货币完成国内零星采购将为协和节约一定成本，客观上也减少校方工作负担。

② Office of the Director, Subject Files, 1947-1948：Peiping Union Medical College. July 21, 1947-April 10, 1948, National Archives (United States), p.13.

③ 《协和医学院筹备迁闽省》，载《新闻报》1948年4月15日，第2版。

Hospital)计划①,后者作为统领众多医疗分支的庞大系统,获得的美援资金只比协和医院一家略高,美方在两个项目间的权衡一目了然②。由此,无论是美国国家,抑或援助方面涉华战略影响下的协和复校"经费政治"均是美国国家利益的理性表达,这也是本文在"美国问题"主线下重新探讨协和复校的基本历史预判。

四、结　　语

　　1947 年 10 月 27 日,1941 年停摆后协和医学院的首批 21 名新生入学,开启 5 年培养计划③。1948 年 5 月 1 日,"国内著名、停诊三年之协和医院复业"④。短短两年间,协和力克险阻,在抗日战争硝烟初散的乱世中艰难复校。若自功利主义思维来看待,1946—1948 年协和复校进程确乎多有瑕疵,不仅只是实现了形式上的复员,且为如此最低限度的重开付出了诸多隐性代价。然而对这所元气大伤并势必要在中、美"两颗鸡蛋上舞蹈"的协和医学院来说,这已实属不易。至少从本文的讨论中可以看到:复校期间的协和医学院力排校舍被占、人才流失、资源短缺等涉外现实障碍,并成功纾解"美国性"表达难题、游刃有余地在美方"经费政治"里最大限度保全自身并赢得现实利益。

　　高等教育是第二次世界大战前美国在华利益最具韧性的渗透。1936 年,就在中国全面抗日战争烽火燃起的前一年,美国媒体人曾如此高度评价美国在华"软外交"成绩:"美国在中国教育、医药以及其他文化事务的外援、合作方面扮演了领导者角色。"⑤而协和医学院,横跨教育、医药两个界别,更是在战前中美关系的演化中显得别具一格。本文以"美国问题"为契机检视了抗战胜利后协和医学院复校的国际政治史。透过本文的考述,我们不难就第二次世界大战前后美

---

① "圣光医院"是一个旨在以上海为基点,联络中国当时现有医疗机构,开展特殊时期乡村医疗服务援助的美援项目。见 Holy Light Rural Medical Service, in Office of the Director, Subject Files, 1947 - 1948. Holy Light Rural Medical Service. November 17, 1947 - April 15, 1948. MS Economic Cooperation Administration's Relief Mission in Post-War China, National Archives (United States), p. 104。
② 据档案显示:1948 年 1 月协和医院获批 22 亿法币,而"圣光医院"收入 23 亿法币。见 Letter To Mr. Y. T, Ku, (1948.1.17), in Office of the Director, Subject Files, 1947 - 1948; Peiping Union Medical College. July 21, 1947 - April 10, 1948, National Archives (United States), p. 37。
③ 《协和医学院今正式上课》,载《中央日报》1947 年 10 月 27 日,第 4 版。
④ 《协和医院昨起复业》,载《和平日报》1948 年 5 月 2 日,第 2 版。
⑤ "The Fine Record of American University Men in China", *The China Weekly Review*, November 28, 1936, p. 46.

国对华"软外交"的"变中不变"产生若干新认识。尤其是协和复校进程中"美国性"表达的调适更让我们直观见识了近代美国对华"软外交"的"刚性"一面，以及表达主体在其下灵活调和中、美身份认同的"柔性"力量。我们也应该意识到：就协和"美国问题"的探讨并非"海中孤岛"，它是美国亚洲医学教育的成员之一：1940年代，协和（Peping Union Medical College）、湘雅（Hsiang-ya Medical College）、东京圣路加（St. Luke's College in Tokyo）、南印妇女医学院（Medical College For Women In Southern India）等四所机构被公推为美国援助推动下亚洲地区最成功的医学教育典范。① 东京圣路加之于日本、南印妇女医学院之于印度，又何尝不是美对两国"软外交"的触手？而两所学校是否也似复校时期的协和一般，巧妙应对美国问题并在医学教育范畴内外建构起了富有创造力的国际关系新景观呢？

  不过无论是协和抑或其他亚洲美援高校，它们一切业绩的根本动力势必不会停留在美援的浅表。一如协和坚持走向中国化的信念，近代中国乃至亚洲的美援高校都在一砖一瓦地建构起基于中国实际的办学模式、大学精神②。在最艰难的岁月里，湘雅医学院缺乏手术演示基础硬件，就让当地木匠打造了一架简易手术台敷用，坚持完成了在外人看来好似奇谈的"野化"医学实训。③ 美援背后的政客、商界大鳄应当难以想象：那些他们亲手扶植起的、象征美国符号的东方"教育飞地"，在本地化的淬炼下不再以"福音"形象而是以发自内心的东方认同出现在远东世界的现代化潮流中。

---

  ① Kenneth Scott Latourette. "The Present Status of Foreign Missions", *The Annals of the American Academy of Political and Social Science*, Vol. 256 (1948), p. 65.
  ② 吴民祥：《从"全球价值"到"地域关怀"：近代教会大学图书馆功能考察》，载《大学图书馆学报》2015年第3期，第120—127页。
  ③ Donald M, "Nelson And Mission Members Correspondence"（January 01, 1944 - December 31），National Archives (United States)，Folder：100896 - 007 - 0770，p. 56.

登州文会馆音乐声学课程及教科书《声学揭要》的历史考察

郭登杰①

近代中国的教会学校是西方音乐传播及教育实践的重要场所,也为中国科举考试体制外知识输入和传授打开了大门。② 作为早期教会学校之一,登州文会馆的音乐教育最为独特,不仅开设唱歌及乐理课程,还开设了音乐声学及实验课程,并在此基础上编译了最早引入西方现代音乐声学理论的教科书《声学揭要》③,供其他教会学校和部分官办学堂使用,客观上刺激了音乐教育科学思想启蒙及专业化发展。

以往学界对登州文会馆音乐教育的关注,主要集中在《乐法启蒙》及唱歌本史料解读方面,④对音乐声学课程及《声学揭要》教科书的探讨,则大都聚焦在科技史领域⑤,音乐教育界对其关注的也不多⑥,更缺少专论。基于此,本文尝试围

---

① 作者简介:郭登杰,上海音乐学院助理研究员,土山湾博物馆特聘研究员,中国音乐史学会会员。
② 陶飞亚:《中国近现代史与基督教》,载《济南大学学报(社会科学版)》2018年第5期。
③ 之前以声学或类似名称命名的专著有:艾约瑟著、张福禧译:《声论》,墨海书馆1853年版,也有未出版一说,如李莉:《晚清译著〈声学〉研究》(内蒙古师范大学2009年硕士毕业论文);丁铎尔著,傅兰雅、徐建寅译:《声学》(8卷),江南制造局翻译,1874年;刘志学、陈云奔:《晚清传教士译物理教科书科学启蒙特点及其影响》,载《科普研究》2018年第2期。
④ 主要有王震亚:《西洋乐理输入探源》,载《音乐研究》1990年第4期,第60—68页;孙继南:《我国近代早期"乐歌"的重要发现——山东登州〈文会志〉"文会馆唱歌选抄"的发现经过》,载《音乐研究》2006年第2期;刘再生:《我国近代早期的"学堂"与"乐歌"——登州〈文会馆志〉和"文会馆唱歌选抄"之史料初探》,载《音乐研究》2006年第3期;施咏、刘绵绵:《〈圣诗谱·附乐法启蒙〉探源、释义与评价》,载《天津音乐学院学报》2006年第1期;宫宏宇:《狄就烈、〈西国乐法启蒙〉、〈圣诗谱〉》,载《中国音乐》2008年第4期。
⑤ 主要有包晶晶:《晚清物理学译著"形性学要"研究》(内蒙古师范大学2017年硕士学位论文);郭建福:《登州文会馆物理实验研究》(内蒙古师范大学2018年博士学位论文);刘志学、陈云奔:《晚清传教士译物理教科书科学启蒙特点及其影响》,载《科普研究》2018年第2期;施若谷:《晚清时期西方物理学在中国的传播及影响》,载《自然辩证法研究》2004年第7期。
⑥ 韩宝强:《我国近代音乐声学研究概览》,载《黄钟(武汉音乐学院学报)》2002年第1期;付晓东:《清末两本音乐声学文献及史料价值》,载《音乐研究》2019年第4期。

绕音乐声学课程发展对登州文会馆的音乐教育进行历史考察，尤其对教科书《声学揭要》的生产制作进行详尽考证，探究这部教科书形成背后所反映的一种本地化策略并阐释其影响，进而加深对于近代中国音乐教育学科谱系和内容及其发展轨迹的了解。

一、登州文会馆的创办及音乐声学课程发展

登州文会馆（Tengchow College）成立于1877年，但其前身可追溯至1864年9月狄考文（Calvin Wilson Mateer）及其夫人狄就烈（Julia Mateer）在观音庙创办的"登州蒙养学堂"。1873年学堂更名为"登州男子高等学堂"，分正备两斋，其中正斋为高等学堂，备斋为高等小学堂，课程内容中西兼有，师资上继续聘请中国私塾先生教授儒家典籍，并鼓励学生参加科举考试。据统计，1864—1873年间，学堂共有教习5人，培养学生85名，但是全部完成六年学制的学生只有4人①。1876年学堂修订了学制，由六年改为九年，并以年级制授课，逐步按级递升。备斋学制三年，在第二年开设"乐法启蒙"乐理课程；正斋学制六年，在第四年"格物"课程（声光电）中有声学教学内容，并在第五年开设"物理测算"等实验课程。学业考核分日考、季考和常年考三种，实行百分制，50分为及格，及格者升一级，不及格者罚令原班复读或遣归，考核合格者颁发毕业文凭。但对声学及物理类课程的考核方式与其他科目不同，实行季考、常年考，并以笔试的形式进行②。

1880年代文会馆分科分类的教学体制业已成熟③，学生人数达65人。《音乐声学》课程教材是狄考文根据阿道夫·迦诺（Adolphe Ganot）的《基础物理学》英译本所编写④，并由他亲自授课。狄考文曾谈道："物理学是我的所

---

① 王元德、刘玉峰编：《山东登州文会馆志》，潍县文广学校印刷所1913年版，第21页。
② 王元德、刘玉峰编：《山东登州文会馆志》，潍县文广学校印刷所1913年版，第29—36页，其中，第30页备注中说明了课程表是1891年制作的。
③ 崔华杰：《登州文会馆与中国现代高等教育起源》，载《北京教育学院学报》2019年第4期。
④ 阿道夫·迦诺（Adolph Ganot，1804—1887）是法国著名的物理教育家，1850年出版了他的第一本物理学教科书《基础物理学》（*Traité élémentaire de physique expérimentale et appliquée*）。详见：Joseph Simon, *Communicating Physics: The Production, Circulation and Appropriation of Ganot's Textbooks in France and England, 1851-1887*, London: Pickering & Chatto, 2011. pp. 57-76。

爱,而且我对其讲授的完整和详细程度是中国其他任何一所学校无法相比的。"①

1882年,狄考文向美国北长老会总部提交将登州文会馆扩建成大学的申请。总部收到申请后,增派赫士(Watson Mcmillen Hayes)来登州工作,并带来了大批良好的物理、化学等教学仪器设备,但总部批复申请的时间却是1884年。因此,从法定意义讲,登州文会馆升格为大学的时间应是1884年。大学的建制获得了更多的资金及资源支持,此后两年里登州文会馆建成了一座西式新楼,有讲堂、课堂等,还购置了物理仪器、动植物标本和实验设备等,师资达到10人②,其中声学及格物(物理)诸科由1897年到校的美国传教士路思义(Henry Winters Luce)讲授③。

1904年登州文会馆与青州的广德书院合并迁往潍县(今属潍坊市)乐道院,取名为广文大学,首任校长为保罗·伯尔根(Paul D. Bergen)④,路思义为副校长。学制共五年(正班四年、选班一年),其中第二年的次季开设"声学"课程,每周5节;第三年全年(首季、次季)开设"格物实验"课程,每周5节;第五学年全年(首季、次季)都开设"高等格物实验"课程,每周4节,所具备的声学实验器材包括:赛轮、独弦琴、声光镜、定音叉、无声铃叉、声纹辫、空盒定音叉、打琴、口琴、声光筒、声浪玻片、声浪波管、大助声筒、大声浪机、无声铃、印音轮、碍声管、声浪铜片⑤。学校1909年改为山东基督教共合大学,1915年又改为齐鲁大学并于1917年迁往济南办学,⑥物理教师除路思义外,还有哈克尼斯(H. W. Harkness)。

通过上述可知,登州文会馆早在1876年便开设了由狄考文授课的音乐声学课程,并编写了教科书。随着大学建制的完善,学校基础设施及声学实验设备得到了进一步发展,声学实验器材达18种之多。这对于19世纪下半叶中国的音乐声学或物理教育来说却是艰难的起步。

---

① 丹尼尔·W.费舍著、关志远等译:《狄考文传——一位在中国山东生活了四十五年的传教士》,广西师范大学出版社2009年版,第107页。
② 《登郡文会馆典章》,美华书馆1891年版。
③ 王元德、刘玉峰编:《山东登州文会馆志》,潍县文广学校印刷所1913年版,第51页。
④ 美国传教士,登州文会馆第三任监督(校长),1915年在潍县去世。
⑤ 王元德、刘玉峰编:《山东登州文会馆志》,潍县文广学校印刷所1913年版,第43—60页。
⑥ 陶飞亚、刘家峰:《哈佛燕京学社与齐鲁大学的国学研究》,载《文史哲》1999年第1期。

图1 登州文会馆发祥地①

图2 登州文会馆馆主、"音乐声学"课程教师狄考文

图3 登州文会馆教工合影(一排左一为教师路思义)

二、教科书《声学揭要》的主要内容与译介特点

教科书《声学揭要》根据英译版《基础物理学》第五篇"声学"(On Sound)内容

---

① 图1-图3源自: *Shantung Christian University*, Print at University Press Cheeloo University, Tsinan, Shantung, N. China。

编译而成，①由赫士进行口译，朱葆琛中文笔述，周文源校阅，经"益智书会"校订，于1894年由上海美华书馆出版。1898年再版时主要参考了《基础物理学》英译本第14版等内容，增加了留声机等时为新型科学知识。②

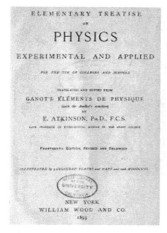

图4 《基础物理学》英译本第14版版权页剪影

图5 《声学揭要》1894年版剪影

图6 《声学揭要》1898年版剪影

（一）生产制作背景

1877年，来华传教士在上海召开了第一次全国大会，其议题之一是教会学校发展及统一教科书事宜③。狄考文认为教科书的好坏很大程度上决定了教会学校办学的成败。这一认识引发了众多共鸣，遂即成立学校教科书委员会，负责教科书的撰写、审定等工作。"教科书"一词也由此而来。1879年10月，学校教科书委员会更名为"益智书会"，成员由狄考文等组成，1886年成员增加了3人，其中有华人牧师颜永京④。1890年"益智书会"改为"中华教育会"，狄考文是主要负责人之一，主管中文科技术语委员会的工作。此后，该委员会于1905年改为"中国教育会"，又于1916年"中华基督教教育会"，狄考文任第一任中国教育会长兼出版委

---

① 《基础物理学》共分10篇，分别介绍了物质及其运动、分子之间的作用力、液体、气体、声学、热学、光学、磁学和电学等方面的内容。
② 笔者目力所及，该教科书有两版问世。
③ *Records of the General Conference of the Protestant Missionaries of China held at Shanghai*, May 10 - 24, 1877, pp. 172 - 180.
④ *Records of the General Conference of the Protestant Missionaries of China held at Shanghai*, May 7 - 20, 1890, p. 713.

员会主席。作为教科书的《声学揭要》正是在此背景下诞生的,同时我们也可以了解到作为登州文会馆及其馆主狄考文在其中所担任的重要角色。

(二) 作者简介

1. 赫士生平简介

赫士是美国基督教北长老会传教士,1857 年出生于宾夕法尼亚州默瑟县。1882 年 11 月 3 日受北长老会委派,与夫人玛格丽特(Margaret Young)一起抵达登州文会馆,教授数学、天文等课程,主持编译的教科书和参考书有几十种[②]。1891—1895 年先后兼任上海广学会书记、会长,致力于协定化学名目的工作并首创"化学"学科名词。1895 年任登州文会馆馆主,注重科学教育对学生的培育,办学成绩突出。1901 年受袁世凯聘请,赫士携 13 名中国教习和 3 名美国教习到济南创办了山东大学堂。

图 7　赫士[①]

1916 年任齐鲁大学神科教授、院长。1919 年 9 月在潍县创办了山东神学院[③]。1942 年 3 月赫士夫妇与 2 000 余名侨民一起被日军关押在潍县乐道院外国侨民集中营,直到 1944 年 8 月告别人世。集中营里的难友和数百名学生组成仪仗队为他举行隆重的葬礼,在管弦乐队伴奏下,赫士被葬在了乐道院内的外国侨民墓地[④]。

2. 朱葆琛生平简介

朱葆琛是赫士的学生,字献亭、献廷,高密县(今高密市)朱家沙浯村人,晚清

[①] 韩同文编著:《广文校谱》(内部出版),青岛师专印刷厂,1993 年。

[②] 刘玉峰统计有 10 本,郭大松统计有 24 本,姚西伊统计有 26 本(也有 37 本一说),赫士孙女 Hollister 统计有 26 卷(科学类、数学、神学类),毛克礼统计有 37 本,贺爱霞统计有不少于 37 本。详见:《一个世纪的回响——华北神学院建校 100 周年纪念文集》(内部交流资料),山东滕州,2019 年,第 58 页。

[③] 1922 年 9 月因便于与江苏的美南长老会联系而迁往滕县,易名为华北神学院。

[④] 在潍县集中营的教堂地下室有一架弃置多年的钢琴,被外国侨民修好,成了交响乐团的支柱。他们以基督教救世军的一支 15 人的铜管乐队为主,加上天津歌舞团的木管乐组,再加上水平很高的业余大小提琴手,组成了一个管弦乐团,经常演奏传统的世界名曲。每星期二晚上,在修鞋室隔壁的陋室里,排练由中、美、英、苏四国国歌择段合编成的新曲,混上一些宗教颂曲,如《基督精兵》《上主的子民速奋起》《共和之战曲》等。集中营里经常组织音乐戏剧晚会、舞会和游戏比赛及庆祝圣诞节和复活节等活动,并且成立了一个歌咏队,经常演唱诗歌、民谣、情歌和古典歌曲,如亨德尔的《弥赛亚》、门德尔松的《以利亚》和司泰奈的《十字苦架》等。参见韩同文编著:《广文校谱》(内部出版),青岛师专印刷厂,1993 年,第 113—114 页。

时期接受中西合璧教育的学者之一。1888年登州文会馆毕业后留任教习,此后也多以教习为业。与赫士合作的其他教科书中也多担任中文笔述一职,如1893年《新排对数表》、1895年《心算初学》等。1898年任京师大学堂格致副教习,负责设计和监工光学实验室和声学实验室,并第一个开设"光学"与"声学"课程。1900年前后,他到青岛礼贤书院任数学教习。1906年8月,任山西大学堂译书院主笔,期间曾译述《最新天文图志》,为西方科学知识和学术思想在中国的传播作出了很多贡献。

图8　朱葆琛①

（三）主要内容及意义

教科书《声学揭要》共分六章：第一章"论声之来由速率及被返被折之理"介绍了声音的产生、传播与反射；第二章"论测诸音之颤次"介绍了如何测量音高；第三章"论乐音"介绍了音乐理论的物理原理；第四章"论弦琴风琴"和第五章"论条片颤动之理"涉及了乐器声学内容；第六章"论以光显声原之颤动"则涉及了声学测量的图示与原理。

虽然中国古代有不少论及音乐声学的观点及成果,但只是一些散论,仅侧重于律学、乐器制作、演奏与演唱技巧的研究,也从未从物理学角度研究过声学,而《声学揭要》的译介恰好填补了当时中国音乐声学研究上的这一空缺。正因此,韩宝强教授对《声学揭要》一书给予了较高评价,认为"这是现代音乐声学理论首次引入中国"②。

（四）译介特点

此次译介的目的是为学生编撰教材,普及与音乐声学有关的基础知识。此书的使用者是学校的教师和学生,兼顾其他学校同类课程教科书的使用。如序言所述："是书之辑要为本馆诸生肄业及之也,惟限于抄写颇不敷用,因思付诸剞劂,以公同好。则本馆用之而有余,即他馆欲用之亦当无不足。"此外,序言中也特别指明学音乐之人要学声学等物理知识的意义,即"将审音以知声,审声以知乐,凡声之与耳谋者,当无不与心通焉"。整体来讲,既要向中国学生普及西方音

---

① 韩同文编著：《广文校谱》(内部出版),青岛师专印刷厂,1993年,人物图片附页。
② 韩宝强：《我国近代音乐声学研究概览》,载《黄钟(武汉音乐学院学报)》2002年第1期。

乐声学知识，又要照顾到其知识水平和生活经验，所以，《声学揭要》的编撰者采取的是本地化的译介策略，将该书定位于普及教材，亦如序言所讲："是书亦属入门学者，玩索有得，引而伸之。"

1. 文本样式及装帧风格的本地化

文本样式为白口版式，四周双边，单鱼尾，版框为长 19.6 cm、宽 13.5 cm，每页 12 行，每行 34 字，共计 36 页。文本采取了线装装帧形式和自左而右、自上而下文字编排形式，照顾到了中文读者的阅读习惯。

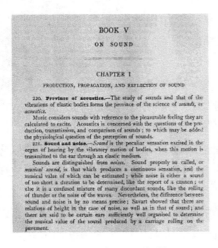 

图 9　原书 1893 年版　　　　图 10　《声学揭要》1898 年版
　　　正文首页剪影　　　　　　　　　译文正文首页剪影

2. 内容译介的本地化

总体策略是节译、编译、译评相结合，考虑到学生或读者的文化水平和教育程度，删繁就简。

第一，每一章里都有部分内容没有译出。如第三章里，删除了原书中第 252 节"Music notation. Music range"（记谱法与音域）、第 263 节"Combinational notes"（音符的组合）和第 264 节"The physical constitution of musical chords"（和弦的物理构成）；第四章里，删去了第 279 节"Stringed instruments"（弦乐器）和第 280 节"Wind instruments"（管乐器）的内容。译出的章节里，有些内容也并不是逐字逐句地翻译，而是将原书中所谈及的观点内容进行了凝练概括，篇幅大幅度缩减。如在谈到音符的特性时，原书中有这样一段文字描述：

The timbre or stamp or quality is that peculiar property of note which distinguishes a note when sounded on one instrument from the same note when sounded on another, and which by some is called the colour. Thus when the C of the treble stave is sounded on a violin and on a flute, the two notes will have the same pitch; that is, they are produced by the same number of vibrations per second, and they may have the same intensity, and yet the two notes will have very distinct qualities; that is, their timbre is different.

直译:"一个音符的音色、印记或品质是它的特殊属性,这种特殊属性可以将在两种乐器上发出的同一个音符区分开来。因此,将小提琴上拉出的高音C与在长笛上吹出的高音C相对比,我们会发现,这两个音符具有相同的音高,也就是说,两个音符每秒产生的颤次相同。或许,两音符的强度也是相同的,但是它们的品质却非常不同,即它们的音色不同。"但《声学揭要》与此相对应的文字则只有简单的两句话:"音之趣因其来源而异。如琴笛二器其音之大小同,高低亦同,而其趣究有不同者。"中译文看似比原文"瘦身"了将近三分之二,但是除了省略演奏高音C未谈及之外,涉及的乐理知识得到了忠实的传达,基本上做到了"求实存真"。

第二,示例说明部分,编者将中国读者感到陌生的事物替换成了中国读者熟悉的事物,以便做到通俗易懂,增强可读性。如原书在"空气中声音的速度"(230. Velocity of sound in air)一节中,在谈到空气中声音无论大小高低其传播速度都是一样时,举了这样一个例子加以说明:

For the same reason the tune played by a band is heard at a great distance without alteration, except in intensity, which could not be the case if some sounds travelled more rapidly than others.

直译:出于同样的原因,我们在选择近距离还是远距离听乐队演奏时,会发现除了声音的强度之外,乐队的曲调没有任何改变。假设某些声音比另外一些声音传播得更快,情况就不会如此了。但《声学揭要》与此相对应的一段文字则是:"如抚琴之声,其高低疾徐固不同,而任于远近听之,其板拍俱在。若果各声之速有可记之差,则板拍则紊矣。然此耳力不及故也。设二声大小差甚,则不然矣。"通过对中英文文字对比就会发现,《声学揭要》将原书中听乐队演奏的例子换成了听抚琴的例子,并且将道理叙述得更为详细,更能引起当时读者的共鸣,做到了"舍形存旨,依实出华"。

3. 采用归化译法(naturalization)

第一,为拉近教科书与学生之间的距离,作者将学生不熟悉的人名或地方名进行了省略。原书涉及多位科学家的名字,只有少数几个科学家的名字译出,大多数科学家的名字都略去不译,只是将这些科学家所发明的仪器用途或提出的概念内容提取出来:如第三十一节"论助音筒"(对应 255. Von Helmholtz's analysis of sound)、第三十二节"论分音器"(对应 256. Konig's apparatus for the analysis of sound)、第三十四节"论音器之音趣为何不同"(对应 258. Results of Von Helmholtz's researches)等等。

第二,将西式度量单位换算成中国的度量单位:如一英尺为华十万分之九万八千五百七十七尺,一英寸为华万分之八千二百一十五寸;将图示中的 A、B、C、D、E 等序号顺序换成甲、乙、丙、丁、戊等。

第三,对原书中的图表作了一定的调整,照顾到当时中文读者的阅读习惯,有的图变换了方向,有的图则作了简化。如第二十四图、第二十五图、第二十八图和第二十九图就是对原书第 244 表的简化。同时作者也删掉了一些图,另外增加了一些图。原书共有 74 张图片,《声学揭要》共有图片 77 张。

第四,译者对原文简单的公式和原理作了介绍,删除了复杂的公式、原理和数据。在论述某一原理时,原书作者简单说明且一笔带过的例子,《声学揭要》的编者则作了较为详细的解释说明,以便做到通俗易懂,便于学生接受。

总之,教科书《声学揭要》的译介与出版,促进了西方音乐声学知识在近代中国的传播,客观上推动了音乐教育学科专业化发展。同时,限于当时学校科学课程不发达,数学公式还没有普及,译介时只是简单地把几个相关因素之间的关系稍微加以说明,使学习者无法套用公式,做类似的计算。许多声学原理对学生来说过于复杂,译介时也被删掉了,未免使得原书的学术价值大打折扣,很容易导致学生在阅读时出现内容理解上的偏差,使学生只知其然而不知其所以然,割裂了知识的完整性和系统性,但对于 19 世纪晚期的中国音乐教育来说,这却是艰难的起步。

三、对近代中国音乐教育的影响

(一)刺激了音乐教育"分科立学"的进程

登州文会馆"音乐声学"课程的开设及分科立学的办学实践,顺应了晚清中国向西方学习的思潮,客观上推动了近代中国教育分科理念的发展,使晚清知识界、教育界逐步接受分科治学的理念,并提出了"学术分科"的主张。从"壬寅学制"到"癸卯学制",再到京师大学堂"七科"体系的确立,都表明西方学术分科的观念已从理念层面进入教育制度及实践层面。基于中外科学发展上的差异,狄考文、赫士等来华传教士教育家在让国人知道世界上还存在着另外的学科门类及知识分类方法的同时,也使国人无法清晰、整体地认识西方音乐声学及科学知识的全貌,无意中构成了一种知识的断裂或变异。

（二）推动了音乐声学知识的普及

除登州文会馆及教会学校采用《声学揭要》外,一些清廷官办学堂也曾使用此书,如山东大学堂、南洋公学、正蒙书院、中西书院等。以文会馆学生为例,自1894年出版至1910年代,使用过该教科书的毕业生至少有213人,①遍布于中国16个省份的13个不同的宗教派别和100所学校,②这说明在文会馆的教育环境中形成了一个新知识群体,该知识群体又直接或间接地推动了音乐声学知识向全国的传播。1898年《教务杂志》曾刊文:"登州文会馆不仅提供了高水平的教师,也提供了一流的教科书。"③当然,我们必须注意到传教士所进行的科学启蒙的价值取向,如狄考文所说办学的目的是让学生皈依基督教。

（三）搭建了阅读与知识共同体

《声学揭要》的编译缘起是为满足登州文会馆教学所需,它的印刷制作虽在上海,影响遍及全国。因此,该书的生产与制作不仅促进了登州与上海、登州文会馆与上海美华书馆等区域及机构、群体之间的关联性,而且提高了音乐声学知识的存储与传播性能。该教科书的出版也意味着完成了音乐声学知识从私有（译者或作者）向共有（读者）的转化,并通过该书的巡回传播而构建出一个超越时空的阅读与知识共同体,编织为一种对科学知识的广泛认同。这些群体或读者通过其所读所闻的共同关注点和思想方式而联系在一起,使得不同的读者或无法直接交流的读者能够参与学习、思考直至构建想象的共享世界,而这个世界又改变着他们的行为模式乃至社会风气,促进了音乐知识的交流和社会变革与发展。

---

① 韩同文编著:《广文校谱》(内部出版),青岛师专印刷厂,1993年,第188—209页。
② 丹尼尔·W.费舍著,关志远等译:《狄考文传——一位在中国山东生活了四十五年的传教士》,广西师范大学出版社2010年版,第149页。
③ The Chinese Records and Missionary Journal, 1898, July, pp. 348–349.

丁光训主教神学教育实践对基督教中国化的启发

——以金陵协和神学院河南教牧人员培训班(1987级)为例

汪恩乐①

丁光训主教一生勤于思考,勇于实践,不仅是当代中国神学家群体中的代表性人物,也是当代中国神学教育界的领军人物。他担任金陵协和神学院院长一职长达半个多世纪,桃李满天下。他的神学教育实践对中国教会乃至中国社会都有着重要的现实意义和深远的历史影响。但凡金陵协和神学院(习称"金陵")老校友都清楚地记得,丁主教在他众多的职务称谓之中最喜欢的是"丁院长",学生也喜欢称呼他"丁院长"。他对神学教育的关心支持和亲身实践,也由此可见一斑。

20世纪80年代后期到90年代初,由于各地神学班或圣经学校尚未创办或延迟恢复招生,为了帮助部分省级基督教两会解决所遇到的新老问题和其中最为突出的传道人青黄不接的问题,"金陵"在丁主教的领导下积极主动地承担了为数个典型省份代培多期基层传道人员的重任。其中金陵协和神学院河南教牧人员培训班(以下简称"金陵河南培训班")举办时间最早、成效较大,颇具代表性。这一举措虽在一定程度上是应急之法,但又是具体历史处境中基督教神学教育中国化的生动体现。

近年来,基督教中国化在推进的过程中,多数仍难免停留在纯理论性的探讨或简单的政治表态上。钱宾四先生在论及义理与考据之辨时曾言:"空言义理、

---

① 作者简介:汪恩乐,上海大学宗教与社会研究中心兼职研究员。

是非之争,势将转为意见与意气。当知意见不即是知识,意气不足为权衡。"①故此,笔者"述而不作",选取于1987年9月入学的第一期"金陵河南培训班"为考察中心,从故纸堆里搜寻一些零散材料,旧事重提并以此来管窥丁光训主教的神学教育实践,希冀能从中些许体悟到他对基督教中国化的理解以及对当下的借鉴意义。

一、"金陵河南培训班"的创设

有研究教育的论者发现,教育与时代密不可分,教育家的思想与活动随着时代的变革而嬗变,教育家是教育领域内对时代精神的感知和把握有独特体悟的先知先觉者,他们思想的光彩和行动的践履是对时代潮流发展的回应和时代精神的折射。②丁光训主教的神学教育实践,正是上述科学论述在中国神学教育领域的生动写照。

20世纪80年代,社会各项事业百废待兴。当然,对当时的中国教会而言,大致情况可能是有过之而无不及。由于宗教政策逐步得到贯彻落实,信徒人数增长较快,特别是在农村地区,甚至出现非正常的增长。但同时,由于严重青黄不接,缺乏爱国的、受过正规神学训练的教牧人员的带领,加之农村信徒的文化和宗教素质较差,使得农村教会内部的混乱现象有所抬头,部分地区情况堪忧。

时任中国基督教协会副会长的蒋佩芬老师,在一次"金陵"的早祷分享中说:"老一辈牧者所关心的,不只是信徒人数的多少,教堂、神学院数量的多少,……而是在牵挂着五年、十年之后,中国教会信徒的素质如何,教牧人员的灵性光景和神学思想又如何。"③同样是丁主教的老朋友、老战友的汪维藩教授亦曾撰文指出要提高信徒素质,包括政治素质和信仰素质。他说:"十年来,新入教的信徒很多,这些人一般不知道基督教传入中国的历史背景,帝国主义利用基督教侵略中国的事实,以及在当前改革开放形势下,反华势力对我进行的渗透,这就需要

---

① 钱穆:《学钥·学术与心术》,载钱穆:《钱宾四先生全集》(第24册),联经出版事业公司1998年版,第159—160页。
② 参见叶澜:《时代精神与新教育理想的构建——关于我国基础教育改革的跨世纪思考》,载《教育研究》1994年第10期。
③ 蒋佩芬:《奉献的人生》,载《金陵神学志》1987年9月(复6—7期)。

帮助信徒了解中国基督教的历史,进行三自爱国教育;并运用典型事例对信徒进行反渗透的教育,提高信徒识别和抵制外来渗透的能力。信仰素质的提高还有待于进行系统的基督教教义的教育,从而提高信徒识别并抵制异端邪说和背离基督教教义的非法违法活动的能力。"①鉴于此,以丁光训主教、罗冠宗、沈德溶、韩文藻、沈以藩、曹圣洁、沈承恩等为代表的基督教全国两会于1987年7月28至29日在"金陵"举行会议,会议考虑到农村教会问题的严重性和紧迫性,认为亟须采取有效措施使这一局面得以扭转,使问题得以解决。会议提出要"加速基层教会传教人员的培训,提倡各省两会兴办神学班或圣经学校"的设想,并被列为次月下旬在成都举行基督教全国两会常委会议的两大议题之一②;当年8月21日至27日基督教全国两会常委会在蓉举行的联席会议上,深入讨论了农村教会问题并通过了"关于加强农村教会工作的决议"③。

具体到河南省而言,该省地处中原,历来是农业大省,也是人口大省,农村人口占总人口之大部。党的十一届三中全会以后,河南农村虽然发生了历史性的巨变,日子好过了④,但封建迷信活动又开始猖獗起来,这不仅蚕食着农民刚刚鼓起来的钱袋子,也腐蚀着农民的心灵⑤;从教会角度言,封建迷信掺杂到基督教信仰当中,其严重性是腐蚀着纯正的大公传统信仰。伴随着改革开放的春风,河南教会也迎来了恢复和发展的机遇。据不完全统计,1987年河南境内信徒已达80万人⑥,在信徒人数增长的掩盖下,教会内部不可避免地存在一些乱象,夹杂一些不和谐的声音。而且,其时"左"的思想及残余仍然存在,譬如,时任河南省及郑州市基督教两会负责人的王绳彩牧师在向丁主教汇报交流的信函中提及,在一次郑州市传达河南省宗教工作会议上,某乡长发言说:"我听见信耶稣,就烦;把他们一扫光,就无事了。"⑦可以说,当年河南省圣经学校的兴办和基层教牧人员的培养是解决河南教会问题的当务之急。这一认识也被面临类似问题的其他省份党政部门敏锐地觉察到,提出要多层次地培养年轻的宗教职业人员。据中共贵州省委统战部鲁荣晖介绍,贵州省天主教爱国会即在该省宗教局的批

---

① 汪维藩、季风文:《中国基督教四十年》,载《宗教》1990年第2期,第37—38页。
② 《会议纪要》(私人藏品),1987年7月,第1、4页。
③ 彤人:《全国两会常委会在蓉举行联席会议》,载《天风》1987年第12期,第1—3页;《全国两会常委会通过的四项决议(1987年8月27日)》,载《天风》1987年第12期,第6页。
④ 参见湘初:《河南农村由穷困走向富裕》,载《今日中国(中文版)》1984年第10期,第8—15页。
⑤ 参见刘云莱:《河南农村封建迷信活动猖獗》,载《瞭望周刊》1986年第22期,第45页。
⑥ 《会议纪要》(私人藏品),1987年7月,第1页。另据当时河南省郑州市基督教两会负责人王绳彩牧师在信函中估计的数字是"近百万",参见王绳彩:《致丁主教的信》(私人藏品),1988年3月4日,第3页。
⑦ 王绳彩:《致丁主教的信》(私人藏品),1988年3月4日,第1页。

准下,于 1988 年 12 月在贵阳举办修生预备班①。但是如果参照同期河南省卫生学校的建设来看,就会发现河南对神学教育的重视和投入是远远滞后的。据河南省卫生厅科教处披露,截至 1988 年,河南省卫生学校已达 22 所,在校生达 1 916 名②。而河南圣经专科学校是在 1989 年 10 月才创办于洛阳市兴隆街教会,此前河南省基督教两会虽也举办几期短期义工培训班,但远远不能满足需要③。

丁主教等敏锐地观察到以上一系列现象并正确地作出判断。为此,该次会议还重点讨论了如何整顿河南农村教会的问题。会议决定基督教全国两会"派出工作组和讲道团",在给河南省基督教两会"输血"的同时,更重要的是帮助河南省基督教两会"造血"。"基督教全国两会派人员进行整顿,不能取代河南省基督教两会本身的工作",欲"大力支持河南省基督教两会对全省农村教会工作的领导与管理",主要抓手即为"帮助河南省基督教两会培训爱国爱教的基层传教人员"。而此时,河南圣经专科学校尚未创办,河南省基督教两会不具备培养基层教牧人员的条件,因此,是次会议研究决定"金陵协和神学院订出为河南省培训 40 名基层传道人员的计划",以帮助河南省"健全各级教会组织,切实贯彻各项规章制度","把宗教活动引上正常轨道"④。就这样,在诸多因素的因缘际会下,"金陵河南培训班"应运而生。

二、"按教会办法办教会的班"

"金陵河南培训班"从 1987 年 9 月 14 开学,至 1988 年 1 月 23 日第一学期圆满结束。在学期临近结束之时,班集体向河南省宗教局提交了《河南教牧人员培训班第一学期学习总结报告》;学员们也自发地撰写了一学期来的领会和感受;研究科在读学生彭翠安也以培训班辅导老师的名义向丁主教提交了《金陵协和神学院河南省教牧人员培训班一学期的工作小结》。丁主教看了上述材料之后,在一封信函中说:

---

① 鲁荣晖:《培养·稳定·提高——对贵州省培养年轻宗教职业人员的探讨》,载《宗教》1990 年第 2 期。
② 王宗相、王国富:《浅谈我省县卫生学校的建设和发展方向》,载《中国社区医生》1989 年 3 期。
③ 王绳彩:《加强培训工作,克服混乱现象》,载《中国基督教第四届全国会议专辑》,中国基督教三自爱国运动委员会、中国基督教协会编印,1986 年 12 月,第 131—134 页。
④《会议纪要》(私人藏品),1987 年 7 月,第 1—2 页。

该班已进行半年,尚余半年。我院很多同事认为,这个培训班在培养讲道能力和政治思想教育上都是相当成功的。这个班取得较大成绩的一个重要原因是:按教会办法来办这个教会的班。①

这个班到底是如何按教会办法来办的呢?分别从以下几个方面来看:

(一)招生及师资配备——因时制宜、因地制宜

在招生方面,由于该期培训班属于定向代培,情况特殊,便没有举行招生考试,改由河南省基督教两会根据教会需要负责挑选学员②。47名学员分别来自当年河南省的8市39县(参见表1)。

表1 学员基本情况③

计划招生数	40名
实际招生数	47名(分别来自47个县市区)
退学人数	2名学员
性别	男36,女11
年龄	差距较大,从尚未嫁娶的青年到为人祖父母的长者
文化程度	普遍不高,初中水平居多
备注	其中有4名长老,其余绝大多数是传道员和教会义工,极个别是尚未受洗的慕道友。大多是教会负责人,参加地区、县/市基督教两会工作的约占50%

在师资方面,培训班由"金陵"资深教师蒋佩芬老师牵头,另有一名非在编老师和一名在读研究科学生协助(参见表2)。据汪维藩教授忆述,孙汉书教授、骆振芳教授,以及他本人等都曾参与"蒋姐"的培训班授课④。今天看来,阵容如此强大的

---

① 《丁光训信函》(私人藏品),1988年2月11日,第1页。
② 当然这一做法,只是权宜之计,也存在一定的弊端。一学期结束后,彭萃安在向丁主教提交的工作总结中建议日后招收培训班学员之前,希望各地进行一次测验。参见彭萃安:《金陵协和神学院河南教牧人员培训班一学期的工作总结》,1988年2月2日,第7页。
③ 本表及文中所见表格,均根据以下材料编制:《丁光训信函》,1988年2月11日,第1—4页;彭萃安:《金陵协和神学院河南教牧人员培训班一学期的工作总结》,1988年2月2日,第1—7页;金陵协和神学院河南省教牧人员培训班班委会:《河南教牧人员培训班一学期学习情况总结报告》,1988年1月22日,第1—3页。
④ 参见汪恩乐:《汪维藩教授访谈记录》,2013年1月29日,地点:汪宅,"蒋姐"指蒋佩芬老师。

资深教授群,在当年的培训班中也可谓"顶配"了。同时,丁主教还亲自上阵,给学员们开设关于"三自"和神学等方面的专题讲座,郭秀梅教授(丁主教的妻子)也给学员们开茶话会举行联谊活动。此外,河南省宗教局、江苏省宗教局、河南省基督教两会也都在圣诞节期间以茶话会等形式组织学员集体活动,表示关心并给以慰问。

表 2 主持工作人员情况

姓 名	基 本 情 况
蒋佩芬	原女传道,金陵协和神学院教师,时任中国基督教协会副会长
杨宜海	女传道,大学毕业生,因恶性淋巴瘤得痊愈后特意来告诉蒋佩芬老师,后应蒋老师之邀,全力协助培训班工作
彭萃安	金陵协和神学院研究科在读女生,协助培训班工作

(二)课程设置——学识与时务并举

科学实用的课程设置是培训班成功举办的关键所在,也是培养目标的导向和体现。"金陵河南培训班"可谓丁主教神学教育实践一以贯之的生动体现。当年培训班无论是文体政治课程的设置(参见表3),还是神学专业课程的设置(参见表4)和第二学期的教学计划(参见表5),都是根据河南省省情、学员学情、"金陵"校情等通盘考虑来安排的,把神学教育的教育性、时代性、民族性、知识性和实用性融合在一起,其中特别值得肯定的是学识与时务的并举。

表 3 文体政治课设置情况(1987 年 9 月—1988 年 1 月)

课 程 名	课时安排	授 课 形 式
爱国主义教育	2课时/周	讲授"中国革命史""中国社会主义建设""党的十三大"文件;参观雨花台烈士纪念馆、南京大屠杀展览馆(今侵华日军南京大屠杀遇难同胞纪念馆);播放《让历史告诉未来》录像片
"三自"教育	2课时/周	专题讲座
教会应用文	不定期	讲授模拟
体育	1课时/周	实践课为主

表4 神学专业课设置情况(1987年9月—1988年1月)

课程名	授课方式	授课目的
旧约概要	讲授	使学员对旧约整体有一个大概的了解
新约入门	讲授	使学员对新约整体有一个大概的了解
圣经史地	讲授	使学员对于《圣经》背景有一个大概的了解
罗马·加拉太	讲授	帮助学员明白救恩真理
约翰福音	讲授	使学员正确理解基督教训,并提供讲道题材和内容
使徒行传	讲授	学习有关初期教会的建立原则
基本要道	讲授	根据《要道问答》弄清基本真理
圣经难题解答	讲评	解疑释惑,或讲评当周内早晚祷的讲道内容及讲员的仪态等
专题讲座	讲座	介绍"怎样读圣经",了解南京教会、河南教会概况
学唱赞美诗	实践	教唱各个节期以及举行圣事、丧事、崇拜、灵修常用诗
早晚祷试讲	实践	培养和提高讲道的能力
班级祷告会	实践	学习如何正确祷告,以及主领祷告会(每周三晚)

表5 第二学期(1988年3—7月)的初步安排与打算

继续课程	新增课程	实践活动	增加人数计划
爱国主义教育、"三自"教育(计划讲授社会主义初级阶段经济学、党的宗教政策、法律法规教育)、旧约概要、新约入门	哥林多前后书、希伯来书、宣道法	参访上海、杭州、苏州等地教会并与兄弟院校交流	增加5名学员(3男2女或2男3女)

  这样的课程设置,一年的培训班相当于同期"金陵"两年制专科班的课程任务,所以,学员们的时间安排是比较紧张的①。即便如此,在蒋佩芬老师的主持

---

① 金陵协和神学院河南教牧人员培训班班委会:《河南教牧人员培训班第一学期学习情况总结报告》,1988年1月22日,第2页。

下采用"有的放矢,学以致用、学用结合,重在正面教育,重在启发"①的方式方法,综合事后学员们的反馈和主持人员的观察来看,该期培训班做得非常成功,特别在对于当时非常棘手和敏感的"三自"爱国教育问题上,成功的关键即是学识与时务并举,特别是寓政治教育于业务教育之中。

(三)运作机制——互信互爱、民主管理

一项教育活动,欲达到预期的目的和效果,需要有良好有效的运作机制来保障。"金陵河南培训班"之所以能取得预期的效果,请看丁主教的叙述:

> 我们相信她们三位愿意把这个班办好,也能够把这个班办好,因此就放手让她们办,只在大的方面帮助她们作出一些决定,此外不去点点触触,让她们大胆去办。她们觉得受到信任,不感到有什么政治压力,就愉快地扑向工作。②

丁主教对教师如此,对学生莫不如此。早年曾是丁主教学生的包佳源牧师说:"凡与主教接触过的人都知道,他在称呼别人时,无论在信件里、电话中,他都喜欢用'同工'这两个字。这个字眼十分亲切,特别对我们小字辈的人,这个称呼不管你职位、年龄,在主内一律平等。"③丁主教充分发扬民主,平等待人,相信师生、依靠师生。当年同时期在"金陵"担任学生会主席的李亚丁说:"丁院长非常关心我们学生的工作,多次和我们谈话,一再强调'要发挥学生会的主人翁作用,协助学校把各方面工作搞上去',并在工作上全力支持。"④此外,当年的"金陵"学子都可以直接"上书"院长,畅谈自己对学校、对教会的观感和整改意见等。笔者亦曾见过一封由"金陵"87级学生于入学第一学期的期末给丁主教的"小报告",历数班级中正反两方面的现象和弊端,包括请教如何做灵修笔记等⑤。丁主教如此敞开言路、广纳谏言,取信于师生员工,就必然会营造一个民主的人文氛围和育人环境。丁主教作为院方领导如此对待教师,教师再如此对待学生,上行下效必然会产生良好的效果。

---

① 蒋佩芬:《谈谈一年制教牧人员培训班工作(摘要)》,载《天风》1991年第5期。
② 《丁光训信函》(私人藏品),1988年2月11日,第1—2页。
③ 包佳源:《滴滴细语话主教》,载《金陵神学志》1995年第3—4期,第6页。
④ 李亚丁:《家庭·肢体·团契——第六届学生会工作汇报》,载《金陵神学志》1987年9月第6—7期。
⑤ 参见《张培生致丁院长的信》,1988年1月,第1—7页。张培生牧师现为江苏省南通市基督教两会总干事兼办公室主任。

该期培训班班集体即在此民主氛围中进行自我管理和自我服务。据彭翠安介绍：早在开学初，由于老师同学互不相识，10名班委均由河南的杨道义牧师指派，2个月后，为使学员们都有彼此服侍的机会，民主选举产生了班委会（参见表6）。每周召开一次班委会，交流各部工作情况，有2位老师参加指导，发现问题，大家商讨及时解决①。蒋佩芬老师说："我们认为这里是学校又是教会，师生之间又是牧人和羊群的关系，同学之间又是弟兄姊妹，是教会的同工同道。"②如此，教师的主导作用和学生的主体作用都得到了良好的发挥，也使得教育学上这一对相互依存、相互促进的矛盾体达到了和谐的统一。

表6 班委会组成情况

职 务	人 选	负 责 事 工
正副班长各1人	张蒙恩长老 韩玉芹长老	主持班级全面工作
灵修干事2人	不详	安排学员主持早晚祷、交通聚会、祷告会、关心学员们的灵修生活，与将受洗的学员交通等
学习干事2人	不详	负责选抄每日经文，编写每周一刊的黑板报，交流思想和学习心得等
生活干事2人	陈安国医生兼卫生员	负责关心学员们生活起居上的问题，安排值日生打扫环境卫生，布置周六下午劳动等
文体干事2人	不详	负责丰富学员们的课余生活，开展各种球类活动、做课间操、打太极拳、集体看电影、参加秋季校运会等

三、对推动基督教中国化的启发

在那封清晰反映丁主教神学教育理念的重要信函的最后，他还语重心长地写道：

---

① 彭萃安：《金陵协和神学院河南教牧人员培训班一学期的工作总结》，1988年2月2日，第5页。
② 蒋佩芬：《谈谈一年制教牧人员培训班工作（摘要）》，载《天风》1991年第5期。

丁光训主教神学教育实践对基督教中国化的启发

我想我们办神学院本科也应当这样,办'三自'爱国组织也应当这样,办教会也应当这样,避免一切和教会格格不入的办法,采用信徒喜欢的、符合教会特色的办法。①

丁主教在信函的末尾,还谦虚地说道:"这是我从河南培训班所得的启发。是否可以这么认识,尚希指正。"

结　　语

以丁主教为代表的中国教会老一辈领袖们,根据世情、国情、教情的变化,审时度势,及时举办"金陵河南培训班",所采取的举措也都是积极主动去实施,而不是"被逼着向前冲"。在"金陵"的神学教育史上,乃至中国基督教的神学教育史上,"金陵河南培训班"仅是沧海一粟。且当年培训班的举办,一定程度上还是权宜之计,但权宜之中也有一般性的原则可供借鉴和吸收。

本文重提丁主教众多神学教育事迹中的一件——举办"金陵河南培训班",认为丁主教在举办"金陵河南培训班"中体现的使命意识"合理求是""宽松自由""大力支持和发展中国神学教育事业"等理念和举措,特别是"用教会的办法办教会的班"这一总的指导思想对当前中国教会力推的基督教中国化的路径探讨和模式探索都有着一定的时代价值和借鉴意义。

---

① 《丁光训信函》(私人藏品),1988年2月11日,第4页。

晚清时期传教士中国佛教观

——以《教务杂志》(The Chinese Recorder)为中心的探究

杨哲兴[①]

自明末耶稣会士入华,传教士开始与中国佛教进行较为广泛的交往。利玛窦初来华时曾着僧袍,但对中国的文化态势有深入了解之后就开始站在"补儒易佛"的角度攻击佛教[②]。"与耶稣会士不同,早期新教传教士并没有直接与中国佛教僧人、信徒直接辩论教理教义,而晚清新教传教士则开始了以汉学家的姿态研究佛教、翻译经典"[③]。

晚清时期,传统佛教积弊已久,日渐衰落。如蒋维乔所言:"当时佛教传承,亦无前此之隆盛;而一部分自命儒教之学者,又墨守韩愈辟佛之成见,尽力排挤佛教;僧徒流品既杂,寺庙几为游民托足之所;遂致自暴自弃,日陷于衰颓而不可挽矣。"[④]传教士的真正对手是作为中国文化核心的儒教,因此儒教自然也就成为传教士关注的重点。早期来华新教传教士毫不掩饰自己西方文化的优越感和基督教胜于儒教从而意欲取代儒教的心理。清政府的禁教、绝大多数中国人对基督教的无动于衷、中国信徒寥寥无几且多来自贫穷无知的草根阶层等因素,更招致传教士对中国人的抱怨和对儒家思想的贬低[⑤]。

同时,早期来华的新教传教士对整个中国文化的态度都是不太友好的,往往以一种居高临下的态度批评中国文化和中国宗教,想以基督教信仰置换中国人的传

[①] 作者简介:杨哲兴,上海农商银行员工。
[②] 参见利玛窦著:《天主实义今注》,商务印书馆2014年版。
[③] 李新德:《明清时期西方传教士笔下的中国佛教形象研究》(上海师范大学2005年博士学位论文),第110页。
[④] 蒋维乔:《中国佛教史》,中华书局2015年版,第323页。
[⑤] 左芙蓉:《近代来华传教士对耶儒关系的认知转变》,载《孔子研究》2014年第2期。

统宗教信仰(这也是传教士来华的根本任务)。杂志早期刊发的文章中也是如此,1868年8月《教务杂志》一篇文章对中国人做了如下评论:"他们灵魂的无知,他们品质低劣的偶像崇拜,他们卑躬屈膝的迷信,在地球上所有的国家中占最重要地位。……是儒教、道教、佛教、祖先崇拜和风水占卜奴役着他们!"①"基督教来到中国,不是对儒教的补充,而是来代替它的。它是一个不需要儒教的任何东西的结构,无论是作为基础还是点缀。佛教是错误的侵犯人的迷信体系,儒教是错误的侵犯文化的人的智力体系。"②但是随着传教士入华日久,他们对中国佛教的了解程度也在加深,同时,不像初来乍到时在异域环境中面对重重困难,他们对中国佛教的态度也有所缓和。

到民国时期,杂志表现出对佛教更为友好的态度,杂志主编乐灵生倡导"宗教家间的合作",双方交流增多。以杂志中发表的有关太虚大师的文章来说,整体上对太虚都有很高的评价,也说明了传教士和太虚大师之间的交往,或者说耶佛之间的交往的深入。这一方面是由于近代中国佛教复兴的声势渐起,成为传教士不可忽视的一股力量;另一方面也是由于晚清时期杂志对中国佛教的长期讨论产生的结果,即对佛教有更深入的认识,甚至持有"理解之同情"。

从杂志内部来说,对佛教长时间的讨论,使杂志成为"两个平台",首先是在一定程度上起到了传教士佛教研究成果的推广平台作用;其次是传教士关于佛教问题研究的交流和讨论平台。1874年,杂志迁往上海办刊,刊登的佛教文章内容趋于广泛,有游记,有对佛教徒人数的介绍,有对佛教义理的研究。从传教士汉学研究的角度,从上海办刊时期杂志刊发的佛教内容明显可以看出传教士汉学研究的深入。晚清时期,杂志对中国佛教的讨论,主要集中在以下几个方面。

一、为传教寻找历史借鉴
——传教士佛教史观

《教务杂志》刊发的第一篇以佛教为重心的文章是瓦特斯(Watters)的《佛教

---

① The Work of Christian Missions in China. *The Chinese Recorder*(以下简称 *CR*),August 1868:64.

② D. Z. Sheffield. A Discussion of the Confucian Doctrine concerning Man's Nature at Birth. *CR*, January-February 1878:23.

在中国》,也是该杂志刊发的第一篇关于中国佛教史的文章。该文分为三章,第一章为"历史摘要",从佛教入华的起点讲起,回顾了从汉至明清的中国佛教历史。第二章为"儒士对佛教的反对",本章的中心是论述中国历代儒家士大夫对佛教的反对,但章节开始作者就抛出一个问题——"佛教在中国迅速发展的原因,或者佛教在如何维持自己的存在?"①第三章为"佛"(The Buddhas),主要介绍释迦牟尼的生平和成道过程。

第一章在叙述中国佛教史的过程中,瓦特斯对于中国历史上的辟佛事件似乎格外注意,论述南朝宋时的佛教简时他强调,虽然此时佛教似乎发展良好,但:

> 危险已经显露,道家、儒家想要对抗佛教僧人也不是没有理由,其攻击也主要集中在佛教僧人的守贞和独身。②

对于北魏太武帝灭佛,他记述道:

> 北魏前期的几位帝王似乎对佛教都没有好感,至少限制佛教的过度发展。太武帝时将僧人与方士集中管理,禁止私人奉养。其后约在447年,他杀掉很多信徒,摧毁了一些寺院。同时烧毁经书、破坏佛像,下令禁止信徒继续信奉佛教,不然即判死刑。他命令建造自己的偶像,作为一个儒士,挑战"佛"这个外来神的神性。③

在谈到北周武帝灭佛时,瓦特斯说:

> 北周时,都城是长安(现今陕西西安),佛教的命运也有很大波动。第一代皇帝建立这个王朝时排定了三教的地位——儒教第一、道教第二、佛教第三。佛教在北魏时已经被驱逐过一次,但是七年之后又被恢复。而此次灭佛之后仅六年又恢复了,如一个士大夫所言,想要彻底清除异端非常困难。④

---

① T. Watters. Buddhism in China. *CR*, September 1869: 81.
② T. Watters. Buddhism in China. *CR*, June 1869: 4.
③ T. Watters. Buddhism in China. *CR*, June 1869: 5.
④ T. Watters. Buddhism in China. *CR*, June 1869: 6.

瓦特斯系列文章的第二篇从唐代佛教历史讲起，同样提及了唐初对佛教的打击：

> 唐朝的建立者一开始反对佛教和道教，并试图驱逐这两个宗教。据说他曾经迫使十万僧人和道士还俗，他的这些激进措施似乎也得到了正统士大夫的欢迎。但是也有人说这位皇帝偏向老子，并且宣称自己是老子的直系后裔，但是除了姓氏以外似乎没有其他什么确切证据。高官傅奕上奏要求驱逐佛教，皇帝因此召开了一次会议讨论此事，参加者有反对佛教的也有支持佛教的，傅奕反对而萧瑀支持，但是根据史载傅奕获胜。①
>
> 佛教此时的繁荣随后就遭遇了挫折。玄宗时，精简寺院，约有一万两千名僧尼被驱逐。并且严厉禁止新建庙宇、佛像、传抄经书，此外，禁止所有官员及其家人与僧尼道士交往。②

随后瓦特斯又加大篇幅叙述唐武宗灭佛：

> 劫难来临，佛教再次经历了痛苦的考验。唐武宗在一个道士的怂恿下灭佛。西京和北京有两个寺院被允许各自保留三十名僧人，全国每个大的区域允许保留一个寺院，但是人数不定。其余所有寺庙全部下令拆除，僧人勒令还俗。下令各级官员监督政策的执行，可以想象儒家士大夫在这项工作中会何等卖力。寺院田地以及各项财产全部充公，佛像、钟以及其他金属制品全部融化铸钱，木石材料被用来修路架桥。超过四千所大寺庙以四万所小庙宇被摧毁。大概二十六万零伍佰八十名僧尼被勒令还俗。政府由此获得的土地不可胜计，在寺庙中发现十五万男女奴婢被重新安置。这是中国迄今为止对佛教最大的一次打击，从根本上打击了佛教的主体，没收寺产，并且强迫大规模的还俗。③

对后周世宗灭佛的行为，文中写道：

> 后周对佛教更为敌视。后周第二位皇帝世宗，关闭所有未向朝廷注册

---

① T. Watters. Buddhism in China. *CR*, July 1869: 38.
② T. Watters. Buddhism in China. *CR*, July 1869: 39.
③ T. Watters. Buddhism in China. *CR*, July 1869: 41.

的寺院,因此关闭了三万家大小寺庙,并颁布谕旨说不得父母亲族许可禁止出家。另一方面,从这道谕旨来看此时出家苦行甚至自残的行为在中国已经很常见。世宗禁止僧俗毁弃身体,包括砍断手足、烧掉手指、将灯勾插进身体、用钳子夹肉等等。不要嘲笑这些自虐行为,要知道基督徒也曾有过这样的行为,不仅自虐,也虐待其他信徒的身体。世宗命令所有地区的注册僧尼都必须待在本地,每个区域每年都要上报僧尼的死亡等变动情况。命令所有应该解散的寺庙中发现的金属都必须用以铸钱,并且说佛陀生前不在乎自身,死后更不会在意这些偶像。

除上文提及的三武一宗灭佛,瓦特斯还注意到唐高祖"一开始反对佛道,并试图驱逐这两个宗教"。宋徽宗时,"道士林灵素曾一度给宋徽宗充当黎塞留的角色,他希望消灭佛教,包括将佛教建筑、圣地改名为道教名称,佛陀、菩萨、和尚也必须改为道教名称,其他宗教仪式、服饰上的不同也必须改为道教样式。"①宋高宗"曾试图逐渐清除佛教,办法是禁止给新的僧尼颁发度牒"。②

瓦特斯整篇文章的篇幅并不大,而且仅用其中一章叙述中国佛教一千多年的发展史,其中对中国历史上的"宗教迫害"着墨甚多,明显有为基督教在华传教士寻求历史经验的倾向,因为基督教来华也正遭遇中国的"宗教迫害"。此外,瓦特斯在叙述后周世宗灭佛的过程中,就有意识地对比中国佛教和基督教的历史,即历史上都存在信徒毁坏自己的身体以求坚定宗教信仰的行为。

文章第二章,瓦特斯论述中国历史上的儒佛斗争,开篇解释佛教在中国取得成功的原因时,他认为佛教在中国迅速发展的"原因应该是佛教信仰很多优越的方面,以及早期传教士的热情"。③ 而且瓦特斯似乎认为佛教在中国取得成功的各种原因与基督教在历史上获得发展的原因类似,甚至说佛教信仰的"优越"方面就是与基督教类似的方面。他对比佛教和基督教早期发展史,认为:

> 不管从外部形式还是从历史上讲,佛教和基督教都有很多相似之处。它们都从旧有的宗教脱胎而来,并遭到旧派的怨恨和驱逐。其后都获得很大发展,不仅在发源地,也是在其所到之处不同的人群之间。基督教向西欧传播,在一些极富热情的传教士的努力下,几个世纪之后就传遍了罗马帝国

---

① T. Watters. Buddhism in China. *CR*,July 1869:42.
② T. Watters. Buddhism in China. *CR*,August 1869:64.
③ T. Watters. Buddhism in China. *CR*,September 1869:81.

的大部分地区。同样,佛教从印度来到中国,也有热情高昂的传教士,克服艰难险阻,克服语言不同的困难。早期基督教不受罗马帝国一些英明皇帝的欣赏,但康茂德和黑利阿迦巴鲁斯都这样的昏君却很欣赏;中国历史学家也指出佛教往往受到中国历史上一些昏庸弱小的王朝的支持。基督教早期主要在贫民中传播,比如"木匠、鞋匠、皮匠,等最无知和弱势的人";而且仍然在弱势、无知阶层拥有最忠实的拥护者。这与同时期东方佛教的状况非常类似。尽管如此,基督教也不乏上层支持者。早期反对基督教最为强烈的是一些哲学家和宗教、政治保守派,这些人认为基督教是"有害的迷信",而且可以轻易消灭,他们不明白的是早期基督徒的热情、圣洁之爱以及对耶稣复活的坚定信念。所有人都知道中国反对佛教的阶层与西方反对基督教的阶层有多类似,比如中国的韩愈、朱熹,西方的阿里安、塞尔苏斯。今天可以看到中国的哲学家是如何反对佛教的。①

瓦特斯在论述中国佛教历史的过程中,时刻不忘与基督教的发展史作对比。而且他认为佛教在中国的早期传播与基督教在西欧传播的历史相似,比如都有一批热情的传教士,有个别君主的支持,甚至连反对者的阶层都是类似的。瓦特斯关注中国历史上儒家对佛教的攻击,似乎更能突出为传教寻求借鉴的目的。瓦特斯所处的晚清时期,基督教也要时常面临佛教的攻击,如何应对,也是传教士需要思考的问题。瓦特斯认为:

> 一些人对佛教的反对没有提出具体的批评,甚至没有落脚点。另一方面,有些正直的儒士看到佛教的流行对国家的破坏以及对儒教信仰的伤害。其他一些则对佛教哲学颇有了解,从学理上反对其错误。比如韩愈、胡致堂、"二程",以及其他很多人反对佛教,认为其对国家造成伤害的信众都是一些最具朴素热情的人。其时有人认为佛教在文学和哲学上有很多优点,因而胡致堂作《崇正辩》一书以反对佛教学说。②

显然,瓦特斯认为儒家对佛教的批评时常是没有根据的,这与新教传教士同样普遍认为儒家对基督教的批评没有实际依据的情况一致。接着他论述儒家攻

---

① T. Watters. Buddhism in China. *CR*,September 1869:81-82.
② T. Watters. Buddhism in China. *CR*,September 1869:82.

击佛教的几个现实层面：

> 儒家从政治角度攻击佛教的另一个说法是僧尼不劳而获，这会使国家贫穷，而且比喻说这好比是从暗地里蚕食国家。供养佛教的花费很大，民众无力负担。而僧尼锦衣华服，居于庙宇，供养充足，外面的民众男耕女织艰难度日还要供养闲人。①
>
> 再者，修建寺庙、建造佛像都需要大量的金属、木材以及其他材料。很多庙宇佛寺规模很大，装饰华丽，而其花费很多来自贫穷的信众。甚至一些统治者花费大量钱财用金纸书写佛经。与其愚蠢地花费大量钱财在这上面，倒不如修建公共设施或者帮助贫民。②
>
> 比对国家财力造成伤害更严重的是佛教对道德的破坏。佛教教导信众蔑视父子、君臣以及夫妻伦常，以此破坏世俗生活的基础。③
>
> 僧尼也被指责生活上不道德。很多人说他们只为钱财并为此不择手段，即使他们讲斋戒、讲修路架桥，也都是为了个人衣食无忧。他们也被指责在寺庙中聚集男女，放荡不堪，而且夜聚晓散欲行不轨。④

不难看出，瓦特斯对儒家士大夫如何攻击佛教有具体的认识。同时，瓦特斯还注意到儒家在哲学上对佛教的攻击：

> 佛教对于死后世界的信念在哲学上也深受诟病。……朱熹对此完全不能认同，而且以正统儒士的姿态提出了很多不同意见。朱熹认为人在世上所经之事都是人该承担的任务，对死后之事不必考虑太多。人的身体为上天和父母所赐，应该好好珍惜，人的衣食住行也是很重要的事。坐、站、卧、行对儒家来说都很有意义。⑤
>
> 另外佛教哲学讲究自了，因此人们应该关心自己的觉悟。而儒家对此不以为然，认为这忽略了人的恻隐之心、仁、义等等，而这些都是人的本性，如果如佛教所言则人与畜生无异。⑥

---

① T. Watters. Buddhism in China. *CR*, September 1869：84.
② T. Watters. Buddhism in China. *CR*, September 1869：84.
③ T. Watters. Buddhism in China. *CR*, September 1869：84.
④ T. Watters. Buddhism in China. *CR*, September 1869：84.
⑤ T. Watters. Buddhism in China. *CR*, September 1869：87.
⑥ T. Watters. Buddhism in China. *CR*, September 1869：87.

瓦特斯对中国佛教历史有较为深入的了解，关注点在于佛教在华发展史上所遭受的挫折以及儒家和佛教的斗争。而且他对儒佛斗争中儒家对于佛教的攻击记述比较详细，从现实和宗教哲学两个层面进行分析。其直接动因，恐怕还是基督教入华以后也直接面临儒教的攻击。

晚清时期，杂志刊登的第二篇佛教史的文章，是艾约瑟1884年发表的《中国的宗教迫害》。如果说瓦特斯不具备传教士身份，其为基督教传教寻找历史依据的意图还不太明显，那么艾约瑟的文章则明确了这一倾向，文章开篇就说：

> 中国政府和民众对待国家不支持、不承认的宗教的态度往往是一波三折。一般刚开始时对新的宗教漠不关心，然后是迫害，最后容忍。当前基督宗教的中国的传播速度超越以往任何时候。天主教和新教徒都热心宣传，领圣餐的人和信徒人数增长迅速。一个单独的传教士，或者有两三个传教士的传教站，只是在家中有一个讲台，就有成百甚至上千名信徒。虽然有些地方不太成功，但在新教传教士认为这个国家的很多地方都充满希望。取得这些成绩主要归功于在乡村的传教，至于中国的大城市、统治阶层以及政府对基督教要么漠不关心，要么充满敌意。因此，知道中国历史上的宗教迫害十分重要，中国政府在这些事件过程中应对宗教问题和困难的方式，在以后的时间里可能直接应用于对付基督教。①

艾约瑟这段叙述有三点值得说明。首先，他总结了中国历代对于外来宗教的一般态度及其转变情况。其次，文中交代了艾约瑟所处时代基督教在华传教的扩张，即他自己研究佛教史的背景。最后，也是最重要的一点，艾约瑟直接交代了他研究佛教史的动机，即考察中国政府应对宗教问题的方式，为传教士寻求历史经验。

接着，文章述及398年晋安帝在大臣桓玄的建议下沙汰全国僧尼；北魏太武帝下旨毁掉佛教书籍、偶像、寺庙和佛塔、屠戮僧众，并直言此次迫害以其残酷著称；458年，南朝宋因发生以僧人为首叛乱，朝廷颁布了一些反对佛教的严厉指令，并斩杀了很多僧人；574年北周灭佛；唐高祖时萧瑀和傅奕关于佛教的争论，以及此时对佛教的限制；唐武宗灭佛等历次"宗教迫害"。和瓦特斯文章一样，作者也是通过记述中国历史上的历次灭佛运动，为基督教入华传教总结历史经验。

---

① J. Edkins. Religious Persecution in China. *CR*, November-December 1884：433.

1894年5—7月,杂志连载了第三篇关于中国佛教史的文章,即庄延龄的《中国早期佛教》。庄延龄此文是对《集说诠真提要》一书的选译(中文翻译为英文),主要内容是从汉代到元明时期的佛教简史。《集说诠真提要》一书,历来有学者重视,胡适认为"此书盖为辟多神迷信之俗而作","其说处处为耶教说法,其偏执处有可笑者。然搜讨甚勤"①。

对于杂志先前有的佛教史文章,庄延龄也作了简要评价。庄延龄认为杂志1869年连载的瓦特斯《佛教在中国》,其中的解释已经不再"新鲜",所以需要一篇新的文章。而对于艾德1884年再版的《佛教演讲录》,庄延龄说其"历史叙述部分绝不是完善的"②。庄延龄本人在评论已有的传教士佛教史文章时如此自信,似乎对中国佛教史已经有了更深入的研究,但没有刊发自己的研究成果,而是选译一本天主教护教著作中的佛教史。可能因为《集说诠真提要》是广义上的基督宗教的护教著作,站在基督宗教的立场上去评论佛教,可以为基督教入华寻求历史依据。

哈克曼(H. Hackman)1910年12月发表的《佛教徒的中国与中国佛教》,是杂志刊发的第四篇关于中国佛教历史的文章。与前述几篇佛教史文章一样,该文也是从佛教入华的几个传说讲起。哈克曼认为,佛教入华的最初三个世纪是中国佛教的第一阶段,此一时期佛教历史晦暗不清。他依据日本学者南条文雄(Nanjō Bunyū)的研究成果,认为公元300年之前汉文佛经的翻译者都是外国人,直到公元4世纪,"中国人才被允许出家,由此佛教在中国的发展才真正开始"③。哈克曼认为从400年到900年,是佛教的第一个辉煌时期,他列举了此时期中国佛教各宗派的创立人。哈克曼认为宋代之后是中国佛教的成熟期,"尽管佛教的内部发展已经近乎停止,但佛经翻译以及对中文佛经的完善还在继续,而且佛教对政治也时常有很大影响"④。同时,哈克曼提到《参学知津》一书。《参学知津》为显承如海著,1827年出刊本,1876年重印。⑤ 哈氏依据该书列举明代到一些佛教圣地的路线。李提摩太在其《神历》中也曾引用《参学知津》,认为安徽主要的寺庙有41所,但"主要"一词颇为含糊,看来李提摩太的印象有误,因为仅仅九华山的大寺就不止41处。哈克曼和李提摩太"所依据的《参学知津》一

---

① 胡适著:《胡适留学日记》(下卷),安徽教育出版社2006年版,第157页。
② E. H. Parker. Early Buddhism in China. *CR*, May 1894:224.
③ H. Hackman. Chinese Buddhism and Buddhist China. *CR*, December 1910:773.
④ H. Hackman. Chinese Buddhism and Buddhist China. *CR*, December 1910:774.
⑤ 卜正民著,张华译:《为权力祈祷:佛教与晚明中国士绅社会的形成》,江苏人民出版社2005年版,第347页。

书,今天看来该书价值已不大了"。①

后文中,哈克曼认为中国不能说是一个佛教国家,但佛教在中国取得了极大成功。至于佛教成功的原因,哈克曼归结于两方面的因素。首先是深刻的佛教哲学"自身的高超能力,即善于将玄妙的概念和奇异材料整合为深刻的哲学思想,所以多数人会被这种想象和神化所吸引"②。哈克曼认为:

> 佛教哲学,尤其是大乘佛教,已经预见了一些哲学问题,而这些问题在西方则是贝克莱和休谟争论的焦点,直到康德才整体上解决。这些问题有关现象和本质、主观和客观、表象和物自体。这些高深问题都隐藏在佛教对诸如空、无、假有等问题的探讨中,而后者在佛教书籍中经常可以见到。虽然佛教哲学不能像当代批判思维那样解决这些问题,但是从很早就注意到了这些奥秘,展示了其哲学中的批判性。因此一些佛教的形而上学书籍一次又一次地吸引了知识阶层。除此之外,佛教还有一种思想,不管对上层阶级还是下层阶级都很有吸引力,不是迷信也不是智慧的力量,而是渗透于所有佛教思想的轮回观念。③

当然,哈克曼还是以西方哲学的概念评判佛教。他认为佛教在宗教哲学方面有高层次的发展,而且大乘佛教也因此而生,如他自己所言,佛教哲学已经预见了一些近代西方哲学问题,以及一些西方现代哲学的基本概念。同时,哈克曼认为正是宗教哲学的高度发达,才使得佛教在中国人中间取得成功有决定性的成功。另一方面,哈克曼认为佛教对中国固有文化的适应,也是其取得成功的一个重要原因:

> 也有其他一些原因使得佛教能够在汉人中取得成功。佛教,本身典籍众多,对于佛经的翻译需要极高的热情和能力。同时中国人对于佛经数量的增加也颇有贡献,而且善于书写。这就使崇尚书籍的中国人对佛教有天然的好感。另一方面,佛教容忍中国人的祖先崇拜,甚至将神位引入寺庙。这些改变在一定程度上纠正了中国人认为佛教不孝祖先父母的观念。还有很多地方,佛教都适应了黄河长江流域的新环境。建筑也变得非常中国化。

---

① J. K. 施赖奥克著、程曦译:《近代中国人的宗教信仰:安庆的寺庙及其崇拜》,安徽大学出版社2008年版,第22页。
② H. Hackman. Chinese Buddhism and Buddhist China. CR, December 1910: 777.
③ H. Hackman. Chinese Buddhism and Buddhist China. CR, December 1910: 777 - 778.

一些非常流行的本地神,也被纳入了佛教系统。最杰出的菩萨观世音,完全中国化了,变成了观音,像道教那样加入了神力和魔法的元素。印度的舍利塔变成了中国塔,同时成了风水信仰的一种元素。诸如此类的适应性改变在很大程度上取得了成功。①

接下来,哈克曼话锋一转,认为佛教哲学的优势在清末已经显示了负面作用。首先是佛教哲学的固化会对当时社会发生的解构和重塑造成阻力;其次,佛教的精神力量在自身的复兴方面也不能发挥太大作用。显然,此处哈克曼认为佛教哲学不能适应当时中国社会的变革,也不能适应佛教自身的变革。

文章结尾,哈克曼则点明了自己对中国佛教史研究的出发点和取向。他认为:"佛教有明显的缺陷,足以使它在当代人中丧失力量和影响。在佛教徒眼中,这个世界的存在没有任何意义,人类最优秀的能力也没有任何意义;没有什么值得希望和追求。这种观点不可能成为一个面向未来的信仰的基础。人类倾向于提供积极希望的宗教,而这个宗教要加强人们的善的能力,以抓住隐藏在表象背后的宇宙。如果佛教要追求这些,那么它自身必须进行重大改变,放弃多数自认的真理,从其他宗教借鉴本质的内容,而这个宗教就是佛教徒口中的低等宗教——基督教。"②

可以看出,哈克曼文章前半部分论述佛教简史,其后论述佛教成功的原因,而最后的归结则是佛教已经不能适应时代发展,应该改变自身的本质内容、走向基督教,这种"春秋笔法"写就的佛教史文章,还是在为基督教入华甚至取代中国本土宗教寻求历史经验和理论依据。

二、佛教是有神论还是无神论

1869年,杂志刊登瓦特斯系列文章《中国佛教》,其中第三章中主要介绍佛教"三世佛""过去七佛"以及乔达摩成佛的过程,开篇就讲道:

> 一个不常被基督徒作者提及的观点是佛教其实是一个无神论系统,这

---

① H. Hackman. Chinese Buddhism and Buddhist China. *CR*, December 1910: 778.
② H. Hackman. Chinese Buddhism and Buddhist China. *CR*, December 1910: 780.

种观点意味着说佛教不讲自在和超自然存在这些事。① 实际上佛教一些宗派可能如此,但是作为宗教而言它有很多圣人、神仙供信徒崇拜。众所周知,中国的一些全国性或者地方性的宗教会把自身归入佛教。但是与其说是佛教,它们更像是儒教或道教。但是佛教的神佛像会像客人一样被供奉在这些地方。②

此处可见,瓦特斯关于佛教是否无神论宗教这一议题表达了两层意思。第一是当时很多基督徒作者或者说来华传教士,很少有人认为佛教是一个无神论宗教。瓦特斯在脚注中明确说明艾约瑟和麦克斯·缪勒都持这种观点。第二层是瓦特斯自己关于这个问题的看法,他本人显然对佛教有较为全面的了解,所以对佛教不同宗派有作出区分的意识。瓦特斯认为佛教一些宗派可能称得上是无神论的,但是作为宗教而言,在实际的信仰过程中佛教也有很多圣人和神仙崇拜。接着,他又更进一步说中国的很多民间信仰把自身归入佛教行列。但从根本上讲,瓦特斯认为中国的民间信仰更像是儒教或者道教,但是在这些信仰的场所,也会出现佛像。由此而言,中国和其他佛教国家并没有什么不同。明显可以看出,瓦特斯对中国普通民众的宗教信仰或者说民间信仰的格局有清晰的观感,甚至触及了中国"三教合一"的宗教信仰现实。

同时,在介绍"佛"的概念时,瓦特斯主要依据《文献通考》《康熙字典》《渊鉴类函》中的说法:

"佛"字,经常被用来表示梵文中的 Buddha 一词,"佛陀"或者"浮屠"似乎更确切,但是没有"佛"字常用。中文将"Buddha"一词翻译为"觉",意思是从沉睡中醒来,而佛陀就是从肉身的迷梦中觉醒的人。"觉"字,梵文原文为平等,意思也是觉悟的意思。另外一种翻译为净觉,意思是佛陀对万事万物皆有觉悟。而觉悟一词有时也被借用,说明佛陀对世间所有都有真知。有时这些翻译相对意思更窄,但在一定程度上是概括了原意的。指出佛陀可以不借助任何手段即可从一地到另一地,也可以随时幻化有形无形。佛陀全知全能,摆脱了情感、欲望的束缚,脱离生死轮回。此外,有的说佛脱离了任何实在,只是人的道德本质,纯粹、完美。③

---

① 此处有原文脚注,瓦特斯引用艾约瑟和麦克斯·缪勒的文章,说两者都认为佛教是无神论宗教。
② T. Watters. Buddhism in China. *CR*, October 1869:117.
③ T. Watters. Buddhism in China. *CR*, October 1869:117.

瓦特斯引用的中文文献,就中国文史材料范围内,也都是比较经典的。他强调的重点显然在于"佛陀可以不借助任何手段即可从一地到另一地,也可以随时幻化有形无形",即认为在佛教信徒日常的宗教生活中存在"神仙",而"佛"也存在神性,这种说法本身并没有错,但在后文中他接着说"佛有无上荣耀,高于世间诸王,高于鬼怪,掌管人间之事,且高于天上诸神,包括帝释天和梵天",[①]并且在后文叙述"贤劫七佛"时认为将之作为佛教的"神谱"是不妥的。以佛教内部对于修行的观点而言,"七佛"并非佛教的"神谱"。

其后,艾德(E. J. Eitle)在其1870年6月发表于杂志的《中国佛教徒的涅槃》一文中也引用麦克斯·缪勒的观点,说道:

> 在德国哲学家协会的最近一次会议上,麦克斯·缪勒教授发表了一份关于佛教虚无主义的演说。在讨论佛陀学说的无神论特征之后,他又进一步讨论更为复杂的涅槃问题。
>
> 简而言之,缪勒将涅槃视为可能达到的事情;佛教的伟大建立者释迦牟尼讲授涅槃之说,认为涅槃不是灭亡,而是精神自由与快乐的最高境界;现在南传佛教流行的观点也反对最终毁灭的观点,因此也视涅槃为意识的自由与快乐;然而另一方面缪勒并不反对其他哲学家秉持毁灭理论。[②]

艾德这篇文章主要讨论佛教的核心概念之一"涅槃",似乎认同缪勒所说的佛教具有无神论特征。1870年11月和12月,艾德在杂志上分两篇发表文章《佛教与罗马公教》,进一步明确了他倾向于认为佛教具有无神论特征的观点。艾德的文章开篇论述佛教与天主教在仪式上的一些相似性之后,认为:

> 在一些根本教理上,两者的分歧似乎更多。佛教是一个无神论系统,强烈反对自然神论和一神论,也不讲究基督教非常根本的赎罪观念。这些区别明显证明两者起源不同,而且他们的很多相似之处只能说是表面上的、巧合的。
>
> 但是当我们考察罗马公教和现代佛教的实际礼仪时,不仅会发现一些惊人的相似甚至重合,而且即便是古代佛教和真正基督教的很多不同也被

[①] T. Watters. Buddhism in China. *CR*, October 1869:118.
[②] E. J. Eitle. The Nirvana of Chinese Buddhists. *CR*, June 1870:1-2.

现代佛教和罗马公教抹去了。这一方面是因为早期基督教在很大程度上异化为罗马公教,另一方面现代佛教抛弃了原始佛教的无神论和崇拜圣哲的观念,而采取了赎罪观念,并且将这一权力交给了祭司。①

显然,艾德明确认为佛教与罗马公教的区别之一,就是佛教是一个无神论系统,强烈反对自然神论和一神论。而这些教理教义却是基督宗教的核心教义。但另一个层面,艾德认为佛教在实际信仰过程中逐渐具备有神论的实质,这是因为现代佛教抛弃了原始佛教的无神论观念。艾德此处所言"现代佛教"指的应该是佛教教团组织确立之后的成熟时期。

艾德的观点在杂志其后刊登的文章中再次得到其他作者的确认,1871年瓦特斯发表文章《艾德先生的佛教演讲录》一文评论艾德新书《佛教演讲录》,其中一部分内容就是讨论佛教到底是不是无神论的,文中认为:

> 艾德先生追随伯讷夫以及其他所有作者,认为佛教及其创始人都是无神论的。对于乔达摩讲述无神论这一说法,我认为其全部含义不过是乔达摩否认一个永恒的神的存在,否认世界的创造者,否认脱离宇宙的存在。通过考察佛教经典我们可以得知,乔达摩似乎有不一样的暗示。他连婆罗门教的神都没有否认,而是基于尊重,允许自己的信徒给予崇拜,尽管强调这些神低于佛陀远甚。艾德先生并没有说所有佛教派别都是无神论的,比如他很不情愿地将尼泊尔佛教划入一神论的范围。他在演讲中以一神论反对多神论,但是并没有充分的准确性。我宁愿说佛教是泛神论系统,本生在其《历史上的神》一书中就使用泛神论一词,而对于他来说尼泊尔佛教比锡兰和中国佛教更像是纯粹的泛神论。当然霍奇森努力说服我们相信佛教是一神论,并不是瑜伽行派以一种近乎无神论的方式重视阿赖耶识的神秘信条。②

瓦特斯这段论述,首先强调艾德认为佛教及其创始人都是无神论的,而且认为艾德这一观点的来源是伯讷夫等人。不过瓦特斯也提到了艾德对于佛教也有分类论述的意识,即艾德也认可尼泊尔佛教可以称为一种一神论宗教。瓦特斯

---

① E. J. Eitel. The Nirvana of Chinese Buddhists. *CR*, June 1870: 142.
② T. Watters. Mr. Eitel's Three Lectures on Buddhism. *CR*, August 1871: 66.

本人对于乔达摩讲述无神论这一说法不以为然,他将佛教经典和佛教实际信仰过程区别对待,认为虽然乔达摩本人讲过一些具有无神论特点的话,但实际上乔达摩并没有否认神的存在,乔达摩也允许自己的信徒崇拜印度教的神祇,而且瓦特斯认为佛教是泛神论系统。

最后,瓦特斯批评艾德"在讨论乔达摩学说的无神论时,为了讨好听众,嘲讽达尔文先生的不值一提,而事实并非如此"①。总之,瓦特斯在其论述中明确了两个层次的观点:首先艾德认为佛教的创始人乔达摩和佛教都有无神论倾向,但具体到实际过程中另当别论;其次,瓦特斯认为佛教并非无神论的宗教,而且个别佛教分支可以被视为多神论宗教。这种观点也与瓦特斯自己此前一篇论述中国佛教史的文章中所显示的观点是一致的。

1889年5月,丁韪良也对佛教是有神论还是无神论发表了自己的看法。在其刊发于杂志的文章《佛教是基督教的准备吗?》中,丁韪良说道:

> 没有哪个宗教像佛教那样展现出很强的可塑性,不仅如变色龙一般根据环境变化自身颜色,而且在不同时代自相矛盾甚至自我毁灭。从最初的一个倡导自我约束的哲学流派发展为一种宗教崇拜。最初宣扬纯粹无神论,最后却带来了无数神明;最神奇的是将承认神的存在视为最高信条。②

与瓦特斯类似,丁韪良也认为佛教最初可以说是无神论的,从一个将自我约束的哲学派别发展成为宗教信仰。同时,佛教展现出很强的可塑性,值得人们思考的是佛教最初宣扬纯粹无神论,最后却带来了无数"神明",而且成了佛教最重要的信条。丁韪良此文讨论的重点不在佛教是否为无神论宗教,而是为"佛教是基督教的准备"这一结论寻找依据,但丁韪良认为在中国的精神土壤中,佛教贡献的一个元素就是"信神"。③ "信神"和"灵魂不朽"的观念正是所有宗教的基本信条,而在中国人精神土壤中贡献这两个信条的正是佛教。他说:

> 佛教将印度诸神引入中国以取代山、河等自然神;他们使中国人相信超越现实世界的终极精神世界,以取代他们的唯物观念。那是佛、菩萨统治的世界,他们不限于一山一城,无处不在,而虔诚的信徒也在其中寻求解脱。

---

① T. Watters. Mr. Eitel's Three Lectures on Buddhism. *CR*, August 1871: 66.
② W. A. P. Martin. Is Buddhism a Preparation For Christianity?. *CR*, May 1889: 196.
③ W. A. P. Martin. Is Buddhism a Preparation For Christianity?. *CR*, May 1889: 196.

虽然从理论上讲佛陀已经进入极乐的涅槃之境,但一般还被认为是那个世界的主宰。下一层级的神,被称为菩萨,他们被认为拥有自然力量并且以实际行动造福人类。①

由此而言,丁韪良还是认为佛教是从一个倡导无神论的哲学流派发展为有神论宗教的,而且佛教入华给中国人带来了"信神"的信条。丁韪良文章中也简要阐释了这一过程。

1911年2月,莫安仁(E. Morgan)在杂志发表连载文章《佛教中的基督教因素》,也涉及了佛教是无神论还是有神论这一话题。与杂志前期的文章观点类似,认为早期佛教作为宗教标志的崇敬和礼拜对象是不明确的。他说:"宗教,众所周知,是对神的敬畏。不论如何,在宗教的构成中必须有崇敬和礼拜的对象。那么问题就是早期佛教是否有这个关键性的标志。我不想说此时这个系统是无神论的,但是其关于宗教的标志都不明确而且也不可信。"②不过就佛教后来的发展而言,"不得不承认基督教中关于神的信仰在佛教中是缺失的。但是这不能说佛教就是无神论的,只能说个人关于神的信仰是不明确的、晦暗的"③。

就杂志所发数篇文章来看,晚清新教传教士还是偏向于认为佛教是有神论的。即使有的作者偏向于认为佛教有无神论倾向,或者认为佛教最初也仅仅是一个纯粹的无神论哲学流派,但也不得不承认佛教在后续的发展或者实际的信仰过程中的确确是有神论的。当然,对佛教是有神论还是无神论的不同观点,也是西方话语情势下的分析,不过正如莫安仁所说的:在宗教的构成中必须有崇敬和礼拜的对象,即以制度性宗教(institutional religion)的概念评价佛教,也要求佛教有完整的信仰系统和宗教仪式等。而佛教内部则认为佛教既不同于有神论也不同于无神论,"主张因缘与因果,否定神的权威……既不偏向唯神论的迷信,也不走向唯物论的论断,主张以合理的身心,促进个人以及协助他人的人格之完成"④。从另一方面来说,传教士认为佛教早期倡导无神论,但后来发展为有神论,或者说在实际的信仰过程中是有神论的,这等于确认了佛教的"宗教"(religion)身份。

---

① W. A. P. Martin. Is Buddhism a Preparation For Christianity?. CR, May 1889: 197.
② Evan Morgan. The Christian Elements in Buddhism. CR, February 1911: 19-20.
③ Evan Morgan. The Christian Elements in Buddhism. CR, February 1911: 101.
④ 圣严法师:《佛学入门》,陕西师范大学出版社2008年版,第6—7页。

三、佛教仪式——"抄袭"抑或"迷信的证明"

具有宗教仪式性质的葬礼在宗教徒的身份建构过程中具有重要作用。①《教务杂志》很早就触及了有关佛教礼仪的话题,1869年瓦特斯在叙述宋代佛教史时,专程强调宋徽宗迫令佛教改用道教仪式,后又述及当时"佛教礼仪仪式被普遍采用,甚至多过先前佛教本身。其中最主要的是丧葬,此时已经被包括儒家士大夫在内的人遵循。"②但总的来说,晚清时期杂志对佛教仪式发表看法的内容集中在两篇文章,一篇是艾德的《佛教与罗马公教》(1870年11月/12月),另一篇是杂志编者所写的《佛教僧人的剃度仪式》(1878年5—6月)。

艾德文章开篇就说道:

> 人们常说,现代佛教很大程度上是对基督教拙劣的模仿,特别是在宗教仪式上,简直就是对罗马公教的大胆、卑鄙、滑稽可笑地抄袭。同意第一条指控的人可能会指出佛教和基督教一些相似的主要信条。两者都从世界的悲苦和罪恶出发,都讲造物者最初创造的人是无罪的;但是都因为种下了一些罪恶的因果才落入凡间,都讲世间万物皆须救主(或者救主们、佛们),都讲物质的短暂和精神的不朽,都讲最终会因善恶而分别进入天堂地狱。但凡去过佛教国家的人都会接受第二条指控,即现代佛教看起来尤其是对罗马公教卑劣抄袭……③

显然,在艾德所处的时代,很多传教士认为佛教和罗马公教有很多相似之处,特别是两者的宗教仪式。而出现这种情况的原因,很多人认为是佛教对罗马公教的"卑劣抄袭"。艾德认为,时人对佛教有这种观感,首先是因为很多人认为佛教和基督教在教义上有相似之处;其次,是因为在具体的宗教仪式上,佛教和罗马公教也有一定的相似性。

---

① 钟鸣旦著、张佳译:《礼仪的交织——明末清初中欧文化交流中的丧葬礼》,上海古籍出版社2009年版,第250—252页。
② T. Watters. Buddhism in China. *CR*, July 1869: 42-43.
③ E. J. Eitel. Buddhism Versus Romanism. *CR*, December 1870: 142.

其后,艾德对比佛教和基督宗教,是将新教与罗马公教分开论述的。他认为佛教与基督教在一些根本的教理上有本质的区别,"佛教是一个无神论系统,强烈反对自然神论和一神论,也不讲究基督教非常根本赎罪观念。这些区别明显证明两者起源不同,而且它们的很多相似之处只能说是表面上的、巧合的"。① 而且,他明言新教与罗马公教有根本的区别,认为后者是"异教",当然,此一时期,"将新教与天主教区分开来逐渐成为新教传教士共同的认同"②。

对于佛教与罗马公教在仪式上的相似之处,艾德认为:

> 当我们考察罗马公教和现代佛教的实际礼仪时,不仅会发现一些惊人的相似甚至重合,而且即便是古代佛教和真正基督教的很多不同也被现代佛教和罗马公教抹去了。这一方面是因为早期基督教在很大程度上异化为罗马公教,另一方面是现代佛教抛弃了原始佛教的无神论和崇拜圣哲的观念,而采取了赎罪观念,并且将这一权力交给了祭司。因此罗马公教和佛教不经意间越来越相似。而基于某些点上的这种相似,似乎把新教排除在外了,但是这对于新教徒和新教传教士而言根本无关紧要,我要说的是,我们非常希望发出一个广泛的谴责,说明罗马公教和我们没有任何关系,他们是异教。但是罗马公教特别是其传教士在佛教徒中传教时总会发现这些相似之处,而且福音机构也很让他们讨厌,公教传教士总是怡然自得地认为这些相似之处不过是佛教盗用融合了一些摩尼教和景教特征。③

艾德此处强调两点:第一是佛教和罗马公教在具体的仪式上有相似之处,由于现代佛教抛弃了原始佛教的无神论观念,并且形成了佛教僧团组织,所以现代佛教在仪式上才和罗马公教类似。第二,艾德强调基督教和罗马公教是不同的,极力划清基督新教和天主教(罗马公教)之间的界限。艾德还不无讽刺地提出,罗马公教传教士倾向于认为仪式上的相似是因为佛教融合了摩尼教和景教特征。对此,艾德的意见是:

> 如果照此说法,疑问就来了,有的假冒基督教的佛教礼仪岂不是比基督

---

① E. J. Eitel. Buddhism Versus Romanism. *CR*, December 1870:142.
② 陶飞亚、田燕妮:《同为异国传教人:近代来华新教传教士对天主教的态度转变解析——以 *The Chinese Recorder*(1867—1941)为依据》,载《东岳论丛》2011年第2期,第91页。
③ E. J. Eitel. Buddhism Versus Romanism. *CR*, December 1870:142.

宗教本身还早,但是借口仍然有:这些礼仪一定是罪恶的佛教自己发明的,但是预见了圣洁的公教后来会采用什么样的礼仪,然后可耻地先一步自己抄袭采用。

我们不屑于这种倒打一耙的攻击,当然,这种指控也只是一份毫无掩饰的污蔑。①

在艾德所处的时代,很多人认为佛教仪式是抄袭了罗马公教,艾德也承认两者的相似性。但对于一些天主教传教士将佛教说成无耻的剽窃者,艾德并不认同。他认为很多被攻击为抄袭的佛教仪式,本身的产生就比基督宗教相关仪式要早,佛教如何能去抄袭呢?所以公教传教士对佛教的攻击并不能站住脚,他还蔑视地称之为"倒打一耙的攻击"。虽然艾德极力将新教和罗马公教区别开来,但回过头来,艾德又认为那些没有被公教异化、存在于新教中间的圣洁仪式即新教的某些仪式,也有很多相似之处。文中说:

我们曾经在中国南方各地的僧人中调查,发现确实有佛教仪式类似于洗礼,当我们明确指出在中文佛教文献中常出现的仪式(灌顶,用液体浇在脑袋上)时,那些否认的人也表示很疑惑,不能给出任何解释。或许这就是事实,但是对于中国佛教徒来说可能是名誉上的损失,即便是在其宗教内部,也是十分看重名誉的。我们调查了中国佛教很多的相关行为,为了使大家更清楚,下面给出一些细节,介绍佛教的这些仪式与基督教洗礼的关系。②

艾德为了弄清佛教中的"洗礼",对中国佛教寺庙进行过实地考察,但没有得到满意的答案,因为很多僧人对此也不熟悉。艾德此处这样说,一方面是当时很多佛教僧人对佛学和佛教仪式并不熟悉,另一方面,也不能排除艾德本人有贬低佛教的倾向。但在接下来的文章中,为了对比佛教和基督教"洗礼"的类似,他通过对新约和旧约的考察,认为基督教的洗礼产生时间并不明确,但"佛教相关礼仪发源的年代也不能影响基督教,不久基督教也产生了自己的古老仪式"③,即佛教和基督教之间,就"洗礼"而言,产生的原因和过程是互不影

---

① E. J. Eitel. Buddhism Versus Romanism. *CR*, December 1870: 142.
② E. J. Eitel. Buddhism Versus Romanism. *CR*, December 1870: 143.
③ E. J. Eitel. Buddhism Versus Romanism. *CR*, December 1870: 142.

响的。

　　1870年12月,杂志刊登了艾德《佛教与罗马公教》的第二篇。文中艾德也认为佛教中类似洗礼的仪式起源相当复杂,而且在中国各地的流行程度不一。接着他提及了佛教的灌顶,认为与基督教的洗礼相似,并引用《释迦如来成道记》中"转轮王的长子在继承其父王位时,转轮王取四海之水灌其顶"一言加以解释,但艾德也承认"佛教转轮王灌顶类似于基督教洗礼的外在形式和具体执行,但是内在目的上它更类似于旧约中讲的先知为皇帝涂油加冕"①。其后,他又引用《观楞伽记》中"一切诸佛灌其顶"之言,认为佛教文献中记载"洗礼"有其他的目的,即"古代的佛教'洗礼'从最开始限于世俗英雄和转轮王及其继承人,已经逐渐扩展到佛教的精神英雄和佛教圣人"②。而当前,"正如基督教对婴儿施洗一样,佛教'洗礼'的对象也不再讲究世俗和宗教地位,这本身没有什么奇怪。但是这种现象好像没有发生在全中国,只是在西藏地区和蒙古地区会找喇嘛为新生儿施以'洗礼'"③。而且"就当前来说藏传佛教中喇嘛们施行的摸顶仪式是与古代佛教灌顶仪式非常不同,是其自己的发明。然而藏教的摸顶仪式跟罗马公教非常类似,这不禁让人怀疑是对后者的剽窃。不过中亚的佛教徒是如何得知罗马公教的仪式的我们不得而知,对于聂斯脱利派及其在中亚是如何以及在多大程度上影响佛教仪式的,实际上我们也知之甚少,但是也没有证据表明没有这种可能"④。

　　显然,艾德认为佛教中的一些仪式与罗马公教的相关礼仪类似。而他又强调佛教与新教在教义上的根本区别,以此强调新教与罗马公教的不同,但又不得不承认这些类似仪式也存在于新教之中。在具体的比较中,艾德也只是列举了佛教的灌顶礼、藏传佛教的摸顶仪式,认为这与基督教的"洗礼"类似。但对于这种类似产生的原因,艾德并不像很多同时期的传教士那样,认为是佛教对罗马公教的抄袭。他认为,佛教的相关仪式可能产生得更早。即使是藏传佛教的摸顶仪式,艾德也认为断定为剽窃的证据不足。

　　作为一个汉学家,艾德对于佛教仪式的看法相对客观,态度也较为温和,并且能够引用史料加以解释说明。同时,艾德《佛教与罗马公教》的下篇主要关注佛教和基督教的"洗礼"。文后说会有后续,不知何种原因,在杂志后来发表的文

---

① E. J. Eitel. Buddhism Versus Romanism. *CR*, December 1870: 182.
② E. J. Eitel. Buddhism Versus Romanism. *CR*, December 1870: 183.
③ E. J. Eitel. Buddhism Versus Romanism. *CR*, December 1870: 183.
④ E. J. Eitel. Buddhism Versus Romanism. *CR*, December 1870: 183.

章中并没有找到该文的续篇。

1878年,杂志编者发表的《佛教僧人的剃度仪式》一文,认为对于佛教仪式的态度则主要取决于自身的观感,而且表现出了明显的厌恶。1878年5月8日晚,杂志编者和几位友人到福州鼓山涌泉寺游览,这天是农历四月初八,是佛教中佛诞日的前一天。编者一行人当晚7点左右到达涌泉寺,交代说周围有很多访客,而且不太友好。编者在文中并不无讽刺地说,这些围观者将编者一行人带的蜜桃罐头认作鸭蛋,将黄油认作猪油,将纯净水认作酒。接着编者详细描述了为见习僧人们烧戒疤的过程以及仪式举行场地的陈设。显然,杂志编者对所见佛教仪式的具体过程十分关注,有详细的描写,并认为"这里的一切构成了一幅奇怪的图景"①。接着,编者说他们一行人被三座佛像前的人群吸引。其实,这里详细描述的是佛教燃指供佛的过程,而且评价这种行为是自己在鼓山上见到的最不开化的行为。不过燃指供佛的行为中国历代都有反对,唐义净法师反对燃指仪式,认为"夫以怀生者,皆爱其生,上通贤智;有死者,咸畏其死,下洎昆虫"。现存于普陀山的《禁止舍身燃指碑》中明确说"尚有愚媪村氓敢于潮音洞舍身燃指者,住持僧即禁阻,如有故犯,定行辑究"。对此,编者并未提及,不知是他对此无所知,还是故意规避。文章最后,杂志编者对于六个道士出席所有仪式表示非常惊讶。编者说他们一行人在仪式凌晨4点结束后马上下山,"很开心地逃离这些异教崇拜,奔向基督徒的家"②。

不难看出,杂志编者对于所见的佛教仪式充满了排斥与猎奇的态度,并将之归于"异教"。其实在这之前,杂志也有文章对佛教仪式表现出了类似态度。1871年,约翰·汤姆逊(J. Thomson)在其《永福寺游记》中说道:"傍晚时候,僧人们穿着黄色的僧袍走进大殿诵经祷告,一位跪在一张小祭台的右边,另一位跪在左边,用常见的佛教乐器伴奏,嘴里哼着单调的颂词。不时敲响一个帽子状的大锣,然后僧人们会稍作喘息。我发现至少有一个僧人根本不知道自己在说什么,可能他们看似虔诚的宗教热情会因此大打折扣。一会儿,年轻僧人从卧房出来,敲响大鼓,又用木槌敲响大钟,像是以此锻炼肌肉,嘴里确实还说着抱怨的话。"③言语之间,充满了排斥和讽刺。

---

① The Editor. Initiation of Buddhist Priests. *CR*, May-June 1878:182-184.
② The Editor. Initiation of Buddhist Priests. *CR*, May-June 1878:184.
③ J. Thomson. A Visit to Yuan-Foo Monastery. *CR*, March 1871:298-299.

四、佛教是基督教的准备吗——传教士对耶佛之间相似性的讨论

早在1869年,瓦特斯系列文章《中国佛教》中就有部分内容论及中国佛教早期发展史与基督教早期历史的相似性,但杂志真正开始讨论基督教和佛教本身是否相似这一问题,是从1888年8月杂志刊登的传教士谢卫楼(D. Z. Sheffield)的一篇书评开始的。谢卫楼的文章介绍了凯洛格(S. H. Kellogg)新书《亚洲之光和世界之光》。谢卫楼认为,纠正基督教与佛教之间"存在广泛相似性"这一错误观念的愿望,推动了凯洛格写这样一本书。文末,谢卫楼强调基督教借鉴佛教的说法在历史上是没有根据的,讨论佛教是否源自基督教的动机,是剥夺基督教的神圣起源和否认基督教的最高地位,"而这种企图注定会失败,因为佛教给世界留下的全部内容不过是大量的迷信,使人的灵魂贫乏、饥饿。而基督教,则会将生命的食粮撒向全世界"[1]。由此揭开了杂志后续文章对于佛教与基督教相似性的讨论。

谢卫楼发文的次月,即1888年9月,李提摩太就在其文章《日本的传教士事业》中表达了与谢卫楼明显不同的观点。李提摩太文中有言:"至于佛教,尤其是净土真宗,很不幸的是它与基督教之间有很多对立之处,但也有很多相似之处。"[2]可见李提摩太不但承认基督教与佛教尤其佛教的净土宗有共同点,而且也回应了其他传教士对他的攻击。紧随李提摩太文章之后,1888年12月,杂志即刊登一位询问者(署名An Enquirer)来信,对李提摩太文章的观点发难,来信认为:对于两教之间的"对立"很少人会表示否认;但两教之间的"相似"之处是什么,自己很想知道。李提摩太讲到罗马公教与佛教有相当多的相似之处,但公教是基督宗教的歪曲形式;佛教与基督新教、福音派基督教之间有什么相似之处,有待李提摩太指明。但李提摩太文中所有的阐述似乎都在过分抬高佛教而贬低基督教。追问者认为佛教与真正的基督教之间非但没有"很多相似之处",而且横亘于两者之间的是一鸿沟,界限就是有无生命力。任何试图调和两者的努力都将注定无功而返,因为它们本质上是相对的,就像光明之于黑暗[3]。

---
[1] D. Z. Sheffield. The Light of Asia and the Light of the World. *CR*, August 1888: 358.
[2] Timothy Richard. Christian Missions in Japan. *CR*, September 1888: 415.
[3] An Enquirer. Antagonism Between Buddhism and Christianity. *CR*, December 1888: 584.

这封来信中首先否定佛教与基督教之间具有相似之处。1889年5月,杂志刊登了李提摩太的回信,信中没有直接回应读者来信中的责难,而是将丁韪良引为同道,用丁韪良同期发表的文章《佛教是基督教的准备吗?》作答。

丁韪良此文是谈佛教和基督教相似性较为全面和系统的一篇,而且点明了对比耶佛相似性的目的,认为佛教在一定程度上为基督教作了准备。文章开篇就谈到当时宗教比较教学研究的状况,丁韪良认为"基督教传教士应该有同样的观点,即应该对其他民族的优点持开放态度,公正地对待每个具体事物,从中借鉴优点以丰富自身对真理的表达,比如即使犹太人也应从埃及人那里借鉴优点以完善自身。"①他直言:

> 从我们的立场来说,最应该和基督教作一个严肃的比较研究的宗教是佛教。②

这种较为开放和包容的心态为文章后续内容奠定了基调,也表现了丁韪良对佛教采取的友善态度。之后丁韪良提到一些关于佛教与基督教之间到底谁抄袭谁的争论,但丁韪良本人没有对此给出明确的态度。他还提到一些对于佛教的批评,比如科伦坡主教认为佛教经典中关于佛陀降生的奇异现象是不可信的、佛陀降生和基督降生并没有什么相似之处,但丁韪良认为这种批评没有史料依据。接着,文章进入主题,即佛教和基督教的相似性。丁韪良认为:

> 事实上东西方这两大宗教之间的相似之处远深于外部的诗歌形式或者肤浅的仪式类比。他们有相似的发展和实际教条。③

可见丁韪良认为佛教和基督教的相似性不仅存在,而且在发展历程和实际教条等关键之处存在相似性。具体而言,丁韪良认为佛教和基督教的相似性首先在于:

---

① William Alexander Parsons Martin. Is Buddhism a Preparation for Christianity?. *CR*, May 1889: 193.
② William Alexander Parsons Martin. Is Buddhism a Preparation for Christianity?. *CR*, May 1889: 193.
③ William Alexander Parsons Martin. Is Buddhism a Preparation for Christianity?. *CR*, May 1889: 195.

两者都被发现追求事实上与孔德名言相悖的东西,它们的最初阶段离实证主义不远,并且都发展出一个精神世界。一个打破印度种姓制度,一个打破犹太孤立主义的藩篱,为各民族提供了新的福音。山隔遥远,在精神上彼此靠近,所以在时代的进程中占据了相同的地域,彼此影响。①

进而,丁韪良在中国产生的影响在一定程度上为中国人接受基督教提供了准备,文中说:

下面就来分析中国的精神土壤,以及佛教在其中贡献了怎样的元素,以待基督教更高层次的开垦。②

丁韪良虽然明确知道佛教是基督教在华传教的一个阻碍,但另一方面还是认为佛教为中国人接受基督教提供了准备。当然,丁韪良言语之间也表达了传教士本身的优越感,将基督教的传播视为对中国这片"处女地"的"更高层次的开垦"。具体而言,丁韪良认为佛教为基督教所作的准备表现在两个方面:信神和灵魂不朽的观念。丁韪良认为这是所有宗教的基本信条,信神,指的是一些"有效的宗教手段";灵魂不朽,指的是对来世的向往,同时坚信来世的情况取决于此世的作为。对此,他说道:

我们发现这些主要信条在中国是被普遍接受的。当然,也确实有人否认,但都是儒教徒,佛教徒是不否认这些的;同时我认为以上两种信条在中国的普遍流行主要归功于佛教。③

丁韪良在解释佛教入华之前中国的信仰状况时说:

中国的经典中有一个"上帝",但实际上在普通民众的信仰中是被忽视的,因为他被认为太过高贵,只有现实中的皇帝才能与之接触。而一般人则

---

① William Alexander Parsons Martin. Is Buddhism a Preparation for Christianity?. CR, May 1889:195.
② William Alexander Parsons Martin. Is Buddhism a Preparation for Christianity?. CR, May 1889:196.
③ William Alexander Parsons Martin. Is Buddhism a Preparation for Christianity?. CR, May 1889:196.

限于自然崇拜和英雄崇拜,而他们的崇拜没有一个在情感上具有强大持久的影响,或者能够深入他们的思想。

中国人对更好的来世的向往也没有特别强烈。祖先崇拜维持了一些晦暗不清的信念,比如"鬼",但是很少称为坚定的信仰。信仰的缺失导致很多人相信道教法术,认为有长生不老药可以征服死亡。一些狂热者遍寻名山,手眼向天,但这似乎表明他们内心空虚,而不是拥有坚定信仰的证据。①

丁韪良认为中国人先前并不相信终极精神世界的存在,甚至具有"唯物观念"。同时他还认为中国人对来世的信仰也不强烈,由于信仰的缺失造成中国人的迷信,正是在对神的崇拜和对来世的期望这两方面的缺失,才使得佛教能够很容易地传入中国。佛教入华,给中国人带来了"神",带来了来世信仰,解决了这两方面的问题。

至于佛教如何给中国人带来"神"的信仰,丁韪良认为佛教将印度诸神引入中国以取代山、河等自然神,而且他将佛、菩萨都说成是佛教的神。他认为:

> 事实上佛教诸神超过中国本土神的优越性主要是由他们的道德品质构成的。通过这些他们获得了大规模的发展,唯一的限制是佛教崇尚佛陀的那种涅槃沉思。佛教的美德也使他们很有吸引力,最受欢迎的当属观世音,据说她还没有进入涅槃,在天上观闻人间疾苦,因此可以听到人的祈祷,并解决他们的苦难。②

丁韪良此处认为正是由于"佛教诸神"的这些优越性,才使得他们取代了中国的自然神。他引用一首称颂普贤王如来的法语诗,并感叹说:"有人会否认这是一篇赞颂佛陀的诗篇,因为它简直可以放在耶和华的祭台上!"③这句话显然可以说明,在丁韪良的观念中,佛教给中国人带来的关于神的信仰和基督教对上帝的信仰是何等相似。

丁韪良认为佛教进入中国之前,中国人是不信来世的,他批评儒家对此毫不

---

① William Alexander Parsons Martin. Is Buddhism a Preparation for Christianity?. *CR*,May 1889:197.
② William Alexander Parsons Martin. Is Buddhism a Preparation for Christianity?. *CR*,May 1889:197.
③ William Alexander Parsons Martin. Is Buddhism a Preparation for Christianity?. *CR*,May 1889:198.

关心，批评道教认为灵魂有物性本质的观念，赞同佛教的"灵魂观"，实际上丁韪良在这里说的是佛教的轮回观，但行文过程中似乎对佛教教义把握也不够准确，正如他自己所说，考察这个问题时"没有钻研过太精深的书籍"，只是"从实际的调查普通家庭和学校得到了证据"①。但这并不妨碍丁韪良所认为的佛教在一些方面为基督教的传播作了准备这一结论，丁韪良认为对于神的信仰以及灵魂不灭的观念是所有宗教以之为根基的两大信条，而正是在这两个方面，佛教给中国人带来了新的内容。

文章接下来对比佛教和基督的具体信条，丁韪良说"使徒保罗曾经完美地将我们基督教的宗教道德总结为三个方面：信（faith）、望（hope）、爱（charity）"，②而佛教有同样的道德观念。实际上他是将保罗的话与佛教净土宗所讲的"信、愿、行"对应起来。他引用当时僧人的话，以此说明佛教所讲的"信"与基督教所讲的"信"（faith）具有对应关系。文章写道：

> 信念对佛教的意义不言而喻，如希伯来书对于犹太人的价值，是"所望之事的实底，是未见之事的确据"。它着眼于不可见世界的真实性，在很大程度上为光明和理性留下了空间。正如我们一样，佛教也将这个空间置于重要位置。

同样，讲到"望"（hope）时，丁韪良则认为：

> 希望在佛教中的地位自不待言。我已经说过，它是佛教的基本信条，这是因为它建立在对不朽的追求上。希望指的是对未来善果和利益的期待。虔诚佛教徒不断努力精进，难道不是为了保证来世福报吗？中国佛教点燃信徒希望、促进信徒努力的最高形式，难道不是对极乐世界、净土、西天的愿景吗？这是佛教徒们对天堂的希望。③

至于"爱"（charity），丁韪良强调：

---

① William Alexander Parsons Martin. Is Buddhism a Preparation for Christianity?. *CR*, May 1889: 199.
② William Alexander Parsons Martin. Is Buddhism a Preparation for Christianity?. *CR*, May 1889: 201.
③ William Alexander Parsons Martin. Is Buddhism a Preparation for Christianity?. *CR*, May 1889: 201-202.

爱在佛教体系中的位置不需要我过多论述。仁爱本身就是佛教的信条，其建立者以身作则，而且每个佛教徒的宗教生命都可以看到这种品质。慈悲，是这种品质的主要形式。①

此外，丁韪良认为佛教还给中国带来了更多内容：

> 佛教给中国人带来了大量宗教词汇。比如梵文经典中的术语，大量的神学词汇，都是来自印度。我无意对此进行赞扬或者维护，但是在中国境内，我们应该承认佛教丰富了语言，同时也扩展了中国人的思维空间。②

至于有哪些词汇源自佛教，丁韪良没有明言，但在文章脚注中提到，"天堂、地狱、魔鬼、灵魂、来生、重生、投胎、降生、超度、苦海、彼岸、罪孽、悔罪、皈依、婆心、念经、讲经、大慈大悲、看破红尘、欢喜地"等词汇，都可以说是为基督教的传播提供了语境。丁韪良对佛教词汇在对汉语的影响把握比较准确，即佛教的中国化带来了汉语词汇的极大丰富。有学者认为，历代佛经翻译者运用各种不同的翻译方法，创造出大量与佛教有关的汉语新词；在汉语的发展史上，众多佛教词语的涌现，促进了汉语构词法的丰富与发展；佛教的传入推动了上古到中古转折时期汉语的双音节化进程③。这一观点，与丁韪良的认识基本相同。此外，丁韪良认为：

> 佛教也给中国人带来了诸如极乐世界和地狱的观念、高于或低于人类的精神存在等等。也带来了类似于罪、善功、信、忏悔等概念的词汇，最重要的，是果报观念，其中包括对来世的追求。④

总体而言，丁韪良虽然承认耶佛之间有这样那样的相似之处，他对佛教在精神上也持一种同情的态度，但他分析的基础还是以基督教为中心，认为佛教不过

---

① William Alexander Parsons Martin. Is Buddhism a Preparation for Christianity?. *CR*，May 1889：202.
② William Alexander Parsons Martin. Is Buddhism a Preparation for Christianity?. *CR*，May 1889：202.
③ 王邳玉：《佛教文化对汉语的影响初探》，载《宗教学研究》2005年第3期。
④ William Alexander Parsons Martin. Is Buddhism a Preparation for Christianity?. *CR*，May 1889：202.

是为基督教的传播作了一些准备。而佛教的使命已经完成,其未来最大的作用应该是为嫁接基督精神提供了本地化的土壤。作为一个中国人接受外来信仰的实例,它也为中国再次出现这样的现象作了准备。这种以基督教为中心的观点,符合丁韪良的传教士身份,甚至有些妄自尊大,但相比于对佛教的激烈批评,丁韪良的态度已经属于传教士中的开明派。

李提摩太和丁韪良发表佛教与基督教具有相似性的言论之后,很快就有读者撰文反对。1889年10月,应作者要求,杂志刊发孟尼尔·威廉士(M. M. Williams)《佛教与基督教的对比》一文。该文开篇就批评了当时在西方学者中存在的倾慕佛教的现象,认为"倾慕者从佛教道德中找出了一些可贵之处,为之吸引并大加赞扬。但却对其中的黑暗之处视而不见,佛教信条的浅薄之处怕是所有基督徒都羞于出口的"。① 接下来,孟尼尔首先否认佛陀"亚洲之光"的赞扬称号,他认为佛教学说的传播范围仅限于东亚,同时所谓佛陀的"智慧之光"也没有对内心深处的邪恶或者原罪的清醒认识。文中说:

> 首先,这些佛教的倾慕者忘了佛陀的学说传播范围仅限于东亚,由此而言穆罕默德似乎更能担得起"亚洲之光"的称呼。②

孟尼尔首先否认当时一些西方学者和来华传教士给予佛陀的"亚洲之光"的称呼,认为其传播范围有限,而且孟尼尔佛陀的"智慧之光"也是不可信的,因为佛陀本身就是一个不可知论者。同时,孟尼尔站在基督教的立场上批评佛陀对至高无上的存在(上帝)的一无所知,而且佛陀的智慧不能与造物者的智慧相提并论。

接下来,孟尼尔认为佛教真正的发现在于对"苦"的阐释。孟尼尔认为佛陀所讲的佛教基本教义概括起来说就是:苦源于放纵的欲望;苦与生命密不可分;众生皆苦;压制欲望以及清除个人存在就能摆脱苦,虽然基督教也讲"苦",但耶稣却要求门徒在痛苦中赞颂,享受痛苦,不仅如此,还要在痛苦中完善个人品格。由此,孟尼尔认为基督教和佛教,一个教导人赞颂受苦的身体,另一个则目的在于彻底消灭痛苦。同时孟尼尔还认为基督徒都是耶稣基督身体的一部分,而佛教绝对不会有这种观念;而且佛教也没有"罪"的概念。

---

① Monier M. Williams. The Contrast between Buddhism and Christianity. *CR*, October 1889: 461.
② Monier M. Williams. The Contrast between Buddhism and Christianity. *CR*, October 1889: 461.

孟尼尔认为耶佛之间对于"罪恶"的态度也不相同。不难看出,孟尼尔认为佛教通过轮回的信念将人束缚在锁链之上,对人寻求超越有消极的影响,因为今生的苦难都是因为前世的恶果。而基督教则不是如此,给人提供的是脱离先前罪恶和苦难的机会,给每个人得到原谅的机会。

接着,文章提到,很多人认为就宗教律法而言,佛教和基督教有很多相似之处,比如不得做不正直的事情,不得承认那些不洁的事物,要抑恶扬善,要爱人如己,等等。对于这种观点,孟尼尔承认有些佛教律法比相应的基督教律法走得更远,但佛教的完全禁欲是因为不相信人类是有节制的,而"造物主赋予人选择的权利,并希望他们自由行动;上帝没有用绝对禁欲否定自然的欲望;只是吩咐人要有节制,因此自控和守中才为众人所知。他将人置于充满诱惑的世界中,并对人说:我的恩典够你用的,可助你克服这些"[1]。

在守中看来,佛教和基督教有本质上的不同,虽然两者都将自我牺牲,但"基督教教导人抑制自私自利。而佛教则命人压制自我,消灭自我意识。一个升华、强化了真正的自我;而另一个则以错误的形式试图消灭真正的自我,直至消灭自我意识,最后清除个性意识"[2]。"基督教教导人们控制、升华人的欲望和情感。而佛教,讲的是如果想真正觉悟就要压制并最终摧毁人的欲望和情感。"[3]简而言之,就是孟尼尔认为基督教和佛教的本质区别就是对个体生命的不同看法:基督教认为个体生命是最宝贵的,而佛教视消灭个体为最高修为。

总体而言,孟尼尔·威廉士否认佛教与基督教的相似性,更加否定佛教是基督教的准备,即使两者在某些观念和仪式上有类似,也是无关紧要的,因为佛教和基督教有本质的区别。在孟尼尔文章发表的次年,李提摩太再次发表关于中国佛教的文章——《佛教对中国的影响》,该文不是对孟尼尔文章的直接回应,但是李提摩太在其文章结尾部分再次强调了先前文章的观点,认为"尽管佛教没有实现自己的伟大目标,但是它的存在和经验也让这个世界变得更加丰富了。就像草原上的草,岁岁枯荣数千年,每次枯萎之后都会留下养分,所以后面才能收获粮食,佛教也是如此,两千多年来,有数以百万计圣洁信徒贡献能力和生命,给后继者留下了可供耕种的土壤"。[4] 这实际上还是强调佛教在中国的传播为基督教在中国的发展开拓了道路、作了准备。

---

[1] Monier M. Williams. The Contrast between Buddhism and Christianity. *CR*,October 1889:464.
[2] Monier M. Williams. The Contrast between Buddhism and Christianity. *CR*,October 1889:467.
[3] Monier M. Williams. The Contrast between Buddhism and Christianity. *CR*,October 1889:467.
[4] Timothy Richard. The Influence of Buddhism in China. *CR*,February 1890:64.

其后，随着杂志的转向，总体上刊发的有关佛教的内容急剧减少，杂志对于这个问题的讨论告一段落。直至 1911 年 1 月，莫安仁发表《佛教中的基督教因素》一文，文章对比佛陀和基督的个人经历、佛经和福音书，认为有很多相似之处。

莫安仁认为耶稣和乔达摩都具有伟大的人格，都间接建立宗教团体并训练门徒，两者的表述和思想在语言、场景和比喻方面都有一定程度的类似等等。他引用了很多圣经和佛典原文用以说明这一观点，并且认为双方经典当中还有很多可供引证，在学说和教义上多少都有相似之处，可以用来说明双方的一些共同元素。

当然，莫安仁自己也强调说不能通过一些简单的对比就得出佛教与基督教相同的结论，所以后文中他对两者的核心思想与真正价值作了简要考察。首先是两者的归宿、目的和范围，莫安仁承认佛教的目的是"带来永恒的真理之光，揭示痛苦的根源，从而将所有有情的存在带上解脱痛苦的道路"。① 他认为，"在佛教的深切愿望之中，我们可以看到在佛教信仰背后的基督教因素，也是两种信仰都有的一种基础性因素。两者都关心人和万物生灵，都从全世界的高度对人表现出爱和同情"。②

除了佛教和基督教类似的目的相似之外，莫安仁还认为，另外一个相似之处是两教的建立者都具有改革精神，他们都反对旧有的仪式，致力于启迪人们的道德信念。两者都强调道德信念反对过度仪式化。③

之后，他列举了两教的一些具体信条，比如针对憎恨、罪恶、嫉妒的一般佛教信条和戒律，认为佛教和基督教一样追求圣洁，同时两者也都追求并践行善的生活；莫安仁还强调了佛教和基督教的一个具体相似之处，通过两教经典中某些语句的具体对比，莫安仁认为佛教还有很多美好的命令、律令和训导；基督徒没有必要害怕承认这些内容和基督教教义的类似以及目的上的统一；佛教和基督教一样追求圣洁，同时两者也都追求并践行善的生活。总之，莫安仁认为在范围和目的上，佛教含有很多基督教元素。

但后文又文锋一转，论述佛教的基本教义"四谛"和"因缘论"，以此说明佛教的基本教义到底包含多少基督教元素，此处莫安仁得出的结论似乎模棱两可：不得不承认基督教中关于神的信仰在佛教中是缺失的；在佛教中也没有发现关

---

① Even Morgan. The Christian Elements in Buddhism. *CR*, January 1911: 23.
② Even Morgan. The Christian Elements in Buddhism. *CR*, January 1911: 23.
③ Even Morgan. The Christian Elements in Buddhism. *CR*, January 1911: 24.

于宽恕和天意的基督教元素；佛教有关于不朽的教义跟基督徒相信存在来世是不同的，即强调基督教与佛教的不同之处。文末，他甚至说两教在对于生命的观点、对于宇宙的观点等基础性教理教义上存在不同。虽然莫安仁观点单独看起来前后矛盾，但在整个晚清时期杂志刊登的关于佛教基督教相似性议题的文章中，其文章宽容、客观、理性的成分都有所增加，如作者自己所言，这是因为文章综合了当时宗教比教学研究的众多最新成果。

五、民国时期传教士中国佛教观的进一步转变

1923年6月，梅立德(Frank R. Millican)发表《太虚和当代佛教》一文，这是杂志首次刊登系统介绍太虚的文章。梅立德1917年9月来中国后，先从事布道活动，后来从事教育活动，负责宁波的长老会学校，他曾长期担任杂志编辑，而且于1937年10月至1939年9月担任杂志主编。梅立德认为正是由于中国社会各个层面的变动，或者说中国正在经历的现代化进程，使得中国宗教产生了新的形势，就佛教而言，表现为近代佛教的复兴[①]。梅立德这种观点对当时中国佛教复兴的直接动因有很准确的把握，即佛教面临西方的冲击，同时中国社会本身也处在不断变动之中。梅立德认为，佛教想要融入时代潮流，不仅在形式上要改变古老、僵化的语言风格，而且内容上也要适应现代思潮。他认为，一些佛教僧侣学者也承认了这一点，并作出了努力，其中的代表就是太虚。[②] 梅立德认为："就当前而言，已经有一些中国人致力于使大众理解佛教经典的秘密。在这些人中，最突出的应该是太虚。太虚和现代佛教密不可分。如路德之于宗教改革，太虚在现代佛教中的作用也不得不书。"[③]

显然，梅立德对太虚在中国佛教改革方面所作的努力给予了很高评价，甚至拿路德对于天主教的改革与之类比。接下来，梅立德首先提及太虚曾出访日本和很多英属殖民地，获得了外部的新知识，因此回国之后设立了关于佛教改革及传播的雄心勃勃的计划。在太虚的众多努力中，梅立德首先注意到了觉社的成立以及《海潮音》的出版，可见梅立德对于这本近代史上堪称最为重要的佛教刊

[①] Frank R. Millican. Tai Hsü and Modern Buddhism. *CR*, June 1923：326.
[②] Frank R. Millican. Tai Hsü and Modern Buddhism. CR, June 1923：326.
[③] Frank R. Millican. Tai Hsü and Modern Buddhism. *CR*, June 1923：327.

物也有敏锐的评价,他认为《海潮音》是非常杰出的佛教出版物。①

接着,梅立德全文引用了杭州觉社章程,可见其对觉社的关注和重视。此外,梅立德对太虚的佛学思想也有关注,他首先提到了太虚对基督教神学的批评②。梅立德提到太虚对于基督教神学的疑问,甚至得出结论说使一个佛教徒完全理解基督教几乎没有可能,但梅立德行文过程中却少见居高临下的指责,还是愿意介绍太虚在中国近代佛教复兴过程中的作用,并认为太虚能够准确解释佛教的基本教义。接着,梅立德介绍了太虚的佛学思想,比如太虚认为佛教是宗教而非哲学派别、太虚对于佛教三宝的解释等等,并再次提及太虚对于基督教的观点,如实记录太虚对于基督教的批评。

正如该文题目,梅立德介绍太虚的直接原因还是近代中国佛教的复兴,而且他认为对佛教复兴的进程和结果虽然不能妄下结论,但在可预见的范围内,佛教复兴会取得很大发展,而且由于佛教净土宗和基督教的类似,两者之间会有直接的竞争,同时由于佛教哲学本身的吸引力,佛教也会更加吸引知识阶层的关注。梅立德认为由于西方思想和基督教思想的传入,佛教会逐渐褪去"迷信"和"愚昧"的成分,吸引更多年轻人参与。总体来说,梅立德对于近代佛教复兴的进程以及太虚在此进程中的作用都有较为客观的评价,甚至认为佛教复兴最终会取得很大成就。

同年11月,艾香德在杂志发表的《中国佛教领袖的一次会议》一文也数次提到太虚。艾香德1903年来华,1952年在香港逝世,有学者认为在当时西方普遍误解中国宗教的大背景下,艾香德力破传教士对佛教的批判态度,以宽阔的胸襟深入了解中国文化和佛教思想,对佛教产生浓厚兴趣,并立志向佛教徒传教。艾香德融合佛教和基督教形式,通过以佛释耶的方式传播基督教,创立景风山、道风山和天风山三个向佛教徒宣教的基督教丛林;并与当时的中国佛教人物交往颇多,是近代佛教宗师太虚的朋友。③ 艾香德文章似乎也能说明这一结论,1923年,中国佛教界以太虚大师为首在庐山牯岭大林寺召开的"世界佛教大会",艾香德获邀参加,写下此文,发表在同年11月的《教务杂志》上。文章开篇介绍会议基本情况,说有一百多位僧侣、居士以及少数日本佛教徒参加,"任何参与会议的人,都可以见到会议的精神领袖——太虚"。

---

① Frank R. Millican. Tai Hsü and Modern Buddhism. *CR*, June 1923: 329.
② Frank R. Millican. Tai Hsü and Modern Buddhism. *CR*, June 1923: 331.
③ 王鹰:《试析艾香德的耶佛对话观》,载中国社会科学院编:《中国社会科学院世界宗教研究所建所50周年纪念文集(1964—2014)》(上卷),社会科学文献出版社2014年版,第210页。

艾香德对于获邀出席会议并在会上演讲非常欣赏，认为这表现了太虚的"广阔胸怀"①。而且艾香德也介绍了他与太虚相识的过程，评价太虚在中国佛教界地位很高、受人爱戴。对于会议允许自己作为基督教传教士发表传教言论，艾香德行文之间也给予赞赏。

后文中，艾香德介绍了会议的主要过程以及自己在会上发言的主要观点，认为太虚是一位具有深刻思想的杰出佛教人物，并希望和太虚有进一步的交往甚至合作②。文章最后，艾香德提及太虚对于西方人误解佛教的惋惜，甚至批评西方人和传教士对待佛教的自大。③

此时佛教界和基督教界或者说传教士已经有了较多交往，就杂志之外而言，民国十五年（1926）太虚大师也曾经到美国传教士李佳白（Gilbert Reid）创立的传教机构尚贤堂演讲"佛法应如何普及今世"，④可见耶佛之交往。太虚期待相互理解，强调召开"世界佛教大会"的目的之一就是认为"基督徒并不了解我们，很多基督徒仅与在街上招摇撞骗的恶僧有联系，他们认为这就是佛教僧人的典型形象，并且佛教只是宣扬黑暗的迷信而不是真正的成熟宗教。我们召开这次会议也是为了展示我们的真正样貌"。而从艾香德本人的行文中也可以看出他对太虚的高度评价，并且摒弃了晚清时期传教士在面对佛教时常有的自大情节，期待两教之间的相互理解。

1924年，梅立德再次于杂志发表文章，题为《真如》，前文已经述及晚清时杂志关于"真如"一词的讨论，梅立德此时以"真如"二字为题，显然是对于这个重要议题的延续。文中集合各家直言，似乎想对这个问题做一了解。他引用太虚的话说："真如"遍含"灵动不屈底觉力"，比如"真空"中遍满"以太"，合"真如"与"灵动"假说为"本心"，本心底自体相是通明净妙的。⑤

同期紧随梅立德《真如》一文之后，杂志还刊发了署名太虚的《真如和如来的含义》一文。该文行文中对重要的佛教词汇都会给出中文标注，文后还附有中文全文。文章并没有写明是哪位作者代太虚翻译并发表，还是太虚本人刊发于杂志。不过从文章所处版面位置来看，极有可能是梅立德将太虚的原文翻译成英

---

① Karl Ludwig Reichelt. A Conference of Chinese Buddhist Leaders. *CR*，November 1923：667-668.
② Karl Ludwig Reichelt. A Conference of Chinese Buddhist Leaders. *CR*，November 1923：669.
③ Karl Ludwig Reichelt. A Conference of Chinese Buddhist Leaders. *CR*，November 1923：669.
④ 释太虚著：《太虚大师全书》编委会编：《太虚大师全书 第19卷 制藏·制议2学行 全》，宗教文化出版社、全国图书馆文献缩微复制中心2005年版，第389页。
⑤ Frank Millican, "Chen Ju(真如)". *CR*，February 1924：118.

文并刊登于杂志,而且1934年之后梅立德也数次将太虚大师的文章翻译成应为刊登于杂志。从另一方面讲,以太虚大师与当时基督教界的交往,就算该文不是他亲自翻译,对此事他也应该是知晓的。

1926年2月,杂志又一次刊登梅立德文章,题为《太虚和尚阐释的现代思想之光里的佛教》。文章开篇说:"面对来自西方的科学、哲学和宗教的影响,佛教也正在寻找新的方式解释其学说,以适应现代思想。其中致力于此的杰出学者就有太虚,本文试图简要介绍太虚的思想。"①

总体而言,梅立德尽力全面概括太虚思想的主要内容,过程中或许有与事实不符之处,但就他对太虚思想的态度而言,梅立德是比较温和的,只是提及梁漱溟对太虚的批评,并且认为太虚的很多思想很难为时人所接受。文章最后,梅立德也没有对太虚的思想下具体论断,只是说在多大程度上受到批评或者抓住当今中国的思想趋势仍未可知,也有可能太虚对超自然以及人格神崇拜的反对,以及他对科学方法的追求会受到一些无神论者以及自然主义者的追捧②。

对于近代中国佛教复兴遇到的困难,杂志也有关注。1928年,艾香德于杂志刊发《中国佛教当前的几个方面》一文,其中首先就提及当时的"混乱时代,佛教徒也跟其他宗教信仰者一样遭遇了严重的挫折和困难。很多寺院被士兵占领,很多优秀建筑被严重破坏,很多寺产被充公"③。艾香德还提及了佛教复兴运动的内部争斗:太虚的武昌佛学院两年前关闭,新院在厦门开设但是难以为继。事实上太虚是被赶走的。艾香德知道他身在杭州西湖灵隐寺,并且计划出行西方国家。太虚的著名杂志——《海潮音》还在继续,但是当时更有价值的似乎是在家居士开办的"林刊"、少壮学生派设立的一些组织、当然还有相当有影响的"佛音""心灯"。④ 可见,艾香德本人对太虚有持续的关注,且对中国佛教复兴运动以及其时中国佛教所遇到的困难有相当深入的了解。

1933年8月,艾香德又在杂志上发表《中国佛教的今天》一文,再次提到佛教复兴运动的内部争论。他认为当时佛教的困难"第二点产生于印光和太虚两位接触僧侣之间,他们代表当前佛教思想的两种趋势,分别强调传统的基础性和自由、社会化的趋向"。艾香德说印光大师也是大众宗教领袖,但着墨最多的还

---

① Frank Millican. Buddhism in the Light of Modern Thought as Interpreted by the Monk Tai Hsü. *CR*, February 1926: 91.
② Frank Millican. Buddhism in the Light of Modern Thought as Interpreted by the Monk Tai Hsü. *CR*, February 1926: 92 - 93.
③ Karl Ludwig Reichelt. Some Present Aspects of Buddhism in China. *CR*, March 1928: 174.
④ Karl Ludwig Reichelt. Some Present Aspects of Buddhism in China. *CR*, March 1928: 175.

是太虚大师。①

显然,艾香德在观察近代中国佛教复兴运动的过程中,关注最多的还是太虚大师。或许在艾香德眼中,太虚才是佛教复兴运动最重要的人物,从另一方面说,艾香德不仅对太虚在近代佛教的地位和贡献有细致的观察,而且这种观察还包括佛教复兴运动的内部斗争。艾香德对于太虚思想的介绍,也集中在具有"现代性"的部分以及具有包容性的部分。比如他认为太虚虽然倡导净土宗,但思想实质上却包容了唯识学;太虚在佛教传播手段上也接受了西方的现代形式,甚至吸收了基督教的手段,同时艾香德还认为太虚本人对基督徒非常友好。

除前文所述,梅立德对太虚的介绍还包括1934年之后三次把太虚的佛学作品翻译成英文刊登在《教务杂志》。第一篇是太虚的《佛教与现代思想》(Buddhism and the Modern Mind)一文,发表在1934年7月,讨论包括佛教和哲学、佛教和道德两方面内容。② 第二篇是《佛教的意义》(The Meaning of Buddhism)一文,发表在同年的11月,是太虚1930年2月在湖南的一次演讲。③ 第三篇是杂志1938年1月刊发的《没有上帝、没有创造者、没有灵魂及自然主义》(No God, No Creator, No Soul, Naturalism)一文,梅立德翻译此文似乎是针对当时传教士对于"上帝作为造物者"这一议题的讨论,希望通过太虚文章使读者"对于非一神论观念有更深入的了解,从而步入东方的泛神论观念"④。三篇文章署名明确,都是太虚,而且标明是梅立德将这些文章翻译成英文。

六、结　　语

晚清时期传教士对佛教的态度逐渐有所好转,不再攻击佛教是异教、迷信,而且传教士从学术角度研究佛教也是开始于此时,且有逐渐深入的趋势。从另一方面说,杂志也展现出传教士佛教观的复杂性。直至本文主体部分的时间下限1911年,即使很多传教士已经能够从学术层面探讨佛教义理,还是有些人对佛教持有较为激烈的态度。比如本年罗伯特·吉利斯(Robert Gillies)在写给杂

---

① Karl Ludwig Reichelt. Present-Day Buddhism in China. *CR*, August 1933: 537.
② Frank. Millican. Buddhism and the Modern Mind. *CR*, July 1934: 435-440.
③ Tai Hsu. The Meaning of Buddhism. *CR*, November 1934: 689-695.
④ Tai Hsu. No God, No Creator, No Soul, Naturalism. *CR*, January 1938: 29.

志的信中认为佛教中那些与基督教相似的因素不过是阴沟里的面包皮、垃圾堆里的碎布片,身为圣洁的基督教的传教士根本没有必要讨论这些东西。同年,杂志刊登的殷德生来信,信中认为即使佛教与基督教之间有相似之处也是对基督教有利的,因为佛教虽然具备了与基督教相似的因素,但还是没能阻挡自身的衰亡。殷德生认为佛教已经不是一个重要的思想和行动力量,而基督教依然是充满生气且不断进取的。所以即使耶佛之间有相似性,也只能证明基督教有更高尚的品质。另一方面,殷德生还是认为佛教吸收了基督教元素,他从基督教关于"原罪"教义出发,认为在僧人的日常祈祷中不仅会有"罪"字,也会对"受想行识、贪嗔痴"的罪恶进行忏悔,就像基督教忏悔一样。所以他得出结论,认为佛教的相关"语言出现在净土宗的创立者善导的著作中,善导在西安府生活时正是聂斯脱利派开始来华传教",显然,殷德生言语之间还是透露佛教在语言上抄袭基督教的意思。①

晚清时期《教务杂志》所展现的佛教观还不能算是"真正的宗教对话"。第一,此时期从杂志所见的传教士在评论中国佛教的过程中态度相当傲慢,一方面将佛教仪式视为迷信,另一方面将其视为对天主教的无耻抄袭。第二,此时期传教士在评论佛教的过程中以基督教为出发点和评判依据的观念和方法还是根深蒂固的。比如他们研究佛教史是为传教寻求历史依据,对比佛教和基督教进而把佛教视为基督教的准备。第三,此时期来自佛教的声音在杂志中是缺位的,杂志并没有刊登过佛教徒的文章和观点。跳出杂志的范围,直至1924年王治心在阐述其研究佛学的出发点时还是强调,他"并不是要从佛教里寻找什么来弥补基督教的缺陷,乃是用来做传道的工具","今日基督教的劲敌不是明枪交战的科学,乃是同是宗教的佛学,况且在他的骨子里又是无神派,我们若然没有彻底的研究怎能对付他呢?"②可见直到此时,对佛教深有研究且具有新教背景的中国基督徒王治心也不能做到所谓"真正的对话"。但回到杂志范围内来讲,晚清时期杂志对佛教的长时间讨论还是蕴含着对话的可能性,或者说为民国时期杂志为佛耶相遇背景下两教进行更多的对话奠定了基础,提供了可能性。

民国时期,杂志对于佛教的态度更为友好,从杂志刊登的文章可以看出佛教与基督教之间有了实质的交往,一些传教士也努力实现一种宗教家间的合作。比如曾经担任主编的梅立德对于太虚大师从行动到思想的介绍,以及对近代佛

---

① J. W. Inglis. Christianity and Higher Buddhism. CR, August 1911:478.
② 王治心:《基督教之佛学研究》,广学会,1924年,第3页。

教复兴运动的关注;创办景风山基督教丛林的艾香德也曾数次在杂志发表文章,展现出对佛教的友好。① 杂志主编乐灵生甚至认为基督教与佛教是"兄弟关系"。② 值得注意的是,身为中国近代佛教复兴领袖的太虚大师的文章也在此时期出现于杂志上,比如1924年杂志刊发作者署名为太虚的《真如和如来的意思》一文。

---

① Karl Ludwig Reichelt. Special Work Among Chinese Buddhists. *CR*,July 1920:491 - 497;Karl Ludwig Reichelt. A Conference of Chinese Buddhist Leaders. *CR*,November 1923:667 - 669.

② Fank Rawlinson. Christians and Other Religionists in China. *CR*,December 1933:797 - 799;Frank Rawlinson. Inter-Religionist Cooperation in China. *CR*,November 1934:695 - 707.

美国在华治外法权的地方实践：
湖州争地案审判(1903—1908)

许俊琳①

美国在华治外法权②以不平等条约为支撑，是对中国主权的侵犯，是西方帝国主义在华的象征，不过具体在地方实践中更为复杂。其中有袒护美国侨民、攫取司法特权的一面，但也有规制侨民、践行司法公正、在华推广美国司法模式的一面(尽管这不能改变侵犯中国主权的本质)。特别是美国驻华法院的设立，③部分改变了单一领事法庭审判的缺陷，使后一重色彩日趋明显。但不管是领事法庭还是驻华法院，其具体审判都不完全是一个法律问题，常常受到法律之外多重因素的制约与影响，审判实践并不像条约和法律条款的规定那么简单。而要明了其中的复杂性，只能从一个个翔实的个案中去寻找。1903—1908年湖州士绅与美南监理会争地案，由湖州士绅聘请西方律师向美国在华司法机关控告美国传教士，经历了美国驻杭州领事法庭的多次审判，也有美国驻上海总领馆和驻华公使的调停，而最终由新成立的美国驻华法院判决结案。整个审判长达6年，一波三折，是美国在华治外法权地方实践的一个缩影。本案关涉官、绅、教、领的多重博弈，较为繁杂，本文并不准备予以全面

---

① 作者简介：许俊琳，上海大学马克思主义学院副教授。
② 关于"治外法权"，狭义指针对国家元首、外交官、使团等特殊人员的"外交豁免权"，广义则还包括"领事裁判权"等条约规定或由条约衍出的其他"领土之外的法权"或称"域外管辖权"，本文主要是指后一种，即西方国家通过特定的条约，将本限定在上述特殊人员的外交豁免权扩展到普通的在华侨民，使其不受中国法律的制约和司法机关的审判，只受其本国法律和司法机构的规范与审理。参见黄兴涛：《强者的特权与弱者的话语："治外法权"概念在近代中国的传播与运用》，《近代史研究》2019年第6期，第50—78页。
③ 1906年6月美国国会通过相关法案设立美国驻华法院，该法院于1907年正月在上海正式开启。

探讨,而是拟在前人基础上①,略其所详,详其所略,试图以新发现的《湖州府学与美南监理会争地案全卷》及《美国驻中国杭州领事馆领事报告》(*Despatches from U.S. Consuls in Hangchow, China*)为基础,结合其他中英文报刊和档案资料,在重构审理过程的同时,重点以美方的处理和审判逻辑为线索,将美国治外法权在地方实践中的复杂性呈现出来。

一、美国驻杭州领事安德森"判决"争议

湖州争地案的缘起可追溯到1900年,为了发展在湖州的传教事业,美南监理会成立了衡特立(J. L. Hendry)、韩明德(Thomas A. Hearn)、林乐知(Young J. Allen)三人委员会着手买地事宜。为此,他们宴请了当地官绅,包括后来控案主角沈谱琴,官绅建议可购买空旷的湖州城内的海岛地块②。韩明德听从了此建议,于光绪二十八年(1902)4月向归安③县令朱懋清寻求帮助,以有主无主无从查悉请其出示召买。朱随即出告示告知民众,传教士欲购海岛地块,买卖合乎律法,劝谕两个月内地主出认。随后韩向数十人购妥大部,但小部分未找到主人。到10月,由于韩明德的再次请求,朱乃告示限十日内报告,逾期做荒地充公卖入教堂,最终韩以400元向朱购得剩下的无主地亩。到光绪二十九年(1903)3月朱将地契送省查验,4月朱卸任,五个月后浙江布政使翁曾桂才同意,由新任县令丁燮盖印并将地契送还,10月传教士税契过县④。

整个购地过程并未引发争议,直到光绪二十九年(1903)11月监理会筑墙立界,官府发布听任改建不得阻挠的告示,绅民才得知尊经阁等府学旧基已被传教

---

① 最新成果为李学功:《海岛教案:文化的排异与和合》,载孙竞昊、鲍永军:《传承与创新:浙江地方历史与文化学术研讨会论文集》,浙江大学出版社2014年版,第314—326页;张晓宇:《湖州海岛教案的历史还原与重新评价》,《浙江社会科学》2015年第3期。两文均试图对案件经过予以翔实考证,李文更凸显官绅在教案处理上的近代化,张文着眼法律分析和新派士绅的贡献,颠覆了传统的单项维度,颇多新意。但因核心材料缺乏,不乏断裂,故仍有较大拓展空间。
② 海岛地块大致为今湖州市全民健身中心一带,因四面环水,站在飞英塔上俯瞰,犹如突出于水泊之中的岛屿,故俗称为"海岛"。
③ 清代湖州府下辖乌程、归安、长兴、德清、安吉、武康、孝丰七县。
④ Letter from G. E. Anderson to E. H. Conger, *Despatches from U.S. Consuls in Hangchow, China, 1904-1906* [《美国驻中国杭州领事馆领事报告(1904—1906),以下简称DUSCH》],广西师范大学出版社2011年版,第68—69页。《归安县朱令鑑章上抚藩局府各宪禀并夹单》,《湖州府学与美南监理会争地案全卷》(以下简称《争地案全卷》)第一册,上海图书馆藏,出版信息不详,第32—33页。

美国在华治外法权的地方实践：湖州争地案审判(1903—1908)

士圈占。湖绅章祖申等即禀告丁燮，并赴湖州府和杭州省垣控告，①本案正式爆发。起初湖绅主要采取向中国官府控告的方式，不过尽管有光绪帝下旨浙江巡抚聂缉椝查办归安县县令朱懋清逼卖民地公产给传教士一案，②聂也曾派员赴湖州调查，但并无结果。湖绅不得不直接向美驻上海总领事古纳（John Goodnow）请愿，分别在1904年6月、10月向古发出请愿信。湖绅转向古纳的缘起，是因有同乡曾与古纳谈及海岛案，古颇有"不必理会之说"③。同时湖绅呈请浙江洋务局根据中美新约与美交涉④。

古纳将上述两封请愿信转给了1904年9月刚刚开设的美国驻杭州领事馆。杭领安德森（George E. Anderson）表示接诉后即询问了韩明德、毕立文（Edward Pilley）、林乐知等人，韩否认了所有指控。据此他认为传教士买地支付税契等已完成，程序合法，完全无须领事介入，但考虑到士绅的反对及建筑受阻，意识到须尽快解决此事。因此他接受了韩明德的邀请，于10月下旬到沪参加了浙江洋务局总办许鼎霖和韩明德、毕立文、林乐知的会商，但他感到许无公平解决诚意，所以回杭并建议韩等回湖。回到杭州后，安领陆续接到了韩动工引发湖绅阻拦的投诉，为此他在11月拜访了浙抚聂缉椝，聂承诺两周内解决并安排涉案双方会面⑤。

在此期间安德森收到了湖绅的第三封信。后来双方对三封信件的意图产生了严重分歧，湖绅认为是向领事请愿，请求调解此事，而安德森则认为这是三封诉状。据安德森报告，第一封主诉传教士所购地内包含府学公地；第二封控诉传教士所占之地大大超出了地契所载之亩数，包含了他人之地；第三封指出教会无权拥有府学公地及所占之其他地亩⑥。

12月中旬在安德森和许鼎霖主持下，湖绅俞宗濂、沈谱琴、章祖申、徐巽言与韩明德、毕立文在杭美领馆争辩四小时。结合双方报告，争论集中在：一是士绅以圈地大超契载亩数而控告传教士侵地，传教士辩称是因中国习惯产主立契时常将7—8亩写作4—5亩，且有的土地是通过"四至"的方式框定，所以经常出现契地不符的情况。士绅对此否认，强调必须契地相符。二是士绅控告据府志尊经阁在传教士圈占地亩中确定无疑，但传教士否认，士绅强调各府学公地全以

---

① 《归安县朱令鉴章上抚藩局府各宪禀并夹单》，《争地案全卷》第一册，第33页。
② 《德宗景皇帝实录》卷530"光绪三十年五月上"条，中华书局1987年影印本，第8册，第60页。
③ 《归安县朱令鉴章上抚藩局府各宪禀并夹单》，《争地案全卷》第一册，第37页。
④ 《职员徐巽言等递委员宗、本府志太守禀》，《争地案全卷》第一册，第62—65页。
⑤ Letter from G. E. Anderson to E. H. Conger, DUSCH, pp. 66-70.
⑥ Letter from G. E. Anderson to E. H. Conger, DUSCH, pp. 66-67.

志书为凭,且传教士前呈县地图中有将尊经阁调换之议,证明其已知在围墙内。三是传教士声称购地获得官绅允许且买定盖印税契,质问湖绅为何当初不反对,湖绅辩称地处偏僻,不知涵盖府学公地①。双方各执一词,但最终安德森赞成传教士说法,退拒了湖绅的指控,并将判词及诉讼费单函送省局。安德森裁断的关键在于湖绅无法出具证明海岛中央一块系属尊经阁,且地契均有官方盖印,事前已与官绅协商获允,事后一年并无异言,所以判被告胜诉,诉讼费由原告承担。同时安将案件定性为仇教和对传教士的迫害,"实有违中美约章而伤两国之睦谊",并指责湖绅藐视公堂,要求聂缉椝严令地方官保护传教士并允立刻动工。② 从判决可知,安德森完全赞成传教士的购地在法律上没有问题。

湖绅对安德森的裁断自然不满,随即致函省局表示领事偏听传教士而裁判不公,希望照会美领据理力争,各派干员会同丈量③。聂在接到判词后也对此表示诧异,他在12月17日回复安领的函中强调双方的会面不能视为审判而仅为会议,因为安领致许鼎霖函是称"于礼拜三会议",湖绅来杭系电邀会议并非控告;且湖州非通商口岸,领事无审判权,又无中国官员旁听;另按两国协约有公议不得索取规费。聂在否定安判决合法性的基础上进一步提出请其派员共同会勘,因为争论焦点在亩数多寡及是否涵盖府学公地,"非丈量无从判断",并强调"中国卖买田地从无不计亩数之例"。聂还指出据中西律例地亩讼案未结不得兴工,请传教士暂缓开工④。很显然,聂倾向于湖绅提出的据实丈量方案。

安德森对聂缉椝的回复并不满意,他赞同聂和平解决的态度,但不赞成其对条约的解释及将会面仅视为会议。12月19日他回函辩称根据中美商约第十四款传教士有权置地建房,而当美传教士为被告理应由领事审判。此外士绅三次向领事法庭递交诉状,是独立于官方的行为,所以败诉要担诉讼费。当日原被告均出席,而洋务局总办许鼎霖在场可作听审代表。所以这不是一次会议而是正式的听证会,如不服可向高级法庭上诉。安德森也回绝了重勘的提议,因为"现在太晚了","如要测量,应在地契盖章前测量"。他重申传教士从未说过该地仅48亩,该地以"四至"的方式框定并购买而非依据亩数,且经过了官府盖印,按约

---

① 《职员章祖申等递抚院聂呈》,《争地案全卷》第二册,第12页;Letter from G. E. Anderson to His Excellency Nieh, Ta-jen, Governor of Chekiang Province, DUSCH, pp. 73 - 78.
② 判词及安德森函可见《粘钞安领事来函》《粘钞安领事判词译文》,《争地案全卷》第二册,第15—18页。
③ 《职员章祖申等递抚院聂呈》,《争地案全卷》第二册,第10—12页;《职员章祖申等递洋务局许道呈》,《争地案全卷》第二册,第13页。
④ 《粘钞复安领事函》,《争地案全卷》第二册,第18—20页。

美国在华治外法权的地方实践：湖州争地案审判(1903—1908)

传教士有权开工。① 所以他相信韩明德的证词，认为那是传教士的合法权利，而其必须对之加以保护。在写给驻华公使康格(E. H. Conger)的信中他也承认圈地超过 48 亩，同样解释土地通过"四至"框定并购买，业主契纸上的亩数多于或少于实际亩数是中国常有的事②。很明显，韩明德等明了实际地亩远超契载，所以不愿意测量，而安德森在这点上支持了他们。同日安德森向康报告并请示"是同意传教士开工还是等待"，并将报告转给了国务院助理国务卿弗卢米斯(F. B. Loomis)备案③。同时他也写信给传教士，表示"拒绝派人去测量土地或参加任何测量行动"，并重申判决未错。对于是否开工，他认为安全的办法是等北京或华盛顿指示到达后再行动④。他站在了传教士一边，以保护其合法权益并维护判决的合法性，但也希望暂缓开工避免冲突。

聂并不赞成安德森的解释，12 月月底回信重申不能认可会面为判决，强调经细问湖绅得知整个过程并未提到他们是作为诉讼的控诉方，也未被告知会判决，湖绅提交的请愿书仅是普通信件，并未请求判决，他们也未以任何法律的形式进行控告，湖绅既非来接受调查也不是来提供证据，这怎么就被认为是一起针对传教士的起诉呢？另他并未指派许鼎霖去旁听所谓的诉讼，所以不能接受此为判决。他坚称"该差会现握土地是否全部是购买所得，才是此案的关键"，同时也表示对湖绅所说占地超 100 亩的说法并非毫无怀疑。而另一方面，教方和美领也提不出确定亩数，所以聂再次提出会丈才是公平解决的捷径，请安领派员共同会勘以迅结此案⑤。

但 1905 年 1 月 3 日安德森回信再次拒绝了聂缉椝的提议，他表示找不到重审的理由，也没有重查证据和重测土地的必要。他认为自己通过证据下达的判决兼顾了法律正义(legal justice)和实体正义(substantial justice)，"这一案件从头表现出来的就是部分湖绅对传教士的仇恨，而不是真正的抗议、法律或公平"。安领认为现在的问题是传教士合法权利得不到保护，转而请求中国官厅按约履行保护义务。⑥ 据双方往返，两者都极力回避不利自身的核心议题，聂始终未回

---

① Letter from G. E. Anderson to His Excellency Nieh, Ta-jen, Governor of Chekiang Province, DUSCH, pp. 72 - 75.
② Letter from G. E. Anderson to E. H. Conger, DUSCH, p. 78.
③ Letter from G. E. Anderson to E. H. Conger, DUSCH, p. 78. Letter from G. E. Anderson to Francis B. Loomis, DUSCH, p. 65.
④ Letter from G. E. Anderson to Edward Pilley, DUSCH, p. 83.
⑤ Translation of note from Governor Nieh to American Consul, DUSCH, p. 98.
⑥ Letter from G. E. Anderson to His Excellency Nieh, Ta-jen, Governor of Chekiang Province, DUSCH, pp. 99 - 100.

答为何会对地契盖印收税,而美方逃避测量及坚称是判决,这恰是双方各自的软肋。

　　安德森决绝的回信与韩明德等的联合抗议信有关,这封 14 人的签名信几乎囊括了监理会在江浙沪的所有传教士。传教士们对帮助购地的朱懋清等官员被革职表示抗议,指斥中方的报告歪曲事实,并声明《中外日报》关于买地受贿的报道为污蔑。他们还认为这一事件真正目的在反美和反教会,所以请求领事利用权力避免他们遭不公正待遇①。1 月 3 日,安德森将抗议书连同那份决绝的信一起转交聂②,聂并未回复。

　　早在上一年(1904 年)12 月 19 日安德森给康格信中已提到,韩明德等确信大部分湖州绅民与他们站在一起,反对者只是少数士绅,以沈谱琴为代表。正是在沈影响下,帮助传教士买地的官员被革职。沈是幕后的挑动者,还在《中外日报》煽动骚乱。传教士认为沈的财富使他能够那么做,没有其煽动不会有任何麻烦,并进一步指出沈是遵从北京保守派的意思。安德森认可这些说法,他甚至情绪化地称沈谱琴等"是一群无赖",指出"我找不到迫害的其他理由,只能解释为对传教的仇恨。这影响了湖州传教工作,对美国利益也不利"。他提议要对这些被革职的官员进行保护,否则以后官员都会拒绝帮忙,这样他及传教士们就会受到歧视而处于危险之中③。很显然韩明德等对安德森影响很大,安德森也试图通过将士绅负面化来获得上峰与支持。

　　1 月 4 日安德森亲赴湖调查,进一步坚定了他的上述看法,6 日向康格报告:"我认为整个事件就是一种迫害及'面子'(face)问题"。其言外之意在官绅想借本案反美仇教。在他看来,只要中国官方循例发个结案布告,传教士建房就不会引起麻烦了。而相反如放弃现有的合法所得,那将使湖州传教事业倒退十年,所以传教士应马上获得建房许可,且为了修复美国在湖利益应让因帮助传教士而被免官员复职④。这种确定促使他完全站在传教士一边。二月 15 日他致信韩明德等:"我不认为教会土地所有权还存在什么法律疑问。我认为你们所要建房的地不会引起任何问题。就本领馆而言,整个事件都已解决。"⑤可见安德森的处理正走向激烈。

---

　　① Protest from Missionaries, DUSCH, p. 101.
　　② Letter from G. E. Anderson to His Excellency Nieh, Ta-jen, Governor of Chekiang Province, DUSCH, p. 102.
　　③ Letter from G. E. Anderson to E. H. Conger, DUSCH, pp. 76-78.
　　④ Letter from G. E. Anderson to E. H. Conger, DUSCH, pp. 96-97.
　　⑤ Letter from G. E. Anderson to Miss Minnie Bomar, DUSCH, p. 150.

美国在华治外法权的地方实践：湖州争地案审判(1903—1908)

在遭遇杭州失败后，湖绅预感"似已无和平调处之望势将涉讼"①，故为诉讼开始准备，聘请英国大律师担文(W.V.Drummond)辩护。担文上任即致函安德森，以士绅未控告、未先缴存堂费、未尝进禀文及出具愿遵堂谕之甘结等否认其判决的立论，强调"确非审问，不过系尽领事调停之职可无疑惑义"②。同时担文代表湖绅致函上海监理会会长重申安德森系调停并非审判，"惟有照例控诸上海美总领事署恳请澈底讯查"③。可见湖绅试图通过否认判决来消解安德森裁决的有效性，欲绕过韩明德直接与上海监理会沟通，促成案件的重审，以法律公理退拒外交强权，这必然会扩大与安德森单方面结案及日益强硬化的矛盾。

二、美国驻杭州新领事的重审和柔克义调停

尽管未找到康格对安德森回应的文献，但他可能并不赞成安的激进化，这与美在华利益不符。安德森态度的急转可作这种推断的部分佐证。1905年1月19日上海沈谱琴公馆收到许鼎霖电：安愿和平了结④。不过2月安即调任厦门领事。这也再次证明高层感到他不适合再于当地任职，浙沪处在一个排美风潮的当口，他的职位由副领事云飞得(F. D. Cloud)代理。

上海监理会董事会成员潘慎文等接湖绅函也希望和平解决，他们聘请曾任美驻沪总领的佑尼干(T. R. Jernigan)律师因应。⑤ 据此，云飞得接受了聂缉椝提出的和平方案，即双方各让一步，传教士划还尊经阁等部分公地，但远未达到湖绅所主张的亩数。云飞得试图说服韩明德等接受，他声称这是"迄今为止最好也最令人满意的方案，不仅能结案也能向湖州人民表明善意，还能保住教会的'面子'"⑥。但被韩明德和毕立文拒绝，指出这会给湖州传教带来损害，并指责湖绅在报章诬蔑，对领事无礼，强调任何方案都不可能博取士绅好感。他们认为保住声誉的唯一方式是坚持作为美国公民的合法权利，而解决本案的唯一方法

---

① 《合郡公举代表禀》，《争地案全卷》第二册，第27—30页。
② 《译担文律师致驻杭美领事安德森函稿》，《争地案全卷》第二册，第31—32页。
③ 《译担文律师致上海监理会会长函稿》，《争地案全卷》第二册，第32—33页。
④ 《许观察自杭致寓沪湖绅电》，《争地案全卷》第二册，第33页。
⑤ Letter from F. D. Cloud to W. W. Rockhill, DUSCH, p. 239.
⑥ Letter from F. D. Cloud to Thomas A. Hearn, DUSCH, p. 138.

只能是交给法庭①。韩、毕从安德森判决中受到鼓舞,赞成法庭审判而不同意妥协。云飞得重申把争议土地卖给士绅对传教有益无害,否则会留下随时爆发的隐患,他强调和平速结是领馆的最高关切。但他又无可奈何,只得表示如教会愿意对任何后果负责,他会维护安领的判决而坚守教会全部土地②。很显然,云飞得不满但也无能为力。

但一个插曲促使云飞得加快了促进和平方案的步伐。当年(1905)3月美国协丰公司代表柏士(Mr. Bash)来杭,希望与浙省商谈修筑杭粤铁路及相关权益。云飞得担心受到湖州冲突的干扰,他致信康格声称"关于美国重大利益的事业被这么点小事击败是非常不幸的"。他承认购地在法律上并无问题,但韩明德蹩脚的策略不但会给教会带来伤害,而且会威胁更大的利益,与现时需要背道而驰。所以他希望康格能写一封措辞强硬的信给韩,命令马上解决,让韩洞悉这么做的合理性③。为美国现实与长远利益考虑的实用主义促使云飞得妥协速了。同时他也希望佑尼干尽力使韩等接受和平方案,在其致佑的信中写道:"现在的利益关系需要这么做,只有和平结案我们(美国人)将来的利益才有保障。"④但佑在与韩明德等人会面后,无奈地致函云飞得:"我现在终于明白韩明德是不会接受任何解决方案的。"⑤云飞得对失败有些懊恼,他强调中方提出的和平方案是合理的,强烈建议传教士接受而不赞成诉讼,他认为个别传教士的决绝使本可立刻解决的事情悬搁⑥。

中美官方共同的关怀促成了3月23日于上海签订的合同,由许鼎霖、上海美副总领事白保罗(S. P. Barchet)及潘慎文、佑尼干议定,云飞得到场签字盖印。该合同的主要内容为教会归还尊经阁基地15亩及学宫东西两块小地,湖绅向教会支付地价筑墙等相关费用⑦。但该合同遭到湖绅和韩明德双方的拒绝,他们不能接受这个未参与签订的方案。韩等认为合同条款伤害到教会利益,特别是会失去核心地块⑧。湖绅是因收回地亩与所控相去甚远⑨。尽管云飞得曾向新任驻华公使柔克义(W. W. Rockhill)报告说"我认为我的职责就是要坚持

---

① Letter from Thomas A. Hearn and Edward Pilley to F. D. Cloud, DUSCH, p. 139.
② Letter from F. D. Cloud to Thomas A. Hearn, DUSCH, p. 140.
③ Letter from F. D. Cloud to E. H. Conger, DUSCH, pp. 146 – 148.
④ Letter from F. D. Cloud to T. R. Jernigan, DUSCH, pp. 144 – 145.
⑤ Letter from T. R. Jernigan to F. D. Cloud, DUSCH, p. 149.
⑥ Letter from F. D. Cloud to Francis B. Loomis, DUSCH, p. 136.
⑦ 《许观察与教会议定合同》,《争地案全卷》第二册,第45—46页。
⑧ Letter from F. D. Cloud to W. W. Rockhill, DUSCH, pp. 238 – 239.
⑨ 《职员徐巽言等递抚院禀》,《争地案全卷》第二册,第47—48页。

美国在华治外法权的地方实践：湖州争地案审判(1903—1908)

这份合同，不能让教会无视它"①，但随着新任领事德别森(Consul Dobson)的到来而失败。德别森调卷后致信聂称"此约实属空言无关实事"，且本案已经前领事安德森定断，"照敝国律法凡前人已经定案者"后人无权更改。德反请聂在抵制美货热烈之际保护建造，因为教会"欲使无用荒地成有用事业"②。此函无疑是完全推翻了上海合同，回到了安德森判决。

浙江洋务局接函后拟驳复，但因德别森于7月到9月往莫干山避暑而搁置。德回杭后态度变得更为坚决，并允许了传教士建房，他明显受到同一时期也在莫干山避暑的韩明德的影响③。获悉领事回杭后，洋务局总理于9月18日即往交涉，据中方翻译记录，双方先就安德森判决的有效性展开争论，总理以前列各项理由否认，德词穷只得表示此事无法变更请见谅。然后双方又论辩了上海合同的合法性，也并未达成一致，德更指出云飞得的行为不合法律(云有悬揣韩、毕能签字之过)④。

湖绅对德别森的裁断颇为不满，他们认为安德森在离任前表示和平了结已是将判词"自承认作废"，这才有了后来的上海合同，故德别森之言实属狡辩⑤。

不过德别森于10月月初离任云飞得暂署，案件又回到云飞得之手。德别森的裁断意味着云飞得所有努力流产，甚至有被非难的危险，他不得不谨慎自辩。首先他正面回应安德森判决的有效性，报柔克义声称他无意评判上司，但作为在场者，他确有疑问：一是没要求原告对书面诉状进行宣誓；二是没要求先交部分钱作为法庭费用；三是没向被告递交诉状的复印件，仅是非正式传讯；四是没传唤双方的任何证人来作证；五是没有证人提供任何书面的签名证词；六是没有原告"自愿服从判决"的签名。而中方视为会议并非毫无依据，因为据当年(1904年)12月许鼎霖致安德森及其回信，均是将其作为"会议"。且在安德森致韩明德也称"会议"，韩次日的回信也还表示对"会议"感到不满。所以当事双方都不知是要去进行诉讼。因此"既然审判并不是基于真正的诉讼，那么所做判决也是无效的"⑥。云飞得之所以不厌其烦地论证安德森判决的无效，自然是为自己的交涉方略正名。

---

① Letter from F. D. Cloud to W. W. Rockhill, DUSCH, p. 239.
② 《照录美领事德别森致聂宪函》，《争地案全卷》第二册，第115—116页。
③ Letter from F. D. Cloud to W. W. Rockhill, DUSCH, p. 240.
④ 《八月二十日上午十点钟总理宪晤美领事德别森君问答节略》，《争地案全卷》第二册，第117—124页。
⑤ 《代表湖绅递抚禀》，《争地案全卷》第二册，第125页。
⑥ Letter from F. D. Cloud to W. W. Rockhill, DUSCH, pp. 237-238.

而面对德别森的裁断及韩、毕的拒绝,云飞得也无法再坚持上海合同,再加上美国获取铁路建筑权之事因浙绅的反对而宣告失败,其立场便从妥协走向强硬。特别 1905 年 10 月 25 日亲赴湖州与韩明德等会面后,他确信是几个年轻士绅在煽动排外反教。在随后给柔克义的报告中云改变态度,认为上海合同是不合理的,传教士会失去最好的土地,且通往教会的道路被遮挡,因此韩、毕不签字是有道理的。他认为购地在法律上绝对站得住脚,且教会持有三年来的税契收据,"唯一的问题是他们向地方官买的那块地,该县令是否有权卖给他们?这才是真正的问题所在,而这一答案只有通过法庭审判才能获得"①。所以云飞得放弃了上海合同,企图以他主掌的领事审判结案。柔克义对此表示:既然调解不成只能裁判,同意开庭审结。② 由此迎来了云飞得的判决③。

1906 年 2 月 19 日,原告律师担文的合伙人库柏(White Cooper)代湖绅向杭领法庭正式提交诉状,控告传教士执行上海合同或将非法占地归还等,27 日,被告律师代传教士否认了所有控诉。④ 正式的审判安排于 3 月 12 日至 15 日,地点在美驻杭领馆,洋务局新任观察世增等带翻译到堂听审,俞宗濂、沈谱琴、韩明德等也到堂。⑤ 云飞得表示为公正起见,邀请了美北长老会裘德生(J. H. Judson)等作为助理。最终上海合同被判无效,云认定购地与条约及法律并未冲突,并以湖绅不能出具证明尊经阁等在围墙内驳回诉求,但表示不服可上诉⑥。可能为增添判决的合法性,他报高层称"我旁边的两位助理——他们是在审判当天听到此事,之前一点都不知,都认为不该有任何妥协或让教会有损失"⑦。云飞得实际上是以合法程序将安德森裁决重演了一遍,如他所言"实际上支持了教会的所有论点"⑧,这与他前此秉持的和平妥协背道而驰,他觉得已给予公正的司法判决。

云飞得的判决引发了湖绅庞大的集会抗议。⑨ 经商议湖绅于 3 月 30 日通过律师担文等以律师函的形式向柔克义请愿,文中指出:判决是否正确暂且不论,

---

① Letter from F. D. Cloud to W. W. Rockhill, DUSCH, pp. 240 - 241.
② 《美领事云飞得照会洋务局》,《争地案全卷》第二册,第 148—149 页;《美领事云飞得复担文律师函》,《争地案全卷》第二册,第 149—150 页。
③ 《地皮案已允会审》,《中外日报》1906 年 2 月 8 号,第 4 版。
④ The Huchow Land Case, *The North — China Herald and Supreme Court & Consular Gazette*, March 23, 1906: 662.
⑤ 《海岛地皮案赴杭就审》,《中外日报》1906 年 3 月 17 日,第 5 版;《电促观审》,《中外日报》1906 年 3 月 18 日,第 4 版。
⑥ In the court of the American consulate for the district of Hangchow, DUSCH, pp. 282 - 287.
⑦ Letter from F. D. Cloud to W. W. Rockhill, DUSCH, p. 312.
⑧ Letter from F. D. Cloud to Edward Pilley, DUSCH, p. 297.
⑨ 《公议上控海岛地皮案》,《中外日报》1906 年 3 月 28 日,第 3 版。

美国在华治外法权的地方实践：湖州争地案审判(1903—1908)

但争地已伤害士绅的感情，传教士圈地即使按传教士承认也有85亩，但地契上只有48亩，士绅必定会有成见，更何况还涵盖府学公地。中方现愿和平了结，只要传教士放弃部分土地，士绅愿意支付地价及建筑费各2 000元，大部分士绅支持收回土地，如拒绝会很麻烦。该函最后指出"我们并不是要威胁什么，但群众大会已经举行，请愿书也已签名，人情激愤。这一情绪是否能平静下来，重新获得友好，这取决于教会"，希望公使能促成此和平方案以结案①。同时湖绅又呈请省局向美方抗议，4月4日，新任浙江巡抚张曾扬致信云飞得：听审官员报告审判不公，因此湖绅拒绝执行是有道理的，并请敦促传教士尽快还地②。但这封措辞强硬的信引发云飞得的抗议，云回复判决严格遵守法律条约，反请张下令让湖绅承认并执行。随后他亲自拜访张要求撤销或修改该信，③张同意并转寄一封措辞和缓愿和平解决的信，但表示湖绅会上诉④。

湖绅集会引起了传教士和外交官的不安，他们担心在全国抵制美货的背景下绅民会借此引发反美风潮，甚至威胁到当地美国人的安全。3月25日，云飞得致信柔克义表示骚乱随时都可能发生⑤。3月29日，云飞得在给毕立文的信中称"目前中国处于一种动荡之中，只要稍有刺激就会引发排外的骚乱和流血事件"⑥4月2日，他再次致信柔，强调士绅对监理会的愤恨，如果传教士坚持他们的法律权利，不仅对自己的工作也会给其家眷及其他当地美国人带来巨大的威胁。⑦

云飞得对骚乱的反复强调是为和平妥协铺路，这种恐慌确实起到了作用。他认为3月30日律师函中所提出的方案是"最好的选择"，既未否认判决，也未损害教会利益，是保住双方"面子"的最好方式⑧。该方案表达了湖绅和平赎地的意愿，但并未明确指出拟赎地块的确定位置。云飞得想当然认为湖绅"不会让教会放弃已建或打算建房的土地"，"也不会要求还地界限与上海合同一致，如此就等于承认了该合同的有效性"⑨。他简单以为湖绅只是想要回一地保住面子，

---

① Letter from Drummond, White Cooper, Phillips to F. D. Cloud, DUSCH, p. 301.《补录驻沪律师等致驻京美钦使函为湖州地皮案事》，《中外日报》1906年5月14日，第2版。
② Despatch from His Excellency, Governor Chang to F. D. Cloud, DUSCH, p. 309.
③ Despatch from F. D. Cloud to His Excellency, Governor Chang, DUSCH, pp. 313 - 314. Letter from F. D. Cloud to W. W. Rockhill, DUSCH, p. 308.
④ Despatch from His Excellency, Governor Chang to F. D. Cloud, DUSCH, p. 310.
⑤ Letter from F. D. Cloud to W. W. Rockhill, DUSCH, p. 292.
⑥ Letter from F. D. Cloud to Edward Pilley, DUSCH, pp. 297 - 298.
⑦ Letter from F. D. Cloud to W. W. Rockhill, DUSCH, p. 305.
⑧ Letter from F. D. Cloud to W. W. Rockhill, DUSCH, p. 303.
⑨ Letter from F. D. Cloud to W. W. Rockhill, DUSCH, p. 305.

只要传教士让还一块,事情就结束了,这为后来的争端埋下了伏笔。这种协商中存在的模糊性也给传教士带来一定误导。担文的合伙人菲利普与被告沟通,在他建议下韩明德同意妥协,但提议只可让还学宫东西小地。4月18日,传教士告知云飞得这一决定。云获悉传教士妥协表态后以为大功告成,并且菲利普告诉他湖州那边已看不到反对迹象。传教士也致信《北华捷报》:湖州非常平静,没有土地案的排外谣言或标语①。4月20日,云飞得即报柔克义,表示传教士的提议非常公平,除少数几个挑事不负责任的士绅,大多数士绅并不关心让还哪块地,并称"如他们不愿接受或再要求不合理的让步,我会将此事上报外务部,外务部会严饬巡抚强迫湖绅接受。这是教导中国人尊重我们法庭的唯一方式"②。

云飞得报告为柔克义的决策提供了信息支撑,柔也希望速结但也要依法保证湖绅的上诉权。当时中外舆论均认定湖绅不满判决会向美使上诉③。柔克义曾就报道询问,云飞得向其保证湖绅不会上诉而欲庭外和解④。当张曾扬告知湖绅已决定上诉后,云飞得同样向张更正⑤。而事实上湖绅和传教士一样一直希望走法律途径。早在1905年1月聂提出和平方案时,湖绅就强硬表示:"不如与之诉讼,讼而负尚可推诿于国势之弱也"⑥。而在获悉德别森态度后湖绅更是群情激奋,坚决要求根据条约律法与美抗争,"设领事袒护仍以申报北京及华盛顿等次相恫吓,不妨听其所为",因为他们坚信"无论具控何处韩明德必无得直之理"⑦。

5月2日,柔克义亲往外务部表示"湖州买地事必竭力调停"⑧,同时致函担文表示"愿设法秉公调停两不偏袒"⑨。很多报刊都报道湖绅不服,美使"允为公断"⑩。5月21日湖绅通过律师接受美使调解,再加上4月18日传教士的表态,柔克义认为可着手结案了。6月30日,杭领馆裁撤,云飞得离任,湖绅开始与美

---

① The Huchow Land Case, *The North — China Herald and Supreme Court & Consular Gazette*, April 20, 1906, p. 158.
② Letter from F. D. Cloud to W. W. Rockhill, DUSCH, pp. 315-316.
③ The Huchow Land Case, *The North — China Herald and Supreme Court & Consular Gazette*, March 23, 1906, p. 662.
④ Letter from F. D. Cloud to W. W. Rockhill, DUSCH, p. 311.
⑤ Despatch from F. D. Cloud to His Excellency, Governor Chang, DUSCH, p. 313.
⑥ 《寓沪湖绅再覆许观察函》,《争地案全卷》第二册,第36页。
⑦ 《代表湖绅递府禀》,《争地案全卷》第二册,第124—129页。
⑧ "中研院"近代史研究所编《教务教案档》第七辑(二),"中研院"近代史研究所1981年版,第934页。
⑨ 《美使议结湖州海岛案判词》,《申报》1907年5月10日,第四版。
⑩ 《教务汇志》,《外交报》1906年第6卷第14期,第4页。

美国在华治外法权的地方实践：湖州争地案审判(1903—1908)

使直接交涉。经交涉，11月23日，湖绅通过律师正式撤诉，但柔克义的调停方案直到1907年3月29日才公布，该方案重申云飞得判决的正确，但为和平友谊教会愿意放弃学宫东西两地，另西面一块让出一条南北向的20英尺宽的马路。他表示会倾听各种证据，但调停非基于证据而是友谊①。显然他完全依据云飞得报告及传教士方案，其公断在中方看来毫无公正。当时舆论均提到系"误会韩明德所占之地在围墙以外，将圣庙两旁地归还，是以湖人不能承认"②。新任浙抚增韫也认为美使调停"虽稍让步而迟之又久，仍归无效"③，与湖绅所控相去甚远，"前之所谓秉公核断者至此无效"④。至此，和平调解再次失败。

三、美国驻华法院的判结

柔克义偏袒性的调停让湖绅所望跌到谷底，但却带给传教士新的支持，韩明德又开始兴造，这加剧了湖绅的愤怒但。⑤ 而1907年在华传教百年纪念大会的召开为事件的解决带来转机，官绅一直存有绕过韩明德等直接与监理会高层交涉的想法。湖绅借此求助南浔大绅刘锦藻和张增熙，直接与来华开会的监理会总会惠会督(A. W. Wilson)及蓝华德(W. R. Lambuth)、柏乐文(W. H. Park)(刘、张曾资助蓝、柏在苏州的事业)沟通。惠会督亲自接见刘张两人，并授权蓝、柏全权处理。两人随后前往湖州会同刘、张、沈、俞等会勘，并在潜园谈判两天两夜，最终促成4月30日蓝华德合同的出台。⑥ 从合同看这是一次友好的妥协，湖绅已从先前要求退还50多亩的立场上后退，但已完成大部分目标，正如报章所言"较之许道鼎霖所订者还地既多，而约文亦较前为得体"⑦。《北华捷报》也报道称该合同"远较柔公使裁断为多"⑧。

蓝、柏与湖绅会定合同将韩明德等带入了被动，他们拒绝执行，这激起了湖

---

① The Huchow Land Case, *The North — China Herald and Supreme Court & Consular Gazette*, May 10, 1907, p. 358.
② 《湖州海岛案始末记》，《申报》1907年5月7日，第十版。
③ 《浙江巡抚增韫奏报湖州海岛交涉等案先后议结请惩酿案各员摺》(1908年12月14日)，载朱金甫主编：《清末教案》第三册，中华书局1998年版，第1006页。
④ 刘锦藻：《清续文献通考》卷三百五十二外交考十六，民国景十通本，第5910页。
⑤ 《湖州海岛案始末记》，《申报》1907年5月7日，第10版。
⑥ 《湖州海岛案议结合同》，《外交报》第7卷第11期，1907年，第4—5页。
⑦ 《浙江湖州海岛案议结合同》，《东方杂志》第4卷第7期，1907年，第21页。
⑧ The Huchow Land Case, *The North — China Herald and Supreme Court & Consular Gazette*, May 17, 1907, p. 402.

绅重启法律解决。① 10月21日,洋务局正式接到白保罗关于传教士已悔议合同的密函,29日,新任洋务局总办(候补)道台王丰镐奉命赴沪,与白保罗及新任总领田夏礼(Charles Denby)多次会商无果后与湖绅商议控诉。据王丰镐报告,以他多年经验认为西人注重权限,不会置违权与舆论不顾,既然"此案既非领事公使所能定断,又非教会调停所能了结,莫若按照西例,涉讼法庭,以获得最后之胜利"。他随即向佑尼干寻求法律援助并将其推荐给了湖绅②。

1907年正月美国驻华法院在上海正式开启,为本案的审理提供了新的契机。该院的成立就是为了弥补领事法庭审判的不足,以更专业化的职业法官及配套设施更好地实践美国在华治外法权。据法律超过500美元的民事案件归其审理,首任法官是韦尔弗理(L. R. Wilfley)③,而湖州案就成为他审理的少数民事案件之一。④ 尽管没找到湖州案直接推动美国驻华法院成立的证据,但多次惊动美国国务院的湖州案是推动这一进程的因素之一。

在决议迈向法庭后,双方又在"谁是真正的原被告"上产生争议。在正式控告前,原告律师佑尼干认为根据国际法,不管公地荒地都属国家公产,所以士绅只能代表官方出任原告而不能直任原告⑤。但王丰镐强调"此次控案以争合同为最要关键",而合同是由享有全权的湖绅所签,担心"由官委绅代表彼,以后撤绅就官,与前合同性质全异,华绅全权自然消灭",导致合同合法性的消减。⑥ 另外他也认为"华官具控外国公堂,体统攸关,恐骇听闻",所以改以绅代表以符体制⑦。经佑尼干与法官沟通获许,所以最终采取了折中性的以绅代官。11月19日,佑尼干以浙洋务局代表刘、沈、张、俞为原告,以监理会韩明德为被告正式向美国驻华最高法院提交诉状,要求验契丈地,核定权属⑧。

而在接诉后,被告律师林文德(E. P. Allen)同样对原被告问题提出质疑,他认为诉状所示的原被告并非真正两造,此案标的物是教会在湖所购土地,该地由监理会中华年议会控制,但地契实际掌握在该会理事会之手,土地是以教会名义购买,所以真正的被告是该会理事会,排在第二位的才是其受益人美南监理会,

---

① 《政书:外务部事类:教案汇志》,《现世史》1908年第1期,第15页。
② 无咎:《史料拾零——美国南监理会侵占湖州海岛基地案文稿》,《大公报》1951年6月26日。
③ 李洋:《美国驻华法院研究(1906—1943):近代治外法权的殊相》,上海人民出版社2016年版,第58—63页。
④ 《湖州海岛案归美按察司审判》,《申报》1907年12月2日,第11版。
⑤ 刘锦藻:《清续文献通考》卷三百五十二外交考十六,民国景十通本,第5911页。
⑥ 《浙省洋务局王道致刘京卿电(为湖州海岛案)》,《申报》1908年1月1日,第一张第五版。
⑦ 无咎:《史料拾零——美国南监理会侵占湖州海岛基地案文稿》,《大公报》1951年6月26日。
⑧ 该诉状见《法政:湖州绅士控告美国教会占地案》,《新朔望报》1908年第3期,第15—19页。

美国在华治外法权的地方实践：湖州争地案审判(1903—1908)

所以他建议将被告改为该会理事会及其受益人。同样林文德也呼吁真正的原告出现，前此原告是湖绅，但本次湖绅代表的洋务局只是个不能解决任何问题的机构，所以真正的原告非湖绅或洋务局而是地方官，所以林请求将四绅改为代表政府或由浙抚亲自控诉。这样"在法庭上出现了真正的原被告，诉讼才能得以最终的解决"①。林的疑问递交法官后转给了原告，佑尼干解释事先并不知理事会的存在，这一任命是新近发生的，另据沪总领馆记录，教会通过理事会掌握在华财产与惯例不符，他也不赞同林对洋务局性质的裁判，但他表示很乐意将被告改为理事会以简化案件，同时会由浙抚批准授予四绅全权，并尽快修改诉状重提②。

修订后的诉状将原告改为四绅（受浙江巡抚的批准代表湖州地方官绅民），而被告则改为美南监理会中国理事会成员潘慎文、刘乐义(G. R. Loehr)、孙乐文(D. L. Anderson)、步惠廉(W. B. Burke)、韩明德、派克(R. A. Parker)。另外诉求也做了修改，除重申验契勘地外，将重心放到请求执行蓝华德合同上。佑尼干又延请美籍律师罗礼士(J. W. Rice)共同代理。③ 官绅明白，坚持白纸黑字的合同，借监理会上层向韩明德等施压是个方便策略，浙抚也强调"执定前次议结合同与美人力争"④。因法官韦尔弗理被弹劾回国近一年才来华，导致审判一再延缓⑤，直到1908年10月22日才正式开庭。⑥ 开庭后被告方对原告所控予以了反驳，并指斥士绅不认可杭领判决及公使调停是违背国际法的反言行为。更重要的是否认了合同的权威与合法性，否认惠会督有授权和派人签订合同，强调蓝、柏受到士绅的错误描述和湖州恐怖氛围的诱导，并称如诉求得不到满足将会在湖引发骚乱。10月23日林文德在补充陈述中进一步申诉强制执行合同无法律依据，并让原告提供惠会督授权派员以及有权缔结该合同的证据。⑦ 被告方感到合同签订带来的牵制，亟待消解其合法性。

---

① U.S. Court for China, *The North — China Herald and Supreme Court & Consular Gazette*, November 29, 1907: 544-545.
② U.S. Court for China, *The North — China Herald and Supreme Court & Consular Gazette*, December 6, 1907: 607-608.
③ U.S. Court for China, *The North — China Herald and Supreme Court & Consular Gazette*, October 31, 1908: 281-285.
④ 《电三(杭州)》，《申报》1907年12月28日，第一张第三版。
⑤ 《平反美按察使被劾案》，《大同报》第9卷第5期，1908年，第27页；另可参 Eileen P. Scully, *Bargaining with the State from Afar: American Citizenship in Treaty Port China, 1844-1942*, New York: Columbia University Press, 2001, p. 121.
⑥ 《美按察使定期开审要案》，《通学报》第6卷第4期，1908年，第115页。
⑦ U.S. Court for China, *The North-China Herald and Supreme Court & Consular Gazette*, October 31, 1908, pp. 281-285.

10月23日,开庭倾听双方诉求后,韦尔弗理宣布休庭,其间佑尼干积极与林文德沟通和解,但未成功,而法官也表达了和解的希望。据此原被告和律师进一步协商,休庭被一再延续,经过艰难往返,最终达成协议。26日重新开庭后,由林文德当堂宣读协议,该协议并未裁断谁是谁非,而是基于和平的氛围采取了温和的表述,根据协议教会还地与蓝华德合同相同,只不过除合同中支付的900元外,被告要求再支付1 500元拆卸费及归还红契费,经佑尼干规劝士绅同意。最后原被告律师表示已获当事人授权,请求法庭将上述条款作为判决宣布。26日,双方签字,30日,法庭最终宣判①。本案的审理经过了原告的控诉、原被告及双方律师的法庭辩论等法律程序,但未及对原告所控地契不符的核心问题进行验契勘地即达成和解协议,最后由法院以判决书的形式公布结案②。

回溯庭审,被告方前后的转变似乎有点突然。前述是佑尼干主动找林文德和解,但据刘锦藻记载,是佑尼干转述"被告意欲调停"③。当然可能是佑尼干当和事佬,但不管怎样被告也有和解的欲求,特别是理事会。而法官希望和解的表示也在推动和平结案。另本次控告韩明德不再是唯一的被告,改为包括韩在内由潘等6人代表的理事会,庭审中一个细节可证明被告方不再是韩而是集体在做决定,为了等一委员从苏州赶来,不得不推迟签字④。而就在控告发生后,董事会年会就决议"调处了结,本会不愿据律,过于吹求,宁可舍弃地产权利,不欲惹起湖民之恶感"⑤。在惠会督授权下蓝、柏的订约董事会也不能置之不理。所以连法官也主张遵守合同,过去一年再来强调会督无权订约未免太迟,并强调"地亩事小民教之感情为大",也倾向和平解决⑥,最终"被告气馁,遂议调停"⑦。实际上面对中国的抵制美货等反美情势,韦尔弗理力图将高院打造成一个"为中国"的法院,以改善美国在中国的声誉⑧。因此理事会的态度在和平议结中扮演重要角色,主审的取向也起到重要的作用。

---

① U.S. Court for China, *The North — China Herald and Supreme Court & Consular Gazette*, October 31, 1908: 281 - 285.
② 关于庭审细节可参见张晓宇:《湖州海岛教案的历史还原与重新评价》,《浙江社会科学》2015年第3期。
③ 刘锦藻:《清续文献通考》卷三百五十二外交考十六,民国景十通本,第5911页。
④ U.S. Court for China, *The North — China Herald and Supreme Court & Consular Gazette*, October 31, 1908: 281 - 285.
⑤《各界要闻:交涉界:湖州海岛案要闻》,《通学报》1908年第6卷第2期,第49页。
⑥ 刘锦藻:《清续文献通考》卷三百五十二外交考十六,民国景十通本,第5911页。
⑦ 无咎:《史料拾零——美国南监理会侵占湖州海岛基地案文稿》,《大公报》1951年6月26日。
⑧ Eileen P. Scully, *Bargaining with the State from Afar: American Citizenship in Treaty Port China, 1844 -1942*: 111 - 116.

美国在华治外法权的地方实践:湖州争地案审判(1903—1908)

结　　语

纵观整个审判,从一个微观的个案展现了美国治外法权在地方实践中的复杂性及其法律意义。从程序上看,该案经历了美国在华治外法权由领事裁判发展到驻华法院的特殊转变。根据相关法案规定领事裁判制度下实行领事-公使两级审判制度,并明确了案件的审判趋于调解性而非强制性。[①] 在领事裁判阶段,该案经历了历任驻杭州领事的多次调解和审判而未果,最后交由美国驻华公使调停亦未获成功。作为领事法庭上诉机构的驻华法院的设立,为本案提供了转机。这种转变正是为了改革领事裁判制度的不足和缺陷。领事及公使是作为行政人员而非司法人员践行着美国在华治外法权,他们不仅缺乏必要的法律知识,在司法实践中还往往考量着商业、外交、政治等多方利益。本案充分暴露了这一弊端。安德森不仅完全袒护美国传教士,拒绝对争议地亩的实地勘查,而且连基本的法律程序都漏洞百出,以致闹出笑话,遭到中方的反驳甚至美方内部的批评。继任领事德别森同样表现出权力的傲慢、法律知识的欠缺及对本国侨民的袒护。而云飞得为了美国更大的商业与政治利益,为了获取浙江铁路的修筑权,不惜以官压民的方式迫使本国传教士接受妥协方案,所以领事除了有偏袒侨民的一面,也有为了美国所谓更大的商业和政治利益压制侨民的一面。而在铁路计划失败后,又转而回到偏袒美国侨民的老路。总之,似难看到他们对法律的尊重,法律很大程度上只是他们实践自身政治好恶的一种手段。

尽管不能说是湖州案直接推动了美国驻华法院的成立,因为其成立有非常多元化的考量,但繁杂的湖州案也屡屡上报到美国国务院的办公桌,因此本案在推动美国改革驻华司法、建立驻华法院中也扮演一定的角色。并且很大程度上正是美国驻华法院的设立改写了湖州审判的结果,这也符合驻华法院设立的初衷,在改良领事裁判体系弊端的同时在华推行美国司法模式,厉行美国式的司法公正与司法独立,规范美国侨民在华行为,以塑造美国在中国的正面形象,消解正在中国蓬勃发展的反美风潮。韦尔弗理正是带着这样的改革使命来华就任的,而他这种取向直接在湖州审判中得到实践。当然,一个个案并不能涵盖其中

[①] 参见李洋:《美国驻华法院研究(1906—1943):近代治外法权的殊相》,上海人民出版社2016年版,第50—51页。

的全部。

  此外,美国的这种改革倾向并不完全是美国主动的自觉,同时也是中国的民族和司法觉醒反推的结果。中国抵制美货运动等反美风潮是大背景,而中国仿行西方,拿起法律武器,聘请西方律师,把西方侨民推上被告席,以法律公理退拒外交强权的方式,正是湖州审判中湖绅的抗争方式。这些抗争带有强烈的去外交化走向司法化的倾向,这也成为美国改良在华司法的重要原因。

  当然,在本案中法律化也有它的限度,驻华法院并未就各项证据和湖绅的控诉展开彻查,以弄清事实真相的方式了断,而是兼顾到各方诉求,在具体审判中灵活考量各种现实的制约因素,最终成功结案。因此,本文尽管意在构建本案的法律维度,但更倾向于将法律史和社会史结合,从大法律史的角度,将法律条文和包围案件的多元因素参照考量,以便将治外法权实践的复杂性呈现出来。

〔本文为上海市哲学社会科学规划一般课题"近代外国教会置产与地方实践研究"(项目号:2018BLS0004)阶段性成果〕

"跨越中西的个人、组织与文化"学术研讨会侧记

何翔钰[①]

2021年9月25日,由上海市历史学会与上海大学历史系主办、上海大学宗教与中国社会研究中心承办的"跨越中西的个人、组织与文化"学术研讨会在上海大学文学院召开。

共有来自中国人民大学、山东大学、吉林大学、上海大学、杭州电子科技大学、山东师范大学、浙江音乐学院、上海社科院、浙江社科院、福建社科院、上海图书馆等国内高校及科研机构的30余位学者以线上线下结合的方式围绕会议主题进行了交流讨论。

会议伊始,上海大学历史系教授、上海大学宗教与中国社会研究中心学术总监陶飞亚教授作了题为"中西之间——跨文化史研究的一点反思"的主旨报告。陶飞亚教授从求学、治史、未来研究趋向三个方面回顾了自身学习、研究的心路历程。陶飞亚教授指出,近年来国内如北京大学、复旦大学、山东大学、华中师范大学、上海大学等高校都成为中西文化交流史、中外关系史研究的"前沿阵地",这离不开章开沅、葛懋春、徐绪典、陈旭麓、路遥、包德威、舒曼、裴士丹、狄德满、何伟亚等海内外前辈学者的耕耘与奉献。在谈论研究和学习经历时,陶飞亚教授认为中西文化交流史研究需要具备:"拓宽视野,重视海外学术研究成果,学习海外学术研究的方法;转换角度,探求不同问题意识的启发;活跃思维,关注哲学、政治学、宗教学、社会学等不同学科在中西文化交流方面取得的最新成果"这三种研究方法及态度。最后,陶飞亚教授强调中西文化交流史的研究既不是"显学"也非"险学",应该是中国史学科值得深入关注和研究的重要领域。中西文化

[①] 作者简介:何翔钰,上海大学历史系博士研究生。

交流史仍然有众多未知领域值得海内外学者共同努力探究。

一、跨越中西的个人

个体是中西文化交流中的重要主体与载体。无论是居于庙堂的政治人物，还是处于江湖的乡野草民，都在中西文化交流中起到了不可忽视的重要作用。

俞强（浙江社会科学院文化研究所副研究员）的《跨文化的中间人》以杭州基督徒阮其煜的生平史料为线索，探究其在中西文化交流过程中的思想转变过程。从信仰、事业两个方面分析与总结阮其煜在基督教中国化和中西医融合方面作出的努力。乔洋敏（上海立信会计金融学院马克思主义讲师）在《20世纪二三十年代范子美论基督教与中国文化之会通》一文中，首先对20世纪二三十年代中国基督徒因第一次世界大战而对东西方文明关系产生反思的背景进行考察，认为该时期以范子美为代表的"中国基督徒"开始对自身的国民身份与宗教身份进行重新审视，最终探索出了将基督教与中国文化相适应的"本色化出路"。

上海大学历史系教授刘义的《跨越东西方——基督教与近代中国知识分子》选取了三位接受过教会教育的中国知识分子林语堂、吴经熊、韦卓民作为研究对象，探究其思想变化和心路历程，以跨文化的视角对中国基督徒知识分子在中西文化交流中扮演的角色作了深入讨论。此外，刘义教授认为对于基督教与中国文化的研究应该兼顾中西方文化的双向互动关系；跳出中西方研究的视野，对基督教在其他社会的经验有所参照；兼顾传统与现代的时间维度和信仰在具体社会体现的社会维度。吉林大学图书馆副研究馆员田燕妮以"余慈度与20世纪初中国教会复兴运动"为主题对著名女布道家和奋兴家余慈度的早年生活与灵性成长、朝鲜传教活动以及国内南方传教布道活动进行考证与梳理，突出了余慈度在20世纪中国教会复兴运动中所扮演的重要角色和对中国教会发展产生的重要影响。

上海大学历史系副教授杨雄威的《基督徒身份与道德形象——北京政变后吴佩孚对冯玉祥的道德审判》，以《吴佩孚致冯玉祥书》为引，通过第二次直奉战争冯玉祥倒戈之后社会各界就其基督徒身份作出的指摘或肯定的评价，探讨民国初期社会对基督徒身份与道德形象的认知问题，以及近代中国基督徒道德形象与身份政治之间的关系。杨卫华（上海大学历史系副教授）《中苏博弈、赤白之争与派系政治：在华东正教总主教维克多通敌案交涉与判决》的发言以国民政府关于"维克多案"的外交部、内政部、俄文、地方档案及报刊为史料基础,对1945年上海"东正教总主教维克多战时通敌案"主犯维克多从逮捕到释放的过程作了详述,并对此过程中国民政府面对苏联政府以及东正教不同教派之间的复杂心态进行了侧写,勾勒了战后中苏赤白之间意识形态冲突和政治利益角逐的羁绊纠葛。聚焦"维克多案"展现了国民政府在战后内政外交的面临复杂态势。

王德硕(山东师范大学历史文化学院副教授)与李彩云(山东师范大学历史文化学院硕士研究生)的《局外与局内:柯文中国史研究的内在理路》考察了著名历史学家柯文的学术生涯,厘清了柯文中国史研究"西方中心论(局外)—中国中心论(局内)—人类中心论(局外)"嬗变的逻辑路径。认为柯文中国史研究路径的变化亦是20世纪50年代以来美国中国史研究路径变化的一个缩影。上海大学历史系博士研究生弓嘉羽的《"昙花四现":龚思德与中国教会运动(1907—1949)》采用跨文化的视角,对美国福音派与自由派传教士龚思德四次来华经历进行梳理,考察了龚思德在推动中国基督教本色化、传播种族平等和教会团结等活动中发挥的积极作用,以及龚思德在华推进本色化运动的同时其自身对于基督教天国主义等教义理论的深化认识。

二、跨越中西的组织

在中西文化交流史的维度内,各类组织同样发挥的不可忽视的作用。对于组织的定义,可以是客观存在团体、组织、机构,也可以是一个社会群体、集合等等。会议中共有八位学者以"跨越中西的组织"为议题进行发言与交流讨论。

朱虹(上海大学历史系副教授)的《孤愤·沉默·呐喊:近代日本发展基督徒的多重面向》在丰富日文资料整理与研读的基础上,以日本反战基督徒柏木义圆、石川三四郎、矢内原忠雄为代表,对其三人的反战思想形成过程和内容进行了详细的阐释,归纳总结了三人反战思想的异同,认为以三人为代表的日本反战基督徒反战思想自身的理论缺陷和实践困窘是造成其在日军侵华战争爆发后集体失语的核心原因。潘致远(上海大学历史系博士后)的主题发言《20世纪20—30年代比利时天主教会与中国留学生》使用比利时天主教会史料,对20世纪20—30年代比利时天主教会与中国留学生的关系进行考察,指出中国赴比留学生的政治参与程度远远低于当时赴法留学生和赴苏留学生的原因,在于以雷鸣远为代表的比利时天主教会对于留学生受反宗教意识形态影响的强烈担忧以及做出的一系列鼓励留学生专事学业的反应。基于这一结论,作者在报告中对比利时教会机构协会、庚款奖学金的运作与目的等比利时教会的措施进行了考证,并且以中国艺术家张充仁留比的经历作为实证,印证了比利时天主教会在20世纪20—30年代促进中国留学生提高学术水平(尤其是艺术水平)中发挥的积极影响。

梁珊(福建社会科学院海峡文化研究中心助理研究员)以《中国故事的异域讲述者:近代来华美侨群体与海外中国形象》为题,首先对自1842年起侨居中国的美侨群体做了整体介绍,指出美侨群体主要是由传教士及其子女、记者与探险家、外交官与商人构成。之后,作者对美侨群体笔下描绘的晚清、辛亥、中共诞生、非基运动、中日战争、两次国共内战等重要事件进行解释与分析,为与会者还原了海外视野下的中国近代史。最后,作者指出当下寻觅与塑造中国故事异域讲述者的现实积极意义。汪恩乐(苏州基督教两会)的《丁光训主教神学教育实践对基督教中国化的启发——以金陵协和神学院河南教牧人员培训班(1987级)为例》以1987级金陵协和神学院河南教牧人员培训班为对象,通过对其学院构成、访学安排、课程设置的考察,展现了爱国基督徒丁光训主教为实现基督教中国化和中国教会自治、自养、自传做出的努力与贡献。上海大学历史系博士研究生岳丽的《调整的意义:来华传教士回国休假制度刍议》对来华传教士休假制度的周期、原因、薪金、活动进行详细的考察,介绍了来华传教士回国休假制度的内涵。岳丽认为,回国休假是为保证传教士身心健康、密切与家人和教会联系的重要环节,对来华宣教事业有重要的意义。传教士在休假期间可以接触到最新的基督教思潮,有助于在华差传教会的合作与联合,有利于中国基督教与全球基督教的发展接轨。除此以外,作者还指出对于来华传教士休假制度的研究,在强化中国基督教史发展的延续性的同时,可以打破空间限制,深化学界对中国基督教在同一时间、不同空间下的研究。

上海图书馆历史文献中心副研究馆员黄薇的主题发言《文化政策作用下的海外艺术博览会—以1935—1936年"中国艺术国际展览会"为例》首先对近来以来晚清、民国两个时期中国参与海外艺术展览的情况进行简要介绍。其次,对参加1935—1936年英国伦敦举办的中国艺术国际展览会的背景、争议、具体过程和展览盛况进行了详细的叙述,就此次中国文物海外参展引起的影响和反思进行了清晰梳理。最后,她对在特定时代下艺术展览与国家政治文化、民族自信力之间的复杂关系进行了诠释。邹赜韬(上海大学历史系博士研究生)的《抗战胜利后协和复校的美国问题及其纾解(1946—1948)》以抗战胜利后协和医学院在复校过程中遭遇的困境、经费问题、文化表达问题,为与会者勾勒了协和复校背后所反映出的中美在教育表达方面的分歧与博弈,突出了以协和医学院为代表的一批中国高等院校抗战后摆脱国外势力影响,坚持走向中国化的历程。

三、跨越中西的文化

东西方交流的实质是文化交流,东西方交流是一种文化现象。王皓(上海大学宗教与中国社会研究中心副研究员)的《"气象学"语源考》分别从Meteorology/Météorologie在西学书籍中的汉译过程、西-汉字典里Meteorology/Météorologie的汉译、中国士人游记对"观象台"的记述和报章杂志关于"气象"的论述四个角度对"气象学"这一术语的汉化概念进行了叙述,并对"气象学"这一科学术语汉译演化过程背后所反映的气象学学科在中国近代的衍生和发展作了探析。范大明(湖南工学院马克思主义学院副教授)的报告《被遮蔽的中西文化交流史——明末清初基督教与墨学的碰撞和融合》,从思想史的角度,对墨家、儒家和天主教理论概念与思想进行了辨析,对天主教与墨学碰撞与融合的背景、原因和结果进行了阐释。杨哲兴(上海农商银行)的《晚清时期传教士中国佛教观——以〈教务杂志〉(The Chinese Recorder)为中心的探究》以传教士刊物《教务杂志》的相关内容为基础史料,分析了来华传教士在晚清、民国不同时期佛教研究的动机、研究的态度转变的深层原因。陈铃(杭州电子科技大学马克思主义学院副教授)的《武汉市天主教肃反运动的前因后果》以武汉市天主教会为讨论对象,论述了武汉市天主教肃反运动计划制订、实施的全过程,将肃反运动和武汉市天主教自选自圣主教活动贯穿起来并加以分析,拓宽了中国基督教(天主教)爱国革新运动的研究面向。杨圆梦(上海大学历史系博士研究生)的《19世纪海南基督教传播与发展述论》从传教、医疗、教会三个维度,对19世纪海南基督教的传播与发展进行了详细的介绍,梳理并总结了19世纪基督教对海南社会产生的影响。

历史文本作为文化现象的重要线索,其研究考察对文化的反应起到重要作用。丰箫(上海大学马克思主义学院副教授)的《中国现代医学发展:以家族书信为中心的考察》以新中国早期医务人员贞媛庆生夫妇的家庭通信作为考察对象,对二人及其家人的中西医观念、卫生健康意识、医学工作日常进行考察,映射了新中国在推进基层医疗卫生服务过程中,基层医务工作者为国家医疗卫生发展作出的贡献。徐锦华(上海图书馆历史文献中心副研究馆员)的《从马尼拉到上海——〈远东时报〉兴衰记》以20世纪早期在菲律宾马尼拉创办,勃兴于中国上海的《远东时报》(*The Far Eastern Review*)为个案,梳理了不同时期该报的主编情况及兴衰过程和原因,以此为基础探讨了处于20世纪在华西方报刊与中国社会的互动关系和西方报人的思想演变历程。余志刚(浙江音乐学院马克思主义学院讲师)的《清代〈圣谕广训〉及其宣讲制度再考察》通过对清代皇帝意识形态教化文本《圣谕广训》文本及其宣讲制度的梳理,一方面为与会者呈现了《圣谕广训》在维护清代政权稳定、国家认同层面发挥的积极作用,另一方面也呈现了《圣谕广训》所反映出的清代统治者狭隘保守、故步自封的世界观。郭登杰(上海音乐学院讲师)与王莉娜(上海财经大学外国语学院讲师)合作的《登州文会馆音乐声学课程及教科书〈声学揭要〉的历史考察》对山东登州文会馆音乐声学课程的发展和该课程教科书《声学揭要》的内容与翻译特点进行了细致的考察,并且指出该音乐声学课程及教科书《声学揭要》对近代中国音乐教育的影响在于:推动了音乐教育"分科立学"的进程,推动了音乐声学知识的普及,搭建了阅读与知识共同体,促进了近代音乐知识的交流和社会变革与发展。

山东大学历史文化学院副教授崔华杰以《近代来华基督教的中国历史书写及其路径演进》为题梳理了近代来华传教士中国历史书写作为"打开中国信息准备—适应中国知识课程—联结中西学术桥梁"的路径演进过程。从来华传教士宗教身份和不同国籍身份的角度,深层次地探讨了来华传教士进行中国历史书写活动对其群体自身和西方社会的意义。李强(上海社会科学院宗教研究所副研究员)的《"利玛窦规矩"与跨文化交流:近代来华传教士的解读与理解》首先对"利玛窦规矩"的形成和在明末清初中西文化交流过程中造成的影响进行了梳理,其次叙述了晚清来华传教士面对跨文化交流的困境和对"利玛窦规矩"的选择,最后以传教士李佳白设立"尚贤堂"为例,探讨了"利玛窦规矩"在晚清中西交流过程中的文化价值与时代价值。

四、结　语

在会议最后,上海大学文学院院长张勇安教授致辞,对会议的成功举办表示了祝贺,肯定了上海大学宗教与中国社会研究中心自创立以来在国内中西文化交流的研究领域作出的巨大贡献,并对中心未来的发展作出期许,同时对与会学者表达了感谢。

  本次研讨会聚焦于东西方文化交流,与会学者从个人、组织、文化三个维度就相关议题进行学术交流、切磋与分享。在展示历史学研究特色的同时,也促进了历史学与宗教学、哲学、音乐学等不同学科之间的互动,带来了不同学科、不同领域之间思想碰撞的火花。正如会议伊始陶飞亚教授所提出的"中西文化交流史的研究既不是'显学'也不应该是'险学'",中西文化交流史的推进研究,无论是对于其自身的丰富历史价值还是对于当今世界全球化现实价值,都具有积极的意义。